INSTITUTO DE LA MEMORIA HISTÓRICA CUBANA
CONTRA EL TOTALITARISMO

Cuba:

Cronología de la Lucha contra el Totalitarismo

Segunda Edición
2006

Título original:
Cuba: Cronología de la Lucha contra el Totalitarismo

Primera Edición – 2003
Segunda Edición – 2006. Revisada y ampliada.
ISBN: 978-1507701249

Ediciones Memorias
Miami, E.U.A.

Diseño de Portada
Daniel Urdanivia

Las personas que aparecen en la portada del libro son:
Osvaldo Ramírez, Evelio Duque y Juan José Martori.

Montaje
Amado J. Rodríguez

Edición y Corrección
Iliana Lavastida Rodríguez
Angel De Fana

Impreso en Miami:
Talleres de Rodes Printing

Editado:
Instituto de la Memoria Histórica Cubana
Contra el Totalitarismo (IMHICT)

A la memoria de Lázaro Machado,
uno de los Directores Ejecutivos fundadores
del Instituto de la Memoria Histórica Cubana contra el Totalitarismo,
fallecido en el año 2006, y de todos los que ofrendaron sus vidas
en esta lucha de más de cuatro décadas
por la libertad y la democracia
en Cuba.

Octubre 2006

Prólogo

Recopilar información sobre los principales sucesos acontecidos en Cuba a partir del 1 de enero de 1959, es imprescindible para conocer en toda su magnitud qué ha sucedido en esa bella isla desde el comienzo de la "revolución cubana". Leovigildo Ruiz, posiblemente sin imaginarse que la dictadura comunista en que devino aquella revolución iba a permanecer en el poder más de cuatro décadas, inició la magna tarea con su obra de tres tomos "Diario de la Revolución", que cubría los tres primeros años: 1959-1961. Desde entonces los investigadores de la realidad cubana han tenido que urgar en bibliotecas, buscando referencias en diarios, en revistas, en alguna que otra obra escrita, para conocer algunos eventos; generalmente procedentes de medios oficiales cubanos, controlados y censurados completamente por el Estado. Ello ha contribuido a que una parte muy importante de los acontecimientos, los realizados por la oposición democrática contra el totalitarismo, hayan quedado fuera de la mayoría de la historiografía cubana escrita por extranjeros.

El Instituto de la Memoria Histórica contra el Totalitarismo en Cuba se ha empeñado, desde su fundación, en recolectar y publicar esa necesaria recopilación informativa de esta etapa tan importante del quehacer cubano. Largas jornadas de búsqueda, de indagación, de entrevistas a protagonistas de los sucesos –que en muchos casos nunca habían sido entrevistados–, de miles de páginas de lecturas de todo tipo, han dado como resultado esta obra: "Cuba, Cronología de la Lucha contra el Totalitarismo", que en su segunda edición –ampliada en volumen de información y en la extensión del tiempo que ocupa– provee una gran cantidad de información, debidamente confirmada, sobre la lucha del pueblo cubano contra la dictadura comunista, y las medidas de todo tipo que el régimen ha utilizado para imponer al pueblo su sistema totalitario.

La labor no cesa con la conclusión de esta segunda edición: la dictadura continúa existiendo y reprimiendo y el pueblo se mantiene firme en su combate por la libertad. Además, aún hay información que recopilar desde 1959 hasta el 2006, dispersa tanto en la Isla como en el exilio. El compromiso del Instituto de la Memoria Histórica contra el Totalitarismo en Cuba avanza ya hacia la tercera edición. No se descansa. También ésta es importante forma de hacer patria.

Como bien expresara el gran historiador y patriota cubano Enrique Ros en el prólogo de la primera edición, esta obra es también un merecido reconocimiento al coraje y abnegación de tantos miles de compatriotas –y gente solidaria de otras nacionalidades– que ofrendaron sus vidas, sus largos años de encierro y separación familiar, su firmeza de ideales en el combate y el exilio, en la lucha por la libertad contra el totalitarismo comunista.

El Instituto de la Memoria Histórica contra el Totalitarismo en Cuba –cuyos integrantes son por sí mismos dignos protagonistas de la historia contemporánea de nuestro país– merece reconocimiento por la magnífica labor realizada hasta el presente y el estímulo a seguir adelante en la tarea de recuperar la memoria histórica de nuestra Patria.

Angel De Fana

Introducción

El Instituto de la Memoria Histórica Cubana contra el Totalitarismo se funda en la ciudad de Miami, el 30 de septiembre de 1999.

La creación del IMHCT es consecuencia de la decisión de un grupo de cubanos exiliados preocupados porque la verdadera historia de la gesta del pueblo cubano contra el sistema totalitario pudiera no ser recogida adecuadamente debido a una serie de factores, tanto externos como internos, que han condicionado las complejas circunstancias que caracterizan el desarrollo de este proceso, y por la no existencia de una entidad o institución dedicada al estudio, investigación y divulgación de este período particular de nuestra historia.

Por lo tanto se consideró indispensable y necesario recuperar toda la información posible y realizar un intenso y sistemático programa de investigación, tanto dentro de Cuba como en el exterior, sobre todo acontecimiento relacionado con la lucha contra el totalitarismo que enriquezca la memoria de la Nación Cubana.

Consecuentes con este compromiso, el propósito fundamental de quienes constituyeron el Instituto de la Memoria Histórica Cubana contra el Totalitarismo es hacer de conocimiento público, a cubanos y extranjeros, el denodado esfuerzo que un amplio sector del pueblo cubano ha realizado durante más de cuatro décadas contra una forma de gobierno que niega los más elementales derechos humanos y que atenta contra la dignidad del hombre.

El Instituto de la Memoria Histórica Cubana contra el Totalitarismo no es una organización política, porque no aspira al poder; no es una institución ideológica porque no intenta establecer tesis ni programa dirigido a la lucha para alcanzar una genuina sociedad democrática y de derecho en Cuba, y no es una entidad económica porque no lucra con su desempeño. El Instituto focaliza sus objetivos en recoger, verificar, precisar y difundir los hechos acaecidos en este enfrentamiento del pueblo cubano contra el régimen totalitario que lo oprime.

El compromiso que hemos adquirido con la verdad histórica impone, tanto en el proceso de investigación como de divulgación, el no hacer concesiones de carácter político o ideológico, y dar a conocer toda la información con total y absoluta transparencia, sin mutilaciones ni valoraciones que puedan afectar el cabal y objetivo conocimiento de los hechos.

Consecuente con sus objetivos, el Instituto se propone continuar relatando los sucesos acaecidos durante este proceso de confrontación, que son parte substancial e inseparable de la memoria colectiva de la nación cubana. Por ello considera indispensable el desarrollo de una obra que recoja de manera ordenada y cronológica las efemérides e incidencias de esta lucha que ha demandado tan alto costo de sacrificio, sufrimiento y sangre al pueblo cubano.

Por tales motivos, como continuidad más amplia y precisa del "Calendario Histórico del 2003" -primer trabajo editado por el Instituto dentro del perfil de este proyecto-, hoy ofrecemos la segunda edición de *Cuba: Cronología de la Lucha contra el Totalitarismo*, que permite al lector el acceso a una información veraz, para muchos desconocida, aunque limitada y relatada en síntesis apretada. Ofrece el testimonio del arrojo y la abnegación de los hombres y mujeres que en la lucha cívica o armada dijeron presente al cumplimiento del deber patrio, sin temer las consecuencias de la acción represiva, permanente en un régimen autocrático y totalitario.

Este trabajo intenta recuperar para las generaciones venideras, la mayor información posible sobre las acciones realizadas contra el régimen dictatorial tanto en el interior de la Isla como en el exterior. Por eso el Instituto de la Memoria Histórica Cubana Contra el Totalitarismo ha querido recoger esos hechos y sus motivaciones en este documento que ponemos al alcance de todos.

Es nuestro deber hacer posible que se conozca la verdadera historia de este proceso, que durante años el régimen cubano ha distorsionado con una constante y sistemática propaganda sustentada en la conveniencia del oficialismo y no en la verdad histórica.

Por este camino, el Instituto de la Memoria Histórica Cubana intenta seguir abriendo horizontes y conciencias, divulgando la verdad.

Queremos rendir homenaje justo y necesario a ese quehacer patrio, tenaz e incansable del pueblo cubano por alcanzar su anhelo de vivir en paz dentro del respeto pleno a la dignidad humana. A las generaciones presentes y futuras queremos brindarles la información precisa de la historia vivida y conocida, en una exposición de los hechos que brinde la oportunidad de tener elementos diversos y amplios para que pueda formarse un criterio objetivo de este proceso.

El Instituto aclara que debido al tiempo transcurrido y las difíciles condiciones en las que tuvieron lugar la mayoría de los hechos registrados, existe la posibilidad de que algunas fechas, lugares y hasta nombres de personas pudieran ser revisados y tal vez rectificados en un momento determinado. Acción ésta que asumiremos toda vez que consigamos una información más precisa que la precedente.

Por iguales causas queremos recalcar que algunos acontecimientos y hechos expuestos en esta obra requieren detalles que pudieran complementar la información.

La extensa bibliografía consultada por el autor, tanto de obras editadas en el exilio como por el régimen cubano, así como los testimonios obtenidos de los protagonistas, no satisfacen todas las expectativas del Instituto, por ello solicitamos de todos los que puedan facilitar información documental, gráfica u oral, se ponga en contacto con uno de nuestros directores.

En el mismo orden de ideas, y fiel a sus objetivos, el Instituto hace constar los hechos con independencia de que sus protagonistas hayan traicionado o abandonado sus originales postulados, es nuestro propósito respetar la historia, por lo tanto, no se omitirá el rol jugado por un individuo aunque en el presente tenga una actitud favorable al régimen cubano. Somos de la opinión que sólo divulgando la verdad se podrá comprender mejor la real historia de esta confrontación surgida durante la mayor crisis estructural de la nación cubana.

El Instituto de la Memoria Histórica Cubana contra el Totalitarismo, para alcanzar sus objetivos, necesita el mayor caudal de información posible sobre los hechos que, de una manera u otra, tengan relación con el enfrentamiento del pueblo cubano contra el sistema imperante en la Isla. Desde su fundación el Instituto viene desarrollando una campaña sistemática solicitando la cooperación de todas las personas que posean documentos, publicaciones o referencias testimoniales, que muestren hechos y detalles verídicos de lo acaecido durante este período de lucha. Sólo así pueden ser conocidos públicamente e integrados como componentes históricos que nutran la memoria colectiva de nuestra nación.

Únicamente así, los protragonistas de estos hechos tendrán un justo tributo de reconocimiento a su valor y su sacrificio, en aras de un mejor destino para el pueblo de Cuba: Salvaguardando los esenciales valores de la nación, que son el reservorio sobre el cual nuestra República fue concebida, en los principios y anhelos de nuestros próceres.

Los hechos ocurridos en esta gesta pertenecen al patrimonio histórico de la nación cubana. Consideramos, por tanto, que para todos los comprometidos con el proceso, debe constituir un imperativo moral y una satisfacción personal el hecho de facilitar la información poseída sobre cualquier acontecimiento de esta lucha.

Creemos que los testimonios deben ser facilitados a cualquier institución comprometida con recopilar la historia para el conocimiento público, y para que las generaciones futuras los tomen como herencia fecunda que ayudará a gestar la república del mañana. Sirva para que nunca más pueda instaurarse en nuestra Patria un régimen dictatorial o tiránico.

Amado J. Rodríguez Fernández
Director

Reconocimiento

La directiva del Instituto de la Memoria Histórica Cubana contra el Totalitarismo quiere hacer constar un especial reconocimiento a todas las personas que con su esfuerzo y colaboración han hecho posible este libro y en particular a:

Francisco Lorenzo Díaz, quien desarrolló un intenso y metódico trabajo de revisión de la información seleccionada para esta obra.

Enrique Ruano Gutiérrez, por su esmerada labor de recopilar tan extenso material fotográfico y seleccionar las fotos que ilustran este documento histórico.

José Fernández Vera, por sus esfuerzos en la búsqueda de información veraz.

Daniel Urdanivia Corzo, por su esfuerzo y apoyo técnico en scanear, restaurar y computarizar las fotos escogidas para este documento.

Angel De Fana, ex preso político.

José Luis Fernández, ex preso político.

María Werlau, investigadora histórica.

Dra. Esperanzas de Varona, bibliotecaria.

Dr. Juan Clark, sociólogo.

Prestaron para este libro una asistencia especial desde Cuba.

Héctor Maceda, periodista independiente condenado a 20 años de prisión.

Félix Navarro Rodríguez, presidente del Partido por la Democracia Pedro Luis Boitel, condenado a 25 años de prisión.

Hugo Araña, de la Biblioteca Independiente Abraham Lincoln, de la Ciudad de Matanzas.

Tomás González Coya, presidente del Movimiento Cívico Nacionalista Cubano, en la provincia de Villaclara.

Isabel Rey Rodríguez, Periodista Independiente.

Luis Ramón Hernández, presidente del Movimiento Acción Democrática, de la provincia de Villaclara.

Carlos Serpa Maceira, periodista independiente de Isla de Pinos.

Fidel Lorenzo, periodista independiente.

Consideraciones

La historia está compuesta de hechos que con el tiempo y la imaginación devienen leyendas y se hacen parte de la cultura de los pueblos. Pero en la historia de una nación, conocer toda la verdad o analizar los acontecimientos y valorarlos en el contexto que ocurrieron, permiten que el estudio de la historia sea más objetivo y alcance propósitos específicos.

Si como lectora tuviera que definir lo que ha sido para mí repasar y estudiar cada página de este compendio titulado Cuba: Cronología de la lucha contra el Totalitarismo, resumiría que es el primer acercamiento a la verdad, que después de cuatro décadas de vida me ha sido permitido sin adoctrinamientos, y con el cual redescubro una y otra vez la etapa más contemporánea de la historia de mi nación, agraviada por el desenfreno, la ausencia de libertad y las laceraciones de una dictadura, que pretende erigirse como salvadora.

Unido al homenaje que constituye este esfuerzo de investigación y recopilación de pasajes sucedidos y relatoría de protagonistas que siendo héroes han sido presentados a la parte engañada del pueblo cubano como bandidos y forajidos, este libro es una inestimable lección, que gracias al esfuerzo de sus hacedores formará parte de la verdadera historia reciente de Cuba, que está por escribirse.

Una reivindicación de la memoria de tantos mártires desconocidos y ultrajados por la falacia oficialista del gobierno dictatorial. Un reencuentro con los orígenes del error que como pueblo cometimos al aceptar romper con Dios para iniciar un régimen que hasta la divinidad desafió. Una buena lección que podemos presentar al mundo como prueba de que la rebeldía y el enfrentamiento a la injusticia en Cuba nunca dejaron de ser, aunque la represión y el silencio lo hayan pretendido. Todo ello se resume en las páginas de Cuba: Cronología de la lucha contra el Totalitarismo.

Iliana Lavastida Rodríguez
Editora

Índice

* Hasta el día del cierre de esta edición

CUBA: CRONOLOGIA DE LA LUCHA CONTRA EL TOTALITARISMO

De izquierda a derecha, un grupo de los participantes de la llamada Conspiración de Trinidad, que fueron apresados en agosto de 1959: Armando Varela Salgado, Raúl Díaz Prieto†, Luis Pozo Jiménez†, Armando Malibrán Moreno, Sigifredo Rodríguez Rodríguez†, Roberto Martín Pérez, Pedro Rivero Moreno†, Raúl Albajar. Todos los señalados con el signo (†) ya han fallecido.

Año 1959

Enero 1. *El general Fulgencio Batista y Zaldívar, y máximos jerarcas de su régimen huyen dando paso a un proceso político que cambiaría radicalmente las condiciones sociales, económicas y políticas del país. Batista deja un gobierno provisional presidido por el doctor Carlos M. Piedra.*
- Fidel Castro en Santiago de Cuba. "Cuándo me ha visto nadie a mí mentirle al pueblo? "No me interesa el poder ni contemplo tampoco asumirlo en momento alguno". "Habrá libertad para los que hablan a favor nuestro, para los que no hablan y para los que hablan en contranuestro y noscritican".[1]
- En una acción de puro sectarismo, se inicia una huelga general convocada por Castro que tiene como fin intimidar a los otros movimientos revolucionarios.[2] *Este mismo día se instala como nuevo Presidente de la República el magistrado Manuel Urrutia Lleó, sin embargo, la influencia de Fidel Castro hace que el nuevo mandatario sea poco menos que una figura decorativa.*
- El presidente de la República, Manuel Urrutia Lleó, nombra a Fidel Castro jefe de las Fuerzas Armadas de Cuba con poderes extraordinarios.Tambien nombra, por recomendación de Fidel Castro, a José Miró Cardona como Primer Ministro, quien a su vez designa a Osvaldo Dorticós Torrado como persona a cargo de planificar y formular las Leyes Revolucionarias.

Enero 2. *Llegan a la capital las primeras fuerzas rebeldes integradas por Segundo Frente Nacional del Escambray.*
En cuanto arriban a la capital las tropas del Movimiento 26 de Julio comandadas por Ernesto "Che" Guevara y Camilo Cienfuegos irrumpen en la Fortaleza de la Cabaña, estableciendo en éste y otros puntos claves de la capital un control absoluto, sin respetar los espacios políticos a que tenían derecho las otras organizaciones que habían combatido al antiguo régimen.

Enero 3. *Fidel Castro, Santiago de Cuba. "Yo no estoy interesado en el poder, no lo ambiciono. Siempre he actuado con lealtad y franqueza. Restableceremos todos los derechos y libertades, incluyendo la absoluta libertad de prensa, todos los derechos individuales y todos los derechos de los sindicatos obreros. Haremos todo sin ninguna ambición personal, porque estamos inmunes a las tentaciones de la vanidad y el poder".*

-Ernesto Guevara se apodera de los archivos del Brac., Buro Represivo de Actividades Comunistas. Lo mismo sucedió con los del SIM, Servicio de Inteligencia Militar y con los archivos privados del Dr. Salvador Díaz Versón. En estos archivos estaban identificados todos los comunistas de Cuba.

Enero 4. Las diferencias entre el Movimiento 26 de Julio y el Directorio Revolucionario 13 de Marzo (DR-13-3), motivan que numerosos efectivos del Directorio se reúnan con sus armas en el Palacio Presidencial y en las instalaciones de la Universidad de La Habana. La operación está dirigida por Rolando Cubelas, Ricardo Pérez y otros lideres de la organización. El incidente no trasciende a mayores consecuencias, pero permite apreciar las disensiones en las fuerzas insurrectas. Dos días más tarde, Faure Chomón, uno de los jefes del DR-13-3 manifiesta su descontento porque ningún miembro de la organización integró el nuevo gobierno.

Enero 7. *El gobierno de Estados Unidos reconoce al nuevo gobierno de Cuba.*

Enero 8. Se fuga de la Cárcel de Pinar del Río, marchando hacia la Sierra de los Órganos, el cabo de ejército de la república, Luis Lara Crespo. El ex militar organiza la primera guerrilla contra el nuevo régimen.

Enero 9. *Fidel Castro, La Habana. "Nosotros tenemos un país libre, no tenemos censura y el pueblo puede reunirse libremente. Todos los derechos de los ciudadanos han sido restablecidos. No hay torturas, no hay asesinatos, no hay terror y las elecciones generales se harán lo más rápido posible. Nunca vamos a usar la fuerza y el día que el pueblo no me quiera me iré".*

Enero 10. Líderes del Directorio Revolucionario Estudiantil protagonizan otro amago de rebeldía cuando uno de sus comandos en completo rechazo al poder omnimodo de Fidel Castro se apodera de una importante cantidad de armas en la base militar de San Antonio de los Baños. El comandante Faure Chomón fue el principal inspirador de esta acción.
- El Gobierno Revolucionario modifica los artículos 21, 24 y 25 de la Constitución, que autorizan la retroactividad de la Ley Penal, la confiscación de bienes y la pena de muerte por fusilamiento, respectivamente.
- Se aprueba la Ley Numero 4 que suprime la invocación "Así Dios me ayude" que figuraba en el juramento de los funcionarios del Poder Judicial. Esta reforma judicial suspende la inamovilidad de los funcionarios judi-

ciales y fiscales que garantizaba la Constitución de 1940. Esto posibilitó la remoción de un gran número de funcionarios del sistema judicial que fueron sustituidos por partidarios del nuevo régimen.

Enero 11. *La revista Bohemia publica que la cifras de muertos de la que era responsable el régimen derrocado era 898 personas. Posteriormente la propaganda la hace ascender a 20,000.*[3]
- Es dictada la Ley Numero 11, que anuló títulos universitarios expedidos con anterioridad a dicha ley, entre ellos los expedidos por la Universidad Católica de Santo Tomás de Villanueva. Esta ley da inicio a un proceso que anularía la libertad de cátedra, la autonomía universitaria, la libertad de enseñanza religiosa y la libre organización de las asociaciones estudiantiles.

Enero 12. *Durante una entrevista realizada por Rine E. Leal, de la revista Carteles, declara Fidel Castro:*
"El 26 de Julio se convertirá en un partido político porque es la única manera que tenemos de luchar revolucionariamente en el campo de la democracia... no espero ser el próximo presidente electo de Cuba en las primeras elecciones libres que celebremos (32 y la constitución demandaba 36)... ésta no es una revolución de una clase social contra otra clase...".

Enero 13. Los numerosos fusilamientos de personas asociadas al régimen anterior y acusadas de crímenes, son objetos de fuertes críticas por instancias internacionales y numerosos medios de prensa de América Latina. Estos juicios se llevaron a cabo sin ninguna garantía procesal.

Enero 20. *Para demostrar que la llamada Justicia Revolucionaria (léase fusilamientos sin el debido proceso judicial de un estado de derecho), disfrutaba de apoyo popular, las autoridades convocan aproximadamente a un millón de personas frente al Palacio Presidencial. Fue ésta la primera manifestación de intimidación a gran escala, convocada por el naciente régimen totalitario.*
- Fidel Castro viaja por primera vez al extranjero después del triunfo de la insurrección. Durante su estancia en Venezuela reafirma su compromiso de convocar a elecciones en dos años y niega rotundamente cualquier afiliación a la ideología comunista.

Enero 26. Como un esfuerzo independiente de las labores que realizaban las fuerzas revolucionarias identificadas con Fidel Castro, un grupo de jóvenes se reúnen y constituyen los Comandos Rurales. Esta institución tenía como propósito promover la alfabetización y mejorar las condiciones de vida en las zonas rurales de Cuba. Entre los fundadores estaban Rogelio González Corzo y el comandante del Ejército Rebelde Humberto Sorí Marín, ambos serían fusilados dos años más tarde, y Manuel Artime Buesa, quien fallecería en el exilio después de haber sido uno de los líderes de la invasión a Playa Girón.

Enero 27. *Primera crisis en el sector obrero. Los fidelistas, con el respaldo oficial de un acuerdo del Consejo de Ministros y con el apoyo armado de sus milicias, se apoderan de la máxima regencia de la Centra Sindical, de las Federaciones Nacionales e incluso de muchos sindicatos. A esta situación expuso el líder obrero Conrado Rodríguez "que la Confederación de Trabajadores de Cuba y la Federación Nacional de Trabajadores de la Azúcar no son propiedad de nadie sino de toda la clase obrera y que sus dirigentes deben salir de las Asambleas Generales". Revista Carteles, 1 de febrero de 1959.*

Enero 28. Se funda en la ciudad de New York, la organización La Rosa Blanca. El nuevo movimiento opositor, que tiene como fin derrocar al gobierno revolucionario, es presidido por el doctor Rafael Díaz Balart, estando su cuerpo directivo integrado por el ex coronel Merob Sosa, Luis Manuel Martínez, Delfín Rodríguez Silva y el prestigioso cardiólogo Dr. Domingo Gómez Gimeránez.[4]

Enero 29. *El presidente de la República, Manuel Urrutia Lleó y su Primer Ministro, José Miró Cardona, declaran públicamente que no se permitirá más el juego en los casinos y en ningún lugar de la República. Fidel Castro contraviene estas declaraciones planteando que debía permitirse el funcionamiento de los casinos para que jugaran los cubanos ricos y los turistas que quisieran.*

Enero 30. *La reforma constitucional suspende por noventa días la aplicación de los artículos 27, 29, 196 y 197 de la Constitución de 1940, desapareciendo la garantía de hábeas, permitiendo que cualquier ciudadano fuera privado arbitrariamente de su libertad. La Ley Número 39 autoriza la creación de tribunales especiales con competencia para conocer de juicios que sólo podían conocer los jueces ordinarios, autorizando que la justicia criminal fuera administrada por tribunales militares designados libremente por los comandantes del Ejército Rebelde, pudiendo ser procesados los ciudadanos civiles por estos tribunales. Hasta este día se considera que unas 500 personas habían sido ejecutadas por la decisión de estos tribunales.*

Enero 31. El periodista Salvador Díaz Versón, al partir para un congreso que se celebraría en San José, Costa Rica, denuncia la presencia de los comunistas en las actividades públicas que tienen lugar en el país.

Febrero. *Las diferencias entre la Federación Estudiantil Universitaria, FEU., el Consejo Universitario y otros sectores al interior de la Universidad de La Habana se agudizan, lo que favorece la desparación paulatina de la Autonomia Universitaria. Se desarrolla al interior del alto centro de estudio un proceso denominado "Depuración".*

Febrero 2. Un atentado contra Fidel Castro en el Santuario del Cobre, en Santiago de Cuba, fracasa porque se le cae de las manos a uno de los complotados una granada. Por esta causa mueren y resultan heridas varias personas. Son arrestados José Duany Cobas, Juan A. Rivera, Miguel Vázquez y Jorge López.

Febrero 7. *Queda abrogada la Constitución de 1940, una de las promesas más importante de la Revolución triunfante. En sustitución, se promulga una Ley Fundamental. En esta Ley se suprime la invocación a Dios que figuraba en el preámbulo de la Constitución de 1940 y se despojan a más de cien mil cubanos de sus derechos civiles.*

Febrero 9. *Como muestra del futuro que espera a los trabajadores, el jefe de gobierno hace uso de la palabra en una plenaria de la Federación Nacional de los Trabajadores Azucareros, demandando de los obreros y sus dirigentes la renuncia al derecho a huelga, para poder garantizar las zafras azucareras.*

Febrero 13. *Rumores de serias fricciones entre Fidel Castro y el Primer Ministro José Miró Cardona, hacen presumir la lucha por el poder en la estructura del nuevo régimen.*
- La Ley Número 74 suprime la referencia "Así Dios me ayude" que figuraba en las fórmulas de juramento de todos los funcionarios públicos. Este día también se aprueba la Ley Numero 76, que crea el Ministerio de Recuperación de Bienes Malversados destruyendo las bases que garantizan la propiedad privada ya que mediante simples resoluciones administrativas se puede privar al ciudadano de sus bienes, sin que pueda recurrir a un tribunal.

Febrero 16. Varios detenidos que eran transportados en un avión militar DC-

3, secuestran la aeronave y la obligan a aterrizar en las proximidades de Campechuela. Rápidamente el régimen moviliza fuerzas policiales y alcanzan a los fugitivos que se proponían alzarse en armas en un lugar conocido como Los Manantiales. En el encuentro muere Miguel A. Varona, uno de los evadidos.

Febrero 17. *Fidel Castro, junto al indiscutido liderazgo que disfruta, asume la posición de Primer Ministro del Gobierno Revolucionario. Esta decisión posibilita apreciar los primeros pasos para la instauración del poder unipersonal, y el posterior proceso de implementación de un régimen totalitario. Raúl Castro es nombrado ministro de las Fuerzas Armadas.*

Febrero 25. Se crea en la provincia de Las Villas y La Habana, la nueva organización contestataria Legión Democrática Constitucional, integrada fundamentalmente por miembros del Ejército Rebelde que no confiaban en el liderazgo de Fidel Castro. Los fundadores de la organización son el teniente del Ejército Rebelde Evelio Duque Miyar, Julio Lara Valdés, Carlos Manuel Duque Millar, el capitán Manuel Arbolaéz y José Carpio Ruiz.[5]

Febrero. Los procesos sumarios y fusilamientos sin garantías jurídicas realizados contra individuos acusados de haber cometido crímenes durante el régimen de Fulgencio Batista concitan el repudio de numerosos dirigentes políticos del hemisferio y prestigiosos medios informativos del continente.
El Congreso de Argentina aprueba una resolución dirigida a los "hermanos cubanos" en la que exponía "Basta de sangre. Edificad vuestra democracia por el camino de la ley, por el de la persuasion".El periódico "La Nación" tituló "No se permita que el odio engendrado por el dictador caído continúe rigiendo la conducta de los héroes". En Chile "El Mercurio", destacó, "a un movimiento democrático se le exige que trate de probar con sus actos, que es algo distinto a lo que combatió antes". En Perù, el diario "La Prensa" refirió "las espantosas represalias en masa... han provocado ya una ola de consternación y repudio en el mundo civilizado". En Brasil, "O Estado de Sao Paulo" calificó la justicia de Castro de sumaria y sujeta a errores y recordó que toda venganza es ciega e irracional.Varios periódicos mexicanos mostraron caricaturas donde se criticaban las ejecuciones sumarias.

Marzo 1. Son absueltos de un primer juicio celebrado en Santiago de Cuba, los pilotos del Ejército de la República que participaron en acciones aéreas contra el Ejército Rebelde. Sin embargo, por exclusiva decisión de Fidel Castro, los pilotos, mecánicos y ayudantes son juzgados por segunda vez dos días más tarde, y condenados a severas sanciones carcelarias. El comandante del Ejército Rebelde Félix Lugerio Pena, presidente del primer tribunal que juzgó a los miembros de la Fuerza Aérea, cometió suicido y el abogado defensor, capitán Dacosta fue detenido.[6]

Marzo 3. *El nuevo régimen sin respetar los compromisos contraídos en acuerdos internacionales, decide intervenir en la provincia de Pinar del Río una propiedad norteamericana, la finca de la Cuban Lan Tobacco Leaf Company.*
- La reestructuración del nuevo gobieno no se detiene, y es constituido el Ministerio de las Fuerzas Armadas.
- Dispone el Gobierno Revolucionario la intervención de la Cuban Telephone Company, de la Cooperativa Ómnibus Aliados y de los Autobuses Modernos.

Marzo. 13. *Fidel Castro, La Habana. "Nosotros hemos dicho que convertiremos a Cuba en el país más próspero de América Latina, hemos dicho que el pueblo de Cuba alcanzará el nivel de vida más alto que ningún país del mundo.*

Marzo 22. *Como parte de un proceso de intimidación dirigido a los que no respondían a los postulados del orden castrofidelista, las autoridades convocan a un desfile y concentración frente al Palacio Presidencial. Esta práctica se había iniciado desde los primeros días del triunfo revolucionario, y cumplía el doble propósito de estimular a las masas, a la vez que servía para amedrentar a los adversarios.*

Marzo 23. *Ante los severos cuestionamientos por parte de algunos medios informativos acerca de determinadas decisiones, las autoridades del régimen comienzan a enfrentar con todos los recursos del poder a quienes les combaten ideológicamente y crean un suplemento literario llamado "Lunes de Revolución". Este informativo es suspendido meses más tarde por el espíritu crítico que se apreciaba en sus páginas.*
- El Gobierno Revolucionario crea los Órganos de la Seguridad del Estado.

Abril 2. *Fidel Castro, La Habana. "Como gobernante tengo que tener un respeto igual por todas las ideas aunque no sean las de uno, respeto para todos los derechos, porque aquí se ha llamado democracia a darle derechos a unos y a perseguir a otros.*

Abril 5. *La solicitud de Fidel Castro de que los trabajadores hiciesen dejación de su derecho de huelga, es asumida por el ejecutivo de la Confederación de Trabajadores de Cuba, CTC., declarando que rechazaban un derecho reconocido por la ley por "innecesario", ya que el gobierno reivindicaba los derechos de los trabajadores.*

Abril 9. *Ante los reclamos de sectores de la sociedad civil y de líderes políticos, Fidel Castro plantea durante un discurso la necesidad de posponer las elecciones hasta que fuesen eliminados el desempleo y el analfabetismo.*

Abril 10. Muere por falta de atención médica el preso político Juan Manuel Capote Fiallo.

Abril 11. Ejecutado en Manzanillo, Oriente, Roberto Rosabal.

Abril 18. *Fidel Castro, Washington, Estados Unidos. "No soy comunista, ni los comunistas tienen fuerza para ser un factor determinante en mi país. Yo he venido aquí para contestarle a la prensa, porque lo primero que hacen los dictadores es acabar con la prensa libre, que es la primera enemiga de las dictaduras. Ése es el peor error que comenten las dictaduras".*

Abril 19. *Fracasada la invasión de Panamá, auspiciada por el gobierno cubano. Esta acción es considerada por muchos historiadores como el primer esfuerzo del gobierno por exportar la Revolución, aunque el propio Fidel Castro desautorizó públicamente la misión.*

Abril 21. Monseñor Eduardo Boza Masvidal, rector de la Universidad de Villanueva, publica un documento en el que pide cesen los fusilamientos y alerta sobre el peligro comunista que se cierne sobre Cuba.

Mayo 2. Cuba y Estados Unidos suscriben un acuerdo de cooperación económica para impulsar el desarrollo de la Reforma Agraria.

Mayo 5. *Fidel Castro, Montevideo, Uruguay. ¿Cuál es nuestro ideal? El de una sociedad en el que todos tengan derecho a sus ideas políticas, fuere cuales fueren; donde todos tengan derecho a sus ideas religiosas, sean cuales fueren; donde todos tenga derecho a la libertad, sean mayoría o minoría... Ni el imperio de una minoría sobre una mayoría, ni el terror de una mayoría sobre una minoria. Democracia en el sentido real, no dictadura, ni oligarquía; democracia en el sentido real sobre una base de justicia* *social. Tracemos nuestras metas y luchemos por ellas.*

Mayo 8. *Fidel Castro niega ser comunista, y afirma que "la Revolución es tan verde como las palmas", pero sigue rechazando la idea de celebrar elecciones.*

Mayo 14. *El necesario control para instaurar el nuevo régimen demanda la creación de nuevas estructuras económicas, políticas y sociales. El Gobierno Revolucionario constituye el Instituto Nacional de la Reforma Agraria, INRA.*

Mayo 15. El insurgente Luis Lara continúa alzado en la Sierra de los Órganos, en la provincia de Pinar del Río. A Lara, el primer guerrillero en la lucha contra el totalitarismo, se le suman nuevos efectivos.

Mayo 17. *Se promulga en La Plata, Sierra Maestra, la Ley de Reforma Agraria que establece que la máxima extensión de propiedad rural de una persona natural o jurídica no puede exceder las 30 caballerías (1 caballería = 13,42 hectáreas). Aunque esta ley afecta a propietarios extranjeros, los mayores perjudicados fueron los propietarios cubanos. Con esta ley el 40% de las tierras cultivables quedaron bajo el control del estado.*

Mayo 21. *Fidel Castro, en un discurso de varias horas de duración, critica fuertemente a los comunistas y su doctrina. Afirma que es un humanista. "A nuestra Revolución llamamos humanista por sus métodos humanos, por los métodos democráticos y se diferencia del capitalismo porque no mata al hombre de hambre y del comunismo porque no lo priva de sus libertades". El periódico Revolución ataca fuertemente a Blas Roca, líder de los comunistas.*

Mayo 24. El Frente Obrero Humanista vence a los comunistas en las elecciones sindicales de la Confederación de Trabajadores de Cuba.

Mayo 29. Una avioneta que volaba sobre La Habana, lanza propagandas contra el gobierno.

Junio 2. *La Asociación Nacional de Ganaderos de Cuba acordó en una Asamblea Nacional rechazar la Ley de Reforma Agraria por considerar que ahoga el principio de libertad de las clases productoras para convertirlas en un régimen de producción dirigida...".*

Junio 4. Varios propietarios de fincas rurales de la provincia de Pinar del Río, protestan contra la Ley de Reforma Agraria en los estudios de la emisora radial CMAB. Expresaron sus opiniones críticas en el medio informativo Armando Humarán, Gustavo Fernández Pino, Mario Ferrer y Ángel Camoira.

Junio 5. El embajador Antonio Rodríguez Echazábal y el presidente de la Caja de Retiro Azucarero, Celestino Fernández Suárez fueron objeto de un atentado cerca de la embajada de Cuba en Port au Prince, Haití. Ambos resultaron ilesos aunque el auto recibió más de 50 perforaciones.

Junio 8. El presidente Manuel Urrutia, pronuncia en la provincia de Camagüey un discurso muy crítico de la ideología comunista y de sus representantes en Cuba.

Junio 10. Por segunda vez tirotean el automóvil del embajador del gobierno de Cuba en la República de Haití.

Junio 11. *El Departamento de Estado de Estados Unidos remite una nota a la cancillería de Cuba en la que reconoce el derecho del Estado Cubano de expropiar tierras a los extranjeros, pero le recuerda la necesidad de hacerlo bajo una adecuada y efectiva compensación.*

Junio 13. *Una expedición armada integrada por miembros del Ejército Rebelde desembarca en República Dominicana. Pocos días después es derrotada por las fuerzas del dictador Rafael Leonidas Trujillo.*

Junio 15. Se inicia en La Habana la publicación del tabloide Opinión Nacional. Este nuevo medio informativo critica las decisiones del gobierno que en su consideración no se ajustan a la realidad ni respetan los derechos de los ciudadanos.

Junio 16. Detonan en la capital cubana varios artefactos explosivos.

Junio 20. *El Consejo de Ministros aprobó la totalidad de un proyecto de ley que transfiere a la jurisdicción ordinaria el conocimiento de las causas que conocían los Tribunales Revolucionarios por delitos cometidos durante el régimen anterior, sin embargo, esta Ley establece la pena de muerte para los delitos calificados como contrarrevolucionarios.*
- Explotan en La Habana varias bombas colocadas por algunos de los

primeros grupos organizados en contra del nuevo régimen.

Junio 24. Miembros del Movimiento de Recuperación Democrática, MRD, y de la Legión del Caribe, capitaneados por Fernando Pruna Bertot y el norteamericano Peter Lawton como jefe militar, se alzan en armas en la zona de La Herradura, Sierra de los Órganos, provincia de Pinar del Río. Inmediatamente varios batallones del ejército rodean a los guerrilleros, siendo apresados los insurgentes y condenados a largas penas de cárcel. En esta misión estaba involucrado otro extranjero, el estadounidense Austin Young.

Junio 29. El comandante de la Fuerza Aérea Revolucionaria, Pedro Luis Díaz Lanz, dirige una carta al presidente de la República, Manuel Urrutia Lleó, en la que protesta por la fuerte presencia de elementos marxistas en las fuerzas armadas y el que se esté implementado un programa de instrucción comunista en la Academia Militar Cubana.

Junio 30. *Las críticas expresadas por el presidente Manuel Urrutia contra los comunistas son contestadas por Aníbal Escalante. Días más tarde, Fidel Castro, por medio del periódico Revolución, critica al Presidente, iniciándose así una fuerte campaña contra el mandatario.*

Julio. Las autoridades descubren una conspiración organizada por una agrupación denominada "Organización Occidental Revolucionaria". Uno de los arrestados es Juan Walfrido Despaigne Moret, quien logra fugarse del lugar donde le tenían recluido.

Julio 4. *El expansionismo del nuevo régimen encuentra una nueva forma de expresarse a través de la constitución de la "Casa de Las Américas", una entidad cultural que a través de diversos medios ejercerá influencia sobre los intelectuales nacionales y extranjeros.*
- El gobierno de Estados Unidos aprueba una ley que suspende la compra de azúcar de caña a Cuba.

Julio 5. *La colectivización de la agricultura se acelera con la firma, por parte de Fidel Castro, entonces presidente del Instituto Nacional de la Reforma Agraria, INRA., de un reglamento que establece la constitución y estructura de la misma.*

Julio 6. Pedro Luis Díaz Lanz, primer Jefe de la Fuerza Aérea Revolucionaria, se escapa clandestinamente del país después de presentar su renuncia al alto cargo que ocupaba.

Julio 7. *El Consejo de Ministros aprueba la Ley 425, que define los delitos considerados contrarrevolucionarios y autoriza la pena de muerte a "quienes desembarquen en el territorio nacional formando parte de contingentes armados o no armados, que ingresen al país para cometer alguno de los delitos tipificados en la Ley". La Ley incluye fuertes sanciones para los que difundan rumores, atenten contra la economía y a los responsables de asesinatos por motivos políticos, etc.*

Julio 13. El presidente de Cuba, Manuel Urrutia Lleó, ratifica su lealtad al proceso revolucionario, pero expresa públicamente su rechazo al comunismo y manifiesta que a la Revolución no le hace falta el apoyo de los comunistas. El presidente ataca fuertemente al diario Hoy y declara que los verdaderos revolucionarios deben rechazar el comunismo.

Julio 14. El comandante Pedro Luis Díaz Lanz, ex jefe de la Fuerza Aérea Revolucionaria de Cuba, denuncia ante una comisión del Senado de Estados Unidos, que Fidel Castro está comprometido en la instauración de un régimen comunista en Cuba.

Julio 15. Miembros de la resistencia ejecutan en Artemisa, provincia de Pinar del Río, un atentado contra un oficial del Ejército Rebelde.

Julio 16. *El ministro de Justicia, Alfredo Yabur, declara a la prensa que "es necesaria la pena de muerte para los que quieran detener la obra de la Revolución".*
- El presidente de la República, Manuel Urrutia Lleó, en una entrevista en CMQ-TV, califica de traidor al comandante Pedro Luis Díaz Lanz, por haber hecho declaraciones ante el Senado de Estados Unidos en contra del gobierno revolucionario.También expresa que los comunistas le hacen mucho daño a Cuba.

Julio 17. *Una hábil maniobra política gestada por Fidel Castro y sus incondicionales durante varios meses, le permite deponer en un incruento golpe de estado al presidente Manuel Urrutia Lleó. El mandatario, que había sido impuesto por Castro, llevaba varios meses denunciando la fuerte penetración comunista en todas las esferas del gobierno.*[7] *El nuevo presidente, también designado por Castro, es el doctor Osvaldo Dorticós Torrado, quien hasta el momento había sido ministro de Leyes Revolucionarias.*

La mañana del 17, el periódico Revolución publicó con grandes letras "Renunció Fidel", al cargo de primer ministro, arengando a la población a que manifestase su solidaridad con Castro de todas las maneras posibles. La mayoría de los dirigentes políticos, gremiales y de organizaciones sociales manifestaron abiertamente su respaldo al gobernante cubano. El gobernante reasumió las funciones, que en realidad nunca había abandonado, durante el acto conmemorativo del ataque al Cuartel Moncada.

Julio 21. Militantes de la resistencia atacan una unidad militar en la capital del país.

Julio 26. Una avioneta tripulada por Rafael del Pino, es derribada cerca de Boca de Jaruco, provincia de La Habana. Al frente de esta operación estaba el comandante Efigenio Ameijeira.

Julio 27. Denuncia desde Haití, un ex militar exiliado en Santo Domingo, que el gobierno de Rafael Leonidas Trujillo y el general José Eluterio Pedraza están preparando una incursión armada contra el régimen de Fidel Castro. Esta información sirve a las autoridades como pretexto para detener a numerosos ex militares acusándoles de estar conspirando.

Agosto 1. Varias bombas de fabricación casera causan serios daños a aviones aparcados en el Aeropuerto Internacional de Miami, que esperaban ser enviados a Cuba.

Agosto 4. Otras dos aeronaves, propiedad del gobierno cubano, son destruidas en un hangar del Aeropuerto Internacional de Miami.

Agosto 7. Una granada colocada por miembros de una agrupación clandestina, explota en la calle Prado #59, en La Habana.

Agosto 10. La residencia que ocupa Fidel Castro en Cojimar, provincia de La Habana, es atacada a tiros por grupos de la resistencia.

Agosto 11. *La Unión Soviética suscribe un contrato con Cuba para obtener a precio especial poco más de 100,000 toneladas de azucar. La URRS, como mayor productor de azúcar del mundo, no tenía necesidad de adquirir ese producto en Cuba, por lo que el convenio es parte de un plan encubierto que promueve el establecimiento de estrechas relaciones entre los dos gobiernos.*

Agosto 12. Un avión procedente de República Dominicana deja caer pertrechos bélicos en las inmediaciones de la playa el Ingles, próxima a la ciudad de Trinidad. Miembros del Ejército Rebelde, Segundo Frente Nacional del Escambray, haciendose pasar por elementos desafectos a la Revolución, recogen las armas.

Agosto 13. *Aterriza un avión C-46 procedente de Santo Domingo, en la ciudad de Trinidad, transportando a un grupo de cubanos y personas de otras nacionalidades que tenían como propósito combatir al nuevo régimen.*[8] *En el lugar se produce un tiroteo en el que mueren los expedicionarios capitán aviador Betancourt y el teniente Vals, las fuerzas del régimen tienen también dos bajas mortales, una de ellas fue el teniente Frank Hidalgo Gato. Ambos bandos resultan con heridos de diferente consideración.*[9]

Agosto 14. *Una tercera expedición con destino a Haití parte de Cuba con fuerte presencia de miembros del Ejército Rebelde previo conocimiento del gobierno revolucionario. Esta tercera invasión es derrotada al igual que las anteriores.*

Agosto 15. El doctor Enrique Castellanos asume la dirección del movimiento Legión Democrática Constitucional, una fuerza clandestina que estaba preparando las condiciones para producir en la isla varios alzamientos militares simultáneos.

Agosto 18. Son detenidas en las lomas de Pinar del Río, varias personas que se encontraban organizando un levantamiento.
- Es tiroteada en La Habana, la residencia del comandante del Ejército Rebelde Eloy Gutiérrez Menoyo. No se reportaron heridos por ninguna de las partes.
- *El jefe de las Fuerzas Armadas de Cuba, Raúl Castro, expresa en la Universidad de San Marcos, Perú, "La Defensa hoy de Cuba, será mañana la defensa de la revolución de otros pueblos que se sacudan el yugo del imperialismo". Esta manifestación demuestra el agresivo expansionismo del régimen cubano.*

Agosto 20. A la salida de una clínica en el Vedado, La Habana, es objeto de un atentado el teniente Eduardo Arlet. Por esta acción fueron detenidos Armando Borbón, Cristóbal Ramírez y José Ledesma Rojas.

Septiembre 10. El Buró Federal de Investigaciones arresta en la ciudad de

Miami, por tenencia ilegal de armas automáticas, a Francisco del Rey. Supuestamente los pertrechos iban a ser utilizados contra el régimen de Fidel Castro.

Septiembre 15. Se crea en La Habana la organización antigubernamental Milicias Anticomunistas Obreras y Campesinas.

Septiembre 16. La dirección del periódico Diario de la Marina, protesta enérgicamente por el boicot que está sufriendo el periodista norteamericano Jules Dubois. El corresponsal del Chicago Tribune informa constantemente a la opinión pública mundial sobre la fuerte penetración comunista en el gobierno revolucionario cubano.

- El Consejo de Ministros suspende por 45 días la inamovilidad de los funcionarios del servicio exterior. Una nueva ley reorganizativa crea los departamentos de política regional, de asuntos latinoamericanos y de organismos internacionales.Se dispone la creación de la academia "Gonzalo Quesada y Arostegui" para perfeccionar funcionarios y empleados.

- Se dictan nuevas regulaciones a los colegios privados por medio de una resolución firmada por el subsecratrio de trabajo, doctor César Gómez.

Septiembre 21. *Varias industrias y centros de recreación son confiscados por el ministerio de Recuperación de Bienes Malversados. Por otra parte, se autoriza al Fondo de Estabilización de la Moneda decretar la intervención de cualquier negocio, empresa o entidad que no cumpla las disposiciones de la ley número 568.*

Septiembre 25. *El comandante Delio Gómez Ochoa, jefe de la invasión patrocinada por Cuba a República Dominicana, comparece ante la televisión de ese país y acusa a Fidel Castro de promover la incursion armada.*

Septiembre 28. Una avioneta procedente del exterior lanza once rifles marca Springfield, con sus respectivas municiones, sobre un área próxima a Consolación del Sur, Pinar del Río. Los suministros fueron capturados por las autoridades.

- Los obreros de las empacadoras Ruisánchez y La Unión decretan una huelga no política que es calificada por los partidarios del gobierno como un acto contrarrevolucionario.

Septiembre 29. *Fidel Castro declara en el programa de televisión del canal 4, "Comentarios Económicos".*

"Si el capital privado pudiere trabajar, que trabaje, pero con orden, con plan, no le pondremos cortapisa a la inversión privada."
"El cubano vivía con más lujos que el norteamericano y aquí se consumían más cadillacs por habitante que en Estados Unidos"
"Todo el que reciba un dólar aquí debe llevarlo al Banco Nacional".

Octubre. *Una nueva maniobra del castrismo que demanda unidad en la dirección de la Federación Estudiantil Universitaria, FEU., desplaza al dirigente del 26 de Julio, Pedro Luis Boitel, siendo elegido el comandante Rolando Cubelas como presidente de esa importante organización estudiantil. Las condiciones en que se desarrolló el proceso electoral en la Universidad de La Habana son un claro reflejo de las fuertes luchas intestinas que se estaban produciendo en todas las esferas del poder.*

Octubre 1. Una avioneta deja caer dos artefactos de fabricación casera sobre el ingenio Punta Alegre, en la provincia de Camagüey.
- Cuba le vende a la URRS, 330,000 toneladas de azúcar. En efectivo sólo pagarán el 20% y el resto en productos elaborados. La azúcar se vende a 2.905 centavos; a Estados Unidos se vendía en esa época en 4,05 centavos.

Octubre 3. *Una pieza importante en la construcción de la maquinaria necesaria para el establecimiento de un régimen totalitario en Cuba fue la fundación de la Asociación de Jóvenes Rebeldes, que tres años más tarde se transformaría en la Unión de Jóvenes Comunistas.*
- Inicia el régimen una campaña dentro de los sindicatos para que se laboren 9 horas y se cobren 8 horas.

Octubre 8. En Punta Brava, Bauta, un grupo subversivo incendian con fósforo vivo una camión cargado de mercancías y un automóvil. Ninguna organización se atribuye el hecho.

Octubre 11. Una avioneta lanza dos bombas incendiarias sobre el Central Niágara, en la provincia de Pinar del Río.

Octubre 12. Fuerzas gubernamentales capturan un alijo de armas que una avioneta había dejado caer cerca del municipio de Aguacate, Pinar del Río.

Octubre 14. Una avioneta disemina propaganda antigubernamental sobre Guanajay, Pinar del Río.

Octubre 15. Un grupo de jóvenes dirigidos por Orlando Martínez Paz, se reúne y constituye el Movimiento Anticomunista Cubano. La reunión tuvo lugar en la finca El Abra, cerca de Nueva Gerona, Isla de Pinos, lugar donde estuvo recluido José Martí.

Octubre 16. *Es suprimido el Ministerio de la Defensa y constituido el Ministerio de las Fuerzas Armadas, siendo nombrado para dirigirlo Raúl Castro. La primera decisión del flamante ministro es licenciar a cientos de guerrilleros serranos y ordenar el corte de pelo y barba de los miembros del Ejército Rebelde.*

Octubre 18. Fuerzas del régimen capturan cerca de las Minas de Matahambre al guerrillero Luis Lara, jefe de un grupo de alzados que operaba en la provincia de Pinar del Río. El también guerrillero José A. Vicente Morffi es apresado.

Octubre 19. Dos bombas de fabricación casera fueron lanzadas desde un avión, por segunda vez en menos de un mes, sobre el central Punta Alegre en Camagüey.
- El comandante Huber Matos, jefe de la provincia de Camagüey, dirige al jefe del gobierno revolucionario, Fidel Castro, una carta de renuncia en la que denuncia la penetración de los comunistas en el proceso revolucionario.

Octubre 21. Un avión capitaneado por el hermano de quien fuera el primer jefe de la Fuerza Aérea Revolucionaria, Pedro Luis Díaz Lanz, Marcos Díaz Lanz, y dos tripulantes más, deja caer un millón y medio de volantes sobre la capital cubana en los que se denunciaba el establecimiento de una nueva dictadura. El fuego antiaéreo del que es objeto la aeronave da lugar a que se precipite sobre la ciudad, provocando dos muertos y varios heridos.

El gobierno inicia una campaña de propaganda en la que afirma que el avión lanzó bombas sobre la capital.
- El comandante Huber Matos es arrestado con más de treinta oficiales del Ejército Rebelde, por el también comandante Camilo Cienfuegos, cumpliendo una orden de Fidel Castro. Éste es un suceso que será determinante entre sectores que estaban a favor del proceso revolucionario, pero que rechazaban la penetración comunista en el gobierno. Matos y los militares encarcelados fueron condenados a largas penas de reclusión.[10]
- Desaparece el avión que transportaba al comandante Camilo Cienfuegos desde la ciudad de Camagüey, hasta La Habana. Varias personas atribuyen a Fidel Castro la muerte del comandante guerrillero.

Octubre 22. *Constitución oficial de las Milicias Nacionales Revolucionarias. Este instrumento era vital para la constitución del nuevo régimen y para infiltrar todo el tejido de la sociedad civil.*
- Fuerzas irregulares no identificadas tirotean un tren en la provincia de Las Villas.

Octubre 24. Dos avionetas de procedencia desconocida dejan caer propaganda antigubernamental sobre las ciudades de La Habana, Marianao, Guanabacoa y El Cotorro, todas en la provincia de La Habana.

Octubre 26. Dos avionetas atacan con explosivos los centrales Niágara y Violeta, en la provincia de Camagüey.
- *Son restablecidos los tribunales revolucionarios, destinados a juzgar los delitos contra la seguridad del estado. Estos tribunales están capacitados para aplicar la pena de muerte a los delitos contrarrevolucionarios. Por otra parte, el régimen considera que este día se inició el desarrollo masivo de las Milicias Nacionales Revolucionarias, aunque desde hacía meses se habían estado gestando estas unidades paramilitares en centros de estudios, trabajo y organismos gubernamentales.*

Octubre 27. Miembros de la resistencia lanzan desde un automóvil en marcha una bomba contra la puerta de la recepción del periódico gubernamental Revolución. Una persona resulta herida en el atentado, pero ninguno de los subversivos es capturado por las fuerzas policiales.

Octubre 28. Encuentran dos artefactos explosivos sin detonar en el paradero de autobuses de la ruta #78, en el Reparto Zamora, en Marianao.

Noviembre. Se funda en la ciudad de Miami, Estados Unidos, la organización Movimiento Anticomunista Obrero y Campesino, MAOC. La organización se propone derrocar al régimen imperante en Cuba.

Noviembre 2. Tienen lugar en diferentes lugares de Cuba reuniones encubiertas de miembros de la Legión de Acción Revolucionaria, LAR, y de otros grupos descontentos con el rumbo que estaba tomando el proceso revolucionario. Algunas de estas personas, entre ellas el comandante del ejército rebelde Ricardo Glorié, el teniente y médico Manuel Artime, y el ingeniero Rogelio González Corzo, llegarían a ser figuras destacadas de la oposición, que estaba en gestación. En una de estas reuniones se establecen las bases de la organización que más tarde se identificaría como Movimiento de

Recuperación Revolucionaria, MRR.

Noviembre 4. Tres aviones lanzan propaganda subversiva sobre varias localidades de la provincia de Oriente.

Noviembre 5. La residencia del comandante William Morgan en el Country Club, de La Habana, es objeto de un atentado con disparos de ametralladora. Es detenido después de un fuerte intercambio de disparos con los custodios de la casa, el miembro de la resistencia Manuel Alfaga González, otros dos insurgentes lograron escapar.

Noviembre 10. Fuerzas de la resistencia sabotean una planta de bombeo de agua en la ciudad de Matanzas.

Noviembre 14. *En un confuso accidente que algunos historiadores asocian con la desaparición del comandante Camilo Cienfuegos, muere a tiros el comandante Cristino Naranjo, un estrecho colaborador de Cienfuegos. En el tiroteo perecen también el cabo Luis Peña y el soldado Félix Ramos.*

Noviembre 17. Grupos subversivos provocan la suspensión del fluído eléctrico en los repartos de San Miguel del Padrón y el Vedado

Noviembre 18. *Se inaugura el Décimo Congreso Nacional de la Confederación de Trabajadores de Cuba en el teatro del Palacio de los Trabajadores en la Habana. En este congreso se van a producir abiertos enfrentamientos entre los miembros del Movimiento 26 de Julio que rechazaban el comunismo y los partidarios de éste que defendían la tesis de la Unidad.*
Después de un intenso debate entre los dirigentes de la Confederación se tomó el acuerdo de que los comunistas no integrarían la candidatura oficial para el nuevo Comité Ejecutivo que habría de elegir el Congreso. El ministro del Trabajo del gobierno revolucionario, Manolo Fernández y el Secretario General de la CTC, David Salvador, orientó sus mejores esfuerzos para disminuir la influencia comunista en el Congreso y en el futuro de la organización sindical.
- Raúl Castro, Ministro de las Fuerzas Armadas, declara en la Universidad de La Habana que la Revolución Cubana es genuinamente democrática y que si fuera comunista lo reconocería.

Noviembre 20. *Aprueba el Consejo de Ministro la Ley 634, que determina*

el cese de la competencia de los tribunales ordinarios para juzgar delitos tipificados como contrarrevolucionarios y le confiere al ministro de las Fuerzas Armadas facultad para designar libremente a los miembros de los Tribunales Revolucionarios.
-En el antiguo hemiciclo de la Cámara de Representantes, Capitolio Nacional, inaugura el presidente Osvaldo Dorticós Torrado las sesiones sobre la Reforma Integral de la Enseñanza

Noviembre 23. Ante los ataques constantes del dictador Fidel Castro, el periódico el Diario de la Marina le responde en un editorial "Estamos con la Revolución si la Revolución significa Libertad, Democracia, Justicia Social y Colaboración de Clases, reguladas por el estado en nombre del bien común y estamos contra la Revolución si por Revolución se entiende la abolición de la propiedad privada, la muerte de la libertad, la dictadura por la fuerza".

Noviembre 24. *Clausurado el X Congreso de la Central de Trabajadores de Cuba CTC, que había estado dividido en todas sus sesiones por dos tendencias: una que se identificaba como Humanista y la otra como Unitaria. Fidel Castro participó activamente en las sesiones del Congreso para influenciar sobre los resultados del mismo. Este evento es recordado como el "Congreso de los Melones".*
En el congreso fue elegido como Secretario General David Salvador. De los 2854 delegados electos, sólo 265 eran comunistas. Sin embargo, la CTC se separa de de la ORIT, Organización Regional de la Confederación Internacional de Sindicatos Libres. También se aprueba que los trabajadores contribuyan con un 4% de su salario para la industrialización del país.
- El Comité Ejecutivo de la Sociedad Interamericana de Prensa, SIP, reunido en la ciudad de Nueva York denuncia el aumento de la censura por terror como el arma con la que Fidel Castro quiere silenciar toda crítica.
- Aprueba el Consejo de Ministro la Ley 647 que autoriza al Ministerio de Trabajo a intervenir las empresas en las que se altere el normal desarrollo de la producción.

Noviembre 27. *La histórica independencia de la Federación Estudiantil Universitaria, FEU, sufre un rudo golpe cuando desfilan por los predios de la Universidad de La Habana las primeras milicias del prestigioso centro estudiantil.*

Noviembre 28. Con la presencia de aproximadamente un millón de ciudadanos se celebra en la Plaza Cívica, hoy Plaza de la Revolución, el Primer

Congreso Nacional Católico. En el acto se escuchó un mensaje grabado de su santidad Juan XXIII.

En el evento numerosas personalidades expresaron públicamente su rechazo a la penetración comunista en la estructura de gobierno de la Revolución triunfante. El doctor José Ignacio Lasaga en un elocuente discurso expresó "Justicia Social sí, redención del trabajador sí; comunismo no". Por varias cuadras millares de fieles que se alumbraban con antorchas marcharon junto al Arzobispo de Santiago de Cuba, Monseñor Pérez Serante, transportando una urna de cristal en la que se encontraba la imagen de la Virgen de la Caridad del Cobre, patrona de los católicos cubanos.

Noviembre 30. El obispo de Matanzas, Monseñor Villaverde, plantea en el estadio La Tropical, La Habana, lugar donde se efectúa la Asamblea Plenaria de la Acción Católica Cubana que los pueblos deben escoger entre el reino de Dios o el reino del materialismo.

Diciembre. *Gestiona el gobierno cubano la adquisión de pertrechos militares, cañones, morteros, armas ligeras y municiones ante el gobierno de la República Federativa de Yugoslavia. Los tramites son corridos por Raúl Castro y el comandante José R. Fernández Álvarez.Las gestiones no satisfacen a las autoridades cubanas pero se aprecia por ellas la intención de acercarse a los países socialista del Este europeo.*
- Se funda la agrupación clandestina Movimiento Anticomunista Revolucionario con el propósito de enfrentar al nuevo régimen. Los dirigentes son Carlos González Cabo y Antonio Menéndez.

Diciembre 1. Son arrestados en el aeropuerto de Miami, los cubanos Osvaldo Piedra, Miguel Orozco, Manuel Revuelta, Manuel Blanco y José Antonio Hernández, cuando intentaban cargar en un avión Cessna 310, varias bombas de fabricación casera que pretendían arrojar sobre instalaciones del gobierno cubano.

Diciembre 2. Un grupo no identificado ejecuta un sabotaje en una vía férrea situada cerca de Bolondrón, Matanzas, causando grandes daños en la misma.

Diciembre 8. Un grupo de partidarios del régimen queman en la ciudad de Corralillos un paquete de periodicos del "Diario de la Marina".

Diciembre 10. *Partidarios del régimen queman en la Plaza de la Soledad, La Habana, revistas "Life", y los periodicos "Prensa Libre", "Avance" y el*

"Diario de la Marina".

Diciembre 10. Se fuga del regimiento Rius Rivera, Pinar del Río, el estadounidense Austin Young, que había sido sancionado por contrarrevolucionario 24 horas antes. También se fugo Sergio Hernández Reyes, ambos fueron apresados en pocos días.

Diciembre 11. *Inicia el gobierno en diferentes ciudades del país una campaña contra los periódicos, "Diario de la Marina", "Avance", "Prensa Libre", "El Crisol" y las revistas "Life", "Times" y "Fortune".*

Diciembre 12. Durante una reunión integrada por Manuel Artime, Rogelio González Corzo, Rafael Rivas Vázquez, Carlos Rodríguez, Jorge Sotús, Sergio Sanjenís, Guillermo Hernández Cartaya y Carlos Rodríguez Quesada, se acuerda constituir formalmente la organización clandestina Movimiento de Recuperación Revolucionaria del 26 de Julio siendo designado como primer secretario general el señor Ángel Ros. El doctor Manuel Artime sale al exterior con el propósito de encontrar apoyo para el nuevo proceso de lucha política que se iniciaba.

Diciembre 19. Es fusilado Luis Lara, el "Cabo Lara", el primer guerrillero en contra del totalitarismo cubano que operó durante varios meses en la Sierra de los Órganos, Pinar del Río. Junto a Lara fue ejecutado también José A. Vicente Morfi.

Diciembre 20. *El Instituto Nacional de Reforma Agraria expropia todas las plantaciones de henequén propiedad de ciudadanos cubanos. Son intervenidos en el puerto de Caibarién más de 300 barcos de pesca propiedad de cubanos.*

Diciembre 21. El Ministro del Trabajo del gobierno revolucionario, comandante Augusto Martínez Sánchez, es objeto de un atentado en la calle 25 y N, Vedado, La Habana, en la acción resultan heridos tres de sus escoltas.
- Estalla un polvorín en San José de las Lajas, provincia de La Habana.

Diciembre 22. Se funda en La Habana, el Movimiento Demócrata Cristiano como fuerza política pública, bajo la presidencia del doctor José Ignacio Rasco.
- *Es aprobada la Ley Número 664, que dispone que en todos los casos de delitos contrarrevolucionarios, el Tribunal deberá acordar como sanción*

accesoria la confiscación total de los bienes del sancionado. Igual medida se tomará con los que abandonen el territorio nacional.

Diciembre 23. *Preparando condiciones para poder enfrentar la rebeldía que se avecina, el Consejo de Ministros aprueba la Ley 664 que faculta a Raúl Castro como ministro de las Fuerzas Armadas a designar a los miembros de los Tribunales Revolucionarios. Se dicta la prohibición de presentar pruebas en los recursos de apelación de causas; aíi mismo, que la confiscación de bienes de los procesados se podría aplicar en su ausencia, sin tener que escuchar a los acusados y sin que importe que éstos estén en el país o en el extranjero.*

Diciembre 26. Se frustra un atentado contra Miguel Ángel Quevedo, director de la revista Bohemia, cuando los cuatro jóvenes involucrados en la acción son detenidos por fuerzas de la seguridad.

Diciembre 27. La libertad de prensa es seriamente afectada cuando los partidarios del gobierno en los medios informativos introducen comentarios, "coletillas", en el que rechazan artículos y editoriales que adversan decisiones de las autoridades.

Diciembre 30. Estalla una bomba en la sede diplomática de Cuba en Ciudad Guatemala, Guatemala.

blanco

Monseñor Eduardo Boza Masvidal oficiando en el Congreso Católico, que se celebró en La Habana en 1959. Fue detenido varios días después y expulsado del país junto a más de un centenar de clérigos en 1961.

blanco

Año 1960

Enero 2. *El Gobierno Revolucionario convoca a los dirigentes del Sindicato de Artes Gráficas y del Colegio de Periodistas para que se cree un Comité en cada medio informativo que cuestione aquellas informaciones que cuestionan al nuevo régimen.*

La dirección de los periódicos Prensa Libre, Avance, El Crisol, El Mundo, Información y el Diario de La Marina, protestan enérgicamente ante la imposición de las autoridades de colocar en cada información que no se ajustase a la conveniencia del régimen, una nota aclaratoria que defendiese la Revolución y sus medidas. Esta infame nota fue conocida como la "coletilla". *Esta vergonzosa nota decía: "Este artículo se publica por voluntad de esta empresa periodística, en uso legítino de la libertad de prensa existente en Cuba, pero los periodistas y obreros gráficos de este centro de trabajo expresan, también en uso de ese derecho, que lo convenido en el mismo no se ajusta a la verdad ni a la más elemental etica periodistica".*

Enero 8. Se reestructura el MRR, Movimiento de Recuperación Revolucionaria, y se aprueba el ideario de la organización. Es nombrado como secretario general de la organización, en Cuba el señor Ángel Ros Escala y en el exterior, fueron nominados como delegados Ricardo Lorié y el doctor Manuel Artime, quien en una carta había contestado los ataques públicos que le había hecho Fidel Castro.

Enero 11. *La Confederación de Trabajadores de Cuba, en sesión plenaria, acuerda pedirle al Gobierno Revolucionario que "despida a todo trabajador que conspire contra los poderes del estado"*

- Manuel Borjas, jefe de operaciones del ejército castrista en Pinar del Río, es herido en un atentado realizado por fuerzas opuestas al régimen.

Enero 12. Una avioneta lanza bombas incendiarias sobre los cañaverales del central Hershey, en la costa norte de la provincia de La Habana. Las pérdidas se calculan en más de 500,000 arrobas de caña.

Enero 13. Una avioneta bombardea con fósforo vivo los cañaverales de Bainoa, Caraballo y San Antonio de Río Blanco, causando cuantiosas pérdidas.

Enero 16. *El uso de la "coletilla", una novedosa forma de censura, se genealiza en todos los medios del país. La coletilla es impuesta por el Sindicato de Artes Gráficas y el Colegio de Periodista, ambos bajo el control de partidarios del régimen.*
- El comandante del Ejército Rebelde Antonio Michel Yabor, en carta dirigida a Fidel Castro, hace pública su renuncia a la posición que tenía en la Fuerza Aérea Revolucionaria y hace conocer su decisión de partir de nuevo al exilio como protesta por el rumbo que había tomado la Revolución. Esta acción cívica se enmarca en otras muchas cumplidas por dirigentes políticos, empresariales y profesionales cubanos que rechazaban la infiltración comunista en el gobierno y la estrecha relación del liderazgo de la Revolución con esa fuerza política.
- *La Gaceta Oficial de la República de Cuba publica un decreto firmado por Raúl Castro en el que se dicta el retiro obligatorio de 1200 individuos que habían integrado las Fuerzas Armadas en el período republicano.*
- *El gobierno eevolucionario confisca el Canal 4 de Radio y Televisión de la Cadena Nacional CMB y, la Compañía Impresora de Discos S.A.*

Enero 18. *Como parte del proceso de establecer el régimen totalitario el régimen confisca el periódico "Avance".*

Enero 20. *Durante una comparencia televisiva, Fidel Castro ataca a los españoles y al embajador de ese país en la isla, el señor Juan Pablo Logendio, quien interrumpió el programa increpando a Castro y rechazando sus acusaciones.*

Enero 25. Son detenidas varias personas en Sagua la Grande, Las Villas, por sabotear las comunicaciones ferroviarias.

Enero 27. Una avioneta deja caer material inflamable sobre los cañaverales del central Washington, en Las Villas.

Enero 28. Militantes de la Rosa Blanca, liderados por Rafael Díaz Balart, sostienen en el Parque Central en la ciudad de Nueva York un enfrentamiento con partidarios del gobierno de Cuba en momentos en que manifestaban como homenaje a José Martí. En la noche se celebró un acto solemne en los salones del hotel Belmont-Plaza.
- Una avioneta lanza bombas incendiarias en los campos de caña de los centrales Adelaida, Violeta, Patria, Punta Alegre y Morón. Supuestamente la misma avioneta lanzó más bombas incendiarias en los cañaverales de los

centrales Manatí y Delicias. La prensa oficial informa que fueron quemadas entre 15 y 20 millones de arroba de caña.

Enero 29. Una avioneta lanza una bomba incendiaria sobre los cañaverales del central Chaparra. Otros cañaverales como los de la región de Rancho Veloz, Las Villas, son quemados por militantes del movimiento clandestino.

Enero 30. Una avioneta lanza bombas incendiarias sobre los cañaverales del central San Isidro.
- Presenta su renuncia al cargo de agregado militar de Cuba ante el gobierno de Italia, el capitán Jesús Yánez Pelletier, por no estar de acuerdo con las acciones del gobierno de Fidel Castro. Yánez Pelletier estuvo en prisión por muchos años y fue uno de los fundadores del movimiento a favor de los derechos humanos en Cuba.

Febrero 1. En una acción de sabotaje, se incendian más de 100,000 arrobas de caña en la zona de Alacranes y Jovellanos, provincia de Matanzas.
- Una avioneta lanza material inflamable sobre áreas cañeras próximas a la ciudad de Sancti Spíritus.

Febrero 2. *Confiscada la empresa petrolera "Reca", que agrupa Petróleos de Jarahueca, Refinería Cabaiguán, Refinería Bacuranao y la Corporación Nacional de Petróleo.*
- Intervenidas por el INRA varias fincas tabacaleras propiedad de cubanos.

Febrero 3. Una avioneta deja caer explosivos sobre el puente de Bacunayagua, en la Vía Blanca.

Febrero 4. Grupos de la clandestinidad queman los cañaverales de la finca Camacho, cerca del poblado de Rancho Veloz, Las Villas.

Febrero 5. Fuerzas policiales reprimen con disparos y golpes una manifestación estudiantil frente a la estatua de José Martí, en el Parque Central de La Habana. En este lugar, el vice primer ministro de la Unión Soviética, Anastas Mikoyan, había colocado una ofrenda floral. Dieciséis estudiantes son arrestados por la protesta y dos fotógrafos norteamericanos detenidos, rotas sus cámaras y veladas las películas que contenían.

Durante esta visita, el gobierno de Cuba y el de la Unión Soviética suscriben el primer acuerdo comercial entre ambos países.
- Un transporte militar con más de 60 mil tiros de rifle explota en el

kilómetro 33 de la carretera Central. La explosión se produce por un incendio no esclarecido.

Febrero 6. Grupos que operaban clandestinamente, incendian los cañaverales próximos a la zona de Punta Alegre, provincia de Camagüey.
- La Comisión Mixta de la Reforma Universitaria aprueba instituir el Sistema de Tribunales Disciplinarios Permanentes en la Universidad de La Habana. Este aparato tiene el propósito de reprimir a los estudiantes.

Febrero 7. Una avioneta lanza material inflamable sobre los sembradíos de caña de cuatro centrales camagüeyanos, Violeta, Florida, Céspedes y Estrella, provocando un incendio que destruyó más de un millón de arrobas de caña.

Febrero 9. Miembros de la resistencia que operan fuera de Cuba hacen detonar un artefacto en el garaje del Consulado Británico en la ciudad de Miami.

Febrero 10. La Comisión Obrera Nacional del Partido Revolucionario Cubano, auténtico, rechaza declaraciones del dirigente del Partido Socialista Popular, el comunista, Juan Marinello, en la que éste calificaba como traidor a quién criticase a los comunistas y sus ideas.
- En una expresión de lucha cívica, la Comisión Obrera Nacional del Partido Revolucionario Cubano, Auténtico, rechaza públicamente las declaraciones del dirigente comunista Juan Marinello.

Febrero 11. En el juicio por la llamada "Conspiración de Trinidad", son juzgados y condenados a cumplir penas carcelarias 104 personas.

Febrero 12. *El Consejo de Ministro aprueba el decreto de confiscar todas las propiedades de las personas que decidan abandonar el país.*

Febrero 13. *Se firma el primer convenio comercial Cuba/URRS.*

Febrero 15. Hace explosión un artefacto colocado en la tienda por departamentos Ten Cent, de la ciudad de Santa Clara.

Febrero 17. *Es aprobada la Ley 732, que amplía la pena de muerte a todas las personas que atenten contra la seguridad del estado.*

Febrero 19. Una avioneta hace explosión sobre el central España, en la provincia de Matanzas. El suceso ocurre cuando los tripulantes Robert Ellis Frost y Heriberto Santana Roque, se disponían a lanzar explosivos contra la mencionada planta industrial. Los dos perecen en el incidente.

Febrero 23. Una avioneta riega fósforo vivo sobre los centrales Washington y Ulacia, en Las Villas. Otra nave hace lo mismo sobre los cañaverales que están próximos a Manguitos, provincia de Matanzas.
- Una avioneta lanza cuatro bombas sobre una de las residencias de Fidel Castro, situada en la Playa de Cojímar, La Habana, pero los artefactos caen en el mar.

Febrero 24. Activistas en favor de la democracia solicitan permiso de las autoridades para celebrar un mitin anticomunista en el Parque Central de La Habana. El gobierno niega la autorización.
- Culminan en la Finca San José, propiedad del padre de Porfirio Ramírez, a diez kilómetros de Santa Clara, una serie de reuniones que habían sostenido el doctor Orlando Bosch, el comandante Víctor "Diego" Paneque, y los capitanes Porfirio Remberto Ramírez Ruiz y Sinesio Walsh Ríos con el propósito de coordinar los alzamientos que iban a tener lugar en la región montañosa del Escambray, Las Villas.

Febrero 26. Fuerzas del clandestinaje incendian las colonias de caña de la Pepilla y las de Punta Felipe, Las Villas, destruyendo mas de 266,000 arrobas de caña en las acciones de sabotajes.

Marzo 2. Fuerzas que operan clandestinamente incendian las colonias de caña de los centrales Delicias, Chaparra y Washington.

Marzo 4. *Explota en los muelles de la Pan American Docks, en el puerto de La Habana, el barco Le Coubre, de matrícula francesa, de 4,319 toneladas de desplazamiento que transportaba 76 toneladas de armas y explosivos de fabricación belga para el gobierno revolucionario. En el incidente perecieron más de 60 personas y por lo menos 200 resultaron heridas.*

Las causas de este incidente todavía no han sido debidamente aclaradas, pero el régimen inmediatamente después del suceso denunció al gobierno de Estados Unidos y a supuestos aliados de éste, de ser responsables del presunto sabotaje. Sin embargo, no existen indicios de que se hubiese producido una acción de esas características. Hasta el momento ninguna de las fuerzas que operaban en la clandestinidad en esa época se ha atribuido el hecho, por el contrario, sí hay estudiosos del tema que consideran muy probable que todo haya sido consecuencia de una mala manipulación de los explosivos, o hasta de una propia auto agresión del gobierno para exacerbar la severa crisis que ya vivía la nación.

Castro reiteró la acusación contra Estados Unidos durante el sepelio de las víctimas y el único pasajero estadounidense que viajaba en el vapor Le Coubre, el fotógrafo Donald Chapman, fue arrestado e interrogado por dos días.

Marzo 7. Se reportan incendios en varios cañaverales de las provincias de Matanzas y Pinar del Río. Las pérdidas solamente en la finca Combate, cerca de Jagüey Grande, provincia de Matanzas, ascienden a más de 210,000 arrobas de caña.

Marzo 9. El Movimiento Demócrata Cristiano de Cuba demanda públicamente al gobierno revolucionario para que convoque a la celebración de elecciones libres como único garante de las conquistas revolucionarias.
- Miembros exiliados de la resistencia ejecutan en la ciudad de Tampa, Estados Unidos, un atentado contra el corresponsal del periódico oficial del gobierno cubano "Revolución".
- *Es intervenida por el gobierno de Cuba la compañía minera Moa Bay.*

Marzo 10. Fuerzas del clandestinaje provocan un incendio en la colonia cañera la Verbena, en la zona de San Cristóbal, Pinar del Río.

Marzo 11. La colonia cañera La Victoria, perteneciente al central Baraguá, Camagüey, es objeto de un acto de sabotaje e incendiada.
- *Es acordada por el gobierno la Ley de Procedimiento Laboral, que sometía a los departamentos del Ministerio del Trabajo todos los conflictos y asuntos derivados de las relaciones laborales.*

Marzo 12. Se produce el primer alzamiento conocido contra el nuevo régimen en la provincia de Oriente. El jefe del pronunciamiento militar es el capitán del ejército rebelde Manuel Beatón, quien junto a varias personas, entre los que se encontraba su hermano Cipriano Beatón, se van para las montañas.

Marzo 13. Se crea el Movimiento M-30-11, una organización también de carácter progresista que núcleó a muchas personalidades revolucionarias descontentas con la influencia de los comunistas en el proceso político que vivía el país.

Este movimiento insurreccional estaba compuesto particularmente por dirigentes sindicales y ex miembros del Movimiento 26 de Julio. Algunas de las personalidades que lo fundaron fueron: Manuel David Rivero, Carlos Rodríguez Quesada, Vicente González "El Gago", Jesús Fernández, Pelayo García, Rosalía Cazalis Goenaga, Gabriel Hernández Custodio y como secretario general de la institución se designo a David Salvador, quien fuera el primer secretario general de la Central de Trabajadores de Cuba, después del triunfo revolucionario.

Marzo 14. Se reportan sabotajes en La Habana y Matanzas que destruyen más de 400,000 arrobas de caña. Las colonias de los centrales Constanza y Reforma son objetos de los ataques.

Marzo 15. Cae en un enfrentamiento con fuerzas del gobierno en la provincia de Oriente, el guerrillero Emilio Vera.
- Muere en las montañas orientales, intentando romper un cerco del ejército, el guerrillero Argimirio Fonseca.

Marzo 16. La resistencia contra el régimen incendia más de 300,000 arrobas de cañas en tres sabotajes en las colonias cañeras de Felipe, Blanquita y Santa Clarita, en la provincia de Las Villas.
- Más de 60 presos políticos resultan heridos en la prisión de La Fortaleza de La Cabaña, La Habana, por protestar contra una requisa que efectuaba la guarnición del penal.
- *El régimen interviene los diarios Excelsior y El País.*
- *El gobierno crea la Junta Central de Planificación, uno de los organismos fundamentales para establecer en la isla el régimen totalitario.*

Marzo 18. Las colonias cañeras Desengaño, Matanzas y Santo Tomás, Las Villas, son objetos de actos de sabotaje.

Marzo 19. Un devastador incendio destruye los campos cañeros del central España, en Matanzas. Ese mismo día fueron objeto de sabotajes otras colonias como La Primavera, Unión, Zona Sur y Santa Susana.

Marzo 21. Son incendiadas las colonias cañeras La Julia, Camaya, Veremos y varias más pertenecientes a los centrales Cunagua, Cacocúm y el San Ramón.
- Una avioneta Piper Comanche, tripulada por Howard Lewis Rundquist y

William Shergales, que supuestamente iba a realizar actos de sabotaje o sacar clandestinamente a personas de Cuba, es derribada en la zona de Carbonera, cerca de Varadero, Matanzas. Rundquist fue herido en un pie.

Marzo 22. Son incendiados numerosos campos de caña en la provincia de Matanzas.

Marzo 25. El periodista Luis Conte Agüero es atacado por una turba castrista frente a la emisora radial CMQ, cuando pretendían impedir que el periodista leyese una carta en la que criticaba decisiones del régimen.
- Son quemadas por fuerzas de la resistencia 130,000 arrobas de caña de la colonia Cuevitas.

Marzo 26. Dirigentes de la Central de Trabajadores de Cuba liderados por David Salvador, secretario general, sostienen una entrevista en Palacio con el presidente Osvaldo Dorticós, a quien le plantean las intromisiones del ministro del Trabajo, comandante Augusto Martínez Sánchez en la vida interna de la organización. El intento de controlar el movimiento sindical es cada día mas evidente y las pugnas se extienden a todas las Federaciones.

Marzo 27. Varias organizaciones clandestinas de la oposición constituyen el Frente Revolucionario Democrático.
- El obispo católico de Pinar del Río, Manuel Rodríguez Rozas, declara públicamente su apoyo al Humanismo y rechazo al Comunismo.

Marzo 28. Ocho estudiantes son expulsados de la Universidad de La Habana por sus ideas políticas y por manifestarse en contra del régimen. Esta práctica se iría haciendo habitual en todos los centros de estudio del país. El estudiante que rechazaba incorporarse al proceso revolucionario o era indiferente al mismo, era separado del centro de estudios y en el mejor de los casos hostigado por los llamados "revolucionarios".

Marzo 29. Un incendio destruye la finca La Ceiba, en las cercanías de la ciudad de Cienfuegos.

Marzo 31. Uno de los propietarios del circuito CMQ, Abel Mestre, en una especie de llamado a la opinión pública, concurre al espacio televisivo Ante la Prensa, popular programa que transmitía la emisora, y lee durante 30 minutos una declaración en la que condena al régimen de Fidel Castro y al Partido Comunista de Cuba. La famosa red informativa fue confiscada

inmediatamente y sus propietarios tuvieron que salir del país por razones de seguridad.
- *El régimen fusiona las emisoras de radio y televisión, y crea el Frente Independiente de Emisoras Libres, FIEL, bajo la dirección del comentarista radial y dirigente político José Pardo Llada.*

Marzo 31. Un incendio provocado por fuerzas de la resistencia destruye parcialmente la colonia de caña El Morado.
- Durante un intento de salida ilegal por la playa Menéndez, se produce un encuentro con fuerzas del ejército y cae mortalmente herido un militar.

Abril. *Determina el gobierno que los trabajadores entreguen el 4 por ciento de su salario para la industrialización del país. Esta propuesta se convirtió en Ley y la cantidad era descontada automáticamente. Este prestamo de los trabajadores al estado nunca fue reintegrado a la población.*

Abril 2. Fuerzas de la resistencia queman más de 300,000 arrobas de caña en la provincia de Matanzas.

Abril 4. Una avioneta deja caer material inflamable cerca de una playa de nombre Buey Cabón, en la provincia de Oriente.
- El Instituto Nacional de la Reforma Agraria expropia la United Fruit Company.

Abril 5. *Unidades militares bajo la autoridad de Raúl Castro y a pedido del ministro del Trabajo, Augusto Martínez Sánchez, ocupan la sede de la Confederación de Trabajadores de Cuba.*

Abril 8. Un incendio destruye más de 200,000 arrobas de caña de la colonia Altura, en Gibara, entonces provincia de Oriente.
- Andrés Vargas Gómez, embajador de Cuba ante la oficina Europea de las Naciones Unidas renuncia a su cargo y acusa a Fidel Castro de situar a Cuba en la órbita de los países socialistas. Pocos meses más tarde, previo al desembarco de Playa Girón, Vargas Gómez se infiltraría en Cuba para unirse a las fuerzas de la clandestinidad, siendo apresado y encarcelado por 21 años. Murió en la ciudad de Miami el 13 de enero del 2003.

Abril 9. En un encuentro entre las milicias y guerrilleros alzados al mando del capitán Manuel Beatón, en la Sierra Maestra, cae un miembro de las fuerzas armadas del régimen.

- En un incendio en una colonia cañera de San Luis, Pinar del Río, son quemadas más de 600,000 arrobas de caña.

Abril 13. El Movimiento Demócrata Cristiano dirige una carta al Gobierno demandando el cese de la provisionalidad y la convocatoria a elecciones libres. El documento está firmado por el doctor José Ignacio Rasco y el señor Enrique Villareal. El MDC fue, en la opinión de algunos historiadores, la primera organización con presencia legal en Cuba que rompió abiertamente con el régimen dictatorial que se estaba instaurando.

Abril 14. Se celebra en Caracas, Venezuela, el Segundo Congreso Pro Democracia y Libertad, al que asisten como delegados Manuel Antonio de Varona, José Ignacio Rasco, Justo Carrillo y Aureliano Sánchez Arango, que exponen ampliamente la realidad de lo que está ocurriendo en Cuba.

Abril 15. Miembros de la clandestinidad queman la colonia de caña La Caridad, del central Santa Lucia, provincia de Oriente.

Abril 19. *Llega a La Habana el primer buque-tanque soviético con petróleo de ese país.*

Abril 22. Varios alzados en armas que estaban bajo el mando del capitán Manuel Beatón, son capturados por las fuerzas del régimen en la Sierra Maestra, Oriente.

Abril 27. Es encarcelado el capitán Jesús Yánez Pelletier, quien salvó la vida del dictador Fidel Castro durante un intento de asesinarlo cuando éste se encontraba preso. Yánez Pelletier, después de cumplir largos años de prisión, participó en la fundación y expansión del movimiento de defensa de los derechos humanos en Cuba.
- El claustro de profesores de la Facultad de Ciencias Comerciales de la Universidad de La Habana acuerda por unanimidad rechazar el proyecto de reforma universitaria propuesto por integrantes de las Federaciones Estudiantiles Universitarias.

Abril 29. El Diario de la Marina hace pública la crítica que la Sección Universitaria del Frente Nacional Democrático Triple A había elaborado sobre el proyecto de modificación de los estatutos universitarios, presentado por el gobierno revolucionario.
- Miembros de la clandestinidad prenden fuego a las oficinas provinciales del

Partido Socialista Popular, comunista, situada en la calle Estrada Palma, esquina Maceo, en la capital cubana.

Abril 30. Estudiantes de la Facultad de Economía de la Universidad de La Habana protestan por la presencia en el recinto de Carlos Rafael Rodríguez, director del periódico comunista Hoy.

Mayo. Se constituye el Movimiento Revolucionario del Pueblo, MRP. Según informaciones, esta nueva organización clandestina, considerada por muchos como una de las más progresistas, es el resultado de la integración de los movimientos clandestinos 30 de Julio, Resistencia Cívica, Verde Olivo y Acción Democrática Revolucionaria. Algunas de las personalidades que conforman el nuevo aparato eran personalidades de la Revolución: Manuel Ray, ex ministro de Obras Públicas; Felipe Pazos, Raúl Chivás, Reynold González, Rogelio Cisneros, Rufo López Fresquet, Amalio Fiallo, entre otros.[11]

Mayo 1. *La enajenación de un amplio sector de la ciudadanía y de los factores democráticos que aún quedaban en el gobierno, se hace más evidente cuando apoyan la declaración de Fidel Castro que demandaba, "Elecciones para Qué".*

Mayo 2. El Frente Estudiantil Universitario Democrático, que tiene como secretario general a Manuel Salvat, dirige a los estudiantes un documento en el que informa de las actividades contestatarias de la organización. Este movimiento se convertiría en el Directorio Revolucionario Estudiantil en muy poco tiempo.

Mayo 6. Miembros de la resistencia colocan un artefacto explosivo en la sede del periódico La Calle, en La Habana.

Mayo 7. *Cuba y la Unión Soviética establecen relaciones diplomáticas plenas. Tres meses antes habían firmado un acuerdo comercial. Esta nueva situación va a posibilitar una mayor influencia de los comunistas en el gobierno.*

- Regresa de Maracay, Venezuela, del Segundo Congreso Pro Libertad y Democracia, el líder de la organización Triple A, Aureliano Sánchez Arango. En el aeropuerto internacional de Rancho Boyeros se produce un enfrentamiento entre sus partidarios y agentes del régimen. En pocos días la agrupación de origen auténtico Triple A, se incorpora a la lucha clandestina contra el régimen totalitario.

Mayo 11. Se organiza el Movimiento Rescate Revolucionario Democrático quedando al frente de la nueva organización antigubernamental Lomberto Díaz, Cesar Lancís, Alberto Cruz, Tony Santiago y varias personalidades más. El inspirador de esta organización es Manuel Antonio de Varona, considerado el primer dirigente del autenticismo que rompió con el régimen castrista. Este mismo día se asila en la embajada de El Salvador, el magistrado del Tribunal Supremo de Cuba, Elio Álvarez.
- *La lucha por la libertad de prensa, de la que el Diario de la Marina, había sido un firme reducto, es seriamente afectada cuando ese medio informativo es confiscado por el gobierno.* Su director, José Ignacio Rivero, se asila en la embajada de Perú.

Mayo 12. *En un acto vergonzoso, varios miles de personas se concentran en la escalinata de la Universidad de La Habana para enterrar simbólicamente al Diario de la Marina.*

Mayo 13. El periódico Prensa Libre, publica un editorial firmado por el doctor Humberto Medrano, titulado "Los Enterradores", en el que denunciaba las prácticas gubernamentales que tendían a eliminar la libertad de expresión en el país.

Mayo 14. Muere un soldado del gobierno durante un enfrentamiento con grupos de la resistencia en la ciudad de Sancti Spíritus, Las Villas.

Mayo 15. Se constituye en La Habana la Agrupación Montecristi, organización dirigida por Justo Carrillo que tiene como fin derrocar al régimen totalitario.
- Protesta de cubanos exiliados ante el consulado de Cuba en Nueva York. Durante el acto se enfrentaron partidarios y enemigos del régimen cubano.

Mayo 16. El arzobispo de Santiago de Cuba, Monseñor Enrique Pérez Serantes, hace pública una carta pastoral titulada "Por Dios y por Cuba" y en la que exponía entre otras cosas, "El enemigo está ya dentro de nuestras puertas".
- *El diario Prensa Libre, la última trinchera en la lucha por la libertad de prensa en Cuba, es confiscada por el gobierno.* Prensa Libre, junto a otros diarios y medios de radio y televisión, había denunciado la penetración comunista en el gobierno y había expresado su oposición a esa ideología. Sus

directores, los doctores Sergio Carbó y Humberto Medrano, tienen que asilarse para evitar la prisión.
- Fuerzas de la clandestinidad incendian cuatro casas de curar tabaco en Caimito del Guayabal, La Habana. En el evento se destruyeron las casas, y las pérdidas provocadas ascendieron apróximadamente a unos $30,000 dólares.
- Un grupo de jóvenes se ubica en la isla de Useppa, Florida, para empezar un entrenamiento militar que tendría su momento culminante durante la invasión a Playa Girón.

Mayo 17. El gobierno de los Estados Unidos inicia trasmisiones radiales a través de una emisora de nombre Radio Swan.

Mayo 20. Una avioneta tripulada por Edward Duque es derribada en la carretera del Mariel en La Habana. Duque pereció en el incidente.

Mayo 20. Giordano Hernández, por medio de un radiotransmisor situado en la región de Guanayara, Escambray, anuncia la apertura del frente guerrillero, Frente Democrático Escambray, bajo el comando de Plinio Prieto. Ese mismo día, según algunas informaciones, tiene lugar el primer enfrentamiento armado entre las fuerzas que dirige el capitán de guerrilla Manuel Rojas y efectivos gubernamentales.

Mayo 21. *El régimen coloca otra pieza clave en la estructuración del sistema totalitario con la constitución de la Asociación Nacional de Agricultores Pequeños, ANAP. Días más tarde son creadas las Escuelas de Instrucción Revolucionaria," la cantera donde se forjaría el hombre nuevo".*

Mayo 28. Es publicado en Caracas, Venezuela, el manifiesto Drama de Cuba Ante América, firmado por uno de los líderes de la incipiente oposición al régimen, el doctor Manuel Antonio de Varona.

Mayo 30. Fuerzas del clandestinidad tirotean el frente del local de la revista Bohemia, La Habana, que estaba custodiado por varios miembros de las milicias.

Mayo 31. Primera reunión de las organizaciones que componen el Frente Revolucionario Democrático dentro de Cuba. En este encuentro participan las organizaciones Movimiento de Recuperación Revolucionaria, MRR; Movimiento Demócrata Cristiano, MDC; Organización Montecristi, la

Triple A y Rescate Revolucionario.

Como Coordinador Nacional del Frente es designado Enrique Ros y como Coordinador Militar, Rogelio González Corzo (Francisco).

Los dirigentes de la flamante coordinadora de organizaciones son: Enrique Ros, por el MDC, Rogelio González Corzo, por el MRR; por la organización Montecristi, Eneas (seudónimo); por el Frente Nacional Democrático Triple A, Mario Escoto y José Utrera, y por Rescate Revolucionario Democrático, Lomberto Díaz.

- Fuerzas de la clandestinidad atacan por segunda vez la sede del periódico oficial Revolución en La Habana, colocando en esta ocasión un artefacto explosivo en el local.

Junio 5. Un grupo de exiliados cubanos manifiesta frente al Consulado de Cuba en la ciudad de Miami, a pesar de las amenazas policiales de que serian detenidos. En la Primera avenida del NE. y Flagler Street, tiene lugar un enfrentamiento entre exiliados y partidarios del régimen de La Habana. Entre los exiliados arrestados se encontraban, entre otros, Luis González-Lalondry, Santiago Álvarez, Guardo Borge y León Blanco. En la misma celda fueron recluidos los partidarios del castrismo y los exiliados. Luis González Lalondry se opuso enérgicamente a que los simpatizantes del castísimo fueran golpeados en la celda.

Junio 6. *Inicia el gobierno de Cuba la compra de petróleo a la Unión Soviética.*

Junio 8. El Movimiento de Recuperación Revolucionaria, MRR, denuncia ante la opinión pública de América, la implantación en Cuba de un régimen totalitario. El documento es firmado entre otros por Manuel Artime y los ex comandantes del Ejército Rebelde Ricardo Lorié, Michel Yabor e Higinio "Nino" Díaz.

Junio 11. Enfrentamiento entre efectivos del ejército y la guerrilla que comanda Plinio Prieto en la región de Guanayara, Escambray. Prieto y otro insurgente logran huir pero el resto de la guerrilla es arrestada. Esa misma noche los oficiales de la guerrilla Giordano Hernández, Haroldo Hernández y Carpio Mato son objetos de un simulacro de fusilamiento.

Junio 12. *Son intervenidos por el Gobierno Revolucionario los hoteles El Nacional y Havana Hilton.*

Junio 13. Capturado en el poblado La Bayamita, Sierra Maestra, en un enfrentamiento con fuerzas del gobierno, el jefe guerrillero Manuel Beatón quien llevaba varios días deambulando por las montañas del lugar sin comida, el calzado roto, sin agua, ni dinero.

Junio 15. Son fusilados en Santiago de Cuba, el jefe de guerrilla Manuel Beatón Martínez, su hermano Cipriano Beatón Martínez y Felipe Martínez Norma, quienes también habían formado parte de la fuerza insurgente del capitán ejecutado.

Junio 16. El Movimiento Cruzada Cubana Constitucional, integrado por Pedro Díaz Lanz, Abel Hera Cortón, Nabel J.A. González, publica un manifiesto en el que se hace de conocimiento público los objetivos políticos de la organización.

Junio 22. El Frente Revolucionario Democrático es constituido oficialmente en la capital mexicana. El Frente es una organización que agrupa a diferentes instituciones contrarias al régimen cubano. Integraban su comité ejecutivo en el exterior, Manuel Antonio de Varona por Rescate Revolucionario Democrático, José Ignacio Rasco por el Movimiento Demócrata Cristiano, Justo Carrillo Hernández por el Movimiento Revolucionario Montecristi, Manuel Artime Buesa por el Movimiento de Recuperación Revolucionaria, y Aureliano Sánchez Arango por el Frente Nacional Democrático Triple A.[12]

Junio 25. Se constituye en La Habana, el Frente Revolucionario Democrático Estudiantil, integrado por la Sección Estudiantil del Autenticismo Revolucionario, Sección Estudiantil del Frente Revolucionario Triple A, Sección Estudiantil del Movimiento Demócrata Cristiano y Directorio Estudiantil del Movimiento de Recuperación Revolucionaria.

El frente emite un comunicado público en el que exhorta al estudiantado a incorporarse a la lucha contra el régimen.

Junio 26. Un sabotaje destruye por completo el polvorín de Punta Blanca en Luyano y causa la muerte de dos personas y heridas de diferente consideración a más de doscientas. El polvorín, que resultó completamente destruido, se encontraba junto al vertedero de Cayo Cruz, en La Habana.

Junio 28. *Escala la confrontación entre el gobierno de Cuba y el de los Estados Unidos, cuando el gobierno, por medio del decreto 188, decide nacionalizar las refinerías estadounidense ESSO y TEXACO. También fue* *nacionalizada la empresa británica SHELL. Éstas se habían negado a refinar petróleo importado de la Unión Soviética.*

Julio. Se funda en la ciudad de Pinar del Río el Movimiento de Recuperación Constitucional, dirigido por Esteban Márquez Novo, quién pocos meses más tarde se alzó en armas con un grupo de partidarios en la zona de las Lomas del Toro, en la provincia más occidental de Cuba.
- Se alzan en armas un grupo de jóvenes campesinos de la zona de Aguada de Pasajero bajo el comando de Abilio González.
- *Desde este mes, hasta octubre del corriente año, el gobierno de Cuba recibe de la Unión Soviética más de 20 mil toneladas de armamentos. En este período también entran al país pertrechos militares procedentes de Checoslovaquia y de la República Popular China.*

Julio 1. Parte desde Estados Unidos para Guatemala el primer grupo de jóvenes cubanos que había recibido entrenamiento en la isla de Useppa, Florida. Este sería el núcleo fundador de la Brigada 2506.

Julio 4. Intento de fuga de la prisión de Isla de Pinos de los presos políticos Luis Casas, José Guerra y de un tercero identificado como el "Marinero". Los prisioneros, que habían cortado los barrotes de una celda, fueron capturados en el área del penal.

Julio 5. Se alza en armas en las montañas del Escambray el capitán del Ejército Rebelde, Joaquín Membibre en compañía de Vicente Méndez, su ayudante Diosdado Mesa, Justo Hernández Moya y Eusebio Peñalver.

Julio 6. *El Gobierno Revolucionario ordena, sin compensación, Ley Numero 851, la nacionalización de todas las empresas agrarias e industriales de propiedad de estadounidenses en Cuba.Tres meses más tarde nacionaliza todos los bancos propiedad de norteamericanos.*

Estados Unidos, que compraba azúcar a Cuba a un precio superior al del mercado mundial, decide reducir la cuota que tenía asignada a Cuba como respuesta a las medidas confiscatorias del régimen.

Julio 7. Es asesinado Félix Ramos, trabajador de la finca Carmen Crespo cerca del poblado Juan Gualberto Gómez, Matanzas. Ramos había manifestado públicamente críticas contra el régimen totalitario que se estaba imponiendo al país.
- Dos miembros de un equipo de infiltración resultan muertos en un

enfrentamiento con fuerzas del gobierno cuando desembarcaban por la costa de la provincia de Oriente.

Julio 8. Durante un registro a su vivienda en el pueblo de Santa Maria, La Habana, efectuado por las fuerzas de la policía es asesinado el ex teniente Rodríguez Sara.

Julio 11. El periodista José Pardo Llada es objeto de un atentado en la calle L, esquina 19 en el Vedado, La Habana, por miembros del grupo clandestino Resistencia Agramonte. Los complotados ametrallan el vehículo en momentos en que el comunicador, que era un ferviente defensor de la Revolución, salía del edificio del Retiro Odontológico. En la acción resultó herido el acompañante de Pardo Llada, Antonio Matos. Los dos combatientes directamente involucrados en la operación, Balbino Díaz y Roberto Cruz Alfonso, fueron fusilados a pesar que el propio gobernante cubano le prometió a Pardo Llada que no serían ejecutados.

Julio 13. Explota un depósito de municiones del ejército en el puerto de La Habana. Ninguna organización se atribuye el suceso.

Julio 14. Salen clandestinamente de Cuba, Orestes Guerra, presidente de la Escuela de Ciencias Comerciales de La Universidad de La Habana, primer dirigente de la FEU, Federación Estudiantil Universitaria, que rompe con el nuevo régimen; y el comandante Benjamín Camino, que más tarde integraría el Estado Mayor del Frente Revolucionario Democrático. Esta ex-filtración es organizada por Enrique Ros y Segundo Miranda, dirigentes de la organización clandestina Movimiento Demócrata Cristiano.

Julio 15. Es objeto de un atentado cuando llegaba a su residencia en la carretera de la Coloma, el comandante Manuel Nogueira, presidente del tribunal revolucionario del distrito de Pinar del Río

Julio 16. Es asesinado por sicarios del régimen en la finca el Bosque, en la carretera de Punta Brava en La Habana, el opositor Antonio Vázquez Parada.
- La lucha cívica entre demócratas y comunistas dentro de la Universidad de La Habana, termina cuando por decisión gubernamental es abolido el Consejo Universitario y su rector. En lugar es nombrada una Junta Superior de Gobierno.

Julio 18. Se produce un enfrentamiento en la Catedral de La Habana, entre

feligreses y partidarios del régimen durante una procesión del Santo Cristo de Limpia. Varios fieles son detenidos por la policía cuando salen del templo.
- La prensa independiente escrita desaparece en Cuba con la estatización de las revistas Bohemia, Carteles y Vanidades.

Julio 21. Estalla un artefacto explosivo en las oficinas del Partido Comunista en la calle Omoa #277, esquina Romay en La Habana.

Julio 23. Se constituye en la ciudad de Miami el Colegio de Periodistas de Cuba en el Exilio. Muchos de los periodistas más notables de Cuba integran la agrupación sectorial, entre ellos están: Armando García Sifredo, Francisco Chao Hermida, Ernesto Montaner y Salvador Díaz Versón.

Julio 25. El Movimiento de Recuperación Revolucionaria hace público un manifiesto en el que convoca al pueblo de Cuba para que luche contra el régimen totalitario.

Julio 25. Varios milicianos asesinan en la finca San José al opositor Fermín Clark.

Julio 28. Es asesinado en las oficinas del INRA, en Florencia, Camagüey, el soldado rebelde Manuel Gallardo por expresar públicamente su rechazo al derrotero político que estaba tomando el proceso revolucionario.

Julio 31. El gobierno de Cuba y el de la República Popular China suscriben varios convenios comerciales.

Agosto. El jefe guerrillero José Besú pierde la vida cuando dirige un ataque contra un campamento de milicias en la finca Palma Sola, cerca de Aguada de Pasajeros.

Después de este choque las fuerzas que comanda Abilio González se dividen en varias pequeñas guerrillas que operan en diferentes zonas para poder enfrentar las ofensivas militares que inicia el régimen.

Agosto 1. Un grupo de la clandestinidad del movimiento Salvar A Cuba, SAC, integrado por Pablo Palmieri, Octavio Barroso y Virgilio Campanería, distribuyen propaganda antigubernamental en la Universidad de La Habana y cubren la estatua del Alma Mater con una bandera cubana.

Agosto 2. Muere en un enfrentamiento con fuerzas gubernamentales, en un

sitio conocido como Can Can, el guerrillero Pedro Rodríguez. Es considerado el primer insurgente que cayo combatiendo el totalitarismo en las montañas del Escambray.
- Se alzan en armas, en la zona de Corralillo, varios campesinos de la zona, entre ellos José Martí Campos Linares, Juan Bacallao, Roberto Delgado, Elio Rodríguez, Ernesto Gómez Márquez, Daniel Mesa, Eleuterio Daniel Mesa, Fernando Fonseca, Rogelio Fonseca, Ángel Sotolongo, Regino Cintas Mazario y varios más. Esta guerrilla operaría en la zona norte de la provincia de Las Villas.

Agosto 4. Un gran número de profesores renuncia a sus posiciones en la Universidad de la Habana, al decretar el gobierno el fin de la autonomía universitaria.

Agosto 6. *Se hace efectiva la nacionalización de 36 centrales azucareros y las compañías de Electricidad y Teléfonos de propiedad norteamericana. El gobierno plantea que son decisiones que se corresponden con la política agresiva del gobierno de Estados Unidos contra la Revolución.*

Agosto 7. Se funda La Alianza por la Liberación Cubana con antiguos miembros de diferentes organizaciones de la clandestinidad. La Alianza esta formada por el MRR (1), la Organización Auténtica, Cruzada Constitucional y Frente Anticomunista Cubano.

Agosto 8. El Episcopado Cubano hace circular una Pastoral firmada por el Cardenal Arteaga y los Obispos, que rechaza la progresiva toma del poder político por parte del Partido Comunista. Después de esta información varias iglesias fueron atacadas por turbas con palos y piedras, y los sacerdotes Fernando Arango y Agnelio Blanco fueron detenidos.

Agosto 9. Se constituye en un hotel de la ciudad de Miami, la Alianza Liberación, esta organización está integrada por varios ex comandantes del ejército rebelde, entre ellos, Pedro Luis Díaz Lanz, Michel Yabor, Ricardo Lorié e Higinio “Nino” Díaz.

Agosto 10. Desde el exterior, el doctor Orlando Bosch envía un mensaje a los dirigentes del Frente Escambray en el que les informa sobre sus gestiones.

Agosto 11. El Movimiento Democrático Liberación publica un llamado al

pueblo cubano para luchar contra el régimen. El documento está firmado por Raúl Martínez Arará, Carlos Bustillo Rodríguez y Mario Fernández López.
-Un grupo de combatientes ataca el cuartel de Jatibonico, Camagüey, dándole muerte a un soldado del régimen e hiriendo a otros.
- La mayoría de los profesores de las Facultades de Ingeniería, Derecho, Medicinas y Ciencias Sociales, presentan su renuncia al no aceptar la nueva Junta de Gobierno de la Universidad impuesta por el gobierno.

Agosto 12. Miembros de una célula de acción de una agrupación clandestina, queman en un paradero de autobuses cinco ómnibus de las rutas 21 y 22, que circulan en la capital cubana.

Agosto 14. Se alza en armas en la región montañosa del Escambray, con dos compañeros, uno de ellos conocido como "Coco", José Miguel Chávez Herrera. De inmediato se incorporan a la unidad guerrillera que comanda Nando Lima.

Agosto 15. Se alza en armas en las montañas del Escambray el teniente del ejército rebelde Evelio Duque, quien en breve tiempo se convertiría en el primer jefe de las fuerzas guerrilleras que operaron en esa zona durante varios años. Junto a Duque se alzaron el capitán Osvaldo Ramírez, capitán Carlos Brunet, Giraldo Castellanos, "EL Chino" Manao y un capitán del ejército rebelde conocido como Wititio.

El capitán Osvaldo Ramírez se queda para operar en la zona de Banao, continuando Evelio Duque hasta las proximidades de la ciudad de Trinidad para establecer un campamento provisional en Boca de Carrera.

Agosto 16. Se reúne la Organización de Estados Americanos, OEA, para analizar aspectos como la situación del Caribe, las amenazas de intervenciones extracontinentales.

Agosto 17. Sale de Cuba, con la colaboración del Movimiento Demócrata Cristiano, el capitán Eneido Oliva, quién más tarde sería segundo jefe militar de la Brigada Invasora 2506.
- Es ejecutado por fuerzas contrarias al régimen el jefe de las milicias obreras del central Santa Ana, en San Luis, Oriente.

Agosto 18. Se alzan en armas el campesino y ex militar del ejército de la república Julio Emilio Carretero. Junto a Carretero se alzan los cortadores de caña, Eduviges Zúñiga, los hermanos Mustelier, Antonio Quevedo, Marcelo

Calderón, Eliécer Rivero, Osvaldo Arbolaéz, los hermanos Gascones, Luque Espinosa Coca, Isaías Torrecilla, y cinco campesinos más, todos del barrio de Caracusey.[13]
- Enfrentamiento con fuerzas del gobierno en la finca de Lomas de Coloradas, tres guerrilleros son abatidos por las milicias.

Agosto 23. Se alza en armas en las montañas del Escambray, Las Villas, el capitán del ejército rebelde y presidente de la Federación Estudiantil Universitaria de Las Villas, Porfirio Remberto Ramírez Ruiz, conocido como "El Negro". Junto al dirigente estudiantil parten para las montañas, entre otras personas, el teniente Alberto Sánchez, alcalde de San Diego del Valle, Fernando Sánchez, Raúl Ledón, Rogelio Ledón, Ramón Ledón, José Isabel Pedraza, Ereido Cruz, Ángel Alfonso Alemán, Adalberto Sánchez, Víctor M. Hernández, Porfirio Ramírez, Rodolfo Ramírez, Carlos Marub, Orlando Ruiz López, Marino Chávez, Alfredo Pérez Cárdenas, la mayoría de estas personas habían luchado contra el régimen anterior.[14]

Agosto 24. Una lancha rápida tirotea el hotel Sierra Maestra y el teatro Chaplin, en el litoral habanero.
- Las fuerzas insurrectas que comanda Porfirio Remberto Ramírez Ruiz, arriban al campamento de Cariblanca, cerca del poblado de Veguitas, Escambray, que está bajo el mando de Sinesio Walsh Rios y Eusebio Peñalver Mazorra. En las proximidades del campamento principal están acantonadas varias unidades guerrilleras comandadas, entre otros, por los hermanos Castellanos, Joaquín Membribe,

Agosto 25. El capitán del Ejercito Rebelde Ramón "Monguito" Pérez y el sargento Ramón Mira, se alzan en armas en la región del Escambray.

Agosto 26. *El régimen crea la Federación de Mujeres Cubanas, un organismo fundamental en la lucha contra los factores independientes de la sociedad civil que habían sobrevivido a los numerosos ataques del oficialismo.*

Agosto 31. Desde la Sierra del Escambray, los comandantes guerrilleros Víctor M. Paneque, "Comandante Diego" y Sinesio Walsh Ríos, como Coordinador Nacional y Jefe del Ejército del MIRR, respectivamente, designan al doctor Orlando Bosch como delegado del gobierno revolucionario en armas del MIRR, en el extranjero.[15]

Septiembre. Queman en el poblado de Mancas, Las Villas, la Biblioteca

Cristiana Evangélica.

Septiembre 2. *Las autoridades deciden hacer aun más oficiales y públicas sus intenciones de exportar el modelo político cubano proclamando la llamada "Primera Declaración de La Habana" en la que se expone "la decisión del pueblo cubano de trabajar y luchar por el común destino revolucionario de América Latina".*

Septiembre 3. Tomás San Gil y Pérez-Díaz,"Tomasito" se une a las fuerzas guerrilleras que ya están operando en las montañas del Escambray, provincia de Las Villas. San Gil, quien llegó a ser jefe de los alzados de la región a la muerte de Osvaldo Ramírez fundó en las montañas un periódico mimeografiado que llamó Escambray Libre.[16]
- El oficial del Ejército Rebelde, Demetrio Ramón Pérez Rodríguez, "Nano" se alza con Félix Pérez, José Santín del Pino y Alvaro Santin del Pino junto a varios hombres más en la zona norte de la provincia de Las Villas. Posteriormente se traslada con su guerrilla para la región montañosa del Escambray, hasta que regresa nuevamente a la zona norte de la provincia para establecer su área de operaciones en la proximidad del poblado de San Diego del Valle.

"Nano" Pérez y sus hombres, a los que se sumaron unos meses más tarde Oristela López Rodríguez, Cecilio Ramón Marín, Edelio López Rodríguez y Osvaldo Carve Aparicio, construyeron con la ayuda de numerosos colaboradores, unas cuevas artificiales en las que buscaban refugio después de los enfrentamientos con las milicias, o cuando los cercos gubernamentales eran muy grandes y no era viable enfrentarlos con posibilidades de éxito.

Septiembre 6. Fuerzas del régimen asesinan en la cooperativa agrícola San Vicente, Pinar del Río, al joven Daniel Porrás. El occiso había manifestado públicamente su oposición al gobierno.
- Las fuerzas guerrilleras que comanda Nando Lima son cercadas en las proximidades del poblado de San Blas, Escambray, resultando muerto un insurgente conocido como "EL Conejo" y gravemente herido José Miguel Chávez Herrera, quien logró escapar del cerco, aunque luego después fue capturado por las fuerzas gubernamentales.

Septiembre 7. Muere durante el entrenamiento en Guatemala el brigadista Carlos Rodríguez Santana, "Carlay". Su número de reclutamiento es el que identifica a la Brigada 2506.

Rodríguez Santana, Carlay, estudiante y viajante de medicina, fue miem-

bro de los Comandos Rurales y cuando se constituyó el Movimiento de Recuperación Revolucionaria se integró inmediatamente al mismo, ocupando la posición de Coordinador Territorial.
- Atacado el cuartel de La Ceiba, en El Escambray, por las fuerzas de Osvaldo Ramírez. El lugar es ocupado y la guerrilla se retira con las armas de la treintena de milicianos asignados al destacamento.

Septiembre 8. *Realiza el gobierno el primer desplazamiento forzoso de campesinos en la cordillera de los Órganos, Pinar del Río. Principalmente en las zonas de Rancho Mundito, Mil Cumbres, San Diego de Tapia y otros más. Fueron traladados al municipio de San Cristóbal y tuvieron que construir un pueblo que se llamó "Los Pinos".*[17]
- Enfrentamiento a tiros entre efectivos del gobierno y un grupo de alzado en un punto del Escambray conocido como La Bartola. Son capturados varios de los alzados en armas.
- *El régimen incrementa la presión sobre la iglesia católica al suspender un programa de información religiosa que era trasmitido por la televisión.*

Septiembre 10. Siete patriotas son arrestados en Guane, Pinar del Río, acusados de perpetrar decenas de sabotajes contra el régimen.
- Fuerzas guerrilleras comandas por Osvaldo Ramírez tienen un enfrentamientos con efectivos gubernamentales en la zona del Castillo, cerca del Condado. Es herido en enfrentamiento el insurgente Jesús Rodríguez.

Septiembre 11. Un teniente del Ejército Rebelde muere durante un enfrentamiento con las guerrillas en la zona de Pico Blanco, en las montañas del Escambray, Las Villas.

Septiembre 12. El Movimiento Revolucionario del Pueblo, implementa un plan de acción y sabotaje llamado "Plan Liborio," que consistía en incendiar varios comercios de la capital. Este plan se pudo cumplir parcialmente.

Septiembre 13. La crisis entre los gobierno de Cuba y Estados Unidos se agudiza cuando Washington impone un embargo comercial al régimen de La Habana.

Septiembre 15. Las autoridades descubren un artefacto explosivo sin detonar en la tienda capitalina, Sánchez Mola.
- El Frente Revolucionario Democrático, se amplía con el ingreso de varias organizaciones: el Movimiento Institucional Democrático, MID; Movimien-

to Acción Recuperadora, MAR; Comité de Liberación de Cuba, CLC y el Bloque de Organizaciones Anticomunista, BOAC. Todas estas organizaciones estarían representadas por el doctor Ricardo Rafael Sardiñas.

Septiembre 16. Miembros de la resistencia disparan contra un vehículo que transportaba milicianos, hiriendo a varios de los ocupantes. La acción tuvo lugar en una de las avenidas de la capital cubana.

Septiembre 17. Cinco efectivos del gobierno y tres guerrilleros mueren en un encuentro entre los insurgentes y el ejército en la Finca La Felicidad, cerca de Nuevo Mundo, en la región montañosa del Escambray, Las Villas. Los guerrilleros que perdieron la vida en el combate fueron Gustavo Pimentel, Salustiano Giberga, Jorge Palma. El resto de la guerrilla fue capturada por las fuerzas gubernamentales, entre ellos José A. Palomino Colón y Ángel Rodríguez del Sol, quienes serían fusilados pocos días después.
- *El gobierno revolucionario decide nacionalizar las instituciones bancarias propiedad de norteamericanos, que funcionaban en Cuba. Esta nueva medida agudiza el conflicto existente entre los dos países. Algunos de los bancos confiscados fueron, First National City Bank of New York, First National Bank de Boston y el Chase Manhattan Bank.*

Septiembre 18. Explota una bomba en los bajos del edificio del Sindicato Bancario en la calle Bernaza, frente al parque Albear, La Habana.

Septiembre 19. Tiene lugar, en el Sitio de Juana, Escambray, un enfrentamiento de las fuerzas guerrilleras que comanda el capitán Ismael Sierra Rojas con numerosas fuerzas del gobierno.

Septiembre 20. Fuerzas de la resistencia hacen explotar una bomba en el popular cabaret, "Tropicana", situado en la capital cubana.

Septiembre 21. Se alza en armas en la región montañosa del Escambray, con varios compañeros, Carlos Manuel Duques Millar.
- El Movimiento de Recuperación Revolucionaria, MRR, hace pública su plataforma política. El documento está firmado entre otros por: Laureano Gutiérrez Falla, Higinio Díaz, Luis Aguilar León, Enrique Fernández Silva, Antonio Michel Yabor, Ricardo Lorié y Lucas Morán Arce.

Septiembre 23. Explota un petardo en el Parque Mella, frente a la Universidad de La Habana, derribando el busto del desaparecido líder comu-

nista Julio Antonio Mella.
- Es asesinado en El Cobre, provincia de Oriente, el ciudadano Modesto Llaver quien sólo había manifestado públicamente sus opiniones contrarias al régimen.
- *Se encuentran en la ciudad de Nueva York, durante la Asamblea General de Naciones Unidas, Fidel Castro y Nikita Jruschov. También se entrevistó, entre otros, con el líder egipcio Gamal Abdel Nasser. Se reafirma la proyección interancional de la Revolución Cubana.*

Septiembre 24. Es asesinado Alberto Savón Pompe, a manos de un miliciano, por haber criticado al gobierno.
- El Arzobispo de Santiago de Cuba, Enrique Pérez Serantes hace pública una circular titulada "Ni traidores, ni parias", en la que se critica fuertemente el sectarismo comunista.
- Explotan dos bombas, una cerca de la Universidad y otra en un solar yermo en Bellavista y Connill, alturas del Vedado, La Habana.

Septiembre 27. Es elegido como Coordinador General del Frente Revolucionario Democrático, el dirigente Manuel Antonio de Varona.
- Es muerto a tiros por las fuerzas represivas del gobierno el joven Manuel Hernández Borges. El hecho tuvo lugar en Santiago de Cuba.

Septiembre 28. Es ejecutado el jefe de la milicia de Guantánamo, Oriente, por fuerzas de la clandestinidad.
- Explotan en diferentes lugares de la capital varias bombas.
- *Otro importante paso en la ruta de la implantación del totalitarismo en Cuba es la fundación de los Comités de Defensa de la Revolución, CDR. Castro los califica como instrumento fundamental de la vigilancia revolucionaria. Consisten en centros de vigilancia ubicados en cada cuadra, integrados por partidarios del gobierno que están estrechamente vinculados a la policía política.*

Septiembre 29. Un avión deja caer en la Sierra del Escambray varios alijos de armas para las fuerzas guerrilleras.
- Estallan dos bombas en las proximidades del Palacio Presidencial en La Habana. Esto ocurrió en momentos en que el gobernante cubano informaba sobre su reciente viaje a las Naciones Unidas.

Septiembre 30. El Frente Revolucionario Democrático, emite la orden general Número Uno, en la que se designa el Estado Mayor Conjunto de las

Fuerzas de Liberación de la República de Cuba. Es nombrado el coronel Eduardo Martín Elena, como jefe del Estado Mayor Conjunto y Jefe del Ejército.

Como Director de Personal del Estado Mayor Conjunto y del Estado Mayor del Ejército, el Teniente Coronel Oscar Díaz y Martínez.

Como Director de Inteligencia del Estado Mayor Conjunto y del Estado Mayor del Ejército el Comandante Tomás Cabaña y Batista; y Director de Operaciones del Estado Mayor Conjunto y del Estado Mayor del Ejército, el Capitán Benjamín Camino y Garmendía.

- Se alza en armas en la región del Escambray, el comandante del ejército rebelde Plinio Prieto.

Octubre 1. Es ejecutado ante el paredón de fusilamiento de los fosos de La Cabaña, Roberto Cruz Alfonso, quien había dirigido el atentado contra el comentarista radial José Pardo Llada.

- Tiene lugar una escisión en el Movimiento de Recuperación Revolucionaria, MRR, y varios de los firmantes del documento que anteriormente había hecho público la organización, suscriben un nuevo manifiesto, en esta ocasión firmado por: Antonio Michel Yabor, Higinio Díaz, Laureano Gutiérrez Falla y Lucas Moran Arce, entre otras personalidades.

Octubre 3. El Movimiento Demócrata Cristiano, desde Miami, hace un llamamiento a la solidaridad del continente con la causa democrática cubana. El documento esta firmado, entre otros, por José Ignacio Rasco, Enrique Ros, Jorge Mas Canosa y Ana Villarreal.

Octubre 4. Se incrementa la ofensiva gubernamental contra las fuerzas guerrilleras que comanda Porfirio Ramírez y Sinesio Walsh Rios. Ante la situación se ordena dividir las fuerzas en grupos de tres o cuatro guerrilleros. Las fuerzas gubernamentales está integradas por miles de efectivos, helicópteros y aviones de apoyo.

Octubre 5. Se produce el primer desembarco marítimo contra el régimen totalitario por la zona de Bahía de Navas, Baracoa. Armentino Feria Pérez, "El Indio" fue el jefe de la expedición que planeaba desarrollar un frente guerrillero en la región y que estaba integrada por más de veinte jóvenes, entre ellos tres ciudadanos nativos de Estados Unidos que fueron fusilados. El primer combate lo sostienen en Hirán de Nibujón resultando muerto Feria Pérez y Enrique Torres Pérez, herido, no obstante, los enfrentamientos con las milicias se extendieron por varios días.

- Capturados en la región montañosa del Escambray varios guerrilleros, entre ellos los jefes Sinesio Walsh Rios y su segundo al mando, Eusebio Peñalver.

Octubre 6. *La lucha cívica de más de dos años de un amplio sector del sindicato eléctrico con los comunistas, termina cuando el gobierno aplica todos los recursos del poder.*

Octubre 7. Miembros de la resistencia colocan un artefacto explosivo en la fábrica de neumáticos Firestone, en El Cotorro, provincia de La Habana.

Octubre 8. Es hecho prisionero después de un enfrentamiento con las milicias el presidente de la Federación Estudiantil Universitaria de Las Villas, FEU, el capitán del ejército rebelde Porfirio Ramírez Ruiz. Junto a él, fueron capturados otros alzados en armas.
- Logran evadirse 15 presos políticos del Castillo del Morro, en La Habana. Los presos habían sido compañeros del comandante Huber Matos. Entre ellos se encuentran Napoleón Bécquer, Dionisio Suárez. La fuga fue preparada por el sargento de la Marina de Guerra Revolucionaria Antonio Hernández y varios militares más encargados de la custodia de los mismos. Siete de estos oficiales son escondidos por una destacada activista de la clandestinidad, la señora Manuela Calvo.[18]

Octubre 9. El Directorio Revolucionario Estudiantil del Frente Revolucionario Democrático publica una declaración contra el régimen cubano. El documento está firmado por Alberto Muller, Juan Manuel Salvat, Ernesto Fernández Travieso y otros jóvenes de la resistencia.
- Son capturados por fuerzas del gobierno cerca de Baracoa, el resto de los combatientes que desembarcaron con Armentino Feria Pérez, El Indio Feria, al agotársele los recursos de guerra.
- El guerrillero Jesús Rodríguez, que había sido herido en un enfrentamiento anterior, muere en un enfrentamiento con efectivos gubernamentales en el Charcón, en el Escambray.

Octubre 10. Tiene lugar en la zona de Marroquí, provincia de Camagüey, un importante alzamiento contra el régimen. Las fuerzas insurgentes son comandadas por el ex oficial del ejército rebelde Rolando Martín Amodia e Hilario Maceda Toledo, "Negrete". Le acompañan Amado Ugalde Pérez, Manuel Morejón Urquiaga, Agustín Cabré Boshe, Ramiro Saavedra Vera, Julio Cárdenas Ayala, Antonio Martínez Robert, Orestes Valdés Vargas y Everildo Ortega Bernal.

- El Movimiento Demócrata Cristiano de Cuba en el Exilio hace un llamamiento a los pueblos de América contra el comunismo que se está instaurando en Cuba.
- El dirigente obrero Gerardo Fundora hace público un manifiesto de lucha contra el régimen y de inmediato se alza en armas en la provincia de Matanzas para operar en las regiones de Madruga y Ceiba Mocha. El flamante jefe guerrillero sostiene de inmediato dos encuentros exitosos con las fuerzas de la dictadura.
- Se hace de conocimiento público el manifiesto político del Movimiento Revolucionario del Pueblo, que a la sazón estaba dirigido por el ex ministro de Obras Públicas del gobierno revolucionario Manolo Ray.
- Un grupo de alzados del Escambray, bajo el comando del capitán del ejército rebelde Sinesio Walsh Ríos, sostiene un enfrentamiento con las milicias resultando apresados varios guerrilleros, entre ellos el propio Walsh Ríos.
- Se alza en la zona de Mayarí Arriba, en la Sierra Cristal, Oriente, el comandante Higinio "Nino" Díaz.
- El Movimiento 30 de Noviembre determina organizar grupos de acción que tienen como fin desarmar militares para conseguir armas que posibiliten producir acciones militares. En pocos días obtienen tres sub-ametralladoras Thompson, cuatro pistolas automáticas y dos carabinas M1-A1.

Octubre 11. Insurgentes al mando de Osvaldo Ramírez sostienen un encuentro con fuerzas del gobierno en la zona de Pitajones. Las guerrillas pierden a dos insurgentes, uno conocido como "Güira de La Habana" y otro identificado como Walfrido. Entre los heridos se encuentra Ruperto Ulacia. Las fuerzas del gobierno tuvieron varios muertos y heridos.

Octubre 12. En la ciudad de Santa Clara decenas de estudiantes participan en numerosas protestas contra el juicio de los alzados en armas en las montañas del Escambray que estaba sesionando en el teatro de un antiguo regimiento militar. Las manifestaciones más importantes tuvieron lugar en la iglesia de La Pastora, donde turbas castristas golpearon brutalmente a numerosos estudiantes, entre ellos a Luis Albertini Díaz, que debió ser recluido en un centro hospitalario.
- Fusilados en la finca La Campana, Las Villas, los jefes guerrilleros Plinio Prieto, dirigente obrero y comandante del ejército rebelde; Sinesio Walsh Ríos, campesino y capitán del ejército rebelde; Porfirio Remberto "Negro" Ramírez Ruiz, capitán del ejército rebelde y presidente de la Federación Estudiantil Universitaria, FEU, de la provincia de Las Villas; Ángel Rodríguez del Sol y José A. Palomino Colón.[19]

Octubre 13. Los presos políticos evadidos del Castillo del Morro logran salir de Cuba, gracias al esfuerzo coordinado de varias de las organizaciones que operan en la clandestinidad.
- Son fusilados en el Campo de Tiro de San Juan, Santiago de Cuba, por lo menos ocho de los expedicionarios sobrevivientes de la expedición de Armentino Feria Pérez, "El Indio". Los nombres que se han podido obtener son los siguientes: Felipe Rivero Pérez, Nelson Felipe Trujillo Correa, Anthony Zarba, Adolfo Reyes de la Cruz, Fulgencio Felipe Rodríguez Paladón, Desiderio Fontela Ruiz, Arturo Álvarez Fernández, Andrés Capote Medina.
- *El absoluto control de la economía hace al estado más poderoso e imposibilita que fuerzas de la oposición obtengan los recursos necesarios en una lucha política. El gobierno promulga la Ley 890, que estatiza 105 centrales azucareros. Esta ley también estatiza por expropiación forzosa y sin compensación 376 empresas comerciales e industriales propiedad de cubanos. También se aprueba la Ley 891, que estatiza y nacionaliza todo el sistema bancario nacional, exceptuados los bancos canadienses.*

Octubre 14. El proceso totalitario se acelera con la promulgación de la Ley de Reforma Urbana, a través de la cual se nacionalizan todas las propiedades usadas para rentar, incluyendo las viviendas. Esta ley afecta fundamentalmente a ciudadanos cubanos, ya que ellos eran los propietarios de mayoría de los bienes inmuebles. La ley establece que las rentas se paguen al estado y fija indemnización para los propietarios.
- Este mismo día se promulga una ley que confisca otras 273 grandes empresas cubanas. Horas más tarde son expropiadas 166 empresas norteamericanas.
- También el Consejo de Ministros aprobó una Ley de Solares y Fincas de Recreo donde se dispone la confiscación de bienes sin considerar compesación a sus propietarios.

Octubre 15. Las fuerzas guerrilleras del Escambray, Las Villas, comandadas por Evelio Duque, reciben un modesto cargamento de armas por vía marítima. El suministro fue distribuido entre todas las fuerzas insurgentes que operaban en la zona.

Octubre 16. La mayor parte de los alzados en armas en las montañas del Escambray, Las Villas, se reúnen en un lugar conocido como Boca de Carrera. Las fuerzas irregulares se reorganizan, constituyéndose un estado mayor y designándose los jefes de columnas:

Columna 1. Comandante Evelio Duque Miyar, segundo al mando, capitán Edel Montiel.

Columna 2. Comandante Joaquín Membibre, segundo al mando capitán Diosdado Mesa.

Columna 3. Bajo el mando del capitán Edgar Cajigas.

Columna 4. Bajo el mando del capitán Gilberto Bravo de la Pedraja.

Columna 5. Bajo el mando del comandante Ramón del Sol.

Columna 6. Bajo el mando del capitán Ismael Rojas.

Columna 7. Bajo el mando del comandante Osvaldo Ramírez, segundo al mando capitán Tomás San Gil.

Columna 8. Bajo el mando del comandante Carlos Duque Miyar, segundos al mando capitanes Jesús Yera y Rigoberto Pospe M.

Columna 9. Bajo el mando del comandante Alejandro Lima Barzaga, "Nando Lima", segundo al mando capitán Fidel Hernández.

Columna 10. Bajo el mando del capitán Julio Lara Valdés, segundo al mando Rolando Valdés.

Columna 11. Bajo el mando del capitán Blas Tardío Hernández.

Columna 12. Bajo el mando del comandante Ismael Heredia Jordán.

Columna 13. Bajo el mando del capitán Manuel Pacheco.

El Estado Mayor del recién constituido Ejército de Liberación Nacional del Escambray quedaba integrado de la siguiente forma:

Comandante en jefe, Evelio Duque Miyar; capitán Giraldo Castellano, capitán Viana y primer teniente Rojas. Comandante Capellán, Francisco López Blázquez, comandante Joaquín Membibre, comandante Osvaldo Ramírez, comandante Edel Montiel, comandante Alejandro Lima Barzaga,"Nando Lima", comandante Tomás San Gil, comandante Ramón del Sol Sorí, comandante Carlos Duque Miyar.

Lo integraba también el doctor Enrique Castellanos, quien permanecía en La Habana en su condición de Coordinador Nacional de la Legión Democrática Constitucional.[20]

- El acercamiento a los países comunistas se intensifica con el establecimiento de relaciones con la República Federativa de Yugoslavia.

Octubre 17. Son fusilados en el campo de tiro de la Loma de San Juan, Santiago de Cuba, dos de los expedicionarios de origen estadounidense que habían acompañado al Indio Feria. Robert Otis Fuller, que había sido veterano de la Guerra de Corea y que residió por años en la zona de Holguín, Oriente, y Allan D. Thompson.

- Miembros de la resistencia tirotean en La Habana un vehículo del Instituto Nacional de la Reforma Agraria, INRA, que transportaba milicianos. Varios efectivos del gobierno resultaron heridos.

Octubre 18. Cinco milicianos son heridos en una emboscada de las fuerzas de la clandestinidad en un tramo de la carretera conocida como la Vía Blanca, que une a La Habana con la capital de la provincia de Matanzas.
- Cae en un cerco de unidades del ejército, junto a tres compañeros no identificados, el teniente guerrillero Edelio Morales, "Pachanguita", que integraba las fuerzas del comandante Evelio Duque.

Cuenta el capitán guerrillero Domingo Morales: "Edelio, junto con ocho de sus hombres, se decidió a cubrir nuestra retaguardia en un ataque de asalto, protegiendo la retirada en la ultima fila.

Edelio hubo de caer con sus dos piernas destrozadas por las ráfagas de ametralladoras comunistas, y a su lado tres de sus acompañantes yacían sin vida.

En el encuentro, que fue en la zona del Pinto, Escambray, el gobierno utilizó más de 3,000 efectivos, helicópteros y otros recursos bélicos de los que carecían los alzados. Ésta fue prácticamente una constante en los choques de los guerrilleros con las fuerzas del régimen".

Octubre 20. Caen prisioneros de las fuerzas del régimen en la provincia de Matanzas, el jefe guerrillero Gerardo Fundora. La guerrilla, que combatió hasta que se le acabaron las municiones, fue delatada por dos agentes de la Seguridad del Estado que estaban infiltrados.
- Se constituye en la ciudad de Miami por los dirigentes obreros Pascasio Linares, Heriberto Corona, Raúl Amieva y varios otros líderes sindicales, el Frente Obrero Revolucionario Democrático.
- Se publica por primera vez en el exilio la revista Bohemia Libre, editada por Miguel Ángel Quevedo.

Octubre 21. Es incendiada por fuerzas de la clandestinidad la planta de la Antigua Papelera Cubana, que había sido intervenida por el régimen.

Octubre 22. Ejecutados en el campo de tiro de Limonar, Matanzas, el combatiente guerrillero y líder sindical de la provincia de Matanzas, Gerardo Fundora.
- Los órganos de la Seguridad del Estado logran arrestar a José Luis Fernández y Oristela López Rodríguez, quienes junto a otras personas estaban organizando un alzamiento militar de grandes dimensiones. En el plan estaban implicadas personas de diferentes lugares del país y era comandado por Sigfrido Machado, teniente del ejército rebelde.

Octubre 25. Enfrentamiento entre guerrilleros y fuerzas del gobierno en Río Hondito. Los insurgentes, comandados por Osvaldo Ramírez, no tienen bajas pero las fuerzas del gobierno tienen varias.

Octubre 30. Monseñor Eduardo Boza Masvidal, obispo auxiliar de La Habana, publica una circular con el nombre ¿Es Cristiana la Revolución Social que se está verificando en Cuba? En la misma se exponen los valores cristianos que le faltan al proceso revolucionario cubano.
- Según informaciones, el gobierno de Cuba había recibido entre los meses de julio y octubre del año en curso, unas 22,000 toneladas de material bélico de fabricación soviética, china y checoslovaca.

Octubre 31. El Frente Nacional Democrático, Triple A, publica un manifiesto de condena al régimen totalitario. El documento está firmado, entre otros, por Aureliano Sánchez Arango, Jorge García Montes, Francisco Morales Llanes.

Noviembre. Se alza en armas con un grupo de partidarios en la región Aguada de Pasajeros y los limites de la provincia de Matanzas, Vale Montenegro, asumiendo la jefatura de todos los insurgentes de la región. Para esta época los irregulares de la zona contaban con más recursos bélicos que había entregado Jorge Fundora, del Movimiento de Recuperación Revolucionaria a Ibrahín Rodríguez, Gregorio Cabreriza Pérez y Julio Cepero.

Noviembre 1. Es asesinado por expresar públicamente sus opiniones políticas contrarias al régimen, el chofer Alejandro Álvarez Machín. El incidente tuvo lugar en el pueblo de Bauta, provincia de La Habana.
- Choque de las fuerzas guerrilleras que comandaba Osvaldo Ramírez con fuerzas del gobierno en un sitio conocido como La Ceiba, en el Escambray. Ramírez es hecho prisionero, pero gracias a su arrojo y audacia escapa lanzándose por un barranco.

Noviembre 2. En un intento por asaltar la casa del jefe de las milicias campesinas del poblado de Rodas, es muerto el combatiente René Besús.
- Marchan a los llanos del norte de Las Villas para alzarse en armas contra el régimen totalitario otro grupo de campesinos que está integrado por Juan Benito Campos Pérez, padre; Juan Benito Campos Linares, hijo; Ricardo Molina, Nano Pérez, su hermano Félix Pérez, José Antonio Fadraga Cintas, Tite Lamas, El Galleguito, Enrique Infante, Salvador Jomorca Díaz. Esta

nueva fuerza se integraría a la que ya dirigía José Martí Campos Linares.

Noviembre 5. En la ciudad de Mayarí, provincia de Oriente, resulta muerto un miliciano mientras custodiaba una industria de esa localidad.
- Miembros del clandestinaje llevan a las guerrillas que operan en la Sierra de los Organos, armas y municiones. Entre las armas se encuentran fusiles M-1, Garands y Winchesters.

Noviembre 6. La policía política del régimen arresta al líder obrero David Salvador, fundador del Movimiento 30 de Noviembre y secretario general de la Central de Trabajadores de Cuba, en momentos en que se disponía a salir del país acompañado de varios de sus colaboradores. Este grupo tenía como fin crear una base de operaciones en Miami que facilitaría recursos a los que permaneciesen en Cuba.

Noviembre 7. Un centenar de carceleros de la prisión de Isla de Pinos realizan en la Circular 1, una brutal requisa en la que sufre una seria golpiza el preso político Héctor Sorís.
- Varios transformadores de energía electrica en la barriada del Cerro son saboteados por miembros de la clandestinidad.
- Un avión procedente del exterior lanza un alijo de armas en la zona de Boca Chica, en el Escambray.
- La organización Unión Nacional Democrática 20 de Mayo, publica un llamamiento exhortando a la unidad del exilio en contra del régimen totalitario. El documento está firmado entre otros, por el doctor Andrés Vargas Gómez y el doctor Osvaldo Soto.

Noviembre 9. Es constituido en la ciudad de Miami, el Colegio Nacional de Veterinarios en el Exilio, dirigido por un comité ejecutivo que estaba integrado entre otros por Candelario San Germán, y Benito Rodríguez Lezcano.

Noviembre 10. Asesinado por fuerzas policiales en el reparto Brisas del Mar, en la Playa de Guanabo, en La Habana, el joven Juventino Báez.
- Guerrilleros dirigidos por Osvaldo Ramírez rompen un cerco integrado por varios miles de efectivos gubernamentales en "El Naranjal". Varios alzados bisoños, y que no tenían armas, fueron capturados.

Noviembre 11. Un grupo de miembros de la organización 30 de Noviembre asalta el Banco de la Construcción, situado en la Calle 23, en La Rampa, La Habana. La acción, en la que participaron, entre otros, Milton Salazar, tenía como propósito recaudar fondos para poder realizar acciones contra el régimen.

Noviembre 12. Durante una requisa en el Reclusorio Nacional de Isla de Pinos fueron heridos varios presos políticos y asesinando a bayonetazos el ex capitán Antonio Manteiga Vilariño.
- En el busto del líder comunista Julio Antonio Mella, situado frente a la Universidad de La Habana, explota un petardo destrozando la parte superior del mismo.

Noviembre 13.Fuerzas de la resistencia colocan en un comercio de la ciudad de Marianao, un artefacto que al explotar ocasiona daños de consideración.

Noviembre 14. El Frente Revolucionario Democrático, FRD, dirige un documento a la Organización de Estados Americanos, OEA, demandando una acción colectiva contra el régimen cubano.
- Un reducido número de miembros de la clandestinidad ocupa brevemente la estación de radio CMOX, en La Habana, pasando una grabación que exhortaba al pueblo a enfrentarse al régimen totalitario.

Noviembre 15. Se alza en la zona norte de Las Villas con varios hombres Raúl Ramos Ramos, "El Policía". Antes de alzarse se llevó las armas de la jefatura de policía de su pueblo.
- Las fuerzas guerrilleras bajo el mando de Osvaldo Ramírez, calculadas en cerca de tres centenares de hombres, muchos sin armas, establecen el campamento de San Ambrosio. En el lugar acampan varias unidades guerrilleras que se ubican en diferentes áreas de la zona.

Noviembre 16. Un grupo de jóvenes cubanos encabezados por Frank Díaz Silveira, ataca la embajada de Cuba en Lima, Perú, llevándose los documentos de los archivos de la sede diplomática.

Noviembre 17. Explota una bomba en el conducto del acueducto de Albear, en el Cerro, La Habana. La acción fue ejecutada por miembros del Movimiento 30 de Noviembre.

Noviembre 18. Estalla un petardo en la tienda Los Precios Fijos, en la ciudad de La Habana.

Noviembre 21. El jefe guerrillero Pedro González enfrenta con su unidad a las milicias en las estribaciones del Pico de Potrerillo, Escambray. Las

fuerzas del gobierno tienen nueve bajas.
- En una instrucción pastoral, el arzobispo de Santiago de Cuba, denuncia la violencia creciente en contra de los católicos.
- Es ejecutado el administrador de una finca intervenida por el gobierno en las cercanías de la ciudad de Trinidad, Las Villas.
- Dos escoltas del coronel Alberto Bayo son ejecutados por miembros de una agrupación clandestina no identificada.

Noviembre 23. Se alzan en la región norte de Las Villas, bajo el mando de Emilio Pérez, dieciocho campesinos de la zona. Esta guerrilla que se pondría bajo las órdenes del legendario Campitos, operaría en la zona llana de Rancho Veloz, Corralillo, San José de los Ramos, y otras localidades.

Noviembre 24. Explota un petardo en una oficina del Banco del Seguro Social de Cuba, BANSESCU, ubicado en el segundo piso del Capitolio Nacional, causando daños de consideración.

Noviembre 25. Miembros de la resistencia provocan un incendio en un frigorífico ubicado en la ciudad de Jovellanos, Matanzas. Las pérdidas se aproximan al medio millón de pesos de la época.

Noviembre 26. Se frustra una expedición organizada por el MIRR que tenía como propósito gestar en la provincia de Oriente un frente guerrillero. El grupo, que estaba bajo el mando del comandante Víctor Paneque, Diego, estaba integrado por 24 hombres y una valiente mujer que lo arriesgó todo por la libertad de Cuba, Dora Delgado, "La Japonesa".

Noviembre 27. Cuatro presos que integraban una cordillera de prisioneros políticos que eran trasladados en un ómnibus desde la ciudad de Santa Clara hasta el Reclusorio Nacional de Isla de Pinos, se rebelan a la altura del puente de Bacunayagua con el resultado de un custodio muerto, de apellido Fernández y el prisionero Israel Nacho, herido de gravedad. Las bajas fueron consecuencias de los disparos realizados por un sargento de apellido Ríos.
- La familia campesina integrada por Agapito Rivera Milán, sus hermanos Stanislao y Francisco, y primos hermanos Venancio y Leocadio se alzan en la zona norte de Las Villas. Otros campesinos se le suman en el empeño, Juan Manuel Rivera Pérez, Emilio Rivera Pérez y Gabriel Rivera Orta. Esta fuerza guerrillera va a unirse a la dirigida por José Martí Campos Linares quien fungiría con el tiempo como jefe de todas las fuerzas guerrilleras que operarían en las llanuras del norte de Las Villas y parte de la provincia de Matanzas.

Noviembre 28. Es fusilado en la finca La Luisa, Bolondrón, Matanzas, el guerrillero Adolfo Soto Marín.
- Los jóvenes Rafael Brunet Lugones, Oscar Pedroso Saroza y Cristóbal Rico asaltan la casa del comandante del ejército Alfredo Peña, llevándose todas las armas que éste tenía en su residencia. Poco después parten hacia las montañas del Escambray y se unen a las fuerzas guerrilleras del capitán Edel Montiel.

Noviembre 29. Las fuerzas del régimen inician una operación en las montañas del Escambray, la cual estaba integrada por batallones de combate que reunían a más de 60,000 efectivos, distribuidos en unos 80 batallones y con todos los recursos bélicos y suministros que demanda una operación militar de estas características. Todas estas fuerzas, al mando del comandante Dermidio Escalona, tenían como objetivo militar la aniquilación de pocos más de 600 alzados en armas que apenas tenían medios de defensa.[21]
- Miembros de la organización 30 de Noviembre se reúnen en el Club Cubanaleco para organizar una acción de sabotaje contra los registros de la Compañía Cubana de Electricidad.

Noviembre 30. El Movimiento 30 de Noviembre detona 11 bombas en diferentes registros de la Compañía Cubana de Electricidad, en La Habana, interrumpiendo el fluído eléctrico en gran parte de la provincia por 24 horas.
- Se constituye en la ciudad de Miami, el Directorio Magisterial Revolucionario.

Diciembre. Se fuga del Reclusorio Nacional de Isla de Pinos, gracias a la ayuda del capitán Padilla, el capitán Jorge Sotús, que habia sido Inspector Territorial del Ejercito Rebelde en Santiago de Cuba. Desde los tiempos de la insurrección, Sierra Maestra, el oficial había sostenido fuertes debates por razones ideologicas con Raúl Castro y Ernesto Guevara.

Diciembre 1. Muere en un enfrentamiento con las guerrillas del Escambray el comandante del ejército rebelde Manuel, Piti, Fajardo y son heridos varios de los militares que le acompañaban. Posteriormente son capturados los combatientes Rafael Brunet Lugones y Oscar Perdomo.
- Varios campos de cañas pertenecientes al central Rubén Martínez Villena, en La Habana, son incendiados desde una avioneta.
- Empleados de la industria eléctrica realizan una marcha de protesta contra el gobierno, desde la sede de su sindicato hasta el Palacio Presidencial. Ésta fue una de las últimas expresiones de lucha cívica contra el naciente régimen

totalitario.
- Herido en un enfrentamiento con fuerzas del gobierno, cerca de Caracusey, el guerrillero Pedro (Perico) León. Posteriormente es fusilado.

Diciembre 2. Durante un breve enfrentamiento con las milicias y las fuerzas de la Seguridad del Estado, resulta prisionero en las Lomas de Bermejales, San Cristóbal, Pinar del Río, el combatiente José Piloto Mora.
- Detonan varios artefactos explosivos en diferentes salas y lugares del Palacio de Justicia, en la Plaza de la Revolución en la capital cubana. No se produjeron desgracias personales pero sí daños materiales de consideración.
- Después de un enfrentamiento de varias horas con fuerzas del ejército, se queda sin municiones la guerrilla que comanda Ernesto Gómez Márquez, Maguaraya. Al no poder combatir, son hechos prisioneros varios guerrilleros, entre ellos el propio capitán Maguaraya, y los alzados Elio Rodríguez Barrios y Roberto Delgado Ramos.

Diciembre 3. Se levanta en armas contra el régimen Benito Campos Martínez, quien sería un destacado líder guerrilero en la zona de Quemado de Güines, Las Villas. Ese mismo día los insurgentes se enfrentan a las fuerzas gubernamentales ocasionándoles un muerto y cerca de 20 heridos.
- Se constituye en Miami, el Colegio Nacional de Locutores de Cuba en el Exilio, entre sus ejecutivos se encuentran Ramiro Boza Valdés, Juan Amador Rodríguez, Zoila Fariña Morera y otros.

Diciembre 4. El Episcopado Cubano continúa su lucha por impedir el control comunista de la sociedad cubana y dirige una carta abierta al primer ministro Fidel Castro donde denuncia la detención de sacerdotes, la clausura de los programas radiales religiosos y otras actividades contra la Iglesia y los religiosos.
- Fuerzas guerrilleras que operan en el norte de Las Villas, atacan cerca de Matanzas un jeep del ejército, ocasionando la muerte de un sargento y heridas a otro militar.

Diciembre 6. Explota una bomba en una panadería ubicada en La Habana, hiriendo a una persona y causando grandes daños al inmueble.

Diciembre 7. El Frente Obrero Revolucionario Democrático, FORD, dirigido por los líderes sindicales, Pascasio Lineras, Cesar Lancís, Mario Masipp y otros dirigentes gremiales, celebra un acto público en Miami en el que se reafirma el propósito de la institución de luchar contra el régimen totalitario

cubano.
- El guerrillero Roberto Miranda muere durante un enfrentamiento con fuerzas del gobierno en las montañas de la provincia de Pinar del Río.

Diciembre 8. Se reúne por primera vez en el exilio, después de más de cien años de existencia la Junta de Gobierno del Colegio de Abogados de La Habana, presidida por el Decano, doctor Silvio Sanabria.
- Las fuerzas insurrectas que comanda el jefe guerrillero Osvaldo Ramírez, enfrentan a varios batallones del ejército comandados por el propio Fidel Castro, en las Llanadas de Gómez, finca de San Ambrosio, Escambray. Las unidades del gobierno tienen numerosas bajas, según varios informes, 17 muertos y decenas de heridos. Las fuerzas insurgentes perdieron en este enfrentamiento, que se extendió por tres días, a cuatro hombres, siendo sólo identificado hasta el momento, Osvaldo Wilfrido Rodríguez.

Diciembre 9. Más de tres mil trabajadores del sector eléctrico partieron de la sede de su sindicato y protagonizaron una protesta pública en la que demandaban del gobierno el respeto de sus conquistas laborales. Los marchantes, al grito de "Cuba Si Rusia No", a los que se le sumaron una gran cantidad de personas, fueron recibidos por el presidente Osvaldo Dórticos en el Palacio Presidencial, quien en principio aceptó las demandas de los trabajadores para más tarde incumplir el compromiso.
- Entran clandestinamente a Cuba, Rogelio González Corzo y Manuel Guillot Castellanos con el propósito de preparar las fuerzas de la clandestinidad que apoyarían el desembarco de Playa Girón, y para estudiar las posibles zonas de operación.

Diciembre 10. Hace explosión un artefacto en el cine Rex en la ciudad de Jovellanos, Matanzas. Otras dos bombas hacen explosión en la ciudad capital de esa provincia.
- Son fusilados en la ciudad de Santa Clara los combatientes Anildo Moreno Bacallao, Eloy Moreno Bacallao, César Villarreal Gracia, Raúl Quian y Diosdado Martínez.
- Un operativo de la oposición ajusticia a un miembro de las fuerzas del régimen en la ciudad de Cienfuegos.
- Tres artefactos hacen explosión en la ciudad de La Habana, uno en la Esquina de Tejas, otro en el túnel de La Habana y el tercero en la casa de Modas de las calles Neptuno y Galiano.

Diciembre 11. Se hace de conocimiento público por medio de un comunica-

do emitido desde las montañas del Escambray, que el jefe de las fuerzas que operan contra el gobierno, en esa zona del país, es Evelio Duque.
- Células de la resistencia hacen estallar una bomba en la fábrica de conservas "Palmar", en la provincia de La Habana.

Diciembre 12. Son fusilados los miembros de la clandestinidad Rafael Brunet Lugones y Oscar Pedroso Zarosa, en la ciudad de Santa Clara. Fueron condenados por presuntamente haber dado muerte al comandante del ejército rebelde Manuel Piti Fajardo.

Diciembre 13. Una bomba hace explosión en la pared exterior de un bar situado en una barriada de la ciudad de La Habana.
- Son ejecutados por fuerzas de la oposición dos milicianos en el pueblo de Aura, provincia de Oriente.
- El régimen confisca las salas de cine del país. La mayoría de éstas eran propiedad de cubanos.
- Los capitanes del Ejército Rebelde, Clodomiro Miranda y Bernardo Corrales, fundadores del Movimiento Demócrata Martiano, se alzan en armas en la zona de Bahía Honda, provincia de Pinar del Río. En tres enfrentamientos seguidos derrotan a las fuerzas gubernamentales.

Diciembre 14. Tiene lugar en la región montañosa del Escambray, el desplazamiento forzoso de aproximadante 300 familias acusadas por el gobierno de colaborar con los alzados en armas.[22]

Diciembre 15. Miembros de la resistencia clandestina provocan un incendio en las instalaciones de la emisora CMQ. La sustancia, fósforo vivo, fue colocada en los conductos del aire acondicionado del edificio y por allí se originó el fuego. La acción destruyó por completo el cuarto y quinto piso del edificio de Radio Centro, la instalación más moderna de su género en la Cuba de la época.
- Se constituye el Directorio Revolucionario Estudiantil en el Exilio. El documento quedó firmado por Alberto Muller, Ernesto Fernández Travieso, Carlos Varonas, Teresita Valdés Hurtado, Jorge Más y otros líderes estudiantiles.

Diciembre 16. Una célula no identificada de la clandestinidad en La Habana, coloca un artefacto explosivo en un palco del teatro América.

Diciembre 17. Una de las guerrillas que opera cerca de la ciudad de

Trinidad, las Villas, ataca una tienda gubernamental y después de ocuparla, la incendian.
- Varias organizaciones de la clandestinidad crean un frente común al que le ponen como nombre Movimiento Unidad Revolucionaria, quedando como coordinador nacional el joven estudiante de derecho Octavio Barroso, que había sido uno de los fundadores de Salvemos a Cuba, SAC.

Diciembre 18. Dos guerrilleros no identificados de las fuerzas guerrilleras que comanda Tomás San Gil son mortalmente abatidos en Calabazar, en las proximidades de Guinia de Miranda. Uno de los guerrilleros, Pérez Pérez, que había sido capturado herido, fue fusilado de inmediato.

Diciembre 19. En plena ofensiva militar una guerrilla al mando de Isaías Torrecilla ataca el caserío de Caracusey.

Diciembre 20. Se constituye en el exterior la Asociación del Poder Judicial de Cuba en el Exilio. El ejecutivo queda integrado entre otros por el doctor Francisco Alabau Tréllez y Gustavo Delgado Bacallao.
- *Se recrudece dentro del sistema judicial una campaña contra los individuos no afectos al nuevo régimen o vinculados al anterior gobierno, conocida como "depuración revolucionaria".*

Diciembre 21. Las fuerzas guerrilleras de Osvaldo Ramírez tienen una escaramuza con efectivos del gobierno en un lugar conocido como Pico del Aura, cerca de Manacal.

Diciembre 22. La guerrilla que dirige el capitán Edel Montiel se enfrenta en una zona del Escambray a fuerzas del gobierno, causándole una baja.
- Fuerzas de la clandestinidad ajustician en Cartagena, Las Villas, a un miembro de las milicias.
- Se reúnen en La Habana 23 organizaciones de la clandestinidad y firman un documento conjunto que describe la situación de la resistencia y expone las necesidades de ésta para poder enfrentar eficientemente el régimen totalitario. El documento es sacado del país, tres días más tarde, por Rafael Díaz-Hanscom. Así queda constituida la Unidad Revolucionaria.
- Las guerrillas que comanda Osvaldo Ramírez tienen cinco bajas mortales cerca de Limones Canteros, Escambray. Sólo se conoce el nombre de dos de los caídos, "Miche" Bacallao (Placetas) y otro conocido como Lorenzo de Caracusey.

Diciembre 23. Monseñor Pérez Serantes emite la circular "Con Cristo o

Contra Cristo," en la que se exponen las motivaciones que la Iglesia tiene para enfrentar el comunismo.
- Se constituye un comité provisional para dirigir la Unidad Revolucionaria integrado por Octavio Barroso, Pablo Palmieri, Tito Rodríguez Oltmans, Celestino Borrón y Marcial Arufe.

Octavio Barroso moriría ante el paredón de fusilamiento y Marcial Arufe junto a su esposa, Digna Fernandez Cañizares, caerían en un enfrentamiento a tiros con las fuerzas de la Seguridad del Estado en una barriada de la capital cubana.

Diciembre 24. La unidad guerrillera que comanda Osvaldo Ramírez es dividida en dos partes como consecuencia de un fuerte enfrentamiento con efectivos gubernamentales. Con Ramírez permanece el comandante César Páez.

Diciembre 25. Lanzan balas con estopas contra la residencia del alto funcionario gubernamental y supuesto torturador de prisioneros de guerra de Estados Unidos en Vietnam, Fernando Vecino Alegret.[23]

Diciembre 26. Se inicia la llamada Operación Pedro Pan que facilitó la salida de Cuba hacia Estados Unidos de más de 14,000 niños y adolescentes.
- Los alzados bajo el mando del jefe guerrillero Julio Rojas (seudónimo), rompen el cerco de la Yuraguama, Escambray.

Diciembre 27. Una bomba de gran potencia hace explosión en el edificio de Carlos III, La Habana, donde radican las oficinas principales de la Compañía Cubana de Electricidad. Horas más tarde descubren dos potentes bombas sin explotar en la Planta de Tallapiedra.

Diciembre 28. Hace explosión una bomba, generando un incendio, en la tienda por departamento Flogar, sita en Galiano y San Rafael, La Habana, varias personas resultaron heridas.

Diciembre 30. Grupos de la resistencia que militan en las organizaciones clandestinas Movimiento 30 de Noviembre y del Movimiento Revolucionario del Pueblo colocan un artefacto que desata un incendio en la tienda por departamentos La Época, situada en la calle Galiano entre Neptuno y San Nicolás. Las pérdidas sobrepasaron los dos millones de dólares.

Diciembre 31. Explota un artefacto en una calle del reparto Miramar, La Habana, con el resultado de varias personas heridas.

blanco

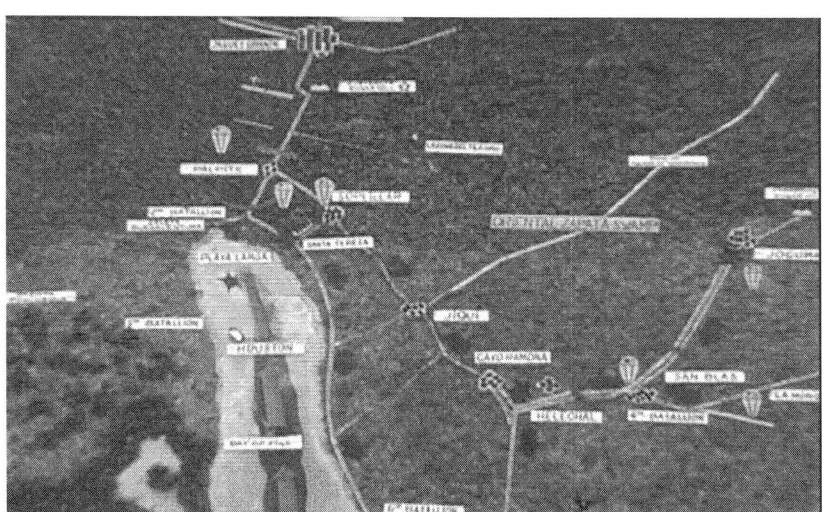

Croqui de la zona de Playa Girón,
elaborado por la Brigada de Asalto 2506.
Se aprecian posiciones militares durante y después del
desembarco del 17 de abril de 1961.

blanco

AÑO 1961

Enero. Muere de parto en la cárcel de mujeres de Guanajay, la presa política Lidia Pérez León de 21 años. Según informaciones, la dirección del penal le negó asistencia médica durante el embarazo.

Enero 1. Fuerzas guerrilleras que operan en las montañas del Escambray sostienen con las milicias un enfrentamiento en la Chispa. La guerrilla, que es comandada por el capitán Ismael Sierra Rojas, tiene dos muertos que no están identificados completamente, ya que sólo se conocen sus sobrenombres, "El Pasmao Musa" y "José Antonio El Gavilán", estos jóvenes eran de origen árabe y vivían en la región del Escambray. En ese enfrentamiento resultó gravemente herido el guerrillero Candelario Puerta.

Enero 2. *Tiene lugar en la región montañosa del Escambray el primer desplazamiento forzoso de campesinos para impedir que continuaran apoyando a los insurgentes que operaban en el área. Familias campesinas son deportadas a otras regiones del país. Sus tierras y propiedades se entregan a campesinos partidarios del régimen. Uno de los casos más conocidos fue el del pueblo del Condado, Las Villas, situado a una veintena de kilómetros de la ciudad de Trinidad.* [24]
- Se produce un acto de sabotaje en el cine Cándido, en la ciudad de Marianao, que tiene como resultado varias personas lesionadas.

Enero 3. *Como medida de contención a las decisiones unilaterales del gobierno revolucionario, el gobierno de Estados Unidos decide romper relaciones diplomáticas con el régimen cubano.*

Enero 4. Condenan a prisión al dirigente estudiantil Pedro Luis Boitel. Boitel había aspirado a presidente de la Federación Estudiantil Universitaria en contra de la voluntad de los dirigentes del régimen.
- *Ante el auge de las fuerzas contrarias al totalitarismo y como consecuencia de las efectivas acciones realizadas por éstas, el régimen decreta la Ley 923, que permite que puedan ser condenados a muerte todas las personas que realicen una serie de actos contra el orden político vigente.*
- *Es aprobada una legislación que dispone el fusilamiento en menos de 72*

horas de los arrestados por sabotaje o actos subversivos contra la estabilidad del estado.
- El control de todas las expresiones de la sociedad civil por parte del gobierno se fo rtalece con la constitución del Consejo Nacional de Cultura. Esta organización está orientada a controlar todas las actividades culturales.

Enero 5. Unidades guerrilleras ejecutan al delator Conrado Benítez, en la finca El Mamón, cerca de Güinía de Meyer, en el Escambray. Es también ejecutado Heliodoro Rodríguez.

Enero 6. Se infiltra en Cuba desde Estados Unidos el combatiente Jorge Fundora, quien tenía como misión establecer una base de recepción de armas y recursos que procederían del extranjero. Para conseguirlo establece contacto en la ciudad de Matanzas con el coordinador del MRR en esa provincia, Ernestino Abreu. Este legendario punto de infiltración y exfiltración sería conocido como Punto Fundora, con el propósito de rendir honor a quién lo estableció.
- El Ejército de Liberación Nacional, que opera en las montañas del Escambray, publica un manifiesto en el que exhorta al pueblo a levantarse en armas contra el gobierno. El documento está firmado por los comandantes Augusto, Evelio Duque, Osvaldo Ramírez y el resto de los capitanes de las fuerzas guerrilleras.

Enero 9. Hieren durante un atentado en la provincia de Camagüey, al comunista y general del ejército de la república española Alberto Bayo. El militar había entrenado en México a los expedicionarios del Granma.
- Fuerzas de la clandestinidad queman el almacén de la fábrica de colchones OK, situada en la calle Cristina, en La Habana, las pérdidas sobrepasaron los $100,000 dólares.

Enero 10. El Frente Revolucionario Democrático publica un manifiesto dirigido a todos los cubanos en el que demanda la preparación para enfrentar al régimen totalitario.
- Es hundido cerca de la costa norte de Cuba el pesquero El Pensativo que transportaba al ex comandante del ejército rebelde Antonio,"Tony", Santiago García y otras tres personas. Sobre este incidente hay varias versiones, ya que existen informaciones de que Tony Santiago prestaba servicios de información a las dos vertientes del conflicto cubano. Según la versión del régimen cubano, Tony Santiago, como le identifican, era un agente infiltrado en los grupos operativos del exilio. Según otras informaciones era un doble

agente de lealtad dudosa que el gobierno de Castro mandó a ejecutar cuando perdió la confianza.

Enero 11. Fuerzas guerrilleras comandadas por Pastor Rodríguez Roda, "Cara Linda", sostienen un encuentro con las milicias y en el mismo son abatidos mortalmente dos alzados y tres milicianos.
- La guerrilla que comanda el capitán Roberto Montalvo sostiene un enfrentamiento con fuerzas del gobierno en la finca Pedraza, Escambray, cayendo abatido el guerrillero Santiago Puerta Lasval, que sólo contaba con 18 años de edad y se había alzado a pesar de que le faltaba la mano derecha de nacimiento.
- Un camión del ejército del régimen es ametrallado por una unidad guerrillera que comanda Luis Vargas, en un punto de la carretera de Manicaragua, Las Villas.
- El gobernante Fidel Castro, durante una visita de inspección a las montañas del Escambray, donde operan numerosos alzados, le remite una carta al legendario guerrillero Osvaldo Ramírez, ex capitán del Ejército Rebelde, en la que asegura que en Cuba no se está instaurando un régimen comunista y que desea hablar con él para convencerle. Ramírez le responde, "díganle a Fidel Castro que acepto conversar con él pero con una variante: Que él suba al Escambray y que le garantizamos que si no nos convence, le daremos toda clase de garantías para que pueda regresar".

Enero 12. Se constituye en Miami la Asociación de Funcionarios del Poder Judicial de Cuba en el Exilio. Su directiva quedó integrada, entre otras personas, por: Francisco Alabau Trellez, José Portuondo de Castro y Luis Espíndola Palacios.
- Las fuerzas guerrilleras dirigidas por "Mumo" Pineda, sostienen breves encuentros con las milicias en el Central Santa Isabel y en un sitio conocido como Guaracabuya, en la región del Escambray.

Enero 14. El Frente Revolucionario Democrático dirige un documento a los pueblos y gobiernos de América Latina, describiéndoles la realidad de Cuba. El documento está firmado por Manuel A. de Varona, Manuel Artime, José Ignacio Rasco, Justo Carrillo Hernández y Ricardo Rafael Sardinas.

Enero 15. Cae en un enfrentamiento con las milicias en Las Villas, el guerrillero Pedro Pérez.
- Pierde la vida en una escaramuza con fuerzas del gobierno en el Escambray, Las Villas, el guerrillero Horacio Ortega.

Enero 16. Rompiendo un cerco en Los Cuatro Vientos, detrás de Topes de Collantes, Escambray, muere el guerrillero Ambrosio Hernández Cruz, quien sólo tenía 19 años de edad.
- Miembros de la clandestinidad en Santiago de Cuba dan muerte a un cabo del Ejército Rebelde.
- Es fusilado en la prisión de La Cabaña, Balbino Díaz Balboa, quien supuestamente participó en un atentado contra el comentarista radial José Pardo Llada. Esa misma madrugada es fusilado José Mesa.

Enero 17. En un enfrentamiento con las fuerzas del gobierno en el Cerco del 38, es herido gravemente el guerrillero Martín Castillo, quién hace detonar una granada en el momento en que varios milicianos lo van a apresar. La acción causa la muerte de Castillo y de varios milicianos. También resultó muerto en el tiroteo el guerrillero conocido solamente como el Negro Calderón.
- Trabajadores de la Compañía de Electricidad que se encontraban protestando decisiones de la administración de la Empresa, en la esquina de Carlos III y Belascoain en La Habana, de donde tenían proyectado partir hacia la estatua de José Martí, ubicada en el Parque Central, son agredidos por las autoridades y grupos paramilitares, resultando varias personas heridas.[25]
- Es fusilado en La Fortaleza de La Cabaña, La Habana, el médico pediatra Julio Antonio Yebra. Durante el proceso en el que fue condenado a muerte, Yebra pronunció un enérgico discurso en el que expresó que el único contrarrevolucionario que había en Cuba era Fidel Castro.

Enero 18. Ejecutados en los fosos de la Forataleza de La Cabaña, los trabajadores del sector eléctrico, Julio Casielles Amigó, William Le Sante Mager y Luis Olirio Méndez Pérez.

Enero 19. Fusilado en la provincia de Camagüey, el combatiente Ubaldo Pérez Díaz. Estaba acusado de haber puesto un artefacto explosivo.

Enero 20. Son llevados ante el paredón de fusilamiento los combatientes Santiago Gregorio Cruz y Rosario Jiménez.
- Ejecutados en la fortaleza de La Cabaña, Carlos Manuel Matos, jefe de Acción y Sabotaje del Movimiento Revolucionario del Pueblo y Juan Carlos Alvarez Aballí, "Bebo". Los dos fueron involucrados con un tráfico de explosivos capturados en la finca La Luisa, en La Habana.[26]

Enero 22. El arzobispo de Santiago de Cuba, Monseñor Enrique Pérez

Serante, publica la circular "Respeto y Justicia", en la que expone la violación de los derechos humanos de numerosos sacerdotes por parte de las autoridades.

Enero 23. Durante un fuerte encuentro con varios batallones del ejército es gravemente herido y capturado en la provincia de Pinar del Río, el capitán guerrillero Clodomiro Miranda.
- Clodomiro Miranda era al momento de alzarse el jefe del Escuadrón 34 de la provincia de Pinar del Río y a pesar de esa importante posición no ocultaba su disgusto por la infiltración comunista en el gobierno revolucionario. Es importante destacar que su compañero y amigo, el teniente Juan Hernández Monseguí, perdió la vida en el combate porque atravesó las líneas enemigas para tratar de sacar del cerco al capitán Clodomiro Miranda.

En el encuentro muere su hermano y otro guerrillero de nombre Gregorio Hernández, y fueron hechos prisioneros siete campesinos que se habían transformado en combatientes contra el totalitarismo. Miranda y su guerrilla que operaron por varios meses en la cordillera pinareña, tuvieron que enfrentar el desplazamiento de más de 10,000 efectivos del régimen apoyados por una parafernalia militar que incluía morteros, ametralladoras pesadas, helicópteros, aviones y otros recursos bélicos.
- Ejecutados en la Loma de los Coches, Pinar del Río, a pesar de la gravedad de sus heridas, el capitán del ejército rebelde Clodomiro Miranda, uno de los más notables jefes guerrilleros. Esa noche también fue fusilado Jorge Luis Laza Miranda.

Enero 27. Es cerrado el seminario católico La Quincena. Esta acción gubernamental es un nuevo atentado contra las libertades de expresión y de religión

Enero 28. Cae rompiendo el cerco de Crucecita, cerca del río Hanabanilla en el Escambray, el jefe guerrillero Ismael Heredia Roldán, conocido como "El Látigo Negro".
- Los guerrilleros Israel Salinas y Adriano Lasval mueren en un enfrentamiento en un lugar conocido como La Ermita, Escambray.

Enero 30. Un avión deja caer propaganda antigubernamental en la ciudad de Sancti Spíritus, Las Villas.

Enero 31. Fuerzas de la clandestinidad provocan un incendio en el aeropuerto Internacional de Rancho Boyeros.

Febrero 3. Muere en un accidente durante el entrenamiento de una fuerza expedicionaria que preparaba el Movimiento de Recuperación Revolucionaria, Diego A. Zenón Viera. El combatiente había estado alzado en armas en las montañas del Escambray desde 1960, con el jefe guerrillero Manuel Congo Pacheco, pero durante la ofensiva gubernamental del invierno de los años 60-61, logró salir del país e incorporarse a las fuerzas expedicionarias que preparaba el MRR.
- Hace explosión un artefacto en la ciudad de Santa Clara, Las Villas.
- Explotan tres bombas en diferentes lugares de la capital cubana.
- Es asesinado en la finca la Majagua por un grupo de milicianos el miembro de la resistencia Mario Marín

Febrero 4. Se constituye en Miami la Asociación de Ingenieros Eléctricos en el Exilio, el organismo va a estar dirigido por los ingenieros Manuel Rodríguez y Reinaldo de los Eros.
- Se funda en Miami, el Colegio Nacional de Procuradores Cubanos en el Exilio, la directiva va a quedar integrada por José Cortés Lara y Antonio Fernández Sepúlveda.

Febrero 5. Se alzan en armas en la Cordillera de los Órganos, Pinar del Río, el capitán del ejército rebelde y jefe del Movimiento Demócrata Martiano, Bernardo Corrales.

Febrero 6. El Directorio Revolucionario Estudiantil convoca a una huelga general de todos los centros de estudios del país.[27]
- Expulsan del Instituto de Segunda Enseñanza de Santa Clara a trece estudiantes por actividades contrarrevolucionarias.
- Mueren en un enfrentamiento con las milicias en los Limpios de Banao, los guerrilleros Luis Aparicio y uno conocido como "El Tigre de Tahuasco".

Febrero 7. Desembarcan exitosamente por Pinar del Río, un equipo de infiltración integrado por Jorge Navarro y Pedro Acebo.

Febrero 8. Un avión piloteado por el capitán Eduardo Ferrer y varias personas más deja caer armas y alimentos en la Sierra del Escambray. Los suministros son capturados por la milicia.
- Cae en la loma de Negrín, Escambray, durante un enfrentamiento con las fuerzas del gobierno el guerrillero Eduardo Casola.

Febrero 9. Explota una bomba dentro de un auto dejado en las proximidades

de la Universidad de La Habana.
- Juan Antonio Montes de Oca Rodríguez, se alza con nueve hombres en la loma de Phinex, valle de Guamacaro, Matanzas. Este alzamiento fue coordinado por el Movimiento de Recuperación Revolucionaria.

Febrero 10. Durante un enfrentamiento con las milicias en Meyer Arriba, Escambray, el capitán Pedro Emilio Carretero causa varias bajas a las milicias.
- Cuatro militares de las fuerzas de seguridad del estado mueren en diversas acciones producidas por los grupos de la resistencia en La Habana.
- Pierde la vida por causas no especificadas un policía en la ciudad de La Habana. El suceso se atribuye a una acción de grupos clandestinos que actúan contra el gobierno.
- Como consecuencia de la explosión de una bomba en la calle Muralla 358, La Habana, pierden la vida dos milicianos.
- Durante un atentado a tiros contra la fábrica de cigarros, Regalías El Cuño, resulta herido un miembro de las milicias, falleciendo días más tardes como consecuencia de las heridas.

Febrero 11. Cae en un enfrentamiento con fuerzas gubernamentales que tiene lugar en la provincia de Las Villas, el guerrillero Segundo Díaz.
- En la conmemoración del 33 aniversario de la constitución de las Juventudes de Acción Católica, en el Colegio de La Salle, El Vedado, La Habana, turbas gubernamentales atacaron a los participantes que resistieron firmemente la agresión.

Febrero 12. Es ejecutado ante el paredón de fusilamiento en Camagüey, Antonio Valdesuso.

Febrero 13. Arriba a las proximidades de las costas cubanas cerca de la playa de Celimar, provincia de La Habana, el barco "El Tejana", para desembarcar por el Punto Unidad, al ex comandante del ejército rebelde Humberto Sorí Marín y a Rafael Díaz Hamscon dos importantes dirigentes de la resistencia. Junto a ellos arriban también varios integrantes de un equipo de infiltración: Manuel Puig Miyar, Nemesio Rodríguez Navarrete y Gaspar Domingo Trueba Varona, que tenían la misión de preparar condiciones para apoyar el desembarco que se iba a producir unos meses más tarde.[28]
- Se produce un alzamiento en armas de grupos de la oposición en las proximidades de la ciudad de Guantanamo, Oriente. Es fusilado el capitán Aníbal Rodríguez.

Febrero 14. Mueren durante un enfrentamiento con las milicias en la zona del Algarrobo, barrio Condado, Escambray, provincia de Las Villas, los guerrilleros Remberto Borel Lema y Norberto Lema.

Febrero 15. Un incendio destruye en La Habana, el almacén de tabacos de las firmas Rothschilds, Samuels y Dulgman situado en la calle Dragones detrás del Capitolio Nacional. Las pérdidas se calcularon en varios millones de dólares.
- Se constituye en Miami, la Agrupación de Obreros de Transporte en el Exilio, el ejecutivo está integrado por Marcos A. Hirigoyen, Reynaldo Pico, y otros activistas.
- Muere en un encuentro con las milicias en Las Villas el guerrillero, Eduardo Ortega Rodríguez.
- Cae en una escaramuza con las milicias en el Mamey, Escambray, Las Villas, el guerrillero Osvaldo Martín.
- Pierde la vida en un enfrentamiento con las milicias cerca del Río Agabama, Escambray, el guerrillero Agapito Hernández.
- En una reunión en La Habana, el dirigente político del Segundo Frente Nacional del Escambray, Aurelio Nazario Sargent, junto a otros cubanos, establece las bases de la futura organización Alpha 66. Poco después Sargent saldría de Cuba y quedaría al frente del incipiente movimiento el doctor Diego Medina.
- Se alza en armas con una veintena de hombres, en la Loma del Toro, zona de Rancho Mundito, Pinar del Río, el jefe del Movimiento de Recuperación Constitucional, Esteban Márquez Novo, El Tío.
- Muere rompiendo el cerco de San Blas, Escambray, el combatiente Faustino Peña El Gago, miembro de la guerrilla que dirige el capitán Edel Montiel.

Febrero 16. Se alza en armas en la Cordillera de los Órganos, Pinar del Río, con 17 hombres bajo su mando, el ex capitán del Ejército Rebelde y dirigente del Movimiento Demócrata Martiano Francisco René Suárez Pérez. El jefe de esta fuerza guerrillera era el ex capitán Bernardo Corrales que se había alzado en la misma región varias semanas antes.
- Muere durante un enfrentamiento con fuerzas gubernamentales en la provincia de Las Villas, el guerrillero Osvaldo Martínez.

Febrero 17. *Richard Bissell, director de operaciones de la Agencia Central de Inteligencia, presenta un memorando con diferentes propuestas, entre ellas la disolución de la Brigada 2506 sino entra en acción antes de 6 semanas.*

Febrero 18. En el enfrentamiento de Los Chuscaros, las milicias tienen varias bajas y muere el guerrillero Laureano Castillo.

Febrero 19. Un avión deja caer propaganda antigubernamental en las ciudades de Marianao, Regla y otros barrios capitalinos.

Febrero 20. Cae en una reyerta con fuerzas gubernamentales, cerca de Caracusey, en la zona montañosa del Escambray, Las Villas, el campesino guerrillero Lorenzo Rodríguez Montelier, que se había alzado a mediados de 1960. Rodríguez Montelier formaba parte de la guerrilla que dirigía Osvaldo Ramírez

Febrero 21. La unidad guerrillera, 14 Hombres, que dirigían José Martí Campos Linares y Agapito Rivera, "El Guapo", enfrenta a las milicias en Cayo Bonito, cerca de Cascajal, causándole varias bajas a las fuerzas gubernamentales.[29] Dos guerrilleros que resultaron gravemente heridos en el choque, Regino Cintas Mazario y Angel Sotolongo, fueron tomados como prisioneros por las fuerzas gubernamentales.
- Fuerzas de la clandestinidad de la ciudad de Colón, Matanzas, sostienen un encuentro con las milicias, resultando muerto uno de los miembros de las unidades del gobierno.

Febrero 22. En un enfrentamiento con las milicias en la finca La Sociedad, en el río La Palma, poblado de Siguanea, Las Villas, cae el jefe guerrillero Raúl Ramos Ramos, El Policía. Junto a Ramos fueron abatidos los también guerrilleros Monguito Pérez, Matilde y Enrique Carballo, y herido de gravedad Chucho Barrios, El Poeta. El herido falleció desangrado pocas horas después porque no recibió la asistencia médica necesaria.[30]

Febrero 23. Un instrumento que será particularmente útil en la proyección exterior del régimen es la creación del Instituto Nacional de Deportes, Educación Física y Recreación.(INDER).

Febrero 24. Una avioneta deja caer material inflamable sobre los cañaverales de la región de Santa Ana, provincia de Camagüey.

Febrero 25. En el lugar conocido como los Montes de Píbalo, en la región de Guantánamo, Oriente, fuerzas guerrilleras sostienen un encuentro con la milicia, causándole nueve bajas al régimen, entre ellas dos muertos.
- El continuado esfuerzo de un grupo de activistas del Directorio

Revolucionario Estudiantil, encabezado por El Pico Marbán y Miguel García Armengol, hace posible establecer el campamento de Lirios de Nagua, en las proximidades del central Estrada Palma, en la Sierra Maestra, provincia de Oriente. Toda esta operación estaría coordinada con Alberto Muller, secretario general de la organización.

Febrero 26. Fuerzas de la resistencia colocan fósforo vivo en la tienda por departamentos El Encanto, en la capital cubana.

Febrero 27. Dos jóvenes son detectados por las fuerzas de la Seguridad del Estado cuando salían de la embajada de Costa Rica en La Habana. Uno de ellos, Carlos Manuel Delgado Duarte, jefe de Acción y Sabotaje del Movimiento 30 de Noviembre, se enfrenta a tiros con las fuerzas policiales y da muerte a un funcionario e hiere a otro, resultando gravemente herido. A pesar de sus heridas logra fugarse y refugiarse en una vivienda de las proximidades donde muere desangrado; su compañero, Luis Delgado, que estaba desarmado, fue capturado por las autoridades. Algunas personas plantean que los jóvenes estaban preparando un atentado contra el comandante Ernesto Guevara.[31]

Febrero 28. Hace explosión un artefacto colocado por un grupo de la resistencia en el Colegio Academia Nóbel de la Víbora, resultando heridos varios educandos de ese centro de estudio.
- En un encuentro sostenido con las milicias en la Finca Jovito, zona montañosa del Escambray, Las Villas, caen los guerrilleros Guillermo Granado López y Agustín Alonso Alomá.
- Es muerto a tiros un miliciano durante un enfrentamiento con fuerzas de la resistencia en la ciudad de Marianao, La Habana.

Marzo 1. El jefe de la Seguridad del Estado de la región de Sancti Spíritus es muerto a tiros por fuerzas de la resistencia cuando se disponía a efectuar un registro en la finca La Esperanza, propiedad de un familiar de un jefe guerrillero.
- Un avión en vuelo deja caer, sobre la ciudad de Matanzas, millares de hojas con propaganda antigubernamental.

Marzo 2. Un avión bimotor deja caer gran cantidad de propaganda antigubernamental en el parque de la ciudad de Manicaragua, Las Villas.
- Fuerzas de la clandestinidad queman los campos de caña de la finca La Castellana, en el Jagueyal.

- Un avión deja caer una sustancia incendiaria sobre los cañaverales de Santa Ana, en Cidra, provincia de Matanzas.
- El gobierno de Estados Unidos, ante la creciente hostilidad del gobierno de Cuba, decide imponer un embargo comercial sobre las exportaciones e importaciones cubanas
- Capturado en las proximidades del caserío de Caracusey, Trinidad, al terminársele el parque, un grupo de guerrilleros. Estas fuerzas, que formaban parte de la unidad de Osvaldo Ramírez, habían sostenido numerosos combates en los últimos cinco meses y no habían recibido ningún tipo de avituallamiento. En esta operación, conocida como la "Limpia u Ofensiva del Escambray", el régimen usó, entre otras armas, helicópteros y bazookas.

Marzo 3. En una nota oficial, el régimen castrista reconoce haber sufrido 39 bajas en varios combates sostenidos con las guerrillas antigubernamentales que operan en la región montañosa del Escambray, Las Villas. Según publicaciones del régimen cubano en este período denominado "Limpia del Escambray", el ejército y las milicias del gobierno totalitario desplegaron más de 90,000 efectivos para capturar a unos pocos cientos de alzados en armas.
- Se lanzan en paracaídas sobre una finca camagüeyana, propiedad de José Pujals Mederos, los combatientes Jorge García-Rubio, Emilio Adolfo Rivero Caro y Adolfo González.
- Fuerzas gubernamentales capturaron en la loma La Pujanza, Oriente, a los guerrilleros Ernesto Cisneros, Arístides Cisneros, Eugenio Cisneros, Rafael Texidor y a Amouberto Texidor Ruiz.
- Explotan tres bombas en La Habana, una en Puente Grande y dos en Luyanó.
- Explota un artefacto en el Consolidado de la Construcción en Rancho Boyeros. El acto causa la muerte de una persona.
- Una avioneta deja caer propaganda contra el gobierno en la provincia de Pinar del Rió.
- Rigoberto Hernández Estévez, de 17 años, es fusilado en los fosos de La Fortaleza de La Cabaña. Era estudiante de bachillerato y presentaba cierto retardo mental.
- Arriba a Cayo Hueso el comandante del Ejército Rebelde Humberto Sorí Marín en un barco capitaneado por Tony Cuesta.

Marzo 4. Las guerrillas del MDM, dirigidas por Bernardo Corrales y Francisco René Suárez, sostienen un encuentro con fuerzas de las milicias en la loma de la Batea, en la cordillera de los Órganos, Pinar del Río.

- Resulta muerto un miliciano por la explosión de una bomba en el reparto Alta Habana, en La Habana.
- Son incendiadas por grupos de la resistencia, las Cooperativas Godofredo Verdecia, en Belice, y la Desembarco del Granma, en la provincia de Oriente.
- *El régimen totalitario, al apreciar el recrudecimiento de la lucha armada en su contra, decreta la Ley 923 de 1961, que sanciona a la pena de muerte por fusilamiento a todos los que se opongan al gobierno de forma violenta. Esta ley aun antes de haber sido aprobada fue aplicada de forma sistemática.*

Marzo 5. Durante un registro efectuado por miembros de la Seguridad del Estado en una casa ocupada por miembros de la resistencia en la ciudad de Sancti Spíritus, se produce un tiroteo que causa la muerte de un agente policial y heridas a un opositor de apellido Bermúdez, que fue posteriormente capturado.
- Se produce un tiroteo en el área en la que se conmemora el primer aniversario de la explosión del barco Le Coubre, con el saldo de dos milicianos muertos y la captura, después de haber sido herido, de un miembro de la resistencia.
- Fuerzas guerrilleras bajo el mando de Osvaldo Ramírez, chocan con las milicias en el Hondón, Escambray, perdiendo la vida los guerrilleros, Eduardo Hernández y otro sólo conocido como El Cocinero. Las milicias también sufrieron varias bajas.

Marzo 6. Mueren en la zona de Manatí, Oriente, durante un enfrentamiento con fuerzas del gobierno los jefes guerrilleros Auto Pupo y Cesáreo Nápoles.
- Un avión C-54 deja caer armas y municiones en la Sierra Lávela, provincia de Oriente.
- Fuerzas de la resistencia incendian la fábrica de conservas La Campesina, en la ciudad de Colón, Matanzas.
- Se produce un tiroteo en la Alameda de Paula y la Calle Ejido, en La Habana, entre la policía y miembros de la resistencia, resultando muertos los trabajadores Mario Rodríguez Anderson y Jesús Fandiño Matos, y heridos varios transeúntes. Poco después son detenidos tres jóvenes acusados de haber puesto una bomba en el acueducto de Regla.
- Muere un capitán del ejército rebelde en un encuentro sostenido con fuerzas de la resistencia en un lugar conocido por Piedra y Arenas, en Victoria de las Tunas, provincia de Oriente.

Marzo 7. En el área de estacionamiento del Hotel Habana Libre, en la capital cubana, explota un artefacto colocado por la resistencia.

Marzo 8. Un miliciano que cuidaba un almacén de papel de bobina situado en la calle Franco y Lindero en La Habana, pierde la vida en un enfrentamiento con miembros del clandestinaje. El almacén fue ocupado e incendiado por fuerzas de la resistencia.
- Mueren ante el paredón de fusilamiento en Las Villas, Apolinardo Lago Damas, José Rodríguez Linares, Rigoberto Hernández Estévez y Rolando Amargo Gutiérrez.
- Estallan bombas en la refinería de la compañía petrolera norteamericana Esso, en La Habana, que ya había sido intervenida por el gobierno. En otra acción simultánea explota una bomba en las oficinas del Partido Comunista en la calle 12 entre 19 y 21, del Vedado, y otra en un transformador de energía eléctrica en el reparto Mañana, que deja sin fluido eléctrico toda el área circundante.
- Se produce un fuerte enfrentamiento entre jóvenes que asistían a misa en la Catedral de Santiago de Cuba, Oriente, y grupos paramilitares afectos al gobierno.
- Las milicias asesinan en el patio de su casa al anciano campesino José Gonzalo Tejas, El Asturiano, y confinan a prisión por treinta meses a su también anciana esposa. La causa de estos crímenes fue que un hijo de la pareja, también conocido en la zona como El Asturiano, combatía en las guerrillas antigubernamentales que operaban en regiones próximas a la Ciénaga de Zapata, provincia de Matanzas. Inmediatamente después del crimen se alzaron cuatro hijos que residían en la casa de la familia.
- Rompiendo un cerco de las fuerzas del gobierno en las proximidades del Salto de la Hanabanilla, en el Escambray, los guerrilleros le causan dos bajas mortales a las milicias.

Marzo 9. Las guerrillas al mando de Bernardo Corrales hieren a varios milicianos del régimen en un encuentro en la Loma de la Calabaza, cordillera de los Órganos, en Pinar del Río.
- Son fusilados en la provincia de Pinar del Río los guerrilleros Ángel Venéreo González y Rey Espinosa Espinosa.
- Una bomba colocada en una tubería en las calles San Julio y San Quintín, en La Habana, es detectada por las fuerzas de seguridad y queda desactivada.
- Se alza en armas en la zona de Cinco Pesos, San Cristóbal, Pinar del Río, Pedro Celestino Sánchez Figueredo, quien en poco tiempo se convertiría en un notable jefe guerrillero.

Marzo 10. El joven Anastasio Rojas Eira, es fusilado en los fosos de La

Cabaña.
- Son ejecutados en La Cabaña, los combatientes de la clandestinidad, pertenecientes al Movimiento 30 de Noviembre, Bienvenido Infante, de 22 años de edad y trabajador telefónico, y Radamés Amador Cruzata, de 23 años y oficial del Ejército Rebelde, quien colaboraba estrechamente con el movimiento clandestino. Ambos fueron traicionados por un compañero de lucha que después empezó a trabajar activamente con los servicios de la Seguridad del Estado.
- Es ametrallado desde un automóvil en marcha un miliciano que transitaba por un área de la Vía Blanca, carretera que une a La Habana con Matanzas.

Marzo 11. Son fusilados en los fosos de La Cabaña, los comandantes del ejército rebelde William Morgan y Jesús Carrera Zayas. Ambos habían luchado en el Segundo Frente Nacional del Escambray contra el régimen de Fulgencio Batista. Morgan, que había estado en el ejército de Estados Unidos, escribió una carta antes de morir en la que rechazaba todas las acusaciones del régimen y refería que lo habían intentado asesinar varias veces durante el tiempo que estuvo en prisión.
- Explota una bomba en el centro comercial Sumesa, Altahabana, causando la muerte de un miliciano y destrozos en los comercios.
- Explota un artefacto en un transformador del tendido eléctrico en Campo Florido dejando áreas de la ciudad de La Habana, sin fluido eléctrico.

Marzo 12. Es fundada en la ciudad de Caracas, después de varias reuniones, la Asociación Patriótica José Martí. La idea fue impulsada originalmente por Justo Carrillo y el dirigente obrero José de Jesús Planas. En las reuniones previas participaron figuras de la cultura nacional como los doctores Marino Pérez Durán y el doctor Levi Marrero. La Junta estuvo en principio dirigida por los doctores Félix Mondéjar, Arnaldo Sewheret y Jorge Quintana, siendo electo como primer presidente el doctor Félix Mondéjar.

Marzo 13. Fuerzas del tipo comando, seis en total, transportadas por el barco Bárbara J, desembarcaron frente al Morro de Santiago de Cuba, en un pequeño bote y colocaron explosivos en la torre de la refinería de petróleo Hermanos Díaz, situada en esa ciudad, haciéndolos detonar. Posteriormente, desde el bote que los había conducido al objetivo, atacan con fuego de 57 Mm., causando la muerte de un marinero y cuantiosos daños a las instalaciones. Los expedicionarios confrontan a las fuerzas gubernamentales en la bahía, pero al fin logran escapar y ser recogidos nuevamente por el Bárbara J.
- Mueren en un enfrentamiento con las milicias en la provincia de Las Villas,

los guerrilleros Felipe de la Caridad Suárez Díaz, Luis Bacallao, Humberto Armentero Terry, Pedro Águila Pérez, Alberto Becerra González y José Antonio Abdala Benítez.
- Se convoca a una huelga general estudiantil en los centros de segunda enseñanzas de la provincia de Oriente.
- Un avión C-54, procedente del exterior deja caer propaganda antigubernamental sobre la ciudad de Santiago de Cuba.
- Explota una bomba tipo petaca en el cine Payret, La Habana.

Marzo 14. Un nuevo acto de sabotaje en el servicio eléctrico se produce en el reparto Naranjito, dejando sin fluido eléctrico varias zonas del Vedado, Miramar y La Habana.
- Se producen dos incendios en los almacenes de las tiendas por departamentos Ten Cent, ubicadas en la calle Obispo y la calle Monte, respectivamente, en la Habana. Los actos de sabotaje se programaron para después de la siete de la noche, con el propósito de que no hubiese personas en los inmuebles.

Marzo 15. Ingresan al Frente Revolucionario Democrático más organizaciones que se encuentran inmersas en la lucha contra el Totalitarismo: Unión Democrática 20 de Mayo, Movimiento Revolucionario 30 de Noviembre, Frente Obrero Revolucionario Democrático y el Directorio Revolucionario Estudiantil.
- Muere en un enfrentamiento con fuerzas del gobierno en la provincia de Las Villas, el guerrillero Antonio Martel Guerra.

Marzo 18. Es ajusticiado en la Loma de los Sitios, cerca de Dos Arroyos, en el valle de Jibacoa, un delator del régimen.
- Pasa por una reestructuración el Frente Revolucionario Democrático, que tiene su sede en la ciudad de Miami.
- El ex comandante del ejército rebelde Humberto Sori Marín, es herido y arrestado en un enfrentamiento con efectivos de la Seguridad del Estado. El suceso tiene lugar en la capital cubana y fueron detenidos, en la misma casa, otros dirigentes de la clandestinidad lo que afecto muy seriamente las posibilidades de lucha del movimiento opositor.

Marzo 19. Caen en combate en un cerco integrado por varios cientos de milicianos en la finca Manuelita de Prenda, Matanzas, los guerrilleros del MRR, Raúl Figueroa, Reynerio Hernández y Osvaldo Oliva y resulta gravemente herido Jorge Gutiérrez Izaguirre, El Sheriff.[32]
- Armando Rodríguez Someillan muere por falta de asistencia medica en la

prisión de Puerto Boniato, Oriente

Marzo 20. Se funda en la ciudad de Miami, el Colegio de Enfermeras en el Exilio, quedando integrando entre otras personas por Aidé Velasco Ortega, Elba Díaz y Dora González.
- El Frente Revolucionario Democrático, dirigido por Manuel Antonio de Varona y el Movimiento Revolucionario del Pueblo encabezado por Manolo Ray, subscriben en el Hotel Skyways, Miami, un acuerdo que da origen al Consejo Revolucionario que presidiría el doctor José Miró Cardona.
- Seis naves dedicadas a la cría de pollos en el pueblo de la Coloma, Pinar del Río, son destruídas por una acción de sabotaje de la resistencia.
- En el momento en que se estaba realizando un acto de la organización gubernamental Federación de Mujeres Cubanas, explota una potente bomba en un auto estacionado en la calle 15, entre 2 y 4, en el Vedado, La Habana. Dos personas resultaron muertas por la explosión. Esa misma noche también explotaron artefactos en la calle San Nicolás entre San Lázaro y Malecón, hacia el centro de la capital, y otra en la calle Cocos, entre Auditor y San Pedro en la barriada del Cerro.
- Un miliciano que custodiaba la colonia de cañas La Nueva, en las cercanías de la ciudad de Santa Clara, Las Villas, es objeto de un atentado, que le causa la muerte.

Marzo 22. El Consejo Revolucionario Cubano, queda integrado por las siguientes personalidades: José Miró Cardona, Presidente, Manuel Antonio de Varona, Carlos Hevia, Manuel Ray, Justo Carrillo, Antonio Maceo y Manuel Artime.
- Un avión procedente del exterior arroja proclamas antigubernamentales sobre las ciudades de Sagua la Grande y Santo Domingo, ambas localidades en la provincia de Las Villas.

Marzo 23. En una audaz operación, fueron rescatados 12 guerrilleros que estaban heridos y sin armas y que operaban en El Escambray. La acción fue ejecutada por el capitán Enrique Llanusa.

Marzo 24. Se produce un enfrentamiento con las milicias de las fuerzas guerrilleras que comandaba Rafael Aragón, en la Loma del Aura, en el Escambray. En la escaramuza resultaron gravemente heridos Juan Tacoronte y Humberto Basulto.

Marzo 25. Es asesinado por las fuerzas del régimen el combatiente Luis Oria Finales.

Causa 829 de 1961 del Tribunal Revolucionario del Distrito de Las Villas

AUTO DEL INSTRUCTOR

EMILIO GOMEZ TERRY

Santa Clara, veinte y nueve de abril de mil novecientos sesenta y uno.-------

Dada cuenta con el juicio No. 829 de 1961; y,--------------------------------

RESULTANDO: Que de lo actuado has ahora aparece que teniendo conocimiento el Gobierno Revolucionario que en la Sierra del Escambray y otros lugares de esta Provincia se encontraban grupos armadas de elementos contrarevolucionarios en concepto de alzados para combatir y tratar de derrocar por medio de la fuerza el actual Gobierno, se enviaron tropas del Ejercito Rebelde y de las Milicias Nacionales Revolucionarias, quienes despues de haber hecho contactos con los referidos elementos se entablaron combates, y a traves de las operaciones militares fueron sofocados esos brotes armadas, capturandose a los siguientes individuos: Capt Jefe Columna Alejandro Lima Barzaga, c/p "Nando", Capt. Jefe Columna Zacarias Garcia Lopez, Capt Jefe Columna Roberto Montalvo Cabrera, Capt Jefe Guerrilla Ramon Perez Ramirez, c/p "Monguito", 1er Tte Jefe Guerrilla Aldo M. Chaviano Rodriguez, 1er Tte Orlando Gonzalez Lopez, c/p "Guititio", 2do Tte Macario Quintana Carrero, c/p "Pata de Plancha", 2do Tte Carlos Brunet Alvarez, 2do Tte Alejandro Toledo Toledo, Capt Jefe Guerrilla Carlos Curbelo Perez, Ruperto Ulacia Montelier, Blas Enrique Rueda Muñoz, Lister Alvarez Lopez, Francisco Martinez Zuñiga, c/p "Gurupel", Zenen Betancourt Rodriguez, Aquilino Zerquera Conesa, Ignacio Zuñiga Gonzalez, Eladio Romayor Diaz, Cristobal Airado Perez, Alfredo Fernandez Garcia, Blas Marin Navarro, Pablo Beltran Mendoza, Jose R. Beltran Hernandez y Ramon Garcia Ramos, todos los cuales segun se ha comprobado fehacientemente han participado en innumerables crimenes de campesinos, milicianos, y del maestro voluntario Conrado Benitez. Asimismo fueron capturados los siguientes alzados y elementos contrarevolucionarios que colaboraban con los mismos enviandoles armas y pertrechos: Cmdte (sacerdote) Francisco Lopez Blazquez, Capt Jefe Columna Ismael Sierra Rojas, c/p "Taranta", Capt Jefe Columna Juan Cajigas Hernandez, c/p Edgar", Capt Jefe Guerrilla Rafael Aragon Liriano, 1er Tte Jefe Guerrilla Israel Hernandez Medina, 1er Tte Jefe Guerrilla Julian Oliva Cuellar, c/p "Yaguajay", 1er Tte Jefe Guerrilla Jesus Israel Yera Ramirez, 2do Tte Jefe Guerrilla Emiliano Cardenas Tardio. 2do Tte Jefe Guerrilla Jose Perez Valladares, c/p "Guayacol", 2do Tte Jefe Guerrilla

CUARTA: No concurren circumstancias modificativas de la responsabilidad criminal.-

QUINTA: La sancion que han incurrido los procesados Alejandro Lima Barzaga, c/p "Nando", Zacarias Garcia Lopez, Roberto Montalvo Cabrera, Ramon Perez Ramirez, c/p "Monguito", Aldo M. Chaviano Rodriguez, Orlando Gonzalez Lopez, c/p "Guititio", Macario Quintana Carrero, c/p "Pata de Plancha", Carlos Brunet Alvarez, Alejandro Toledo Toledo, Carlos Curbelo Perez, Ruperto Ulacia Montelier, Blas Enrique Rueda Muñoz, Lister Alvarez Lopez, Francisco Martinez Zuñiga, c/p "Gurupel", Zenen Betancourt Rodriguez, Aquilino Zerquera Conesa, Ignacio Zuñiga Gonzalez, Eladio Romayor Diaz, Cristobal Airado Perez, Alfredo Hernandez Garcia, Blas Marin Navarro, Pablo Beltran Mendoza, Jose R. Beltran Hernandez, y Ramon Garcia Ramos, es la de PENA DE MUERTE POR FUSILAMIENTO; los demas procesados con exclusion de Inocente Diaz Rodriguez, la de TREINTA AñOS DE RECLUSION, que deberan cumplir los hombres en el Reclusorio Nacional para Hombres de Isla de Pinos, y las mujeres, en el Reclusorio Nacional para Mujeres de Guanajay; y el procesado Inocente Diaz Rodriguez debe ser declarado responsible, y en atencion a su minoria de edad, ordenar su reclusion en el Centro de Orientacion Infantil para Menores Varones por el tiempo que determina la Ley.-

Santa Clara, 29 de Abril de 1961.

Fiscal del Tribunal Revolucionario.

LISTA DE TESTIGOS

1.- Jefe Dpto Dir Int G-2 LV, Santa Clara.-

2.- Miembros de las Fuerzas Armadas Revolucionarias que actuaron

Santa Clara, 29 de Abril de 1961.

Marzo 26. El Directorio Revolucionario Estudiantil establece su segundo campamento de alzados en Providencia, cerca de la Plata, en la Sierra Maestra, Oriente. Este campamento es dirigido por Juan Ferrer Ordóñez.[33]

Marzo 27. Caen en combate en San Ignacio, Imías, entonces provincia de Oriente, los guerrilleros Ramón Ortega y Tito Ortega, junto a otros luchadores no identificados.

Marzo 28. Se constituye en la ciudad de Miami el Colegio Nacional de Pedagogos de Cuba en el Exilio. Su fundador es el doctor Rolando Espinosa.

Marzo 29. La Agrupación Montecristi, dirige un manifiesto al pueblo de Cuba. El documento está firmado entre otros por Justo Carrillo Hernández, Eric Agüero y Guillermo Bermello.
- Arriba al campamento Lirio de Nagua, el dirigente estudiantil Alberto Muller, secretario general del Directorio Revolucionario Estudiantil, DRE. Muller asume la jefatura de las fuerzas insurgentes de la organización, que aunque no contó con recursos bélicos, logró reunir poco más de un centenar de hombres dispuestos a enfrentar la dictadura. La dirección de las fuerzas guerrilleras del DRE quedaría integrada de la siguiente manera: Alberto Muller, jefe de la operación, Enrique Casuso, jefe militar y Juan Ferrer, jefe del campamento Providencia.
- Aproximadamente 8,000 efectivos militares bajo el mando de René de los Santos establecen un triple cerco a dos decenas de guerrilleros en la finca Ceja de Reyes entre Calimete y Aguada de Pasajeros.

Marzo 30. Fusilados en el regimiento "Rius Rivera", Pinar del Río, los guerrilleros Armando Escoto Eloy, Ramón Díaz Calderìn y Pedro Valdés Montero.

Marzo 31. Muere en un accidente, durante un entrenamiento en la Base Trax, en Guatemala, el brigadista Gustavo Cuervo Rubio Fernández.
- Unidades del ejército capturan en San Ignacio, poblado de Imías, en Oriente, a varios opositores que estaban preparando un alzamiento.
- Los menores de edad Antonio Ruiz Acosta y Luis Pérez Antúnez, ambos con 17 años, son fusilados en el paredón de La Cabaña sin haber sido procesados judicialmente.
- Partidarios del régimen atacan una procesión religiosa que contaba con todos los permisos legales en el parque central de Güines, en provincia de La Habana. Durante la procesión que tuvo lugar un Viernes Santo, fueron

detenidos 12 de los participantes.
- Termina el cerco militar a los alzados en armas en la finca Ceja de Reyes. Los insurgentes después de resistir varios días el intenso fuego enemigo agotaron su parque, pero lo que determino la rendición fue la falta de agua, y el fuego que los militares prendieron a los cañaverales, potreros y un pequeño bosque que estaba próximo al lugar donde resistían.

Abril. La dirección nacional del Movimiento Revolucionario del Pueblo desarrolla un alzamiento en la región de Santa Rita, Contramaestre, en la antigua provincia de Oriente. La acción se efectúa al mando del teniente del ejercito rebelde Marcos Antonio Vázquez. Vázquez fue fusilado posteriormente.

Abril 1. Fuerzas de la resistencia sostienen un encuentro con la Seguridad del Estado en Calzada 101, el Vedado, resultando gravemente herido Ernesto Pérez Morales.
- Se alzan en armas en la región de Güira de Melena, provincia de La Habana, Titi García, Noel Domínguez, Secundino El Chino Torres, Roberto Fernández, Arnaldo Martínez Carrasco y Lázaro Valdés.

Abril 2. Son detenidos los miembros de la resistencia, Alfredo Sánchez Arango y Pedro Fuentes Cid, después de haber sostenido un enfrentamiento a tiros con efectivos de la Seguridad del Estado en Malecón y Prado, La Habana.
- Miembros de la Seguridad del Estado se disponen a efectuar un registro en un apartamento de la calle 37, en el reparto Resurrección, Arroyo Apolo, en La Habana, donde encontraron resistencia por parte de miembros de las fuerzas opositoras al régimen. En el efrentamiento resultó muerto, durante el tiroteo, el combatiente Armando Peralta Ibarra.

Abril 3. Explota una bomba en el cuartel de la milicia de la ciudad de Bayamo, Oriente, con un saldo de cuatro muertos y ocho heridos.
- Al intentar romper un cerco de varios miles de milicianos en el Manzanal de Aragón, Escambray, la guerrilla que comanda Rafael Aragón sufre varias bajas entre heridos y muertos. Los muertos en combate fueron Lorenzo Rodríguez y Walfrido Rodríguez Betancourt.

Abril 4. La implementación de un régimen totalitario determina la constitución de organismos que presten diferentes servicios, y entre éstos cumplen un importante rol los que están orientados al adoctrinamiento y conducción

de los niños y la juventud. Este día se crea en Cuba la Unión de Pioneros de Cuba y un año más tarde la Unión de Jóvenes Comunistas.
- Explota una bomba frente a los talleres de las revistas Verde Olivo y Vanidades, causando la muerte de un miliciano.
- En una reunión en la isla San Marino, vía Miami Beach, es reestructurado el Consejo Revolucionario, que continuaría estando presidido por el doctor José Miró Cardona y otros dirigentes de la oposición como el Dr. Manuel Antonio de Varona, el Dr. Justo Carrillo Hernández, Antonio Maceo Mackle, Carlos Hevia, Manuel Artime y el Ingeniero Manuel Ray Rivero.

Abril 5. Es incendiado el almacén de azúcar del central Camilo Cienfuegos en la provincia de La Habana. Las pérdidas ocasionadas al gobierno por este acto de sabotaje fueron millonarias.
-Tratando de romper un cerco integrado por varios miles de milicianos en La Cuchara, Banao, en el Escambray, son capturados 6 guerrilleros, pero la mayoría de los insurgentes dirigidos por el capitán Maro Borges logran escapar.

Abril 6. Es abatido en un enfrentamiento con fuerzas del gobierno en la provincia de Matanzas, el guerrillero Eliover González.
- Un incendio destruye las instalaciones del central Hershey, Santa Cruz del Norte, provincia de La Habana. Los daños se calculan en cinco millones de pesos de la época.

Abril 7. Un sabotaje realizado por miembros de la organización Unidad Revolucionaria, destruye la conductora central de la Cuenca Sur, dejando gran parte de la capital cubana sin agua por 48 horas.
- Fusilado en los fosos de La Cabaña, Carlos Manuel Delgado Duardo, responsable Nacional de Acción y Sabotaje del Movimiento 30 de Noviembre, acusado de haber dado muerte a un guardaespaldas del comandante Ernesto Guevara.
- Muere ante el paredón Dalmacio Palmet Soret, acusado de haber colocado una bomba en el teatro Radio Centro. Minutos más tarde cayeron también ante el paredón los jóvenes Félix Hernández Martínez y Orestes Cruz. Ambos habían sido acusados de haber colocado una bomba en un transformador de corriente en San José de las Lajas.

Abril 8. El Consejo Revolucionario Cubano, emite una proclama pública dirigida al Pueblo Cubano y a los Pueblos de América. El documento esta firmado por José Miró Cardona, Manuel Antonio de Varona, Antonio Maceo,

Manuel Ray Rivero, Manuel Artime Buesa, Carlos Hevia y Justo Carrillo Hernández.
- Se frustra un desembarco de varias embarcaciones procedentes de Miami en la zona de Moa, Oriente. La expedición estaba integrada por varias pequeñas embarcaciones y entre los expedicionarios se encontraban, Jorge Sotús, José Ignacio Rasco, Pedro Luis Díaz Lanz, Laureano Batista, Enrique Ros, Pepín López, Clemente Inclán, Lomberto Díaz, Tony Santiago y Luis Aguilar León.

Abril 9. Explota una bomba de pequeña intensidad frente a las vidrieras de la tienda por departamentos El Encanto, en La Habana, causando daños en las estanterías de los establecimientos de la calle Galiano y en las de otros puestos comerciales próximos como el Ten Cent y la peletería La Moda. Otro artefacto explota en la fábrica de refrescos Pepsi Cola, en las calles Subirana y Carlos III, también en la capital. Por último un acto de sabotaje contra la destilería Bodegas Morera, en la calle Lucero en Lawton destruye dos de las naves de la instalación.

Abril 10. Desembarca con un alijo de armas por la costa norte de la provincia de Matanzas, el diplomático Andrés Vargas Gómez. Según informaciones, el propósito de Vargas Gómez era establecer contacto con el cuerpo diplomático acreditado en la capital cubana en los días previos al desembarco de Playa Girón.
- Efectivos del régimen rodean las fuerzas del jefe guerrillero Pastor Rodríguez Rodas Cara Linda en las montañas de Pinar del Río. En el encuentro caen tres milicianos y dos guerrilleros no identificados resultan muertos.
- Recibe la Brigada Invasora 2506, la orden de movilización. El Jefe Militar de la brigada, José Pérez San Román, se dirige a los expedicionarios y les imparte las correspondientes instrucciones.

Abril 11. Dirigentes de la mayor parte de las organizaciones del clandestinaje que operaban en la provincia de Camagüey son convocadas a una reunión en un lugar conocido como La Vallita, cerca de la ciudad de Florida. El propósito era que dirigentes del MRP., MRR., M-30 Nov. y el DRE. se reuniesen con dos personas que integraban un equipo de infiltración que había ingresado clandestinamente al país unas semanas antes.

La concentración de vehículos se hizo sospechosa a las autoridades, por lo que intervinieron, siendo rechazados por Luis Oria, que para evitar ser arrestado se abalanzó hacia uno de los militares con la intención de desarmarle, pero fue abatido por los disparos de otro militar.[34]

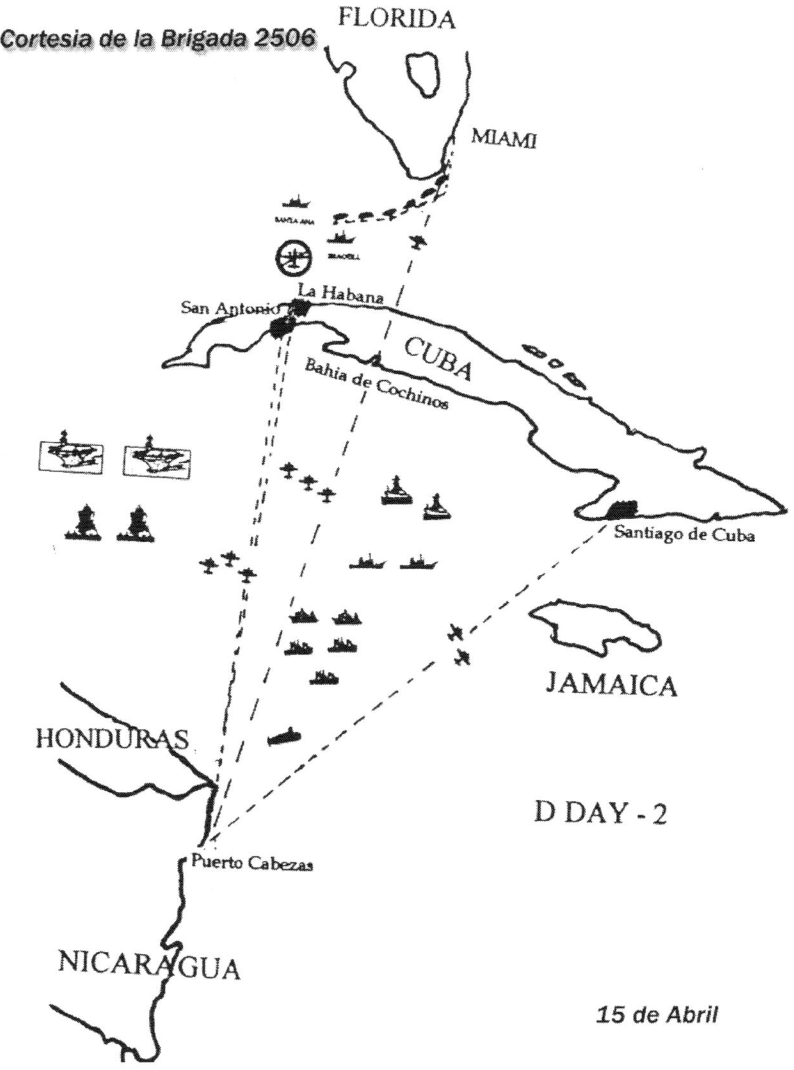
Cortesia de la Brigada 2506
FLORIDA
MIAMI
La Habana
San Antonio
CUBA
Bahia de Cochinos
Santiago de Cuba
JAMAICA
HONDURAS
D DAY - 2
Puerto Cabezas
NICARAGUA
15 de Abril

Abril 11. Explota una bomba en la calle Amistad entre Aranguren y 19 de Mayo en la capital cubana. El artefacto fue colocado frente a la residencia de dos milicianos que habían ido a combatir a las guerrillas que operaban en las montañas del Escambray.

Abril 12. Efectivos de las milicias gubernamentales asesinan en Pueblo Nuevo, Matanzas, al miembro de la resistencia Adalberto Fernández.

Abril 13. Miembros en la clandestinidad de la sección obrera del MRP, provocan un incendio en el Ten Cent de Monte y Suárez, en La Habana.
- Parte de Puerto Cabezas, Nicaragua, la Brigada Invasora 2506 con mil 143 hombres y transportando 72 toneladas de armas, municiones y pertrechos.
- Miembros del clandestino Movimiento Revolucionario del Pueblo incendian la tienda más famosa de Cuba, la tienda por departamentos El Encanto. Este establecimiento había sido fundado el 2 de abril de 1885. El material inflamable fue colocado en los conductos del aire acondicionado por el joven Carlos González Vidal. Rápidamente el fuego se extendió por toda la instalación provocando el derrumbe del establecimiento. El sabotaje se programó para después de las siete de la noche para evitar víctimas, pero a pesar de eso una empleada que procuraba recuperar el dinero de las ventas del día, pereció en el siniestro. Las pérdidas materiales sobrepasaron los seis millones de pesos de la época. El establecimiento había sido expropiado a sus dueños por el gobierno totalitario.[35]

Abril 14. Son fusilados en el paredón de La Cabaña los combatientes Dagoberto Muñoz Rodríguez e Israel Ferro Gardón. Fueron acusados de asaltar la emisora La Voz del INRA.
- Son incendiadas en Santiago de Cuba, Oriente, con pérdida total de su mercancía, los almacenes La Comercial y El Ancla.
- Reynaldo Vidal Mazola muere en el barco Atlantic, uno de los buques que transportaba a las fuerzas de la brigada invasora que iba a desembarcar en Playa Girón.
- En un enfrentamiento entre las milicias y la guerrilla de Agapito Rivera, cerca de Las Cruces, Motembo, en Las Villas, las fuerzas del gobierno experimentan varias bajas y 5 heridos.

Abril 15. Ocho aviones de la Brigada Invasora 2506, que integraban las escuadrillas Puma, Linda y el elemento Gorila, bombardean a las seis de la mañana varias bases militares del régimen.
- Dos aviones piloteados por Alfredo Caballero, Alfredo Maza, René García y Luis Cosme bombardean la base aérea de San Antonio de los Baños.

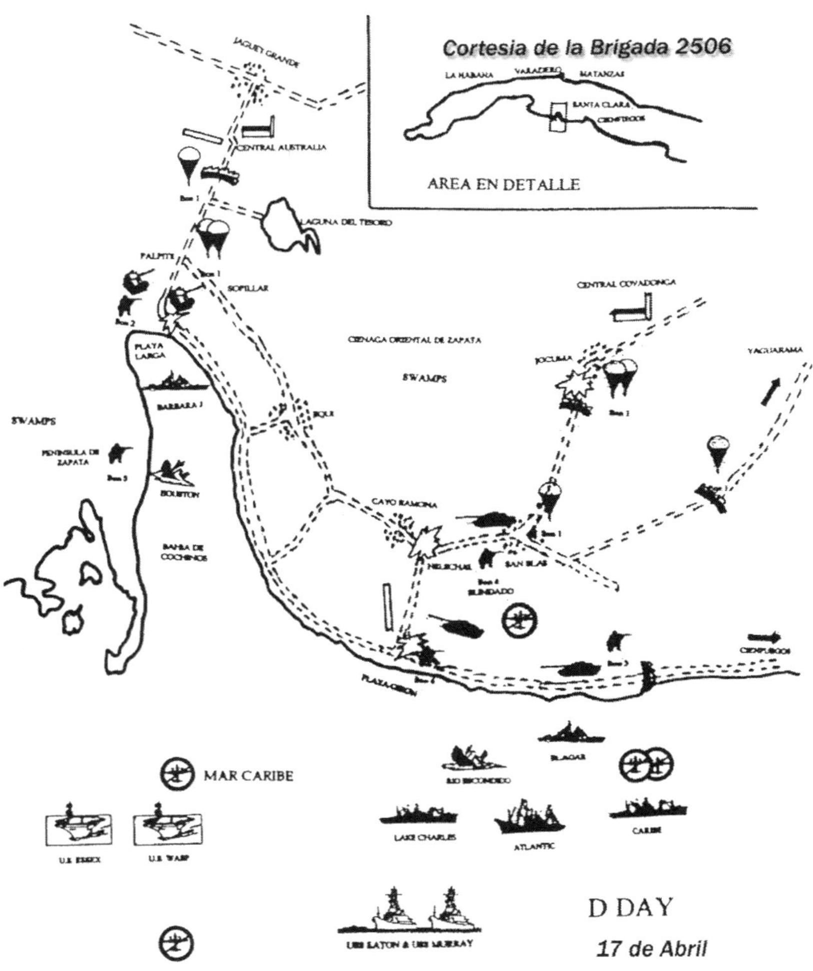
Cortesia de la Brigada 2506
AREA EN DETALLE
CENTRAL AUSTRALIA
LAGUNA DEL TESORO
CENTRAL COVADONGA
SWAMPS
PLAYA LARGA
SWAMPS
CAYO RAMONA
SAN BLAS
BAHIA DE COCHINOS
MAR CARIBE
LAKE CHARLES
ATLANTIC
CARIBE
D DAY
17 de Abril

- Dos aviones piloteados por José Crespo, Lorenzo Pérez, Daniel Fernández Mon y Chirino Piedra, atacaron el campo aéreo Libertad, en La Habana. El avión piloteado por Daniel Fernández Mon, que llevaba como navegante a Gastón Pérez, fue derribado por el fuego antiaéreo que procedía del campamento militar de Columbia, precipitándose la aeronave en las proximidades de las costas habaneras, cerca del Hotel Comodoro, falleciendo ambos tripulantes.
- Dos aviones piloteados por Gustavo Ponzoa y González Herrera, bombardearon el aeropuerto militar Antonio Maceo, en Santiago de Cuba.

Estos ataques causaron varias bajas a las fuerzas del régimen, destruyeron los siguientes aviones: un T-33, dos C-47, dos F-47, un F-51, e inutilizaron tres B-26 aviones, un SeaFury, y un DC-3 y varios aviones pequeños. Los ataques, que también provocaron incendios en instalaciones, no afectaron seriamente la capacidad defensiva del gobierno totalitario.
- En represalia por el ataque de una avión de la Brigada 2506 contra una nave anclada en las proximidades de Isla de Pinos, la guarnición del Reclusorio Nacional de Isla de Pinos abre fuego contra las circulares donde se encuentran los detenidos, con el resultado de varios heridos graves, entre ellos un joven de apellido Rodríguez Gutiérrez.

Abril 16. *Fidel Castro proclama el carácter socialista del régimen.* Este pronunciamiento incentiva a numerosos hombres a alzarse en armas contra el gobierno.
- En la finca de Las Delicias, Trinidad, provincia de Las Villas, un grupo de campesinos comandados por Merardo León y José Cheíto León se van para las montañas. Este grupo estaba integrado por humildes cortadores de caña de azúcar, que se percataron que no iban a salir de la pobreza y que tampoco iban a disfrutar de libertad. De las 16 personas que se fueron este día a las montañas sólo sobrevivieron, Pedro Miranda, Pedro Gascón, Chucho Oliva y Arsenio Barroso.

Perecieron como mártires: Rubén e Israel González, Orestes Gómez, José Ramón Mesa, Enrique y Andrés La Villa, Alfredo Valle, Tomás Bravo, Sergio Pérez, Israel Torrecilla, Merardo y José (Cheíto) León.
- Se alzan en armas Leonel Martínez, junto con 12 campesinos cortadores de caña en Winia de Meyer, en Trinidad.
- En la zona de Artemisa, Pinar del Río, se alzan en armas Titi García, Machete Robaina, Noel Domínguez, Secundino Torres, Rolando Piloto, Lázaro Valdés, Roberto Fernández e Israel Sánchez. Muchos caerían en combate y otros ante el paredón de fusilamiento.

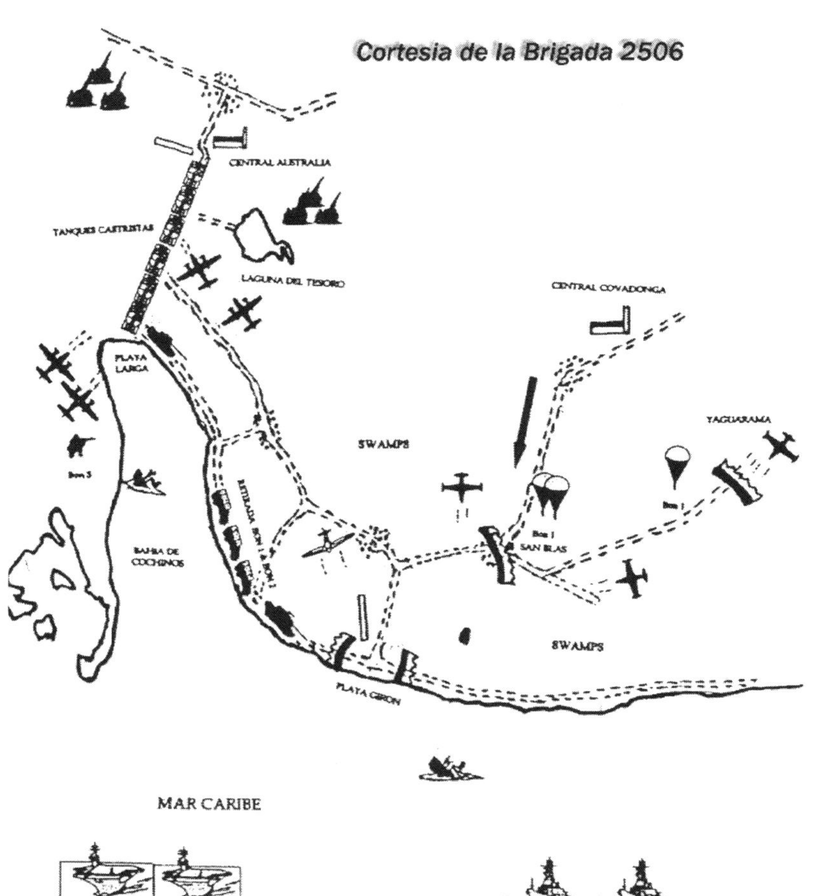

18 de Abril

D'DAY + 1

Abril 17. Es asesinado, en un intento de fuga de la prisión de La Cabaña, el preso político Eduardo Navarro Viton.

- Playa Girón. Desembarco de la Brigada 2506 en Bahía de Cochinos. Los jefes de la Brigada eran: como Jefe Militar, José A. Pérez San Román; Segundo al Mando, Erneido A. Oliva González y un jefe por cada uno de las jefaturas en las que se dividía la unidad invasora. La dirección política estaba a cargo del doctor Manuel Artime Buesa. En las primeras horas de la madrugada del lunes se inicia el desembarco y un emplazamiento de ametralladoras del régimen es eliminado por uno de los barcos de la operación, simultáneamente hombres ranas de la Brigada invasora marcan la zona de desembarco.

- Ciento setenta y siete paracaidistas cubanos se lanzan sobre el área de Playa Girón, comandados por Alejandro del Valle. Ésta fue la primera acción de guerra de un grupo de paracaidistas en América Latina.

- Desembarcan por tierra las unidades de la Brigada 2506. Los recursos militares de esta unidad de desembarco eran realmente limitados para la compleja misión que tenían que cumplir:

5 tanques M-34 Sherman de la 2da. Guerra Mundial. Dos de ellos tenían el cañón de la torreta inservible.

Camiones de 2 y media toneladas artillados, con ametralladoras de 12, 7 y 10 mm.

3 vehículos tipo jeep.

4 morteros de 106,7 Mm.

15 morteros de 81 Mm.

3 cañones con retroceso de 75 Mm.

15 cañones s/retroceso de 57 Mm.

Ametralladoras de 12, 7, y 3 Mm.

Las armas de mano eran fusiles M-1, fusiles Garands, sub-ametralladoras M-3, ametralladoras de 7,62 mm, bazucas, lanzacohetes y morteros de 60 Mm.

Las unidades aéreas de la Brigada 2506, estaban compuestas por 5 bimotores de carga C-46, 4 tetramotores C-54 y 16 bombarderos medianos B-26 sin artillería de cola para que así pudiesen cargar una mayor cantidad de combustible, debido a lo lejos que estaba la base del teatro de operaciones. Estos equipos, prácticamente sin armamento defensivo, eran remanentes de la Segunda Guerra Mundial y debieron combatir contra aviones caza completamente artillados y que operaban cerca de su base de operaciones. En el cumplimiento de las misiones que les habían sido asignadas sufrieron las siguientes pérdidas:

- Derribado el avión que tripulaba el capitán Matías Farías. Éste resultó heri-

do y su copiloto, Eddy González, murió por causa del fuego enemigo.
- Explota en el aire como consecuencia del fuego enemigo el avión tripulado por el capitán Osvaldo Piedra y su navegante José Fernández, ambos murieron.
- Derribado el avión tripulado por el capitán Raúl Vianello, éste murió pero su tripulante, Demetrio Pérez, logró lanzarse en paracaídas.
- Cayó en alta mar, por falta de combustible, el avión tripulado por el capitán José A. Crespo y el navegante Lorenzo Pérez Lorenzo. Ambos, conscientes de que perderían la vida, se confesaron vía radio con el sacerdote Padre Cavero, que viajaba en un avión C-46 de retorno a Playa Girón y que era tripulado por el capitán Eduardo Ferrer.
- Cae en tierras nicaragüenses, a causa de averías producidas por el fuego antiaéreo durante la batalla de Girón, el avión del capitán Crispín García, que llevaba como navegante a Juan Mata González. Ambos mueren al estrellarse la aeronave. Crispín y Mata, fueron dados por desaparecidos por 37 años, hasta que el 11 de noviembre del año 2000 los restos mortales de estos jóvenes pilotos fueron sepultados en Miami.
- Una unidad de expedicionarios dirigida por Higinio, Nino, Díaz, que pretendia desembarcar por la playa Mocambo, Oriente, no pudo cumplir con la misión porque las fuerzas del régimen en esa zona se encontraban en estado de alerta con varios miles de efectivos y grandes recursos militares.
- Ejecuta el régimen la que se considera la redada represiva más grande de la historia de Cuba, cuando más de 250,000 personas fueron detenidas prácticamente en todas las ciudades, pueblos y caseríos del país y recluídos en lugares como universidades, estadios deportivos, teatros, escuelas, cuarteles de policía y cualquier otro lugar en que pudieran permanecer retenidos, sin tomar en cuenta las condiciones sanitarias, y sin respetar las condiciones físicas de los detenidos.
Entre los arrestados se encontraba la mayoría de los integrantes de la jerarquía católica. El cardenal Manuel Arteaga, jefe de la iglesia cubana, tuvo que refugiarse, ya muy anciano, en la embajada de Argentina. Esta acción represiva tuvo como objetivo impedir que la resistencia prestase apoyo a las fuerzas que estaban desembarcando en ese momento, por la costa sur de Cuba.

Abril 18. Playa Girón. Continúan los combates en Bahía de Cochinos. La situación de la brigada invasora se hace muy difícil por falta de pertrechos bélicos y el gigantesco despliegue militar que el régimen había instrumentado. Las fuerzas del gobierno, integradas por varias compañías de tanques, de baterías antitanques, baterías de obuses de 105 y 122 Mm, las llamadas ame-

tralladoras Cuatro Bocas y varios regimientos reforzados con aproximadamente 60,000 efectivos, inicia una contraofensiva hacia las posiciones que la brigada invasora había logrado ocupar.
- Son fusilados en los fosos de La Cabaña, los combatientes Carlos Rodríguez Cabo, Virgilio Campanería Ángel, Alberto Tapia Ruano, Filiberto Rodríguez Ravelo, Lázaro Reyes Benítez, José Calderín, Carlos Calvo Martínez, José Ramón Rodríguez Borges y Efrén Rodríguez López. Estos patriotas fueron fusilados a pocos días de su detención y los sobrevivientes cuentan que las farsas de juicios en las que fueron condenados a la pena capital no duraron más de dos horas.

Alberto Tapia Ruano, estudiante, sólo tenía 22 años de edad cuando fue fusilado, y encontró entereza moral para hacerle a sus padres una breve nota antes de morir. Fue uno de los fundadores del SAC, Salvar a Cuba, y posteriormente se incorporò al Directorio Revolucionario Estudiantil.[36]
- Un grupo de milicianos asalta la casa del doctor Alfredo Botet, en la Playa de Santa Fe, en La Habana. Botet decide suicidarse antes de ser detenido por las fuerzas del régimen.
- Muere durante un enfrentamiento con fuerzas del ejército en la Sierra Maestra, provincia de Oriente, el guerrillero del Directorio Revolucionario Estudiantil, Marcelino Magáñaz.
- Al amanecer de este día, el jefe guerrillero Juan Antonio Montes de Oca ataca el central azucarero Triunfo con los hombres bajo su mando, 30 guerrilleros aproximadamente, ubicado cerca de Limonar, provincia de Matanzas. Las fuerzas que defienden las instalaciones se rinden casi sin resistencia y la guerrilla ocupa diversas armas y hace varios prisioneros. Durante este día la guerrilla que capitanea Montes de Oca sostiene varios encuentros con un solo herido, Rolando Rivero, sin embargo, los efectivos del gobierno pierden varios hombres y dos de sus jeeps resultan destruidos. Como consecuencia de los fuertes y numerosos enfrentamientos la guerrilla tiene que dividirse, comandando la otra fuerza insurgente Alfredo Caicedo.
- Las fuerzas guerrilleras comandadas por Bernardo Corrales atacan y toman el poblado de Rancho Mundito en las proximidades de la Cordillera de los Órganos, Pinar del Río, durante el combate los jefes guerrilleros pierden contacto con la tropa y asume la dirección de la guerrilla el ex-capitán del Ejército Rebelde, Luis Batista. Los guerrilleros consideran que las milicias tuvieron por lo menos dos bajas mortales.
- El guerrillero José Santos Millán es muerto durante un enfrentamiento a tiros con la milicia en una región de Camagüey.

Abril 19. Playa Girón. Terminan los combates regulares en las áreas de

Bahía de Cochinos. El régimen había reforzado todavía más sus fuerzas y atacaba los últimos reductos de la Brigada 2506 con artillería, tanques y unidades de milicias y militares, siendo así derrotada la Brigada por las fuerzas gubernamentales. El jefe militar de la Brigada, José Pérez San Román, ante lo desesperado de la situación, reclamó el apoyo aéreo y los suministros militares prometidos por las autoridades estadounidenses, recibiendo como respuesta que serían evacuados, a lo cual se negó el jefe San Román, rompiendo la radio e impartiendo a sus hombres la orden de retirada. Según algunos analistas, en el momento en que terminan los enfrentamientos en el área de desembarco, el régimen había dislocado en la zona cerca de 200,000 hombres.

La aviación de la Brigada 2506, sufrió cuatro bajas este día al ser derribados (en combate aéreo, sobre Playa Girón) dos aviones B-26 tripulados por pilotos aviadores norteamericanos. Estos norteamericanos, de nombre Riley Shamburger, Wade Gray, Thomas W. Ray y Leo Baker se ofrecieron como voluntarios, en contra de la voluntad de sus superiores, para llevar suministros a las fuerzas que combatían en la costa sur de Cuba, ya que los pilotos cubanos habían operado durante varios días de forma continuada sin descanso alguno. Los restos mortales del capitán Thomas W. Ray, "Pete Ray", fueron recuperados por su hija 18 años más tarde.Segun información forense, Ray sobrevivio a la caída del avión, pero fue asesinado en tierra por un disparo del oficial castrista el doctor Fernández Mell.

- Fusilado en los fosos de La Cabaña, el opositor Nemesio González.
- Jesús Casais, dirigente del Movimiento 30 de Noviembre y Jorge Rodríguez Sierra, mueren en la barriada de Santo Suárez, La Habana, durante un enfrentamiento con las fuerzas de la Seguridad del Estado.
- Son fusilados en Pinar del Río, después de un juicio sumarísimo que duró menos de cuatro horas, Francisco García Guardarrama, de 21 años; Narciso Bello Martínez, de 26; Eligio Caleb Suri Goicochea, de 31; Gilberto Betancourt Chacón, de 27 y el estadounidense Angus K. McNair, de 25. Estos jóvenes habían desembarcado por Bahía Honda, Pinar del Río con el propósito de sumarse a las guerrillas que operaban en esa provincia del país. Fueron fusilados ese mismo día, también en la provincia de Pinar del Río, Juan Ramón Leal Estrada, Joaquín F. del Cueto Rodríguez, Manuel R. Villanueva y el estadounidense Howard F. Anderson.[37]
- Una veintena de hombres a bordo de la embarcación Celia partió de las costas de Bahía de Cochino, para evitar ser apresados por las huestes de Castro. Los fugitivos eran miembros de la Brigada 2506.
- Es asesinado en La Habana, el miembro de la resistencia Antonio Rodríguez Calvo.

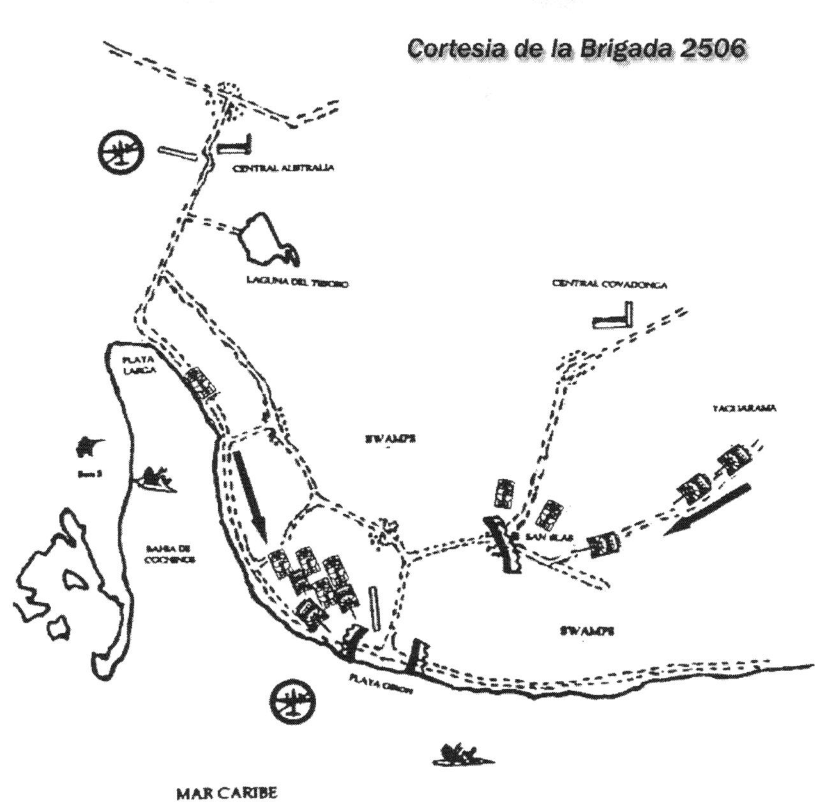

D DAY + 2

19 de Abril

Abril 20. El capitán guerrillero Juan Antonio Montes de Oca resultó herido al intentar romper un cerco de las fuerzas gubernamentales en el Valle de Guamacaro, Matanzas. No obstante, el oficial continuó combatiendo y resultó herido dos veces más, en una pierna y en el abdomen, siendo finalmente capturado; algunos de sus hombres lograron romper el cerco y sumarse a otras fuerzas guerrilleras.
- Son fusilados en los fosos de La Cabaña, el comandante del Ejército Rebelde Humberto Sorí Marín, Rafael Díaz Hanscom, Gaspar Domingo "Mingo" Trueba, Manuel "Ñongo" Puig Miyar, Rogelio González "Francisco" Corzo, coordinador del Frente Revolucionario Democrático FRD, Eufemio Fernández Ortega y Nemesio Rodríguez Navarrete.[38]
- Son fusilados en Camagüey los combatientes de la clandestinidad Rafael Lorenzo Reyes Ramírez y Rafael Iglesias Romero.

Abril 21. Mueren en un enfrentamiento a tiros con la Seguridad del Estado en un apartamento en Miramar, La Habana, un dirigente nacional del Movimiento Unidad Revolucionaria, Marcial Arufe Delgado, junto a su esposa Olga Digna Fernández Cañizares.[39]
- Varios sobrevivientes de la Brigada 2506 que se internaron en la Ciénaga de Zapata para poder evadir las fuerzas del régimen, sostuvieron un enfrentamiento con unidades del ejército, cayendo mortalmente herido el brigadista Armando Cañizarez Gamboa quien pertenecía al batallón de Armas Pesadas. Su muerte pudo comprobarse por una foto que publicó la revista Life, en la que su esposa lo reconoció. El resto de sus compañeros fueron apresados.
- Es asesinado en la circular número 2 del Reclusorio Nacional de Isla de Pinos, el preso político Higinio Ruiz.
- Fusilado en los fosos del Castillo de San Severino, Matanzas, el campesino y jefe guerrillero del MRR, Evilio Abreu González, de 33 años, quien se había alzado en los llanos de Matanzas a finales del año 1959.

Junto a Abreu fue también ejecutado a los 24 años de edad su segundo al mando, Julio Ramón Sotolongo García, que había regresado del extranjero para combatir el régimen de Fulgencio Batista. Cuando Sotolongo apreció que en Cuba se estaba instaurando un régimen totalitario, se incorporó a las guerrillas que operaban en Matanzas.

Abril 22. Mueren asesinados por asfixia en un viaje que duro mas de nueve horas cuando eran trasladados en una rastra sellada hacia La Habana los siguientes miembros de la Brigada 2506: Alfredo José Cervantes Lagos, José Daniel Vilarello Tabares, José Santos Millán Velasco, Herminio Benjamín Quintana Pereda, José Ignacio Macia del Monte, Santos Ramos Álvarez,

Pedro Rojas Mir, René Silva Soublete y Moisés Santana González.[40]
- La fuerza guerrillera que comanda Osiel Ramírez, sostuvo un encuentro con efectivos del gobierno, resultando gravemente herido el insurgente Clemente Galindo, a quién hubo que amputarle ambas piernas.

Abril 24. Cae abatido mortalmente el guerrillero Eleovel González Granadillo, en un campo de henequén cerca del tramo de la carretera central que va de Coliseo a Cárdenas, Matanzas. Esta guerrilla era comandada por Osiel Ramírez, el lugarteniente de Juan Antonio Montes de Oca.

Abril 26. En un enfrentamiento cerca del central Covadonga entre las milicias y miembros de la Brigada 2506, que estaban tratando de escapar, fue muerto un miliciano y resultaron heridos los brigadistas Luis Morse y Humberto Cortina López.

Abril 27. La guerrilla que comanda Alfredo Caicedo sostiene un duro encuentro con fuerzas gubernamentales cerca del pueblo de Coliseo, Matanzas. En el enfrentamiento resultan heridos los insurgentes Rolando Rivero, José Hernández Valdés y el propio jefe de la guerrilla.

Abril 28. Ocupan efectivos de la Seguridad del Estado en la capital cubana: dos toneladas de armas. Entre ellas sub-ametralladoras M3, fusiles automáticos M1, pistolas calibre 45, ametralladoras calibre 30, y 50 y explosivos plásticos.

Mayo 1. Es proclamada en la plaza de la revolución, la República Socialista de Cuba. Horas después son nacionalizados, de facto, los centros de enseñanza privada del país y se dispone la expulsión del clero católico que las autoridades califican como contrarrevolucionario. Este mismo día se nacionalizan un gran número de empresas, Fidel Castro declara que Cuba tendrá una constitución socialista porque la Constitución de 1940 no se ajusta a las realidades políticas de la nación y se inaugura la emisora radial Radio Habana Cuba.

Mayo 4. Son rescatados en medio del Golfo de México los sobrevivientes de la Brigada 2506 que habían embarcado en "El Celia", 15 días antes. Durante la travesía perecieron los combatientes: Julio R. Caballero González, Rubén Vera Ortiz, Jesús Vilarchao Quintana, Alejandro del Valle Martí, José García-Montes Angulo, Jorge García-Villalta Espinosa, Raúl García Menocal Fowler, Manuel V. García Rosales, Marcos Tulio García Turiño y Ernesto I.

Hernández Cossío.[41]

Mayo 5. La resistencia ideológica a lo que representaba el marxismo en Cuba, sufrió un rudo golpe cuando las autoridades expulsaron de la Universidad Católica de Villanueva a los religiosos que allí desarrollaban su labor.

Mayo 6. El guerrillero Mario Torranza es muerto durante un enfrentamiento con efectivos gubernamentales en las proximidades de Victoria de las Tunas, entonces provincia de Oriente.
- Perece, por falta de asistencia médica en la galera 9 de La Cabaña, el doctor Enrique Guiral.

Mayo 7. Una embarcación de la Marina de Guerra es atacada y hundida por una lancha rápida tripulada por miembros de la resistencia. Según informaciones ofrecidas por el propio gobierno, en el barco se encontraba, entre otras personas, el comandante Andrés González Lines.

Mayo 11. Es asesinado por un grupo de milicianos Alberto Milán Jorge.

Mayo 12. *La censura llega hasta los intelectuales que defendían el sistema con la prohibición de que se continuara exponiendo públicamente el documental de 23 minutos PM., que trata sobre la vida nocturna en la capital cubana.*
- Caen en el enfrentamiento del Naranjo, cerca de Topes de Collantes, Las Villas, el jefe guerrillero Idael Rodríguez, "El Artillero", Víctor Paz y otro insurgente no identificado.

Mayo 13. El Movimiento Demócrata Cristiano en el Exilio, dirige un manifiesto a la opinión pública. El documento está firmado, además de otras personas, por José Ignacio Rasco y Nicolás Gutiérrez.

Mayo 14. Fusilan en Pinar del Río, al combatiente Francisco Sosa.
- Una protesta protagonizada por 80 presas políticas que se encontraban recluídas en la cárcel de Guanabacoa es despiadadamente reprimida por varios cientos de militares bajo la dirección del ministro del Interior, Ramiro Valdés. La brutal acción se produce el Día de las Madres, que era cuando correspondía la visita reglamentaria de las reclusas por lo tanto sus familiares pudieron presenciar la crueldad de que eran capaces los jenízaros del régimen totalitario. El incidente se originó porque las presas políticas se

solidarizaron con un grupo de sus compañeras que se negaban a ser trasladadas para el reclusorio de Guanajay, en la provincia de Pinar del Río.

Mayo 15. Continúa la despiadada golpiza contra las presas políticas, pero en esta ocasión también son atacadas con chorros de agua de alta presión que eran operadas por el cuerpo de bomberos de la ciudad de Guanabacoa.
- Los guerrilleros Julio Sotolongo y Avelino Abreu son fusilados en los fosos del Castillo de San Severino, provincia de Matanzas. Recuerdan testigos presenciales del acontecimiento que entregaron sus vidas con gran estoicismo y valentía.

Mayo 16. Como parte de la política de control social que requiere el establecimiento de un régimen totalitario, el gobierno nacionaliza todos los clubes privados del país, limitando no sólo el uso de los centros de diversión sino imponiendo controles y manejos que se ajusten a sus conveniencias.
- *El Gobierno Revolucionario anuncia la nacionalización de todos los clubes sociales del país.*

Mayo 17. *El control policial de las áreas rurales y de la vida económica de los campesinos, se hace más eficiente cuando las autoridades constituyen la Asociación Nacional de Agricultores Pequeños. Esta organización es de carácter político y otra correa de transmisión del poder totalitario.*

Mayo 19. El Movimiento Insurreccional Revolucionario emite un documento dirigido a la opinión pública, el documento está firmado por el doctor Orlando Bosch Ávila.[42]
- Fuerzas guerrilleras que operan en la Cordillera de los Órganos, Pinar del Río, bajo el mando del jefe guerrillero Luis Batista, atacan el poblado del Brujo, causándole varias bajas a las fuerzas gubernamentales.

Mayo 21. Grupos de la resistencia que operan en Panamá, lanzan cócteles molotov contra la sede diplomática cubana en ese país.

Mayo 22. *Para agrupar a todas las organizaciones políticas existentes en el país, el Movimiento 26 de Julio, el Directorio Revolucionario 13 de Marzo y el Partido Socialista Popular se constituyen en las ORI. Organizaciones Revolucionarias Integradas. Este aparato será el primer ensayo en la creación de una organización política única que fundamente teóricamente el estado totalitario.*

Mayo 24. *En un acto ofrecido por el Colegio de Doctores en Ciencias, Filosofía y Letras, el dictador hace referencia a una reforma integral de la enseñanza. Esta es una nueva confirmación de los cambios que se avecinan en el país.*

Mayo 28. Grupos de la clandestinidad incendian el cine Riesgo, en la ciudad de Pinar del Río. Los daños son considerables, resultando heridas varias personas.

Mayo 30. Miembros de la resistencia hacen explotar una granada en el auto del fiscal de los tribunales revolucionarios Pelayo Fernández Rubio, el auto quedó inservible y el funcionario resultó levemente herido. El incidente tuvo lugar en la calle Estrada Palma 421, en el barrio de Santo Suárez, La Habana.

Junio 1. Muere sin asistencia médica en el Reclusorio Nacional de Isla de Pinos, el preso político Jesús López Cueva.

Junio 2. Hacen detonar un artefacto explosivo durante una reunión de partidarios del régimen en el Club Kontiki, de Santiago de Cuba.

Junio 4. Grupos de la resistencia que laboran en Panamá, atacan nuevamente con cocteles molotov y fuego de pistola la sede diplomática cubana.

Junio 6. *Es promulgada, sin numero, la Ley que nacionaliza la enseñanza privada, pasando todos los bienes, derechos y acciones de los colegios, láicos y religiosos, al control del estado. Se prohíbe en el país la instrucción religiosa de cualquier confesión. En 1959, año del triunfo de la Revolución, funcionaban en Cuba más de 1300 escuelas privadas, muchas de ellas de carácter religioso, particularmente católicas y protestantes. Las escuelas de esxeñanza privada no recibían subsidios gubernamentales. Una de estas escuelas, "Villa Maristas" es la sede actual de la oficina central de la Seguridad del Estado Cubano, G-2.*
- *El régimen para estructurar todas sus fuerzas represivas bajo una sola dirección, constituye el Ministerio del Interior, (MININT). Un antecedente inmediato del Minint, fue el Departamento de Inteligencia del Ejército Rebelde, DIER.*
- Explota una bomba en el Hotel Casa Grande de Santiago de Cuba. El inmueble sufre daños de consideración.

Junio 10. Explotan tres bombas en Santiago de Cuba. Una de ellas frente a la Colonia Española.

Junio 11. Son fusilados en Matanzas los combatientes, Alberto Peralta y Antonio Moreno.

Junio 14. Se constituye en la capital cubana, el Frente Nacional Democrático, una agrupación que desarrollará una activa lucha contra el régimen totalitario. El secretario general fue Gregorio Carrazana y el Jefe Militar, Biscet Colt, quien meses más tarde resultó apresado y fusilado.

Junio 15. Los jefes guerrilleros de la región del Escambray se reúnen cerca de Limones Cantero, Trinidad, convocados por el comandante Osvaldo Ramírez García con el propósito de reorganizar las fuerzas insurgentes que operaban en esa región montañosa. A la reunión asisten, Tomás San Gil, Julio Emilio Carretero, Benjamín Tardío Panguino, José León, Chano Ibáñez, Ramoncito del Sol, Leonel Martínez, Maro Borges, Mandy Florencia y El Charro del Placetas.
- Los oficiales guerrilleros Israel Pacheco, Porfirio Guillén, Momo Pineda, Luis Vargas, Rigoberto Tartabull, El Niño Deborah, Manolín Rodríguez, Jesús Ramón Real, Realito, Manolo Vásquez, El Galleguito y Ciro Vera no asistieron a la reunión pero apoyaron las decisiones tomadas en la misma.

En el encuentro se acuerda nombrar a Osvaldo Ramírez jefe de todos los frentes guerrilleros del Escambray y las zonas adyacentes; también se cambia el nombre de las fuerzas insurgentes por el de Frente Unido Revolucionario Escambray, FURE. Se designan como representantes del FURE, en la clandestinidad, a Bisccet y a Del Cueto.[43]

Junio 17. Hace explosión un artefacto en la sede de la Seguridad del Estado conocida como "El Castillito", en la ciudad de Santiago de Cuba.

Junio 19. Colocan un artefacto explosivo en una reunión de funcionarios gubernamentales en el parque Serrano, de Santiago de Cuba.
- Explota una bomba en un bar situado en el edificio del Hotel Santa Clara Libre, los daños son considerables.

Junio 22. Muere por falta de asistencia médica durante el parto la presa política Lidia Pérez.

Junio 24. Grupos que luchan contra el régimen totalitario cubano en Panamá atacan de nuevo el edificio donde radica la embajada de Cuba en ese país.
- Durante un pleno del Partido Socialista Popular, PSP, en el que participaron los principales dirigentes del Movimiento 26 de Julio y del Gobierno

Revolucionario, se decide la disolución del Partido y crear un nuevo aparato partidario que interprete las nuevas realidades del proceso político nacional. Esta reunión estableció las bases para la constitución de las ORI, Organizaciones Revolucionarias Integradas.

Junio 30. Caen en un enfrentamiento con fuerzas del gobierno en la Sierra de Cubitas, Camagüey, los guerrilleros Rafael Alonso y Pedro Cardoso.
- Explota un artefacto en una calle del importante barrio habanero del Vedado.
- *Tercer y último encuentro de Fidel Castro con intelectuales en la Biblioteca Nacional. El gobernante concluye la polémica que se había suscitado entre los creadores de Lunes de Revolución y el ICAIC y otras instituciones, con la frase "Dentro de la Revolución, todo; contra la Revolución, nada."*

Julio. Se crea en la capital cubana la organización clandestina Unidad Nacional Revolucionaria, UNARE, dirigida por Pedro René Hernández García conocido como Roberto Arias, Rolando Borges, José Iglesias, Ángel Cuadra y José Pepe Duarte Oropesa. La organización tenía como propósito enfrentar la dictadura con las armas.[44]

Julio 2. Hace explosión una bomba en un estacionamiento de autos en la calle L y 23 en El Vedado, La Habana, con el saldo de tres vehículos destruidos y un miembro de las fuerzas del régimen herido.

Julio 3. La Seguridad del Estado frustra un atentado contra Fidel Castro que iba a tener lugar cerca de la residencia donde vivía Celia Sánchez, en el Vedado, La Habana. Para el magnicidio, que iba a ejecutarse desde un apartamento cercano con un fusil de mira telescópica, se habían concertado varias organizaciones de la resistencia, entre ellas el Movimiento 30 de Noviembre, el Frente Revolucionario Democrático y el Movimiento Revolucionario del Pueblo.

Julio 7. Es arrestado por las fuerzas policiales en su casa en el Cotorro, provincia de La Habana, el ciudadano Jesús Marín. Pocas horas más tarde se encuentra su cuerpo acribillado a balazos en unos hornos de cal abandonados de la localidad de Regla, La Habana.

Julio 8. Se alza en armas al norte de la provincia de Las Villas, el ex miembro del ejército rebelde Arnoldo Martínez Andrade, le acompañaban Mario López, Ibrahin Cruz y Medardo Cruz, se estableció con esta acción el Frente Norte de Las Villas.

Julio 10. La guerrilla del Movimiento 30 de Noviembre, que dirigía Fernando del Valle Galindo con la asistencia de Ángel Mario Ávila Rivero Cuqui, ataca y toma en la Sierra Maestra, entonces provincia de Oriente, el cuartel de La Pimienta.

Julio 12. Es detectada por la Seguridad del Estado una vasta operación en la que estaban involucrados numerosas agrupaciones de la resistencia. Los complotados planeaban ejecutar a los líderes de la Revolución en La Habana y Santiago de Cuba simultáneamente. Este plan se identificó como Patty.

Julio 15. Monseñor Eduardo Boza Masvidal, en el boletín de la parroquia de Nuestra Señora de la Caridad de La Habana, critica la expulsión de los sacerdotes extranjeros por parte del gobierno cubano.
-Evelio Duque Miyar, primer comandante de las guerrillas que operaron en el Escambray, crea en la ciudad de Miami una nueva fuerza insurgente con el nombre de Ejército de Liberación.

Julio 16. Por la detención de varios de los involucrados se frustra un atentado organizado contra Fidel Castro por el movimiento Unidad Nacional Revolucionaria, UNARE. El atentado iba a producirse en la pizzería Vita Nuova, ubicada en 21 y L, Vedado, La Habana.

Julio 17. Las presas políticas de la prisión de Guanajay protestan por un traslado de que van a ser objeto varias de sus compañeras y son brutalmente reprimidas por más de 300 milicianos, hombres y mujeres, por varias horas.

Julio 18. Las presas políticas que habían sido sacadas de la prisión de Guanajay el día anterior son de nuevo fuertemente golpeadas hasta subirlas en un avión que las trasladaría hasta la prisión de Baracoa, antigua provincia de Oriente.
- Un grupo de comandos del Movimiento de Recuperación Revolucionaria MRR, intenta el rescate del dirigente de la organización Jorge Fundora Fernández y de otros dos prisioneros, produciéndose un tiroteo entre los custodios y los subversivos y de esta forma logró escapar Fundora de los carceleros por breves momentos. Posteriormente fue nuevamente apresado.

Julio 20. Un incendio provoca serios daños al Palacio de Bellas Artes en La Habana, en momentos en que se efectuaba una exposición de la República Popular de Checoslovaquia.

Julio 21. Guerrilleros al mando de Pedro González Sánchez, ocasionan varias bajas a las milicias cuando atacan la granja Patricio Lumumba, ubicada en el poblado de Magua, Trinidad, Las Villas.

Julio 22. Los presos políticos de las Circulares 1 y 2, del Reclusorio de Isla de Pinos, son tiroteados cuando protestaban por los malos tratos de que eran objeto por la guarnición del penal. En el incidente resulta gravemente herido el prisionero y ex capitán del ejército rebelde Miguel Rojas Cuellar. Los presos heridos sobrepasaron el centenar y algunos, como el doctor Pedraza, recibieron hasta tres balazos.
- Grupos de la oposición que operaban en Panamá, atacaron nuevamente a tiros la embajada cubana en ese país.

Julio 23. La resistencia coloca cuatro artefactos explosivos en la ciudad de Santiago de Cuba, Oriente.

Julio 25. Ante la protesta de un gran número de presos políticos, la guarnición del Reclusorio Nacional de Isla de Pinos inicia un intenso tiroteo contra las Circulares No 1 y 2 con el resultado de cerca de un centenar de heridos, varios de gravedad, entre ellos Luis Rojas y el doctor Pedraza.

Julio 26. Las células de acción del Movimiento Revolucionario del Pueblo, MRP, en Santiago de Cuba, detonan un artefacto explosivo en Trocha y Calle 8.
- *Fidel Castro, La Habana. Los trabajadores cubanos tienen que irse acostumbrando a vivir en un régimen de colectivismo y de ninguna manera pueden ir a la huelga.*

Julio 28. Miembros de la Organización Demócrata Cristiana interrumpen brevemente un juego entre el equipo de béisbol de los Yankees y Detroit que correspondía a la serie mundial. Los jóvenes se lanzaron al terreno con letreros que decían “Cuba Sí, Rusia No”.

Agosto 1. En una emboscada preparada por la milicia cerca de la ciudad de Artemisa, Pinar del Río, resultaron heridos tres guerrilleros y posteriormente fueron capturados.

Agosto 2. Miembros de acción y sabotajes del MRP realizan un atentado dinamitero en los Raines y Aguilera, frente al reloj de La Alameda, en Santiago de Cuba.

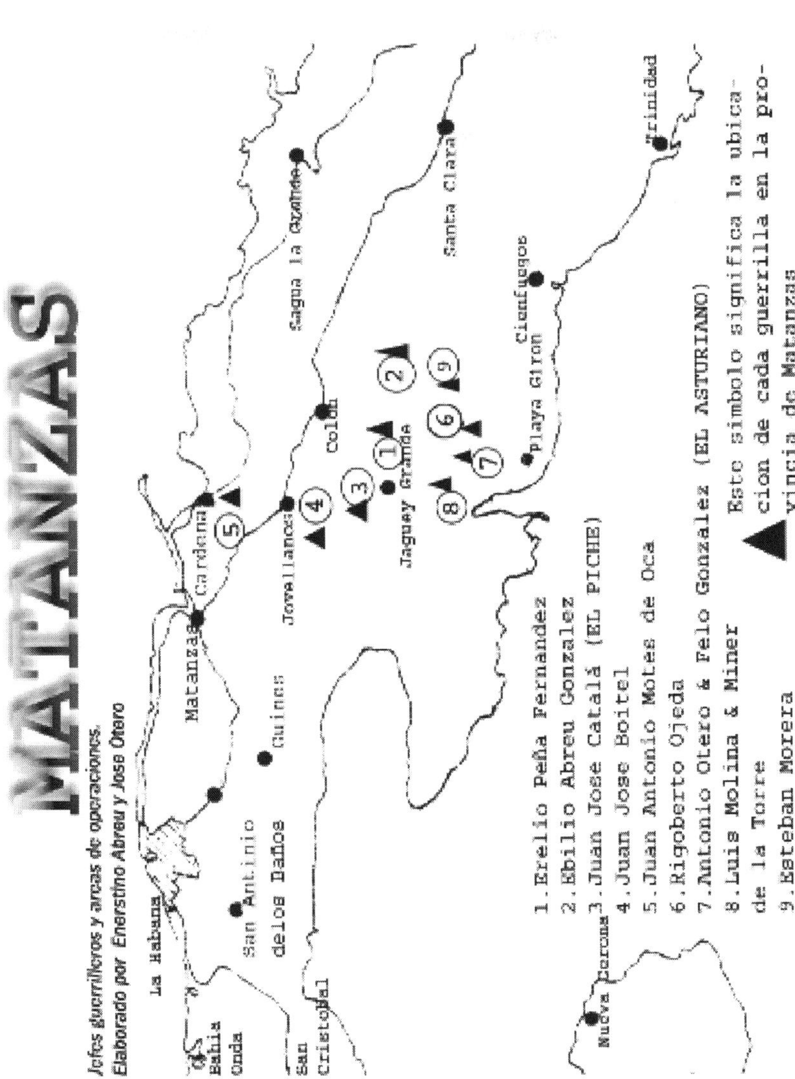
MATANZAS
Jefes guerrilleros y areas de operaciones.
Elaborado por Enerstino Abreu y Jose Otero
La Habana
Bahia Onda
San Cristobal
San Antinio delos Daños
Guines
Matanzas
Cardenas
Jovellanos
Colon
Jaguey Grande
Sagua la Grande
Santa Clara
Cienfuegos
Playa Giron
Trinidad
Nueva Gerona
1.Erelio Peña Fernandez
2.Ebilio Abreu Gonzalez
3.Juan Jose Catalá (EL PICHE)
4.Juan Jose Boitel
5.Juan Antonio Motes de Oca
6.Rigoberto Ojeda
7.Antonio Otero & Felo Gonzalez (EL ASTURIANO)
8.Luis Molina & Miner de la Torre
9.Esteban Morera
Esto simbolo significa la ubicacion de cada guerrilla en la provincia de Matanzas

Se constituye en Miami, el Colegio Nacional de Telegrafistas de Cuba en el Exilio entre los dirigentes de la nueva organización están Osvaldo Coello Díaz e Ignacio Puentes.

Agosto 3. Las guerrillas del 30 de Noviembre que dirigía Fernando del Valle Galindo sostienen un encuentro con fuerzas del gobierno en un lugar conocido como el Cilantro en la Sierra Maestra, antigua provincia de Oriente. Los guerrilleros Javier Denis y Raymundo Torne Benítez, resultaron heridos en el enfrentamiento.

Agosto 4. Alzados de la provincia de Pinar del Río, al mando del jefe guerrillero Pedro Sánchez, dan muerte a un miliciano durante un enfrentamiento.

Agosto 6. Es asesinado por milicianos en el restaurante Soroa, en Candelaria, Pinar del Río, Antonio Amador Rodríguez. Su hermano Ricardo, que salió a defenderle, fue herido gravemente por los mismos individuos.

Agosto 8. *Se produce un cambio de moneda en el país. También se ordena la congelación de las cuentas bancarias que excediesen las cantidades que el gobierno estipulaba. El gobierno recoge los billetes de la antigua denominación que circulaban. Los billetes nuevos son impresos en Checoslovaquia y los símbolos ya tradicionales son sustituidos por símbolos inéditos.*

Agosto 11. Militantes de la resistencia realizan un sabotaje incendiario en la tienda por departamento Fin de Siglo, en la capital cubana.

Agosto 12. Explota un artefacto en una farmacia situada en la calle Santo Tomás, en Santiago de Cuba.
- Los dirigentes del sindicalismo cubano, Ángel Cofiño, Antonio Collado, Luis Penelas y Rafael Arriola parten para Sao Paulo, Brasil, para denunciar en un congreso convocado por la Organización Internacional Regional de Trabajadores, la crítica situación del sindicalismo cubano.
- Los guerrilleros Alberto Pérez e Israel Cordovet mueren durante un enfrentamiento con efectivos gubernamentales en la región del Escambray.

Agosto 15. El jefe guerrillero conocido como Machete Robaina ataca una cooperativa desarmando a los custodios y llevándose las armas.
- Un grupo de magistrados, jueces y fiscales, constituyen en Miami la Asociación Judicatura Cubana Democrática, la directiva está representada por José Morell Romero, Gustavo de Ribeaux Figueras y Fernando Arsenio

Roa Uriarte, entre otros juristas.

Agosto 16. Es asesinado, por efectivos de la milicia, el combatiente Miguel Villa Leonardo.
- *El movimiento sindical pierde formalmente la independencia que ya no tenía al ser promulgada la Ley 962 de 1961.*

Agosto 18. En una emboscada del ejército y la milicia en la finca de Lomas de Coloradas, Escambray, cae el jefe guerrillero Merardo León y los también guerrilleros Rafael Calzada Toledo y Urbano Calzada Medinilla. Los cadáveres de estos tres insurgentes fueron excepcionalmente entregados a sus familiares para que les rindiesen sepultura. No existe otro caso similar en toda la historia de la lucha guerrillera en el Escambray. Es meritorio agregar que los funerales fueron públicos y que asistieron numerosos trinitarios a los sepelios.
- Merardo León, se había alzado en armas el 17 de abril, el mismo día del desembarco de Playa Girón, con treinta hombres que estaban bajo su mando en las milicias del pueblo. A su muerte le sucedió en la dirección de la fuerza guerrillera el legendario comandante José Cheíto León.
- Se escapa del hospital de la prisión del Castillo del Príncipe, el miembro de la Brigada 2506, Osvaldo Hernández Campos, asilándose posteriormente en la embajada de la Argentina.

Agosto 22. *Las correas de trasmisión del poder totalitario se fortalecen al constituirse la Unión de Escritores y Artistas de Cuba, UNEAC.*

Agosto 23. Es rescatado de Quinta y Catorce, Miramar, antigua sede nacional de la Seguridad del Estado el coordinador nacional del Movimiento de Recuperación Revolucionaria, MRR, Carlos Bandín.La operación estuvo realizada por un grupo de acción del MRR, que dirigió Juan José Chelo Martoris Silva. Acompañan a Martoris en esta misión, entre otras personas, Aurelio Hernández, Ricardo Chávez, "El Mejicano" Néstor Fernández, Mario Méndez, Alberto Fernández de Castro.[45]

Los complotados dirigidos por Martoris ingresaron a la sede de la Seguridad del Estado en 5ta y 14 vestidos de militares y con un documento oficial supuestamente firmado por Ernesto Che Guevara, demandaron que les fuese entregado el preso Carlos Bandín. Después de su rescate y numerosas gestiones, Bandín pudo salir al exilio de forma clandestina.

Agosto 24. Se edita en Puerto Rico la Bohemia Libre Puertorriqueña, junto a Bohemia Libre, ambas dirigidas por el señor Miguel Ángel Quevedo.

Agosto 28. La guerrilla al mando de Titi García ataca un autobús que cubría la ruta de Alquizar-Artemisa, Pinar del Río y desarma al conducto del vehículo. Ese mismo día García había entrado al pueblo de Las Cañas y participado en una procesión en la que condujo la imagen de San Agustín.

Septiembre 1. Las guerrillas al mando de Pedro Sánchez toman el cuartel de milicias de Cinco Pesos, Pinar del Río. El gobierno sufrió tres bajas mortales y dos heridos. Los guerrilleros ocuparon 16 fusiles y más de 2000 balas.

Septiembre 2. Hace explosión un artefacto en el reparto El Vedado, La Habana.

Septiembre 3. Monseñor Eduardo Boza Masvidal, obispo auxiliar de La Habana, publica en La Habana, "El Mensaje de la Virgen", donde manifiesta el rechazo a la dictadura del capitalismo y a la dictadura del proletariado.

Septiembre 6. *Fidel Castro hace de conocimiento público la decisión de que los médicos, ingenieros y tecnólogos que abandoran el país serían privados de la ciudadanía cubana y se les prohibiriá regresar a Cuba.*

Septiembre 7. El doctor José Miró Cardona, presidente del Consejo Revolucionario Cubano, hace un llamado a los presidentes de América Latina para que gestionen ante las autoridades cubanas que les sea respetada la vida a cinco prisioneros de guerra cubanos.
- Es herido durante el ataque al cuartel de milicias de Puerta de la Guira, Pinar del Río, el jefe guerrillero Titi García. Según informaciones, un individuo con el sobrenombre de El Mejicano, que estaba con las guerrillas, avisó a las milicias y éstas se emboscaron para esperar a los insurgentes. Estas mismas fuentes afirmaron que fue el mismo traidor quien hirió en una pierna a Titi García. El jefe guerrillero, al verse herido, intentó suicidarse, pero se lo impidieron y fue evacuado del lugar por uno de sus compañeros de excepcional valor, Noel Domínguez, Escaparate.

Septiembre 8. Fueron ejecutados, en el cementerio de Santa Clara los miembros de la Brigada 2506: Antonio V. Padrón Cárdenas, Jorge King Yun, Roberto Pérez Cruzata, Rafael E. Soler Puig y Ramón Calviño Insua.
- Varias personas resultaron heridas por fuerzas paragubernamentales, durante una procesión por el Día de la Caridad del Cobre en la ciudad de

Camagüey.
- La guerrilla campesina al mando de Armando Daniel, es cercada cerca del Central Resolución por varios miles de milicianos y fuerzas del ejército. En el encuentro caen abatidos los guerrilleros Ruperto Daniel, Gilberto Daniel Mesa, Emiliano Manzano Murquia, Rogelio Fonseca Fonseca, Rolando Evora Molina, un guerrillero conocido como El Casquito y otro con el sobrenombre de Pepe el de Amaro. Algunos de los sobrevivientes fueron capturados por las fuerzas gubernamentales, pero varios lograron romper los cercos de las milicias. Esta guerrilla estaba prácticamente integrada por personas de la raza negra.
- Las guerrillas bajo el mando del capitàn Manolo Vázquez, fueron cercadas por más de tres mil efectivos del gobierno en la carretera de Barajagua, vía Cumanayagua, Las Villas. Los insurgentes rompieron el cerco pero hubo bajas de ambas partes.

Septiembre 9. El jefe guerrillero Pedro Celestino Sánchez sostuvo otro enfrentamiento con fuerzas del gobierno en la Sierra de los Órganos, Pinar del Río. En esta ocasión es herido el jefe guerrillero y dos de sus hombres.
-Intentando romper un cerco de miles de efectivos gubernamentales en la Sierra Maestra, son capturados varios guerrilleros del grupo que comandaba Fernando del Valle Galindo.

Septiembre 10. Explota una bomba en la localidad de Guanabo, La Habana.

Septiembre 11. Es tan notable la resistencia de los presos políticos recluídos en la cárcel de Boniato, que las autoridades determinan efectuar una requisa brutal que resulta en la pérdida de muchos de los escasos bienes que poseían los prisioneros.
- Muere por falta de asistencia medica el preso político Antonio Manteira Caballero.
- A pesar de que el régimen prohibió la Procesión por la Virgen de la Caridad del Cobre, varios miles de personas marcharon gritando “Cuba Si, Rusia No” “Libertad” y “Viva Cristo Rey”, la policía actuó en contra de la manifestación asesinando al joven obrero Arnaldo Socorro Sánchez e hiriendo a otras personas.

Septiembre 12. Muere José Martoris Silva, durante un fracasado atentado contra el dirigente comunista Carlos Rafael Rodríguez. José Martoris Silva, Chelo era jefe de un grupo de acción del Movimiento de Recupación Revolucionaria, MRR. Martori resultó gravemente herido por la explosión anticipada de una granada que iba a lanzar contra el vehículo que transportaba al funcionario por la Vía Blanca, carretera que une a Matanzas con La Habana. Martori, consciente de la gravedad de sus heridas, rechazó firmemente la ayuda que le iban a prestar sus compañeros y falleció en la escena. Los antecedentes de combatiente de Juan Martori eran impresionantes, había participado activamente en un intento de atentado contra Fidel Castro y fue el jefe de la operación que rescató de la sede nacional de la Seguridad del Estado al Coordinador Nacional del Movimiento de Recuperación Revolucionaria, Carlos Bandín, quien murió muchos años más tarde en el exilio.

Septiembre 13. Grupos de la resistencia en contra del régimen ajustician a un delator en la finca Salvadora, en Santo Domingo, Las Villas.

Septiembre 14. Se constituye en el exilio la Junta de Gobierno del Bloque Nacional de Corresponsales, fueron nombrados como sus principales directores Jorge Julio Rojas, Tony Vega y Germán Perdomo.

Septiembre 15. Se implementa un segundo Plan Liborio, también organizado por el Movimiento Revolucionario del Pueblo, MRP. El proyecto consistía en colocar artefactos incendiarios con relojes de tiempo en varios comercios de La Habana, preparados para que se activasen en horas de la noche cuando los comercios estuviesen cerrados, para evitar víctimas inocentes. El plan fracasó cuando empleados de una tienda Sears se percataron de que habían sido colocadas dos petacas en el establecimiento.
- Fueron fusilados en La Cabaña, La Habana, Roberto Fernández Toledo y Rafael Félix Heria Bravo, quienes habían intentado secuestrar un avión en el que perecieron varios tripulantes.

Septiembre 16. Dan muerte por fusilamiento al jefe guerrillero de la Sierra de los Órganos en Pinar del Río, y jefe militar del Movimiento Demócrata Martiano, Bernando Corrales, después de haber sido herido en un enfrentamiento. Junto a Corrales fue fusilado su lugarteniente René Suárez.
- Fueron fusilados en el campo de tiro de San Juan, Santiago de Cuba, entonces provincia de Oriente, Aníbal Rodríguez Fernández y Mariano Abreu Galván. Ambos eran líderes de una vasta conspiración contra el régimen totalitario.
- Es ejecutado, después de haber sido brutalmente golpeado, el guerrillero del Movimiento de Recuperación Revolucionaria Rolando Noda Ramírez, en un campo de tiro del poblado de Limonar, en Matanzas.

Extraído del libro “El Escambray, la Guerra Olvidada”,
de Enrique Ensinosa

efes guerrilleros y areas de operaciones
LAS VILLAS
SAGUA LA GRANDE
COLON
SANTA CLARA
AGUADA DE PASAJEROS
CIENFUEGOS
SANCTI SPIRITUS
1. ROBERTO TARTABULL
2. LEONARDO PEÑATE (el carnicero)
3. LUIS VARGAS
4. MANUEL RODRIGUEZ (congo pacheco)
5. GILBERTO RODRIGUEZ RAMIREZ
6. PANQUIN TARDIO
7. JOSE LEON
8. RAMON DEL SOL
9. PORFIRIO GUILLEN
1. RIGOBERTO OJEDA
2. FELIBERTO GONZALEZ (el asturiano)
3. ESTEBAN MORERO
4. VALE MONTENEGRO
5. FRANCISCO CASTANEDA (pancho jutía)
6. MINER DE LA TORRE
7. CARLOS GONZALEZ
8. LUIS MOLINA
1. CELESTINO ROJAS ROJAS
2. FRANCISCO GOMEZ (el viejo)
3. ALBÉRTO MENDEZ (esquija rosa)
4. RAUL ROMERO
5. ARNOLDO MARTINEZ
6. FLORO CAMACHO
7. HILARIO MACEDA TOLEDO (c/p negrete)
8. MARIO BRAVO
9. JUAN A. MARTINEZ A.
10. MANUEL LOPEZ (el loco)
11. EBERARDO BRUNET
1. MARTI CAMPO (hijo)
2. AGAPITO RIVERA (el guapo)
3. BENITO CAMPOS (campito)
5. CLARO MOLLINEDO
6. GILBERTO ACOSTA
7. LUIS R. YANES (venado)
8. NANO PEREZ
10. RAMON MACHADO (ramoncito)
1. ROBERTO TARTABULL
2. LEONARDO PENATE (el carnicero)
3. LUIS VARGAS
4. MANUEL RODRIGUEZ (congo pacheco)
5. GILBERTO RODRIGUEZ RAMIREZ
6. PANQUIN TARDIO
7. JOSE LEON
8. RAMON DEL SOL
9. PORFIRIO GUILLEN
10. PEDRO LEON (perico)
11. NOEL PEÑA
12. PEDRO GONZALEZ
13. JUAN E. CARRETERO
14. OSVALDO RAMIREZ
15. CELESTINO ROJAS ROJAS
16. ALFREDO BORGES
17. TOMAS SAN GIL

Lugares donde operaron las guerrillas en la década del 60

Septiembre 17. Es deportado de Cuba, y conducido con vigilancia policial hasta el buque español Covadonga, el obispo Eduardo Boza Masvidal. Monseñor Boza Masvidal, obispo auxiliar de La Habana y rector de la Universidad Católica de Villanueva, había estado detenido por más de una semana y fue trasladado directamente de la prisión a la embarcación que lo transportaría a España. Ese día fueron expulsados de Cuba por el gobierno revolucionario otros 131 sacerdotes católicos entre ellos el hoy obispo auxiliar de Miami, Monseñor Agustín Román y el Padre Goberna, director del observatorio astronómico del Colegio de Belén.

Septiembre 18. Explota una bomba en la Calzada de San Miguel del Padrón y la Calle Segunda en La Habana.
- Guerrillas del Frente Norte de Camagüey, comandadas por Arnoldo Martínez Andrade, toman el poblado de Río, en la zona de Mayajigua, Las Villas, con el resultado de nueve milicianos heridos. Después de este encuentro se sumaron nuevos combatientes a la guerrilla que comandaba Martínez Andrade.
- Fuerzas del clandestino Movimiento Revolucionario del Pueblo intentan rescatar por segunda vez al encarcelado jefe de acción y sabotaje de esa organización, Nelson Figueras Blanco que había sido condenado a muerte.

Septiembre 19. Es fusilado el dirigente de Acción y Sabotaje del Movimiento Revolucionario del Pueblo MRP y ex capitán del Ejército Rebelde, Nelson Figueras Blanco, en Santiago de Cuba.

Septiembre 20. Es ejecutado en los fosos de La Cabaña, el empleado de comercio Carlos González Vidal, por el atentado a la tienda por departamentos de El Encanto, ésta sería la causa 255/61. Carlos González, quien había asumido toda la responsabilidad por los hechos, poco antes de morir dirigió una breve nota a sus padres. Esa misma madrugada, minutos más tarde, fueron fusilados, en cumplimiento a la causa 263/61, Francisco Díaz Rodríguez y Cecilio Herrera Delgado. Estas personas compartieron sus últimos minutos con Enrique Lamar Martín Nikita, a quien le habían conmutado la pena de muerte por una condena de 30 años de presidio.

Septiembre 21. Las fuerzas guerrilleras que operaban en la zona norte de Las Villas y que dirigía Margarito Lanza Flores, Tondique, sostienen un encuentro con las milicias.

Septiembre 22. Muere ante el pelotón de fusilamiento en la prisión de La

Cabaña, Manuel Blanco Navarro, miembro de los equipos de infiltración que ayudaban a la resistencia. Junto a él son fusilados los combatientes Braulio Contrera Maso, Angel Posada Gutiérrez, Jorge Rojas Castellanos y Pedro Cuellar Alonso. Estos patriotas formaban parte de una conspiración en la que participaban personas que se habían infiltrado en Cuba y otras que residían en la isla.

Septiembre 23. La guerrilla que comandaba el capitán Eredelio Martínez, sostuvo un encuentro con varios batallones de milicianos y fuerzas de la Seguridad del Estado cerca de la ciudad de Cumanayagua, el Escambray, en Las Villas. Por parte de los insurgentes cae mortalmente abatido un guerrillero conocido solamente como Luis. Las milicias sufrieron varias bajas entre muertos y heridos.
- Es fusilado en La Campana, región del Escambray, el guerrillero Emilio Ojeda Prieto, "Tingo".
- Dan muerte, en el paredón del campo de tiro de Guanabaquilla, Camagüey, el americano-cubano William Horace Patten Tabares, quien había formado parte de un equipo de infiltración que ingresó a Cuba para combatir al régimen.

Septiembre 26. Ernesto Pérez Morales, jefe de Acción Nacional del Movimiento Rescate Revolucionario Democrático muere fusilado en Pinar del Río. Pérez Morales había resultado herido en un enfrentamiento que había sostenido con miembros de la Seguridad del Estado.

Septiembre 28. Un intento de atentado contra Fidel Castro, organizado por miembros del movimiento clandestino Movimiento Revolucionario del Pueblo, es detectado por la Seguridad del Estado. El ajusticiamiento se iba a producir cuando una bazuca fuera disparada desde un apartamento ubicado en la avenida de las Misiones contra la terraza norte del Palacio Presidencial el 5 de octubre; día que se iba a efectuar un acto de bienvenida al presidente Osvaldo Dorticós, que regresaba de un viaje por los países socialistas.

Septiembre 29. La fuerza guerrillera que comandaba el capitán Eredelio Martínez, resultó cercada por varios batallones de efectivos gubernamentales en el Nicho, cerca de Cumanayagua. Después de un fuerte enfrentamiento en el que se supone hubo bajas por parte de la milicia, los insurgentes lograron romper el cerco.
- Comienza en el exilio la publicación del boletín AIP, que va a ser dirigido por el doctor Fernando Carrandi.

Septiembre 30. Es fusilado en Santiago de Cuba, Marcos Antonio Vázquez, ex teniente del ejército rebelde y jefe de un alzamiento del Movimiento Revolucionario del Pueblo en la región de Santa Rita, Contramaestre, Oriente.
- Fusilado en el campo de tiro de San Juan, Santiago de Cuba, Oriente, el combatiente Ezequiel Delgado Reyes.

Octubre. Fusilado en La Cabaña Regino Trueba por presuntamente conspirar contra los poderes del estado.

Octubre 1. Estallan varias bombas en la capital cubana, una de ellas en una tienda Sears, ya nacionalizada.

Octubre 2. Es ajusticiado por las guerrillas que combaten al régimen en la finca Novoa, Quemado de Güines, Las Villas, un miembro de las milicias.

Octubre 3. Fueron fusilados en Santiago de Cuba, entonces provincia de Oriente, los jefes guerrilleros del Movimiento 30 de Noviembre, Fernando Valle Galindo y Raymundo Emeterio López Silveira.

Octubre 4. Es ejecutado en las Lomas de San Juan, provincia de Oriente, el combatiente Santiago Ezequiel Díaz
- Cae durante un enfrentamiento con fuerzas del gobierno en la finca La Diana, cerca de Sagua la Grande, Las Villas, el guerrillero José Antonio Niebla.

Octubre 5. Cuando fuerzas de la Seguridad y la Milicia intentan arrestar en Jovellanos, Matanzas, a dos miembros de la resistencia, se produce un encuentro a tiros en el que resultan heridos dos efectivos gubernamentales.

Octubre 6. Después de resultar heridos, mientras rompían un cerco en la carretera que conducía a Punta La Güira, fueron ejecutados ante el paredón de fusilamiento el jefe guerrillero artemiseño Israel García Díaz, Titi, y el guerrillero Israel Sánchez Suárez. El fusilamiento se realizó en la provincia de Pinar del Río. La guerrilla, dirigida por Israel Titi García, operaba en las zonas de Mojanga, Cayajabos, Candelaria, El Jobo y Consolación del Sur.

Israel Titi García, de 26 años, operó en una zona llana que se extendía desde Güira de Melena hasta Consolación del Sur, en el área atacó entidades gubernamentales y enfrentó diversos cercos de las milicias. A pesar de haber sido herido en Punta de la Guira escapó hacia La Habana, donde fue captura-

do por la Seguridad del Estado, un día antes de entrar a una embajada.
- Son fusilados en Sagua la Grande, Las Villas, los guerrilleros Reinaldo Fonseca, Emiliano Murias, Ruperto Amores, Gilberto Amores, José Rodríguez Cifuentes, Gilberto Asores y José Antonio Muriño.

Octubre 7. El ex presidente de Cuba Carlos Prio Socarras publíca un manifiesto convocando a los cubanos a luchar contra el comunismo.
- La ocupación del cuartel del poblado de Abreu, en las proximidades de Cienfuegos, fue frustrada por una delación. Los atacantes, al percatarse de que el cuartel había sido reforzado por la guardia, suspendieron la incursión. Rigoberto Acosta, quien se autodesignó para investigar lo sucedido, resultó detenido y conducido al cementerio de Abreu, donde fue objeto de un simulacro de fusilamiento.
- Resultó ajusticiado por la guerrilla, en la finca San Pedro, Quemado de Güines, Las Villas, un miliciano que servía a las fuerzas del gobierno.

Octubre 10. Se reestructura el Consejo Revolucionario de Cuba, quedando integrado de la siguiente manera: José Miró Cardona, Manuel Antonio de Varona, Antonio Maceo, Carlos Hevia, Sergio Carbó, José Álvarez Díaz, Raúl Méndez Pires, Elio Mas, César Baro, José Fernández Badué, Carlos Rodríguez, Osvaldo Soto, Francisco Carrillo, Manuel Cobo, Enrique Huertas, Ernesto Despaigne, Ricardo Loríe, Higinio Díaz y Antonio F. Silió.

Octubre 12. Es fusilado en la causa 1108 de 1961, Jorge Fundora Fernandez, “Patricio”, dirigente de la resistencia y figura clave en la línea de suministros a los insurgentes de las guerrillas campesinas que operaban en la provincia de Matanzas.[46] Fue el que establecio el “Punto Fundora”.[47]

Octubre 13. Asesinado por fuerzas del régimen en la ciudad de Camagüey, Manuel Frontela.

Octubre 15. Ocho mil milicianos rodean en las lomas de Soroa, Pinar del Río, la fuerza guerrillera de 21 hombres que dirige el capitán Luis Batista. La guerrilla logra romper los diferentes cercos de las milicias y del ejército durante varias horas pero en la tarde se ven obligadas a rendirse por falta de municiones. El capitán Luis Batista, al ver la grave situación, conmina a sus hombres a rendirse y les dice que él asumiría toda la responsabilidad de los hechos.

En este encuentro, las guerrillas dan por desaparecido al combatiente Aguedo Fuentes Limas y cae en combate el también guerrillero Miguel Díaz, de quien no volvieron a tener información. Por parte de las fuerzas del gobierno hubo varias bajas. Es justo destacar que en esta fuerza guerrillera estuvo representada la mujer cubana a través de Dora Delgado, llamada por sus compañeros La Japonesa, quien posterioremente fue hecha prisionera, y tiempo más tarde murió en el exilio.

Octubre 16. Muere fusilado en el campo de concentración de La Campana, en el Escambray, el colaborador de alzados Cuco Gómez.
- Miembros del Directorio Revolucionario Estudiantil asistieron al IV Congreso Latinoamericano Estudiantil, CLAE, que tuvo lugar en la ciudad de Natal, en Brasil, con el propósito de denunciar la situación cubana. Los asistentes al evento lograron en el pleno una condena al régimen totalitario cubano a pesar de la nutrida delegación que envió el régimen de la isla.

Octubre 17. *Inicia la guarnición de Isla de Pinos, bajo la dirección del comandante William Gálvez, la colocación de 7 mil libras de trinitrotolueno, TNT, en cada uno de los edificios circulares de la prisión política de Isla de Pinos. La constante resistencia de los reclusos al régimen les hacía, al parecer, merecedores de una distinción criminal sin precedentes en la historia del hemisferio.* Al percatarse de este hecho, los presos se organizaron para tratar de impedir la detonación de los explosivos, lograron introducirse en los sitios en que éstos habían sido colocados e inutilizaron muchas de las cargas.

Octubre 18. El jefe guerrillero Arnoldo Martínez Andrade sostiene un enfrentamiento con fuerzas del gobierno en la Finca Juan Velozo y hiere a dos de los efectivos.

Octubre 20. Explota una bomba en la calle Concordia en La Habana, pereciendo un joven de 19 años. Otras cuatro bombas fueron detonadas cerca del cine Patria, y otra estalló en las proximidades de la sede del Ministerio Cubano de Relaciones Exteriores.

Octubre 22. Unidades guerrilleras bajo el mando de Carlos González Garnica, Vale Montenegro y Miner de la Torre atacan al sur de Las Villas un centro llamado El Pajarito, ocupando armas y quemando varios vehículos de transporte y 16 tractores.

Octubre 23. Se constituye en Madrid, España, el Grupo Cubano Patriótico Luz de Yara. El nuevo movimiento ideó y propuso un plan de nueve puntos para derrocar al régimen cubano.

Octubre 24. Es recibido por el Papa Juan XXIII, el obispo auxiliar de La Habana Monseñor Eduardo Boza Masvidal, quien le expuso al sumo pontífice de la iglesia Católica la difícil situación por la que estaba atravesando la institución religiosa en Cuba.

Octubre 27. La guerrilla que comandaba el capitán Eredelio Martínez fue cercada por varios miles de efectivos del gobierno en la zona de Cuatro Vientos, en el Escambray. Tratando de romper el cerco cayeron mortalmente heridos un guerrillero de apellido Quintero y otro de nombre Juan Ramón, quien era conocido entre la tropa como La Pelùa. También resultaron heridos el jefe guerrillero Martínez y otro insurgente de nombre Víctor Guerra, conocido como Catulo.
- Varios grupos de Acción y Sabotaje del Movimiento Revolucionario del Pueblo, MRP realizaron numerosas acciones en Santiago de Cuba haciendo detonar artefactos explosivos en lugares como Radio Balbín, ubicada al centro de la ciudad. Otro artefacto también explotó en el reparto Mariana de la Torre. Pero el de mayor potencia fue el que colocaron en la Avenida de los Raines, frente a la estación del ferrocarril. En esta operación resultó herido por fragmentos de la bomba Eugenio Font, quien pocos meses después sería fusilado en la Prisión de Boniato.[48]

Octubre 28. Una bomba hace explosión cerca de varios ómnibus de la conocida ruta Santiago-Habana, que eran estacionados en la calle Retiro, en La Habana. Como resultado de la acción hubo algunos heridos y quedaron destruídos varios autobuses.

Octubre 30. Un incendio provocado por un sabotaje de la resistencia destruyó casi por completo el teatro de la Confederación de Trabajadores de Cuba, CTC. El teatro contaba con 4 mil 800 lunetas y al extenderse el fuego, se quemaron los equipos de la emisora Unión Radio.

Noviembre. Para tratar de eliminar la resistencia, el régimen totalitario promulga la Ley 988, que autorizaba el fusilamiento en menos de 48 horas a los individuos capturados con armas y explosivos.
- Se alzó en armas junto a varios compañeros Filiberto Coto Gómez, "El Pipero". Esta guerrilla operaría en las regiones de Güines, San Nicolás y Melena en la provincia de La Habana, pero producto de la ofensiva gubernamental, estuvieron obligados a internarse en las ciénagas y pantanos del sur de la provincia de Matanzas.
- Ejecutado por la guerrilla de Carlos González Garnica el infiltrado

Rodríguez Machina. Este individuo informaba a las autoridades de los movimientos de las guerrillas y estaba coordinando un operativo para su captura. El hombre antes de morir confesó que era miembro de la Seguridad del Estado.

Noviembre 4. Muere asesinado el miembro de la clandestinidad Reynaldo López Esquivel.

Noviembre 8. En la ciudad de Santa Clara fracasan dos intentos de sabotajes en las tiendas Sears Roebuck y el Ten Cent Woolworth. Agentes del régimen se percataron de que salía humo desde una de las áreas del primero de estos establecimientos.

Noviembre 10. Militantes de la resistencia prendieron fuego a una granja de pollos, cerca de la cervecería Modelo, en Manacas, Las Villas.
- Miembros de la resistencia del Movimiento de Recuperación Revolucionaria, MRR, se enfrentaron a tiros con fuerzas del gobierno en las proximidades de la Playa de Jibacoa, en Matanzas, en esta acción fue capturado Antonino Díaz Pou, quien era miembro de los equipos de infiltración.

Noviembre 13. Un miembro de las fuerzas del régimen murió y otros dos resultaron heridos durante un encuentro a tiros con fuerzas de la resistencia, frente a la refinería Bertot, en La Habana. En la persecución de que fueron objeto los atacantes, se produjo un fuerte tiroteo, en el que perdió la vida el miembro de la resistencia José González Barroso.

Noviembre 14. Un vehículo en el que viajaban varios milicianos fue atacado a tiros por fuerzas de la resistencia en las proximidades de Santa Clara, resultando muerto uno de los que viajaban en el auto.

Noviembre 15. Miembros de la resistencia sostuvieron un enfrentamiento con milicianos y efectivos de la Seguridad del Estado en la esquina de Goss, Santos Suárez, en La Habana. Las fuerzas del gobierno tuvieron tres heridos. Por parte de los resistentes fue mortalmente abatido José Antonio Hernández González y herido gravemente en las piernas, Tony Chao Flores.

Noviembre 16. Se constituye en la ciudad de Miami la Confederación de Trabajadores de Cuba en el Exilio que estuviera presidida entonces por el dirigente sindical Jesús Artigas Carbonell. Al momento de entrar este libro en imprenta la dirige el líder obrero Carlos Llush.

- Pedro "Perico" Sánchez, quien se convertiría en breve tiempo en un temido jefe de guerrillas, se alza en armas en los llanos de la provincia de Matanzas. Dos de sus hijos, Raúl y Pedro, le acompañan, y los tres morirían después enfrentando al régimen totalitario.[49]

Noviembre 17. Fuerzas guerrilleras ocupan e incendian dos tiendas rurales y un jeep en la ciudad de Matanzas.
- Un miliciano muere al ser objeto de un atentado por miembros de la resistencia en la ciudad de Santa Clara.
- Se alzan en el poblado de Congojas, al sur de Las Villas, dieciocho jóvenes dispuestos a dar la vida en la lucha contra la dictadura impuesta. La mayoría de ellos murieron en el empeño.

Noviembre 18. Varias unidades de la Seguridad del Estado frustran un alzamiento que debía producirse en la ciudad de Santa Clara, y que estaba comandado por el jefe de Unidad Revolucionaria en la provincia de Las Villas, Rubén Calzadilla. Le acompañaban en aquel intento Gilberto Oquendo, Eddy Artze Molina, Rubén Salado, Eddy Castillo y Eiby Rojas. Un día antes de estos hechos, se había alzado en armas en la región de Trinidad, Juan Morales Sosa, quien fue ejecutado en 1964.
- Atacada por las fuerzas guerrilleras que comanda Vale Montenegro una arrocera próxima a la ciudad de Aguada de Pasajeros. No hubo resistencia por parte de las milicias.

Noviembre 19. Muere otro miembro de la milica del gobierno en la ciudad de Santa Clara, como consecuencia de un atentado del que fuera objeto por fuerzas de la resistencia.

Noviembre 20. El guerrillero Pedro Pino, muere en un encuentro sostenido con fuerzas del régimen, en el Cerco de las Flores, en Camagüey.
- Estalla un artefacto dentro de un automóvil en la esquina de la Calle 8 y la Avenida 23, en el Vedado. Una persona resultó lesionada.

Noviembre 23. Se constituye en la ciudad de Miami, la organización Movimiento Insurreccional Libertad, que estaría dirigida por el señor Alberto J. Suñé.

Noviembre 24. Guerrilleros bajo el mando de Mario Bravo atacan una mina de asfalto en la provincia de Camagüey.

Noviembre 25. En un enfrentamiento a tiros en las proximidades de la ciudad de Cruces, al sur de Las Villas, muere el oficial guerrillero Roberto González Garnica y es capturado herido el también guerrillero Eliécer Delgado Delgado.

Noviembre 26. La guerrilla que comandaba Jesús Ramón Real Realito sostuvo un encuentro con fuerzas del gobierno en la finca de las Mil Flores, cerca de la ciudad de Trinidad.

Noviembre 27. Miembros de la resistencia tendieron una emboscada a fuerzas del gobierno en el poblado de Pedro Betancourt, en Matanzas, en el enfrentamiento cayó un miembro de las milicias.
- Se constituye en Miami la Asociación de la Prensa de Cuba en el Exilio, y fue elegido como presidente Ramón Blanco Jiménez.

Noviembre 29. Muere en un enfrentamiento con las milicias en la provincia de Las Villas, el guerrillero Efraín López.
- Son ajusticiados, por fuerzas guerrilleras que operaban en el Escambray, dos delatores que servían al régimen cubano.
- *Es aprobada la Ley 988, que establece la pena de muerte como sanción aplicable para algunos delitos considerados contrarrevolucionarios.*

Noviembre 30. Es fusilado en El Castillo de San Severino, en Matanzas, el miembro de la resistencia Reinaldo Sabatier Rodríguez, quien había sido acusado de quemar los campos de caña del central Puerto Rico Libre. Sabatier Rodríguez tenía bajo su mando, en el poblado de Alacranes, Matanzas, un grupo de la resistencia.

Diciembre 1. *El presidente títere de Cuba, Osvaldo Dorticós Torrado, expresó en un sepelio de dos militares caídos en la lucha contra los alzados en armas "Que la Revolución de ahora en adelante va a fusilar en cuestión de horas a los contrarrevolucionarios y saboteadores". En esta época, un amplio sector de la población, a pesar del fracaso de Playa Girón, estaba demostrando en las montañas y llanos del país, su voluntad de enfrentar al régimen totalitario.*

Diciembre 2. Cae en un enfrentamiento con las milicias en la provincia de Las Villas, el guerrillero Cuzín González.
- Después de años de negar que fuese comunista, de encarcelar a numerosas personas por haber denunciado a su régimen como un aliado de la Unión

Soviética, el gobernante cubano proclama que: "Yo soy marxista leninista hasta el fin de mi vida".
- Fusilados en la cantera de Agramonte, Matanzas, los guerrilleros Moisés Ruiz Ramos, Israel López Pérez, Efraín López Pérez y Orlando Rodríguez Álvarez. Los guerrilleros fueron sorprendidos en una cueva por fuerzas gubernamentales y no tuvieron tiempo para enfrentarlas.

Diciembre 3. Tiene lugar una escaramuza entre las guerrillas que dirige Rolando Martín Amodia contra la milicia del gobierno, en la finca Cayo la Yuca, en Camagüey.

Diciembre 4. Un grupo de comandos dirigidos por Eugenio Rolando Martínez destruye un puente de ferrocarril y un almacén de azúcar. La misión contaba entre una de las quince en las que había participado hasta la fecha Rolando Martínez.

Diciembre 5. Es ejecutado ante el paredón de fusilamiento en El Condado, Las Villas, el guerrillero Rolando Cañizares.
- Es fusilado en El Condado, Las Villas, el colaborador de alzados Andrés Ramón Fandiño Ramírez, quien se había incorporado al proceso insurreccional desde mediados del año 60 y realizado numerosas acciones en contra de la dictadura. Antes de ser fusilado, Fandiño Ramírez intentó enfrentarse a sus verdugos, por lo que fue salvajemente golpeado. Se desconoce aún donde descansan sus restos.
- Muere por fusilamiento en la provincia de Las Villas, un guerrillero de apellido Rojas, conocido como El Habanero.
- El Comandante en Jefe de las Fuerzas del Escambray, Osvaldo Ramírez, publica un manifiesto exhortando al pueblo a que se sume a la lucha contra el comunismo.

Diciembre 6. La guerrilla del capitán Osiris Borges ataca un jeep que transportaba milicianos en un lugar conocido como La Pedrera, cerca de Caracusey, en Trinidad. En el ataque las fuerzas de las milicias tuvieron una baja.

Diciembre 7. Es fusilado, a los 27 años de edad, en el paredón de la cárcel de San Severino, Matanzas, el combatiente del Movimiento de Recuperación Revolucionaria, MRR, José Antonio Díaz Pou. Díaz Pou, que integró los equipos de infiltración de la Brigada 2506, tenía como misión fomentar un levantamiento en la Sierra Maestra, antigua provincia de Oriente. En el

cumplimiento de esta misión fue detenido por la Seguridad del Estado, sin embargo logró escapar y buscar asilo en la embajada de Venezuela. Por su propia determinación abandonó la seguridad que le ofrecía la sede diplomática y se reincorporó a la lucha, hasta que el 10 de noviembre, en un intento de salida del país por la Playa de Jibacoa, en un encuentro a tiros con fuerzas de la Seguridad del Estado, fue capturado nuevamente.
- Mueren durante un enfrentamiento con fuerzas del gobierno en el alzamiento de Arroyo Blanco, Oriente, los guerrilleros Carlos Maldonado y Arturo Valdés Mauri.

Diciembre 8. Fusilado en la finca "La Campana", Las Villas, Pedro Roque Ruiz.

Diciembre 11. Es ejecutado en la provincia de Pinar del Río, el guerrillero René Suárez.

Diciembre 12. Los ciudadanos Juan Espinosa Montesinos, Israel Leal Rodríguez y Alberto Hernández fueron asesinados por los custodios de la embajada del Ecuador cuando intentaron penetrar en esa sede diplomática. Previamente estos hombres, junto a cinco personas más, habían proyectado contra la cerca de la sede un camión para poder ingresar al edificio. Ninguno portaba armas cuando los policías abrieron fuego.
- Es fusilado en la finca La Campana, en El Escambray, el guerrillero Oscar Pedroso Zarosa.

Diciembre 14. Cae en un enfrentamiento con fuerzas del gobierno en las cercanías de Corralillo, Las Villas, el guerrillero Rogelio Fonseca.
- Fuerzas guerrilleras bajo el mando del capitán Julio Emilio Carretero, atacan el cuartel de milicias de Polo Viejo, cerca de Trinidad, Las Villas, ocupan el área y sustraen las armas. En el combate las milicias gubernamentales sufren cuatro bajas.

Diciembre 15. Fue derribado, mientras lanzaba propaganda sobre la ciudad de Matanzas, un avión piloteado por Robert Swaner y Robert Thompson.

Diciembre 16. Inicia Radio Habana Cuba sus trasmisiones para América Latina. Esta emisora será ampliamente utilizada en las labores subversivas que patrocina el gobierno cubano.
- La guerrilla que comandaba Carlos González Garnica se ve obligada a regresar a su área de operaciones, en el sur de la carretera central, en las

proximidades de la Ciénaga de Zapata, pues había fracasado en el intento de incorporarse a las fuerzas que operaban en el Escambray. En esta retirada sostuvieron, en diferentes lugares, tres encuentros consecutivos con las fuerzas del gobierno. En estos combates cayó un guerrillero conocido únicamente como Lajita.
- En un enfrentamiento con las fuerzas del gobierno en la provincia de Las Villas, cae el guerrillero Emiliano Mesa.
- Fuerzas comandadas por el capitán Manuel "Congo" Pacheco son cercadas en la finca de las Cien Rosas, en las cercanías de Charco Azul, en El Escambray. Durante el combate caen dos guerrilleros, uno no identificado y otro sólo conocido como El Pinto; resultó además gravemente herido Jesús Cuéllar Medina, quien moriría en prisión a consecuencia de las lesiones sufridas en ese combate.
- Muere en el presidio de Isla de Pinos, el coronel del ejército de la república, Ramón Vivas Fernández Coca.

Diciembre 17. Vuelan dos aviones sobre la ciudad de Cienfuegos lanzando propaganda antigubernamental.

Diciembre 18. Juanín Pereira Varela, coordinador nacional del Directorio Revolucionario Estudiantil, muere en Pinar del Río durante una refriega a tiros con las fuerzas de la Seguridad del Estado.

Diciembre 19. El guerrillero Carlos Maldonado cae mortalmente abatido durante un enfrentamiento con fuerzas gubernamentales en Arroyo Blanco, antigua provincia de Oriente.
- Fuerzas guerrilleras incendian un camión en la carretera de Banao, provincia de Oriente.
- Durante un enfrentamiento con las milicias en la provincia de Las Villas, muere el guerrillero conocido como "El Niño" Morquia.

Diciembre 20. El guerrillero Emilio Rodríguez es fusilado en el Central San Francisco, cerca de Cruces, al sur de Las Villas.

Diciembre 21. Fuerzas de la clandestinidad incendian las oficinas y talleres del periódico Avance, situadas en la capital cubana.

Diciembre 22. Son fusilados en El Condado, El Escambray, Las Villas, los guerrilleros Serafín Otero y Melquíades Sanz Rumbaut.
- El jefe guerrillero Manuel López López, asaltó el tren número 2 que hacía

el viaje de Chambas a Caibarién, provincia de Las Villas.

Diciembre 23. Es abatido mortalmente en el Salto de la Hanabanilla, Escambray, el combatiente Marcos Marquiades.
- Son ejecutados en el batey del Central Adela, cerca de Zulueta, los jóvenes Julio Guevara Rodríguez, Norberto Camacho Guerra, Luis Guerra Domínguez, Jerónimo Camacho y José González, miembros de la Juventud de Acción Católica. Estos jóvenes estaban preparando un alzamiento que no llegaron a cumplimentar y habían sido arrestados en una cueva natural en las inmediaciones de "El Caramelo", entre las ciudades de Remedios y Caibarién.[50]

Diciembre 25. Mueren ante el paredón de fusilamiento en la antígua provincia de Oriente, el coordinador municipal del Movimiento Demócrata Cristiano, Carlos Campos y junto a él, Justo Fernández Haterman

Diciembre 26. El Consejo Revolucionario de Cuba presenta ante la Comisión Interamericana de Paz de la Organización de Estados Americanos, OEA, un documento en el que se describen las acciones criminales del régimen totalitario cubano.
- Son fusilados los combatientes Napoleón Miró, Francisco Sarmiento, Florencio Caballero y Manuel Veloso.

Diciembre 27. Miembros de la resistencia lanzan una granada contra la tienda por departamentos Sears de la ciudad de Guantánamo, provincia de Oriente, causándole serios daños. Estos establecimientos como los llamados Ten Cent, estaban ya bajo el control del estado.

Diciembre 29. Durante un enfrentamiento con las milicias del gobierno, muere el combatiente Pedro Barrera.
- El guerrillero René Rodríguez Rodríguez, de la unidad que comanda Claro Mollinedo, cae mortalmente herido cuando rompía un cerco en el crucero de Las Carolinas, cerca del central Resulta. Las fuerzas del gobierno estaban integradas por varios miles de efectivos.

Diciembre 31. Explota una poderosa bomba en el edificio gubernamental de la JUCEI en Santiago de Cuba.
- Murió de septicemia en la cárcel de Guanajay, la presa política Julia González Roqueta. Durante días González Roqueta se había estado quejando de fuertes dolores de muela sin recibir atención, con el resultado de que

cuando le extrajeron la pieza dental, aparentemente contrajo la infección que le provocó la muerte.
- Fallece por falta de atención médica hacia una dolencia hepática que padecía, en la prisión de La Cabaña, el preso político y miembro de la Brigada 2506, José Borrás Gutiérrez.
- Un insurgente conocido como El Chino la Fiesta es ultimado a balazos en la provincia de Oriente durante un enfrentamiento a tiros con fuerzas del gobierno.

1961. Cae en un encuentro con fuerzas del gobierno que tiene lugar en las montañas del Escambray, el guerrillero Stalin Robira Guerra.
- Muere en un enfrentamiento con las milicias en las montañas del Escambray el guerrillero Alberto Becerra.
- Pierde la vida, en un encuentro con las milicias del régimen, en la región montañosa del Escambray, el guerrillero Luis Valdés Pino.
- Adonis Peña se había alzado en el Escambray en 1960, y cayó en combate en esa misma región de Las Villas.
- Muere en las montañas del Escambray, durante un enfrentamiento con las fuerzas del gobierno, el guerrillero Rafael Téllez, que estaba alzado desde el año 1960.
- En un enfrentamiento con las milicias en un punto del Escambray, cae el guerrillero Arturo Antuna.
- Muere durante un encuentro con las milicias, en la región del Escambray, en Las Villas, el guerrillero Antonio Quintero, quien sólo tenía 19 años de edad.
- Muere durante un enfrentamiento armado con la milicia en la región montañosa del Escambray, el guerrillero Miguel Pisch. Varios de sus familiares se encontraban también alzados en armas contra el régimen totalitario.
- Fusilado Manuel Villanueva en el Guanito, Pinar del Río.
- Raúl Villanueva es fusilado en el Distrito Cinco en la provincia de Pinar del Río.

blanco

Reunión en el Escambray, 1960. De izquierda a derecha: Santiago Treto, "El Mexicano"; Julio Lara, "Bigote"; comandante Evelio Duque, Ignacio Zúñiga y Tomás San Gil. No todas las personas de esta fotografía están identificadas.

blanco

AÑO 1962

Enero. Jesús Quintana Noda, fusilado en La Campana, Manicaragua, en los primeros días de 1962. También ejecutaron a otras dos personas que no han podido ser identificadas.
- Muere durante un enfrentamiento a tiros con efectivos del gobierno en la provincia de Pinar del Río el guerrillero Cándido Ayes.

Enero 1. Una avioneta ataca con explosivos el puerto de Carraguao, en Pinar del Río.
-Es asesinado en el Castillo del Príncipe el preso político Jesús Alvelo Sosa

Enero 2. Cae en un enfrentamiento con las milicias, en la zona de Cumanayagua, en El Escambray, el jefe guerrillero Manolín Rodríguez Cabrera.
-El insurgente Luciano Rodríguez cae muerto en un enfrentamiento a tiros con fuerzas del gobierno en la provincia de Las Villas.

Enero 3. Una avioneta deja caer material inflamable sobre áreas cañeras entre La Candelaria y Los Palacios, provincia de Pinar del Río.

Enero 4. Es fusilado en El Condado, Las Villas, el jefe de guerrillas Filiberto González Pedroso.
-Es ejecutado en Palmira, Las Villas, el guerrillero Eugenio Montagut y Boix.

Enero 5. La unidad guerrillera que dirige Generoso Bringas, segundo al mando del Piche Catalá, logra escapar en las proximidades del poblado de Carlos Rojas, Matanzas, de un cerco integrado por varios miles de milicianos; sin embargo, tres jóvenes que estaban escondidos en la zona para alzarse, fueron capturados y fusilados de inmediato.
- En momentos en que se producía un enfrentamiento con las milicias, el jefe guerrillero Carlos González Garnica pierde la vida al caer por un barranco, en las montañas del Escambray.

Enero 6. Son fusilados en la finca Santa Elena, en Rodas, provincia de Las Villas, los guerrilleros Rafael Rosales, Mario Otero, Rafael Vara, Ángel

Berto González Garnica, uno de sobrenombre El Valenciano y otro sólo conocido como Cabilla. Otros dos guerrilleros no identificados también fueron ejecutados.
- Fusilado en la Cooperativa El Pajarito, Las Villas, el guerrillero Eliécer Delgado Delgado, que había participado en el ataque a ese centro unos meses antes.

Enero 9. En un enfretamiento a tiros con las milicias cerca de Jovellanos, en Matanzas, muere el guerrillero Lázaro Millian.

Enero 11. Muere ante el paredón en la provincia de Matanzas, el colaborador de guerrillas Doro Pérez.
- El puerto de Carraguao, Pinar del Río, es nuevamente atacado, pero en esta ocasión desde una lancha rápida.

Enero 12. En una escaramuza a tiros entre las milicias y una guerrilla comandada por Generoso Bringas en la finca Malpique, cerca de Jovellanos, resultaron heridos cuatro miembros de las fuerzas gubernamentales.

Enero 13. La guerrilla que comandaba Jesús Ramón Real, Realito, sostiene en una zona de las montañas del Escambray, un enfrentamiento con las milicias, causándole dos bajas.

Enero 15. Un grupo de personas que intentaban salir clandestinamente del país, en la lancha Pretexto, por el reparto Barlovento, ubicado entre Jaimanita y Santa Fe, fue atacado a tiros desde embarcaciones del gobierno, lo cual provocó la muerte de Amalia Cera Carse, Fernando Gil García, Lee Suey Chuy, Son Yi Ni y Mak Yun Van, igualmente causó heridas a otras personas que se encontraban en la lancha. El hecho en cuestión ratificaría que el uso excesivo de la fuerza para resolver cualquier conflicto, continuaría siendo la norma permanente del nuevo régimen totalitario.

Enero 18. Caen en un enfrentamiento con las fuerzas del gobierno en Cayo de las Mujeres, Camagüey, el jefe de guerrilla Hilario Maceda Toledo, Negrete y los guerrilleros Antonio Robert Martínez Caoba y Amado Ugalde Pérez. Así mismo, resultó herido Miguel Hernández Silverio.

Enero 21. Cubanos exiliados en Venezuela marchan por las calles de Caracas hasta llegar a la delegación de la Organización de Estados Americanos, OEA, en demanda de que la organización adoptara medidas drásticas contra el régimen de Fidel Castro. La manifestación fue atacada por partidarios del gobierno cubano, con el resultado de varias personas heridas.

Enero 22. El Consejo Revolucionario de Cuba remitió un documento crítico al régimen de la isla, a la Octava Reunión de Consultas de Ministros de Relaciones Exteriores de la Organización de Estados Americanos.

Enero 26. La fuerza guerrillera comandada por Arnoldo Martínez ataca la cooperativa del gobierno llamada Barro Amarillo, en Mabuya, Camagüey, llevándose las armas que las milicias tenían en el lugar.

Enero 27. Los presos de la Cárcel de Puerto Boniato, antigua provincia de Oriente, en una acción sin precedentes, se declaran en huelga de hambre y demandan que el dirigente de la clandestinidad Algy Eugenio Font Reyes no fuese fusilado. Font Reyes, que tenía 27 años de edad y había sido suboficial del Ejército Rebelde, había resultado herido por la explosión anticipada de una bomba. Era segundo jefe de acción y sabotaje del Movimiento Revolucionario del Pueblo, MRP, en Oriente.

Enero 31. *El régimen cubano es expulsado de la Organización de Estados Americanos, OEA, en la reunión de Punta del Este, Uruguay.*

Febrero 1. Las guerrillas al mando de Arnoldo Martínez atacan el caserío de Centeno, Yaguajay, llevándose varias armas.

Febrero 2. Es fusilado Octavio Barroso, un joven estudiante de Derecho que fungía como Coordinador Nacional de Unidad Revolucionaria y había sido uno de sus fundadores. Según testigos, Barroso, que había sido cruelmente torturado por la Seguridad del Estado, recibió cuatro tiros de gracia por parte del jefe del pelotón de fusilamiento y su cadáver, a pesar de los reclamos de su señora madre, fue sepultado en una fosa común. Esa misma noche, también en los fosos de La Cabaña, fue ejecutado el dentista José Antonio Muiño Gómez.

Octavio Barroso, conocido en la clandestinidad como César, había sido uno de los fundadores del movimiento insurreccional SAC Salvemos a Cuba, y posteriormente del Movimiento Unidad Revolucionaria.

Febrero 4. *Este día el régimen hace pública la llamada Segunda Declaración de La Habana, decisión que no intimida a los que están dispuestos a combatir por todos los medios la instauración del totalitarismo. En el texto* *se ratifica el propósito de la Revolución de patrocinar cambios políticos en el continente por medio de las armas.*

Febrero 6. La guerrilla al mando de Arnoldo Martínez acampa en la zona de Boquerón para efectuar una reunión en la que se nombra a Manolito López López jefe guerrillero del Frente Norte de Camagüey.

Febrero 10. Una avioneta lanza propaganda subversiva sobre la zona este de la capital cubana.

Febrero 12. Son ejecutados en Las Villas, Luis Llanos, Everardo Salas y Antonio Castellano.

Febrero 13. Se produce un enfrentamiento en San Ambrosio, entre las guerrillas y las milicias, con el resultado de varios heridos y muertos de ambas partes.

Febrero 15. Cae ante el paredón de fusilamiento en Las Villas, el guerrillero Porfirio González.

Febrero 16. La guerrilla comandada por Juan Felipe Castro, Sancti Spíritus, tendió una emboscada a las fuerzas gubernamentales en la región del Hanabanilla, en El Escambray. La guerrilla le disparó a quemarropa a las milicias, causándole numerosas bajas entre muertos y heridos.

Febrero 21. En los Zaes, cerca del central Zorrilla, Las Villas, la guerrilla de Agapito Rivera rompe un cerco en el que mueren los insurgentes Evelio Marrero, Ricardo Molina, y Agustín Perdomo Fernández. En este enfrentamiento fueron capturados heridos y posteriormente fusilados, Guayo Rivera, Venancio Rivera Milán y Neno González, El Currito. Las milicias también sufrieron varias bajas.
- Una avioneta lanza material inflamable sobre cañaverales entre las ciudades de Camajuaní y Remedios, provincia de Las Villas.

Febrero 23. Las fuerzas del régimen sufren una baja cuando el jefe guerrillero Arnoldo Martínez Andrade ataca por segunda vez las minas de asfalto de Perea.
- Se produce un enfrentamiento en la Loma del Aura, en El Escambray, entre las milicias y las guerrillas, con muertos y heridos por ambas partes.

Febrero 24. En un duro enfrentamiento con fuerzas de la milicia, son heridos y apresados los insurgentes que integraban la guerrilla dirigida por Margarito Lanza Flores (Tondique). El cerco era tan intenso que los guerrilleros se auto sepultaron en los cañaverales para sobrevivir a los llamados "peines", pero la milicia le dió candela a la zona y los guerrilleros fueron prácticamente quemados vivos.

Febrero 25. Guerrilleros que operaban en la zona Meyer-Manacal, en Las Villas, al mando de Leonel Martínez, sostienen un enfrentamiento con la milicia en Sopimpa, causándole una baja.

Febrero 26. Una embarcación tirotea el puerto de Caibarién, en la costa norte de la provincia de Las Villas.

Febrero 27. Es fusilado en La Cabaña, La Habana, el combatiente Braulio Amador Quesada, jefe guerrillero del Movimiento Anticomunista Católico Unido.

Marzo 1. En el Ondón cerca de Caracusey, en El Escambray, se enfrentan las guerrillas al mando de Osvaldo Ramírez, con las milicias del régimen, produciéndose muertos y heridos por ambas partes.

Marzo 2. Son ejecutados bajo el Puente Rodrigo, en Quemado de Güines, el jefe guerrillero Margarito Lanza Flores (Tondique), su segundo al mando Macho Mora y otros guerrilleros no identificados.
Margarito Lanza Flores, un humilde campesino, se cuenta entre los jefes guerrilleros que más batallaron contra las fuerzas del régimen, destacándose entre sus hazañas la captura y ocupación del campamento militar de La Paloma. Durante varios meses Tondique y su guerrilla enfrentaron el constante asedio de las milicias y el ejército, hasta que fueron cercados en un cañaveral al que los miles de milicianos que les rodeaban le prendieron fuego. La guerrilla, para sobrevivir, cavó unas especies de tumbas en las que se escondieron pero aún así sufrieron grandes quemaduras y fueron apresados por las fuerzas del gobierno.
- Es ejecutado ante el paredón de fusilamiento en la provincia de Pinar del Río, Juan Bermúdez Torriente.

Marzo 4. Mario Caraballo Betancourt es fusilado en Santiago de Cuba.

Marzo 7. Son ejecutados en una cantera de Corralillo, Las Villas, los guerrilleros Venancio Rivera Milían y Neno González, conocido como El Currito.

Marzo 8. *Se constituye oficialmente la dirección nacional de las Organizaciones Revolucionarias Integradas, ORI. Este nuevo aparato partidario esta formado por el PSP, DRE, y el Mov. 26 de Julio.*

Marzo 12. El jefe guerrillero Arnoldo Martínez Andrade ataca y ocupa la Granja Mártires de Bella Mota, cerca de Mayajigua, las milicias del régimen sufren dos bajas en el ataque.
-Una lancha rápida tirotea instalaciones del gobierno en Santa Cruz del Norte, provincia de La Habana.

Marzo 14. Muere en un combate el jefe guerrillero Noel Domínguez, "Escaparate" , junto a los insurgentes Reinaldo Martínez Carrasco (Naldo), Secundino Torres, (Cortina), Lázaro Valdés y Roberto Fernández (Piñongo). Esta guerrilla, que fue cercada por más de seis mil milicianos en la finca San Isidro en Las Cañas, Pinar del Río, se escondió en un cañaveral debajo de cohollos verd,es por lo que el fuego que la milicia dió a los cañaverales no les afectó. Sin embargo, cuando las fuerzas gubernamentales iniciaron lo que llaman "peine", el enfrentamiento se hizo inevitable, cayendo mortalmente heridos tres guerrilleros y el capitán Domínguez, quien había sustituido, con sólo 18 años de edad, en el mando de la guerrilla, al capitán Israel García (Titi), quien fuera herido en combate y posteriormente fusilado en esa provincia.

Marzo 15. Es fusilado en Candelaria, Pinar del Río, el guerrillero Armando Arias.
- La guerrilla al mando de Manolito López López ataca el caserío de San Felipe

Marzo 16. En un enfrentamiento en Boquerón, Camagüey, muere el guerrillero Justo López Fuentes. Las fuerzas de las milicias tuvieron dos bajas.

Marzo 19. *Se establece la libreta de abastecimiento en el país. Los ciudadanos solo pueden adquirir comida, ropa y calzado por medio de una cartilla de racionamiento que establece cuotas de consumo.*

Marzo 23. En un enfrentamiento con las milicias y fuerzas del ejército en la finca La Ceba, barrio Casilda, en El Escambray, mueren nueve guerrilleros.

Los insurgentes identificados hasta el momento son los hermanos Rosendo y Mandy Mustelier, el resto de los combatientes engrosan la larga lista de guerrilleros desconocidos, caídos en combate en la lucha contra el totalitarismo. En este choque fueron capturados heridos el jefe de la guerrilla Inoel Peña y Lino González, ambos fueron fusilados unos meses más tarde.

Marzo 27. El guerrilero Guyo Rivera es fusilado ante un paredón formado por rocas en una cantera de piedras cerca de Corralillo, en Las Villas.
- *Las contradicciones entre un sector dirigente del antiguo Partido Socialista Popular, PSP y Fidel Castro hacen crisis al ser acusado Aníbal Escalante, secretario general de las ORI, de sectario y dogmático. Varios días antes, Escalante había sido enviado a Checoslovaquia.*[51]

Marzo 28. Muere ante el paredón de fusilamiento el colaborador de alzados Pedro Ruiz Roque (Perucho), quien había caído mortalmente herido durante un enfrentamiento con las milicias en las cercanías del poblado de Viana, Las Villas. Antes de ser fusilado, le extrajeron parte de la sangre.

Marzo 29. Varios combatientes, entre ellos Generoso Bringas, son sacados del país por el Punto Fundora, en Matanzas, para recibir entrenamiento en el exterior y regresar a Cuba para continuar la lucha contra el totalitarismo.

Abril. Es constituida en Venezuela, por un grupo de exiliados políticos, la Unión de Cubanos en el Exilio. La institución, que fue una inspiración de Monseñor Eduardo Boza Masvidal, es un movimiento de unidad espiritual que tiene como fin agrupar a todos los cubanos del exilio y orientar ideológicamente en la Doctrina Social Cristiana. La prédica de la UCE se extendió rápidamente entre los núcleos cubanos del destierro.

Abril 4. *Como parte del proceso de radicalización, la Asociación de Jóvenes Rebeldes adopta el nombre de Unión de Jóvenes Comunistas.*

Abril 12. Manuel Congo Pacheco, jefe de guerrillas que operaba en la región montañosa del Escambray, es gravemente herido en un encuentro que sostiene con fuerzas del gobierno en Charco Azul. También resulta herido y apresado el guerrillero Chacón Peñalver.
- Fuerzas de la clandestinidad realizan un atentado con explosivos en el poblado de Caimanera, Guantánamo, antigua provincia de Oriente.

Abril 15. Ejecutado en la ciudad de Santa Clara, después de haber sido herido en un enfrentamiento con las milicias en la zona del Escambray, donde operaba, el jefe guerrillero Manuel Congo Pacheco.

Abril 16. La guerrilla que comandaba Osvaldo Ramírez, jefe de todas las fuerzas insurgentes que operaban en las montañas del Escambray, sostiene un duro encuentro con varios batallones de milicias y de las fuerzas de Lucha Contra Bandidos (LCB) en las Llanadas de Gómez.

En la refriega caen los guerrilleros Roberto Pérez Llorente y Octavio Leal, y varios más resultan heridos. Pero Ramírez rompe el cerco con varios de sus hombres y logra escapar; sin embargo, poco después resultó herido mortalmente por un solitario tiro de fusil.

Osvaldo Ramírez fue capitán del Ejército Rebelde y se alzó por segunda vez en el verano de 1960. Su valor y sangre fría se manifestaron una vez más cuando después de ser apresado en un cerco de las milicias y trasladado para el cuartel general que operaba en el Escambray, se lanzó desde un risco escapando de sus custodios.

En octubre de 1960 es nombrado comandante de una zona del Escambray, bajo las órdenes de quien fuera el primer jefe de las huestes guerrilleras, Evelio Duque. Meses más tarde, cuando Duque sale de Cuba, Osvaldo Ramírez asumió el mando de todas las guerrillas de la región montañosa villareña.

Según informaciones de las propias autoridades cubanas, en los primeros meses de este año 1962, "las guerrillas que operaban en el Escambray estaban integradas por más de 500 hombres, distribuidos en por lo menos 42 unidades guerrilleras". Este ejército campesino actuaba sin suministro y era constantemente acosado por decenas de miles de milicianos. La misma fuente gubernamental refiere: "entre enero y marzo de 1962 se sostuvieron 98 combates, en los cuales mueren 150 alzados". Vale destacar que esto se refiere al Escambray, y en esos momentos habían alzados en todas las provincias del país y en varias otras regiones de la provincia de Las Villas. Según el informe al que hacemos referencia, en "el resto del país existían aproximadamente 30 grupos de guerrilleros que integraban a varios cientos de combatientes".

Abril 19. Son ejecutados en San Severino, Matanzas, los guerrilleros Abilio Abreu Sotolongo y Julián Sotolongo.

Abril 20. Miembros del Movimiento Demócrata Martiano atacan la posta de milicias de una cooperativa médica radicada en San Miguel del Padrón, en La Habana, y uno de los milicianos de guardia resultó muerto en el enfrentamiento.

Abril 22. Un grupo de presas políticas realiza, en la cárcel de mujeres de Guanabacoa, una huelga de hambre durante varios días.
- Un guardacostas de la Marina de Guerra es atacado cerca de Santa Cruz del norte por una lancha artillada. La embarcación del régimen sufre tres bajas mortales y varios heridos.
- Elionilio Hernandez, Isaias Iglesias, Guillermo Reyes Viada son fusilados en prisión de La Cabaña.

Abril 25. Son heridos, en un encuentro con las milicias en la finca El Socorro, en la región norte de la provincia de Las Villas, el jefe de guerrilla Agapito Rivera Milián (El Guapo) y los guerrilleros Estanislao Rivera Milián y Juan Manuel Rivera. Todos lograron escapar, a excepción de Estanislao Rivera, que fue herido nuevamente al intentar romper otro cerco. Las milicias tuvieron varias bajas.

Abril 26. Fuerzas de la resistencia provocan un incendio en la obra que se estaba construyendo para instalar el Banco Nacional de Cuba, en la ciudad de La Habana.

Abril 27. Fuerzas de la clandestinidad provocan un incendio en los depósitos de fertilizantes del Instituto Nacional de la Reforma Agraria, INRA, en el Cotorro, causando su completa destrucción.
-Se produce otro incendio provocado por fuerzas de la clandestinidad en la refinería Shell, en la bahía de La Habana.

Abril 28. Una organización de la oposición al totalitarismo, no identificada, que operaba en territorio de Estados Unidos, atacó en la ciudad de Nueva York las oficinas de la agencia oficial de prensa del régimen cubano Prensa Latina.

Mayo 4. Rompiendo un cerco de las milicias en Mayarí, antigua provincia de Oriente, cae el jefe de guerrillas Pablo Pupo Cruz.

Mayo 9. Muere, en un enfrentamiento con fuerzas del gobierno el guerrillero Justo López, conocido por Tití.

Mayo 11. *Se hace de conocimiento público la decisión del gobierno de constituir en un futuro próximo el Partido Unido de la Revolución Socialista,*

PURS, en sustitución de las ORI.

Mayo 13. El barco Susan Ann, operado por comandos anticastristas, sostuvo un enfrentamiento con el barco patrullero SV-28 del régimen, frente a las costas de Santa Cruz del Norte, en La Habana, causándole tres bajas y cinco heridos a la tripulación y daños considerables a la embarcación.

Mayo 14. Los depósitos de gasolina y petróleo del gobierno en la ciudad de Colón, Matanzas, fueron objeto de una acción de sabotaje, en la cual se quema todo el combustible.

Mayo 16. La guerrilla que comandaba Israel Rodríguez "El Artillero", se enfrenta con las milicias y los LCB en el Naranjo, cerca de Jatibonico. En el encuentro muere el oficial guerrillero Evelio Salabarría y otros dos combatientes sólo conocidos como "Tondiquito" y "Benavides".

Mayo 18. Tiene lugar en la Prisión de Isla de Pinos la primera huelga de hambre de carácter colectivo, en la que participaron casi todos los recluidos. Esta huelga fue como protesta por la pésima alimentación que recibían.

Mayo 19. Son fusilados en la rocosera de Corralillo, provincia de Las Villas, los guerrilleros Estanislao Rivera Milán y Amadito Yera.

Mayo 20. Desembarcan por la calle 40, de la playa de Varadero, a pesar de estar siendo tiroteados, los miembros del Directorio Estudiantil Revolucionario Julio Hernández Rojo y Luis Fernández Roche. Ambos lograron escapar y participar en varias operaciones en contra del régimen.
- Muere en un encuentro con las milicias en el Entronque de Cowley, Pinar del Río, el jefe guerrillero Francisco Machete Robaina.
- *El dirigente soviético Nikita Jruschov le propone al gobernante cubano Fidel Castro, instalar en la isla cohetes con capacidad de transportar ojivas nucleares. Algunos historiadores plantean que la propuesta partió del dictador isleño.*

Mayo 21. Termina la huelga de hambre de los presos políticos de Isla de Pinos con el compromiso de la dirección del penal de mejorar la alimentación. En esta huelga participó la casi totalidad de los presos.

Mayo 24. Las guerrillas que se encuentran bajo el mando de Rigoberto Ojeda y Esteban Moreira, rompen un cerco en el Clareo, en la Ciénaga de Zapata,

causándole varias bajas a las milicias. Los guerrilleros lograron evadirse sin problemas.
-Para establecer un control más eficientes de la red de radiodifusión del país se constituye el Instituto Cubano de Radiodifusión, ICR, que tiene como fin controlar las informaciones y la orientación política de la ciudadanía.

Mayo 29. *El gobernante cubano Fidel Castro acepta que la Unión Soviética instale en la isla armas con capacidad nuclear que podrían ser usadas contra los Estados Unidos de América.*

Mayo 31. Las autoridades penitenciarias pretenden imponer en la prisión de La Cabaña un plan de Rehabilitación Política y deciden hacerlo por la sección donde se encuentran recluidos los menores de edad. La resistencia de los jóvenes reclusos toma por sorpresa a las autoridades del penal. Los adolescentes, entre los que se destacaban Ernesto Ramos, José "Cheíto" García, y Manolo López entran en conflicto con los otros jóvenes que habían aceptado el Plan de Rehabilitación, lo que causa la intervención de un destacamento especial de la guarnición que golpea salvajemente a Oscar Pla, los hermanos Aceitunos, Héctor René López y Henry Martínez López.

Junio. Fuerzas guerrilleras que operaban en el Frente Norte Camagüey-Las Villas, atacan el poblado de Río, hiriendo a varios efectivos del gobierno.
- El jefe guerrillero Cuso González y el insurgente Rigoberto Aguilera son mortalmente abatidos durante un enfrentamiento con fuerzas del gobierno en la región norte de Las Villas, en los límites con la provincia de Matanzas.

Junio 3. Es ejecutado ante el paredón de fusilamiento de los fosos de La Cabaña, José A. Muriño.

Junio 5. El guerrillero Herminio Betancourt Alfonso, con 24 años de edad, es fusilado en la provincia de Pinar del Río. Betancourt Alfonso, que sirvió bajo las órdenes del jefe guerrillero Machete Robainas, fue fusilado por órdenes expresas de Raúl Castro, que lo vió en una celda de la prisión de Kilo 51/2 de la Coloma, donde cumplía junto a su padre, Carlos Betancourt, una condena de 30 años de reclusión.

Junio 7. Santiago Veta Díaz y José Miguel Delgado Martínez mueren en un enfrentamiento a tiros con las fuerzas de la Seguridad del Estado. El incidente se produce cuando intentaban desembarcar por la zona de Baracoa, provincia de Oriente.

- Una lancha rápida ataca instalaciones militares en Cayo Guin, antigua provincia de Oriente.
- Una embarcación procedente del exterior tirotea la zona este de Baracoa, provincia de Oriente.

Junio 9. Muere ante el paredón en la antigua provincia de Oriente, el guerrillero Redecales Garzón Avalos.

Junio 10. Es ejecutado en los fosos de La Cabaña el combatiente Roberto Fernández.

Junio 12. En un enfrentamiento con las fuerzas guerrilleras que operaban en el Escambray, son eliminados tres efectivos de las fuerzas gubernamentales.

Junio 13. El jefe guerrillero Alberto Fernández, "El Abuelo", y otro conocido como el Gallego de la Torre, caen muertos en un enfrentamiento con las fuerzas del gobierno en la finca El Novillo, cerca de la carretera central. En el encuentro resultan gravemente heridos los guerrilleros José Perera Reyes, El Huevito y Delfín González, quien días más tarde sería ejecutado.

Junio 15. El guerrillero Raúl Arcia es fusilado en la ciudad de Sancti Spíritus, en Las Villas. Arcia, junto a otros dos guerrilleros, había estado escondido en una casa que fue atacada por unidades de la Seguridad del Estado. En el duro enfrentamiento fue muerto un guerrillero y los otros dos, Arcia entre ellos, resultaron gravemente heridos.

Junio 18. Numerosas manifestaciones parten de barrios y repartos de la ciudad de Cárdenas, en Matanzas, para protestar por la carestía de la vida y la escasez de alimentos. Según un relato narrado por Ernesto Diez Arguelles Castro y José Esteban Fernández Llebrez al doctor Gastón R. Jones, varios miles de personas hicieron acto de presencia en las calles de la ciudad, volcando por lo menos dos autos del gobierno y arrancando carteles de la propaganda oficial que estaba colocada en lugares públicos y privados. La protesta, en la que golpeaban las cazuelas en señal de descontento, resultó de tal magnitud que el gobierno determinó enviar unidades blindadas de la capital de la provincia a la ciudad para controlar a los manifestantes. Pocos días después, el presidente Osvaldo Dorticós Torrado manifestó en el parque Spriu, frente al museo Oscar Roja: "La próxima vez que ocurra algo similar en Cárdenas, no quedará piedra sobre piedra en esta ciudad".

Junio 20. Muere ante el paredón de fusilamiento de Matanzas el combatiente Ineldo Rivera.

Junio 21. Once alzados y cuatro milicianos mueren en combate al emboscar las fuerzas gubernamentales a la guerrilla que comandaba Pedro Antonio "Cholo" Toledo. El suceso tiene lugar en una finca de la región de Gibara, provincia de Oriente. Junto a Toledo caen su padre y un hermano.
- Fusilados en la finca La Candelaria, provincia de Oriente, los combatientes Lile y Juan Mayo Sardiñas, hermanos, José White Simón, Juan León, Genaro León, René Calzón y otro que respondía al nombre de Radamés Calzón.

Junio 22. Fuerzas guerrilleras comandadas por Carlos Suco atacan el cuartel de milicias del central Hormiguero, próximo a San Fernando de Camarones, Las Villas, ocupando el área y llevándose las armas y vituallas en general.

Junio 23. Un comando de los grupos de acción del Movimiento Demócrata Martiano, MDM, integrado por Roberto Hernández (El Bolo), Gustavo Bencomo, Felipe Hernández Payarés y Ramón Navas, tiene un en enfrentamiento con dos milicianos que custodiaban la cooperativa médica La Balear, en San Miguel del Padrón, en La Habana, cuando intentaban desarmarlos. En el ataque muere el miliciano Aneiro Subirat y otro es gravemente herido. El gobierno lanza una gran campaña publicitaria para capturar a los combatientes del MDM, quienes habían podido evadir la persecución policial tras el enfrentamiento, en el que también resultaron heridos levemente de balas Gustavo Bencomo y Felipe Hernández.

Junio 24. Un gran operativo policial logra capturar en la residencia de Víctor Miguel Cantón Gómez, en La Habana, los combatientes del MDM Gustavo Bencomo y Felipe Hernández, quienes habían recibido asistencia médica en dicho lugar. Los padres de Cantón, Gabriel Cantón y Gómez, así como su única hermana, Clara Berta Cantón Gómez, fueron detenidos, posteriormente condenados y pasaron largos años en las prisiones políticas.

En el trascurso de los siguientes días fueron también detenidos en diferentes lugares de la capital, Roberto Hernández (El Bolo), Ramón Navas y otros miembros del MDM que los acompañaban en el momento de su detención, como Esteban Ferreiro y el mismo Víctor Miguel Cantón Gómez, quien era Jefe de Acción Provincial del MDM. Los detenidos descubrieron que habían sido delatados por Carlos Montesuma, artista conocido como Ñico Rutina, quien se había infiltrado en ese grupo de acción del MDM.

Junio 29. El jefe guerrillero Manolo López López, conocido como El Loco, ataca un ómnibus en las proximidades de Los Chorros. Dos milicianos mueren en el encuentro y el autobús es quemado.

Junio 30. En una arriesgada operación, el ex jefe de guerrillas Emilio Pérez regresa a Cuba y logra sacar de los llanos, en los que se encontraban todavía alzados en armas, los sobrevivientes de la guerrilla que había dirigido en los días finales del año 1960.

Julio 2. Una lancha procedente del exterior ataca instalaciones gubernamentales en el puerto del Surgidero de Batabanó, en la provincia de La Habana.
- Las guerrillas que comandaban Julio Emilio Carretero y Leonel Martínez sostuvieron un encuentro con fuerzas del gobierno en la finca Meyer, en el Escambray, causándole dos bajas.

Julio 3. *La insurgencia en los llanos y montañas de Cuba es tan poderosa que el régimen se ve precisado a constituir oficialmente una fuerza especial que llama Lucha Contra Bandidos, LCB. Esta fuerza está integrada por hombres de diferentes provincias y cuerpos militares, pero que van a especializarse en la persecución y captura de los alzados.*

Julio 4. Un equipo de infiltración que iba a desembarcar por las Minas de Matahambre, en la provincia de Pinar del Río, sostiene un fuerte encuentro a tiros con unidades gubernamentales. Durante el enfrentamiento dos miembros del equipo se pierden en una lancha RB-12, por lo que la unidad principal debe permanecer en la zona hasta horas de la madrugada, cuando pudieron efectuar el rescate.
- Caen en un encuentro con fuerzas del gobierno en la finca Santa Rosalía, en Matanzas, los hermanos guerrilleros Daniel y Eliodoro Boitel Beruvides, El Niño. El cerco lo habían iniciado las milicias desde el crucero de la Vía Blanca hasta la carretera Agramonte-Perico y la carretera Central.

Los Boitel eran una familia natural de Jovellanos, Matanzas, que lucharon contra el régimen de Fulgencio Batista y que al percatarse del rumbo que tomaba el nuevo gobierno se alzaron en armas. Los cuatro hombres de la familia, el padre y tres hijos, perecieron en diversos encuentros con las fuerzas gubernamentales o ante el paredón de fusilamiento.

Julio 5. Tiene lugar en el poblado de Caimanera, en Guantánamo, antigua provincia de Oriente, otro atentado con explosivos.
- *Raúl Castro, al frente de una delegación cubana, suscribe en Moscú los*

acuerdos que posibilitan la instalación en Cuba de cohetes con capacidad de transportar ojivas nucleares.

El acuerdo establecía el desplazamiento en Cuba de 24 lanzadores de misiles de mediano alcance y 16 de alcance intermedio, equipado cada uno con dos misiles y una ojiva nuclear; 24 baterías de misiles de tierra aire SAM-2; 42 interceptores MIG, 42 bombarderos IL-28; 12 buques misilisticos Komar con misiles cruceros de defensa costera. Con el arsenal irían cuatro regimientos de combate de elite que sumaban 42 mil efectivos.

El acuerdo, renovable cada cinco años, estipulaba que los misiles quedarían bajo el mando exclusivo de los militares soviéticos.

Julio 9. Caen frente al paredón de fusilamiento Eugenio Medina Díaz, Osmín Gorrin Vega y Ramón Fundora Sánchez.

Julio 10. Es ejecutado en la prisión de La Cabaña, en La Habana, el Roberto Hernández (El Bolo).
- En un intento de fuga de la cárcel de Santa Clara es descubierto el preso político Reynaldo, El Chino, Aquit Manrique. El prisionero logró salir escondido en un tanque de desecho, pero fue delatado inconscientemente por una niña que avisó a la guarnición que el tanque en cuestión se movía.

Julio 13. Un grupo de la resistencia ataca a dos militares en la carretera de Managua, en la provincia de La Habana. En la acción muere uno de los militares y el otro es gravemente herido.

Julio 14. El guerrillero Delfín Rosales es ejecutado en el caserío de Jabacoa, próximo a Aguada de Pasajeros.
- La guerrilla que dirige Oliverio Ibáñez Cadalso sostiene en la finca La Rosa, cerca de Topes de Collantes, Escambray, un enfrentamiento con las milicias causándole varias bajas.

Julio 15. Muere ante el paredón de fusilamiento, en la provincia de Las Villas, el guerrillero Reynaldo Castellanos.
- Un miliciano es ejecutado por fuerzas de la resistencia en la carretera que va de la Playa del Rosario al poblado de Güines.

Julio 16. Fuerzas guerrilleras que operan en el Escambray emboscan a unidades del gobierno causándoles por lo menos una baja.

Julio 18. Empieza un enfrentamiento de las guerrillas con las milicias en la finca El Güiro, en el Escambray. Las fuerzas guerrilleras están dirigidas por José (Cheíto) León.

Julio 19. Concluye el encuentro de El Güiro. Las milicias tienen varias bajas y resulta herido el jefe guerrillero, capitán José (Cheíto) León.
- En una reunión de las fuerzas guerrilleras que operan en el Escambray en un lugar conocido como el Hoyo del Naranjal se elige como comandante del ejército insurrecto a Tomás San Gil. En el encuentro estuvieron presentes los jefes guerrilleros, Julio Emilio Carretero, Nilo Armando Florencia, Jesús Mollinedo, Alberto Martínez Andrade y otros jefes de guerrillas. La jefatura había quedado vacante por la muerte en combate de Osvaldo Ramírez García.

En este momento, según informaciones del régimen cubano, en el Escambray operaban por lo menos 14 guerrillas que reunían más de 300 hombres. Sin embargo las fuerzas que el gobierno desplegaba contra las guerrillas se aproximaban a los 60 000 efectivos adecuadamente pertrechados.

Julio 22. La guerrilla que dirigía Oliverio Ibáñez Cadalso es cercada por las fuerzas gubernamentales en la finca Ballestero, próxima a Topes de Collantes. En el enfrentamiento es herido el jefe guerrillero, quien aun así continúa combatiendo hasta que un disparo de bazuca acaba con su vida. El resto de la fuerza guerrillera, algunos heridos, fue apresada por las fuerzas del gobierno y cinco de ellos ejecutados inmediatamente sin que mediara proceso judicial. En este combate la milicia perdió diez hombres, entre ellos el jefe de operaciones.
- Muere en un lugar de la Sierra de Los Órganos, Pinar del Río, en un duro enfrentamiento con fuerzas del ejército y de la Seguridad del Estado, el jefe guerrillero Pastor Rodríguez Rodas, "Cara Linda".
- *Suspendido el gobierno de Cuba de la Organización de Estados Americanos.*

Julio 27. Son capturados en la vertiente sur de la Sierra Maestra, después de un encuentro con las milicias, los guerrilleros del Frente Anticomunista de Liberación, FAL, Pascual y Alcibíades Macías Mendoza.
- Ejecutados, ante el paredón en Santa Clara, Las Villas, el coronel Custodio Bisset Colt y el comandante Juan Cueto Sánchez. Los dos habían sido pundonorosos oficiales del ejército de la república que el gobierno totalitario no pudo procesar ni encarcelar cuando cayó el antiguo régimen. Bisset y Cueto Sánchez estaban organizando unidades de combate en las ciudades para que

se sumaran a las que operaban en las montañas del Escambray.

Agosto 4. Muere en un enfrentamiento con las milicias en las montañas del Escambray, el guerrillero Ángel Cobiella.
- El jefe guerrillero Gilberto Rodríguez es cercado por la LCB y fuerzas de la Seguridad del Estado en una zona conocida como Las Cuevas, cerca de Guinia de Miranda, en El Escambray. Parte de esta guerrilla es apresada por las fuerzas gubernamentales.

Agosto 10. Muere, en un duro encuentro con las fuerzas del gobierno, en la Loma de los Barriles, Camagüey, el comandante en jefe de las fuerzas insurgentes de esa provincia, Manolo López López, conocido como "Manolito El Loco". El jefe guerrillero, que había sido herido varias veces, se quedó en la retaguardia para cubrirle la retirada a sus compañeros causándole varias bajas al enemigo, entre ellos un jefe de la LCB. Hasta el momento de su muerte, López López había estado encarcelado, siendo menor de edad, y se fugó de la prisión para regresar a los llanos con las armas en las manos. Había ocupado la jefatura y ganado la muerte a los 19 años de edad. Le sustituye en la dirección de la guerrilla de la región el capitán Floro Camacho.
- Fusilado en La Cabaña Osvaldo Calzado.

Agosto 11. Son fusilados en La Cabaña los combatientes Tony Chao Flores, de 22 años, y Hugo Rodríguez Soría, quien este mismo día estaba cumpliendo 23 años de edad. Chao Flores, había resultado herido gravemente en un encuentro a tiros que había sostenido con la policía política.

Agosto 12. El uso de helicópteros por las fuerzas militares del régimen posibilita detectar en las proximidades de la Ensenada de la Broa, entre Matanzas y La Habana, el campamento guerrillero de Feliberto Coto Gómez, El Pipero. El área es atacada con artillería y los guerrilleros tienen que internarse en lo más profundo de las ciénagas y pantanos para poder escapar de las milicias.

Agosto 14. Es ejecutado por fuerzas del régimen en la provincia de Camagüey, el campesino Artemio Hernández.
- Organizaciones de exiliados escenifican protestas contra la participación del régimen de Cuba en la XI edición de los Juegos Centroamericanos y del Caribe que se celebra en Jamaica.

Agosto 15. El guerrillero Gregorio Pérez, "Goyo", muere en un enfren-

tamiento con fuerzas gubernamentales en Santa Marta, cerca del poblado de Rodas, en Las Villas. Las milicias también sufrieron bajas.
- Muere ante el paredón de fusilamiento en La Cabaña, en La Habana, el guerrillero Celio Alfonso.

Agosto 16. *Los gobiernos de Cuba y de la URSS suscriben los acuerdos que permiten al Kremlin desplegar cohetes con capacidad nuclear en la isla. De inmediato empiezan a llegar a Cuba las primeras tropas y el equipamiento necesario para la instalación de armas nucleares.*

Agosto 18. Una lancha rápida procedente del exterior ataca instalaciones del gobierno al norte de la ciudad de Sagua la Grande, provincia de Las Villas.
- Son ejecutados en el paredón de fusilamiento de Camagüey, Osmedo Rodríguez Acevedo, Eremio Hernández Pupo, Carlos González Mantilla y Alfredo Florencio Estrada.

Agosto 19. Es fusilado ante el paredón de la provincia de Las Villas, el guerrillero Fidel Suero.

Agosto 20. Tratando de romper un cerco de las milicias, cerca de la Yuca, Matanzas, cae el alzado Reynaldo Bencomo Roque, que formaba parte de la guerrilla de Coto Gómez, El Pipero. Los guerrilleros llevaban varios días rompiendo cercos y evadiendo a miles de milicianos prácticamente sin balas, y con la mayor parte de las armas inutilizadas.

Agosto 21. Es asesinado, junto a otro preso político, Armando García Valdés. El crimen ocurre cuando varios presos políticos, 41 en total, fugados de la Prisión de Puerto Boniato, trataron de ingresar a la Base Naval de Guantánamo, en la antigua provincia de Oriente.

Agosto 22. Grupos de la resistencia que operaban en Puerto Rico, contaminan un embarque de azúcar del gobierno cubano que tenía como destino la Unión Soviética. La carga del dulce estaba en un barco que se encontraba en reparación, en un puerto de esa isla.

Agosto 23. El jefe guerrillero Filiberto Coto Gómez, conocido como "El Pipero", es capturado sin municiones y con las armas destrozadas, cerca de Bolondrón, provincia de Matanzas, junto a varios de sus hombres. Coto Gómez, operó con su guerrilla en las regiones llanas de Güines, Madruga, Nueva Paz, San Nicolás de Bari y Melena del Sur.

Agosto 24. Un comando naval del Directorio Revolucionario Estudiantil, D.R.E., ataca el edificio Rosita Hornedo en La Habana. Este hotel estaba destinado para el uso exclusivo de los asesores rusos en Cuba. El ataque es dirigido por el estudiante Juan Manuel Salvat y participaron entre otras personas, José Basulto y Carlos Hernández. El ataque fue rispostado por las postas militares del hotel y una lancha artillada persiguió a los combatientes, pero estos regresaron al punto de partida sin que les ocasionaran bajas.

Agosto 27. Es ejecutado en el Condado, El Escambray, en Las Villas, el jefe guerrillero Inoel Peña Acosta.

Agosto 29. Descubre el régimen la más vasta conspiración política-militar en su contra. Prácticamente todas las fuerzas organizadas de la lucha contra el régimen totalitario participaron en este empeño, que también incluía militares en activo. El plan, que se extendía a todas las provincias del país, consideraba la ocupación de unidades militares, centros de producción de energía, plantas de radio y televisión, y actos de sabotaje en distintas ciudades, así como la ejecución de los líderes del gobierno. Esta conspiración estaba dirigida por Francisco Evelio Pérez Menéndez, Frank. Una vez frustrada la operación, fueron apresadas decenas de personas, lo cual originó varios procesos judiciales que culminaron con el fusilamiento de numerosos guerrilleros, entre ellos, Pérez Menéndez.[52]

Agosto 30. Manolo Guillot Castellanos (Monty), quien a la muerte de Gozález Corzo (Francisco) había asumido la dirección del Movimiento de Recuperación Revolucionaria, MRR, fue fusilado en La Cabaña, a los 25 años de edad. Su ejecución marca el principio de una racha de asesinatos en el paredón de fusilamientos conocida como la causa de la "Conspiración del 30 de Agosto".[53]

Agosto 31. Es fusilado en La Cabaña, en La Habana, el jefe guerrillero Filiberto Coto Gómez (El Pipero). Junto a Coto Gómez, que se había alzado en armas en 1961 y que sólo fue capturado porque sus armas quedaron inutilizadas por el fango y la humedad, fueron ejecutados los también guerrilleros Martín Blanco Lazo, segundo al mando (de Coto Gómez), Laureano René Pérez Izquierdo y Justo Alemán Hernández, así mismo, los colaboradores de alzados José Caballero Chávez y Luis Cruz Rivero.
- Es ejecutado en el poblado de Güines, La Habana, el guerrillero Gilberto Cato.

Septiembre. Se constituye en Río Cañas, Puerto Rico, La Junta Revolucionaria Cubana, JURE, una organización que dirigiera Manolo Ray, uno de los fundadores del Movimiento de Recuperación del Pueblo y ex ministro de Obras Públicas del primer gobierno revolucionario.

Septiembre 1. Unidades de las guerrillas que operan en la provincia de Pinar del Río atacan un lugar conocido como Cinco Pesos, causándole tres bajas a las milicias y resultando heridos varios civiles en el intercambio de disparos.
-Una lancha rápida de la organización Alpha 66 ataca instalaciones militares en el puerto de Caibarién, provincia de Las Villas.

Septiembre 3. La guerrilla que dirige el capitán Pedro González le causa cuatro bajas a las fuerzas del gobierno en la zona del Jíbaro, El Escambray, Las Villas.

Septiembre 8. Como reafirmación religiosa ante un régimen ateo, los presos políticos de la Prisión de Puerto Boniato, en Oriente, celebran un acto religioso-cultural que es brutalmente reprimido por las autoridades con el resultado de varios presos seriamente heridos.
- En un gesto de protesta por la brutal golpiza de que fueron objeto los prisioneros Héctor González y Domingo Sánchez, los presos recluídos en la Prisión de Isla de Pinos declararon una huelga de hambre de carácter colectivo. Esta decisión generó por parte de las autoridades una represión despiadada dando lugar a una requisa general que la historia del Presidio, recoge como la "Pacífica". La guarnición usó ametralladoras pesadas, gases lacrimógenos y hasta colocaron tanques rusos entre los cuatro edificios circulares donde se encontraban los presos.

Septiembre 9. El Penal de Isla de Pinos fue rodeado por más de 2000 efectivos iniciándose la requisa llamada "Pacífica" en la que los prisioneros sólo pudieron conservar la ropa que llevaban puesta.
- Las fuerzas de las milicias emboscan a la guerrilla de Pedro Sánchez, causándole dos bajas mortales y heridas al propio Sánchez.

Septiembre 10. Son condenados a muerte, por un tribunal militar de La Cabaña, los guerrilleros Teodoro González, su hermano Jesús González, Emeterio García Rodríguez y Valerio Basallo. Todos, a excepción de Teodoro González, que sólo tenía quince años de edad, fueron ejecutados pocas horas después. Emeterio García Rodríguez, de 17 años de edad y Teodoro González, habían sido sometidos a una experticia médica para

determinar la edad de ambos.
- Una lancha rápida de Alpha 66 ataca al mercante de bandera cubana San Pascual y al carguero británico New Lane, cuando cargaban azúcar frente a Cayo Francés. En ese momento el dictador estaba profiriendo uno de sus habituales discursos.

Septiembre 11. Las autoridades carcelarias de la Prisión de Boniato, antigua provincia de Oriente, como medida de represalia contra los presos políticos, efectúan una requisa tan brutal que es también conocida como La Pacífica.
-Una lancha artillada de Alpha 66 ataca el hotel del Instituto Cubano de Amistad con los Pueblos, ICAP, en el litoral habanero.

Septiembre 13. Se produce en la finca Limones Cantero, en El Escambray, Las Villas, un fuerte y desigual encuentro entre miles de efectivos del ejército y la milicia contra la guerrilla que comandaba Julio Emilio Carretero Escajaduillo y el oficial Benito Rodríguez Pedraja. En este enfrentamiento cae mortalmente herido el guerrillero Quiche Jaime y es herido de dos balazos, el también guerrillero Andrew de Graux Villafaña, “El Americanito”, que se había alzado en armas con sólo 19 años de edad.[54]

Septiembre 14. Es fusilado en Camagüey el guerrillero Elpidio Carralero Torrejón, quien había estado alzado en la zona de San Felipe en Camagüey. El guerrillero había sido teniente del Ejército Rebelde y antes de ser fusilado le extrajeron la sangre.

Septiembre 15. Los jefes guerrilleros Leonel Martínez y Pedro Perico León atacan a un pelotón de milicias cerca de las Llanadas de Gómez, en Trinidad, resultando tres milicianos muertos.

Septiembre 17. La guerrilla que comandaban Orlando González y Bienvenido Lilo Machado Aguilera fue emboscada por efectivos gubernamentales, en la carretera central, entre Magin y el almacén “Toti”, provincia de Pinar del Río. En el enfrentamiento fueron heridos Orlando González, Reinaldo Llánez y Machado Aguilera, quien fuera rematado cuando yacía tirado en el suelo.

Septiembre 19. El coronel del ejército constitucional, Manuel Álvarez Margolle, que se opuso al golpe de estado del general Fulgencio Batista, fue fusilado en La Cabaña junto a Guillermo Rey, Félix Micerane, Fernando Rivera Linares y Manuel Silva Matos por su conexión con el levantamiento del 30 de agosto.

Septiembre 20. Se suicida, en una de las oficinas del departamento de Seguridad del Estado, antes de denunciar a sus hijos, la señora Sara García, militante del Movimiento 30 de Noviembre.

Septiembre 21. Son ejecutados en la prisión de La Cabaña, en conexión con los sucesos del 30 de agosto, Luis Sánchez Carpenter, "Samuel", coordinador nacional estudiantil del 30 de Noviembre; Jesús Louro Sierra, Juan Carlos Montes de Oca, jefe militar del Movimiento 30 de Noviembre; Pedro Manuel Gil Matos, Bernal Cruz Álvarez, Sergio Valdés Sánchez, Pastor Bermúdez, Ventura Suárez Diaz y Enrique Sierra.55

Septiembre 24. *Arriban a Cuba 36 cohetes tipo R-12 con capacidad nuclear. Durante meses, fuerzas de la resistencia habían estado informando que en Cuba se estaban preparando bases para recibir cohetes con capacidad para transportar armas nucleares.*
- Fusilado, en una cantera de piedra entre Bina y Calabazar de Sagua, el jefe guerrillero Claro Mollinedo. El capitán de guerrillas se había alzado a finales de 1960 y todo el tiempo operó en una zona llana que se extendía del poblado de Viana y sus alrededores hasta Sagua La Grande. En el mismo lugar fue ejecutado el oficial de guerrilla Oscar Hernández, a quién le extrajeron la sangre antes de llevarlo al paredón. A Hernández el tiro de gracia se lo dió una mujer.

Septiembre 25. El guerrillero Juan Radamés fue ejecutado en Jibara, provincia de Oriente.
-Lidio Ortega y Reinaldo Lizardo son fusilados en Jagüey Grande, Matanzas.

Septiembre 27. Fuerzas guerrilleras le causan una baja a las milicias cuando rompen un cerco en la zona de Pelayo, cerca del poblado de Tahuasco, en la provincia de Las Villas.
- Fusilado el guerrillero Delfín Rosales.

Septiembre 30. Fuerzas de la resistencia hacen detonar varios artefactos en diferentes lugares de la capital cubana.

Octubre 1. Tomás Almaguer, es fusilado en Río Seco, provincia de Oriente

Octubre 4. *Llegan a Cuba las primeras ojivas nucleares programadas para*

ser instaladas en cohetes capaces de transportarlas hasta territorio de Estados Unidos.

Octubre 7. Treinta y seis miembros de la resistencia en la provincia de Oriente que se encontraban organizando un alzamiento por el Movimiento Demócrata Cristiano son condenados al presidio y tres a fusilamiento. Los fusilados fueron Mario Carballo Betancourt, Edilberto Pérez Leyva e Ismael Ortega.

Octubre 8. Tres miembros de un equipo de infiltración sostienen un tiroteo con fuerzas de la Seguridad del Estado en la playa de Carahatas, al norte de Las Villas. Un miembro de la Seguridad perdió la vida en el encuentro y Tomás Gilberto Fernández Solaz fue gravemente herido.

Octubre 9. Una embarcación del gobierno es hundida en las proximidades de la ciudad de Cárdenas, Matanzas, como consecuencia del nutrido fuego por parte de una lancha rápida procedente del exterior.

Octubre 10. Son fusilados los jefes guerrilleros de la provincia de Pinar del Río Luis Batista Seguí y Rafael Ramírez Saumel, ambos habían sido oficiales del ejército rebelde.

Octubre 11. Es ejecutado en Santiago de Cuba en la causa No. 260/62, el dirigente del clandestinbaje Ángel Álvarez Román, de 25 años de edad, quien fuera jefe de acción y sabotaje del Movimiento de Recuperación del Pueblo, MRP, en la provincia de Oriente. Álvarez Román había sido seminaristas y luchó contra el régimen de Fulgencio Batista.
- Es atacado por un comando de Alpha 66, un campamento ruso enclavado en la Isabela de Sagua. Al momento de retirarse colocaron explosivos en el patio del ferrocarril y en un almacén militar.

Octubre 12. Una lancha rápida procedente del exterior ataca instalaciones del gobierno en la costa norte de la provincia de Matanzas.
- En un encuentro sostenido por las guerrillas con fuerzas de las milicias y el ejército, en una zona conocida como Los Ladrones, cerca de Perico, en Matanzas, cae un guerrillero de apellido Peñate y las fuerzas del régimen sufren numerosas bajas.

Octubre 14. Es fusilado en la provincia de Las Villas, el guerrillero Rolando Suárez.

- Un avión de Estados Unidos piloteado por Rudolf Anderson, fotografía la construcción de rampas de lanzamiento de cohetes tipo intermedio R-12 capaces transportar cargas atómicas y que por su alcance amenazaban directamente el territorio de Estados Unidos.

Se considera que para esta fecha habían arribado a Cuba más de 500,000 toneladas de material bélico, incluyendo unos 90 aviones MiG, entre ellos 20 supersónicos MiG 19; 24 helicópteros militares artillados, 22 biplanos An-2 y varios transportes militares Ilyushin.

La marina cubana estaba conformada, entre otros navíos, por aproximadamente 10 torpederas de fabricación rusa capaces de lanzar proyectiles dirigidos con un radio de 25 kilómetros.

Las fuerzas de tierra contaban con cerca de 100 tanques de guerra de entre 35 y 51 toneladas y con otros 100 tanques modernos tipo T-54 de 40 toneladas y cañones de 100; también se habían visto cañones de 155 Mm y se estima que había unos 2000 cañones antiaereos Skoda. Según información publicada por la revista Life en Español, en este momento la Unión Soviética había montado desde Pinar del Río hasta Oriente 24 bases de cohetes antiaereos del tipo Sam-11.

Octubre 15. Nuevamente una lancha comando de Alpha 66 ataca una lancha patrullera del régimen que se encontraba a la altura de Cayo Blanco, cerca de la ciudad de Cárdenas.
- Una lancha procedente del exterior ataca instalaciones del gobierno cerca de la ciudad de Nueva Gerona, en Isla de Pinos.
- *Un avión espía de Estados Unidos piloteado por Richard Heyser, fotografía nuevamente cohetes emplazados en territorio cubano con capacidad nuclear. En esta ocasión eran los cohetes soviéticos SS-4.*

Octubre 16. Cae en un enfrentamiento con fuerzas de las milicias en la provincia de Las Villas, el guerrillero Raimillo Peralta de los Santos.

Octubre 17. *Nuevas fotografías confirman que la URSS había situado en Cuba cohetes con capacidad nuclear de más de mil millas de radio de acción.*

Octubre 18. Un grupo de jóvenes matanceros destruye un sembradío de dos caballerías de tierra sembrada de girasoles que el régimen tenía en un programa experimental. Dos de los arrestados por esta causa, Rubén Fínale González y Antonio Ñico Moreno fueron ejecutados días más tarde.

Octubre 19. Desembarcan por Santa Lucía, Pinar del Río, Miguel Ángel Orozco Crespo y Pedro Vera Ortíz, miembros de los equipos de infiltración que operaban desde el exterior.

Octubre 21. La detonación de varios artefactos en diferentes lugares de la capital cubana provoca varios heridos y la muerte de una persona.

Octubre 22. Una guerrilla comandada por Manolo Vázquez, El Gallego Vázquez, sostiene un enfrentamiento en Ojo de Agua, El Escambray, con numerosas fuerzas de las milicias. Por parte de la guerrilla caen en el combate Nolingo Vera, Pedro Lemuz y otros dos sólo conocidos como El Mercenario y el Curita; el jefe insurgente Vázquez, resultó herido, pero logró escapar. La milicia tuvo doce bajas.[56]

- El presidente de Estados Unidos John F. Kennedy, anuncia ante el pueblo estadounidense que tiene prueba de que la URSS ha instalado en Cuba cohetes con capacidad nuclear, por esta causa determina que se ejecute un bloqueo aeronaval a la isla. En la recolección de las evidencias trabajaron activamente cubanos que operaban clandestinamente dentro de la isla.

Dos especialistas de la Guerra Fría, Tim Naftali, de la Universidad de Yale y el historiador ruso Alexander Fursenko, autores del libro One Hell of Gamble, afirmaron que cuando el presidente John F. Kennedy, ordenó el bloqueo naval a Cuba, la Unión Soviética tenía en la isla 41,902 efectivos, incluyendo 10,000 hombres listos para el combate y cerca de unas 100 armas nucleares tácticas. Algunas de éstas, con efectos similares a las bombas atómicas usadas en las ciudades japonesas de Hiroshima y Nagasaki, durante la Segunda Guerra Mundial.

Simultáneamente 4 submarinos soviéticos de clase B, identificados como b4, b36, b59 y b130, portadores de torpedos atómicos, estaban situados en el área del Caribe con la orden de no lanzar torpedos salvo que fueran atacados. La presencia de estos submarinos agravó e hizo todavía más tensa la crisis.

- Ejecutados en Las Villas, los guerrilleros Nelson Rivera Rodríguez y Juan Bacallao Zubieta, quienes habían sido apresados en un intento de salida del país.

Octubre 23. *Los 19 países latinoamericanos que integran la Organización de Estados Americanos, OEA, incluyendo a México, que no había roto relaciones diplomáticas con Cuba, votaron a favor de la "cuarentena naval" impuesta por Estados Unidos a Cuba. Varios países, Argentina, Honduras, Guatemala, Costa Rica, Venezuela, Colombia y Perú ofrecieron respaldo*

naval, aéreo y terrestre en la implementación de la "Cuarentena".
- Fusilado en "La Campana", Cumanayagua, Las Villas, el guerrillero Andrés Delgado Vallejo, "El Curro", quien había estado alzado en el Escambray por cerca de dos años y herido en varios de los encuentros que sostuvo con las milicias gubernamentales.
El guerrillero fue capturado en La Habana cuando se recuperaba de unas heridas. Por años, la familia de Delgado Vallejo, que fue una de las miles de desterradas a los "Pueblos Cautivos", ignoró la suerte del guerrillero, pero un día un oficial de la Seguridad del Estado les comunicó en el poblado de Sandino lo que le había ocurrido al combatiente.

Octubre 24. Muere ante el paredón de fusilamiento en Santa Clara, el guerrillero Juan Bacallao, que había servido en la guerrilla de Campitos, y que había sido apresado cuando intentaba salir del país.

Octubre 25. Los presos políticos recluidos en la prisión de La Cabaña protagonizaron una protesta contra los excesos de la guarnición del penal, que como consecuencia de la Crisis de Octubre había recrudecido la vigilancia y empeorado el trato a los presos. El suceso tuvo lugar durante una severa requisa en la que se le ordenó a los reclusos acostarse en el suelo, a lo cual estos se negaron gritando: "Que si había llegado el momento de morir, lo harían de pie."

Octubre 26. La Unión Soviética declaró que estaba dispuesta a retirar los cohetes instalados en Cuba, si Estados Unidos se comprometía a no invadir la isla.

Octubre 27. *Es derribado sobre los cielos cubanos el piloto estadounidense de U-2 Rudolf Anderson Jr, durante la Crisis de los Cohetes. Anderson fue una de las pocas víctimas de una crisis que hubo de colocar al mundo al borde de una catástrofe nuclear.*

Octubre 28. *El jefe de gobierno de la URSS, aceptó desmantelar los cohetes situados en Cuba bajo la promesa de no- invasión por parte del gobierno de Estados Unidos. El fin de esta crisis, a pesar de que la solución se encontró sin la participación del gobierno de Cuba, cimentó las relaciones entre la Unión Soviética y el régimen de La Habana.*

Octubre 30. Una embarcación procedente del exterior atacó instalaciones del gobierno en Cayo Mambí, al norte de la antigua provincia de Oriente.

- Varios miembros de un equipo de infiltración sostuvieron un encuentro con fuerzas del gobierno en las proximidades de Caleta de Humo, en Pinar del Río. Los comandos fueron capturados poco después.

Noviembre 1. Luis Pedro Tomás Torroella, quien había sido funcionario del gobierno revolucionario, murió a los 30 años de edad, ante el paredón de fusilamiento de Santiago de Cuba. Torroella, integrante de los equipos de infiltración que operaron en Cuba, fue detectado y capturado por la Seguridad del Estado en el mes de junio de 1961. En prisión fue exhortado por Raúl Castro a cambiar su sentencia de muerte si completaba un cuestionario que le presentaron las autoridades represivas, a lo que Torroella se negó rotundamente. El juicio tuvo lugar en la Prisión de Boniato, antigua provincia de Oriente, y fue ejecutado menos de 24 horas después de la sentencia. La ejecución tuvo lugar a las cinco de la mañana y contó con la presencia de Raúl Castro.

Noviembre 6. Una emboscada al mando del jefe guerrillero Pedro González le ocasiona cuatro bajas mortales a las milicias gubernamentales. El punto del encuentro fue la Loma del Puerto, en la carretera que une a Trinidad y Sancti Spíritus.

Noviembre 8. Un equipo de infiltración ingresó a Cuba con el propósito de obtener información estratégica.

Noviembre 15. La fuerza guerrillera que dirigía Pedro René Hernández García, alias Roberto Arias, en la región de Sagua de Tánamo, provincia de Oriente, quedó rodeada y fue apresada en una operación en la que participaron varios batallones del ejército. Esta guerrilla que había sido organizada por el movimiento Unión Nacional Revolucionaria, UNARE, debió salir para las montañas sin la preparación adecuada por haber sido objeto de una delación.

Noviembre 19. Una embarcación procedente del exterior atacó instalaciones militares en la zona del Jagua, al sur de la ciudad de Cienfuegos, provincia de Las Villas.

Noviembre 20. El presidente de Estados Unidos, John F. Kennedy, anunció el fin de la "Crisis de Octubre" y ordenó levantar el bloqueo aeronaval impuesto a Cuba.

Noviembre 23. Los miembros de la resistencia Rubén Finalé González y Antonio Ñico Moreno Lantigua, fueron ejecutados en la cantera de rocoso de la carretera del poblado de Carlos Rojas, en la provincia de Matanzas. Los jóvenes eran del Movimiento de Recuperación Revolucionaria y habían cortado un sembradío experimental de girasoles propiedad del gobierno.

Diciembre 2. El insurgente Cuzin González es mortalmente abatido durante un enfrentamiento con efectivos del gobierno en Las Villas.

Diciembre 4. Comandos del Alpha 66, procedentes del extranjero atacaron un cuartel de la milicia en la playa de Juan Francisco, en la costa norte de Las Villas.

Diciembre 5. Fue fusilado en La Campana, en el Escambray, el guerrillero Carlos Suco.
- La confiscación, por parte del gobierno, de miles de establecimientos que expendían ropa, artículos de ferreterías, zapaterías y de comercios en general, no solo fortalecía el control de la economía, sino que privaba a las fuerzas de la oposición de recursos para continuar la lucha contra el régimen totalitario.

Diciembre 6. Una embarcación procedente del exterior ataca barcos del gobierno en la costa norte de Las Villas.

Diciembre 8. Nuevamente una lancha rápida procedente del exterior ataca instalaciones del gobierno cerca del puerto de Caibarién, en Las Villas.

Diciembre 12. Es frustrado por las fuerzas del gobierno el intento de un grupo de comandos de Alpha 66 de dinamitar el barco soviético Lvov.

Diciembre 14. Falleció en el Reclusorio Nacional de Isla de Pinos, Circular 4, el preso político Tomás Aquino.
- Asesinado en Pinar del Río, Felipe Benítez.

Diciembre 15. Durante un enfrentamiento con las milicias en el poblado de Guao, cerca de Cienfuegos, cayó muerto el guerrillero Lázaro Fernández León. En este encuentro resultaron heridos y capturados el jefe guerrillero Benjamín Panguino Tardío y Claudio Peña Calzado, ambos fueron fusilados pocos meses después.

Diciembre 16. Son heridos dos miembros de la guerrilla de Arnoldo Martínez en las proximidades de Yaguajay, cuando las milicias iniciaban la colocación de un cerco para entrampar a las fuerzas guerrilleras. Uno de los guerrilleros heridos fue José Oropeza.

Diciembre 17. *La creación del Instituto Cubano de Radiodifusión, ICR, posibilitó que el gobierno controlara más eficazmente las emisoras de radio del país. Tambien se fundó la Imprenta Nacional de Cuba.*

Diciembre 18. Es atacado por la guerrilla de Tomás San Gil el tren número 42 que cubría la ruta entre Trinidad y Santa Clara, en Las Villas, con el saldo de varias personas heridas.

Diciembre 19. En un encuentro en las cercanías de Yaguajay, junto a algunos de sus hombres, cayó el primer jefe de las fuerzas guerrilleras del Frente Norte de Las Villas y Camagüey, Arnoldo Martínez Andrade, quien había sido oficial del Ejército Rebelde y estaba alzado desde 1961. Entre las fuerzas combinadas de las milicias y el ejército establecieron un cerco a la guerrilla que comandaba Arnoldo Martínez, dando lugar a numerosos enfrentamientos durante los días subsiguientes

Diciembre 20. Muere en un enfrentamiento con las milicias en La Botella, Las Villas, el guerrillero Enrique Hidalgo, quien se había alzado en 1961.

Diciembre 21. Se infiltran por Yamagua, Oriente, Pedro Comerón y Manuel del Valle Caral, con la misión de realizar actividades de inteligencia y crear condiciones para establecer un foco guerrillero en la zona.

Diciembre 23. A la muerte de Arnoldo Martínez Andrade, se produce una reunión en una zona conocida como El Guayabo, con todas las fuerzas guerrilleras que operaban en la costa norte de Camagüey y Las Villas, siendo designado como nuevo jefe Juan Alberto Martínez.

Diciembre 24. Muere como consecuencia de una golpiza el preso político José Aquino de la Cuesta.
- Los Estados Unidos entregaron 53 millones de dólares en mercancías al gobierno de Cuba, a cambio de 1,113 prisioneros de la fracasada invasión a Playa Girón. Los últimos invasores serían liberados casi 20 años después.

Diciembre 28. La guerrilla que comandaba Gustavo A. Sargent Pérez atacó un sitio cerca de la ciudad de Ranchuelos, Las Villas, causándole dos bajas a las fuerzas del gobierno.

Diciembre 29. *El presidente de Estados Unidos, John F. Kennedy recibió, para su custodia temporal, la bandera de la Brigada de Asalto 2506. El acto tuvo lugar en el Orangel Bowl, de la ciudad de Miami.*

Diciembre 31. Muere en un enfrentamiento con las milicias, en la antigua provincia de Oriente, el jefe guerrillero Jorge Rodríguez, "Balilo".

1962. Alejandro Umba Veliz, con sólo 16 años de edad, murió en un enfrentamiento con fuerzas del gobierno, en una zona del Escambray. El joven guerrillero había sido arrestado y recluido en un reformatorio de menores de edad, del cual se escapó para unirse nuevamente a las guerrillas.
- Durante un choque armado con las milicias en el Escambray, muere el guerrillero conocido como el Nene Figueroa.
- Rompiendo un cerco del ejército y de la milicia, en la zona de Guanayara, en el Escambray, murieron Lino Gándara y Luis Valdespino.
- Huelga de hambre en el Reclusorio Nacional de Isla de Pino. Todos los presos políticos de las circulares 1 y 2 participaron en la huelga que se extendio por 28 días. Rigoberto Acosta fue uno de los que participó en esta huelga, junto a Luis Alarcón, y los hermanos Bayolo.

Guerrilleros que operaron en el Escambray en la década del 60. En primer plano los oficiales guerrilleros Diosdado Mesa y Joaquín Membibre.

blanco

Año 1963

Enero. *Envía el gobierno de Cuba unidades militares a la República de Argelia. Observadores consideran que ésta fue la primera intervención militar abierta del régimen de La Habana en conflictos internacionales*

Enero 2. En un enfrentamiento a tiros con efectivos del gobierno en la provincia de Las Villas, cayó el guerrillero Luciano Bermúdez.

Enero 3. Tiene lugar en un punto de la región del Escambray un encuentro entre guerrilleros y efectivos del régimen. Entre los muertos por parte de los insurgentes solo se identifica al "Guajiro" Granados.[57]

Enero 4. Los capitanes guerrilleros Porfirio Guillen, Juan "Niño" Débora Blanco y Gilberto Rodríguez Ramírez, caen junto a los guerrilleros José Ramón El Galleguito Crespo, Idalberto Fuentes, Alfredo Luque, Norberto Colunga, Bernabé Pèrez, Julián Hernández Cruz, René Sotero Soterito, y René Sánchez Méndez en un cerco en Sabana del Moro, próximo al cementerio de Manicaragua, en Las Villas.[58] En este combate la guerrilla tuvo once bajas mortales, logrando escapar el guerrillero Israel Pacheco.

Enero 7. Se unen a las fuerzas insurgentes que operan en el Escambray, los oficiales del ejercito rebelde Zoila Almeida, "La Niña de Placetas" y su esposo Manolo Monzo de la Guardia.

Enero 8. La guerrilla que dirigía José "Cheíto" León, le causó una baja al ejército del régimen en el Corojal, cerca de Manaca Iznaga, en Trinidad, Las Villas.

Enero 10. Un comercio del gobierno fue atacado y quemado en la zona de Magua, en Trinidad, Las Villas, por la fuerza guerrillera que capitaneaba José (Cheíto) León. Por parte de las milicias se produjo una baja.

Enero 16. Las fuerzas guerrilleras que comandaba Armando Saavedra, Mandi Florencia, atacaron en la zona de Sierra Alta, un autobús que transportaba milicianos, causándole dos bajas a las fuerzas del gobierno.

Enero 17. Tiene lugar un enfrentamiento de infiltrados y miembros de la resistencia con fuerzas de la milicia y de la División 50. Los miembros de la oposición, que sumaban cinco en total, y que estaban dirigidos por Pedro Comerón Pérez y Manolo del Valle Caral, resultaron gravemente heridos, al igual que varios efectivos de las fuerzas del gobierno. Comerón Pérez y sus compañeros fueron arrestados.

Enero 20. La unidad guerrillera que comandaba Jesús Ramón Real causó una baja al gobierno cuando atacó y ocupó un comercio en Charco Azul, en el Escambray. Los guerrilleros, antes de irse, prendieron fuego al local, no obstante fueron perseguidos por varios batallones de milicias, apoyados por helicópteros.

Enero 22. La fuerza guerrillera al mando del capitán Mandy Florencia ataca la finca Los Guayos, Fomento, causándole tres bajas a las fuerzas gubernamentales.

Enero 25. Las guerrillas que comandaban Blas Ortega, Julio Emilio Carretero y Ramón del Sol, atacaron el batey de Polo Viejo, en la zona montañosa del Escambray, Las Villas, ocasionándole varias bajas a las milicias y llevándose las armas del lugar. En el enfrentamiento perdió la vida el oficial guerrillero Rafael Lemus.

Enero 27. Fusilado Facundo Herrera en la ciudad de Matanzas.

Enero 28. Fuerzas guerrilleras al mando de Perico Sánchez causaron tres bajas al gobierno, al atacar fuerzas militares acantonadas en Jagüey Grande, Matanzas.
- Las fuerzas al mando del jefe guerrillero Pichi Catalá, atacaron una base soviética en las inmediaciones del poblado de Pedro Betancourt, en Matanzas.
- Según informaciones publicadas por los medios de divulgación del régimen, entre noviembre de 1961 y enero de 1963, la insurgencia la formaban unos 1600 efectivos, que se encontraban organizados en 181 grupos guerrilleros.

Febrero 1. En un enfrentamiento de las guerrillas con fuerzas del gobierno, cerca de Las Cuevas, en el Escambray, cayeron muertos el jefe guerrillero Osiris Borges y cinco de sus compañeros.
- Fuerzas guerrilleras que operan en el Escambray incendian unas instala-

ciones en un lugar conocido como "El Pedrero". Dos funcionarios del régimen son ajusticiados.[59]

Febrero 3. Son fusilados en Pinar del Río, los combatientes Orlando Baquet, Ángel Coro Páez y Pedro Sánchez.
- Son ejecutados en La Cabaña los combatientes Piloto Jorrín e Isidro Pérez.
- Diego A. Zenón Viera, quien había estado alzado en el Escambray en los años 1960 y 1961, y había logrado evadir los cercos de las milicias y el ejército, hasta encontrar refugio en la embajada de Uruguay en Cuba, perdió la vida mientras se entrenaba en un campamento militar de Centroamérica.

Febrero 5. En un encuentro en el Monte La Cruz, en Camagüey, las guerrillas dirigidas por Juan Alberto Martínez Andrade, dieron muerte a un oficial de las LCB e hirieron a otro.

Febrero 11. Fuerzas insurgentes que operaban en los llanos centrales de Las Villas sostuvieron un encuentro con miles de milicianos en Conyedo, situado entre los poblados de Jicotea y Cifuentes, resultando herido y prisionero, junto a otros insurgentes un guerrillero conocido como "El Chino" Benítez. Un hermano de Benítez, que también estaba alzado, logró burlar el cerco y es considerado como desaparecido, porque nunca más se supo de él.

Esta guerrilla, que estaba dirigida por un oficial conocido como Patiblanca, al igual que otras de la zona, operaban bajo el mando del jefe guerrillero Gustavo Adolfo Sargent Pérez, Terranova. La principal característica de esta fuerza subversiva era que como operaban en zonas llanas, habían construido en distintos puntos cuevas muy sofisticadas en las cuales se escondían para evadir los numerosos cercos y peines que ejecutaban las fuerzas combinadas del gobierno. Días antes de que se produjese el encuentro de Conyedo, el régimen había concentrado a decenas de miles de efectivos en la zona e inició una operación que sólo concluyó cuando los guerrilleros del área fueron capturados y ejecutados.

Febrero 12. En un enfrentamiento con las milicias en Alto Nuevo, cerca de Canasí, provincia de Matanzas, cayó un oficial de la LCB y resultaron hechos prisioneros varios miembros de una guerrilla conocida como el Grupo Montenegro.

Febrero 13. Dos embarcaciones del gobierno son atacadas por una lancha artillada en las cercanías de Cayo Roque.

Febrero 14. Fuerzas guerrilleras que dirigía el comandante Julio Emilio Carretero descarrilan y queman un tren en el paradero del chucho de Sierra Alta, en el Escambray, en las proximidades de Trinidad. Los militares que custodiaban el transporte se rindieron y entregaron sus armas a los alzados.

Febrero 15. Para mejorar capacidades operativas y aumentar las posibilidades de abastecimiento, se fusionaron dos importantes organizaciones de la clandestinidad: el Movimiento Anticomunista Cubano y el Movimiento Demócrata Martiano, que había sido fundado por el ya desaparecido y fusilado, capitán Bernardo Corrales.

Febrero 19. Es fusilado en Camagüey, Roberto Pérez Alonso.

Febrero 21. La guerrilla comandada por Agapito Rivera rompió un cerco de las milicias y de batallones de la llamada Lucha Contra Bandido, LCB, en Las Américas, cerca de los baños de Elguea, en Las Villas, ocasionándole varias bajas a las fuerzas del gobierno.
- La unidad guerrillera que comandaba Gustavo Adolfo Sargent Pérez sostuvo un encuentro con fuerzas del gobierno en las proximidades de unas cuevas que habían construido en Rancho Grande, cerca de la ciudad de La Esperanza, en Las Villas. El jefe guerrillero había sido alertado de que estaban siendo objeto de una operación encubierta de la Seguridad del Estado que culminó en un tiroteo, en el que cayeron los colaboradores de alzados Luis Denis y Rubén Trápaga.

Febrero 22. La fuerza guerrillera que comandaba Gustavo A. Sargent, Terranova, asaltó una granja cerca de Jicotea, en Las Villas, llevándose las armas del cuartel de milicias del establecimiento.

Febrero 23. Fueron asesinados por milicianos en el Hotel Perla de Cuba, en Sancti Spíritus, los jóvenes Carlos Rodríguez Morera, René Odales, Armando Piñeiro García e Ismael Lorenzo Brunet.
- Mueren ejecutados en la provincia de Las Villas los guerrilleros Carlos Betancourt y José Brunet.

Febrero 26. En unas cuevas cerca de La Esperanza, en Las Villas, durante un encuentro con fuerzas del gobierno, resultaron heridos y apresados varios guerrilleros y colaboradores que habían ido hasta el lugar para tratar de guiar a la guerrilla fuera del cerco.

Febrero 28. En unas cuevas ubicadas en la finca El Rosario, cerca de San Juan de los Yeras, provincia de Las Villas, la guerrilla que comandaba Israel Yanes (Venao) sostuvo un encuentro con las milicias en el que cuatro guerrilleros resultaron gravemente heridos y apresados por las fuerzas gubernamentales.
- Empieza cerca de las Llanadas de Gómez, el combate del Monte de la Cuarenta Caballería. Fuerzas comandadas por el jefe de los alzados del Escambray, Tomás San Gil, integradas por 26 hombres intentan romper un triple cerco formado por varios miles de milicianos y fuerzas del ejército.

Marzo 1. Mueren en el combate del Monte de la Cuarenta Caballería, junto a doce de sus hombres y su lugarteniente, Nilo Armando Saavedra Gil, Mandy Florencia; el comandante guerrillero Tomás David San Gil Díaz, jefe de las fuerzas guerrilleras del Escambray y caen también José García Curiel, Celedonio Caballeira, Emilio Torres, El Primo, Berto González, El Habanero, otro combatiente sólo conocido como El Chino Habana, Raymundo Rodríguez, Orestes Torrecillas, José Santander, Manolo Neyera, El Carnicero, Raúl Llerena, y Osmundo León Guerra, Cascarita, quien sólo tenía 14 años de edad. Es capturado herido el guerrillero Rómulo Erundino Rodríguez; sin embargo, otros alzados, entre ellos varios gravemente heridos, lograron evadir los cercos y peines de las milicias.
- Es fusilado en la provincia de Oriente el jefe guerrillero Pedro René Hernández García y Fausto Morales.
- El guerrillero Pedro Díaz, también conocido como Roberto Arias, fue ejecutado en la antigua provincia de Oriente. Este jefe guerrillero estaba al frente de las operanciones de acción y sabotaje del movimiento UNARE y se había alzado en la Sierra Maestra con varios hombres más. Junto a él fueron también fusilados Antonio González El Chaparro y otro combatiente sólo conocido como Candito.
- Un grupo guerrillero bajo el comando de Mario Bravo, sorprendió a unos milicianos en las proximidades de una escuela en Marroquí, y les quitaron varias armas.

Marzo 2. Miembros de la resistencia incendian 60 mil arrobas de caña en la colonia La Castellana, en el Jagueyal.

Marzo 6. La fuerza guerrillera que comandaba Felo Gonzálo "El Asturiano", le causa varias bajas a las fuerzas del gobierno en un choque en la finca Josefita, Matanzas. Por parte de los insurgentes cae el guerrillero Manuel López, y es apresado otro conocido como "Maito" que había sido teniente del Ejército Rebelde.

Marzo 7. Varias organizaciones de la resistencia: El Movimiento de Recuperación Revolucionaria, MRR; Hermandad Montecristi, HM; Ejército Liberación Nacional, Triple AAA, Frente Unido de Guanabacoa, II Frente Nacional del Escambray, Movimiento Agramonte, Movimiento Demócrata martiano, MDM y Consejo Central Nacional, agrupados en la agrupación unitaria que se llamó Resistencia Cívica Anticomunista, RCA; se concertaron para realizar un atentado contra Fidel Castro, el 13 de Marzo de 1963. El atentado iba a ejecutarse disparando una bazuca hacia la tribuna del acto donde estaría hablando el dictador. Al frente de este plan estaban Luis David Rodríguez González, quien murió en un encuentro a tiros con miembros de la Seguridad del Estado y Ricardo Olmedo, quien sería fusilado.

Marzo 9. Cuando era trasladado hacia una dependencia de la Seguridad del Estado, el combatiente Luis David Rodríguez González, se rebeló dando muerte a un agente. Rodríguez González, quien fuera secretario general de la organización Resistencia Cívica Anticomunista, RCA, resultó mortalmente herido. En el hecho resultó herido y posteriormente condenado a prisión, José Zamora Sosa.

Marzo 12. Fue ejecutado en el paredón del Condado, en el Escambray, Las Villas, el combatiente Octavio Ortíz.

Marzo 13. Efectúan un ataque comando a la refinería de Punta Gorda en Oriente. Un miliciano muere durante el enfrentamiento a tiros con las fuerzas expedicionarias.

Marzo 14. En un encuentro con fuerzas gubernamentales, al sur de la carretera central en la provincia de Las Villas, caen los guerrilleros Felipe de la Caridad Suárez Díaz y José Méndez, Pipe. Varias personas más, no identificadas, murieron en la acción, o fueron posteriormente ejecutadas.
- Fusilado en la cárcel de La Cabaña Inocencio Rojas.

Marzo 15. En las cercanías de Nicaro, antigua provincia de Oriente, cae el jefe guerrillero Armando Govea. Las milicias sufren dos bajas.
- Fusilado en Mancas, Las Villas, Alberto Montesino Ramírez.

Marzo 16. Es sepultado en la ciudad de Santa Clara el guerrillero Cándido Borges, un joven carbonero del Escambray que se había alzado en armas contra el totalitarismo. Borges enfermó en las montañas y fue transportado e ingresado clandestinamente por José Fernández Vera en un centro hospitalario de la capital provincial. A los pocos días murió de cáncer y fue sepultado cristianamente gracias a los esfuerzos de Regino Agapito Fernández.

Marzo 17. Es atacado por comandos de Alpha 66 en el puerto de la Isabela de Sagua, en Las Villas, el barco de bandera soviética Lgow.

Marzo 19. La guerrilla que comandaba Gustavo A. Sargent, Terranova, es cercada en la zona de Las Casimbas, municipio de Santo Domingo, Las Villas, en una cueva ubicada en la finca del campesino Nelson Marcelo. El enfrentamiento se extendió por varias horas, dándose por desaparecidos Juan Antonio Benítez, Arnelio Pérez y Gabriel Morales. Nelson Marcelo logró escapar para las montañas del Escambray.
- En un enfrentamiento con la milicia en Marutica, barrio San José, La Esperanza, en Las Villas, cae el guerrillero Rodolfo Díaz López. Junto a él resultaron apresados otros guerrilleros que posteriormente serían fusilados: Eridio Perdomo, Filiberto Vera, Obdulio Hernández, Alberto Zamora, Chencho Rodríguez, Florentino Peláez, y según informaciones de la localidad, un hijo suyo de sólo 14 años de edad. Esta guerrilla operaba en los llanos de Las Villas, y se refugiaba en cuevas naturales, y en otras que construyeron durante el tiempo que permanecieron en la insurgencia.
- Una lancha tripulada por un grupo de comandos que se iba a infiltrar en Cuba, sostuvo un encuentro a tiros con las fuerzas guardafronteras del gobierno en las proximidades de la boca del río Tarará, en la provincia de La Habana.

Marzo 21. En un sitio conocido como el Algarrobo, en el Escambray, tuvo lugar un enfrentamiento entre las guerrillas que comandaba el capitán Ramón del Sol con las milicias y el ejército. Durante el choque entre ambas fuerzas caen los guerrilleros Francisco Rojas, Gabriel Morales, Ramón García, Amelio Pérez González, Tomás Hernández Gutiérrez y Juan Antonio Benítez.
- En la finca de Nelson Marcelo, entre los límites de los municipios de San Diego del Valle y Santo Domingo, se produce un enfrentamiento entre guerrilleros comandados por Manuel Yánez Valdés (El Venao) y las fuerzas gubernamentales bajo la jefatura de los comandantes Víctor Dreque y Tomasevich. El encuentro empezó a las ocho de la mañana y terminó como a las tres de la tarde, con muchas bajas entre los efectivos gubernamentales, ocho heridos entre los insurgentes y tres bajas mortales: Juan Antonio

Benítez, Gabriel Morales y Amelio Pérez.

Marzo 22. En un enfrentamiento con fuerzas del gobierno en la provincia de Matanzas, murieron los guerrilleros Francisco Cabrera Rivero y José Moreno.
- Durante un encuentro con las milicias, cerca de Bolondrón, en Matanzas, resultó mortalemente herido el guerrillero Celestino Díaz.
- El guerrillero Luis León cayó acribillado ante el paredón de fusilamiento, en Matanzas.
- En un enfrentamiento con las milicias cerca del central Limonares, en Matanzas, muere el jefe guerrillero del Movimiento de Recuperación Revolucinaria, MRR, en esa provincia, Juan José (Pichi) Cátala, quien estuvo alzado desde 1960. En el encuentro también perdieron la vida los insurgentes Jesús Bringa, Israel Rojas, José Prieto, José León y un hermano del líder guerrillero, Vicente Catalá.

Juan José (Pichi) Catalá, había sido teniente del Ejército Rebelde y operó con su guerrilla por más de dos años en los llanos próximos a las poblaciones de Pedro Betancourt y Jovellanos, en la provincia de Matanzas.

Marzo 23. Es fusilado en la ciudad de Bolondrón, en Matanzas, el guerrillero Roberto Alfonso.
- Caen en un tiroteo contra fuerzas del gobierno, en la provincia de Matanzas, los guerrilleros Francisco Hernández, Pancho y Roberto Morales.
- Son ejecutados en la finca La Luisa, en Bolondrón, Matanzas, Roberto Delgado López, coordinador del Movimiento de Recuperación Revolucionaria, MRR, en esa provincia; Ramón Correa Coto, Luis Pérez La Rosa, ambos con 29 años de edad, y además Roberto Pérez.

Según testigos, a Roberto Delgado le dieron dos tiros de gracia e inmediatamente después de haber sido ejecutado, su esposa e hijo fueron expulsados de la casa en que residían. Los bienes de estos fusilados, como en el caso de muchos otros cubanos que perdieron la vida en la lucha contra el totalitarismo, fueron confiscados por el estado.

Marzo 24. Juan Becerra, un guerrillero de solo 16 años de edad, es mortalmente herido en un tiroteo con las milicias, en un lugar de la región montañosa del Escambray conocido como el No.
- Elegido Carlos Márquez Sterling como presidente de la República de Cuba en Armas. En la decisión participaron 22 organizaciones de exiliados.
- Durante un enfrentamiento con las milicias resultaron heridos y capturados varios guerrilleros comandados por Ramón Galindo Almeida, La Pelúa. Esta

guerrilla operaba en las zonas de Hanabanilla, Manicaragua, Cumanayagua, Potrerillo y Ranchuelos, en Las Villas.

Marzo 25. Nibaldo Hernández Arencibia, coordinador del Movimiento de Recuperación Revolucionaria, MRR, en la población de Pedro Betancourt, de Matanzas, fue fusilado en el Castillo de San Severino en la capital de la provincia.

Marzo 26. El jefe guerrillero Jesús Real Suárez (Realito) es herido rompiendo un cerco de las fuerzas del gobierno en Guanayara, en el Escambray.

Marzo 27. Los Comandos L, dirigidos por Tony Cuesta, atacan el barco de bandera soviética Bakú, que estaba anclado en el puerto de Caibarién, en la costa norte de Las Villas.

Marzo 29. Es muerto en un encuentro con la milicia, en la provincia de Matanzas, el guerrillero Carlos Alemán.

Marzo 31. Las milicias emboscan una fuerza guerrillera cerca de Tamarindo, en Las Villas; en este encuentro cayeron los guerrilleros Ovidio Francés Andrés, también conocido como Tondique y Martín Hernández Sanabria. Resultó herido Francisco Cruz González, quien posteriormente fue fusilado.

Abril 1. En la provincia de Matanzas, fue ejecutado el guerrillero Evelio Gutiérrez.

Abril 2. El combatiente Roberto Delgado, quien había estado involucrado en un atentado contra la vida del dictador, cayó ante el paredón de fusilamiento en Jagüey Grande, Matanzas.

Abril 3. Mueren combatiendo a cientos de milicianos en el sur de la provincia de Las Villas, los guerrilleros Dionisio González García y Filiberto González García, conocidos como los Asturianos. Al caer, Felo González, asumió la conducción de la guerrilla; el tercer hermano, Rubén, quien logró romper el cerco, escapó con varios hombres heridos, entre ellos los también hermanos, Elías Tico y Santo González.

Abril 4. Durante un enfrentamiento entre las guerrillas y el ejército del régimen en la provincia de Matanzas, muerieron los guerrilleros Orlando de Armas Hernández y Felicito Martínez González.

Abril 5. En un enfrentamiento con las milicias, cayó el jefe guerrillero José Rodríguez Peña, Tita. Rodríguez Peña operaba en la región de Yateras, antigua provincia de Oriente.

Abril 6. En las proximidades de Real Campiña, en Matanzas, las fuerzas guerrilleras sostuvieron un encuentro con las milicias en el que cayó, herido por el fuego enemigo, el guerrillero Gumersindo Peguero Cevallos; además, resultaron capturados, con graves quemaduras en sus cuerpos, otros cuatro combatientes que murieron fusilados a los pocos días. Los ejecutados ante el paredón de fusilamiento fueron: el jefe de guerrillas, Gervasio Cabrera, Irene Sotolongo, José Gómez Suárez y otro conocido simplemente como Caruco.

Abril 7. El guerrillero Pedro Sánchez Hernández, de 24 años, hijo de Perico Sánchez, murió intentando romper un cerco tendido por cientos de milicianos, en la finca Cantabria, entre Pedro Betancourt y Torriente, en la provincia de Matanzas. Su cadáver fue sepultado en la misma finca.
- Cuando estaban acampadas en el Guayabo, Camagüey, las guerrillas que dirigía Juan Alberto Martínez Andrade, fueron atacadas resultando muertos en el encuentro los guerrilleros Pedro Ramírez Artiles, Lorenzo Trujillo García y Humberto Sagarribay Quesada, también fue herido y capturado Pedro Manuel García Luján, quien sería posteriormente fusilado.

Abril 8. Cayó en combate, en las proximidades de Varadero, provincia de Matanzas, el jefe de guerrillas Ramón Montenegro, quien se había alzado en 1961.

Abril 9. La guerrilla comandada por Pedro "Perico" Sánchez fue cercada, durante cinco días, en una zona conocida como La Yuca, en Peralta, cerca de Jagüey Grande. Cientos de milicianos cubrieron la zona donde se encontraban 24 guerrilleros que después de encarnizados combates rompieron el cerco, a pesar de que en el intento murieron los combatientes Wilfredo Ojeda González, de 23 años, y Raúl, Lalo, Sánchez Hernández, joven de la misma edad e hijo del jefe de la guerrilla. El gobierno, según informaciones de residentes de la zona, tuvo más de 20 bajas.

Abril 12. Los guerrilleros Luis Pérez, Juan Ibáñez, "Lolo" Hernández y Santiago Arboláez, cayeron en un combate sostenido con las fuerzas del gobierno, cerca de Guinia de Miranda, en el Escambray.

Abril 11. Ejecutado Ricardo Saura en Aguada de Pasajeros, Las Villas.

- Ejecutado Orestes García en Manguito, provincia de Matanzas.

Abril 15. Es fusilado en la provincia de La Habana, el guerrillero Juan Nusa Moreno.

Abril 16. La guerrilla que comandaba Gustavo Adolfo Sargent, Terranova, es cercada en una de las cuevas próximas a la ciudad de La Esperanza, donde habían buscado refugio. Intentando romper el cerco fueron heridos y apresados varios guerrilleros, entre ellos el mencionado Sargent, quien era uno de los jefes de guerrilla en la zona norte de Las Villas.
-Las guerrillas, después de varias horas de combate atacan y ocupan el cuartel del ejército Caney número uno, cerca de la población de Manguitos, en Matanzas. Se produjeron bajas no identificadas por parte de las guerrillas y resultó gravemente herido el también guerrillero Arcadio Peguero Ceballo. Las fuerzas del régimen también sufrieron bajas en sus filas.

Abril 26. Es fusilado en el Condado, Escambray,en Las Villas, el combatiente Andrés Delgado.

Abril 27. Las guerrillas que comandaban los hermanos Airados y Orestes Castillos sufren varias bajas cuando intentaban romper un cerco de las milicias y las LCB, en la región de Guinía de Miranda, en El Escambray. Esta fuerza guerrillera operaba en la región de Fomento, Placetas y Falcón. Algunos de los sobrevivientes fueron hechos prisioneros.
- Un avión procedente del extranjero deja caer explosivos y material inflamable sobre la refinería Ñico López, en La Habana. La Acción se la atribuyen al Movimiento Demócrata Cristiano que dirigía Laureano Batista Falla.

Abril 29. Rompiendo un cerco de las milicias y el ejército en la zona del Guayabo, Camagüey, caen los guerrilleros Pedro Ramírez Artiles, Humberto Sagarribay y Lorenzo Trujillo García.

Abril 30. Juan Moreno es fusilado en el Condado, Las Villas.

Mayo. Un guerrillero conocido como "Goyo" muere en un enfrentamiento entre efectivos gubernamentales e insurgentes en la finca El Alaba.

Mayo 1. Fue ejecutado en Bolondrón, Matanzas, el guerrillero Juan González.

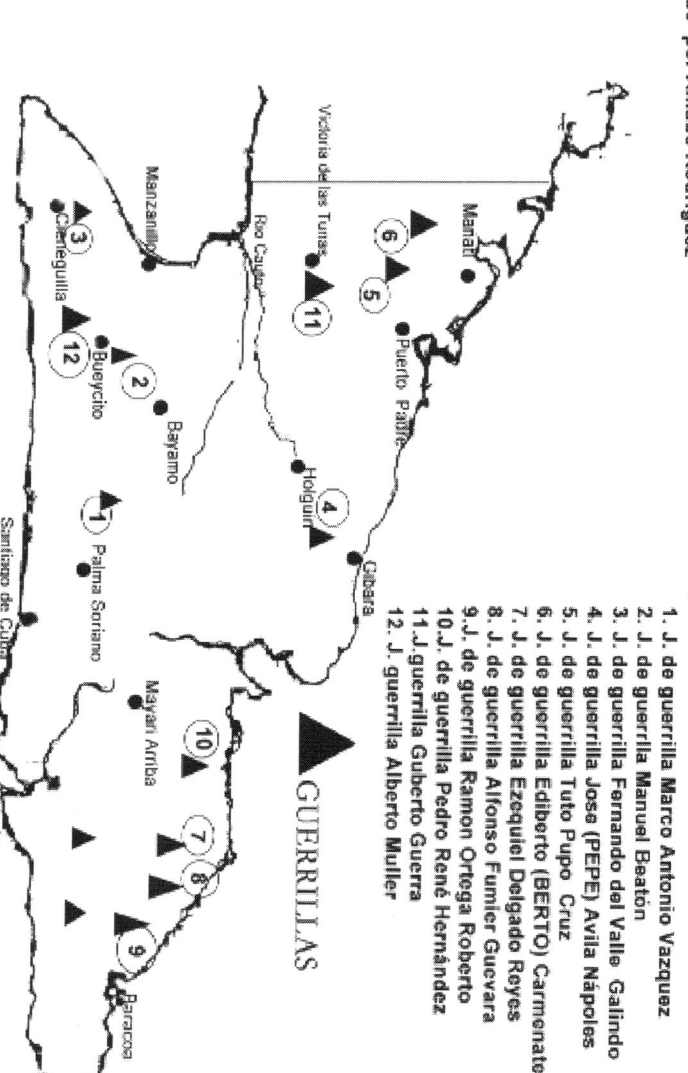
MAPA DE LA ANTIGUA PROVINCIA DE ORIENTE
Ubicación de zonas de operaciones de alzados anticomunistas
Elaborado por Amado Rodriguez
1. J. de guerrilla Marco Antonio Vazquez
2. J. de guerrilla Manuel Beatón
3. J. de guerrilla Fernando del Valle Galindo
4. J. de guerrilla Jose (PEPE) Avila Nápoles
5. J. de guerrilla Tuto Pupo Cruz
6. J. de guerrilla Ediberto (BERTO) Carmenate
7. J. de guerrilla Ezequiel Delgado Reyes
8. J. de guerrilla Alfonso Fumier Guevara
9.J. de guerrilla Ramon Ortega Roberto
10.J. de guerrilla Pedro René Hernández
11.J.guerrilla Guberto Guerra
12. J. guerrilla Alberto Muller
GUERRILLAS
Manatí
Puerto Padre
Victoria de las Tunas
Río Cauto
Holguín
Gibara
Manzanillo
Cieneguilla
Bueycito
Bayamo
Palma Soriano
Mayarí Arriba
Guantánamo
Baracoa

Mayo 3. Es fusilado en El Condado, Las Villas, el combatiente Francisco González.

Mayo 5. Cae ante el paredón de fusilamiento en Matanzas, el jefe de guerrillas Julio Falcón Miranda.
- En un enfrentamiento con fuerzas del gobierno en la región del Escambray, mueren el capitán guerrillero Eusebio Borges, Pablo Carrecedo, José González y Raúl Guerra.
- En un sitio conocido como el Algarrobo en el Escambray, tuvo lugar un enfrentamiento entre las guerrillas que comandaba el capitán Ramón del Sol con las milicias y el ejército. Durante el choque entre ambas fuerzas caen los guerrilleros Francisco Rojas, Ramón García y Tomás Hernández Gutiérrez.

Mayo 7. Durante un enfrentamiento en Charco Azul, en El Escambray, con batallones de milicias y de las LCB, cayó herido de muerte un guerrillero de la ciudad de Santa Clara de apellido Espinosa y también fue herido gravemente Ángel Lucena El Curro. El resto de la guerrilla que comandaba Jesús Real Suárez (Realito) pudo escapar. Los efectivos del gobierno tuvieron una baja.
- El jefe guerrillero Héctor Rodríguez (El Pulpo) muere con tres de sus hombres durante un encuentro con la milicia en la finca Jobo Rosado, cerca de Meneses, en Las Villas. Otros dos combatientes resultaron gravemente heridos, entre ellos el jefe guerrillero Esquijarrosa quien logró huir con cinco tiros en el cuerpo.

Mayo 15. La guerrilla que comandaba Jesús Ramón Real (Realito) sostuvo un duro choque con fuerzas del régimen en la finca San Maní, en El Escambray. Tanto los insurgentes como las milicias sufrieron varias bajas y algunos heridos. En la primera fase del encuentro Realito fue herido a la altura del muslo, pero logró esconderse hasta que fue detectado nuevamente, hasta ser herido mortalmente en el siguiente tiroteo.

Mayo 16. Es capturado en un enfrentamiento con las milicias en la Finca Mercedes, en Calimete, Matanza, el jefe guerrillero Delio Almeida. Pocos días después, el capitán de guerrilla, que se había alzado en 1961, sería fusilado.

Mayo 17. Burlando la vigilancia del régimen, unidades navales del exilio infiltraron por la costa norte de Las Villas, a la altura de Cayo Fragoso, un grupo comando que tenía como objetivo realizar varias operaciones en tierra.

Mayo 18. Fue herido al ser capturado, e inmediatamente fusilado en la provincia de Camagüey, el guerrillero Ismael Morales Batista.
- Murió ante el paredón de fusilamiento, en la provincia de Matanzas, el guerrillero Braulio Infante Hidalgo.
- Murió en un enfrentamiento con las milicias y fuerzas de la Seguridad del Estado el jefe guerrillero Pedro Perico Sánchez González, quien había perdido dos hijos en combate, durante el mes anterior. El hecho tuvo lugar cerca de Güira de Melena, pero posteriormente el cadáver fue traslado y exhibido en Jagüey Grande. Pedro Sánchez González, Perico, 49 años, fue uno de los jefes guerrilleros que más cercos burló y en poco tiempo se convirtió en uno de los más temido y respetado de la zona.
- Es fusilado en la provincia de Matanzas, el guerrillero Roberto Alemán.
- Fusilado en una cooperativa cerca de la Cienaga de Zapata al guerrillero Onelio López Revilla.
- Es ejecutado ante el paredón de fusilamiento, en el Central Araujo, Matanzas, el guerrillero Roberto Hernández.

Mayo 20. El jefe guerrillero pinareño Francisco (Machete) Robaina muere en el Entronque de Cowley, en Pinar del Río, durante un enfrentamiento con fuerzas gubernamentales.
- Comandos armados procedentes del exterior atacaron el Puesto Naval de Tarará, cerca de La Habana.
- En un encuentro con las milicias en la finca Catalina, en Colón, Matanzas, cayó el guerrillero Raúl Ramos Ramos con otros dos compañeros.
- Carlos Prío Socarras, Carlos Márquez Sterling, Guillermo Martínez Márquez, José Ignacio Rivero, Pedro Luis Díaz Lanz y Ernesto Rodríguez, dan a conocer la creación de un Comité Cubano de Liberación que tendrá su sede en Miami.

Mayo 22. La guerrilla que comandaba Domingo Gonzáles García, Mingo Melena, ataca y quema una tienda estatal cerca de Zulueta, Las Villas, y tirotea un tren que pasaba por el lugar.

Mayo 23. La guarnición de la prisión de La Cabaña practica una requisa contra los presos, e inicia una brutal golpiza que tiene como resultado decenas de presos políticos heridos.
-Son fusilados, Después de uno de los denominados juicios populares que tuvo lugar en el teatro General Antonio Maceo, de Jagüey Grande, en Matanzas, los guerrilleros Ramiro Socarrás y Ángel Ramón Morejón Montero y un colaborador de nombre Pérez Alonso. Estos combatientes

habían sido capturados en el encuentro en el que perdió la vida el jefe de guerrillas Perico Sánchez.
-Son ejecutados en las Canteras de Agramonte, en Matanzas, otros combatientes sobrevivientes de la guerrilla de Perico Sánchez, Sergio Espina y un guerrillero sólo conocido como el Mulato Pita, del poblado de Agramonte.

Mayo 24. El jefe de guerrilla Rigoberto Ojeda rompió un cerco de la milicia en la finca Natalia, Yaguaramas, causándole varias bajas a las fuerzas del gobierno.

Mayo 26. Cae en combate en la finca Raisúa, cerca del poblado de Encrucijada, en Las Villas, el jefe guerrillero Domingo González García, (Mingo Melena) y el resto de su guerrilla. Según informaciones de testigos presenciales, los heridos fueron rematados por las milicias.

González García había sido un guerrillero particularmente activo que operaba en la región noreste de Las Villas y que había demostrado una gran habilidad para escapar de los cercos de las fuerzas gubernamentales y también para atacar objetivos del régimen y escabullirse con rapidez.
- Muere por falta de atención medica en la cárcel Castillo del Principe el preso político Rolando Díaz Morejón.

Mayo 27. El jefe guerrillero Esteban Moreira Acosta le causó, durante un enfrentamiento, tres bajas a las milicias.

Mayo 28. Muere ante el paredón de fusilamiento el guerrillero Onilio López Revilla.

Mayo 29. Es fusilado en la Esperanza, en Las Villas, el jefe guerrillero y ex capitán del ejército rebelde Gustavo Adolfo Sargent, Terranova. También fueron ejecutados Freddy Bernal, José Rodríguez Peña, Guidio Perdomo. Sargent y sus guerrillas operaban en los llanos y excavaban cuevas para refugiarse después de los ataques. El jefe de guerrillas fue capturado en muy malas condiciones físicas, ya que había sido herido en combate unos meses antes.

Mayo 30. Son fusilados en el campo de tiro de la Campana, en El Escambray, Rodolfo Díaz, Ramón Machado, Calixto Machado, los hermanos Tatín, Sergio Pérez y otros guerrilleros no identificados. Estos hombres integraban la guerrilla que comandaba Gustavo Adolfo Sargent, Terranova.
- El capitán del Ejército Rebelde Ricardo Olmedo Garcés y Jorge Espino

Escalá son fusilados en la Prisión de La Cabaña. Estaban acusados de haber organizado durante el acto conmemorativo del 13 de Marzo, Ataque a Palacio, un atentado contra el dictador. A Olmedo Garcés el dictador le ofreció respetarle la vida si comparecía por la televisión nacional, a lo que éste contesto: “Yo no soy artista de televisión, Fidel”.

Mayo 31. Es capturado herido y ejecutado de inmediato Francisco Cruz González.

Junio 1. Se produce un combate en la Sortija, barrio Jabacoa, cerca de Rodas, en Las Villas. Los guerrilleros resultan cercados y enfrentan por más de 24 horas miles de efectivos de las fuerzas gubernamentales. En este primer encuentro mueren los guerrilleros Juan Antonio Martínez, y otros dos, sólo conocidos por los nombres que les daban sus compañeros: “El Carnicero de Lajas” y el “Galleguito Valdelá”. Durante el enfrentamiento resultó herido el jefe guerrillero Manuel “Tito” Otero Echevarría, quien murió pocas horas más tarde a consecuencia de la gravedad de las mismas.

Junio 2. Continúa el cerco de La Sortija. Intentando escapar de los miles de milicianos que les rodeaban muere el guerrillero “Papo” Colón, y resultan gravemente heridos los también insurgentes Rolando Jiménez, Rafael Otero Echevarría y el Vale Montenegro, junto a otros seis compañeros no identificados. A pesar de la gravedad de las heridas, logran escapar, logrando esconderse por varios días en un lugar preparado por las personas que les ayudaban en la región. Esta situación que dura poco más de una semana hace muy peligrosa la labor de los colaboradores que corriendo grandes riesgos les suministraban alimentos en las noches. En los dos días de combates las fuerzas gubernamentales, según los propios guerrilleros, sufrieron por lo menos cinco bajas.
- Muere por falta de atención medica en la cárcel del Castillo del Principe el preso político Julio Medina Marcel.

Junio 3. La guerrilla que comandaba Pedro González atacó una instalación gubernamental en la zona del Maizal, cerca de la ciudad de Trinidad, ocasionándole a las milicias dos bajas.

Junio 8. Desaparecen en extrañas circunstancias 10 cubanos que participaban en una operación identificada como Operación Cruz Roja.[60]

Junio 11. Es fusilado en el Castillo de San Severino, Matanzas, el jefe guerrillero que operaba en esa provincia, Ramiro Almeida Socarrás.

Junio 12. Un grupo de ataque de los Comandos L desembarca cerca de Cayo Blanco, Cárdenas, en la provincia de Matanzas y ataca una refinería.

Junio 13. Es ejecutado en Matanzas el guerrillero Adalberto Zacarías Díaz.

Junio 15. En el intento de sabotear tres barcos del régimen anclados en el puerto de Veracruz, México, fueron detenidos varios cubanos.

Junio 20. En un enfrentamiento entre las milicias y fuerzas guerrilleras en Las Piedras, cerca de Aguada de Pasajeros, caen el capitán de guerrilla Esteban Morales, Epifanio Reyes, Gilberto Castro Ojeda, y otros cuatro guerrilleros que no han podido ser identificados.

Junio 23. En el paredón de los fosos de La Cabaña, muere Adolfo García.

Junio 24. Es fusilado en Santa Clara el jefe guerrillero Alberto Méndez Esquijarrosa.

Junio 30. Fueron ejecutados ante el paredón los combatientes Ángel Paleo Nieto, José Manuel Rodríguez Suárez, Rasiel Royer Zagaret y Enrique García Palomino.

Julio 5. La guerrilla que dirigía Maro Borges sostuvo un enfrentamiento con fuerzas del gobierno en La Cuchilla, cerca de Sancti Spíritus. En este encuentro las milicias tuvieron varias bajas y los insurgentes perdieron a Sandalio Triana, resultaron heridos los también guerrilleros José Armas Echevarría y Manolito El Habanero.

Julio 7. Los combatientes Salvador Suárez, Chente Cuevas, Carlos Báez y Raúl Suárez, fueron fusilados en la provincia de Pinar del Río.

Julio 8. Cae ante el paredón de fusilamiento en la provincia de Las Villas, el guerrillero José Ruiz.

Julio 9. El guerrillero Nelson Marcelo es fusilado en la provincia de Las Villas.

SENTENCIA SEÑORES:

Pdte.Ler.Tte.SR.Dr.Claudio M.López Cardet.- Vocales: Ofic.SR.Adriano Delgado Castro.- Ofic.SR.Juan E.Ruiz Sánchez.-

En la Ciudad de Santa Clara, a los siete días del mes de Agosto de mil novecientos sesenta y tres.- - - - - - - - - - - - - - -

Vista en juicio oral y público ante el Tribunal Revolucionario de Las Villas, la Causa No. 152 de 1963 de la radicación de este Tribunal, seguida por el delito Contra los Poderes del Estado, entre partes, de la una, al Ministerio Fiscal representado por el Dr. Juan Antonio Acosta Reinoso, y de la otra los procesados JOSE RAMON FERNANDEZ VERA c/p "Pepe", natural de Trinidad de 29 años, tez blanca, casado, hijo de Feliberto y de Eladia, Empleado y vecino de Calle Camilo Cienfuegos, No.372 en Trinidad, Las Villas MARIA ISIDORA LANDA VERA, natural de Cifuentes, de 49 años, tez blanca, casada, hija de Ricardo y de Felicia, su casa y vecina de Independencia No. 256 Este, en Santa Clara; representados y defendidos por el Letrado Dr. Eduardo López [illegible]; LUIS PLUTARCO ALTUNAGA MARTINEZ natural de Jaguaramas, de 45 años, tez negra, casado, hijo de Joaquín y de Asunción, Periodista y vecino de Pizarro No.57 entre Arellano y Mendoza, Mantilla, Habana; representado y defendido por el Letrado Dr Ramon Ascuí-Díaz Mustelier; ROBERTO RIVERO GOMEZ, natural de Manicaragua, de 30 años, tez blanca, casado, hijo de Elpidio y de Blanca, Empleado y vecino de C y Rios, Reparto Ruiz del Sol, en Santa Clara; CARLOS [illegible] MARTINEZ, natural de Santa Clara, de 63 años, tez-

F A L L A M O S:- Que debemos sancionar y sancionamos al procesado Roberto Rivero Gómez, como autor de un delito Contra los Poderes del Estado previsto y sancionado en los Art.147 y 159 del Código de Defensa Social, tal como quedaron modificados por la Ley 425 de 1959 y el Art. Décimo-segundo de dicha Ley, a la pena de TREINTA AÑOS DE RECLUSION, a los procesados Ventura Lucia Casimiro Guerra Machado, José Ramon Fernández Vera, Victor Enrique Montalgudo Broche, Zoilo Rubino Alemán, Romualdo Rodriguez Campos, Ramón Rogelio Concepción Fernández, Armando Ramón Santana Rainer, Octavio Padrón Llorens, Augusto Lorenzo García Mosell, Pedro Pablo Soler Figueroa, Guido Ramon Díaz Carrera, y Carlos Manual Quirós Gómez, como autores del mismo delito pero con menor grado de participación, a la pena de VEINTE AÑOS DE RECLUSION; y a los procesados [illegible] Hurtado Blanquet, Carlos Modesto Valdés Martínez, Enrique Ramón Cristobal Rumno Gutiérrez, Belisario Filomeno Rodriguez González, Regino Agapito García Fernández, Herminio Sánchez Lara, Wilfredo Rodríguez Felpeto, José Ramon Frías Delgado, Armando García González y Antonio Canosa González, como autores de un delito Contra los Poderes del Estado, previsto y sancionado en el Art. 159 del Código de Defensa Social tal como quedó modificado por la Ley 425 de 1959 y el Art décimo-segundo de dicha Ley, a la pena de DIEZ AÑOS DE RECLUSION; sanciones que cumplirán todos los sancionados con trabajos obligatorios en el Reclusorio Nacional para hombres de Isla de Pinos, con las accesorias del Art.76 del Código de Defensa Social, y con abono de toda la prisión preventiva que hubieran sufrido por esta Causa.- Absolvemos a los procesados Luis Plutarco Altunaga Martínez, José Cárdenas Hernández, José Ramón Hernández Paz, Secundino Amador Pérez Brito, Mario Jacinto Arocete Rodríguez [illegible], y María Isidora Landa Vera, como autores de un delito Contra los Poderes del Estado, previsto y sancionado en el Art.159 del Código de Defensa Social, tal como quedó modificado por la Ley 425 de 1959 y el Art. Décimo-segundo de dicha Ley, y haciendo uso el Tribunal de los principios de equidad y de justicia que [illegible] Código de Defensa Social [illegible]

Julio 11. El capitán guerrillero Rigoberto Ojeda cae en el combate de Monte Gordo, en los límites de Matanzas y Las Villas, próximo al río Hanabana. En este cruento combate caen además junto a Ojeda, el guerrillero Felo Romero, Eduardo El Habanero, y resultan heridos y hechos prisioneros José Otero, quien era menor de edad y Rafael Espín, quien pocos meses después sería fusilado.
- Ante una protesta de los menores de edad recluidos en la prisión de La Cabaña, la guarnición reacciona brutalmente hiriendo a más de 60 presos, algunos de gravedad.
- Los guerrileros Macario Quintana y Aquilino Zerquera son ejecutados en Manaca de Iznaga, Trinidad, después de llevar casi dos años en la prisión de Isla de Pinos sin juicio y sin sentencia.

Julio 13. Fueron fusilados en La Ceiba, en El Escambray, otros 19 guerrilleros que habían estado durante dos años en la prisión de Isla de Pinos, sin haber sido sometidos a un proceso judicial previo. Ellos eran: Lister Álvarez López, Pablo Beltrán Perdomo, José Iznaga Beltrán, Zenén Bercourt Rodríguez, Carlos Brunet Álvarez, Guititio, Carlos Curbelo del Sol, Alfredo Fernández García, Zacarías García López, Ramón García Ramos, Orlando González López, Alejandro Lima Barzaga, Nando Lima, Blas Marín Navarro, Francisco Martínez Zúñiga, Roberto Montalvo Cabrera, Ignacio Zúñiga González, Ruperto Ulacia Montelier, Alejandro Toledo Toledo, Blas Rueda Muñoz y Ramón Pérez Ramírez (Monguito).[61]
- El guerrillero Bernardo Caballero es mortalmente herido durante un enfrentamiento con efectivos gubernamentales en la provincia de Matanzas.

Julio 15. Una avioneta dejó caer dos pequeñas bombas de fabricación casera sobre el central Bolivia, en Morón, Camagüey.

Julio 22. Muere en combate en la Sabana de Imías, Sierra de Cubitas, Camagüey, Roberto Rodríguez, jefe guerrillero conocido como Saquiri. Junto a él cayeron otros dos combatientes y varios miembros de las LCB. Tres guerrilleros resultaron heridos en este encuentro.

Julio 23. El jefe guerrillero Minier de La Torre atacó una cooperativa cerca de la cervecería de Manacas, en Las Villas. El lugar estuvo ocupado por varias horas, propiciando que los guerrilleros adquirieran armas y vituallas.

Julio 24. Es fusilado en el Castillo de San Severino, en Matanzas, el guerrillero Evaristo Boitel Beruvides. Su madre había dirigido una carta al dic-

tador pidiendo clemencia para el único hijo que le quedaba y a pesar de las promesas, se lo entregaron cadáver. Evaristo Boitel Beruvides había podido escapar de numerosos cercos, pero al ponerse difícil la situación en la región que operaba su guerrilla, buscó refugio en La Habana, donde fue apresado por las fuerzas de la Seguridad del Estado.
- Los familiares de guerrilleros y colaboradores de la zona norte de la provincia de Las Villas fueron desterrados de la región y trasladados a la fuerza para La Habana. Esta deportación tendría como fin eliminar toda posibilidad de ayuda a los alzados de la región.

Julio 25. Un día después del fusilamiento de su hijo Evaristo, fue fusilado Juan José Boitel Horta, quien fuera jefe guerrillero y padre de otros dos mártires en la lucha contra el totalitarismo.

Juan José Boitel Horta, había combatido antes el gobierno de Batista. Se alzó en la provincia de Matanzas y sostuvo varios encuentros con las milicias, siendo herido en uno de ellos. Boitel fue capturado en el puente de Coliseo cuando intentaba llegar a La Habana y ejecutado en el Junco, próximo a Jovellanos. La rebeldía de este jefe guerrillero se hizo todavía más patente cuando, en el momento de ser ejecutado en el campo de pelotas de esa localidad, pidió permiso para rezar e intentó escapar, por lo que fue ametrallado por la espalda.

Julio 27. Cae en un enfrentamiento con las milicias, cerca del central Jaronú, en Camagüey, el guerrillero Jorge León Rodríguez, Chichi, quien había sido herido en un enfrentamiento que tuvo lugar en Sabana de Imías, varios días antes.

Agosto 13. Es fusilado el jefe guerrillero Daniel el Indio Cardó, que había dirigido una guerrilla en la zona de Jaruco. Cardó fue arrestado cuando intentaba asilarse en una embajada en la capital cubana.
- Se produce un incidente fronterizo con Gran Bretaña cuando tropas cubanas desembarcan en Cayo Anguila, Bahamas, para capturar a un grupo de combatientes cubanos que habían buscado refugio en esa isla. Las tropas del régimen comunista secuestran a los combatientes cubanos, quienes después de largos años sin que se le celebrace juicio, fueron condenados a largos años de prisión, entre ellos Eleno Oviedo Álvarez.

Agosto 14. Diferentes unidades de los Comandos Mambises atacan las Minas de Matahambre, Pinar del Río y tanques de almacenamiento de petróleo en el Puerto de Casilda, Trinidad, Las Villas.

Agosto 15. Guerrilleros comandados por Maro Borges se enfrentan a varios batallones de milicias y LCB, en Guasimal, Escambray. Las guerrillas pierden once hombres, José Mustelier, Rolando Pérez Viciedo, Danilo Pérez Viciedo, Fernando Pérez Viciedo, Ibrahím Palmero, Mario Torres Vilarico, Ismael Borges, El Ñato de Matanzas, Fidel El Orientalito, Manuel Rodríguez y Domingo García El Isleño. Resultaron gravemente heridos y capturados por las fuerzas gubernamentales Elías Borges, Chichi Rojas, y Raúl García Quechole. El resto de la guerrilla también resultó herida, seis en total, incluyendo al jefe Maro Borges. Por parte de los efectivos del gobierno hubo siete bajas.
- Una avioneta del MIRR ataca el central Cunagua, provincia de Camagüey, con fuego de ametralladora, dejando caer dos bombas sobre la instalación que causaron serios daños a la misma.

Agosto 16. Una avioneta del MIRR vuela sobre la refinería de La Habana, provocando un fuerte fuego antiaéreo. El avión continuó curso hacia Matanzas, para luego regresar a su base.

Agosto 17. Rolando Mathew Paz, Manuel Marrero Castillo y Francisco Marrero Castillo, miembros de un equipo de infiltración que habían sido detenidos el mes anterior, fueron fusilados en Las Villas.

Agosto 18. Una avioneta del MIRR procedente del exterior ataca los albergues de militares y técnicos soviéticos.
- Las naves Lavo y Leda junto al Bee, transportan unidades de los Comandos Mambises para que desembarquen en las proximidades de Casilda, Trinidad, Las Villas, con el objetivo de atacar los tanques de combustible situados en el puerto de ese nombre. Con fuego de morteros hicieron explotar los depósitos y un vagón cisterna del ferrocarril.

Agosto 19. Dos lanchas de desembarco procedentes del exterior tirotean la planta eléctrica y la fábrica de ácido sulfúrico de Santa Lucía, en Pinar del Río.
- Una avioneta destruye varios tanques de combustible situados en el puerto de Casilda, Trinidad, Las Villas, al lanzar varios artefactos explosivos sobre los mismos.

Agosto 23. Muere durante un enfrentamiento en el Escambray, el jefe guerrillero Rigoberto Tartabull Chacón. Paradójicamente, el oficial al mando de las fuerzas del régimen llamadas Lucha Contra Bandido, LCB, que participó en la operación, era su propio hermano. En este encuentro cayeron varios guerrilleros que no han sido identificados, a excepción de uno sólo conocido como Pedro "El Mío". Las milicias también sufrieron varias bajas entre muertos y heridos.

Agosto 25. Fusilan en la provincia de La Habana, al guerrillero Fernando Rivera Pérez.

Agosto 26. Es ejecutado en Camagüey el guerrillero Jorge Labrada Martínez conocido como Taguarí.quien había caído prisionero en un enfrentamiento en la Sierra de Cubitas, Camagüey.

Agosto 28. Es capturado herido y fusilado de inmediato en Florencia, provincia de Camagüey, el guerrillero Julio Pérez Gómez La Vaca.
- Muere el guerrillero Aldo Prieto Sosa al intentar vadear el río Las Yaguas para escapar de un cerco de las milicias. Prieto Sosa combatió en Las Villas y Camagüey.

Agosto 29. Caen en un enfrentamiento en la Laguna de Taje, cerca de Trinidad, Las Villas, el jefe guerrillero Pedro González, su hermano José, Guillermo Torres, Efraín Peña, Juan Herrera, Ramón Prado, Mario Soler, y dos hermanos sólo identificados como Miguel y el Marinero de Placetas.

Los restos mortales de Pedro González y de su lugarteniente, Guillermo Torres, fueron transportados hasta el parque de Trinidad y tirados al pavimento, donde fueron vilmente ultrajados por el populacho convocado por las tropas del LCB y de la Seguridad del Estado.

Septiembre. Es ejecutado en la provincia de Las Villas, a los 22 años de edad, el jefe guerrillero Manolo Vázquez, El Galleguito. El capitán guerrillero había resultado herido gravemente mientras rompía un cerco de millares de efectivos del régimen entre Potrerillo y San Juan de los Yeras. A pesar de su condición logró escapar y encontrar refugio en una casa de seguridad de la ciudad de Santa Clara, donde fue finalmente apresado.
- Es ejecutado en la ciudad de Santa Clara el capitán guerrillero Israel Pacheco.
- Tratando de romper un cerco de las fuerzas gubernamentales en el Rincón del Naranjo, finca Jibacoa, Escambray, cayó mortalmente herido, junto a todos sus hombres, el jefe guerrillero Leonardo Peñate.

Septiembre 2. Es fusilado el combatiente Juan Lima en el campo de concentración del Condado, una localidad situada en el Escambray.

Septiembre 3. Son ejecutados en Cumanayagua, Las Villas, los guerrilleros Miguel Vázquez y Luis Rodríguez.

Septiembre 4. Mueren en un enfrentamiento con fuerzas del gobierno en las montañas del Escambray, los guerrilleros José Miguel Gómez y Orestes Gómez, hermanos, y Efraín Peña.

Septiembre 5. Dos aviones que lanzaban propaganda antigubernamental sobre la ciudad de Santa Clara lograron escapar del fuego antiaéreo, pero los fragmentos de los disparos de ametralladoras al precipitarse a tierra provocaron una muerte y varios heridos.

Septiembre 8. Una avioneta del MIRR procedente del exterior dejó caer cinco bombas sobre el Central Jaronú, en la costa norte de Camagüey. Otras dos incursiones aéreas se realizaron sobre Santa Clara y la refinería de combustibles de Santiago de Cuba.

Septiembre 11. Caen en un enfrentamiento con las fuerzas del ejército en los llanos de San Gil, próximos a San Diego del Valle, Las Villas, los guerrilleros Alvaro Santos del Pino, Félix Pérez, Ignacio López, Tacito y Manuel Chirino. Esta guerrilla era comandada por Demetrio Ramón Nano Pérez.

Septiembre 12. Es fusilado en la provincia de Matanzas, el guerrillero Benito Ortega Juliá y varias personas más que fueron procesadas en la causa 106 del año 1963.

Septiembre 16. Es ejecutado en el paredón de la fortaleza de La Cabaña, Ambrosio Peñalver Laguna, quien había sido el fundador de la Respetable Logia "Víctor Muñoz", y del circuito de Logias Ultramarinas.

Septiembre 17. Se frustró un atentado contra Fidel Castro y otros dirigentes del gobierno que tendría lugar el 28 de septiembre. Para esta acción se habían coordinado varios movimientos de la resistencia, entre ellos el Frente Interno de Unidad Revolucionaria y la Triple A. La operación consistiría en colocar explosivos debajo de donde estaba instalada la tribuna, en la Plaza de la Revolución.

- Fueron procesados, con petición de pena de muerte, Juan Alberto Valdés Terán y su hijo Calixto Alberto Valdés Mendoza. Valdés Terán cumplió 25 años de prisión y su hijo sería fusilado en los fosos de la prisión de La Cabaña esa misma noche.

Septiembre 18. Un gigantesco cerco integrado por batallones de milicias y del LCB sitian en el Cupey, San Diego del Valle, Las Villas, a las fuerzas guerrilleras que comandaba Demetrio Nano Pérez. Los guerrilleros estaban refugiados en una cueva que habían construido en la finca de Rubén del Pino. El guerrillero Osvaldo Carre Aparicio es mortalmente abatido en el enfrentamiento y varios de sus compañeros resultan heridos. Entre los capturado se encontraba la guerrillera Oristela López Rodríguez y los insurgentes Teodoro García, Aldo José Santin del Pino, Edelio López Rodríguez y "Nano" Pérez.
- Los custodios de la Cárcel de Mujeres de Guanajay reprimen brutalmente una protesta protagonizada por presas políticas.
- Muere en combate en la región de San Diego del Valle, Las Villas, el guerrillero Osvaldo Carde Aparicio (El Turro).

Septiembre 26. Son fusilados en El Condado, Las Villas, los guerrilleros, Ricardo Faura, Rafael Espín, uno conocido como Titi Mata Pena y Emilio Ojeda Prieto, Tingo. El hermano de Ojeda Prieto, también había sido guerrillero y murió en un combate.

Septiembre 30. Unidades de Comandos Mambises, transportadas por las naves Leda y Lavo, atacan un moderno aserradero del régimen ubicado en las proximidades del Puerto Maraví, cerca de Baracoa, al norte de la provincia de Oriente. Los comandos armados y cargados de explosivos cumplen su misión y escapan de la vigilancia de las milicias sin tener bajas.

Octubre 1. Pedro Castellón es fusilado en la Fotaleza de La Cabaña, La Habana.

Octubre 2. *Firman la Segunda Ley de Reforma Agraria. Se fija un máximo de propiedad rural de cinco caballerías, 67 hectáreas y con una indemnización de $15.00 por caballerías, sin que el máximo pudiera exceder los $250.00*

Octubre 10. *El huracán Flora afectó seriamente el territorio cubano. Murieron 1,159 personas y se produjeron cuantiosas pérdidas materiales.*

Octubre 12. Ejecutado en los fosos de La Cabaña el miembro del Movimiento 30 de Noviembre y dirigente sindical, Orlando Sánchez Saraza.

Octubre 15. Cae en un enfrentamiento con efectivos del gobierno, en las cercanías de Palma Soriano, Oriente, el guerrillero Luis Arguello.

Octubre 18. Cercados en la finca La Jagua, próxima a Rancho Veloz, los guerrilleros que comanda Agapito Rivera. El enfrentamiento con las milicias se produjo dentro de un campo de marabú, llegando en ocasiones a la lucha cuerpo a cuerpo, en la que sufrieron varias bajas las fuerzas gubernamentales.

Octubre 21. Durante una operación de infiltración por cabo Corriente, en la costa sur de Pinar del Río, se produjo un enfrentamiento entre una veintena de comandos y más de siete mil efectivos de las fuerzas del régimen que se habían concentrado en tierra. En el encuentro, que duró varias horas, resultan heridos varios expedicionarios, entre ellos Gabriel Arcángel Amador y Augusto Pineda, y muerto uno identificado como El Guajiro; también cayeron prisioneros cinco miembros del equipo de infiltración.

Octubre 23. Sepultado en alta mar el combatiente por la libertad de Cuba Gabriel Arcángel Amador quien, aunque había resultado herido en un enfrentamiento el día 21, en la costa sur de Pinar del Río, pudo sacar la embarcación que tripulaba del cerco que le tendieron las unidades del régimen. Arcángel Amador había participado en numerosas expediciones e integrado desde 1960 las unidades navales que desde el exilio atacaban al régimen cubano.
- Fusilados en Camagüey, los combatientes Ronaldo Cobrisa Sousa, Fermín González Mena y Guillermo Padrón Hernández.
- Cae en un enfrentamiento con las milicias entre Ceiba del Agua y Vereda Nueva, el jefe guerrillero de la provincia de Pinar del Río, Diosmedes Hernández Falero, El Marinero, quien con 28 años había sustituido a Machete Robaina en el liderazgo de la guerrilla tras su muerte. Hernández Falero se mantuvo operando en la zona de Artemisa, Guanajay, Caimito y Bauta. Había pertenecido a la marina de la república y cuando triunfó la revolución le ofrecieron promoverlo militarmente pero rechazó la oferta. Después de su fusilamiento, las milicias intentaron registrar su vivienda en Porvenir, Artemisa, pero la madre de Falero se les enfrentó con un machete en la mano.

Octubre 31. El insurgente Rolando Cabrera Sosa muere durante un enfrentamiento con efectivos gubernamentales en la provincia de Matanzas.

Noviembre 1. Es ejecutado en los fosos de La Cabaña el combatiente del clandestinaje Jorge Carlos Espino Escalès.

Noviembre 2. Ejecutados en la prisión de La Cabaña Guillermo González e Ilario Rodríguez Docampo, dirigentes del movimiento clandestino Frente Unido de Liberación Nacional.

Noviembre 3. En un esfuerzo por prestar la mayor asistencia posible a los guerrilleros cubanos que operan en las montañas del Escambray, se reúne La Asamblea General de Miembros del Ejército Cubano Anticomunista, denominada Frente Escambray, en la ciudad de Nueva York, con la participación de Evelio Duque, primer comandante de la lucha guerrillera contra el totalitarismo.

Noviembre 4. Fue ejecutado en el castillo de San Severino, Matanzas, el jefe guerrillero Francisco Castañeda Borges, conocido como Pancho Jutía.
- La guerrilla de Agapito Rivera continúa bajo el acoso de las fuerzas gubernamentales, por lo que sostiene un encuentro en las proximidades del cementerio de Rancho Veloz, Las Villas, del que logran escapar internándose en las colinas de San Vicente.

Noviembre 5. Muere ante el paredón de fusilamiento de La Cabaña, Enrique Cruz Abreu, quien había reorganizado el movimiento clandestino Cuba Libre. Esa misma noche fueron ejecutados los también guerrilleros Enrique Cepero González, Roberto Echevarría Coule, Omar Prieto Pages, Ismael Marchante, quien todavía no había cumplido los 17 años de edad, y otro guerrilero sólo conocido con el sobrenombre de el Niño Noroña. Este grupo guerrillero operó en las zonas de Pilotos, Herradura y Bauta.
- Fue condenado a muerte y ejecutado ante el paredón de la prisión de San Severino, Matanzas, el miembro de la resistencia Francisco Dueñas Landín.

Noviembre 6. La guerrilla de Mario Bravo desarmó a varios policías en el caserío La Cuchilla, cerca de Jatibonico.

Noviembre 12. Mueren ante el paredón de fusilamiento Antonio Cobelas Rodríguez, Juan M. Millán Rodríguez, José F. Batonas Morales y Orlando Sánchez Soroza; todos eran miembros de un equipo de infiltración que había sido detenido unas semanas antes.

- La guerrilla que capitaneaba Agapito Rivera (El Guapo) sostuvo un enfrentamiento con las milicias en las proximidades de la casa de los Negrón, en Corralillo.

Noviembre 13. Son fusilados en los fosos de La Cabaña Argimiro Fonseca Fernández, Erasmo Machín García, Alfonso Ibáñez e Israel Rodríguez Lima.
- *Se instaura en Cuba el Servicio Militar Obligatorio, SMO., que obliga a los varones entre los 15 y 45 años de edad a prestar servicio en las Fuerzas Armadas FAR. La permanencia en el servicio es de tres años.*
- Mueren en un enfrentamiento con fuerzas del gobierno en la provincia de Camagüey los guerrilleros José Tapano, Luis Pérez, Raúl Pérez, Humberto Muñoz, Claro Ruiz y uno conocido como "El Coliseo Matancero".

Noviembre 14. En un encuentro con fuerzas combinadas del gobierno cerca de Manicaragua, en Las Villas, cayeron abatidos el jefe guerrillero Máximo Alvarez Concepción, Hipólito Castillo y otros dos insurgentes sólo conocidos con los sobrenombres de Manolito y El Perro.

Noviembre 15. El capitán Demetrio Ramón "Nano" Pérez, junto a los cuatro guerrilleros sobrevivientes de su guerrilla, fueron ejecutados frente al paredón de fusilamiento de Santa Clara. Los insurgentes, fusilados sin juicio previo, fueron: Edilio López Rodríguez, Teodoro García, Tito, Aldo José Santos del Pino, Pepe, y Cecilio Ramón Marín Espinosa. Así mismo los colaboradores ejecutados fueron, Florentino Pelaéz y su hijo de 17 años de edad, Florentino Pelaéz García.

Esta guerrilla operó durante varios años en los llanos próximos a San Diego del Valle, Jicotea y Santo Domingo, en la provincia de Las Villas.
- Es fusilado en Santa Clara, Las Villas, el guerrillero Mendieta López Camba.
- Es fusilado en Santa Clara, a pesar de estar ciego en el momento de su captura, el guerrillero José Rodríguez.

Noviembre 21. La fuerza guerrillera que comandaba Agapito Rivera es cercada por varios miles de milicianos y soldados en la finca San Pedro, cerca de Corralillo. En un enfrentamiento que duró varias horas, se produjeron combates cuerpo a cuerpo por la proximidad de los contendientes. En la lucha resultaron mortalmente heridos los guerrilleros Francisco Rivera Millián, hermano del jefe de la guerrilla, que perdió durante toda la contienda dos hermanos y nueve primos. Además cayó Mario Eusebio García Molina. Agapito Rivera (El Guapo) resultó herido en ambos brazos y las dos piernas y capturado cuando estaba prácticamente desangrado, ya que una de las heridas le afectó la femoral.

Noviembre 22. *Es asesinado en Dallas, Texas, el presidente de Estados Unidos, John F. Kennedy.*

Diciembre 5. Un grupo procedente del exterior, en una acción comando atacó el puesto de observación de la marina cubana en Cayo Cristo, situado en la Bahía de Sagua la Grande, Las Villas.

Diciembre 10. Varios batallones de las LCB cercan a la guerrilla de Juan Alberto Martínez Andrade en la finca Rollete, cerca de Jatibonico. En el combate muere un sargento de las fuerzas antiguerrilleras. También resultaron heridos Juan Alberto Martínez Andrade, Roberto García y Estervino Gutiérrez, quienes lograron escapar, pero fueron hechos prisioneros Amaury Fernández Hernández y Roberto Fraguela Tejera, que a los pocos días fueron ejecutados por un pelotón de fusilamiento.

Diciembre 12. Caen en una celada de las fuerzas gubernamentales en la provincia de Pinar del Río, los guerrilleros Vicente Ramos, Adriano Sainz y Antonio Reyes. El jefe de esta guerrilla era Pedro Celestino Sánchez Figueredo, el guerrillero que más tiempo estuvo operando en la provincia más occidental de Cuba.

Diciembre 13. En un segundo cerco tendido por las milicias y el ejército en Rancho Benítez, Pinar del Río, cae mortalmente abatido el jefe guerrillero Pedro Sánchez Figueredo y resulta gravemente herido el guerillero Evelio Hernández.

Diciembre 14. Un nuevo cargamento de armas con el escudo de Cuba fue descubierto en los alrededores de Caracas, Venezuela. Las armas estaban presuntamente destinadas a las guerrillas pro castristas que operaban en ese país.

Diciembre 19. En uno de los combates más cruentos en toda la historia de las luchas guerrilleras de la Cuba republicana, en los cañaverales próximos al Central Portugalete, en Palmira, al sur de Las Villas, mueren el comandante de guerrillas Luis Molina, y el también jefe guerrillero Antonio Otero y varios miembros de la familia de éste: Pedro Otero, Rafael Otero (El Niño) y Rafael Otero, padre; Arnaldo Villalobo, Manuel Morales y otro guerrillero del que no se tiene el nombre.

En este combate no hubo heridos ni prisioneros, todos resultaron muertos y sus cadáveres fueron tirados en la cama de un camión y tirados en el parque de la ciudad de Cartagena para que el populacho los vejase.
Esta guerrilla fue traicionada por varios de sus principales colaboradores, que desde el mes de junio anterior habían negociado su libertad con las fuerzas de la Seguridad del Estado totalitario.
- Muere ante el paredón en las Cumbres, Matanzas, el líder agrario y guerrillero Orestes Fariñas.
- Asesinado en Las Cumbres, Matanzas, Jerónimo León Guas.

Diciembre 20. *Las Organizaciones Revolucionarias Integradas, ORI. Se tranforman en el Partido Unido de la Revolución Socialista de Cuba, PURSC.*

Diciembre 22. En un enfrentamiento con las unidades guerrilleras que comandaba José Cheíto León, en la finca El Barral, cerca de Trinidad, en Las Villas, cayó un efectivo de las fuerzas gubernamentales.

Diciembre 23. El barco Reefer transporta hasta las cercanías de la bahía de Siguanea, Isla de Pinos, una unidad de ataque perteneciente a los Comandos Mambises integrada por hombres ranas y que con elementos de demolición lograron hundir la torpedera LT-385 de la Marina de Guerra Revolucionaria. Esta acción realizada dentro de territorio enemigo, causó la muerte de cuatro tripulantes de la embarcación, entre ellos la de un alférez de fragata, y 18 heridos.

Diciembre 24. Una lancha artillada tripulada por grupos de acción radicados en el exilio, tirotea desde el mar una fábrica de licores ubicada en las proximidades de la bahía de Matanzas.

Diciembre 27. Luchando contra las milicias y el ejército en la finca Cayama, norte de Las Villas, son abatidos los guerrilleros Gabriel Rivera Orta y Emilio Rivera Pérez, lográndose escapar el jefe de la guerrilla Rigoberto Ibarra García.

1963. Alito Polo, que se había alzado en las montañas del Escambray para combatir al régimen totalitario en 1961, cae en un enfrentamiento con fuerzas de la milicia.
- El guerrillero Cuso Paulette, quien a los 23 años de edad alcanzó el grado de capitán en las guerrillas que combatían en el Escambray, muere en Meyer

Arriba, en Trinidad, Las Villas, durante un enfrentamiento con unidades de las milicias.
- El guerrillero Lilo Gándora perdió la vida en un encuentro con las milicias en la región montañosa del Escambray, en Las Villas.
- Es muerto en un enfrentamiento en la región del Escambray un guerrillero conocido como Pupio Batista.
- Cae combatiendo contra el ejército en las montañas del Escambray, el guerrillero Orlando Collazo.
- Fusilado en la provincia de Pinar del Río, el guerrillero Angelo Caro.
- Eugenia Fábrega es asesinada por un efectivo del destacamento de milicias que había intervenido la finca Santa Rosalia, situada en los limites de los barrios Jibaro y Pelayo en el municipio de Sancti Spritus. El padre de la joven José Maria Fabrega y su esposo Eugenio Castillo estaban presos por supuestamente colaborar con los alzados de la región montañosa del Escambray.[62]

Cuevas artificiales construidas por los alzados en armas que operaron en los llanos de las provincias de Matanzas y Las Villas, en los primeros años de la década del 60. Las cuevas eran usadas como refugio y lugar para almacenar suministros.

blanco

Año 1964

Enero 10. Los guerrilleros Titi Lamas y José Antonio Fábragas Cintas lograron escapar de numerosos cercos de las fuerzas del gobierno y para sobrevivir construyeron una cueva en una zona conocida como Mula Quieta, en las proximidades de San Pedro de Mayabón. Al poco tiempo fueron detectados por las milicias, pero antes de ser capturados, Titi Lamas se suicida y resulta apresado Fábragas Cintas, quien a los pocos días, según informaciones de la propia Seguridad del Estado, se suicidó en la celda en que se encontraba recluido.

Enero 13. Emilio Rivera Pérez se ahorcó en el campo de concentración de La Sierrita, en Corralillo, Las Villas.

Enero 28. Como consecuencia de un hábil operativo de la Seguridad del Estado que involucró numerosos recursos de inteligencia fueron detenidos, sin que mediase violencia por ninguna de las partes, varios guerrilleros que por largo tiempo habían estado alzados en armas en la región montañosa del Escambray. Entre los apresados se encontraba el comandante guerrillero de todo el Escambray, Julio Emilio Carretero.

Enero 14. *Afirma Erneido A. Oliva, segundo jefe militar de la Brigada 2506, que el presidente de Estados Unidos Lyndon B. Jhonson le informa ante la presencia de Robert Kennedy que todas las operaciones contra el gobierno de Cuba quedaban suspendidas.*

Febrero. Es fusilado en La Cabaña, Regino Germán Pérez Santana por supuestamente formar parte de un grupo que entro ilegalmente al país con fines de desestabilizar al régimen.
- Fusilado en La Cabaña Ernesto Pérez Morales.

Febrero 14. La Organización de Estados Americanos, OEA, acusó al gobierno de Cuba de agresion armada contra Venezuela.

Marzo 7. Las guerrillas de Juan Alberto Martínez Andrade y de Mario Bravo fueron rodeadas por un gran contingente de milicianos y LCB, en la Loma de Los Indios, cerca de Florencia, Camagüey. Las fuerzas insurgentes fueron atacadas con bazucas y helicópteros, pero no tuvieron bajas porque se refugiaron en una cueva.

Marzo 11. Cayó ante el paredón de fusilamiento de los fosos de La Cabaña, el combatiente Inés Malagón Santiesteban.

Marzo 12. Fusilado en La Campana, cerca de Manicaragua, Las Villas, Elio Gutiérrez Mendez, El Muerto, de solo 19 años. Se había alzado en 1961 a la edad de 16 años desde San Juan de los Yeras, en la provincia de Las Villas.
- Fusilado en Santa Clara el guerrillero Elio Méndez Gutiérrez, en la causa 166 del 64, quien había estado alzado en la región montañosa del Escambray.

Marzo 13. El gobierno, para disminuir el apoyo que los campesinos prestaban a los alzados en armas, continúa su política de concentración al estilo de la que Valeriano Weyler había establecido en Cuba durante la Guerra de Independencia. En esta ocasión cerca de 500 familias fueron separadas por decisión de las autoridades. Las mujeres y los niños fueron enviados hacia la barriada de Miramar en La Habana y los hombres fueron ubicados en prisiones que controlaba la Seguridad del Estado, "La Sierrita", "La Campana", y "El Condado" y que estaban ubicadas en zonas donde operaban los alzados en armas. Después de varios meses de reclusión sin haber sido procesados, fueron trasladados para la región de Guanes, Pinar del Río, a las prisiones Sandino 1, Sandino 2 y Sandino 3.

Marzo 14. Muere por fusilamiento en el campo de tiro de Limonar, Matanzas, el guerrillero del MRR, Arturo Gil.

Marzo 18. Fusilado en Pinar del Río el guerrillero artemiseño Guillermo Pacheco, quien había formado parte de las guerrillas de Machete Robaina.

Marzo 20. Publicada clandestinamente en Cuba una revista literaria titulada "La Poesía Cubana frente al Comunismo". La compilación fue efectuada por el poeta y ex preso político Ángel Cuadra y editada por el movimiento clandestino Unidad Nacional Revolucionaria, UNARE.

Marzo 21. José Silva Tejeiro es fusilado en la prisión de La Cabaña.

Marzo 26. Los conflictos históricos de los viejos cuadros del Partido Socialista Popular con el M-26-7 y DR-13-3, salieron a relucir durante el proceso de Marcos Rodríguez, militante del desaparecido PSP. Rodríguez estaba acusado de haber delatado a miembros del DR-13-3, y que fueron posteriormente asesinados por la policia del régimen de Batista en Humbolt 7, La Habana. Marcos Rodríguez fue fusilado varios días después.

Marzo 28. El jefe guerrillero Juan Alberto Martínez reúne a todas las otras unidades guerrilleras bajo su mando en la finca Las Delicias, cerca de Sancti Spíritus, exponiéndole la grave situación que estaban confrontando y la necesidad de dividirse en grupos más pequeños. A pesar de la difícil situación en ningún momento se planteó la rendición o salida del país.

Abril. Fusilados, cerca de la ciudad de Santa Clara, los guerrilleros José Isabel Bonet, los hermanos Luis y Raúl Pérez Echemendía y el jefe guerrillero Flor Gabriel La Rea Valle, que fue capturado herido en las montañas del Escambray.

Abril 4. Tomás García Valle es fusilado en La Cabaña.

Abril 24. El jefe guerrillero Rubén Cordobés, Machito González y Manolito Clemente (El Billetero) caen durante un enfrentamiento con fuerzas combinadas del gobierno en la finca Las Varas, en el Escambray.

Abril 27. Ángel Lucas Medina Díaz es fusilado en la Fortaleza de La Cabaña.

Abril 29. Es ajusticiado por las fuerzas al mando del jefe guerrillero José Cheíto León, el delator Alberto Delgado Delgado. Conocido como el “Hombre de Maisinicú”, Delgado fue el instrumento de la Seguridad del Estado en una operación que posibilitó la captura de varios jefes guerrilleros y sus hombres, sin que se produjecen enfrentamientos armados. La delación de Delgado llevó al paredón de fusilamiento y a la prisión a un gran número de personas.[63]

Abril 30. Es fusilado en las proximidades de la ciudad de Santa Clara el guerrillero Inocencio Romero “Babito”.

Mayo 1. Benigno Soriano Hernández, que llevaba más de un año en las celdas de la Seguridad del Estado de Santa Clara, es ejecutado ante el paredón en la Loma del Viento en las proximidades de la capital villaclareña. Soriano Hernández había integrado un equipo de infiltración que enfrentó a unidades guardafronteras del régimen. En el encuentro cayeron varios de sus compañeros y miembros del gobierno.

Mayo 6. Las fuerzas guerrilleras comandadas por Mario Bravo tirotean un jeep en la zona de Bella Mota, cerca de Perea, Sancti Spíritus, causando la muerte de un dirigente del Partido Unido de la Revolución Socialista de Cuba PURSC y de otro funcionario del régimen.

Mayo 7. Fuerzas guerrilleras son cercadas por varios batallones de milicianos y de la Lucha Contra Bandidos, LCB, en Los Ramones, Yaguajay. En los enfrentamientos las tropas del gobierno sufrieron dos bajas.

Mayo 11. Muere en un enfrentamiento en el Serrucho, provincia de Camagüey, el jefe guerrillero Isidro Rosales Guerra "Carito", que se había alzado en armas en 1961. Durante el combate también pierden la vida Pedro Cano Gaspar, Justo Álvarez Pérez, otro guerrillero identificado como Negro Ventura, Julio Rabí Parra, quien herido en el estomago siguió disparando hasta que murió, su hermano, Humberto Rabí Parra, Israel Matías Castro, Pablo Matías Castro y Raúl Romero. Los heridos que sobrevivieron fueron, Estervino Gutiérrez, Gregorio Aragón García y otro no identificado.

Mayo 13. El central Luis E. Carracedo, en Pilón, antigua provincia de Oriente, fue atacado por comandos del MRR, procedentes del exterior. El ataque, que era simultáneamente realizado por mar y tierra, provocó cuantiosos daños materiales a las instalaciones.

Mayo 15. Durante un enfrentamiento con las fuerzas del gobierno cae herido mortalmente el guerrillero Víctor Manso, quien formaba parte de la unidad que comandaba José Cheíto Léon.

Mayo 18. Muere rompiendo un cerco de las milicias en la finca Manaquitas, en el Escambray, el guerrillero Orestes Gómez, de la guerrilla de José Cheíto León.

Mayo 19. Comandos del Alpha 66 procedentes del extranjero atacaron el cuartel de milicia situado en la Playa de Tarará, en la provincia de La Habana; allí ocuparon las armas de la instalación cuando la guarnición huyó.

Mapa Elaborado por Vicente Martinez

Lugares donde operaron las guerrilas en la decada del 60.

Mayo 20. El jefe del Frente Unido Occidental, FUO, Esteban Márquez Novo, se suicida en Pinar del Río, antes de caer prisionero. El dirigente de la oposición había estado alzado en armas en la Sierra de los Organos, posteriormente partió para el exterior y regresó a Cuba para organizar en las provincias occidentales una vasta red en contra del régimen. Su plan consistía en desarrollar una campaña de sabotajes y de ataques guerrilleros en toda las regiones en las que operase el movimiento. Marquez Novo, conocido como Plácido, antes de cometer suicidio, quemó todos los documentos que podían incriminar a sus compañeros.[64]

Mayo 25. Cae en el encuentro de la finca Jabira, en el Escambray, el jefe guerrillero José León Jiménez, Cheíto León, quien se había alzado en 1961 y fue el último comandante en jefe de los alzados del Escambray. Junto a "Cheíto" León murieron Sergio Pérez Miranda, Mario Pisch Cadalso y Lorenzo Santana Duardo.

Cheíto León procedía de una familia humilde y murió a los 22 años de edad. Sucedió a su hermano Merardo León Jiménez, caído en combate, al mando de un grupo de combatientes que había entrado en las milicias para alzarse con las mismas armas del gobierno. León fue quien ajustició al delator Alberto Delgado Delgado.

Mario Pisch se alzó en el verano de 1960 y fue capturado en una de las llamadas Limpias del Escambray. Al año de estar recluido en un centro de rehabilitación de menores le fue otorgado un permiso para visitar a su familia, oportunidad que aprovechó para unirse nuevamente a las guerrillas.

Lorenzo Santana Duardo fue un joven cortador de caña que se había alzado en 1961.

- El combatiente Gilberto Rodríguez San Román es detectado poco después de desembarcar procedente del exterior por la provincia de Pinar del Río. Luego se produjo un enfrentamiento con fuerzas del gobierno en las proximidades del caserío de Guillén, resultando herido Rodríguez San Román, quien horas más tarde resultó asesinado por sus captores.

Mayo 29. Es fusilado en Pinar del Río el combatiente Enrique Henry Ulloa, quien había desembarcado pocos días antes en esa provincia.

Mayo 30. Son ejecutados en los fosos de La Cabaña los combatientes Felipe Vidal Santiago, ex jefe de la policía marítima revolucionaria; Ladislao González Benítez, Elías Rivera Bello y Alfredo Valdés Linares, quienes habían logrado infiltrarse en la isla a pesar de las numerosas fuerzas que el régimen situara en las costas.

Junio 2. Fueron fusilados en la ciudad de Camagüey los miembros de la clandestinidad Alberto Cesáreo Fernández Medrano, Manuel Paradela Gómez y Marcelino Martínez Tapia.

Junio 6. Muere ante el paredón en Santiago de Cuba, Miguel César Díaz Infante, alto funcionario del ministerio de Comercio Interior en la provincia oriental, que estaba conspirando activamente contra el gobierno.[65]
- Cae muerto en combate en la región del Escambray el guerrillero Severino Ureta.

Junio 9. Se inician los enfrentamientos entre las fuerzas guerrilleras comandadas por Everardo Díaz Brunet (Capitán Frías) y Floro Camacho contra millares de milicianos y fuerzas de las LCB en las proximidades de la cueva natural "El Jagüey", cerca de Yaguajay; estos enfrentamientos se prolongaron hasta el día 13.

Junio 10. Durante un enfrentamiento cerca de Florencia, Camagüey, con fuerzas gubernamentales, cae muerto el jefe guerrillero Everardo Díaz Brunet (Capitán Frías), quien se había alzado en 1961 y que operó en la región de Yaguajay-Camagüey-Sierra Cubitas. En el encuentro también murieron los guerrilleros Ulises Carrero, Raúl Romero y otros insurgentes no identificados.

Una parte de la guerrilla logró escapar del cerco y buscó refugio en la cueva natural El Jagüey, que posteriormente fue atacada con cohetes de bazucas y granadas de mano, y por último minada con más de 150 libras de explosivos, cuando las fuerzas del gobierno se percataron que los insurgentes no iban a rendirse.
- Es fusilado en Guantánamo, Oriente, el combatiente de la clandestinidad Rigoberto Steyner.

Junio 12. Al cuarto día del enfrentamiento de la cueva "El Jagüey", las fuerzas guerrilleras, prácticamente sin municiones y todos bastante mal heridos, se entregaron a las milicias a excepción del capitán Floro Camacho, quien se quedó solo en el lugar hasta que varias horas más tarde, rendido por el hambre y la sed, y sin fuerzas para seguir luchando, fue apresado por las milicias.

Junio 13. Una lancha artillada hundió un barco del régimen cerca de Cayo Blanquizal, al norte de la Isabela de Sagua, en la provincia de Las Villas.

blanco

[illegible]

REGISTRO DEL ESTADO CIVIL

CERTIFICACION DE DEFUNCION

Para ser utilizada en: ☐ Cuba — EXENTA ☐

Para surtir efecto en: ☐ Otros países previa legalización — GRAVADA

DECRETO LEY No. 61 DE 24-11-82

INSCRIPCION

Tomo	Folio
100	318

Registro del Estado Civil de: Santiago de Cuba

Municipio: Stgo — Provincia: Stgo

DATOS DE LA INSCRIPCION

Nombres y apellidos del fallecido: Crisco Rafael Hodfeg Martínez

Lugar de nacimiento: El Cobre (Municipio) — (Provincia) — M (Sexo)

Casado (Estado Civil) — 35 años (Edad) — T' Construcciones (Profesión u Oficio)

Nombre(s) y apellidos del padre: Leopoldo

Nombre(s) y apellidos de la madre: Vicenta

Domicilio: Clarita # 35 de ciudad

Lugar del fallecimiento: El campo tiro de esta ciudad

Cementerio en que se dispuso la sepultura: Esta ciudad

Fecha del fallecimiento: 5 a.m. (Hora) 7 (Día) 8 (Mes) 1964 (Año)

OBSERVACIONES:

EL REGISTRADOR DEL ESTADO CIVIL DE: Stgo de Cuba

CERTIFICA: Que los anteriores datos concuerdan fielmente con los que aparecen consignados en la inscripción a que hace referencia.

Hecho por: [illegible] — Fecha de expedición: 16 (Día) 4 (Mes) 1992 (Año)

Confrontado por:

REGISTRADOR DEL ESTADO CIVIL

Firma y Cuño

Nota del editor: El campo de tiro al que hace referencia este documento oficial del gobierno cubano era el lugar utilizado en Santiago de Cuba para fusilar a los que se oponian al totalitarismo.

Junio 15. Es ejecutado en la provincia de Camagüey, el guerrillero Gregorio Bravo Cervantes (el Polaquito).

Junio 19. Una avioneta del MIRR, procedente del exterior lanza dos artefactos explosivos de fabricación casera sobre el central Marcelo Salado, en Las Villas. La nave, piloteada por Luis Díaz López, fue derribada por el intenso fuego antiaéreo, a causa de lo cual murió el piloto y resultaron capturados, ya heridos, los tripulantes Inés Morejón y Luis Velarde, quienes posteriormente fueron fusilados.

Junio 22. Catorce alzados y colaboradores de guerrillas, Causa 344/64, fueron fusilados en los fosos de La Cabaña, incluyendo los comandantes Julio Emilio Carretero Escajadillo y Maro Borges, en el caso conocido como el "Hombre de Maisinicu". Murieron Irineo Borges, Cuco Cedeño, Macho Jiménez, Raúl Morel Viciedo, Benito Rodríguez Pedraja, Andrés Oramás, Tomás García Valle, Vale Hernández, Blas Ortega, y Manuel Munso la Guardia, esposo de la "Niña del Escambray". Varios de los insurgentes habían estado años antes recluidos en la prisión de Isla de Pinos, pero cuando fueron trasladados para la cárcel de Remedios, Las Villas, se fugaron y marcharon de nuevo a las montañas para combatir una vez más en el Escambray al régimen totalitario.

Junio 23. Se inicia un cerco por varios batallones de las milicias y ocho batallones de las LCB contra la guerrilla que dirigía Mario Bravo Cervantes en la zona de Blanquizal de Mayajigua, Las Villas. En el encuentro son heridos los guerrilleros Eutimio Leiva Leiva Piloto y Raúl Alvarez, quien a pesar de las heridas, rompió el cerco y escapó.

Junio 24. Al intentar romper el cerco se produjo un tiroteo y resultaron gravemente heridos el capitán guerrillero Mario Bravo Cervantes y su hermano, y muerto otro insurgente conocido como Eulises El Boticario. Las milicias tuvieron varias bajas, entre ellos un miembro del LCB.

Junio 25. Muere en Blanquizal, a consecuencia de las heridas recibidas, el jefe guerrillero Mario Bravo Cervantes, quien se había alzado en 1961. Existen versiones de que Bravo Cervantes se suicidó antes de ser capturado por las fuerzas del régimen. Durante los diversos enfrentamientos resultaron muertos seis guerrilleros, pero tres lograron escapar.

Junio 28. Son fusilados en Las Villas, el jefe guerrillero Floro Camacho y su hermano José Camacho, quienes, junto a otros guerrilleros, habían protagonizado uno de los combates más cruentos contra las tropas gubernamentales.

Julio. Establece el régimen en el Reclusorio Nacional de Isla de Pinos el Plan de Trabajo Forzado Camilo Cienfuegos. Miles de hombres fueron obligados a realizar agotadoras jornadas en los campos y canteras de piedra de Isla de Pinos durante jornadas que se entendían hasta 12 y 14 horas.[66]

Julio 3. Se constituye en la Circular No. 1, en el Reclusorio Nacional de Isla de Pinos, el Bloque de Organizaciones Revolucionarias, BOR, con el objetivo de coordinar actividades en contra de la nueva ofensiva que estaba instrumentando el régimen. El nuevo proyecto consistía en implementar masivamente un Plan de Trabajo Forzado. Esta coalición estaba integrada por el Movimiento de Recuperación Revolucionaria MRR, el Movimiento 30 de Noviembre, Movimiento Revolucionario del Pueblo MRP, Unidad Revolucionaria, UR, Directorio Revolucionario Estudiantil, DRE, y el Movimiento Demócrata Cristiano, MDC.

Julio 4. Cae en la finca Pedro Julio, en la zona de Bella Mota, el guerrillero Francisco Rosa Alegre, "Paco la Rosa", resultando heridos Roberto García y Eduvino García.

Julio 15. Es capturado en la zona de Bella Mota el guerrillero Raúl Alvarez que había sido herido el 23 de junio durante el cerco al capitán Mario Bravo.

Julio 26. Por una decisión de la Organización de Estados Americanos, OEA, los estados miembros rompieron relaciones diplomáticas con Cuba, a excepción de México. Esta decisión es consecuencia del continuado apoyo por parte del régimen cubano a los movimientos subversivos del continente. En esta ocasión, el caso considerado fue el de Venezuela.

Julio 31. Las autoridades norteamericanas incautan en la ciudad de New Orleans una tonelada de explosivos y otros equipos que estaban en poder de una organización de exiliados cubanos.

Agosto. Ignacio Manresa es ejecutado en La Cabaña.
- José Manresa es fusilado en la provincia de Pinar del Río.
- Oscar Márquez Castro es fusilado en La Cabaña. Le acusaron de conspirar con ciudadanos soviéticos.

Agosto 6. El preso político Ernesto Díaz Madruga es herido de muerte por los bayonetazos que le propinó el sargento Porfirio González, en la prisión de Isla de Pinos. El criminal evento tuvo lugar en el edificio Cinco, cuando sacaban a los presos al Plan de Trabajo Forzado 'Camilo Cienfuegos'.

Agosto 9. Muere en el hospital de la prisión de Isla de Pinos, el preso político Ernesto Díaz Madruga. Su asesino, Porfirio González, fue ascendido por el crimen cometido.

Agosto 10. Una agrupación del exilio cubano atacó al barco mercante de bandera cubana, María Teresa, en Montreal, Canadá.

Agosto 15. Es fusilado en las proximidades de la Prisión de Boniato, en Oriente, el comandante del ejército rebelde y miembro de la clandestinidad, Raúl Díaz Naranjo. Antes de ser ejecutado, al condenado le extrajeron una gran cantidad de sangre.

Agosto 17. Muere, durante un enfrentamiento con las milicias en la provincia de Oriente, José Gaspar Martínez Quiroga, El Jabao. Martínez se infiltró en Cuba y se unió a las fuerzas guerrilleras.

Agosto 21. Es fusilado en los fosos de La Cabaña, el combatiente Braulio Roque.

Septiembre. Fusilado en la carretera de Agramonte, Matanzas, el guerrillero Eliécer Martínez Socorro.
- Fusilado en la ciudad de Camagüey por conspirar contra los poderes del estado Avelino Ponton Moya.
- *La Unión Soviética puso en funcionamiento el Centro Radioelectrónico de Lourdes, a unos 60 kilómetros de la capital cubana. El centro, una base de espionaje electrónico con equipos muy sofisticados capaces de inteceptar las comunicaciones de Estados Unidos, tiene una extensión aproximada de 40 kilómetros cuadrados. En el período de mayor actividad llegaron a laborar en la base aproximadamente 1500 ingenieros y técnicos soviéticos. Se calcula que el costo de las intalaciones superó los dos mil millones de dólares. Los cubanos tenían vedado el acceso al centro de espionaje. La construcción de la base, al igual que en su momento la instalación de cohetes con capacidad nuclear en Cuba, demostraban la estrecha dependencia del gobierno de La Habana del de Moscú.*

Septiembre 3. Muere en un enfrentamiento en la carretera central, cerca de Los Arabos, en Matanzas, el jefe de las guerrillas de la zona norte de Las Villas, José Martí Campos Linares (Campitos), que estaba alzado desde 1960. Junto al jefe guerrillero cayeron Reino Echenique, Milo Morejón, Nibaldo Vega, Lázaro Ramos, Onelio Aguilera Gil y Gumersindo Rivera Millían. También resultó herido Reinaldo Duarte a quien fusilaron en Matanzas un año después, junto a Juan Manuel Rivera.

Septiembre 4. Tuvo lugar cerca de Los Arabos, en Matanzas, un enfrentamiento de la guerrilla comandada por Leocadio Rivera con fuerzas de las milicias. El resultado del encuentro fue grave para las fuerzas insurgentes: murieron los jefes guerrilleros Rivera y Juan Benito Campos Linares hijo, resultando gravemente heridos Paulo Santos Martínez, Finalé, y Juan Benito Campos Péres, padre, quienes se suicidaron antes de ser apresados por las fuerzas del régimen. Fue capturado, muy gravemente herido, el jefe guerrillero Ramón Ramos (Macho Ramos). Las fuerzas de la LCB tuvieron seis bajas mortales y varios heridos.[67]

Septiembre 11. Es ejecutado ante el paredón en Matanzas, el combatiente José Castañeda.

Septiembre 16. El combatiente Lázaro Anella Fernández fue fusilado en la prisión de La Cabaña.
- Es fusilado en Colón, Matanzas, el ex guerrillero Rolando Noda Mayorca, quien había estado alzado en armas en esa provincia entre 1961 y 1962. Noda Mayorca fue delatado, y de su captura a la ejecución sólo mediaron 13 días.

Septiembre 18. Son recluidos en una celda de castigo, por casi dos años, los presos políticos Emilio Adolfo Rivero Caro y Alfredo Izaguirre de la Riva. Ambos fueron los primeros que se negaron a trabajar en el Plan de Trabajo Forzado 'Camilo Cienfuegos', originándose en la conducta asumida por ellos el término "Plantado". Alfredo Izaguirre había sido director del diario El Crisol y miembro de la Sociedad Interamericana de Prensa.[68]

Septiembre 21. Son llevados ante el paredón y fusilados en La Cabaña, los combatientes Valentín Frómeta y Ruperto Ávila.

Septiembre 23. Los prisioneros políticos Luis Nieves Cruz, José Alfonso Solarama (Barrabás) y José Guerra Pascual (Terry) murieron como consecuencia de una descarga eléctrica en un campo de trabajo forzado de Isla de Pinos.

Septiembre 24. El barco español Aránzazu, que estaba en ruta hacia Cuba, es atacado por una lancha comando. En la acción perecieron el capitán y dos tripulantes del buque.

Septiembre 26. En un esfuerzo por preservar los valores de la cultura cubana, se inicia en Miami la publicación de Cuadernos Desterrados, cuyo director es Mauricio Fernández.

Octubre 6. Fusilado en Sagua la Grande, José Rodríguez Cifuentes.

Octubre 17. Un efectivo de las fuerzas del LCB es abatido durante un enfrentamiento con las guerrillas cerca de Río Cañas, en Trinidad, Las Villas.

Octubre 19. Continúan los conflictos con los antiguos miembros del Partido Socialista Popular PSP, quienes rechazan la autoridad de Fidel Castro. Joaquín Ordoqui, viceministro de la Defensa y su esposa, Edith Garcìa Buchaca, son destituidos y sancionados a prisión domiciliaria.

Octubre 31. Es ejecutado ante el paredón, en la provincia de Oriente, el combatiente Manuel Argote.

Noviembre 2. Son condenados a la pena de muerte por fusilamiento en la causa 554/64, en Nueva Gerona, Isla de Pinos, Abel Calante Boronat, Miguel Conde Green y Carlos Ayala, este último solo tenía 17 años de edad. En la sala del juicio, durante todo el tiempo que duró el proceso, un grupo de genízaros partidarios del régimen estuvieron gritando paredón. Doce horas después de dictada la sentencia, se cumplió la sanción. [69]

Noviembre 16. Fusilados en los fosos de La Cabaña, los combatientes Agustín López Reyes y Condado Fernández.

Diciembre. Fusilado en La Cabaña Ismael Márquez. Causa 337/64.

Diciembre 11. Un grupo de comandos del Movimiento Nacionalista Cubano lanza un cohete de bazuca sobre el edificio de las Naciones Unidas en New York.

Diciembre 17. Cae en un enfrentamiento con las milicias en la finca La Panchita, cerca de Fomento, Las Villas, el jefe guerrillero Mumo Cabrera.
- *Se inician desde Varadero los "Vuelos de la Libertad". Cerca de 200,000*

personas salieron de Cuba por esta vía. Los que eran "privilegiados" con estos vuelos tenían que abandonar sus casas y empleos y albergarse en barracones ubicados en zonas rurales, donde tenían que realizar trabajos agrícolas todos los días de la semana en largas y agotadoras jornadas. El que desertara de esta asignación gubernamental perdía el "derecho" de salir del país. Días antes de la salida los bienes muebles, inmuebles y cuentas bancarias del viajero y sus familiares eran inventariados y confiscados.

Diciembre 18. Es fusilado en los fosos de La Cabaña, el físico matemático y profesor de la cátedra de Astronomía de la Universidad de La Habana, Aurelio Martínez Ferro.

Diciembre 21. Fusilado en Guanito, Pinar del Río, Desiderio Valladares Navarro.

Diciembre 23. Son ejecutados ante el paredón de La Cabaña, los combatientes Ricardo Ulloa Olivera, Daniel Montero Camallieri y Desidero Lourdes Valladares.

Diciembre 24. Son fusilados en la provincia de Las Villas, los guerrilleros Valerio Montenegro, Diosdado Espinosa y Julio Nerey Marchena.

Diciembre 28. Desembarcan en Punta Caleta, cerca de Baracoa, provincia de Oriente los miembros del Alpha 66, Eloy Gutiérrez Menoyo, Noel Salas Santos, Ramón Quesada Gómez y Domingo Ortega. El propósito de los expedicionarios era abrir un frente de lucha en las montañas orientales.

1964. Jesús Martínez es fusilado en Las Villas después de haber sido acusado de colaborar con los alzados en armas de la región montañosa del Escambray.
- Elpidio Mederos es fusilado en la prisión de La Cabaña por conspirar contra los poderes del estado.
- Angelio Lucas Medina Díaz es fusilado en la prisión de La Cabaña.
- Israel Meralla es fusilado en la provincia de Pinar del Río.
- Orlando Noda es fusilado en la provincia de Matanzas.
- Emilio Orta Hernández es fusilado en el campo de Tiro de San Juan, Santiago de Cuba.
- Ubaldo Placeres Viera es fusilado en la prisión de La Cabaña.
- Benito Piedra es fusilado en la prisión de La Cabaña por haber estado alzado en armas.

- Félix Peñalver es ejecutado en la prisión de La Cabaña.
- Flores Peláez es fusilado en la provincia de Las Villas, por haber colaborado con los alzados en armas.
- Julio Oti es fusilado en la provincia de Matanzas por haber estado alzado en armas.
- El guerrillero Catalino Ortega es fusilado en La Cabaña.
- Fusilados, en Araujo, Calimete, provincia de Matanzas los combatientes Roberto González González y Wilfredo Hernández Trujillo.
- Fusilado Reinaldo Pérez Rodríguez, en La Esperanza, cerca de Calimete, provincia de Matanzas.

El jefe guerrillero Pedro "Perico" Sánchez y un hijo suyo estuvieron alzados en Matanzas en la década del 60 y murieron en combate. Otro hijo de Sánchez también cayó en combate.

blanco

Año 1965

Enero 3. Fusilado Juan Cuevas en la prisión de Cinco y Medio, provincia de Pinar del Río.

Enero 7. Juan José Peruyero, miembro de la Brigada 2506, es asesinado en la ciudad de Miami.

Enero 16. El Movimiento Nacionalista Cristiano, una formación cubana que luchaba contra el totalitarismo más allá de las fronteras de la isla, se hizo responsable de haber lanzado artefactos explosivos contra la sede del Partido Comunista Argentino en Buenos Aires.

Enero 17. Comandos del MIRR procedentes del exterior, dejan caer desde una avioneta una bomba sobre el Central Niágara, en Pinar del Río y lanzan cápsulas de fósforo vivo sobre los campos de caña de azúcar de los alrededores.

Enero 21. Decenas de personas, incluyendo a los hermanos Pola y Ramón Grau Alsina, son arrestados y sancionados por dirigir la operación Pedro Pan. Este plan consistía en sacar niños y adolescentes de Cuba para que no fuesen adoctrinados en la ideología comunista.
- Es fusilado en los fosos de La Cabaña, el ciudadano portugués Juan Manuel Camelo de Medeiros Campos, que como miembro de los equipos de infiltración entró y salió varias veces de Cuba. Camelo había residido en Cuba por muchos años e integró los equipos de infiltración que apoyaban la resistencia interna.

Enero 25. Son capturados en la región de Moa-Baracoa, provincia de Oriente, después de casi un mes de haber ingresado a Cuba desde el exterior, un grupo guerrillero comandado por Eloy Gutiérrez Menoyo. Los guerrilleros que se identificaban como miembros de Alpha 66 detenidos fueron, el comandante del ejército rebelde Ramonín Quesada, el capitán Noel Salas y Eduardo Ortega.

Enero 29. Fue ejecutado en la prisión de La Cabaña, Joaquín Puebla Rueda.

Febrero 4. Comandos del Movimiento de Recuperación Revolucionaria MRR, atacan los depósitos de combustible del puerto de Casilda, en Trinidad.

Febrero 10. Un avión del MIRR procedente del exterior deja caer sobre el central Bahía Honda, en Pinar del Río, una bomba que provoca serios daños.

Febrero 12. Es fusilado en Las Villas, por luchar contra el totalitarismo el guerrillero Severo Cruz.

Marzo 26. Ejecutado ante el paredón de fusilamiento Uvaldo Gil Castillo.

Abril 5. Es fusilado en los fosos de La Cabaña, en La Habana, Manuel Izquierdo González, quien llegó a ser Director de Asuntos Generales de Aduana de La Habana. Izquierdo González fue acusado de ser agente de la Agencia Central de Inteligencia, CIA, y de pasar información al extranjero. Según informaciones, con Izquierdo fueron detenidos numerosos oficiales de las Fuerzas Armadas del régimen y por lo menos 17 de ellos fueron fusilados el mismo día.

Abril 12. Es fusilado por enfrentar el régimen, Belén Vega Álvarez.

Abril 24. Un grupo de la clandestinidad quema los campos de caña próximos al Central Bolivia.

Mayo 3. Son fusilados en Consolación del Norte, Pinar del Río, en la causa número 711 de 1964, cuatro miembros de la resistencia que pertenecían al Frente Unido Occidental y que se encontraban preparando un alzamiento militar en la provincia más occidental de Cuba. En esta causa fue sentenciado también a muerte Fabián Chirino, a quien le conmutaron la sentencia pocas horas antes de la ejecución. Los fusilados fueron: Carlos Manuel Báez Fernández, comerciante, de 21 años de edad; Vicente Cueva, camionero, de 32 años de edad; el ex soldado del ejército rebelde, Juan Manuel Suárez Cruz, de 28 años de edad; y el campesino Salvador Suárez Fernández, de 34 años de edad.

Mayo 18. Son ejecutados en los fosos de La Cabaña los doctores Galis-Méndez y Alvariño; también Gilberto Pino Guzmán.

Mayo 21. Muere en huelga de hambre en la prisión de Cinco y Medio, el

preso político Reynaldo Cordero.
-El Movimiento Nacionalista Cristiano, lanza artefactos explosivos contra el local del Instituto Cultural México-Soviético, en Ciudad México.

Junio 10. Es fusilado en los fosos de La Cabaña, el combatiente Rodolfo Mezquia Palma.
- Una delegación de la Juventud Democrata Cristiana de Cuba en el Exilio, presidida por Jesús Angulo, presenta en el Segundo Congreso Mundial de la Unión Internacional de Jóvenes Democratas Cristianos, que se celebra en Berlín Occidental, una moción de condena al régimen cubano. La propuesta fue aprobada con 18 votos a favor y 14 en contra.
- *Se efectúa un proceso judicial en la ciudad de Tampa contra el doctor Orlando Bosch, José Díaz Morejón, Gervelio Mimo Gutiérrez, Marcos Rodríguez Ramos y los estadounidenses William J. Johnson y Frank Rafferty por presuntamente organizar un ataque aéreo contra instalaciones del régimen totalitario en la isla.*

Junio 14. El doctor Orlando Bosch, junto a José D. Morejón, Gervelio Gutiérrez y Marcos R. Ramos, se declaran en huelga de hambre en una cárcel de Orlando, Florida, demandando ser puestos en libertad. A los combatientes les habían sido ocupadas ametralladoras pesadas, armas de diferentes calibres y explosivos.

Junio 18. El doctor Carlos Guerreros Costales, preso político, muere en la prisión de La Cabaña por falta de asistencia médica.

Junio 19. Una avioneta lanza propaganda sobre la ciudad de Caibarién y deja caer una bomba sobre el central Marcelo Salado, en Las Villas. La avioneta fue derribada por un avión del gobierno.

Julio 1. Ejecutado en La Cabaña, el combatiente Bienvenido Alvariños.

Julio 2. Captura la policía de Nueva York un cargamento de armas que iba a ser enviado a la resistencia en Cuba. Entre las armas ocupadas se encontraron ametralladoras pesadas y morteros y herramientas por un monto superior a los $100,000 dólares.

Julio 4. Es fusilado en San José de los Ramos el guerrillero Félix Espinosa Álvarez y en la base aérea de Holguín, Oriente, Guarino Alberari.

Julio 5. Muere de un disparo, sin que se sepan los motivos del incidente, el opositor Efraín Perdomo.

Julio 6. Caen en combate en el cerco de Los Ramones, Camagüey, el guerrillero Heriberto Labrada y Juan Alberto Martínez Andrade. Martínez Andrade fue comandante en jefe de las fuerzas guerrilleras que operaban en el Frente Norte de Camagüey y Las Villas. Estaba alzado en armas desde octubre de 1961. Lograron escaparse del cerco de las milicias, los guerrilleros Clemente Aragón, Rafael Labrada y Ningo Moreno.

Julio 7. Muere ante el paredón de fusilamiento en Matanzas, José (Pepe) Lima Suárez.

Julio 8. Fusilados, en Encrucijada, Las Villas, Rigoberto Palomino y en La Cabaña, La Habana, Bernardo Segura.

Julio 9. El Movimiento Nacionalista Cristiano coloca un artefacto explosivo en la sede del periódico El Día, en la capital azteca.

Julio 11. *Las autoridades de Miami allanan y arrestan a cuatro militantes del Movimiento Insurreccional de Recuperación Revolucionaria, MIRR.*

Julio 15. Fue ejecutado en La Cabaña, el teniente del ejército rebelde José Vázquez Nerey. Fue procesado en la causa No. 145 del año 1965, y acusado de suministrar armas a las organizaciones guerrilleras que enfrentaban al gobierno.

Julio 22. Mueren por fusilamiento en la provincia de Matanzas los combatientes opositores Juan Manuel Rivera Pérez y Reynaldo Duarte, quienes habían sido apresados en el enfrentamiento en el que perdió la vida el jefe guerrillero José Martí Campos Linares.

Julio 26. *El dictador Fidel Castro, en un discurso en la ciudad de Santa Clara, admite que la resistencia al régimen totalitario en los llanos y montañas le causó a su gobierno más 500 muertes y pérdidas estimadas en 1000 millones de pesos de la época. En el momento de su discuros todavía permanecían alzados José Reboso y Luis Vargas.*

Julio 31. Los guerrilleros Ventura Castillo Caballeiro, Rigoberto Ibarra Rodríguez, Israel Oña Arencibia, Rodolfo García, Domingo Capote Landín,

Israel Galindo Pérez, Hora Pino Galindo, Armando Castro Millián y Rigoberto Guerra Alemán, fueron fusilados. Estos hombres habían estado alzados en armas en la zona norte de la provincia de Matanzas y llevaban encarcelados entre doce y catorce meses sin que las autoridades los procesasen y sin tener contactos con sus familiares o persona ajena al cuerpo de la Seguridad del Estado. Esta causa, conocida como la 1021, fue una de las más numerosas y en la que más personas fueron ejecutadas.

Agosto 2. Fusilados en los fosos de La Cabaña dos oficiales de la Marina Revolucionaria, Ramón Maza y Gilberto Piono Guzmán.

Agosto 10. Son ejecutados en los fosos de La Cabaña tres miembros de la marina mercante cubana que integraban las fuerzas de la oposición al régimen, Jorge Raúl Pereira Castañeda, Roberto Fernández Cobo y Roger Sabino Sopena Hinojosa.

Agosto 12. Son fusilados los guerrilleros Eulogio Ramiro León (Ulises), jefe de guerrillas; Juan Padrón, Bebo Castro, Jesús Ramos, Gaspar Díaz Cabrera, Raúl Fernández, Humberto Rodríguez Bravo y Miguel García López. Todos estos alzados habían operado en la provincia de Matanzas y como integrantes de la Causa 1021 habían pasados meses secuestrados por las autoridades sin tener contacto con el mundo exterior.

Agosto 13. Admite un alto funcionario del régimen cubano que el barco mercante Manuel Azcunce había sido saboteado en su cuarto de máquina durante el último viaje que había efectuado a Europa. En el incidente un marinero perdió la vida.

Agosto 17. Setenta presos políticos son heridos a golpes y bayonetazos en una requisa en la prisión de Isla de Pinos.

Agosto 19. Heliodoro Castillo Lemus, ministro religioso, Arturo Rangel Sosa y Teobaldo Rangel Sosa, fueron detenidos en la Playa de Baracoa y hasta el día de hoy se ignora que ocurrió con ellos.

Septiembre 19. Es brutalmente golpeado durante una requisa en la Cìrcular número 4 del Presidio de Isla de Pinos, Mario Jiménez Figueredo. Un guardia le sacó un ojo a Figueredo, con su bayoneta.

Septiembre 28. *Fidel Castro, durante un discurso en la conmemoración de* *un nuevo aniversario de la fundación de los Comites de Defensa de la Revolución, CDR, plantea que quienes quieran abandonar el país podrán hacerlo por un puerto que sería habilitado al efecto. El puerto sería el de Camarioca, en la provincia de Matanzas, por donde se inició un éxodo masivo que daría origen a negociaciones entre los gobiernos de Estados Unidos y el de Cuba, estableciéndose un puente aéreo entre Varadero, Matanzas, y la ciudad de Miami en la Florida. Estos vuelos, por los que salieron unas 200,000 personas, serían llamados popularmente "Vuelos de la Libertad" y tendrían una duración aproximada de ocho años.*

Octubre 2. Francisco Rodríguez Martínez es asesinado en una dependencia de la Seguridad del Estado en Pinar del Río.

Octubre 3. *Presenta Fidel Castro el Comité Central del Partido Comunista de Cuba, PCC, que sustituye al Partido Unido de la Revolución Socialista de Cuba, PURSC, que a su vez fue el sucesor de las Organizaciones Revolucionarias Integradas, ORI. Horas más tarde desaparecen los periódicos "Hoy" símbolo del Partido Socialista Popular, PSP, y "Revolución", el estandarte del Movimiento 26 de Julio. Ambos medios informativos-doctrinales integrados se convierten en el órgano oficial del PCC, Granma, que empezó a circular al día siguiente.*

Octubre 4. Elpidio Vidal Carreño es fusilado en Victoria de las Tunas, Oriente.

Octubre 5. Cae durante un enfrentamiento con las milicias, en la provincia de Camagüey, el guerrillero Rafael Labrada Martínez, y por parte de las fuerzas del gobierno resulta herido un miliciano

Octubre 7. Son capturados los guerrilleros Ningo Moreno y Clemente Aragón, los últimos alzados que operaron en la provincia de Camagüey. Ambos serían fusilados pocos días más tarde.
- Partió del puerto de Camarioca, en Matanzas, hacia Estados Unidos, la primera embarcación con refugiados cubanos.

Octubre 13. Un grupo de comandos coloca un artefacto explosivo sobre la línea de flotación del barco español Satrústegui, anclado en San Juan, Puerto Rico.

Octubre 17. Fusilado en la Fortaleza de la Cabaña, Claudio Ulloa Olivera.

Octubre 21. Es ejecutado el último alzado en armas de la provincia de

Camagüey, Clemente Aragón Aragón.

Octubre 22. Es fusilado en Playa Siboney, cerca de Santiago de Cuba, el combatiente Pedro Taveras.

Octubre 27. Mueren ante el paredón, en la prisión de La Cabaña, Enrique Ung Roque, Nicomedes Ruiz Díaz y Ramón Hernández.

Noviembre 3. Naufraga la motonave José Martí en las proximidades de Cayo Cantoy, en México. En la tragedia perecieron 31 personas, de las cuales 10 eran niños. El barco había partido clandestinamente de Cuba desde la finca María Elena, en la Ensenada de Majana.

Noviembre 13. Lanchas artilladas de Comandos L, el Movimiento 30 de Noviembre y el RECE, atacan la residencia del presidente de la república Osvaldo Dorticós Torrado, la Octava Estación de Policías y áreas próximas al Acuario de La Habana, provocando serios daños en todas las instalaciones. Las lanchas se situaron a menos de 100 metros de la costa e iniciaron el ataque, que fue dirigido por Tony Cuesta. Las lanchas al retirarse tirotearon el Hotel Riviera, que a la sazón servía de hospedaje a militares soviéticos.

Noviembre 19. *Las diferentes formas de resistencia que un amplio sector de la población le hizo al régimen totalitario determinaran que las más altas esferas del gobierno constituyeran un engendro diabólico que llevó como nombre "Unidades Militares de Apoyo a la Producción", UMAP. Decenas de miles de jóvenes, que expresaban su rechazo al gobierno, política, religiosa o culturalmente, fueron sometidos a un sistema penitenciario de extrema crueldad en campos de concentración de trabajo forzado en los que eran dirigidos por militares que saciaban sus instintos más bajos en estas personas, porque simplemente no simpatizaban con el nuevo orden. En la UMAP, al igual que en el Presidio Político, la dictadura cometió numerosos asesinatos, torturando y maltratando a jóvenes, casi adolescentes, que no habían sido juzgados ni sancionados ante ningún tribunal.*

Este sistema arbitrario duró hasta el año 1968. Después que desapareció la UMAP se crearon los "Batallones del Esfuerzo Decisisivo", "La Columna Juvenil del Centenario" y el "Ejército Juvenil del Trabajo".

Noviembre 23. *Tiene lugar, para ser incorporados a la UMAP, una segunda recogida de personas no afectas al gobierno revolucionario.*

Noviembre 29. *Tiene lugar, para ser incorporados a la UMAP, una tercera recogida de personas no afectas al gobierno revolucionario.* Algunos de los campos de reclusión de las Unidades Militares de Ayuda a la Producción fueron: Antón, Ceballos, Cunagua, La Cien, Cubitas, Chambas, Gato Prieto, Guayabal, Infierno, Kilo 8, Las Tumbas, Manga Larga, Purificación, Mola y Tres Golpes.Se considera que unas 25 mil personas pasaron por los campos de concentración.

Diciembre. Los cubanos, preocupados por mantener la cultura nacional aun estando lejos de la patria, sacan a la luz nuevas publicaciones como la revista Nueva Generación, fundada por José Prince, en Miami y la revista Exilio, fundada por Raimundo Fernández Bonilla, en Nueva York.

Diciembre 1. Se inician desde el aeropuerto de Varadero, Matanzas, los llamados "Vuelos de la Libertad".
-Es capturado por fuerzas del gobierno Luis Vargas, el penúltimo guerrillero que operó en las montañas del Escambray. Este jefe guerrillero, que se había alzado en armas hacía más de cinco años, había logrado escapar a numerosos cercos y emboscadas de las milicias, LCB y ejército.

Diciembre 4. Es capturado en las montañas del Escambray el guerrillero José Rebozo, quien se había alzado en armas a mediados de 1960. Según algunos estudiosos, fue el último guerrillero que estuvo alzado en las montañas villareñas, hasta ser apresado.

Diciembre 15. Es fusilado en Las Villas, Luis Vargas, el jefe guerrillero que más tiempo se mantuvo en el frente de combate. Se había alzado en 1960.

Diciembre 17. José Rodríguez Pérez, del MIRR, fue arrestado en la ciudad de Miami, acusado de haber colocado una bomba submarina en la Bahía de San Juan, Puerto Rico, al barco español Satrustegue.
- Según informaciones del propio régimen, al concluir las operaciones en las montañas del Escambray, las distintas fuerzas del gobierno habían sufrido 295 bajas mortales y 2005 guerrilleros perdieron la vida o fueron hechos prisioneros. Estas mismas informaciones indican que en la provincia de Las Villas existieron 168 grupos guerrilleros, pero que solamente en el Escambray actuaron 136 guerrillas, la mitad del total nacional que registra el régimen en sus archivos.

En otra información, también del gobierno cubano, se refleja que desde 1959 hasta 1965 operaron en toda Cuba 299 agrupaciones guerrilleras que sumaron un total de 3995 alzados en armas.

Tony Chao, herido durante un enfrentamiento con la Seguridad del Estado y fusilado en La Cabaña, aunque había quedado inválido como consecuencia de las heridas.

blanco

Año 1966

Enero 3. *La subversión que el régimen totalitario cubano había estado auspiciando por años, se institucionaliza con la celebración en La Habana, de la Conferencia Tricontinental, en la que participan delegaciones de Asia, Africa y América Latina. En esta conferencia que se extiende hasta el día 15, se constituye la OSPAAl, Organización de Solidaridad de los Pueblos de Asia, Africa y America Latina, que tendría como propósito coordinar los movimientos revolucionarios y guerrilleros de los tres continentes. En esta conferencia participan 430 delegados, aproximadamente 30 observadores, y 27 invitados, representando entre todos unos 60 países. Se calcula que el encuentro costó un millón de dólares diarios.*

Durante la conferencia se pudo apreciar que algunos dirigentes guerrilleros tenían concepciones diferentes a las de Fidel Casro y eran adversos a su hegemonismo. Un día después de la conferencia, delegados de 27 países del hemisferio crearon la OLAS, Organización Latinoamericana de Solidaridad.

Enero 7. Una bomba de fabricación casera es arrojada contra la parte posterior de la embajada de Cuba en México. La acción se la atribuye la Unión Revolucionaria Anticomunista.

Enero 9. Al volcarse un camión que transportaba prisioneros políticos del reclusorio de Isla de Pinos, con el propósito de que realizasen trabajo forzado, murió el preso político Jerónimo Candia Betancourt y resultaron heridos varios prisioneros más.

Febrero 18. Es fusilado en La Fortaleza de la Cabaña, el ministro de la Iglesia Episcopal, Alonso González Losada, quien ofició en varias iglesias del país.

Febrero 28. Con la captura de varios combatientes, se frustra un atentado que se iba a realizar contra Fidel Castro. La acción estaba proyectada para ejecutarse el 13 de Marzo, cuando el dictador presidiese en la Universidad de La Habana los actos conmemorativos por el ataque al Palacio Presidencial, durante el régimen anterior. Entre los detenidos estaban dos ex comandantes del ejército rebelde Ramón Guin y Rolando Cubelas, así como José Luis

González Gallarreta y Alberto Blanco.

Marzo 4. Fusilado en la Fortaleza de La Cabaña Herminio Enrique Álvarez David.

Marzo 7. Dos barcos del Alpha 66, con armas a bordo, bajo la dirección del comandante Armando Fleites y 11 hombres más, fueron detenidos en aguas internacionales por guardacostas estadounidenses.

Marzo 19. Es ejecutado en los fosos de La Fortaleza de la Cabaña, el combatiente Sergio Blanco.

Marzo 20. Una avioneta que tenía como misión distribuir propaganda antigubernamental es derribada cerca de Varadero, en Matanzas.

Marzo 28. En reclamo de mejores condiciones carcelarias, cuatro presos políticos recluidos en las celdas de castigo del Reclusorio Nacional de Isla de Pinos, iniciaron una huelga de hambre, que se extendió por 17 días. En esta participaron Nerín Sánchez Infante, Emilio Adolfo Rivero Caro, Odilio Alonso Fernández y Alfredo Izaguirre.[70]

Abril 15. El activista Bárbaro Bolán García, militante del MIRR, fue arrestado en Tifton, Georgia, con una maleta que contenía bombas las cuales pensaba transportar en un avión arrendando.

Abril 16. Más de ocho mil estudiantes y profesores de la enseñanza media inician en Camagüey, como experiencia piloto, el Plan de la Escuela al Campo, al incorporarse a labores agrícolas en diversas zonas de la provincia.

Abril 20. Una vez más, varios de los presos políticos recluidos en las celdas de castigo del Reclusorio Nacional de Isla de Pinos se declararon en huelga de hambre. A los 20 días de huelga fueron trasladados para unos cuartos que estaban frente al hospital y alimentados a la fuerza durante 18 días más. La huelga terminó el 28 de mayo, cuando los presos involucrados fueron trasladados para la prisión de La Cabaña.

Mayo 5. Fueron ejecutados en Las Villas, los combatientes Vicente Cueva y Tito Cruz.

Mayo 11. Muere en la prisión de Boniato, Oriente, el preso político Arsenio de la Cruz.

Mayo 19. Comandos marítimos de Alpha 66 vuelven a atacar por tercera vez el cuartel de milicias de la playa de Tarara, en La Habana.

Mayo 29. Son descubiertos en el momento de desembarcar por Monte Barreto, en La Habana, un grupo de operación de los Comando L, dirigido por su líder Tony Cuesta.[71] Caen combatiendo en tierra, después de enfrentarse con decenas de soldados y milicianos, los comandos Herminio Díaz García y Armando Romero Martínez. Poco después, por el impacto del fuego de varias torpederas del régimen sobre la embarcación en que se encontraban, son ultimados Guillermo Álvarez y Roberto Cintas. También resultaron gravemente heridos Tony Cuesta y Eugenio Zaldívar.

A principio de la década del ochenta, después de cumplir doce años de carcel, ciego y con varias limitaciones físicas, Tony cuesta fundó Comandos del Mar y en 1988, junto a Ramón Font y José Enrique Dausá, dió nueva vida a los Comandos L.

Mayo 30. Unidades de la Seguridad del Estado y del servicio de Guardafronteras en la zona de Guane, Pinar del Río, detuvieron a José Ramón Valdés Cabrera, quien intentaba infiltrarse en el país.

Junio. *Tiene lugar, para ser incorporados a las Unidades Militares de Ayuda a la Producción, UMAP, una nueva recogida de personas no afectas al gobierno revolucionario.*
- Wilfredo Alcover comenzó a publicar en Miami la revista cultural Resumen Bimestral de Arte y Cultura.

Junio 2. Vestido de militar, se fuga del Reclusorio Nacional de Isla de Pinos el preso político Reynaldo Aquit Manrique. Aquit salió de la isla en un barco gubernamental que hacía el viaje entre Nueva Gerona y el puerto de Batabanó, en La Habana, y fue capturado cuatro meses más tarde en un intento de salida del país. Según el propio Aquit, él fue denunciado por el entonces embajador de México, el licenciado Bosques.[72]

Julio. José Kozer inicia en la ciudad de Nueva York la publicación cultural Cuadernos del Hombre Libre.

Agosto. Muere en la cárcel del Castillo del Príncipe por falta de atención medica, José Rodríguez Vergareche (El Judoka).

Agosto 11. Es creada en La Habana la Organización Continental Latinoamericana de Estudiantes, OCLAE. Esta institución es otro instrumento creado por el régimen cubano para incrementar su influencia en el hemisferio y para captar personas que sirvan a sus proyectos subversivos.

Septiembre 3. Una vez más las autoridades de Estados Unidos arrestan a combatientes contra el totalitarismo cubano. En esta ocasión fue detenido y acusado el doctor Orlando Bosch con otros cinco dirigentes del MIRR, por sabotear barcos y atacar centrales azucareros en Cuba.
- Asesinan en Isla de Pinos al preso político Julio Tang Texier. El Chino Tang era un destacado dirigente de la Juventud Obrera Católica y del Movimiento Demócrata Martiano, tenía 23 años al morir y llevaba cinco años en prisión. Murió a golpes de guataca y bayonetas durante el plan Camilo Cienfuegos. Este asesinato provocó una fuerte protesta de sus compañeros del bloque de trabajo, lo cual provocó que los custodios desataran un tiroteo desenfrenado.[73]

Septiembre 7. El señor José Elías de la Torriente hizo público, a través de un programa de la televisión norteamericana, un plan de ataque al régimen cubano que llevaba como nombre el "Plan Torriente". Entre los colaboradores más cercanos de Torriente se encuentran Reinaldo Vergara, José Peruyero, en ese momento presidente de la Brigada 2506; Mario Galeote, del Partido Auténtico; Pepe Vélez, Miguel Ángel Ferrer y José Antonio Font. La secretaria era Mirta Iglesias.

Torrientes, logra inscribir en un Censo Militar a 60,000 cubanos exiliados para colaborar en toda actividad en caso de guerra. Logra en sus esfuerzos la colaboración de los gobiernos de Argentina, Brasil, Bolivia y Costa Rica.

Septiembre 9. Luis Reyes, miembro de un equipo de infiltración, murió durante un enfrentamiento con fuerzas de la Seguridad del Estado, en las proximidades de las Minas de Matahambre, provincia de Pinar del Río.

Septiembre 20. Son asesinados cuando intentan llegar a la base estadounidense de Guantánamo, Nelson López y Damián Gómez.

Septiembre 22. Una bomba colocada en un maletín de mano destroza la puerta de la embajada cubana en Otawa, Canadá.

Septiembre 29. Una avioneta procedente del exterior deja caer tres bombas de fabricación casera sobre instalaciones en construcción de la Termoeléctrica de Nuevitas, en Camagüey.

Noviembre 6. La revista Verde Olivo, órgano oficial de la Fuerzas Armadas de Cuba, informa que en la provincia de Matanza operaron 18 grupos guerrilleros con más de 300 combatientes. Mencionan entre los diferentes jefes guerrilleros que operaron en la provincia a Gerardo Fundora Núñez, Juan José Catalá, Delio Almeida y Pedro Sánchez. Todos caídos en combate o ante el paredón de fusilamiento.

Noviembre 13. Muere en el Reclusorio Nacional de Isla de Pinos, después de una huelga de hambre de 70 días, el preso político Roberto López Chávez.
- Después de bombardear una planta hidroeléctrica en la provincia de Matanzas, la avioneta tripulada por Gervelio Mimo Gutiérrez y Raúl Fantony de la organización Movimiento Insurreccional de Rescate Revolucionario, MIRR, desaparece en el vuelo de regreso a su base de operaciones.[74]

Diciembre 9. En el Plan de Trabajo Camilo Cienfuegos, en el Reclusorio Nacional de Isla de Pinos, son baleados por los custodios, los presos políticos Eddy Alvarez Molina y Danny Regino Crespo. Alvarez Molina murió ese mismo día.

Diciembre 17. Es asesinado a tiros por los custodios en el Plan de Trabajo Camilo Cienfuegos del Reclusorio Nacional de Isla de Pinos, el preso político Diosdado Aquit Manrique.

Diciembre 24. Como consecuencia de heridas de bala, muere en el hospital de la Reclusorio Nacional de Isla de Pinos, el preso político Danny Regino Crespo.

blanco

Reclusorio Nacional de Isla de Pinos. La prisión más grande de Cuba, por donde pasaron más de 15,000 presos políticos en menos de ocho años. De este lugar eran sacados los reclusos para trabajar en el Plan de Trabajo Forzado Camilo Cienfuegos. Decenas fueron asesinados durante ese plan de trabajo.

blanco

Año 1967

Enero 2. Mueren en la prisión del Mijial, Oriente, los presos políticos Juan Ramos Sosa y Mario Alvarez

Enero 3. *Se celebra en La Habana, hasta el día 16, la Conferencia por la Solidaridad con los Pueblos de Asia, Africa y América Latina, OSPAAAL.*

Enero 6. Son fusilados en Santa Clara, provincia de Las Villas, los jóvenes Marcial y Luis Díaz Medina.

Enero 13. Son detenidos en Miami, Estados Unidos, tres cubanos que pretendían volar en una avioneta a Cuba para bombardear objetivos militares.

Enero 17. Un sabotaje destruye parcialmente la planta de fertilizantes Cuba-Nitro, a unos 100 kilómetros de la ciudad de La Habana. Otro sabotaje destruye un almacén de maderas en la ciudad de Matanzas.

Enero 21. Es fusilado en la fortaleza de Fortaleza de la Cabaña, en La Habana, el opositor Enrique González.

Enero 23. En un encuentro a tiros con las milicias en Consolación del Norte, muere Juan Sardiñas.

Enero 24. Una embarcación del Segundo Frente Nacional del Escambray bajo el mando del comandante Armando Fleites, que se dirigía hacia Cuba, fue detectada por un avión del régimen y atacada por tres embarcaciones cubanas. En el encuentro quedó fuera de combate una embarcación del gobierno, pero la lancha tuvo que regresar a su punto de partida.

Enero 25. La Agrupación Cubana del Exilio, RECE, publica un documento firmado en el que se reafirma el compromiso de la organización de luchar por la libertad de Cuba.

Enero 28. Se constituye en el histórico hotel Wood Stock en la ciudad de New York, la organización Abdala, que tiene como fin derrocar al régimen totalitario cubano. El secretario general e ideólogo de la nueva organización es Gustavo Marín. Participaron en la fundación entre otras personas, Asunción Fores, Cristina Fores, José Campon, Efraín Zabala y Ernesto Vidal.

Febrero 1. Un almacén del Consolidado de la Madera, en La Habana, es destruido por un sabotaje de la resistencia.
- El Directorio Revolucionario Estudiantil, DRE, denuncia ante la Comisión de Derechos Humanos de Naciones Unidas el fusilamiento de los hermanos Luis y Marcial Díaz Medina.

Febrero 24. Una lancha artillada del Alpha 66, a cuatro millas de Matanzas, sostuvo un encuentro naval con cuatro embarcaciones del régimen, logrando escapar, después de hundir una.

Febrero 28. Es asesinado a tiros en los pabellones de castigo de la Prisión de Isla de Pinos, el preso político Francisco Nogales Menendez, conocido por "PacoPico" Había sido miembro de los grupos de acción y sabotaje del Movimiento 26 de Julio en la lucha contra el gobierno de Batista.

Marzo 8. Fuerzas de la resistencia prenden fuego a la colonia cañera de la Finca Cárdenas en el kilómetro 40 de la carretera de Batabanó, provincia de La Habana.

Marzo 13. Un artefacto explosivo es detonado por el Movimiento Nacionalista Cubano en una oficina que tenía vínculos comerciales con el régimen cubano y que en ese momento realizaba una subasta con bienes confiscados en Cuba. El incidente tuvo lugar en una ciudad canadiense.

Marzo 17. En un intento de infiltrarse por Cayo Fragoso, son detenidos Félix Asencio Crespo, Wilfredo Martínez Díaz y Gustavo Areces Fragoso.

Marzo 20. El preso político José Pereira es asesinado en la prisión de Agüica, provincia de Matanzas.

Marzo 23. Cierra el régimen totalitario el Reclusorio Nacional de Isla de Pinos, también conocido como el Presidio Modelo. En las instalaciones, compuestas por cinco edificios circulares y otros dos de forma rectangular, estuvieron recluidos más de quince mil presos políticos en menos de ocho años.[75]

Marzo 30. Es constituida la organización Movimiento Nacional Reformista en el estado de New Jersey, en Estados Unidos. Los dirigentes de la nueva institución eran, entre otras personalidades, Felipe Martínez, Lido Suárez y Luis Pino.

Abril. Mauricio Fernández inicia la publicación en Miami de la revista cultural Punto Cardinal.

Abril 4. Una bomba hace explosión en la Misión Cubana ante Naciones Unidas hiriendo a un funcionario del régimen.

Abril 12. Ciento cincuenta presos políticos del campo de trabajo forzado, Sandino 3, en Pinar del Río, son brutalmente golpeados por la guarnición del penal, por manifestar solidaridad con un compañero que estaba siendo apaleado por varios custodios.

Abril 14. Es detenido en Miami un cubano no identificado que pretendía abordar un pequeño avión con varias bombas de fabricación casera en una maleta.

Abril 24. Roberto Santiesteban es fusilaro en Palma Soriano, provincia de Oriente.

Mayo 4. Explota una bomba en el automóvil del embajador de Cuba en México y la acción se la atribuye una organización autodenominada La Mano Negra.

Mayo 5. Es asesinado en la Prisión de El Mijial, en Oriente, el combatiente Casiano Pérez.

Mayo 8. La labor de subversión y desestabilización que auspicia el régimen cubano en todo el hemisferio latinoamericano, asciende a un punto crítico cuando es abatido en Venezuela el oficial del ejército cubano Antonio Briones Montoto.

Mayo 11. Es fusilado en La Habana el combatiente Alfredo Pons Rosell.

Mayo 13. Fusilado en La fortaleza de La Cabaña, La Habana, el combatiente Raúl Jiménez Bouza.

Mayo 18. Es fusilado en La Fortaleza de La Cabaña, en La Habana, el combatiente Félix Montesino.

Mayo 24. Concluye una huelga de hambre que Felipe Rivero Díaz, dirigente del Movimiento Nacionalista Cubano, había iniciado varios días antes.

Mayo 31. Explota una bomba en el Pabellón de Cuba, de la Expo-67, que estaba teniendo lugar en la ciudad de Montreal, en Canadá.

Julio 27. Detenidos los cubanos Humberto Montes de Oca, Ramiro de la Fe, Armando Betancourt, Carlos Salgado Suarez, Manuel Alvarez Solano y Modesto García Méndez por asaltar el barco Freight Transporter en el puerto de Miami; tenían el propósito de utilizarlo como base para atacar al régimen cubano.

Agosto 4. Tiene lugar en La Habana la primera conferencia de la Organización Latinoamericana de Solidaridad, OLAS. Instrumento subversivo auspiciado por el régimen cubano que contradecía las fórmulas de expansión política que auspiciaban la Unión Soviética y la República Popular China. Este fue un período en el que el castrismo manejó hábilmente las diferencias entre los dos polos mundiales del comunismo, a la vez que pretendía generar una nueva doctrina dentro del marxismo.

Agosto 7. Es ametrallado en la Prisión de Aguica, en Matanzas, el preso político José Pérez Reyes, alias Pererita.

Agosto 8. Concluye en la prisión del Castillo del Príncipe una huelga de hambre de presos políticos que se extendió por trece días. Los prisioneros, entre otras cosas, reclamaban ser separados de los presos comunes.

Agosto 9. Muere después de una larga huelga de hambre, el preso político Luis Alvarez Ríos, El Pavo, en la Prisión de El Príncipe, en La Habana.

Agosto 15. Desembarcan grupos comandos del Alpha 66 por Pinar del Río. Son detenidos, José Roig Rodríguez, Alberto Lauzarica Díaz, Francisco Avila Azcuy, Pablo García Roqueta y Ricardo Rafael Nuñez y herido en el combate Plácido Hernández.

Agosto 17. Se constituye una nueva organización para combatir el totalitarismo, la Unión Patriótica Cubana, que está dirigida por el doctor Enrique Huerta y Eneido Oliva, uno de los líderes militares de la invasión de Playa Girón.

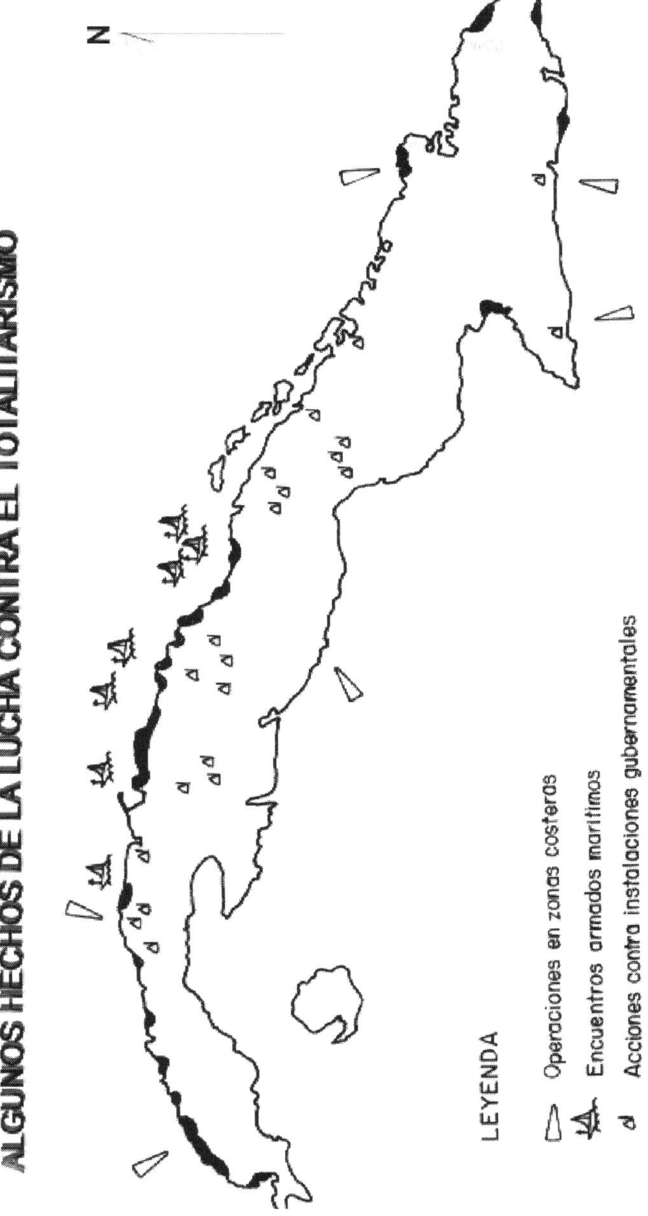
ALGUNOS HECHOS DE LA LUCHA CONTRA EL TOTALITARISMO
N
LEYENDA
Operaciones en zonas costeras
Encuentros armados marítimos
Acciones contra instalaciones gubernamentales
Areas de infiltración

Septiembre 8. Denuncia el régimen una conspiración dentro del propio partido de gobierno que se denominó la Microfracción. Son encarceladas 36 personas que estaban gestando la creación de un Partido Socialista Independiente el cual tenía como uno de sus propósitos que los sindicatos recuperasen su independencia. Algunos de estos presos participaron en la gestación y desarrollo del movimiento a favor de los derechos humanos en Cuba.

Septiembre 12. Son fusilados en los fosos de La Fortaleza de La Cabaña, Esteban Fellever Obelin y Nelson Aurelio Moyeda García.

Septiembre 18. Muere el preso político José Aúcar, en la Prisión de Boniato, por falta de asistencia médica.

Septiembre 23. Aproximadamente diez mil cubanos desfilan ante los monumentos a Abraham Lincoln y a Simón Bolivar, en la capital estadounidense, para hacer entrega a los cancilleres de América Latina de un documento en el que se exponía la realidad cubana. La marcha fue convocada, entre otras personas, por el doctor Enrique Huerta, quien entregó al doctor José A. Mora, secretario general de la Organización de Estados Americanos, OEA, el documento en cuestión.

Octubre 3. Asesinan en Sancti Spíritus a Oscar Muñoz Armas.

Octubre 8. José Álvarez es fusilado en el poblado del Cotorro, provincia de La Habana.

Octubre 16. Detonado un artefacto explosivo frente al consulado de Yugoslavia en la ciuda de New York.

Octubre 18. Explota un artefacto en la oficina comercial de Cuba, en Exposi Cuba, en Montreal, Canadá. El acto se lo atribuyó el Movimiento Nacionalista Cubano. Ese mismo día, otro artefacto explosivo sin detonar fue localizado en la casa comercial Bergen Town, en la misma ciudad.

Noviembre 14. Los presos políticos recluidos en la Carcel de Boniato, provincia de Oriente, iniciaron una huelga de hambre por las pésimas condiciones carcelarias en que se encontraban. La dirección del penal había tomado medidas de represalias por su negativa a aceptar el uniforme azul y los mantenían encarcelados, desnudos. La huelga de hambre se extendió por 17 días.

- Un dirigente de la organización Movimiento Nacionalista Cristiano, MNC, hace de conocimiento público que fue dinamitada en la ciudad de Montevideo, Uruguay, la oficina de la agencia de prensa del régimen cubano, Prensa Latina, PL.

Noviembre 18. Se inicia en la ciudad de Miami, el Primer Congreso General de Delegaciones de la Representación Cubana del Exilio, RECE, que se extenderá hasta el día siguiente.

Noviembre 23. Fusilado en los fosos de La Forlateza de La Cabaña, con 78 años de edad, Andrés Sar Alvarez.

Diciembre 5. Es constituida en la ciudad de Miami, la Organización de Educadores Cubanos, para la cual fueron designados como ejecutivos Raúl Lastra, Isabel Bécquer, viuda de León, y Fulgencio Menéndez.

Diciembre 10. Los presos políticos de la Cárcel Cinco y Medio, en Pinar del Río, realizan una huelga colectiva por las difíciles condiciones carcelarias impuestas por el Ministerio del Interior.

Diciembre 12. Según informaciones, después de varios meses de confinamiento, muere en una celda de la Seguridad del Estado en Pinar del Río, la monja de las Hermanas de la Caridad, Sor Aida Rosa Pérez.

Diciembre 15. Fusilados Marcelino Leiva Zamora y Rolando González.

Diciembre 28. Es derribada una avioneta tripulada por Everst Jackson cerca de Cayo Falcanes, al norte de la provincia de Las Villas.

1967. Militares del régimen cubano infrigen torturas a prisioneros de guerras norteamericanos en Viet Nam. La operación fue denominada "Programa Cuba" y se considera que al menos 4 oficiales cubanos participaron en el plan que se desarrolló en un campamento conocido como el "Zoológico".[76]

Ismael Roldán
"El Látigo Negro",
muerto en combate
el día 3 de enero de 1967.

Zoila Almeida, "La Niña de Placetas". Oficial de las guerrillas que operaron en el Escambray en la década de 1960. Su esposo fue fusilado y ella estuvo en prisión muchos años.

Juan Enrique Hernandez Dominguez.
Ejecutado ante un paredon de fusilamiento en Matanzas en 1968

TRIBUNAL REVOLUCIONARIO DISTRITO MATANZAS.

EL FISCAL en la Causa Nro. 470 de 1968, del Tribunal Revolucionario de MATANZAS, seguida por los Delitos de CONTRA LOS PODERES DEL ESTADO CONTRA LA INTEGRIDAD Y ESTABILIDAD DE LA NACION, ASESINATO, ENCUBRIMIENTO y otros, contra los acusados JUAN ENRIQUE HERNANDEZ DOMINGUEZ, RAMON RUIZ RODRIGUEZ, RAMON ARMENTEROS CONCEPCION, MINET SANCHEZ SARDIÑAS, VICTORIANO HERNANDEZ ICASURRIAGA, JACINTO RODRIGUEZ MORENO, WILFREDO MARTINEZ ROQUE, COSME JUVIER SENAREGA, CATALINO MESA RODRIGUEZ, OSCAR ALONSO Y DE LA NUEZ, MANUEL ANTONIO TORREZ GARCIA, JOSE GONZALEZ LAGUARDIA, RAUL HERNANDEZ RODRIGUEZ, RUPERTO RUIZ CARMONA, VENTURA GARCIA RODRIGUEZ Y JESUS RDRIGUEZ, de conformidad con lo dispuesto en el Artículo 79 de la Ley Procesal de Cuba en Armas, formula las siguientes.

QUINTA: La sanción en que han incurrido y solicitamos se le imponga al acusado JUAN ENRIQUE HERNANDEZ DOMINGUEZ es la PENA DE MUERTE POR FUSILAMIENTO, a los acusados RAMON RUIZ RODRIGUEZ, RAMON ARMENTEROS CONCEPCION, MINET SANCHEZ SARDIÑAS, VICTORIANO HERNANDEZ ICASURRIAGA, JACINTO RODRIGUEZ MORENO Y WILFREDO MARTINEZ ROQUE, es la de TREINTA AÑOS de privación de libertad y a los acusados COSME JUVIER SENAREGA, CATALINO MESA RODRIGUEZ, JOSE GONZALEZ LA GUARDIA, RAUL HERNANDEZ RODRIGUEZ, RUPERTO RUIZ CARMONA, VENTURA GARCIA RODRIGUEZ Y JESUS RODRIGUEZ RODRIGUEZ, es la de QUINCE AÑOS de privación de libertad, sanciones establecidas en los Artículos 148 y 128 del CDS modificado por la Ley 425 de 1959 Artículo Octavo y Décimo Primero de la Ley 425 de 1959 y Artículo I-A de la Ley 988 de 1961, en relación con el Artículo 16 del Reglamento Nro. I de la Sierra Maestra y el Artículo 30 de la Ley Penal de Cuba En Armas M. y a los acusados OSCAR ALONSO Y DE LA NUEZ Y MANUEL ANTONIO TORREZ GARCIA, la medida de seguridad de RECLUSION EN UN CENTRO DE REEDUCACION HASTA SU TOTAL REHABILITACION, de acuerdo con el Artículo 588 CDS modificado con la Ley 546 de 1959, Como sanciones accesorias la confiscación de sus bienes a todos los acusados exceptuando a los menores Oscar Alonso de la Nuez y Manuel Antonio Torrez García, de conformidad con lo dispuesto en la Ley 664 de 1959.

Año 1968

Enero. Se fuga de la Prisión Alambrada #4 de Manacas, en Las Villas, el preso político Julio Oliva, quien había estado alzado en las montañas del Escambray a principios de 1960.

Enero 4. *Se celebra en La Habana, con total auspicio del gobierno, el Congreso Cultural Internacional con la presencia de más de 500 delegados. Castro utiliza la clausura para reiterar sus diferencias con el comunismo soviético y hace críticas, aludiendo que no prestan apoyo a los movimientos insurreccionales.*

Enero 8. Explota un paquete en el departamento de valija internacional del Ministerio de Comunicaciones de La Habana, causando daños de consideración en el inmueble. El régimen cubano suspende la manipulación de despacho y entrega de bultos y paquetes postales transportados por expreso aéreo.

Enero 20. Un avión aparcado en el aeropuerto de Miami es objeto de un acto de sabotaje que lo deja prácticamente inutilizado. La nave era propiedad de una compañía que hacía siete meses había iniciado operaciones de embarques a Cuba.

Enero 25. Explota una bomba en la empresa denominada Servicios Especializados, en la ciudad de Miami, que se dedicaba a enviar paquetes a Cuba. La organización Poder Cubano fue señalada como ejecutora de la acción.

Enero 28. *Se inicia el llamado proceso de la "Microfracción" contra Anibal Escalante y otros 8 miembros del Partido Socialista Popular. Estas personas, junto a otras 32, fueron acusadas de ser partidarias de las tesis soviéticas sobre la construcción del socialismo. Sin embargo el diario Granma, al comentar el proceso. aclaró que la Unión Soviética no tenía ninguna responsabilidad en lo sucedido.*
- Varios presos políticos lograron escaparse de la Prisión Alambrada #4 en Manacas, Las Villas. Entre los fugados estaban, José Pepe Ibáñez, Lalo Sosa, Ramón Ledón, Víctor Hernández Nenito, Domingo Espinoza, Raúl González

Mandarria, y René Albernaz.[77]

Febrero 1. Una bomba, supuestamente colocada por Poder Cubano, hizo explosión frente a la residencia del cónsul de México en la ciudad de Miami, causándole serios daños al inmueble.

Febrero 9. Un artefacto explosivo, supuestamente colocado por Poder Cubano, es detonado en el garaje del cónsul británico en la ciudad de Miami.

Febrero 19. En la Prisión de Mujeres de Guanabacoa, un grupo de presas políticas protestaba en solidaridad con varias compañeras suyas que iban a ser sometidas a un denominado juicio popular. La guarnición del penal reaccionó brutalmente, y golpeó a las mujeres, incidente por el cual perdió la visión de un ojo la presa política María Magdalena Álvarez.

Marzo 13. Asesinado a golpes en la prision de Puerto Boniato el preso político Antonio Gerardo Avila Delgado.
- Son expropiados todos los pequeños negocios privados que aún no habían sido confiscados por el Estado. Se calcula que los negocios confiscados fueron más de 50,000. Esta acción fue identificada por las autoridades como la "Gran Ofensiva Revolucionaria". Esta medida tendría como fin controlar todos los renglones de la economía nacional, e impedir el posible financiamiento de actividades contrarias a los intereses del régimen totalitario. Esta decisión incidió negativamente en la producción, prestación de servicios y distribución de los productos a la ciudadanía. El gobierno impuso una férrea disciplina social que incluyó el cierre de bares y la cancelación de la Lotería Nacional.

Marzo 5. A consecuencia de una acción de sabotaje quedó completamente destruida la tenería Patricio Lumumba en la ciudad de Caibarién, provincia de Las Villas. El acto de sabotaje le provocó al régimen pérdidas superiores al millón de pesos.

Abril 19. La Misión Mexicana ante Naciones Unidas en la ciudad de Nueva York fue objeto de un atentado que las autoridades atribuyeron a la organización Poder Cubano.

Mayo 2. Un almacén de pieles ubicado en la barriada del Cerro, La Habana, fue incendiado por fuerzas de la resistencia. El edificio y los materiales almacenados resultaron destruidos.

Mayo 5. Comandos del grupo clandestino Poder Cubano dinamitaron, cerca de Cayo Hueso, al barco de bandera inglesa Granwood. El buque hizo explosión en su ruta hacia La Habana.

Mayo 25. Comandos del Poder Cubano, minaron el barco de bandera japonesa Aroca Marú. La explosión le provocó al buque séveros daños.

Mayo 30. Explotó una segunda bomba en la oficina de Turismo de España en la ciudad de New York.

Julio. El preso político Pedro Hernández Rizo se declaró en huelga de hambre en la Prisión Sandino 3, en la provincia de Pinar del Río. La protesta se extendió durante 11 días.

Julio 1. Grupos de la resistencia realizaron un sabotaje en una fábrica de pienso para aves, en Santiago de Cuba, Oriente, las pérdidas se calculan en cerca de $100,000 pesos.
- Una nave de abono químico fue incendiada en la ciudad de Manzanillo, provincia de Oriente. Los daños fueron cuantiosos.

Julio 2. Los prisioneros políticos encerrados en la Prisión de Taco Taco, en Pinar del Río, rechazan las normas disciplinarias que quería imponer la dirección del penal y realizan un plante masivo lanzando botellas y piedras a los custodios. El incidente fue de tales proporciones que debieron intervenir cientos de policías y militares para poder recuperar el control del penal.

Julio 4. Hace explosión una bomba en las oficinas de Turismo de Canadá y Australia en la ciudad de New York. La acción fue atribuida a la organización Poder Cubano.

Julio 7. Explota una bomba en la Oficina Nacional de Turismo de Japón en la ciudad de New York.

Julio 8. Elementos de la clandestinidad realizan un sabotaje en la antigua Planta de Cubanitro, provincia de Matanzas.

Julio 9. En las sedes de las misiones diplómaticas de Cuba y Yugoslavia antes Naciones Unidas, explotaron artefactos supuestamente colocados por Poder Cubano.

Julio 10. Explota una bomba en el barco japonés Mikacesan Maru, causándole daños tan serios que debió ser remolcado hasta el puerto de Galveston. La acción se la atribuyen a la organización Poder Cubano.
- Es detonado un artefacto explosivo en un edificio de cuatro pisos, en el número 4 de la calle 67, adyacente a la Misión Cubana ante Naciones Unidas, en la ciudad de New York.

Julio 14. Una bomba es colocada ante la oficina de turismo de México en la ciudad de Chicago, la acción es atribuida a Poder Cubano.

Julio 15. Explota una bomba en la oficina de Turismo de Francia en el 610 de la Quinta Avenida en la ciudad de New York.

Julio 16. Es detectado un artefacto explosivo sin detonar frente al consulado de México en la ciudad de Newark, estado de New Jersey, Estados Unidos.

Julio 17. Incendian en la ciudad de Guantánamo, Oriente, un depósito de abono químico.

Julio 19. Grupos de la resistencia incendian en Madruga, La Habana, un depósito de abono químico, causando pérdidas por varios miles de pesos.
- Explotan bombas en las oficinas de las compañías aereas Air France y Japan Air Lines, en el edificio de la compañía petrolera Shell y en la oficina de turismo de México. Todo esto sucede en la ciudad de Los Angeles y las acciones son atribuidas a Poder Cubano.

Julio 20. Una avioneta deja caer bombas incendiarias sobre la refinería Ñico López, en La Habana.

Julio 27. El carguero inglés, Lancaster Prince, fue objeto de un atentado con una bomba de tiempo colocada bajo su línea de flotación.
- Elementos de la clandestinidad queman una casa de curar tabaco en la provincia de Camagüey.

Julio 30. Es detonada una bomba frente al consulado Británico en Los Angeles, California. Se consideró que los actores eran cubanos pero el atentado no fue adjudicado a ningún grupo.

Agosto. Centenares de presos políticos recluidos en la prisión de La Cabaña, inician una huelga de hambre que se extendió por 21 días.

Agosto 3. Explota una bomba en la sede del Banco de Tokio Trust Company en la ciudad de New York.

Agosto 5. Explota una segunda bomba frente al consulado británico en la ciudad de Los Angeles.Una organización contraria al régimen cubano se atribuye los hechos.

Agosto 8. Los cubanos Monseñor Eduardo Boza Masvidal, la doctora Silvia Meso Pérez de Corcho y la señora Pita Blanco de Puente, después de numerosas gestiones, logran que el Congreso de Venezuela apruebe realizar un canje de prisioneros con el gobierno de Cuba. El canje se realizaría entregando los cubanos presos por actividades subversivas en Venezuela y el gobierno de Cuba entregaría igual número de presos políticos encarcelados en la isla.
- El buque de bandera inglesa Caribean Venture, es objeto de un atentado dinamitero cuando se encontraba anclado en el puerto de Miami. "Ernesto", delegado de Poder Cubano, informó que hombres ranas de su organización colocaron una bomba en la toma de agua del carguero.

Agosto 15. Se suicida en la Prisión del Castillo del Príncipe, en La Habana, el preso político Jorge Francisco Balbuena Calzadilla, después de haber recibido una fuerte golpiza. Balbuena había permanecido durante meses en las celdas tapiadas de Boniato, encerrado en las llamadas "Gavetas", había participado en numerosas huelgas de hambre y sufrió grandes golpizas de parte de los carceleros.

Agosto 17. Explota una bomba en la Empresa Aerolíneas Mexicanas, en la capital azteca. La sede de esta compañía en la ciudad de Miami también fue objeto de un atentado de iguales características.

Agosto 23. La adhesión del régimen cubano a la Union Soviética se hace más estrecha cuando Fidel Castro justifica la intervención de la URSS en Checoslovaquia, presentándola como una manera de defender el socialismo.

Septiembre. Aproximadamente 800 presos políticos se declaran en huelga de hambre en la prisión de La Cabaña. La acción de protesta se extiendió por 36 días. Los que no participarom en la protesta fueron trasladados para la cárcel de Guanajay.[78]

Septiembre 7. Fuerzas de la clandestinidad incendian en la ciudad de

Camagüey el almacén provincial del Ministerio del Comercio Interior.

Septiembre 16. El movimiento Poder Cubano ejecuta con una bazuca un atentado contra el barco de bandera polaca, Polánica, anclado en el puerto de Miami. El doctor Orlando Bosch y varios cubanos más van a prisión por esta acción.

Septiembre 25. Tiene lugar en La Habana y otros lugares del país una redada contra homosexuales y personas que el régimen califica como "elementos antisociales". Todos son enviados a granjas de trabajo para su rehabilitación.

Octubre 1. Fusilado en Santiago de Cuba, Fernando Doniz.

Octubre 2. Fusilado Hildo Sequeira Cárdenas, en la ciudad de Colón, provincia de Matanzas.

Octubre 8. Fuerzas de la clandestinidad incendian la recuperadora de gomas de Holguín, Oriente, provocando pérdidas cercanas a los $50,000 pesos.

Octubre 11. Se crea en la ciudad de Chicago, Estados Unidos, durante una convención que se extendió hasta el 13 del mismo mes, el Comité Pro Comicios Cubanos Libres, que tendría como fin censar todo el exilio y convocar a elecciones para elegir un mandatario que fuera acatado por todos.

Octubre 21. Rafael Díaz, Benito Hernández y una persona conocida como "Compatriota" Badías, son ejecutados por el régimen en la Fortaleza de La Cabaña.

Noviembre 28. Escritores oficialistas a través de los medios informativos del gobierno, inician severos ataques contra cuatro escritores cubanos que rechazaban las pautas impuestas por el sistema. Los autores excomulgados fueron: Heberto Padilla, Anton Arrufat, José Triana y Guillermo Cabrera Infante.

Diciembre 10. Los exiliados cubanos protagonizan en la ciudad de Miami una fuerte protesta por la condena de 10 años impuesta al doctor Orlando Bosch y a otros activistas, por parte de una corte federal estadounidense.

Diciembre 29. Los exiliados Ernesto Díaz Rodríguez, Emilio Nazario Pérez, Felipe Sánchez Olivera, Antonio Manuel Rodríguez Lorenzo y Hermenegildo Rodríguez Pérez, miembros del Alpha 66, fueron detenidos cuando desembarcaban por El Morrillo, en Pinar del Río.

1968. Se funda en La Habana la Coordinadora Nacional de Presos y Ex Presos Políticos Cubanos. El objetivo de la misma sería monitorear la situación de los derechos humanos en Cuba y ayudar a los ex reclusos, reclusos y familiares de éstos.
- El Comité Pro Comicios Cuba Libre realizó en Puerto Rico lo que se considera el primer referendo efectuado por los cubanos exiliados. El comité estaba integrado, entre otras personalidades, por el abogado Sergio Ramos, Gastón Bettam, el ingeniero Octaviano Navarrete y Arnaldo Vidaillet. Publicaban un boletín que dirigía Carlos Irigoyen.

blanco

Olga Digna Fernández Cañizares y Marcial Arufe Delgado, miembros de Unidad Revolucionaria, murieron durante un enfrentamiento a tiros con agentes de la Seguridad del Estado, un día después de haber contraído matrimonio. Arufe Delgado fue oficial del Ejército Rebelde.

blanco

Año 1969

Enero 2. *En una decisión sin precedentes el gobierno anuncia el racionamiento del azúcar.*

Enero 20. Es fusilado en el Castillo de San Severino, Matanzas, el joven Juan Enrique Hernández Domínguez, por planear un atentado contra el dictador. El plan había sido elaborado por miembros del Servicio Militar Obligatorio (SMO), y consistía en la ejecución de Fidel Castro cuando éste visitase la provincia de Matanzas.
- Daniel Delgado es fusilado en la ciudad de Guantánamo, antigua provincia de Oriente.

Febrero. Es incendiado el Centro Comercial de Pina, en la provincia de Camagüey, provocando aproximadamente $10,000 pesos en pérdidas.

Febrero 14. Se ahorca en la prisión de La Fortaleza de La Cabaña, Rafael Socorro (Bitongo), un joven estudiante que perdió la cordura en los campos de trabajo forzado del Plan Camilo Cienfuegos, en el Reclusorio Nacional de Isla de Pinos.

Abril 15. Muere el preso político Carmelo Cuadra durante una huelga de hambre en el Hospital Militar, en la capital cubana. En esta huelga participaban varios presos, entre ellos Pedro Luis Boitel.

Mayo 3. Desembarca en Playitas de El Cajón, cerca de Imías, en Oriente, Amancio Mosqueda Fernández (Yarey). Mosqueda Fernández, quien se había infiltrado en Cuba en seis ocasiones anteriores, en esta oportunidad desembarcó con nueve hombres. El plan de Mosqueda consistía en activar focos guerrilleros y recabar información de inteligencia. Los combates suscitados por este núcleo guerrillero tuvieron como saldo tres guerrilleros y dos milicianos muertos, y varios heridos, de ambas partes. Los cercos implementados por las fuerzas gubernamentales fueron numerosos e incluían miles de efectivos de las milicias serranas, unidades del ejército de Oriente y de las fuerzas Guardafronteras del Ministerio del Interior.

La expedición, que fue organizada por la organización Representación

Cubana del Exilio, RECE, era liderada por Amacio Mosqueda Fernández (Yarey), quien apenas desembarcó fue herido en combate. El segundo al mando era Roberto Herrera (Tuto Tico), quien murió en acción junto a Justo Leyva Colombié y Bienvenido Fuente Leonard. El resto de los insurgentes eran: Ángel Castillo Cabrera, Tito López Gómes, Sixto Mosqueda Fernández, Manuel Rodríguez Pineda, Francisco Sip Crespo y Carlos Ibarra Vázquez.

Julio 4. Se fugan 45 presos políticos de la Prisión de Puerto Boniato, en Oriente, a través de un túnel cavado en la celda 39 del pabellón 5-B.

Julio 8. Explota una bomba en Loew Orpheum Theater en la ciudad de Nueva York. La acción fue atribuida a grupos contrarios del régimen cubano porque en el teatro se estaba exhibiendo la película Che, sobre Ernesto Che Guevara.

Julio 31. Se inicia el primer Congreso de la Solidaridad de Trabajadores Cubanos, un movimiento de carácter político-social que está a favor de la democracia en Cuba. Este congreso se va a extender hasta el día 3 de agosto.

Agosto 28. Más de 800 presos políticos inician en la prisión de La Fortaleza de La Cabaña, La Habana, una huelga de hambre que duró 37 días.

Septiembre 1. El régimen totalitario incrementa el control de la ciudadanía al establecer un expediente laboral acumulativo con el historial de cada trabajador.

Septiembre 7. El señor José Elías de la Torriente hizo público a través de un programa de la televisión norteamericana un plan de ataque al régimen cubano que llevaba como nombre el "Plan Torriente".

Septiembre 12. Es detenido en la provincia de Oriente, José A. Quesada Fernández, miembro de un equipo de infiltración. Pocos días más tarde sería ejecutado ante el paredón de fusilamiento.

Septiembre 13. La tenacidad y las convicciones de los presos políticos eran un reto constante para el régimen, por lo que decidieron quebrantar su conducta implementando en la Prisión de Puerto Boniato, en Oriente, un plan experimental llamado de "Calorías Mínimas Indispensables", que consistía en un régimen alimenticio muy severo y la constante permanencia de los reclusos en sus celdas. Este experimento, que duró dos años, tuvo graves consecuencias para la salud física y mental de muchos de los presos políticos.

Septiembre 17. Las presas políticas de la Cárcel para Mujeres América Libre fueron objeto de una golpiza brutal por parte de la guarnición, porque se negaron a quitar un cartel, situado frente a la dirección del penal, en el que reclamaban información sobre sus compañeros presos políticos que se encontraban en una huelga de hambre en la prisión de La Fortaleza de La Cabaña.

Septiembre 25. Se fuga de la Prisión de Ariza, en Cienfuegos, el preso político José Pepe Ibáñez quien permaneció oculto por más de un año en la capital cubana.

Octubre 5. Concluye en la prisión de La Fortaleza de La Cabaña la huelga de hambre en la que participaron unos 800 presos políticos, que se había iniciado el 28 de agosto último. Muchos de los huelguistas quedaron seriamente afectados en su salud: "Chichi" Gamez, Ricardo Vázquez y Abel Rodríguez, entre otros prisioneros, sufrieron por largo tiempo diferentes formas de parálisis y Eddy Arce, Ortega y Ángel Moreno Maya (Mayita), padecieron muchas veces serios problemas de visión.

Octubre 30. Las autoridades del Penal para Mujeres reprimen violentamente una protesta protagonizada por presas políticas.

***Diciembre**. El gobierno prohíbe la celebración de las Fiestas navideñas con la excusas de poder cumplir con la llamada "Zafra de los Diez Millones".*

Diciembre 4. Por un organizar un atentado contra el dictador, es fusilado en la prisión de La Fortaleza de La Cabaña, José Alfredo Mustelier Nuevo.

Diciembre 7. Fusilados en Oriente, Amancio Mosqueda, "Comandante Yarey"; Francisco Cid, Manuel Rodríguez Pineda y Ángel Luis Castillo Cabrera. Todos habían desembarcado por Baracoa, Oriente. Previamente habían muerto en combate, otros tres integrantes de esa expedición, Roberto Herrera Tuto, Tico, Justo Leiva Colombié y Bienvenido Fuentes Leonard, Facundo.

Diciembre 20. El prisionero político Manuel Avile es asesinado en la Prisión Combinado del Este, en La Habana.

blanco

De izquierda a derecha, en la parte de abajo, los guerrilleros del Escambray: Chichi Mosca, Rojita, Benjamín Tardío.
En la parte superior, de la misma forma: Fidel Barreto, Padre Francisco, el comandante Evelio Duque y Conrado Fernández.
Otros guerrilleros en la foto no han podido ser identificados.

blanco

Año 1970

Enero 7. Durante un desembarco frustrado por la zona de Guantánamo, murió ahogado el comando Julio César Ramírez, de 27 años de edad, conocido como El Bayamés. Esta operación estaba integrada por dos lanchas de Alpha 66 bajo la jefatura de Vicente Méndez y José Rodríguez.

Febrero 11. Durante una protesta protagonizada por presos políticos que se negaban a obedecer una orden, considerada humillante, la guarnición del Penal de Puerto Boniato arremetió contra ellos, teniendo como resultado varios heridos, entre los que se encontraba Jorge Portuondo, quién perdió la visión de un ojo. Los presos habían sido recientemente trasladados de la prisión de La Fortaleza de La Cabaña para la Cárcel de Boniato.

Abril. Se producen actos de sabotaje en el central Ciro Redondo, en la provincia de Camagüey.

Abril 1. Es ejecutado ante el paredón de fusilamiento de la ciudad de Santa Clara, el luchador por la democracia, Ramiro Machín Ledón, quien fuera acusado de realizar un sabotaje en el central azucarero Santa Rosa, en Ranchuelos. Machín Ledón, que trabajaba en el central de referencia, era un ex preso político que había cumplido una sentencia de cárcel de varios años y gozaba de gran prestigio en su ciudad natal de Ranchuelos.[79]

Abril 17. Vicente Méndez, veterano guerrillero y líder militar del Alpha 66, desembarcó con 13 hombres en las cercanías del río Yumurí, al este de Baracoa, en Oriente. Entre los hombres que desembarcan con Méndez se encuentran Mario González Zayas, Ibrahin Infante, Mario Rivera Pico y René Rodríguez.

Abril 18. Un enfrentamiento entre las fuerzas de Vicente Méndez y unidades del ejército y de la Seguridad del Estado, concluyó con un saldo de cuatro muertos para las fuerzas gubernamentales y dos guerrilleros.

Abril 22. Vicente Méndez Hernández, jefe militar del Alpha 66, quien había desembarcado por la provincia de Oriente, muere en combate contra las fuerzas del régimen.

Abril 26. Es fusilado en Oriente el combatiente Luis Aurelio Nazario.
- Ibrahin Infante García es fusilado en la provincia de Oriente. Infante García desembarcó en la expedición de Vicente Méndez y había resultado herido en un enfrentamiento con fuerzas del régimen.

Mayo 10. Una bomba incendiaria fue lanzada contra el Centro de Computación de la Universidad de Miami. La acción sería atribuida a grupos cubanos contrarios al régimen de la isla.
- Comandos del Alpha 66 dirigidos por Ramón Orozco Crespo y Rafael Paz, capturaron en aguas cubanas dos pesqueros del régimen que presuntamente estaban avituallando a las guerrillas castristas de Sudamérica. Ambas naves fueron hundidas.

Junio. Es fusilado en un paredón próximo a la ciudad de Santa Clara el obrero Vicente Pérez Mateo (Mateito). Fue ejecutado media hora después de la farsa judicial en la que se le acusó de haber quemado un almacén en la ciudad de Sagua la Grande, Las Villas.

Junio 14. Una célula de Alpha 66, integrada por Alejandro Quiros, El Mejicano, Rogelio Recio La Pera y su hijo de 14 años, Dagoberto Recio Manzano, prendió fuego al almacén provincial del Ministerio de Comercio Interior, MINCIN, destruyéndolo por completo y ocacionando pérdidas millonarias.

Julio 7. Dos lanchas de Alpha 66 cargadas de armas fueron interceptadas por un guardacostas estadounidense que decomisó todos los pertrechos militares.

Julio 20. Son ejecutados, en un paredón ubicado en la parte trasera de la Prisión de Kilo 7, Camagüey, los combatientes Alejandro Quirós (El Mejicano) y Rogelio Recio (La Pera).

Julio 26. *El dictador admite el fracaso de la "Zafra de los 10 millones de toneladas de azúcar". Utilizxando nuevamente su gran demagogia, Fidel Castro dijo que era necesario reorganizar los sindicatos y democratizarlos y también acercarse a las masas para entrar en una fase más madura y profunda del proceso revolucionario. Se incrementa la dependencia económica y política de Cuba hacia la Unión Soviética.*

Septiembre 14. Se produjo un desembarco del movimiento Alpha 66 por Río Seco, en Banes, en la provincia de Oriente dirigido por José Rodríguez Pérez, junto con ocho combatientes más.

Septiembre 15. Las fuerzas expedicionarias del Alpha 66 dirigidas por José Rodríguez Pérez, sostuvieron un enfrentamiento con unidades de las fuerzas armadas del régimen castrista, cerca de la ciudad de Bayamo, causándole dos bajas al enemigo.
- *Aviones espías tipo U-2 del gobierno de los Estados Unidos tomaron fotografías que confirmaron la construcción de una base naval soviética para submarinos en Cayo Alcatráz, en la Bahía de Cienfuegos.*

Septiembre 16. Las fuerzas del Alpha 66 que habían desembarcado en Cuba, dirigidas por José Rodríguez Pérez, sostienen otro enfrentamiento cerca de Baire, Oriente, causándole una baja a los efectivos del gobierno.

Septiembre 17. En las estribaciones de la Sierra Maestra, caen en combate el jefe guerrillero del Alpha 66, José Rodríguez Pérez, uno de sus hombres Luis Pérez y es herido Sixto Nicot. El resto de los expedicionarios, Israel Sosa Ramírez, Humberto Ochoa Angulo, Raimundo Sánchez Bejarano, José Amparo Barreto Viña, Alberto Kindelán Ferrer y Manuel Artola Ortíz fueron apresados.

Octubre 1. Muere frente al paredón de fusilamiento en El Condado, Las Villas, el combatiente Cándido Sánchez Zulueta.

Octubre 14. La crisis del gobierno se acentúa, Fidel Castro declara al diario Granma la necesidad de crear nuevas organizaciones de masas capaces de supervisar todas las actividades, incluyendo las del Partido.

Octubre 25. Fusilados en el Condado, Las Villas, por actividades contra los poderes del estado, Manuel Sánchez Zaldivar y Antonio Lidiano.

Diciembre 15. Mil doscientos hombres que residían en la región montañosa del Escambray y sus alrededores, provincia de Las Villas, son conducidos a la fuerza a la Cárcel de Fajardo en San Cristóbal y a las prisiones de Sandino 1, 2, y 3, en Pinar del Río. Esta decisión del gobierno tuvo lugar 6 años después de haber terminado las operaciones militares en la región. Las autoridades declararon públicamente que el desplazamiento se producía porque los hijos de los que habían colaborado con los alzados no podían convivir con los revolucionarios. La mayoría de los desplazados eran redidentes de Trinidad, Fomento, Güinía, La Moza, Barjagua, El Nicho y Jibacoa.[80]

Miembros de un equipo de infiltración, no identificados, preparándose para desembarcar en Cuba y actuar contra el régimen totalitario.

blanco

Año 1971

Enero 9. Las actividades realizadas por el movimiento Alpha 66 eran tan intensas que grupos asociados con la dictadura atacaron con armas de fuego acopladas a silenciadores, las oficinas de esa organización, hiriendo a uno de sus miembros.

Enero 18. Se suicida en la cárcel Cinco y Medio de Pinar del Río, el preso político Fernando López del Toro. Después de haber cumplido 11 años de cárcel fue trasladado a las celdas de la policía política en La Habana, donde lo estuvieron torturando por 91 días.

Marzo 10. Fusilado en La Cabaña el capitán del ejército, activo, José Luis Carvallo. Minutos después de ser condenado pudo hablar con su hermana, María Isabel Carballo, y le dijo "puedes decir que no hablé".

Marzo 13. Dieciséis miembros de la Agrupación Abdala tomaron el edificio de las Naciones Unidas en New York, para protestar por la apatía del organismo internacional en lo concerniente a las violaciones de los derechos humanos de los presos políticos cubanos.

Marzo 15. El preso político Enrique Traveza Aguiar, que realizaba trabajos forzados en el campamento de trabajo Venero, fue asesinado de 23 disparos por un custodio del establecimiento penitenciario cuando regresaba de ser curado de una herida accidental en el ambulatorio del poblado. El incidente tuvo lugar cerca de la ciudad de Aguada de Pasajeros, en Las Villas.

Marzo 19. Son asesinados durante un intento de fuga del Penal de Puerto Boniato, en Oriente, los presos políticos Amado Rodríguez, Raúl Balmaceda, Mario Fernández y Rafael Peña. En la opinión de muchos de sus compañeros, éste fue un crimen premeditado por las autoridades carcelarias.

Marzo 20. Fueron detenidos el escritor Heberto Padilla y su esposa Belkis Cuza Malé, en el inicio de una purga de intelectuales que empezaban a cuestionar las interfencias de censores del gobierno en las obras que producían. Este proceso tuvo repercusión mundial y fue conocido como el "Caso

Padilla". Muchos intelectuales de prestigio de Europa y América Latina, se alejaron de la Revolución y se convirtieron en acérrimos críticos de la misma.

Abril 9. El principio del fin de la luna de miel de muchos intelectuales con el régimen cubano. El periódico francés Le Monde publica una carta firmada, entre otras personalidades, por Jean Paúl Sartre, Simón de Beauvoir, Mario Vargas Llosa y Octavio Paz, en la que expresaban preocupación por las represalias del régimen contra los intelectuales no afectos al sistema. La misiva fue firmada por 34 figuras destacadas del mundo intelectual.

Abril 30. *Termina el Primer Congreso Nacional de Educación y Cultura. En una de sus sesiones el escritor Heberto Padilla hace una autocrítica.*

En el congreso se "condena el homosexualismo y otras aberraciones sociales y cualquier forma de práctica religiosa". Fidel Castro expresa en el discurso de clausura que "El arte es un arma de la Revolución". Intelectuales como Virgilio Piñera, Antón Arrufat, José Triana y Heberto Padilla quedan aislados de la culltura oficial.

Mayo 22. Por segunda vez el diario parisino Le Monde publica una carta en la que 62 intelectuales internacionales protestan por la mascarada de la autocrítica a que fue forzado Heberto Padilla. En esta ocasión firman entre otros, Pierre Paolo Passolini, Alain Resnai, Juan Rulfo y Susan Sontag.

Junio. *Queda cerrado el Departamento de Filosofía de la Universidad de La Habana. Sus miembros serían ubicados en otros organismos estatales.*

Junio 15. *El control del estado sobre el individuo se hace más estricto con la ley 1234, que establece el carné de identidad obligatorio. Este documento u otro similar, nunca antes había sido establecido en Cuba.*

Julio. Se celebra el Primer Congreso Nacional de Abdala, en el que se elije una junta directiva presidida por Gustavo Marín, Oscar Fernández como Vice, José Antonio Font secretario general de Relaciones Exteriores y delegado en Washington y Frank Calzón como Secretario Nacional de Propaganda.

Julio 12. Es presuntamente saboteada una vía férrea cerca de la ciudad de Guantánamo, en Oriente. El incidente provoca un descarrilamiento y cuatro muertos.

Julio 30. *La discriminación se hace aun más patente. El periódico Granma publica las nuevas normas para poder acceder a la Universidad en Cuba, destacando que los altos centros de estudios están dedicados a los Revolucionarios.*

Agosto 5. El preso político Oriol Acosta es asesinado a tiros y otros reclusos resultaron heridos durante una protesta efectuada por los prisioneros de la Cárcel de La Alambrada #4, en Manacas, Las Villas. Los presos empezaron a protestar cuando vieron que compañeros suyos que arribaban al penal de otra cárcel estaban siendo golpeados por la guarnición. Los guardias, que usaron todo tipo de armas portátiles contra los prisioneros, fueron dirigidos por el teniente Abraham Claro.

Septiembre 5. Roberto Camejo Herrera es asesinado en la prisión de Cinco y Medio, Pinar del Río

Septiembre 15. Se funda en la ciudad de Miami una revista de contenido ideológico que lleva por nombre Ideal. La revista de inspiración cristiana es dirigida por el activista Lorenzo de Toro.

Octubre 12. Ataque de comandos del llamado Plan Torriente, bajo el nombre de "Fuerzas Cubanas de Liberación", al puesto de guarda fronteras ubicado en Boca de Samá, al norte de Banes, provincia de Oriente. Las fuerzas del régimen tienen tres bajas y numerosos heridos, pero también resultaron perjudicados civiles que residían en la localidad, incluyendo una menor de edad.

blanco

Juan Becerra Rodríguez, muerto en combate el día 24 de marzo de 1963. Murió dos años después de ser tomada esta foto.

José Ramón Crespo, muerto en combate en Sabana del Moro, Escambray, el 3 de enero de 1963.

blanco

Año 1972

Enero 13. Se prohíben oficialmente en la isla las religiones sincréticas afrocubanas y se inicia la persecución de los intelectuales negros que ahondaban en sus raíces étnicas.

Febrero 4. Muere a consecuencia de un avanzado estado de desnutrición, en la Prisión de Boniato, el preso político Esteban Ramos Kessel (Estebita).

Febrero 7. Fallece en la Prisión de Boniato, como consecuencia de un avanzado estado de desnutrición el preso político Ibrahin Torres Martínez (El Pire).

Marzo 4. Un autollamado Gobierno Cubano Secreto detona una bomba en un teatro de Nueva York y otras dos en farmacias situadas en San Juan, Puerto Rico.

Marzo 7. Muere, por falta de atención médica, en la Prisión de Boniato, en Oriente, el preso político Alberto Misa López.

Abril. Grupos de acción que operaban en el exilio atacan con petacas incendiarias las oficinas del régimen cubano en París e incendian el automóvil de Ricardo Alarcón en Nueva York, que a la sazón era el jefe de la delegación cubana ante Naciones Unidas.

Abril 4. Una bomba colocada en el techo de la Oficina Cubana de Asuntos Comerciales en Montreal, Canadá, causa la muerte de un funcionario del régimen de la isla y heridas a otras seis personas.

Abril 12. Con el propósito de reafirmar las raíces culturales cubanas y hacer conocer la verdadera faz de la dictadura, un grupo de exiliados en Caracas, Venezuela, dirigidos por la doctora Silvia Meso de Pérez de Corcho, el Presbítero Reinerio Lebroc, el doctor Amalio Fiallo y varias personalidades más, constituyen el Comité Pro Festival de Arte Cubano. Por más de una década, la organización realiza numerosas actividades, conciertos de música, exposición de libros cubanos y conferencias sobre José Martí y otros tópicos nacionales.

Mayo 24. Muere durante una huelga de hambre de 53 días, en la Prisión del Castillo del Príncipe, el líder estudiantil y preso político Pedro Luis Boitel. Boitel realizó numerosas huelgas de hambre durante su cautiverio y fue uno de los presos políticos que más maltratos y golpes recibió de parte de los carceleros. En una ocasión participó en una huelga de hambre que se extendió por nueve meses, recibiendo alimentación intravenosa en contra de su voluntad.

Mayo 28. Catorce jóvenes de la Agrupación Abdala, ocuparon la estatua de la Libertad en Nueva York, como protesta por la muerte del dirigente estudiantil fallecido en huelga de hambre Pedro Luis Boitel.

Junio 14. Un establecimiento de expender licores en San Juan, Puerto Rico, es objeto de un atentado explosivo, supuestamente ejecutado por Comandos Anticomunistas Cubanos.

Julio 12. La dependencia del bloque soviético se acentúa cuando Cuba pasa a ser miembro de pleno derecho del Consejo de Ayuda Mutua Económica, CAME.

Julio 21. Inicia el movimiento Alpha 66 en la ciudad de Miami su Primer Congreso Nacional de Delegaciones con el propósito de elaborar nuevos planes y considerar otras alternativas. El evento se extenderá hasta el día 23.

Octubre 10. Dos lanchas artilladas de la organización FLNC atacan cerca de las costas cubanas los barcos Aguja y Plataforma IV, apresan a los tripulantes y posteriormente hunden ambas embarcaciones.

Noviembre 22. Se reorganizan los órganos de gobierno según el modelo soviético. Toda la estructura de los órganos de gobierno imperante en la Union Soviética es reproducida en Cuba, incluyendo la militar.

Diciembre. Un autodenominado "Gobierno Cubano Secreto" coloca artefactos explosivos en las oficinas de la agencia Va-Cuba, en las ciudades de Nueva York, Montreal y Miami.

Diciembre 3. Una explosión en la sede del consulado de Cuba en Ciudad México, causa serios daños en las instalaciones.

Diciembre 11. Una agrupación anticastrista no identificada coloca un artefacto explosivo en una agencia de viajes situada en Queens, Neva York.

Diciembre 15. Es asesinado por la guarnición del Penal Cinco y Medio, en Pinar del Río, el preso político Lázaro San Martín.

Diciembre 15. Se constituye en la ciudad de Miami, por el doctor Orlando Bosch, la organización Acción Cubana. Bosch había cumplido una sanción de varios años de prisión en cárceles estadounidenses y, junto a otras severas restricciones judiciales, se le había prohibido volver a usar el nombre del Movimiento Inssurreccional de Recuperación Revolucionaria, MIRR.

blanco

Pedro Luis Boitel líder estudiantil, murió en prisión después de más de 50 días en huelga de hambre. Boitel realizó antes de morir numerosas huelgas de hambre.

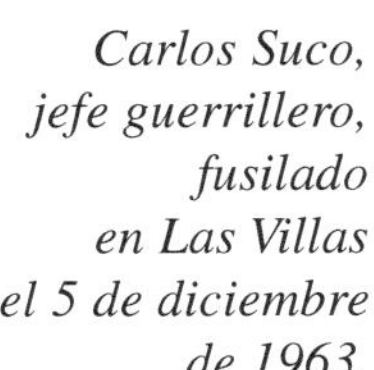

Carlos Suco, jefe guerrillero, fusilado en Las Villas el 5 de diciembre de 1963.

blanco

Año 1973

Enero 15. Muere en huelga de hambre en las famosas "Escaleras" de la Prisión de Puerto Boniato, en Oriente, el preso político Olegario Charlot Pileta.[81]

Enero 28. Una unidad de comando del FCLN hunde la embarcación Plataforma 1, perteneciente al régimen, en aguas territoriales cubanas.

Febrero 15. Los gobiernos de Cuba y Estados Unidos firman un pacto contra la piratería aérea.

Marzo. Muere por desnutrición en una celda de la Cárcel de Morón, en Camagüey, el preso político Diosdado Camejo.

Marzo 15. Una bomba destruye las oficinas del Centro de Estudios Cubanos, en Manhatan, Nueva York. La acción se la atribuye "Gobierno Cubano Secreto".

Marzo 26. Muere por falta de atención médica en la Cárcel de la Alambrada de Manacas, en Las Villas, al preso político Oscar Morales Pascual.
- Muere en una huelga de hambre en la prisión de Puerto Boniato, Oriente, el preso político José R. Castillo del Pozo.

Abril 5. *La Organización de Estados Americanos (OEA) acepta el pluralismo ideológico entres sus miembros, aunque emite una condena contra el terrorismo y la subversión. Inmediatamente se crea una comisión que tiene como fin estudiar el regreso de Cuba a la organización.*

Abril 6. *Se suspenden los llamados "Vuelos de la Libertad", después de haber transportado a 260,561 refugiados cubanos.*

Mayo 26. *Es reducida la edad penal a 16 años. Se incrementan las penas por delitos contra la economía nacional y se criminaliza la homosexualidad.*

Junio 21. Grupos cubanos que operan en Chile lanzan explosivos contra la

Oficina Comercial de Cuba en la capital del país austral. Esa misma noche es colocado un pequeño explosivo en la residencia del consejero comercial de Cuba.

Junio 23. Muere en una huelga de hambre de 272 días en la Cárcel Provincial de Santa Clara, en Las Villas, el prisionero político Enrique García Cuevas, quien había realizado con anterioridad varias huelgas de hambre en numerosas prisiones, donde había estado. García Cuevas recibía alimentación cada quince días a la fuerza, a través de una sonda, y había sido objeto de experimentaciones biológicas por parte de los carceleros que le proporcionaban alimentación irregular; lo mantenían en aislamiento prolongado, en espacios reducidos, y le hacían padecer desnudez y cambios bruscos de temperatura, en celdas preparadas al efecto.

Julio 7. Muere por falta de asistencia médica en la Prisión del Príncipe, en La Habana, el preso político Luis Núñez. Núñez estaba sufriendo un severo ataque de asma y la dirección del penal se negó a suministrarle el oxigeno que necesitaba.

Julio 24. El centro Marthin Luther King, Jr. de la ciudad de Nueva York fue objeto de un atentado con explosives por parte de "Gobierno Cubano Secreto". En el momento de los sucesos tenía lugar una exposición favorable al régimen cubano.

Agosto 3. Es asesinado por la guarnición de la Prisión de Puerto Boniato, el preso político Lázaro Morejón.

Agosto 9. Muere Juan Felipe de la Cruz,[82] de 28 años, en un hotel en Avrainville, Francia, cuando preparaba un artefacto explosivo dirigido contra el ministro del interior de Cuba, Ramiro Valdés. Este atentado fue preparado por Acción Cubana que dirigía el doctor Orlando Bosch.

Agosto 28. La organización clandestina Acción Cubana lanza cartuchos de dinamita contra la residencia de los funcionarios de la Oficina Comercial de Cuba en Chile.

Septiembre 5. Lanzan nuevamente un artefacto explosivo contra la casa de un funcionario de la Oficina Comercial de Cuba en Santiago de Chile.

Septiembre 17. Es herido gravemente por un disparo de un custodio del penal de Pedro Pi, en San José de las Lajas, La Habana, el preso político Miguel Torres Calero.

Octubre. El régimen cubano envía a Siria una brigada de tanques integrada por 800 hombres para participar en el conflicto sirio-israelí

Octubre 3. Comandos navales del FCLN hunden las embarcaciones de la flota pesquera del régimen Cayo Largo 17 y Cayo Largo 34. El comisario de la flota murió en el intercambio de disparos.

Octubre 19. Por solicitud del periodista cubano Manuel Martínez Márquez, la Sociedad Interamericana de Prensa, SIP, declara como crimen de lesa humanidad los asesinatos y maltratos cometidos por el régimen totalitario cubano contra los presos políticos.

Noviembre 9. Se suicida en la sede de la Seguridad del Estado, el preso político Marcelo Díaz González, que había estado involucrado en una conspiración dirigida por el Alpha 66 que se estaba desarrollando en las prisiones cubanas.

Diciembre 4. El FLNC ejecuta un atentado contra la sede diplomática castrista en Ciudad México. En la acción queda destruido un piso del inmueble, ventanas, puertas y los muebles del resto del edificio.

Diciembre 10. Una oficina de negocios en la ciudad de Nueva York es objeto de un atentado con explosivos por supuestamente estar asociada al régimen cubano. El hecho se lo atribuye "Gobierno Cubano Secreto".

Diciembre 14. Un barco de carga bahamense es atacado en Miami por un grupo de acción no identificado.

Diciembre 30. Un carguero británico es atacado con bombas en el puerto de Miami por la organización Acción Cubana

1973. Cubanos de diferentes tendencias políticas, pero identificados con el término "Revolucionario", se reúnen el Irazú, Costa Rica, para celebrar un congreso que tenía como fin vertebrar una organización que los agrupara. En el evento participaron Manolo Ray, Tony Santiago, Mario Rivadulla, Charles Simeón y Roberto Simeón, entre otras personalidades. La institución que se creó en este evento sería Partido Revolucionario del Pueblo y fue designado como secretario general el dirigente político Tony Santiago.

blanco

Diosdado Aquit Manrique, asesinado a tiros en el Plan de Trabajo Forzado camilo Cienfuegos, en Isla de Pinos, el 17 de diciembre de 1966.

Oscar Hernández guerrillero. Fue fusilado el 24 de septiembre de 1962. Estaba alzado en los llanos del norte de Las Villas.

blanco

Año 1974

Enero 14. Muere por falta de atención médica en La Fortaleza La Cabaña, el preso político Manuel Ruiz del Cristo.

Enero 20. Un artefacto de alto poder es detonado en el edificio de la embajada cubana en México, causándole al inmueble daños de consideración.

Febrero. La dirección de la Seguridad del Estado de Santa Clara, Las Villas, informa a los familiares del preso político Marcelo Díaz que éste se había suicidado en una celda de esa dependencia. Díaz había estado recluido previamente en el campo de concentración de Manacas #4, también conocido como "La Alambrada".

Febrero 4. El movimiento Acción Cubana envía bombas por correo a las embajadas cubanas en Lima, Perú, y Buenos Aires, Argentina. Una funcionaria del régimen en la capital peruana resultó con heridas de consideración cuando explotara uno de los sobres en sus manos.

Marzo 3. Fue asesinado en Nueva York el dirigente democristiano Ernesto Rodríguez Vives.

Marzo 22. Los activistas Humberto López y Luis Crespo resultaron heridos gravemente en Miami, durante el montaje de un artefacto explosivo.

Marzo 24. Un paquete postal dirigido a la embajada de Cuba, en Madrid, España, explotó en la oficina central de correo del país ibérico.

Marzo 26. Grupos de la resistencia cubana lanzan cartuchos de dinamita contra el edificio de la embajada de Cuba en Kingston, Jamaica.

Abril 9. Una potente bomba destruye casi por completo el consulado cubano en la capital de España.

Abril 12. Muere en su residencia, víctima de un atentado, el dirigente del exilio cubano José Elías de la Torriente. El autor o los autores del crimen, nunca fueron identificados.

Mayo 4. Una bomba explota en el edificio aledaño a la embajada de Cuba en Londres, Inglaterra.

Mayo 14. Dos bombas estallan en el consulado de Cuba en Mérida, estado de Yucatán, México.

Mayo 15. Es atacada nuevamente, sufriendo serios daños, la embajada de Cuba en la capital mexicana.

Julio 1 .La persecución religiosa no cesa. El gobierno dicta un decreto donde declara ilegal la congregación de los Testigos de Jehová.

Julio 8. El FLNC lleva a cabo un atentado contra la embajada del régimen cubano en París, Francia. La explosión provoca daños en puertas, ventanas y en los muebles de la instalación.

Agosto. En la clausura de un congreso de la organización Abdala, que dirigía Gustavo Marín, se anuncia la creación del Frente Nacional Cubano, FNC, una nueva organización de carácter político que tenía como propósito prestarle apoyo legal y financiero a los grupos de acción.

Agosto 17. Desde dos automóviles en marcha fueron tiroteadas las embajadas de Cuba y de la Unión Soviética en Lima, Perú.

Septiembre 11. Es constituida en la ciudad de Miami, bajo la dirección de Eduardo Arocena, la organización de acción directa Omega 7, que combatiría al régimen totalitario cubano.
- Un artefacto hace explosión en la sede de la embajada de Panamá en Caracas, Venezuela. Una organización de exiliados cubanos no identificada se atribuye la acción.

Septiembre 26. Fallece en La Fortaleza de La Cabaña, en La Habana, por falta de asistencia médica, el preso político José Rodríguez Mosquera, quien padecía de asma crónica y presentaba problemas cardíacos. Rodríguez Mosquera llevaba varios años vistiendo sólo calzoncillos, porque se negaba a llevar otra ropa que no fuera de color amarillo.

Octubre 31. Hace explosión una bomba, en el Instituto Venezolano Cubano de la Amistad, en la sede de Caracas, en momentos que el secretario general de la Central de Trabajadores de Cuba ofrecía una conferencia. Esta acción se la atribuye un grupo de acción del exilio cubano.

Noviembre 1. Un comité de apoyo a los presos políticos cubanos organizado en Venezuela, inició una campaña de divulgación sobre la realidad de la isla, enfatizando la crítica situación de los encarcelados por motivos políticos. El Comité, que extendió la campaña hasta el día 8, estaba integrado por la doctora Silvia Mezo Pérez de Corcho, Mirta Donate, la doctora Martha More de Fiallo, la señora Olga Delgado e Irving Pérez de Corcho.

Noviembre 4. Muere en prisión, después de 12 años de reclusión, el preso político Enrique Monestina Rivero.

Noviembre 9. Es detonada una bomba en el edificio de la Organización de Estados Americanos OEA, en Washington. La acción se la adjudica el FLNC.

Noviembre 10. Es atacado por fuerzas que operaban en el exterior, el consulado de Cuba en Ciudad México.

Diciembre 29. Grupos no identificados colocan un artefacto explosivo en las cercanías de la embajada de Cuba en Ecuador.

blanco

Miembros de un equipo de infiltración, no identificado, preparándose para partir hacia Cuba y actuar contra el régimen totalitario.

blanco

Año 1975

Febrero 1. El consulado de Venezuela en la ciudad de Nueva York es objeto de un atentado con explosivos. La acción le fue atribuida a la organización Abdala.

Febrero 6. Una bomba es colocada en una librería que expendía libros marxistas en la ciudad de Los Angeles. Los hechos le son atribuidos a la organización Comandos Cubanos en Acción.

Febrero 12. Fallece en la cárcel de Boniato, en Oriente, por falta de atención médica, el prisionero político Enrique Torres.

Febrero 21. Es mortalmente baleado en la ciudad de Miami, Luciano Nieves. El occiso era sindicado como un agente del gobierno cubano que operaba en Miami.

Febrero 26. En la ciudad de Los Angeles, la estación de radio KCET es objeto de un atentado con bomba de parte de la agrupación anticastrista Comandos Cubanos en Acción.
- El secretario de Estado de Estados Unidos, Henry Kissinger, anuncia que su país esta dispuesto a sostener relaciones con Cuba en una nueva dirección.

Marzo 27. La Oficina de Turismo de Panamá y el consulado de Costa Rica en la ciudad de Los Angeles, Califormia, son objeto de atentados con bombas, supuestamente cometidos por Comandos Cubanos en Acción.

Marzo 29. Son fusilados en las proximidades de la prisión de La Fortaleza de La Cabaña, en La Habana, los presos políticos Demetrio Rodríguez y Rafael Escalona.

Abril 3. La oficina del Partido Comunista de Estados Unidos en la ciudad de Los Angeles es objeto de un atentado con bomba. La acción es supuestamente realizada por Comandos Cubanos en Acción.

Abril 14. Los Comandos Cubanos en Acción colocan un artefacto explosivo en la sede de la librería Unidos que se dedicaba a expender y distribuir libros comunistas.

Abril 15. Un grupo de seis jóvenes, mal armados y sin preparación, se alzaron en armas en Río Frío, un lugar en la región montañosa del Escambray en Las Villas. La flamante guerrilla era dirigida por Manuel Morales, de 17 años, que integraba junto a sus compañeros una unidad del Ejército Juvenil del Trabajo, EJT (brigadas de trabajo constituidas por el régimen cubano que agrupaban a jóvenes militarmente activos, para servir al ejército) Estos jóvenes seleccionaron la fecha del alzamiento para conmemorar un aniversario más del desembarco por Playa Girón.

Abril 18. Los jóvenes alzados en Río Frío, derribaron una torre de observación del régimen en el área en la que estaban operando.

Abril 22. Manuel Morales, hijo de un alzado del Escambray de los años 60, y los guerrilleros que comandaba, fueron capturados después de haber roto varios cercos integrados por cientos de milicianos.

Mayo 2. En la ciudad de Santa Mónica, California, la libreria del Partido de los Trabajadores Socialistas fue objeto de un atentado con bombas. La acción fue atribuida a Comandos Cubanos en Acción.

Mayo 7. La librería Midnight Special Bookstore es objeto de un atentado con bomba. La acción es atribuida a Comandos Cubanos en Acción.

Mayo 21. Muere durante su tercera huelga de hambre, en la Prisión de Cinco y Medio, en Pinar del Río, en la sección dos que se llenaba de aguas albañales, el preso político Reinaldo Cordero Izquierdo, a quien el régimen se negó a liberar, después de cumplir la condena que le habían impuesto. Cordero Izquierdo fue sancionado a 10 años de prisión y cuando extinguió la sanción el gobierno le negó la libertad –condicionando su excarcelación a que aceptara trabajar en la prisión– porque lo consideraba una persona peligrosa. En el momento de su muerte había estado en prisión 14 años, cuatro más de lo que le impugnaba la condena original.

Junio 17. Más de 100 cubanos son arrestados por la policía de la ciudad de Elizabeth, en New Jersey, después de haber escenificado una violenta protesta.

Julio 15. El consulado de México en la ciudad de Los Angeles es objeto de un atentado con explosivos. La acción es atribuida a Comandos Cubanos en Acción y a otras organizaciones de exiliados de países que se encontraban bajo la órbita comunista.

Julio 19. Una bomba es colocada en el exterior de la sede del consulado de la república de Costa Rica en la ciudad de Washington. La acción es atribuida a la organización Abdala.

Julio 29. *La Organización de Estados Americanos (OEA) deroga las sanciones que había impuesto a Cuba. El voto de Estados Unidos favorece el levantamiento de las sanciones. Días más tarde el presidente de Estados Unidos, Gerald Ford, anuncia el levantamiento parcial del embargo y el secretario de Estado, Henry Kissinger, facilita que Cuba comercie con subsidiarias norteamericanas asentadas en terceros países.*

Agosto 14. Un grupo de acción del exilio cubano ejecuta un atentado contra el embajador de Cuba en Argentina, Emilio Aragonés Navarro. Aragonés y las personas que le acompañaban resultaron ilesos.

Septiembre 1. Día de la "Masacre de Boniato". Los presos políticos recluidos en esa cárcel demandaron la asistencia médica para el compañero Laureano Valdés Gallardo que padecía de un fortísimo dolor de muela, al extremo de que se había fracturado varias piezas de la boca al intentar él mismo extraerse la dañada. La protesta se intensificó cuando intervino la guarnición que fue rechazada enérgicamente por los presos, los cuales les lanzaron todos los objetos que tenían a la mano.

La dirección del penal impartió la orden de que los reclusos regresasen a las celdas de las que habían salido sin autorización y al negarse éstos a obedecer el mandato, la guarnición inició un fuego graneado contra los internos que ocasionó la muerte de Gerardo González Álvarez, "El Hermano de la Fe", quien antes de morir perdonó a sus asesinos.

Más de treinta reclusos fueron heridos de bala o bayonetazos durante este incidente, al ser atacados los pabellones 4-C, donde los reclusos permanecían vestidos sólo con calzoncillos, y el 4-D, en el que llevaban uniformes amarillos. Éste, en la opinión de numerosos presos políticos, fue uno de los actos más crueles en la historia del presidio político cubano.[83]

Octubre 6. El consulado de la República Dominicana en Miami fue objeto de un atentado con explosivos. La acción es atribuida al Frente Insurreccional Nacional Cubano.

Octubre 11. Una bomba hace explosión en la corte de justicia del condado de Broward, estado de la Florida. El hecho es atribuido a una organización anticastrista no identificada.

Octubre 12. *La política de acercamiento que patrocina el secretario de Estado de Estados Unidos, Henry Kissinger con el gobierno cubano cesa cuando Fidel Castro ordena el envío a Angola de miles de efectivos de las fuerzas armadas y equipos militares. Las tropas cubanas ascendieron al número de 55,000, pero en total participaron en la ocupación del país africano unos 350,000 militares cubanos.* [84]

Octubre 17. Una bomba hace explosión en el departamento de equipaje del Aeropuerto Internacional de Miami.

Octubre 31. Muere en un atentado con explosivos en la ciudad de Miami el dirigente político cubano Rolando Masferrer, conocido como “El Tigre”. La acción se la atribuye un grupo del exilio cubano no identificado.

Noviembre 5. *El régimen cubano envía un primer contingente militar a Angola para apoyar al gobierno que presidía Agostino Neto y combatía contra los ataques de las guerrillas de UNITA.*

Noviembre 27. Una bomba es detonada en los servicios sanitarios de las oficinas de Bahamas Airlines en la ciudad de Miami. La acción se la atribuye Poder Cubano.

Noviembre 28. La explosión de una bomba destruye el auto del embajador del régimen cubano en México.

Diciembre 4. Estallan siete artefactos explosivos en diferentes oficinas del gobierno federal en la ciudad de Miami.

Diciembre 8. Hace explosión una poderosa bomba que había sido colocada por fuerzas del exilio cubano frente a la sede de la embajada de México en Buenos Aires, Argentina. Una llamada telefónica informó que el atentado era porque el país azteca sostenía relaciones diplomáticas con el régimen de Fidel Castro.

Diciembre 10. Un grupo no identificado del exilio coloca una bomba en el automóvil del jefe de la delegación cubana ante la Organización de Naciones Unidas, ONU.

Diciembre 27. *Termina el Primer Congreso del Partido Comunista de Cuba, PCC, que se había iniciado el 17 del mismo mes. Según la historia oficial, a partir de este congreso comienza la etapa de institucionalización de la Revolución. En el Congreso se aprueba la Constitución, la división del país en 14 provincias y el Plan Quinquenal.*

blanco

Calixto Alberto Valdés Mendoza, fusilado a los 17 años de edad en la fortaleza de la Cabaña, el 17 de septiembre de 1963.
Su padre, quien fue condenado a 30 años de prisión, afirma que su hijo era inocente.

blanco

Año 1976

Enero 28. Se funda en La Habana El Comité Cubano Pro Derechos Humanos, una idea de Eddie López Castillo, en la que participan la doctora Marta Frayde, Ricardo Bofill, Gustavo Arcos Bergnes, Jesús Yanez Pelletier, Sebastián Arcos y Elizardo Sánchez Santa Cruz. El propósito de la organización sería defender los 30 principios de la Declaración Universal de los Derechos Humanos.

Febrero 24. *Es promulgada la nueva constitución. La carta magna recoge en el preambulo la gratitud del gobierno cubano a la Unión Soviética: "en el internacionalismo proletario, en la amistad fraternal y la ccoperación de la Unión Soviética y otros países socialistas y en la solidaridad de los trabajadores y pueblos de América Laina y el mundo", "la construcción del socialismo y, con el Partido Comunista al frente, la continúa con el objetivo de edificar la sociedad comunista"*

Abril 5. Se instituye en la ciudad de Miami el cinco de abril como el "Día Internacional del Preso Político Cubano". Tal acción es promovida por el doctor Humberto Medrano y presos políticos que se encontraban todavía en las ergástulas castristas.

Abril 6. Dos barcos de la flota pesquera cubana, Ferro 119 y Ferro 123 fueron atacados por lanchas rápidas artilladas. En la acción muere uno de los tripulantes del Ferro 119.

Abril 13. Es mortalmente balaceado en Miami, Ramón Donestesvez, quien favorecía un acercamiento al régimen cubano.

Abril 22. Explota una bomba en la embajada cubana en Lisboa, Portugal, causando la muerte de dos funcionarios del régimen de la isla y heridas a varias personas. El local, producto de la onda expansiva, sufrió grandes daños.

Abril 30. Es objeto de un atentado con explosivos en la ciudad de Miami, el periodista Emilio Milián. Como consecuencias de la explosión perdió ambas piernas.

Junio 5. Atentan con explosivos contra el edificio de la delegación cubana ante la Organización de Naciones Unidas. El edificio sufrió severos daños.

Julio 1. Un artefacto incendiario es lanzado contra el Centro Cultural Costarricense Cubano, en San José, Costa Rica.

Julio 2. Organizaciones de acción del exilio cubano se reúnen en Banao, República Dominicana y constituyen la Coordinación de Organizaciones Revolucionarias Unidas, CORU, que va a estar dirigida por el doctor Orlando Bosch. Las organizaciones que se reunieron en Banao, fueron: Brigada 2506, Movimiento Nacionalista Cubano, Omega, Movimiento Insurreccional Martiano, Alianza Cubana de Organizaciones Revolucionarias ACOR, Comandos Pedro Luis Boitel, Movimiento La Estrella y el Frente Revolucionario.

Julio 9. Explota una bomba en el vagón que transportaba equipaje para un avión de Cubana de Aviación, en Kington, Jamaica. Esta acción es atribuida a la organización Coordinación de Organizaciones Revolucionarias Unidas, CORU.

Julio 10. Explota una bomba en las oficinas de British West, en la isla de Barbados. En este lugar se atendían los intereses de la línea aérea Cubana de Aviación; el hecho fue atribuido a la organización CORU.

Julio 11. Como protesta contra el pacto Castro-Torrijos, el CORU hace explotar una bomba en las oficinas en Colombia de la línea aérea Air Panamá.

Julio 17. Ametrallada por fuerzas exiliadas de la recién creada Coordinadora de Organizaciones Revolucionarias Unidas, CORU, la embajada del régimen cubano en Bogotá, Colombia.

Julio 24. Durante el intento de secuestro del cónsul de Cuba en Mérida, México, es abatido un agente de la Seguridad del Estado del gobierno cubano. La acción fue realizada por el FLCN, con el resultado de que dos de sus hombres fueron apresados por la policía mexicana.

Agosto 1. Es detonado un artefacto explosivo en la embajada de Guyana, en la isla de Trinidad. En esa época Guyana estaba gobernada por el primer ministro Forbes Burhamn, aliado del gobierno de Cuba.

Agosto 9. Desaparecieron dos funcionarios de la embajada de Cuba en Argentina. Hasta el momento se desconoce por completo el destino de estos individuos y ninguna organización argentina o cubana se ha atribuido el hecho.

Agosto 18. Explota una bomba en la oficina de Cubana de Aviación en Panamá, causando daños de consideración al inmueble.

Septiembre 11. Es colocado un artefacto explosivo en el barco soviético Ivan Shipekiv que se encontraba anclado en un puerto del estado de New Jersey, en Estados Unidos.

Septiembre 21. Se produce un atentado mortal en New York contra el ex canciller chileno Orlando Letelier. Resultan implicados cubanos que luchaban contra el régimen de Fidel Castro.

Octubre 3. Explota una bomba en un canal de televisión de Puerto Rico. Se considera que el hecho lo motivó el que en la instalación televisiva se proyectaba un documental del régimen castrista.

Octubre 6. Explota en pleno vuelo un avión de Cubana de Aviación. El acto es atribuido a organizaciones anti-castristas pero también al propio régimen de la isla. Entre las víctimas se encuentran miembros de los equipos de esgrima y karate de Cuba.

Octubre 8. Desde una camioneta en marcha un grupo de acción del exilio cubano dispara ráfagas de ametralladoras contra el edificio de la embajada de Cuba en Caracas, Venezuela.

Noviembre 7. Grupos de la resistencia colocan una poderosa bomba en las oficinas de la Empresa Cubana de Aviación en Madrid, España. La explosión afecta a varios edificios colindantes.

Noviembre 12. Fuerzas de la resistencia colocan en la embajada de Cuba en Bogota, Colombia, un artefacto explosivo que ocasiona daños al inmueble.

Blanco

De izquierda a derecha, en la parte de abajo, los guerrilleros del Escambray, 1960: Quintero, Víctor M. Hernández Díaz, Eredio Cruz. De la misma forma, pero en la parte superior: Adalberto Zamora, Sinesio Walsh Ríos, Odeime Pomo Rojas y Rangel (el Juvo).

blanco

Año 1977

Enero 21. *Casi doce años después de de haber terminado la lucha guerrillerra en las montañas del Escambray familiares de supuestos colaboradores de los alzados y de ex insurgentes son deportados para áreas de las provincia de Pinar del Río, donde sus esposos o familiares masculinos llevaban años construyendo precarias viviendas para poder albergar a la familia.*[85]

Febrero 2. El preso político Victoriano Santos Venia muere en la Prisión El Mijial, provincia de Oriente.

Febrero 16. *El periódico The New York Times publica que los gobiernos de Cuba y Estados Unidos habían sostenido conversaciones secretas desde noviembre de 1974 hasta noviembre de 1975, fecha en la que el gobierno de Cuba envía los primeros contingentes militares a Angola.*

Febrero 26. Muere en la Cárcel del Combinado del Este, en La Habana, el preso político Israel Galán Garcés.

Marzo 5. *El presidente de Estados Unidos, James Carter, establece tres condiciones para la normalización de relaciones con Cuba: 1.-Fin de la injerencia de Cuba en América Latina. 2.- Disminución de la presencia militar cubana en Africa. 3.-Respeto por los derechos humanos en Cuba. Antes de estas declaraciones, el mandatario estadounidense había expresado su disposición de mejorar las relaciones con el gobierno de Fidel Castro.*

Marzo 18. *El gobierno de Estados Unidos autoriza los viajes aéreos a Cuba.*

Mayo 25. *El gobierno de Cuba tiene tropas desplazadas en Angola, Etiopia, El Congo, Mozambique, Guinea, Guinea Bisseau, Guinea Ecuatorial y en la secionista provincia de Katanga en Zaire.*
- El Departamento de Estados de Estados Unidos denuncia la presencia de miles de efectivos militares cubanos en Etiopía.

Junio 30. El teatro Amadeo Roldan, situado en La Habana, es objeto de un atentado que lo destruye parcialmente.

Agosto. *En el marco del deshielo entre las relaciones de Estados Unidos y Cuba, se dan los primeros pasos para que un grupo de exiliados cubanos inicie con el gobierno de La Habana el denominado "Diálogo".*

Agosto 22. Muere en una huelga de hambre en la Prisión de Nieves Morejón, en Sancti Spíritus, el preso político José Barrio Pedre. El preso político Barrio Pedre muere a los 19 días de haber iniciado la huelga de hambre, en la que demanda le concedan una visita que le permita conocer a su nieta de tres años. A la protesta, que se extendio por nueve días, se sumaron otros 11 prisioneros, entre ellos Rigoberto Acosta, Armando Mesa, Martín "Pire" Hernández y su hermano.[86]
- Muere presuntamente asesinado en la Prisión del Combinado del Este, en La Habana, el preso político Rafael del Pino. Las autoridades declararon que se había ahorcado con sus propias medias. Había combatido en la Segunda Guerra Mundial como voluntario y llevaba 17 años encarcelado. Del Pino y Fidel Castro habían estado juntos durante el histórico Bogotazo, 1948, en la capital colombiana, y había colaborado activamente en México en la gestación de la expedición del Granma hacia las costas cubanas.

Agosto 26. *La Asamblea Nacional aprueba la Ley de Procedimiento Penal, Ley Numero 5. Ésta prevé en los artículos 479 y 480, la aplicación de juicios sumarísimos en casos de cirscuntancias excepcionales. Una serie de artículos de esta ley contemplan la Pena de Muerte y la forma de su aplicación o suspensión.*

Septiembre. Una bomba de alto poder explosivo es detonada en la puerta de entrada del semanario de exiliados cubanos Réplica, situado en la Avenida Roosevelt 1209, en Hato Rey, Puerto Rico.
- Los gobiernos de Estados Unidos y Cuba abren Secciones de Intereses en las respectivas capitales.

Septiembre 8. Es bendecido e instalado en la Ermita de la Caridad del Cobre en la ciudad de Miami, el Mural de la Ermita, una obra del escultor Teo Carrasco, en la que están representadas figuras notables de la historia de Cuba e importantes acontecimientos de la misma.

Octubre 11. Fusilado Julio Tarton en la ciudad de Santa Clara

Noviembre. *La intervención de Cuba en los conflictos africanos se incrementa. Cerca de 20,000 soldados cubanos, 80 aviones de combate y más de 600 tanques de guerra y transportes militares son enviados a Etiopía para respaldar al gobierno de ese país en la guerra contra Somalia.*

Diciembre 20. Dos artefactos son detonados en las oficinas de los almacenes El Español en las ciudades de Elizabeth y Unión City, en el estado de Nueva Jersey.

Diciembre 26. Un artefacto explosivo es colocado en la sede de la Misión de Venezuela ante la sede de la Organización de Naciones Unidas en la ciudad de Nueva York.

blanco

Vista de una cerca alambrada y garita de una de las cárceles donde están recluidos los presos políticos cubanos.

blanco

Año 1978

Enero. *El gobierno de Cuba tiene desplazada en Etiopía más de 20,000 efectivos militares.*

Enero 10. Un numeroso grupo de presos políticos se declara en huelga de hambre en la Prisión del Combinado del Este, en la provincia de La Habana. La guarnición, como medida de represalia, les interrumpió el suministro de agua, lo que determinó que en pocos días la salud de muchos de los huelguistas se agravase dramáticamente.

Julio. *El régimen decreta la represiva "Ley de Peligrosidad". Esta legislación autoriza a encarcelar por cuatro años a cualquier ciudadano que pueda representar una amenaza potencial para la sociedad.*

Septiembre 13. Muere en la Prisión del Combinado del Este, en La Habana, por falta de atención médica, el ex oficial del Ejército rebelde, Alberto Lazo Pastrana, que estando recluido en el Reclusorio Nacional de Isla de Pinos, logró fugarse y esconderse durante un tiempo en las ciénagas de la isla. Pastrana logró construir una balsa rústica que abordó con su esposa y tres hijos, pero fueron embestidos por una lancha patrullera hasta que se hundió, pereciendo todos los ocupantes a excepción de Pastrana, que fue nuevamente apresado y responsabilizado por la muerte de sus familiares.

Octubre 10. Más de un centenar de presos políticos recluidos en La Prisión del Combinado del Este, en La Habana, suscriben un documento que remiten al exilio en el que condenan cualquier diálogo o intento de negociación entre sectores del exilio y el régimen totalitario cubano. Los 138 prisioneros demandan en el manifiesto, la excarcelación de todos los presos políticos sin exclusión y exigen la libre reunificación de la familia cubana y la libre entrada y salida del país a todo cubano que lo solicite.

Octubre 24. Muere en la prision de Boniato, Oriente, el preso político Miguel León Cruz.

Octubre 28. Aldo Vera, destacado luchador contra el régimen totalitario cubano, es asesinado en San Juan, Puerto Rico. El crimen, del que son sindicados sicarios de Fidel Castro como el grupo "Los Macheteros", tiene lugar en las proximidades de la escuela Gabriela Mistral y se produce cuando Vera, en compañía de José M. Rodríguez, resultó herido en un brazo, en el momento en que salía de una reunión en la que se estaban planeando acciones contra el régimen cubano. Aldo Vera fue comandante del Ejército Rebelde y había sido jefe de Acción y Sabotaje del Movimiento 26 de Julio en la lucha contra el régimen de Fulgencio Batista. Vera fundó en Puerto Rico la organización anticastrista La Cuarta República.

Octubre 29. Es asesinado Alfredo Hernández en el pueblo cautivo de Sandino, Pinar del Río.

Noviembre 21. *Diálogo de Fidel Castro con el denominado "Comité de los 75", un grupo integrado por exiliados calificados como moderados en términos políticos. Este primer acercamiento de un sector del exiilo tuvo como resultado la excarcelación de 3,600 presos políticos.*

Noviembre 22. Una bomba de fragmentación explota en la puerta del local donde se edita el semanario La Crónica, en la Avenida Roosevelt 1209, Hato Rey, en Puerto Rico. Esta publicación sustituyó a Réplica, que había sufrido con anterioridad dos atentados con explosivos.

Noviembre 25. Ante la necesidad de coordinar actividades que faciliten las condiciones de vida de los cubanos que salgan de la isla y para obtener, entre otras funciones, visas para los ex presos políticos; un grupo de cubanos residentes en Venezuela acuerdan crear la Fundación de Ayuda a Cubanos en el Exilio (FACE). Esta organización es presidida por Monseñor Eduardo Boza Masvidal y el ex preso político y abogado Joaquín Mezo Llada, la junta directiva la integraban, Nazario Vivero, Eduardo García Moure, Alfredo Sánchez, Juan Antonio Muller y Raúl Rodríguez Fernández.

FACE acuerda con el canciller venezolano Simón Alberto Consalvi que representaba al gobierno de Venezuela, presidido por Carlos Andrés Pérez, en 1978, el ingreso gradual y continuo de los ex presos políticos cubanos y sus familiares, siempre y cuando la comunidad cubana radicada en el país se ocupase de la logística de traslado, tales como vivienda, manutención y empleo de los exiliados. Este compromiso derivó en la creación en Venezuela de varias casas que fueron denominadas Hogar Cubano, siendo el más conocido y el que más personas refugió el Hogar Cubano Quinta Doña Dilia, ubicado en Prado del Este, un reparto de la clase media alta de Caracas.

La Quinta Doña Dilia abrió sus puertas hasta junio de 1985, y le siguió otro "hogar" establecido en la ciudad de Caguas, que terminó sus funciones en 1987, ya que el gobierno cesó la entrega de visas a los cubanos.

Cálculos modestos consideran que entre 1979 a 1985, entraron a Venezuela 11,000 cubanos procedentes de la isla, habiendo recibido, la mayoría, asistencia directa de FACE.

Diciembre 2. Es tiroteado desde un auto en marcha, en Bogotá, Colombia, un funcionario de la embajada cubana en ese país sudamericano.

Diciembre 5. Un artefacto explosivo es detonado en el consulado de México en la ciudad de Nueva York.

Diciembre 8. Viaja a Cuba un grupo de unos 140 exiliados para participar en un denominado Segundo Diálogo entre el régimen de La Habana y la Comunidad Cubana en el Exterior.

Diciembre 28. Activistas no identificados colocan un artefacto explosivo en una de las puertas del edificio donde radicaba la sede diplomática cubana ante la Organización de las Naciones Unidas, ONU.

blanco

Miembros de una organización exiliada en un campo de entrenamiento situado al sur de la Florida. Muchos de estos hombres abandonaron la seguridad del exilio para desembarcar en Cuba y morir en combate o ante el paredón de fusilamiento.

blanco

Año 1979

Enero 4. Grupos que se oponen al régimen cubano colocan un artefacto explosivo en una oficina en San Juan, Puerto Rico, que vendía pasajes para viajar a Cuba.

Febrero 23. Muere en la Prisión del Combinado del Este, por falta de atención médica, el preso político y veterinario, Dr. Alberto de la Cruz que estuvo quejándose por varias semanas de fuertes dolores de estómago y, según sus compañeros de prisión, se apreciaba que el vientre cada día que transcurría se le inflamaba de manera notable. Cuando de la Cruz fue trasladado a la enfermería de la prisión ya era demasiado tarde. Los presos políticos allí recluidos protagonizaron una enérgica protesta y responsabilizaron de la muerte de la Cruz, a la dirección del penal y al régimen.

Marzo 24. La Compañía de Tabacos Padrón, en la ciudad de Miami, fue objeto de un intento de atentado con explosivos.

Marzo 25. La oficina del Almacen El Español en la ciudad de Unión City, New Jersey, fue objeto de un atentado con bomba.

Abril. Se celebra en París, Francia, el Primer Congreso del Exilio coordinado por el escritor Eduardo Manet ante el Comité de Intelectuales por la Europa de las Libertades. Participan en el mismo Eugène Ionesco, Paúl Goma, Vladimir Bukowski, Alain Revennes, Fernando Arrabal, así como exilados cubanos.

Abril 28. Muere, como consecuencia de un atentado en San Juan, Puerto Rico, Carlos Muñiz, quien estaba sindicado por factores contrarios al gobierno de Cuba como un asociado al régimen de La Habana. Muñiz Varela era co-dueño de la agencia de viajes Varadero, y fue tiroteado cuando conducía su automóvil.

Mayo 18. La sede de la Sección de Intereses de Cuba en Washington es objeto de un atentado con explosivos.

Junio 10. Cae en combate, en el frente sur de Nicaragua, luchando contra la injerencia del totalitarismo castrista en ese conflicto, el combatiente cubano Tony, El Negro, Izquierdo. El Negro Izquierdo, como le decían sus compañeros, había integrado los equipos de infiltración de la década del 60 contra el gobierno cubano y participado en numerosas misiones de gran peligro para su vida.

Junio 17. Es fusilado en los fosos de La Fortaleza de la Cabaña, el combatiente Clodomiro Moranta Mora.

Julio 1. *Se reanudan los vuelos regulares entre Cuba y Estados Unido, suspendidos desde principios de la década del 60.*

Agosto 30. *Se hace de conocimiento público, por una denuncia realizada por el senador Frank Church, la presencia de una brigada de combate soviética en Cuba. El número de efectivo se calcula en unos tres mil hombres.*

Septiembre 3. *Se inaugura en el Palacio de las Conveciones de La Habana la VI Conferencia Cumbre del Movimiento de los Países No Alineados. El régimen, que gastó grandes cantidades de dinero para la organización de este evento, también arrestó preventivamente a numerosos ex presos políticos y personas que eran identificadas por su rechazo al régimen, para evitar cualquier situación que pudiese afectar el encuentro. Esta práctica de arresto e intimidación la realizaban los órganos de la Seguridad del Estado cada vez que el país era visitado por una figura importante. Castro asumió la presidencia de la organización. A partir de su mandato, el organismo comenzó a perder vigencia en la política internacional.*
- Presos poíticos que habían sido trasladados en julio pasado desde el Combinado del Este, en La Habana, a la cárcel de Boniato, en Santiago de Cuba, se declaran en huelga de hambre durante la celebración en Cuba de la Cumbre del Movimiento de los Países no Alineados.

Septiembre 7. Tiene lugar en la ciudad de Miami el Congreso Mundial por la Libertad y la Democracia. En este Congreso, en el que participaron más de 50 organizaciones del exilio, se denunciaron las actividades del régimen cubano y su alineación con la entonces Unión Soviética.

Octubre 5. Un grupo de escritores y artistas cubanos identificados con los principios de la democracia, organizaron en París, Francia, el Primer

Congreso de Intelectuales Cubanos y designaron como su presidente de honor al preso político Armando Valladares.

Octubre 29. Se constituye en la ciudad de Miami, la Casa del Preso, centro de reunión y refugio para los ex presos políticos que se encontraran en situación de desamparo. Esta idea fue concebida, según el medio informativo El Intransigente, órgano del Presidio Político Histórico Cubano, por el prisionero político Luis Rodríguez cuando se encontraba todavía encerrado en una prisión en Cuba.

Noviembre 12. Es ejecutado en la ciudad de Union City, estado de New Jersey, Eulalio José Negrín. Negrín estaba acusado de estar asociado con el régimen cubano.

Noviembre 23. Una protesta protagonizada por los presos políticos recluidos en la prisión de la Fortaleza de La Cabaña, en La Habana, fue brutalmente reprimida por la guarnición y las fuerzas especiales. Las autoridades llegaron a usar miembros del cuerpo de bomberos y cadetes de una escuela militar.

Diciembre 7. Explota otro artefacto en la Misión Cubana ante Naciones Unidas, causando serios daños al inmueble.

Diciembre 12. Un artefacto explosivo es detonado en la sede diplomática de la Unión Soviética ante Naciones Unidas en la ciudad de Nueva York.

Diciembre 31. El gobierno de Cuba declara que apoya la invasión de la Unión Soviética contra Afganistán.

blanco

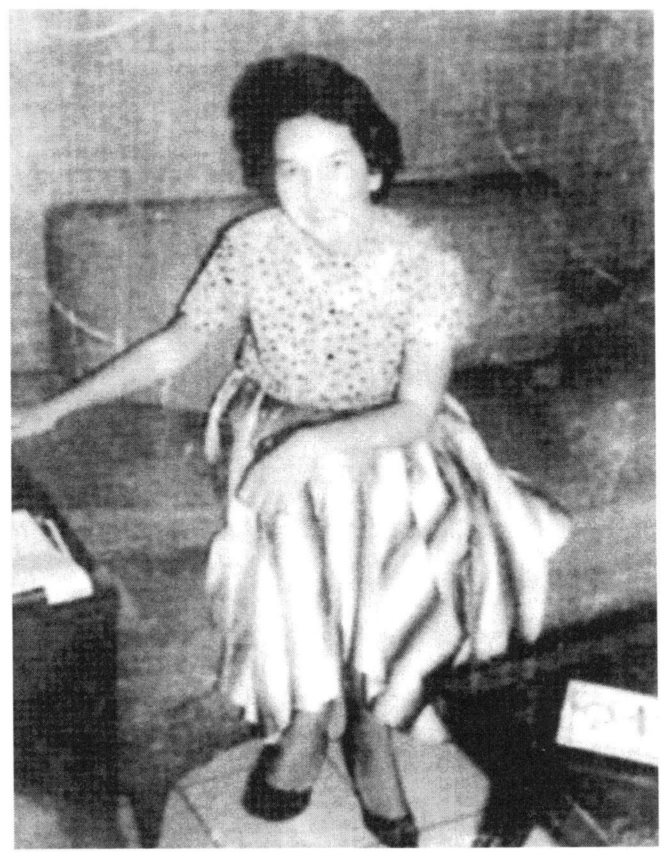

Dora Delgado (La Japonesa)
Ex presa política, integró los equipos de infiltración que entraron en Cuba en los años 60 y estuvo alzada en las montañas de Pinar del Río. Murió en el exilio.

AL TRIBUNAL REVOLUCIONARIO DEL DISTRITO DE LA HABANA

El fiscal viene por medio del presente escrito a tenor de lo dispu
Articulo 70 de la ley procesal de Cuba en armas, a presentar la
causa numero 60 de 1962, de la radicación del Tribunal Revolucionario del Distrito de La Habana, seguida por delito "Contra la
Estabilidad e Integridad de la Nación", y a formular, con, carac-
ter de provicionales, los las siguientes:

C O N C L U S I O N E S

PRIMERA:-que los procesados Armando Gonzalez Urguellies, Gustavo
Garvalesa Peña, José Domingo Castro Gonzalez, Natalia Quilez Velar, Ana Luisa
Alfonso Perez, Arsenio Orihuela Garcia, Guillermo Aquino Gutierrez, Lino Deng-
Queng, Carlos Remedios Robaina, Alberto Castro Gonzalez, Antonio Cano Aspeitia
José Abel Caviano Gozalez, Alberto Laureano Gonzalez LLaguno, Raul Gonzalez-
Urguellies, Horacio Martiñ Meartín, Reinaldo EeriHuela Valdeśs, Felipe Yi, Anto-
nio Lay Fuentes, Antonio Lee Su, Lio Feng Wong, Adela Castro Gonzalez, Carmen-
Adela Perez, Piedad Martinez Fumero, Juana Gonzalez Romero, y Andrea Cabrera-
Amador todos ellos desafectos y hostílez hacia el Gobierno Revolucionario-
y enemigo de que sus leyes de beneficio popular y de erradicación de la -
explotación, la corrución y el vicio, se concertaron para abandonar clandestinamente el Territorio Nacional y dirigirse a los Estados Unidos de Norte-
América con el fin de unirse, ya en dicho paiś, con los elementos contrarrevolucionarios que en el radican y que bajo la dirección y guía del Gobierno
Imperialista de la referida potencia extrajera, son entrenados por el mismo-
para lanzarles en nuevas agresiones Mercenarias contra la Nación Cubana y-
para ser utilizados en otros tipos de actividades, dirigidos todos esos planes-
a destruir el proceso Revolucionario que se desarrolla en nuestra Patria.
Que ya en la ejecución del citado plán, que . fueron principales responsables los procesados Armando Gonzalez Urguellies y Gustavo Garbalesa Peña
adquirieron la lancha denominada "Pretexto" de unos 3I pies de eslora, coordinando su actuación para salir clandestinamente del paiś por el Reparto
"Barlovento", situado entre Jaimanitas y Santa Fe que el díaI 15 de Enero
próximo pasado los procesados antes señalados antes señalados embarcaron
en la citada embarcación, saliendo del referido punto y tomando rumbo hacia
alta mar, siendo alrededor de las diez de la noche; que apenas habían iniciado
la travecía, fueron interceptados por una embarcación tripulada por miembros
del Departamento de seguridad del Estado haciendo caso omiso a las voces
de alto que les fueron dadas por dichos agentes, continuando la marcha, ori-
ginandose entonces intenso tiroteo, a concecuencia del cual resultaron muertos
Amalia Cara Carse, Fernando Gil Garcia, Lee Suey Chuy, Sen Yi Ni, y MakYunVan,
sufriendo lesiones otros mas, siendo finalmente capturada la lancha en cuestioń
con sus demas ocupantes.-

....

TERCERA :-Que las personas responsables del expresado delito,
en concepto de autores inmediatos, por haber tomado parte personalmente
en la ejecución de los hechos.-

CUARTA:-no se aprecian circuntancias modificativas de la res-
ponsavilidad criminal.-

QUINTA:-que la sancioń en que han incurridolos procesados es la
de Veinte años DE Reclusioń, con las accesorias correspondientes.-

LA PRUEBA :-de que intenta valerse este Ministerio Fiscal en el
acto del juicioóral es la siguiente:-

A).-Confesión de los procesados, si a ella se prestaren.-
B).-Testifical de las siguientes personas, que deberan ser citados
judicialmente:

I.-Alfonso Santos del Rio.
2.-
3.-Jorge Lanva Meles

La Habana 10 de julio de 1962
Teniente Fiscal

Año 1980

Enero. *Fidel Castro asume el control directo de los Ministerios de las Fuerzas Armadas, Cultura, el Interior y Salud Pública.*

Enero 13. Un artefacto explosivo es detonado en la oficina de la compañía aérea Aeroflot en la ciudad de Nueva York.

Enero 30. Constituyen en Santiago de Cuba, en la región oriental de la isla, la organización opositora Movimiento Revolucionario Integral Cubano. Esta organización fue dirigida por Amado Rodríguez, ex preso político quien había acabado de cumplir 18 años de cárcel.

Febrero 26. Es asesinado por la guarnición de la prisión de Canaleta, en Perico, Matanzas, el preso político Leonel Díaz Jovet.

Marzo 25. Un atentado contra Raúl Roa Kourí, embajador de Cuba ante Naciones Unidas, se frustra por un desperfecto técnico en el artefacto que iba a ser utilizado en la acción.

Marzo 28. Se inicia el Segundo Congreso de la Solidaridad de Trabajadores Cubanos, en la Universidad de los Trabajadores de América Latina, que tiene su sede en San Antonio de los Altos, Venezuela. El congreso se extendería hasta el día siguiente.

Abril 1. Un militar que custodia la embajada de Perú en La Habana muere por efecto del fuego cruzado, o una bala de rebote, cuando un autobús con varios ciudadanos trata de ingresar a la sede diplomática.

Abril 4. *Más de diez mil cubanos buscan refugio en la embajada del Perú, en La Habana en un acontecimiento que no tiene precedentes en la historia de América Latina. Este suceso desencadena los acontecimientos que dieron lugar al Éxodo del Mariel, en el que abandonaron la isla por mar con destino a Estados Unidos, más de 125,000 personas. Aunque éste no es un acontecimiento directamente asociado a la lucha contra el totalitarismo, sí demuestra el agotamiento del discurso oficial en la población, lo que determina que las autori-*

dades organicen manifestaciones y actos de repudio contra las personas que estaban decididas a abandonar el país.

Abril 6. Se constituye en la ciudad de Miami una agrupación de organizaciones exiliadas que lleva como nombre Junta Patriótica Cubana. Su primer presidente fue el doctor Manuel Antonio de Varona.

Abril 14. Son encarcelados varios de los gestores del Comité Cubano Pro Derechos Humanos, acontecimiento que se tomó como punto de partida para reorganizar la institución que promueve un novedoso método de lucha.

Abril 21. Comienza el Éxodo del Mariel. Cerca de 130 mil cubanos abandonaron la isla por vía marítima. Durante varios meses cientos de embarcaciones partieron del puerto de Mariel rumbo a Estados Unidos. El gobierno confiscó los bienes de las personas que abandonaban el país y que en muchas ocasiones debieron humillarse y mentir sobre sus valores morales para poder obtener un permiso de salida que las autoridades otorgaban a su voluntad. El régimen excarceló y permitió que cientos de delicuentes abandonaran el país para desprestigiar a los ciudadanos decentes que salían al exterior.

Mayo 2. El régimen organizó una provocación al difundir falsa información de que el gobierno de Estados Unidos facilitaría la salida del país a los presos políticos y sus familiares. Aproximadamente unos mil ex presos políticos se concentraron frente a la Sección de Intereses de Estados Unidos en La Habana, siendo atacados por cientos de militares vestidos de civil, armados con porras y barras de hierro.

Julio 6. Son asesinadas diez personas, entre ellas las niñas Osmani Rosales de 9 años de edad, Lilian González de 3 años, Marisol San Juan de 11 años y Marisol Martínez de 17. El crimen tuvo lugar en el Río Canímar, en Matanzas. El hecho se produjo cuando jóvenes reclutas del Servicio Militar Obligatorio (SMO), intentaban desviar la embarcación de ferrocemento XX Aniversario, hacia Estados Unidos. La embarcación fue atacada con fuego de ametralladoras por guardacostas y también fue golpeada por una draga de acero que trabajaba en las inmediaciones. Uno de los implicados en el desvío de la nave, Sergio Águila Yánez, de 19 años de edad, fue ametrallado cuando se encontraba en el agua.

Julio 26. Se suicida Haydée Santamaría Cuadrado, miembro fundador del Movimiento 26 de Julio y presidenta de la Casa de Las Américas y la OLAS. La noticia se hace pública dos días después. Antes de suicidarse dejó una nota que las autoridades cubanas nunca han hecho pública.

Septiembre 11. Es ejecutado en una avenida de Queens, en Nueva York, el agente de la inteligencia cubana con cobertura diplomática Félix García Rodríguez. La acción le fue atribuida al grupo de acción directa Omega 7.

Octubre 5. Escritores y artistas cubanos se reunen en la ciudad de Nueva York, Estados Unidos, y celebraron el Segundo Congreso de Intelectuales Cubanos, designando como presidente de honor al poeta, escritor, ex preso político y pensador cubano, Jorge Vals Arango.

Octubre 21. Se clausura el congreso fundador del movimiento opositor Cuba Independiente y Democrática. El evento tuvo lugar en Caracas, Venezuela, y la nueva organización estaría dirigida por el ex preso político, y ex comandante de la revolución Huber Matos, quien permaneció durante 20 años en prisión. En este congreso se emite la Declaración de Caracas, en la que se reafirmaba la voluntad de instaurar en Cuba una sociedad consagrada a la libertad y al respeto de la dignidad humana.

Octubre 31. Comienzan los desembarcos de infiltración del Plan Máximo Gómez de Alpha 66, con la infiltración por la provincia de Matanzas de seis combatientes. En treinta meses y con doce desembarcos, el Alpha 66 infiltró 67 hombres en la isla.[87]

Diciembre 3. Un grupo de ocho personas entra armado a la sede del Vaticano en La Habana, lo que motiva el abandono de la sede de la mayoría de los clérigos y el personal que allí se encontraba. En conversaciones con los refugiados, los funcionarios les ofrecieron garantías y seguridades a través de unos supuestos diplomáticos que intercederían ante el gobierno cubano. Los diplomáticos, quienes en realidad eran miembros de las tropas especiales, asaltaron la nunciatura con el permiso correspondiente y suscitaron un tiroteo en el que fue muerto un guardia civil de seguridad, siendo posteriormente apresados los ocho refugiados.

Diciembre 14. Inicia el movimiento Cuba Independiente y Democrática la publicación de su órgano oficial CID, este periódico tenía una alta calidad informativa en todo lo que se refería a la lucha contra el totalitarismo cubano.

Diciembre 20. Termina el Segundo Congreso del Partido Comunista de Cuba. PCC. Durante las sesiones Castro reafirmó su apoyo a la invasión soviética a Afganistán.

blanco

Patio de unas de las cárceles donde recluían a los presos políticos cubanos.
Esta foto fue tomada clandestinamente en 1965.

blanco

Año 1981

Enero 1. Son fusilados en los fosos de La Fortaleza La Cabaña, los hermanos Ventura García Marín, de 19 años; Cipriano García Marín, con 21 años y Eugenio García Marín, 25 años. Estos jóvenes habían buscado refugio en la sede del Vaticano en La Habana, junto con su madre, quien fue sancionada a 20 años de prisión.

Febrero 8. Catorce miembros de una familia de apellido Delgado entran clandestinamente en la embajada de Ecuador en La Habana. Días después fuerzas especiales del régimen, violando los acuerdos de asilo político, asaltan la sede gaseando y golpeando a los ocupantes. Un adolescente de 14 años de edad, Owen Delgado Temprana, sufre fractura de cráneo por los bastonazos de la policía y muere varios días después.

Junio 13. Son fusilados en La Fortaleza de La Cabaña los combatientes Rodolfo Alonso, Abilio González y Emilio Reloba.

Julio 4. Un grupo de expedicionarios del Alpha 66 ingresó a Cuba por la provincia de Matanzas, siendo detectados por las autoridades del régimen y capturados pocos días después.

Julio 20. El Movimiento Cuba Independiente y Democrática, inicia sus transmisiones de radio hacia Cuba por distintas bandas de onda corta. Estas transmisiones de La Voz del CID se extenderán hasta mediados de la década del 90 y se realizarían desde diferentes lugares de Centroamérica y el Caribe.

Julio 24. Se constituye en la ciudad de Miami la Fundación Nacional Cubano Americana (FNCA), que se convertiría en breve tiempo en una de las organizaciones más poderosas del exilio. Esta organización utilizaría novedosos métodos y su práctica operativa tendría un espectro particularmente amplio. La nueva institución orientó una parte sustancial de su trabajo a influir sobre las diferentes ramas del gobierno de los Estados Unidos de América y sobre los políticos del sistema. Su figura principal fue siempre Jorge Mas Canosa, pero le acompañaron en el empeño personalidades como José Luis Rodríguez y Feliciano Foyo.

Agosto. Tuvo lugar durante varios días en la ciudad de Miami, el Segundo Congreso de Cuba Independiente y Democrática.

Septiembre 21. Un artefacto explosivo es detonado en la oficina de la revista Réplica en la ciudad de Miami.

Septiembre 24. Un segundo artefacto explosivo es detonado en la oficina de la revista Réplica en la ciudad de Miami.

Octubre 27. Son fusilados en La Cabaña, por delitos contra la Seguridad del Estado Ramón Fernández y René González.

Noviembre 23. *El Secretario de Estado de Estados Unidos, general Alexander Haig y el vicepresidente de Cuba, Carlos Rafael Rodríguez, sostienen conversaciones secretas en la capital mexicana.*

Diciembre 18. Activistas que estaban a favor de la democracia en Cuba y con la intención de preservar los valores culturales nacionales en el exilio y promover la libertad de la cultura, fundan en Caracas, Venezuela, el Instituto de Promoción Cultural que estaría a ser presidido por el profesor Irving Pérez de Corcho y la señora Martha Moré de Fiallo.

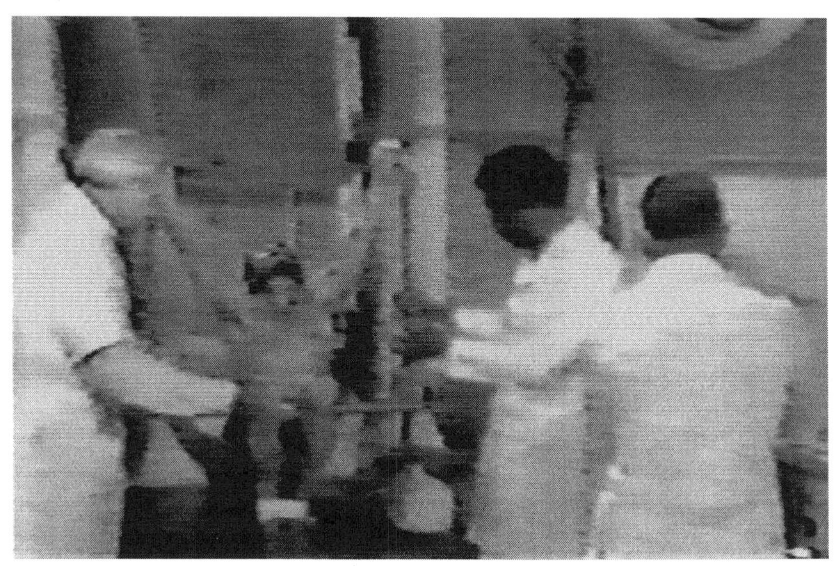

Sesión de electrochock en el hospital psiquiátrico de Mazorra. A este tratamiento fueron sometidos numerosos presos políticos y opositores al régimen.

blanco

Año 1982

Enero 16. Treinta miembros de la OPLC, son arrestados durante una protesta en Miami.

Febrero 9. Explota otra bomba en la oficina de la revista Réplica en la ciudad de Miami.

Agosto 5. Es asesinado por la guarnición del penal Kilo 7, en Camagüey, el preso político Francisco Cedeño Montelier.

Septiembre 8. Es sepultada la abogada Edmunda Serrat Barrios, abogada y ex presa política. La occisa había sido arrestada por fuerzas del G-2 cuando participaba como letrada en un juicio.
Después de varios días de incomunicación y sin que su familia supiese de ella, fueron entregados sus restos a sus allegados en un ataúd sellado con un acta oficial que refería que el motivo de la muerte había sido un ataque cardíaco. Según otras informaciones, falleciò como resultado de un golpe en la cabeza que le había sido propinado durante uno de los interrogatorios a los que fue sometida.

Septiembre 2. Una bomba explota en la sede del consulado de Nicaragua en Miami.

Octubre 1. Es fusilado en la fortaleza de La Cabaña, el combatiente Armando Hernández González.

Octubre 5. Los intelectuales cubanos radicados en el exterior celebran el Tercer Congreso de Intelectuales Cubanos Disidentes en la ciudad de Washington, Estados Unidos, y designan como presidente de honor al preso político y poeta Ángel Cuadra. El tema del congreso fue "El Terrorismo como Instrumento de la Política Exterior del Gobierno de Cuba".

Octubre 7. Nelson Navarro Mastose es fusilado en la prisión de La Cabaña por poner en peligro la Seguridad del Estado.

ıbre 10. Tiene lugar en la ciudad de New York, el Tercer Congreso de ɔa Independiente y Democrática. En este evento se producen enfren- ɪnientos entre miembros de la directiva que termina con la posterior sepa- ıción de algunos de ellos.

- Ramón Toledo Lugo es fusilado en la prisión de La Cabaña por atentar contra la Seguridad del Estado.

Octubre 22. Walter Fernández es asesinado en la prisión de Kilo 7, provincia de Camagüey.

Noviembre 5. Se inicia en la Universidad de los Trabajadores de América Latina, en San Antonio de los Altos, Venezuela, el Tercer Congreso de la Solidaridad de Trabajadores Cubanos que se extenderá hasta el día 7.

Noviembre 12. Es fundada en la ciudad de Valencia, Venezuela, la Asociación de Ex Presos Políticos Cubanos. Esta organización, que fue presidida por Gustavo Rodríguez Pulido (El Coronel), tendría como fin luchar contra el régimen totalitario cubano y apoyar a los exiliados que arriben a Venezuela.

Diciembre 30. Jóvenes cubanos radicados en Venezuela, fundan la Fraternidad de Jóvenes Cubanos Libres, que tiene el objetivo de investigar y profundizar la historia de Cuba, enriquecer la cultural nacional y defender la libertad y dignidad del ser humano.

1982. Se constituye en La Habana el Movimiento Demócrata Cristiano, que tiene como objetivo ayudar a los presos y sus familiares y promover cambios políticos en Cuba. La directora de esta institución es María Valdés Rosado.

Luis Pedro Tomás Torroella, miembro de los equipos de infiltración. Fusilado en la prisión de Boniato, Santiago de Cuba, el 30 de octubre de 1962.

blanco

Año 1983

Enero 11. Explota una bomba en la Fábrica de Tabacos Padrón, en la ciudad de Miami.

Enero 12. Explota otra bomba más en la oficina de la revista Réplica en la ciudad de Miami.

Enero 28. En el contexto de la conmemoración de un nuevo aniversario del natalicio de José Marti, se coloca en el Parque Riverside, ubicado en la Ocho Avenida y la Cuatro Calle del suroeste, en Miami, la primera piedra de lo que sería el Monumento al Holocausto del Presidio Político Cubano. Esta obra fue un acuerdo tomado por el Presidio Político Histórico Cubano en una asamblea general.

Febrero 6. En la quinta Doña Dilia, en Caracas, Venezuela, sede del hogar cubano Raúl Rodríguez Fernández, se reúnen numerosos presos políticos e instituyen la Unión de Ex presos Políticos Cubanos en Venezuela, que tendría como fin abogar por la salida de los presos y ex presos de Cuba. El ejecutivo de la organización quedaría integrado por Joaquín Meso Llada, como presidente; Valentín Sánchez González, como secretario de acta; Nelly Rojas Lorenzo, para las finanzas; Gabriel Hernández Custodio, al frente de relaciones públicas; Pedro Pérez Castro, en relaciones internacionales; Emilio Martínez Venegas, como divulgación, y Eddy Rodríguez Borges, en la movilización.

Marzo 16. Se declara en huelga de hambre el doctor Orlando Bosch en la prisión del cuartel San Carlos, en Caracas, Venezuela. La huelga, en reclamo de un proceso judicial justo, se extendió hasta el día 11 de mayo.

Abril 13. Cinco expedicionarios de la organización Alpha 66 fueron detectados y capturados por las fuerzas militares del régimen.

Abril 23. Un grupo de intelectuales que logró escapar de Cuba durante el éxodo del Mariel, funda en la ciudad de Miami la revista Mariel. La publicación estaba dirigida entre otras personalidades de la cultura cubana exiliada, por Reynaldo Arenas, Reynaldo García Ramos y Juan Abreu.

Mayo 18. Un grupo de presos políticos constituye en la Prisión del Combinado del Este, en La Habana, la organización Nuevo Presidio Político Cubano Plantado. Uno de los propósitos de la organización es enfrentar al régimen en sus esfuerzos por doblegar la moral de los presos políticos.

Mayo 28. En una oficina del Continental National Bank de la ciudad de Miami es detonada una bomba.

Junio 23. Se suicida el ex presidente de la República de Cuba, doctor Osvaldo Dorticos Torrado.

Agosto 20. Tiene lugar en Los Angeles, California, el cuarto congreso del movimiento opositor Cuba Independiente y Democrática.

Octubre 18. Fallece Andrés Vega Vega, en la prisión del Combinado del Este, La Habana.

Octubre 25. *Se produce una invasión a la isla de Granada por tropas de EE.UU. y el Caricom. Tiene lugar el primer enfrentamiento directo entre tropas de Estados Unidos y Cuba.*

1983. En una delicada labor y gracias a la asistencia del Dr. Aramis Taboada, se logra sustraer de los tribunales judiciales documentos referentes a un grupo de obreros que estaba tratando de constituir en la isla un sindicato libre. Los obreros podrían haber sido condenados a muerte pero la denuncia internacional del Comité Cubano Pro Derechos Humanos lo evita.

Fusilados por el totalitarismo en La Cabaña el 20 de abril de 1961.
1) Eufemio Fernández, 2) Rogelio González Corso, 3) Rafael Díaz Ascon, 4) Nemesio Rodríguez, 5) Humberto Sorí Marín. Fueron ejecutados ese mismo día, pero no están en la foto, Domingo Trueba y Ramón Puig.
Todos fueron destacados dirigentes de la lucha clandestina.

blanco

Año 1984

Agosto 19. El movimiento Cuba Independiente y Democrática realiza en Miami su quinto congreso, en el cual resulta elegida una nueva directiva. Sin embargo, queda ratificado como Secretario General, el comandante Huber Matos. Ésta era la segunda ocasión que el CID celebraba un evento de estas características en Miami.

Agosto 30. Muere la señora Dora Victoria Reyes como consecuencia de una golpiza propinada por esbirros en la Seguridad del Estado de La Habana.

Octubre 10. Se funda en La Habana, el Instituto de Intercambio Cultural Cubano Americano Proyecto Cambio 2000, que tiene como fin desarrollar investigaciones en todo el hemisferio y promover en particular la integración cultural cubano-americana. El centro es dirigido por Carlos Ríos Otero.

Octubre 28. La guarnición de la Prisión del Combinado del Este en La Habana asesina a los presos políticos Pedro Revuelta y Enrique González.

Diciembre 15. *Cuba y Estados Unidos firman un acuerdo migratorio.*

1984. El cineasta Néstor Almendros recibe el primer premio en el Festival de Derechos Humanos de Estrasburgo, Francia, con la película "Conducta Impropia".

blanco

Los primeros jefes guerrilleros del Escambray, 1960, comandantes Evelio Duque y Osvaldo Ramírez, ex-oficiales del ejército rebelde.

blan

Año 1985

Mayo 20. El esfuerzo de un numeroso grupo de exiliados encabezados por la Fundación Nacional Cubano Americana, FNCA, y su presidente Jorge Mas Canosa, logran que el gobierno de Estados Unidos ponga en funcionamiento la emisora Radio Martí, que tiene como fin romper la censura informativa que el régimen cubano tiene impuesto a la población de la isla.

Agosto. Se celebra en Miami el Primer Congreso de Ex Presos Políticos Cubanos. En el evento se acuerda declarar el tercer domingo del mes de junio el Día de la Mártir Anticomunista Cubana y el 5 de abril como Día del Preso Político Cubano.

Septiembre 12. Efectúa el movimiento Cuba Independiente y Democrática, CID, el Sexto Congreso de la organización, siendo ésta la segunda vez que se reúnen en Caracas, Venezuela.

Septiembre 26. Se funda en la ciudad de Miami la organización política Partido Nacional Democrático, dirigido por Reynaldo Aquit Manrique, Ignacio Castro Matos y Lázaro Guerra Bello. El propósito de la nueva institución sería llevar la democracia a Cuba.

Octubre 9. Luis Orlando Álvarez es asesinado en la Seguridad del Estado de la provincia de Matanzas.

Octubre 19. Las organizaciones del exilio cubano radicado en Venezuela, Fundación de Ayuda a Cubanos en el Exilio, FACE; Unión de Ex Presos Políticos Cubanos en Venezuela, UEPCV; Solidaridad de Trabajadores Cubanos, STC; y el Instituto de Promoción Cultural, IPC; fundan en Caracas la 'Casa Cuba', con el fin de tener una sede para desarrollar actividades políticas a favor de la democracia en Cuba. Desde 1989 esta casa se convierte en el lugar de asilo y albergue de numerosos cubanos que abandonaban la isla.

blanco

Porfirio Remberto Ramírez Ruiz (El Negro) murió fusilado el 12 de octubre de 1960. Jefe guerrillero que operó en el Escambray, ex-capitán del ejército rebelde y presidente de la Federación Estudiantil Universitaria de Las Villas.

blan

Año 1986

Enero 10. Se funda en Alto Songo, La Maya, Santiago de Cuba, la Alianza Nacional de Agricultores Independientes de Cuba, que tiene como fin establecer en la isla un estado democrático en el que se respeten los derechos de los agricultores. El director de la organización es Humberto Melo Arias.

Enero 28. Se constituye en La Habana, la Liga Cívica Martiana, una organización de carácter cívico dirigida por William Ernesto Herrera Díaz. La organización tiene como propósito informar a los cubanos sobre sus derechos y la amnistía de todos los presos políticos.

Febrero 7. *Concluye en La Habana el Tercer Congreso del Partido Comunista de Cuba (PCC). Fidel Castro es reelegido por tercera vez consecutiva, como Secretario General.*

Febrero 9. Se funda en La Habana la organización ecologista Natur-Paz, que tiene como propósito luchar por la recuperación del medio ambiente, la ecología y la naturaleza. La organización es dirigida por Ernesto Colás García.

Febrero 17. Se celebra en La Habana el Encuentro Nacional Eclesial Cubano. El ENEC, que se extiende hasta el día 23, aprueba un documento en el que afirma que la Iglesia debe compartir las experiencias del pueblo.

Marzo 9. Fusilado Emilio Castro en Matanzas.

Abril. Fidel Castro plantea la necesidad de iniciar un proceso de rectificación de errores y tendencias negativas que frenan y deforman los principios de la Revolución.Todo concluye en un mayor control policial y económico.

Junio 6. Se crea en la Ciudad de La Habana, el Movimiento Nacional de Derechos Humanos Aurora, que tiene como fin monitorear las violaciones de los derechos humanos en Cuba y apoyar a la ciudadanía en gestiones ante los funcionarios públicos. El director de la organización es Jorge Santacana Valdés.

Julio 10. Se constituye en San Juan, Puerto Rico, la revista Disidente Universal, que es dirigida por Ángel W. Padilla. Esta revista es enviada a Cuba y distribuida de forma clandestina en la isla.

Agosto 31. Celebra Cuba Independiente y Democrática su séptimo congreso. En esta ocasión presentan el documento Programa de la Nueva República, en el que se hacen propuestas para el período provisional que debe tener lugar cuando cese el totalitarismo. El congreso tiene lugar en la ciudad de Philadelfia, Estados Unidos.

Septiembre 5. Se inician en la sede de la Universidad de los Trabajadores de América Latina, UTAL, en San Antonio de los Altos, Venezuela, el IV Congreso de la Solidaridad de Trabajadores Cubanos, las sesiones durarían hasta el 7 de septiembre.

Octubre 5. Los intelectuales cubanos de la diáspora se reúnen en Madrid, España, y celebran el Cuarto Congreso de Intelectuales Cubanos y designan como presidente de honor al preso político cubano-español Eloy Gutiérrez Menoyo.

Octubre 15. Un grupo de ex presos políticos cubanos se reúne en la ciudad de Miami, y crean el Club de Ex Presos Políticos Cubanos y de Combatientes, EXCLUB, que tiene como propósito inicial, servir como agrupación de carácter social, pero en pocos meses evoluciona y se convierte en una organización de tipo político. Entre los fundadores están: Manolo del Valle Caral, José Luis Gallarreta, Ángel De Fana, Rolando Borges, Jorge Villalba, Salvador Subirat, Ángel Cuadra y otras personalidades. La primera junta directiva de la organización es presidida por José Luis González Gallarreta y como vice presidentes Manuel del Valle Caral, Raúl Alfonso, Antonio Copado, y Bernardo Paradela.

Noviembre 27. Se constituye en la ciudad de Miami la Comisión Nacional Cubana presidida por Ramón Saúl Sánchez. La Comisión tiene como fin luchar por el cese en Cuba del régimen totalitario, y está integrada por varias organizaciones del destierro.

Diciembre 25. Eduardo Lara Tamayo muere en la prisión del Combinado del Este, La Habana.

*José A. Palomino Colón, jefe guerrillero, fue fusilado
en La Campana, Escambray, Las Villas,
el 12 de octubre de 1960.
Esa misma noche fueron ejecutados otros cuatro jefes guerrilleros.*

blanc

Año 1987

Febrero 24. La organización Ex-Club, organiza en el Koubeck Center, una dependencia de la Universidad de Miami, un encuentro patriótico-cultural que procura resaltar el compromiso de los ex presos políticos cubanos con un cambio de régimen en la isla.

Mayo 30. Se constituye en Madrid, España, por un grupo de exiliados políticos, la Asociación Cubano Española, que tiene como fin apoyar a los exiliados cubanos y ex presos políticos, y luchar porque se produzcan cambios democráticos en la isla. Presidía la organización el refugiado Ernesto Aurelio Vandama Puente.

Julio 12. El Ex-Club y el Museo Cubano de Arte y Cultura de la ciudad de Miami, organizan una exposición artística compuesta por obras creadas en la prisión por presos políticos cubanos.

Agosto 17. Tiene lugar en la ciudad de Miami el octavo congreso de la organización Cuba Independiente y Democrática. Es nuevamente ratificado Huber Matos como secretario general de la organización.

Septiembre 3. En Caracas, Venezuela, se reúnen intelectuales cubanos dispersos por el mundo para celebrar el Quinto Congreso de Intelectuales Cubanos Disidentes, designando como presidente de honor al preso político y poeta Ernesto Díaz Rodríguez. En Venezuela se constituyó un comité organizador local que fue presidido por la doctora Silvia Mezo Pérez de Corcho e integrado entre otros por la doctora Ela García de Francés, Roberto Fontanilla Roig, Pedro Corzo Eves, Pedro Pérez Castro, la doctora Martha Moré de Fiallo y Andrés Trujillo Carbonell. El evento fue organizado con el trabajo conjunto del Comité de Intelectuales por la Libertad de Cuba y el Comité Organizador Local.

Octubre. El primer trabajo periodístico originado en Cuba que trasmite Radio Martí es "Una misa en busca de su ceiba". El mismo es distribuido clandestinamente entre los presos políticos plantados del Combinado del Este.

Octubre 10. Se funda en La Habana la Comisión Cubana de Derechos Humanos y Reconciliación Nacional, que tiene como fin la protección de los derechos humanos y la difusión de esos derechos en la isla y promover la asistencia legal gratuita a quienes la requieran. La nueva organización es dirigida por Elizardo Sánchez Santa Cruz y Gerardo Sánchez Santa Cruz y solicita de inmediato ser registrada legalmente.

Octubre 15. Se constituye en La Habana la Coalición Demócrata Cubana que tiene como fin defender los derechos humanos pacíficamente y procurar cambios en el país a través de un diálogo que no tenga nada que ver con el gobierno. La dirección está a cargo de Reynaldo Cosano Allen.

Octubre 23. El Comité Cubano Pro Derechos Humanos convoca a una oración solemne en la iglesia de San Juan de Letrán, La Habana, en memoria del sacerdote polaco asesinado Jerzy Popieluzco.

Octubre 25. El Comité Cubano Pro Derechos Humanos, en su primer acto público, emite un documento titulado Protesta de La Habana, en el que se denuncia los crímenes del régimen contra los derechos humanos y demanda el cambio de gobierno como única fórmula para que en Cuba pueda lograrse el respeto a la Declaración Universal de los Derechos Humanos.

Diciembre 10. El Comité Cubano Pro Derechos Humanos, en recordación al Día Internacional de los Derechos Humanos, reproduce de una reunión que tiene lugar en La Habana, una cinta grabada que después sería transmitida por Radio Martí. Fue la primera emisión de una información procedente desde la isla que se difundió por esa emisora.
- Tiene lugar en la casa de Tania Díaz Castro el encuentro denominado "Coloquio en La Habana". Varios disidentes, Ricardo Bofil, Rolando Cartaya, Reinaldo Bragado Bretaña, Montesinos y la propietaria de la vivienda hablan para Radio Marti por primera vez en la historia de las trasmisiones de esa emisora.

1987. Tiene lugar en la iglesia de San Juan de Letran, La Habana, un acto de recordación por el sacerdote polaco Jersy Popieluzcu, asesinado por funcionarios del gobierno de su país.
- Es constituida en Caracas, Venezuela, la Fundación de la Avanzada de Jóvenes Cubanos Libres Pro Cultural, que tiene como fin fomentar las tradiciones cubanas y la cultura patria en los menores de 14 años de edad.

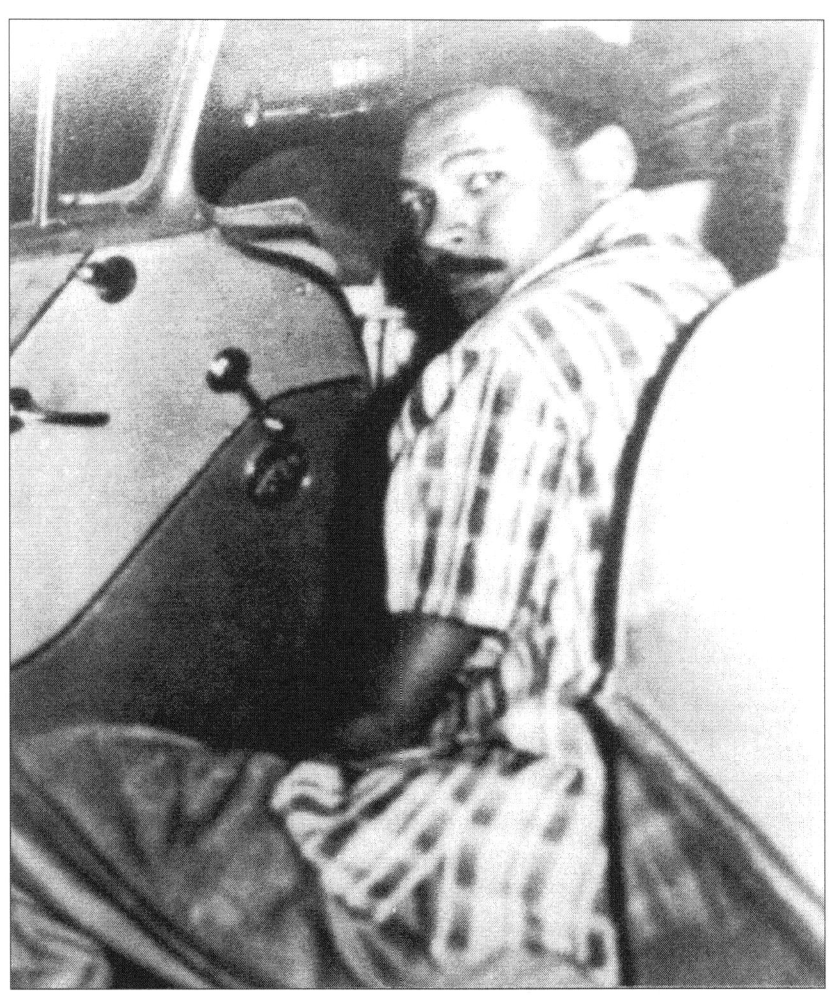

Juan Martori, dirigente del clandestinaje muerto en acción durante un atentado contra el líder comunista Carlos Rafael Rodríguez. Septiembre 12 de 1961.

blanco

Año 1988

Enero 31. Tiene lugar en la residencia de Tania Díaz Castro una de las primeras conferencias de prensa que ofrece el movimiento disidente cubano. Durante la conferencia se ofrece información sobre los fusilamientos, encarcelamientos arbitrarios y desaparecidos en Cuba.

Febrero 14. Es inaugurada en La Habana la Primera Exposición de Arte Libre por el Comité Cubano Pro Derechos Humanos en la residencia Alicia Dapena con obras de prisioneros políticos plantados y de los artistas Nicolás Guillen, Raúl Montesinos, Roberto Bermúdez, Teodoro del Valle.

Durante la exposición ofrecieron conferencias Adolfo Rivero Caro, Reinaldo Bragado Bretaña y Ricardo Bofil y se presentaron poemas de Armando Valladares, Ernesto Díaz y Angel Cuadra, así como obras artísticas de otros ex presos políticos.

Asistieron miembros de una delegación de Human Rights Watch y la señora Margarita Marín Thompson a la que el régimen le había fusilado 3 hijos.

El evento fue interrumpido por una turba comandada por el general José Abrantes, titular del Ministerio del Interior del régimen.

Febrero 24. El Comité Cubano Pro Derechos Humanos es fundado en Caracas, Venezuela, por la doctora Silvia Mezo Pérez de Corcho. La organización es de carácter independiente y dedicada exclusivamente a la defensa de los derechos humanos y está integrada por Ela García de Francés, Ana Silvia Pérez de Corcho Mezo, Pedro Corzo Eves, María Teresa Casáis, Lyani Ranero Pedraja, Pedro Pérez Castro e Irving Pérez de Corcho Guerra.

Marzo 4. Se constituye en la ciudad de San Juan, Puerto Rico, la Unión de Ex Presos Políticos Cubanos en Puerto Rico, con el propósito de realizar actividades que culminen con el cese del régimen totalitario. Entre los fundadores de la organización estaban: Magno Moreno, Rubén Calzadilla, padre Miguel Ángel Loredo, Héctor Caraballo, Luis Jiménez, Yolanda Martínez, Manolo Guirado y Kemel Jamis, quien sería designado como coordinador de la nueva organización.

Marzo 18. En un hecho sin precedentes, el régimen inicia una campaña mediática contra el Comité Cubano Pro Derechos Humanos y en particular contra el profesor y ex preso político Ricardo Bofil.

Abril 10. Como resultado de informaciones suministradas desde Cuba por el Comité Cubano Pro Derechos Humanos y otras elaboradas por organizaciones del exilio, el embajador de Estados Unidos ante la Comisión de Derechos Humanos de Naciones Unidas, el ex preso político Armando Valladares logra que la comisión del organismo internacional nombre un representante a cargo de una Comisión que recibe como mandato visitar a Cuba y comprobar el estado de los derechos humanos en la isla.

Mayo 19. Se constituye en la ciudad de Caibarién la Comisión de Derechos Humanos José Martí que va a trabajar para que en Cuba se respeten los derechos humanos. La organización es presidida por el ex preso político Osvaldo Garcendía Palacios.

Julio 20. Se funda en La Habana el Partido Pro Derechos Humanos de Cuba, que tiene como fin luchar por una Cuba libre y el respeto a los 30 artículos de la Declaración Universal de los Derechos Humanos, sus fundadores son Samuel Martínez Lara, Tania Díaz Castro y Ricardo Bofill.

Agosto. Es nombrado como primer delegado del Partido Pro Derechos Humanos de Cuba en el exterior el periodista Rolando Cartaya.

Agosto 4. Se crea la Asociación Pro Arte Libre I (APAL I), que tendrá como fin promover la libertad de expresión y de expresión artística. Sus directores serían Gladis González Noy y Vladimir García Alderete.

Septiembre 2. De la Sección de Arte y Literatura del Comité Cubano Pro Derechos Humanos, se origina la Asociación Pro Arte Libre (APAL). En su fundación participaron, entre otras personas, Armando Araya, Rita Fleitas y Omar López Montenegro.

Septiembre 5. El Comité Cubano Pro Derechos Humanos entrega en La Habana a la Comisión de Derechos Humanos de Naciones Unidas, que se encontraba de visita en el país, un documento titulado Informe Acusatorio al Régimen Estalinista de Cuba. El documento contaba con 511 páginas y 349 denuncias. Esta delegación de Naciones Unidas estuvo integrada por el embajador de Senegal, Alioune Sene y varios embajadores acreditados ante ese organismo internacional. De acuerdo a la relación que aparecía en el informe de la UNHRC, 1,622 personas hicieron acto de presencia en el Hotel Comodoro de la capital cubana para presentar denuncias contra el régimen. Los denunciantes fueron asesorados por varios miembros del Comité Cubano Pro Derechos Humanos, entre los que se encontraban Sebastián Arcos Bergnes, Samuel Martínez Lara, Tania Díaz Castro, Reinaldo Bragado, Adolfo Rivero, Eddie López, Rita Fleitas, Domingo Jorge Delgado y Enrique Hernández Méndez.

Septiembre 8. Se funda en la Iglesia de la Parroquia del Salvador del Mundo, en el Cerro, La Habana, el Movimiento Cristiano Liberación. El objetivo sería producir cambios políticos en Cuba a través de modificaciones de la Constitución de 1976. Los fundadores de la organización fueron el ingeniero Oswaldo Payá Sardiñas, el doctor Santiago Cárdenas, y el doctor Ramón Antúnez, entre otros activistas.

Septiembre 12. Celebra su noveno congreso el movimiento Cuba Independiente y Democrática, CID, en la ciudad de Chicago, Estados Unidos.

Octubre. La organización Amigos de la Perestroika, es fundada en La Habana por los activistas Félix Fleitas Posada, Francisco de Armas y Hugo Vázquez Medina. El organismo tiene como fin difundir en Cuba el programa de reformas democráticas que se llevan a cabo en la Unión Soviética, y respaldar cambios semejantes en la isla.

Octubre 5. Fusilado por atentar contra los poderes del estado Rafael Romero Verdecia, en Santiago de Cuba

Octubre 20. Varios disidentes de la Asociación Pro Arte Libre (APAL), entre ellos Rita Fleitas, Armando Araya y Secundino Hernández son arrestados y golpeados por paramilitares en el momento en el que colocaban una ofrenda floral en la casa de José Marti. Éste fue uno de los primeros actos de protesta pública organizada por los disidentes.

Noviembre 6. Demanda el Partido Pro Derechos Humanos, por medio de un documento firmado por Tania Díaz Castro, Pablo Llabre y Samuel Martínez Lara, que se celebre en Cuba un plebiscito.

Noviembre 9. Tania Díaz Castro y varios familiares son ofendidos y golpeados por paramilitares a las puertas de la prisión del Combinado del Este.

Noviembre 11. Los activistas Ramiro Gómez Barrueco, Roger Hernández, Carmen de Toro Gómez y Saturnino Polón fundan la organización Furia Popular, que tiene como fin crear un consejo revolucionario en el exilio y organizar en Cuba células que operen contra el gobierno.

Noviembre 27. El Comité Cubano Pro Derechos Humanos organiza un foro en el Ateneo de Caracas, en el que se denuncia la situación de los derechos humanos en Cuba.

Diciembre. En las proximidades del cine Yara, en la barriada del Vedado, en La Habana, un grupo de opositores escenifica una protesta silenciosa contra el llamado Período Especial. La caminata fue denominada Marcha de las Camisas Negras y circuló por toda la Rampa, un área de paseo peatonal en la capital cubana.
- Es fundada en la ciudad de Miami por Ricardo Bofill la revista Siglo XXI.

Diciembre 20. El escritor Reinaldo Arenas y el pintor Jorge Camacho lanzan la "Carta de París", solicitando a Fidel Castro la realización de un plebiscito. Entre los firmantes de la carta estaban Federico Fellini, Fernando Trueba, Héctor Babenco, Pierre Alechinsky, Jaime Gil de Biedma, Victoria Abril, Isabella Rosellini, Octavio Paz, Camilo José Cela, Yves Montand, etc.

Diciembre 22. La firma de los Acuerdos de Paz para el África Sur Occidental marca el inicio de la salida de las tropas cubanas de Angola y el fin de las guerras imperialistas auspiciadas por el régimen de La Habana.

1988. Se funda en la Ciudad de La Habana, la Coordinadora Nacional de Presos y Ex-presos Políticos Cubanos.
- La organización Comandos L, que protagonizó importantes acciones contra el régimen cubano, es reactivada por Tony Cuesta, con la estrecha colaboración de Ramón Font y José Enrique Dausá. Cuesta había cumplido doce años de prisión en Cuba y había quedado ciego como consecuencia de las heridas recibidas durante un enfrentamiento con unidades de guardacostas del régimen cubano, en mayo de 1966.

De izquierda a derecha los guerrilleros del Escambray, 1960, Rojita, Evelio, Duque, Conrado Fernández, El Chino y Benjamín Tardío.

blanco

Año 1989

Enero. Por iniciativa de la sección italiana del Internacionales Gesellaschft fur Menschenrechte, se organiza un congreso en la sede de la revista Mondoperaio en Roma, en el que participan destacados intelectuales cubanos y opositores al régimen de Fidel Castro.
- Se constituye en la prisión de Manto Negro una delegación del Partido Pro Derechos Humanos de Cuba, siendo elegida como presidenta Gladys García.
- Es fundada en Washington, DC, la Alianza Democrática Cubana por José Antonio Font, con la colaboración de Ángel F. Clarens, Armando Lago, Juan Clark y Ernesto F. Betancourt, entre otras personas. El objetivo de la Alianza es promover la formación democrática de los ciudadanos.

Enero 1. Cerca de un centenar de intelectuales dirigen a Fidel Castro una carta en la que solicitan la celebración de un plesbicito que decida sobre su continuidad en el poder.

Enero 3. El Comité Cubano Pro Derechos Humanos en Venezuela se reúne con las Comisiones Interamericanas y Europeas de Derechos Humanos para entregarle documentos y exponerle la situación cubana.

Enero 28. Las organizaciones democráticas radicadas en Venezuela, convocadas por el Comité Cubano Pro Derechos Humanos, organizan manifestaciones de protesta por la visita del dictador cubano al país.

Febrero 4. Se efectúa en Caracas, Venezuela, auspiciada por la Fundación Newman, en el Robert Kennedy Center for Human Rights y el Instituto Interamereicano de Derechos Humanos, una Jornada Internacional denominada Derechos Humanos: Utopía o Realidad. El Comité Cubano Pro Derechos Humanos radicado en Venezuela, que participó en el forum en la persona de su presidenta Silvia Mezo, presentó numerosos documentos en los cuales se denunciaban la situación de los derechos humanos en Cuba.

Febrero 10. La Fundación Cubano-Venezolana, dirigida por Roberto Fontanilla Roig; el Comité Pro Monumento a José Martí, dirigido por Pedro Corzo Eves y el Comité Cubano Pro Derechos Humanos, presidido por la doctora Silvia Mezo, organizaron, con el apoyo de otras organizaciones de exiliados cubanos en Venezuela, una campaña informativa sobre la realidad cubana y sobre la subversión que auspició el régimen totalitario cubano en ese país. Todas estas actividades tuvieron lugar en el contexto de una visita que el dictador caribeño realizó al país sudamericano.

Febrero 15. Los activistas Néstor Baguer, (devenido espía del régimen castrista) Gustavo Cano, Estrella García y varios más fundan en La Habana el Comité Martiano por los Derechos del Hombre. La nueva institución tiene como objetivo denunciar la violación de los derechos humanos.

Febrero 18. Es asesinado en Villa Marista, sede de las oficinas centrales del Departamento de Seguridad del Estado en La Habana, el activista Ismael Portuondo Blanco.

Febrero 21. En la Cuadragésima Quinta sesión de la Comisión de Derechos Humanos de Naciones Unidas, se presenta un informe de 400 páginas. Ha sido el mayor y más documentado de toda la historia de la UNHRC. Este documento incluía un resumen de los alegatos de denuncias, presentados por el Comité Cubano Pro Derechos Humanos. En esta ocasión el voto de censura al régimen cubano fue suscrito por el embajador del régimen comunista de Bulgaria.

Febrero 24. Se constituye en La Habana el Movimiento Pro Derechos Humanos 24 de Febrero.

Febrero 26. Tres organizaciones en el interior de Cuba, que luchaban por el respeto de los derechos humanos, se unen para fundar la Coordinadora de Organizaciones de Derechos Humanos en Cuba, CODEHU. La nueva institución sería dirigida por Elizardo Sánchez Santa Cruz y estaría integrada por el Comité Martiano por los Derechos Humanos, la Comisión Cubana de Derechos Humanos y Reconciliación Nacional y el Partido Pro Derechos Humanos.

Marzo. Se funda en La Habana el Consejo Nacional por los Derechos Civiles.

Marzo 10. Se crea en la ciudad de Miami la Alianza de Presos Políticos Cubanos que tendría como fin destruir el régimen totalitario cubano. Algunos de los directores de la nueva institución serían Ana Lazara Rodríguez,

Eugenio LLamera y José Ramón del Valle.

Abril. Son arrestados por protagonizar una protesta frente a la embajada soviética en La Habana los dirigentes del Partido Pro derechos Humanos en Cuba, Samuel Martínez Lara, David Moya y Roberto Bahamonde.
- Se constituye en La Habana la Federación Internacional de Derechos Humanos, por Ricardo Bofil.
- Son nombrados representantes en el exterior del Partido Pro Derechos Humanos en Cuba el doctor Pablo Llabre, Francisco Miñoso y R. Touron

Abril 5. Concluye la visita del presidente de la Unión Soviética, Mijail Gorbachov, a Cuba.

Mayo 15. Se constituye en la capital cubana el Grupo Cubano Pro Amnistía, que tiene como fin el excarcelamiento de los presos políticos y la abolición de la pena de muerte. La nueva institución va a estar presidida por Isidro Ledesma y Héctor Fabián Moreno.

Julio. Un grupo de opositores al régimen escenifica un acto de protesta frente a la oficina central del Departamento de la Seguridad del Estado, G-2, situado en el antiguo edificio del Colegio Marista.

Julio 13. Ejecutados el general Arnaldo Ochoa y otros tres altos oficiales del régimen. Días más tarde muere en su celda el general y ex -ministro del interior y jefe de los servicios de seguridad José Abrantes, que cumplía una sanción de 20 años de cárcel por supuesta malversación de fondos públicos.

Julio 16.Tiene lugar en Miami un acto de reafirmación patriótica en el que se le rinde homenaje a las presas políticas cubanas. Uno de los organizadores del acto fue el doctor Roberto Rodríguez Aragón.

Agosto 4. *Queda prohibida en Cuba la venta de las revistas soviéticas Sputnik, Novedades de Moscú y Tiempos Nuevos. Ordena el régimen el regreso de diez mil estudiantes cubanos en el campo socialista y de 10,000 obreros que laboraban en la URRS y otros países socialistas.*

Agosto 21. El Movimiento Cuba Independiente y Democrática, CID, realiza en la ciudad de Miami, su décimo congreso.

Octubre. Con la participación de cubanos e italianos y auspiciado por la sección italiana de la IGFM, tiene lugar en las oficinas de la revista Mondoperaio, en Roma, Italia, un segundo congreso sobre la situación cubana, que tiene como tema Una Perestroijka para Cuba. En el encuentro participan, entre otras personalidades, el escritor Reinaldo Arenas, el director cinematográfico Orlando Jiménez, el escritor Jacobo Machover y la actriz Miriam Acevedo.

Octubre 14. Detienen a dos combatientes que iban a infiltrarse por Santa Cruz del Norte, provincia de La Habana.

Octubre 26. Dos médicos son acusados de perpetrar un atentado contra el dictador cubano.

Noviembre 9. *Es destruido el principal símbolo de la opresión y poderío soviético: el Muro de Berlín.*

Noviembre 25. Se constituye en la ciudad de Ciego de Ávila el Comité Cubano Pro Derechos Humanos, por Alexis Morejón.

Diciembre. Se publica el primer numero de la revista "Franqueza" que dirige el médico Samuel Martínez Lara. La publicación es impresa en la casa de la familia González quienes son arrestados y condenados por propaganda enemiga.

Diciembre 16. Previendo las consecuencias de las reformas en los países comunistas de Europa, el régimen de La Habana suscribe con el de la República Popular China, un protocolo comercial que asciende 500 millones de dólares.

Diciembre 24. Se funda en La Habana, Agenda Nacionalista, que tendrá como propósito instaurar la democracia mediante una lucha pacífica y civilista; defender y exigir el cumplimiento de los 30 artículos de la Declaración Universal de los Derechos Humanos y demandar la libertad de los presos políticos y de conciencia, el directivo de la organización es Carlos Raúl Jiménez Carrero.

Diciembre 26. El gobierno publica una denominada "Declaración al Pueblo de Cuba" en la que se afirma que primero se hundirá la isla en el mar antes de arriar la bandera de la Revolución y el Socialismo.

Diciembre 28. Fidel Castro hace alusión durante un discurso en la Universidad de La Habana a un "período especial en tiempo de paz".

1989. Se crea en La Habana, el Foro de Estudios Históricos.
- A partir de este año el Comité Cubano Pro Derechos Humanos presenta ante el Consejo Económico y Social, ECOSOC, de Naciones Unidas, una solicitud, acompañada con los documentos pertinentes, para que se le otorgue a la institución el estatus de Organización No Gubernamental, lo que implica el derecho de palabra en todas las reuniones de la UNHCR. Esta condición le ha sido negada sistemáticamente como consecuencia de la gran influencia que el régimen cubano y otras dictaduras aliadas tienen en el organismo internacional.
- Se funda en la ciudad de Miami la Comunidad de Reflexión Cubana en la Diáspora (CRECED), que tiene como fin que los cubanos exiliados puedan reflexionar sobre sus raíces nacionales. Esta organización es inspirada por tres obispos cubanos, Monseñor Eduardo Boza Masvidal, Monseñor Agustín Román y el Obispo San Pedro.
-- Se constituye en Roma, Italia, con la participación de ciudadanos de ese país y de Cuba, el Comité Italiano por los Derechos Humanos en Cuba, que tiene como fin hacer pública la situación de los derechos humanos en la isla. Algunos de los fundadores son: Laura Gonzales del Castillo, Valerio Riva, Joel Rodríguez, Mario Baccianini y varias personalidades más.
- El Comité Internacional de la Cruz Roja, CICR, realiza una visita a cárceles cubanas. Después de esta fecha, el régimen ha impedido que el CICR inspeccione nuevamente las prisiones, lo que convierte a Cuba en el único país de la región que niega el acceso al CICR.
- Se crea en Madrid, España la Unión Liberal Cubana, presidida por el escritor Carlos Alberto Montaner.
- Se funda la organización Cuba Democrática, presidida por Eduardo Manet e integrada por un comité constituido inicialmente por Ramón Alejandro, Guy Ruiz de Zárate, Lázaro Jordana y la activista italiana Laura Gonsales.

blanco

Vista interior de uno de los patios de la prisión de La Cabaña donde los condenados recibían a sus familiares.

blan

Año 1990

Enero - Expulsados de Moscú varios estudiantes de la Universidad Lomonosov por criticar al régimen de Castro.

Enero 20. El Comité Cubano Pro Derechos Humanos organiza en la Casa Cuba, en Caracas, Venezuela, una Jornada de Reflexión sobre la Situación Actual de Cuba.

Febrero 22. Se inaugura en la Universidad de Miami, y bajo los auspicios de la Fundación Nacional Cubano Americana (FNCA), el Fondo de Estudios Cubanos, que tiene como propósito investigar y divulgar la realidad cubana.

Febrero 24. Se funda el Movimiento Pro Derechos Humanos 24 de Febrero, que tiene como fin luchar por la amnistía de los presos políticos y el respeto de los derechos humanos. La organización estaría dirigida por Leonardo Bruzón Ávila.
- La Unión de Ex presos Políticos Cubanos y el Comité Cubano Pro Derechos Humanos, en Caracas, Venezuela, organizan una Cadena Humana por la Libertad de Cuba. Esta cadena se efectuó en numerosos países y tuvo su origen en la ciudad de Miami, Estados Unidos.

Marzo. Queda constituido en La Habana,\ el Consejo Nacional por los Derechos Civiles, que tendría como objetivo luchar a favor de los derechos civiles, humanos, políticos y religiosos. La organización estaría dirigida por Francisco Chaviano González.

Marzo 6. Grupos paramilitares organizan un acto de repudio frente a la casa del disidente Gustavo Arcos Bergnes, preso político y uno de los atacantes del cuarte Moncada. Durante el acto de repudio es golpeado Jesús Yánez Pelletier.

Marzo 14. Tiene lugar en la ciudad de Hialeah, el Noveno Congreso de la Federación Mundial de Ex Presos Políticos Cubanos.

Marzo 15. Como consecuencia de las numerosas gestiones realizadas en

Venezuela por el Comité Cubano Pro Derechos Humanos, el Senado y la Cámara de Diputados de ese país condenan la situación de los Derechos Humanos en Cuba.

Marzo 16. El político venezolano, doctor Carlos Raúl Hernández y el Comité Cubano Pro Derechos Humanos en Venezuela, logran que el Senado de esa República demande del gobierno de Cuba la excarcelación de los activistas presos por defender los derechos humanos.

Marzo 21. La Fundación Democrática Cubano Venezolana y el Grupo de Observadores Latinoamericanos, con la colaboración del Comité Cubano Pro Derechos Humanos, organizan en Caracas, Venezuela, un foro con el nombre Hacia Donde Va Cuba.

Marzo 23. Inicia las trasmisiones hacia Cuba la estación de televisión TV/Martí.

Marzo 29. El esfuerzo concertado por numerosas organizaciones del exilio cubano radicado en la ciudad de Valencia, Venezuela, logra que la Asamblea Legislativa del estado de Carabobo, condene al régimen cubano por la violación de los derechos humanos en la isla.

Abril 12. La Comisión de Derechos Humanos de Naciones Unidas, en una de sus sesiones y gracias al esfuerzo combinado de grupos defensores de los derechos humanos en Cuba que radicaban en la isla y el extranjero, aprueba un formato de resolución de condena al régimen cubano por la violación de los derechos humanos en la isla. También la Comisión de Naciones Unidas nombra un Relator Especial para Cuba. Los relatores fueron el embajador de Colombia Rafael Rivas Posada y quien después fuera embajador de Suecia, Carl Johan Groth. Los informes de estos relatores siempre condenaron, o deploraron, la situación de los derechos humanos en Cuba.

Mayo 2. Una vez más el régimen lleva a la práctica la consigna orwelliana "Guerra es Paz", cuando moviliza a tres millones de personas en un operativo llamdo "Escudo Cubano", que incluye la preparación para enfrentar una invasión militar, ataques aéreos y un bloqueo al país. La estrategia de generar una histeria colectiva en preparación para enfrentar ataques extranjeros, reales o ficticios, se remonta a 1959. Periódicamente el régimen salda las crisis internas programando éxodos migratorios, generando crisis internacionales o movilizando al país con el pretexto de la espera de una agresión.

Junio. El preso político Jorge Luis García Pérez (Antúnez) se declara en huelga de hambre en la Prisión Provincial de Santa Clara, en protesta por la sanción que le fue impuesta. La huelga duró 21 días.

Junio 7. El Comité Cubano Pro Derechos Humanos emitió en La Habana un llamamiento para que tuviera lugar un encuentro en la capital cubana de todos los segmentos que integraban la nación. El documento, firmado por Gustavo Arcos Bergnes y Oscar Peña, alegaba en una de sus partes, "El CCPDH una vez más, y a pesar de los atropellos y del hostigamiento a que somos sometidos no pone la tranca en el camino y reitera su disposición al dialogo nacional".

Junio 25. *El presidente soviético, Mijail Gorvachov, marcó distancia con el régimen cubano al decretar que el comercio con ese país se haría tomando como referencia los precios del mercado internacional.*

Junio 29. Organiza el Ex-Club, presidido por Rolando Borges, en la ciudad de Miami, la Séptima Asamblea de la Federación Mundial de Ex Presos Políticos Cubanos. La reunión se extendió hasta el primero de julio.

Julio 9. Cerca de cincuenta ciudadanos cubanos buscan refugio en cinco embajadas acreditadas en la isla. Estos suscesos generaron situaciones críticas entre los gobiernos de Cuba y de los países involucrados.

Agosto 14. Se funda en Madrid, España, la Plataforma Democrática Cubana, que reúne a varias organizaciones de exiliados de diferentes vertientes ideológicas, conservadores, liberales, socialdemócratas, y democristianos. El objetivo es promover cambios políticos en Cuba sin que se recurra al uso de la fuerza. La nueva organización produce un documento denominado Declaración de Madrid, que fue rubricado, entre otros, por Emilio Martínez Venegas, Roberto Fontanilla, Felicito Rodríguez, Miguel González Pando, Uva Clavijo, Ricardo Bofil y Carlos Alberto Montaner.

Agosto 16. Un grupo de destacados activistas que trabajan por la democratización de Cuba se reúnen en la ciudad de Miami y crean la Coordinadora Social Demócrata Cubana. Algunos de los fundadores son el profesor Enrique Baloyra, Rosita Cosío, Jorge Clavijo y los ex presos políticos doctor Lino Bernabé Fernández, Emilio Martínez Venegas, Miguel Torres Calero y varias personalidades más.

Agosto 17. En la ciudad de Miami se celebró el Décimo Primer Congreso de la organización que dirige Huber Matos, Cuba Independiente y Democrática, CID.

Agosto 29. *Se inicia en Cuba el "Período Especial en Tiempo de Paz". De inmediato se establecen 14 medidas de restricción en el consumo de electricidad y combustibles. La situación la genera la disminución del suministro de petróleo de la Unión Soviética a Cuba.*[88]

Agosto 31. Tiene lugar hasta el 5 de septiembre, en las instalaciones del Parque Central de Caracas, Venezuela, el V Congreso de la Solidaridad de Trabajadores Cubanos. Este evento coincidió con la visita a Venezuela del líder del sindicato Solidaridad de Polonia, Lech Walesa.

Septiembre 2. Un grupo de jóvenes constituyen en la ciudad de Miami, el Directorio Revolucionario Democrático Cubano. En la fundación participan, entre otros, Orlando Gutiérrez Boronat, Juan Carlos Bermúdez y Jesús Tomé.

Septiembre 9. La Unión Soviética anuncia la modernización de sus relaciones con el gobierno de Cuba.Tal decisión pone fin a la estrecha unión, dependencia en el caso de Cuba, que existía entre ambos países en las esferas militares, económicas y políticas.

Septiembre 27. Es constituida la organización contestaria Movimiento Joven Cuba, inspirada en una agrupación que existió en la década del 30 y que lideró Antonio Guiteras Holmes. Al frente de la nueva institución estaba Rafael Ávila Pérez

Septiembre 28. El Movimiento en Canarias por la Libertad y la Democracia en Cuba, que desarrollaba actividades en el archipiélago canario, se reorganiza como la delegación de Cuba Independiente y Democrática. Los directores de la nueva entidad serían Francisco Benítez Pérez, Joel Raúl Castro Silva y Mario Castillo Macineira.

Octubre 14. Una expedición integrada por dos combatientes es detectada por las autoridades del régimen cuando se infiltraban por las costas de Santa Cruz del Norte, La Habana.

Noviembre 10. Se crea en Miami el Ejército Armado Secreto, una organización de acción directa contra el régimen totalitario cubano.

Diciembre 10. Se constituye en la ciudad de Miami la organización Custodios de Nuestros Símbolos, dirigida por Reynold Castro, Ela Castro y el Dr. Andrés Vargas Gómez. La institución tendría como propósito conservar y organizar objetos y obras que testimonien los valores de nuestras raíces nacionales.
- En este día que se conmemora la Declaración Universal de los Derechos Humanos, de Naciones Unidas, la señora Carlota Fernández, madre del preso político José Valle, se corta las venas frente a la sede general del Departamento de Seguridad del Estado para protestar por una fuerte golpiza que había sufrido su hijo. Poco después la señora Fernández falleció.
- En la conmemoración de la Declaración Universal de los Derechos Humanos, de Naciones Unidas, miembros del Directorio Revolucionario Democrático Cubano se encadenan en las proximidades de la sede de la Sección de Intereses de Cuba en la capital estadounidense.

Diciembre 13. Se organiza en La Habana el Directorio Revolucionario Estudiantil, "José Antonio Echeverría", que tiene como objetivo luchar a favor de cambios democráticos en Cuba y promover la unidad de la oposición interna y externa.

Diciembre 24. Escenifican los presos, políticos y comunes, recluidos en la sede del Departamento Técnico de Investigaciones (DTI) de la policía cubana, en 100 y Aldabó, en la barriada de Los Pinos, La Habana, una protesta que fue brutalmente reprimida por la policía.

1990. Se funda en La Habana la Coordinadora Obrera Cubana, que tiene como propósito que se reconozca y respete la afiliación obrera independiente en Cuba, y estaría dirigida por Aida Valdés Santana.
- Se constituye en La Habana el Foro de Estudios Históricos, que tiene como fin el estudio de la Historia de Cuba y la Universal, en particular la de España y la de los países socialistas. Su director es Manuel Fernández Rocha.
- Se funda en la capital cubana la organización Comité de Unidad Nacional, CUN, que tiene como fin rescatar la identidad nacional y fomentar la unidad entre todas las fuerzas contestatarias. La directiva de la institución la integran Omar del Pozo, Mario Viera, Pablo Reyes Martínez, Vilma Fernández y varias personas más.
- Se crea en La Habana la Unión de Trabajadores Cristianos, que se propone promover los derechos de los trabajadores desde una concepción cristiana. Es dirigida por Manuel Ismael León Paneque.
- Se constituye en la capital cubana la Asociación Juvenil Pro Derechos

Humanos en Cuba, que tiene como fin trabajar para restablecer las tradiciones de la juventud cubana y establecer vínculos de solidaridad con los jóvenes progresistas del mundo. Algunos de sus fundadores, entre otras personas, fueron Ivelises Camejo, Guillermo Campos y Alejandro Durán.
- Se instituye en la capital de Cuba el ilegal Consejo Nacional por los Derechos Civiles.
- Se funda por varios activistas que están a favor de cambios políticos en Cuba, el Movimiento Armonía (Mar). La declaración enfatiza: "Cuba no es un país democrático y debe volver a su entorno latinoamericano y democrático". Agrega, "la mayoría de los cubanos quiere dar un giro de 90 grados de la izquierda al centro". Este grupo está conformado por Indamiro Restano, Iradia Montalvo Miranda, Berenice Morales Hernández y Jorge Egaña.
- Se funda en la Universidad de La Habana la organización contestataria Seguidores de Mella, que tiene como fin demandar la liberación de los presos políticos y la celebración de elecciones libres. Integran la dirección de la nueva institución Jorge Quintana y Carlos Ortega Piner.
- Es constituida en la ciudad de Santa Clara, Villaclara, la organización Nuevas Luces de Libertad.
- Un grupo de cubanos constituyen en Tampa, Florida, la Casa Cuba. Este centro realiza actividades cívicas y patrióticas, y presta asistencia a los presos políticos en Cuba.

Caminata popular en la ciudad de Miami contra el régimen totalitario, fue conocida como "La Marcha del Pueblo Unido".

blan

Año 1991

Enero. Bienvenida Cúcalo y Gladys Linares fundan en La Habana el Frente Femenino.

Enero 10. Se funda en la Ciudad de la Habana la agencia informativa Agencia de Prensa Independiente de Cuba, dirigida por Néstor Baguer Sánchez Galarraga.

Enero 16. La Fundación Nacional Cubano Americana, FNCA, en el constante esfuerzo por denunciar las violaciones de los derechos humanos en Cuba, presenta en la ciudad de Miami la exposición,"Exhibición de las Cárceles".

Enero 18. Se inicia hasta el día 20 en Unión City, New Jersey, Estados Unidos, el Octavo Congreso de la Federación Mundial de Ex presos Políticos Cubanos, tomándose acuerdos que fueron denominados como La II Declaración de New Jersey.

Enero 26. Más de cien mil cubanos se congregan en el área de la Pequeña Habana, en Miami, en la Marcha del Pueblo Unido, convocada por la Gran Cumbre Patriótica, una agrupación de organizaciones que lucha por reinstaurar la democracia en Cuba.

Enero 28. En el parque Santa Catalina y frente al consulado de Cuba en las Palmas de Gran Canaria tiene lugar un acto de protesta por la falta de democracia en Cuba y por la violación a los derechos humanos en que incurre el régimen totalitario en la isla.

Febrero 19. El prisionero político Jorge Luis García Pérez (Antúnez) se declara en rebeldía como preso "plantado". Con esta actitud rechaza la llamada "reeducación" y se opone a ponerse el uniforme de la prisión.

Febrero 26. Se constituye en la ciudad de Miami la Asociación Medio Ambiental Cubana, que tiene como objetivo denunciar los perjuicios medio ambientales que tuvieran lugar en Cuba. El director de la organización es Néstor Penedo.

Marzo. Es publicado en Roma, Italia, por el Comité Italiano por los Derechos Humanos en Cuba, que presidía Laura Gonzales del Castillo, el Expediente Cuba 90. En este documento se ofrece información gráfica de la crítica situación política y económica que sufre Cuba y la sistemática violación de los derechos humanos por parte del régimen totalitario.

Marzo 25. Tiene lugar en Montecristi, Santo Domingo, República Dominicana, el Congreso Unitario de los Trabajadores Cubanos. El evento está auspiciado por la Solidaridad de Trabajadores Cubanos, STC, y la Central Latinoamericana de Trabajadores, CLAT. El acto coincide con el 96 aniversario del Manifiesto de Montecristi.

Abril 9. Se funda en La Habana el Instituto Cubano de Economistas Independientes Manuel Sánchez Herrero, que tiene como objetivo desarrollar investigaciones de carácter económico y social. La organización estaría dirigida por Martha Beatriz Roque Cabello.

Abril 13. Se acuerda erigir en la ciudad de Hialeah un monumento para honrar a las presas políticas cubanas.

Abril 16. La Comisión de Derechos Humanos de Naciones Unidas, en una de sus sesiones, y gracias al esfuerzo combinado de grupos defensores de los derechos humanos en Cuba que radican en la isla y el extranjero, aprueba un formato de resolución de condena al régimen cubano por la violación de los derechos humanos en la isla. También la Comisión de Naciones Unidas nombra un Relator Especial para Cuba, el embajador de Colombia Rafael Rivas Posada. Los informes de estos relatores siempre condenaron, o deploraron, la situación de los derechos humanos en Cuba.

Abril 21. Varios cientos de jóvenes y decenas de policías se enfrentan en un área de la capital cubana durante un concierto de Hard Rock ofrecido por una banda llamada Metal Oscuro. Durante el enfrentamiento se escucharon gritos de “Abajo Fidel” y “Muera el Comunismo”.

Abril 28. El Consejo de Dirección de la Federación Mundial de Ex Presos Políticos Cubanos, hace pública la Declaración de Tampa. En esta declaración se expone que el pueblo cubano es uno solo en la lucha contra el totalitarismo.

Mayo 5. Se realiza en la ciudad de Miami el Primer Congreso del Partido

Demócrata Cristiano de Cuba.

Mayo 10. El Comité Cubano Independiente por la Paz, el Progreso y la Libertad, CPPL, una organización de carácter humanitario, es fundado en La Habana por Ernesto Arteaga Hernández, María Elena Bayo González, Lisbeth Ledesma, José Miller y varios activistas más.

Mayo 13. Se constituye en la ciudad de Miami por un grupo de veteranos de la lucha contra el totalitarismo la organización Hermanos al Rescate, que es presidida por José Basulto, un antiguo miembro de los equipos de infiltración de la Brigada 2506. Acompañan a Basulto en la labor humanitaria a la que se va a dedicar la nueva institución, entre otras personas, Billy Shultz y Julio Avello.

Mayo 15. Inicia sus actividades con vuelos sobre las aguas que separan a Cuba de la Florida la agrupación humanitaria Hermanos al Rescate, que dirige José Basulto. El propósito de esta organización es buscar y rescatar a los balseros cubanos que se encuentren en alta mar.

Mayo 25. Regresan a Cuba las últimas unidades militares que integraron las fuerzas de ocupación en Angola.

Mayo 31. Se hace publica la "Carta de los Diez", un documento suscrito por intelectuales que están a favor de reformas democraticas. Entre los firmantes están María Elena Cruz Varela, Manuel Díaz Martínez Roberto Luque Escalona y José Lorenzo Fuentes.

Junio. El Comité Italiano por los Derechos Humanos en Cuba celebra en Roma la conferencia internacional "Europa Chiama Cuba: una propuesta por la Democracia". En este encuentro se reúnen intelectuales cubanos y europeos y asisten numerosas personalidades de la política del viejo continente, así como directivos de organizaciones internacionales, defensoras de los derechos humanos.
- Se constituye en Camagüey el Comité Julio Sanguily, de atención a presos políticos y familiares, que tiene como fin promover la atención a los presos políticos y sus familiares, la institución es dirigida por Ileana López Valdés.

Julio 11. Brigadas de respuesta rápida asaltan la casa de Oswaldo Payá Sardiñas, donde se estaban recogiendo firmas para cambiar la constitución y demandar la liberación de los presos políticos. En el incidente fue agredido

Dagoberto Capote, militante del Movimiento Cristiano Liberación.

Julio 12. El Comité Cubano Pro Derechos Humanos radicado en Venezuela convoca hasta el día 14 a una Conferencia Internacional sobre los Derechos Humanos en Cuba, en la que participan organizaciones defensoras de los derechos humanos de diferentes países y personalidades de Europa y América Latina.

Julio 15. Varias organizaciones constituyen la Concertación Pro Cambios Pacíficos, que tiene como fin trabajar en conjunto para que en Cuba tengan lugar cambios políticos lo menos traumáticamente posible. En uno de sus postulados la nueva agrupación expresa: "su rechazo a la violencia, la confrontación y los medios conspirativos, así como a la hostilidad entre cubanos". El nuevo organismo está integrado por: Movimiento Armonía (MAR), Asociación Pro Derechos Políticos (ADEPO), Apertura de la Isla (PAIS) y el Partido Pro Derechos Humanos.
- Un grupo de cubanos, estudiantes y residentes en Ucrania, se reúnen en Odessa para formar una organización que los represente y exponer las realidades de Cuba.

Agosto. *El régimen demuestra su preocupación por la situación política del país al constituir las Brigadas de Respuesta Rápida. Organismos similares, pero no tan estructurados, son usados por las fuerzas represivas desde el año 1959. La filiación a estos denominados grupos de Respuesta Rápida se exige de manera obligaria como requisito para avalar la trayectoria laboral y la conducta moral de las personas en Cuba. El fin específico de estos grupos es aparentar que el propio pueblo es quien combate las manifestaciones de descontento que surgen cada vez más frecuentes, de manera que las demostraciones de fuerza pública antimotines no la asuma la policía política del régimen.*

Agosto 10. La Federación Mundial de Ex Presos Políticos Cubanos convoca a todas sus organizaciones afiliadas y a los ex presos políticos en general, a un Congreso que tendrá lugar en Los Ángeles, California, hasta el día 11 de agosto.

Agosto 21. El Senado de Puerto Rico emite un reconocimiento a la organización Fundación Nacional Cubano Americana.
- Tras el golpe de Estado en la URSS, se reúnen en Moscú estudiantes y residentes cubanos de varias repúblicas de la URSS con la decisión de crear una

agrupación que les represente y que después se convertiría en la Unión Cubana.

Agosto 27. Seis organizaciones de la oposición interna en Cuba: Movimiento Pacifista Solidaridad y Paz, Foro Cívico, Asociación Pro Arte Libre, Comité de Unidad Nacional, Comisión de Derechos Humanos José Martí y el Comité Juvenil de Mujeres Solidaridad y Democracia, constituyen en La Habana la Coalición Democrática Cubana. Esta agrupación llegó a reunir hasta veinticuatro organizaciones opositoras y se proponía coordinar las acciones de la oposición interna cubana.

Septiembre 1. Tiene lugar en la ciudad de Miami la Convención Anual del movimiento Cuba Independiente y Democrática, CID. Los presidentes de honor de este evento fueron disidentes cubanos que residían en la isla.

Septiembre 4. Organizaciones políticas de la oposición y defensoras de los derechos humanos se unen para integrar la Concertación Democrática Cubana. El manifiesto de la nueva agrupación refiere: "Tomamos este acuerdo cívico convencidos de estar contribuyendo con ello a satisfacer los anhelos de paz, reconciliación nacional y democracia plena de todo el pueblo de Cuba, para salvar juntos los peligros que acechan a nuestra sufrida Patria". Algunas de las organizaciones que integran la Concertación son: Criterio Alternativo, Partido Pro Derechos Humanos, Seguidores de Mella, Comisión Cubana de Derechos Humanos y Reconciliación Nacional, Movimiento Armonía y la ADEPO, entre otras.
- Desembarcan en Cuba con el propósito de realizar operaciones contra el régimen, José Menéndez del Valle y otro individuo conocido con el sobrenombre de "El Guajiro".

Septiembre 6. Fuerzas de la Seguridad del Estado y de la Policía Nacional Revolucionaria sofocan una protesta de opositores frente a Villa Marista, sede del cuartel general de la policía política cubana. Varias personas fueron arrestadas. La protesta había sido convocada por la Coalición Democrática Cubana.

Las instalaciones donde radican las oficinas y celdas de la Seguridad del Estado habían sido un centro educativo de excepcionales condiciones, propiedad de los Hermanos Maristas, ubicado en una barriada de la capital. Este lugar en menos de dos años fue convertido en un centro de terror similar a la Lubianka stalinista.

Septiembre 11. *La Unión Soviética anuncia cambios sustanciales en sus relaciones con el régimen cubano. Esta decisión modifica los vínculos políticos, económicos y militares entre los dos estados.*
- Numerosas organizaciones del exilio cubano constituyen en la ciudad de Miami la sombrilla de organizaciones Unidad Cubana. Esta organización fue una inspiración del ex preso político Andrés Vargas Gómez.

Septiembre 17. Se funda en La Habana 'Hermanos Fraternales por la Dignidad', que se compromete a velar por el cumplimiento en Cuba de los preceptos enunciados en la Declaración Universal de los Derechos Humanos y luchar por que en el país se establezca una verdadera democracia. Su directivo es Amílcar Paredes Pérez.
- Autoridades cubanas hacen de conocimiento público que dos activistas procedentes del exterior fueron detectados cuando intentaban infiltrarse en Cuba.

Septiembre 19. Aparece 'Entre Cambios', el primer samizdat cubano, que publica la Unión Cubana en la Unión Soviética.

Septiembre 20. El Presidio Político Histórico Cubano inaugura su nueva sede en la ciudad de Miami. Esta fue reconstruida con el trabajo sin remuneración de más de 300 ex presos políticos. En el momento de la inauguración los directivos de la organización son: presidente del Presidio Político Histórico Marcos Herminio Gómez Cancio, el vicepresidente Santiago Díaz Bouza y el director de la Casa del Preso Renán Llánez.

Septiembre 24. Se funda en La Habana, por un grupo de activistas, la Asociación Martiana Libertad, Igualdad y Fraternidad, AMLIF, que tendrá como objetivo promover la democracia y el respeto de los derechos humanos en Cuba. Los directivos de esta organización serían, entre otros, Guillermina de la Caridad Acuña, Ángela Herrera Carrillo, Emilio Mondelo Colón y Jesús Díaz García.

Octubre 4. Se crea en La Habana, la organización sindical independiente Unión General de Trabajadores de Cuba, UGTC, que tiene como fin luchar por el respeto de los derechos sindicales de los trabajadores cubanos. La institución está dirigida por Rafael Gutiérrez Santos.

Octubre 6. El Movimiento de Recuperación Revolucionaria hace público en la ciudad de Miami un manifiesto dedicado al pueblo cubano.

Octubre 10. Se celebra el IV Congreso del Partido Comunista de Cuba. Fidel Castro es reelegido secretario general. En este evento se acuerda la defensa intransigente del socialismo.

Octubre 25. Miembros de la organización Directorio Revolucionario Democrático Cubano se encadenan a las puertas de la Sección de Intereses y del Consulado de Cuba en Washington.

Noviembre 10. Desde La Habana, el Movimiento Ecopacifista Solidaridad y Paz, hace un llamado al pueblo de Cuba para que continúe la lucha contra el totalitarismo.

Noviembre 21. Se funda en La Habana la Asociación Humanitaria Seguidores de Cristo Rey, que tiene como propósito luchar por el rescate de los valores esenciales del ser humano. La organización realiza sus labores entre los ancianos, enfermos y presos y otros sectores desprotegidos de la población sin ningún tipo de discriminación. El organismo es dirigido por Isabel del Pino Sotolongo.

Noviembre 22. La organización Ex club que preside Rolando Borges, organiza en la ciudad de Miami, el "Encuentro de Reflexiones Sobre la Situación Cubana". A este evento que se extiende hasta el día 24 fueron invitados los opositores Gustavo Arcos Bergnes, Sebastián Arcos Bergnes y Oswaldo Payá Sardiñas, a los que el régimen les negó el permiso de salida del país.

Noviembre 30. Se constituye en La Habana el Partido Democrático 30 de Noviembre Frank País, que tiene como propósito que en Cuba se establezca una sociedad democrática donde todos los ciudadanos tengan los mismos derechos. Su director es Rafael Ibarra Roque.

El documento de fundación expone que la organización se va a inspirar en los ideales de Frank País García y de José Antonio Echeverría, dos líderes mártires de la lucha contra el régimen de Fulgencio Batista. En el mismo manifiesto se expone que la nueva institución mantiene los principios democráticos y conceptos nacionalistas de los fundadores del Movimiento 30 de Noviembre que cumplió un activo papel en la lucha contra el gobierno de Fidel Castro en los años 60.

Diciembre. Varios opositores son arrestados en protesta pública a favor de los presos políticos en la sede de la Seguridad del Estado, en Villa Marista.

Diciembre 6. Un grupo de presos recluidos en la prisión del Combinado del Este, La Habana, hacen público un documento en el que demandan solidaridad y apoyo ante la fuerte ola represiva de que son objeto.

Diciembre 8. Es disuelta la Unión de Repúblicas Socialistas Soviéticas y se constituye la Comunidad de Estados Independientes.

Diciembre 10. Se funda en La Habana la Asociación Defensora de los Derechos Políticos en Cuba, ADEPO, que tiene como fin defender los presos políticos y a todas las personas que lo necesiten. La organización está dirigida entre otras personas por Luis Alberto Pita Santos, Reinaldo Betancourt Álvarez y Raúl Pararela.

Diciembre 12. Presos políticos de la cárcel del Combinado del Este en La Habana, junto a miembros de una congregación integrada por cristianos de distintas denominaciones, fundan en esa prisión la llamada Iglesia Cristiana del Presidio Político.

Diciembre 29. Desembarca en las proximidades de Cárdenas, provincia de Matanzas, un grupo de combatientes integrado por Daniel Santovenia Fernández, Pedro de la Caridad Álvarez Pedroso y Eduardo Díaz Betancourt. Todos fueron apresados por las fuerzas del régimen y condenados a 30 años. Según informaciones no confirmadas, de este grupo fue fusilado Díaz Betancourt.

1991. Se funda en La Habana el Partido Liberal Democrático de Cuba, que está a favor de promover la transición democrática a un estado de derecho que se sustente en los principios del liberalismo, en lo económico, social y político. La institución es dirigida por Osvaldo Alfonso Valdés.
- Se constituye en la ciudad de Camagüey el Comité Democrático Camagüeyano, que tiene como fin trabajar a favor del pluralismo político, la economía de mercado y la libertad para los presos políticos. Sus directores son: Raúl Garriga, Ramón Gómez y Pedro Orozco.
- Se crea en la capital cubana la organización Proyecto Apertura de la Isla (PAIS), que tiene como fin luchar por el respeto de los derechos humanos y la normalización de relaciones entre los gobiernos de Cuba y Estados Unidos. Entre los directores de la organización están José Luis Pujol Irizar, Carlos Ortega y Jorge Quintana.
- El Directorio Revolucionario Democrático Cubano inicia trasmisiones radiales con mensajes políticos al pueblo cubano y a la oposición interna.

Leopoldina (POLA) Grau Alsina. Ex-presa política, cumplió 14 años de prisión. Fue una notable activista por la libertad y la democracia en Cuba. Falleció en el exilio.

Carmelina Casanova. Ex-presa política, laboró activamente en el clandestinaje en la provincia de La Habana. Falleció en la ciudad de Miami y nunca cejó en el empeño de ver a Cuba libre y democrática.

blan

Año 1992

Enero 16. Se funda en La Habana la Corriente Socialista Democrática Cubana, que tiene como objetivo la democratización de Cuba a través del establecimiento de un régimen pluralista que se sustente en el respeto a los derechos humanos, en una economía social de mercado y en un marco de respeto a la soberanía e independencia de Cuba. Su director es Manuel Cuesta Morúa.

Enero 20. Es ejecutado en las afueras de la ciudad de La Habana, Eduardo Díaz Betancourt, que junto a Pedro de la Caridad Álvarez Pedroso y Daniel Santovenia Fernández, había ingresado a Cuba clandestinamente en una misión organizada por el Partido Unidad Nacional Democrática (PUND). Sobre el fusilamiento de Díaz Betancourt se han producido algunas dudas porque algunos aducen que éste era en realidad un agente del régimen cubano.

Enero 22. Decenas de cubanos exiliados protagonizan una protesta frente a la sede diplomática cubana en Washington en rechazo de la ejecución de Eduardo Díaz Betancourt.

Enero 24. La Asociación Cubano Española convoca para el 1 de febrero una manifestación de protesta contra el gobierno cubano frente a la sede diplomática de Cuba en Madrid. El fin de la manifestación era exigir la abolición de la pena de muerte en Cuba.

Enero 25. A pesar de las bajas temperaturas, más de 40 MIL cubanos protagonizaron en la ciudad de Nueva York una protesta contra un acto de apoyo al régimen de Fidel Castro, auspiciado por varios artistas estadounidenses. A su vez, en Miami, tuvo lugar una masiva protesta en apoyo a los manifestantes de Nueva York.

Enero 28. Cerca de un centenar de personas, la mayoría jovenes cubanos becados en la Unión Soviética, bajo el liderazgo del periodista Alvaro Alba y en compañia de disidentes políticos de ese pais, se concentran frente a la embajada de Cuba en Moscú para protestar contra el régimen de Fidel Castro. Funcionarios de la embajada agraden a los manifestantes, quienes rechazan el ataque teniendo que intervenir la policía. Según la Unión Cubana, agrupación que reúne a los cubanos en Rusia, dos mujeres resultaron heridas.

Enero 30. Con el propósito de organizar las agrupaciones políticas asociadas a la ideología socialista No Totalitaria, se reúnen en Miami un centenar de personas para celebrar el Primer Congreso Socialista Democrático en el Exilio. Aquí fue elegido como presidente del Congreso, que se extendería hasta el 2 de febrero, el abogado y dirigente político Manolo Fernández.

Febrero. El Partido Pro Derechos Humanos de Cuba hace de conocimiento público que tiene delegados en 111 municipios de la isla.
- Se constituye en la ciudad de Miami el Partido Social Revolucionario Democrático, eligiéndose como presidente de la organización a Manolo Fernández. También dirigen la organización, entre otras personalidades, Roberto Simeón, Jorge Vals, Jorge Triana, José Antonio Casas, Giordano Hernández y Ramón Aybar.

Febrero 8. La Unión Cubana, organización de exiliados cubanos en Rusia solicita del Parlamento de ese país que condene la violación de los derechos humanos en la isla. Alvaro Alba, copresidente de la Unión, interviene en la Comisión de Derechos Humanos del Parlamento ruso demandando solidaridad con los demócratas cubanos.

Febrero 18. Es fusilado a los 23 años de edad en los fosos de La Fortaleza de La Cabaña, Luis M. Almeida Hinojosa.

Febrero 29. Presentan en la Hacienda Mardenpaz, en la ciudad de Miami, la exposición Holocausto Cubano: Tragedia de un Pueblo. El evento que se extenderá hasta el 8 de marzo, reproduce por medio de murales, siete prisiones cubanas y también se presentan réplicas de las prisiones del Combinado del Este, Isla de Pinos, La Cabaña y Tres Macios, esta última ubicada en la provincia más oriental de Cuba. La exposición fue organizada por la Fundación Nacional Cubano-Americana.

Marzo 3. La Comisión de Derechos Humanos de Naciones Unidas, en una de sus sesiones y gracias al esfuerzo combinado de grupos defensores de los derechos humanos en Cuba que radican en la isla y en el extranjero, aprueba un formato de resolución de condena al régimen cubano por la violación de los derechos humanos en la isla. También la Comisión de Naciones Unidas nombra un Relator Especial para Cuba, el embajador de Colombia Rafael Rivas Posada. Los informes de estos relatores siempre condenaron, o deploraron, la situación de los derechos humanos en Cuba.

Marzo 15. Los activistas Ernesto Arteaga Hernández, Aída Rosa Jiménez y Gregorio Rueda funda la organización Asociación Cívica Pro Democrática, ACPD, que tiene como fin defender los derechos humanos y lograr cambios políticos en Cuba por medios pacíficos.

Marzo 25. Se crea en La Habana la Confederación de Trabajadores Democráticos de Cuba, que tiene como fin defender a los trabajadores, los derechos humanos y a los presos políticos. La organización está dirigida por José Orlando González Bridón.

Abril. Organizaciones defensoras de los derechos humanos, Comité Nacional Noé Soglasie, Comité Cubano Pro Derechos Humanos, Asociación por la Paz Continental, así como activistas de varios países, organizan en Moscú, Rusia, la conferencia internacional, "Del totalitarismo a la democracia: el diálogo de la nueva Rusia con la oposición cubana".

Abril 27. Tiene lugar en Moscú una conferencia donde se debaten las formulas que faciliten una salida a favor de la democracia en Cuba. En el encuentro participan Irina Zorina, miembro del Comité Ruso por los Derechos Humanos en Cuba; Ileana de la Guardia, Carlos Alberto Montaner y Alvaro Alba, de la Unión de Cubanos en Rusia.

Mayo 14. Muere, presuntamente asesinado en la Unidad número 15 de Alamar, en La Habana, Felipe Timoneda.

Mayo 20. Se funda en La Habana el Partido Federalista, que tiene como fin la lucha por la defensa de los derechos humanos y hacer de conocimiento público la realidad cubana. Su directivo sería Omar Alexis Vigil Amat.

Junio 15. El Movimiento Cristiano de Liberación elabora y hace público un documento titulado Transición, que propone como instrumentar los cambios políticos que posibiliten el restablecimiento de la democracia en Cuba.

Julio 4. Como consecuencia de averías mecánicas en la lancha que los transportaba, un grupo de combatientes que tenía como plan atacar objetivos militares en la costa de La Habana, debe regresar al punto de partida.

Julio 11. La Asamblea Nacional del Poder Popular aprueba cambios en la constitución que permiten las inversiones extranjeras, libertad religiosa y poderes extraordinarios para el Presidente del Consejo de Estado, en caso de emergencia.

Julio 28. Se constituye en la ciudad de Miami la Asociación Histórica Cubana por el coronel Esteban M. Beruvides, Ricardo Vázquez y Ana Rosa Núñez.

Agosto 22. Concluye en la ciudad de Miami, el Décimo Segundo Congreso de la organización de la resistencia cubana Cuba Independiente y Democrática, CID.

Septiembre 8. Se funda en Camagüey el Movimiento 8 de Septiembre, dirigido por Hugo Soto Mayor y Pedro Capote Acosta. La nueva organización tiene carácter político y se propone ayudar a los presos políticos cubanos.

Septiembre 14. Un acuerdo suscrito entre los gobierno de Cuba y Rusia establece la salida de los 1500 soldados de ese país acantonados en la isla.

Septiembre 24. Paula Valiente, presidenta de la Asociación de Madres por la Dignidad, que convoca a procesiones en la capital cubana los días 8 y 24 de cada mes es golpeada y arrestada por sicarios del régimen.

Octubre 7. Una lancha tripulada procedente del exterior ataca el Hotel Meliá, situado en la playa de Varadero, provincia de Matanzas.

Octubre 12. El gobierno de Estados Unidos aprueba la ley The Cuban Democracy Act, conocida como Ley Torricelli, que fortalece el embargo finaciero y comercial al régimen cubano.

Octubre 17. Jorge Luis García Pérez (Antúnez) protagoniza una espectacular e infructuosa fuga de la cárcel de Las Grimas, en el municipio de Placetas, Las Villas.

Diciembre 2. Muere en Miami el preso político y luchador Tony Cuesta, dirigente de los Comandos L. Cuesta había realizado numerosas acciones comandos contra el régimen cubano, arriesgando su vida numerosas veces.

Diciembre 3. El coronel de la fuerza aérea de Cuba, Álvaro Prendes, dirige una carta a Fidel Castro en la que demanda se resuelvan pacíficamente los problemas que afronta el país. En la misiva hace pública su incorporación al grupo contestario Partido Socialista Democrático Cubano.

Diciembre 7. Los presos políticos David Flores, José Efigenio Valladares, Lázaro Reyes Roche y Jorge Luis García Pérez (Antúnez), inician una huelga de hambre que se extiende por 18 días. La huelga era en reclamo de la renuncia de Fidel Castro, entre otras demandas.

1992. Es presentada en Madrid, España, durante la Segunda Conferencia Iberoamericana la Exhibición de las Cárceles Cubanas, por la Fundación Nacional Cubano Americana, FNCA. En esta ocasión se muestran murales fotográficos, mapas y otros documentos, así como testimonios materiales de las fugas en precarias embarcaciones que protagonizaban los cubanos. Esta exposición es presentada en Roma, Viena y en Frankfurt, Alemania, durante la Conferencia Internacional de Derechos Humanos de ese año.
- Le es conferido a la poetisa y disidente cubana María Elena Cruz Varela el galardón Premio Libertad 1992, de la Internacional Liberal.
- Es fundada en la provincia de Camagüey por el activista José García Reyes, el Comité Pro Libertad de Cuba, Ignacio Agramonte.
- En La Habana se funda una nueva organización a favor de los derechos de los trabajadores cubanos, la Unión Sindical de Trabajadores Cubanos, USTC, que estaría presidida por Rafael Gutiérrez Santos.
- Se constituye en la capital cubana el Consejo Médico Cubano Independiente, que va a estar presidido por Rosendo Galbán Tamayo. El propósito de la organización es proveer atención médica a los familiares de los presos políticos y adquirir medicinas para éstos.

blanco

Prisión de Boniato, Santiago de Cuba, una de las cárceles más severas de la década del 60, donde todavía recluyen a los presos políticos

blan

Año 1993

Enero. Se constituye en la ciudad de Miami la organización Cambio Cubano, presidida por el ex comandante del Ejército Rebelde Eloy Gutiérrez Menoyo. La institución esta a favor de un diálogo político con el régimen cubano.

Enero 21. Se funda en la capital de Venezuela el Partido Auténtico Nacionalista, PAN. El presidente de la nueva organización es Salvador Romaní.

Marzo. Activistas de la Sección Italiana de la IGFM, Comité Italiano Helsinki y la Asociación Paz Continental, ASOPAZCO, organizan en Roma, con el apoyo de ex presos políticos cubanos y organizaciones del exilio, la exposición Prisión y Balsas, que consiste en la reproducción de celdas de castigo de las prisiones castristas, documentos y fotos que testimonian la represión gubernamental. También se presentan 10 de las balsas en las que arribaron a las costas de la Florida los refugiados cubanos. Por parte de los presos políticos asisten Roberto Jiménez, Ángel Cuadra, Luis Zúñiga, Humberto Sánchez y el destacado sociólogo Juan Clark, autor de numerosos trabajos sobre Cuba. Esta exposición se volvió a presentar un año más tarde con el apoyo del Partido Radical Transnacionale.

Marzo 10. La Comisión de Derechos Humanos de Naciones Unidas, en una de sus sesiones y gracias al esfuerzo combinado de grupos defensores de los derechos humanos en Cuba, que radican en la isla y el extranjero, aprueba un formato de resolución de condena al régimen cubano por la violación de los derechos humanos en la isla. También la Comisión de Naciones Unidas nombra un Relator Especial para Cuba, el embajador de Colombia Rafael Rivas Posada y posteriormente el embajador sueco Carl Johan Groth. Los informes de estos relatores siempre condenaron, o deploraron, la situación de los derechos humanos en Cuba.

Marzo 18. Es presentado en el salón de los ex presidentes del Congreso de Venezuela por los diputados doctor Ramón Guillermo Aveledo y doctor José Rodríguez Iturbe, el libro "Cuba: Derechos Humanos", una compilación de las conferencias impartidas en un congreso organizado por el Comité Cubano Pro Derechos Humanos en Venezuela en el año 1991.

Abril 2. Combatientes desde una lancha artillada atacan al buque petrólero de bandera chipriota, Mikonos, que llevaba combustible para Cuba.

Junio. Se funda en la Ciudad de La Habana la agencia independiente de prensa Buró de Prensa Independiente de Cuba, que va a estar dirigido por José Manuel Brito López.

Junio 20. Bajo el auspicio de la Fundación Nacional Cubano Americana, FNCA, se constituye en Miami la Fundación para los Derechos Humanos en Cuba, responsabilizando de este nuevo proyecto al ex preso político Luis Zúñiga. Esta nueva organización llegó a tener 13 delegaciones en diferentes partes del mundo.

Julio. Se funda en la ciudad de Miami el Comité Cubano por la Democracia. Esta organización se opone a la confrontación armada y favorece un diálogo político con el régimen cubano. Entre las personas que dirigen la nueva institución están Marcelino Miyares y Alfredo Durán.

Julio 1. Una lancha rápida se acerca a Cojímar, La Habana, para recoger personas que quieren salir del país. Las acciones del gobierno para impedirlo causan tres muertos y varios heridos. La población se amotina y se establece por cerca de dos meses un férreo control policial en el área.

Julio 3. Abandonan Cuba los últimos 300 soldados rusos y sólo queda un pequeño contingente en la base de escucha de Lourdes

Julio 16. *Anuncia el régimen cubano la despenalización de la tenencia de divisas. Esta medida coyuntural tiene como objetivo la sobrevivencia económica del gobierno. Durante tres décadas miles de personas fueron encarceladas por tener dólares, o cualquier otra moneda extrajera.*

Julio 21. La directiva del Partido Democrático 30 de Noviembre solicita ante las autoridades del Ministerio de Justicia de la República de Cuba la legalización de la organización, siendo rechazada por las autoridades la solicitud.

Agosto 9. Entra el vigor la dolarización de la economía del país. Esta medida responde a las necesidades de sobrevivencia económica del régimen.

Agosto 15. Se realiza en la ciudad de Miami el décimo tercer congreso de Cuba Independiente y Democrática, CID.

Septiembre 3. Se crea en la ciudad de Miami la Coordinadora Internacional de Ex Presos Políticos Cubanos, que tiene como fin fortalecer las relaciones entre los ex prisioneros políticos y continuar la lucha contra el régimen totalitario cubano. El secretario general de la nueva organización es Rolando Borges, secretario de organización José R. Cossío y presidente del Consejo de Dirección, el doctor Reinaldo Rodríguez Ojeda.

Septiembre 8. La Conferencia de Obispos Católicos de Cuba publica la pastoral, "El amor todo lo espera" sobre la moral, la religión y cultura donde destaca la grave cisis que vive el país.

Octubre 10. Se funda en La Habana la Unión Patriótica Cristiana Independiente que tiene como fin defender los derechos humanos y luchar pacíficamente a favor de la democracia en Cuba. La organización está dirigida por Evaristo Emilio Pérez Rodríguez.
- Se constituye en La Habana la Unión Cristiana Demócrata Independiente, que tiene como propósito defender los derechos humanos, ayudar a los presos políticos y de conciencia y lograr cambios en Cuba a favor de la democracia. La organización es dirigida por José Orbeín Estenoz Mederos.

Octubre 12. Se constituye en La Habana el Movimiento Unión Nacional Cubana.

Octubre 13. El joven Luis Quevedo es asesinado a golpes por efectivos policiales en la ciudad de Regla, provincia de La Habana. El crimen genera una protesta popular de grandes proporciones en la ciudad.

Octubre 24. Se constituye en la ciudad de Miami el Círculo de Periodistas Cubanos, como continuación de la desaparecida Asociación de Reporteros que había sido fundada en 1902. Los directivos de esta organización son el periodista y ex preso político José Carreño, Josefa Quintana, Luis Rodríguez, Marta Ramos y Leonel Rodríguez.

Diciembre 10. Se funda en La Habana el Partido Solidaridad Democrática, que tiene como objetivo luchar por una transición política en Cuba, que culmine con el establecimiento de una sociedad democrática y libre. La institución es dirigida por Elizardo San Pedro Marín y posteriormente por

Fernando Sánchez López.

Diciembre 18. Numerosos presos recluidos en la cárcel del Combinado del Este, en La Habana, participan en un motín como protesta por la muerte de Carlos Cruz, presidente del grupo opositor Partido de los Trabajadores Cubanos. El activista había fallecido por falta de atención médica y la protesta se extendió por tres días.

1993. Se funda en Las Tunas la Plataforma Democrática Oriental, que tiene como objetivo luchar porque en Cuba se produzca una transición política a la democracia en la que se respeten los derechos humanos, exista el pluralismo y la economía de mercado. La institución es dirigida por Gilberto Julio Mora Sans-Yustis.

El 5 de agosto de 1994 en el malecón de La Habana y otros lugares de la capital, numerosas personas manifestaron su rechazo al régimen totalitario.

blan

Año 1994

Enero. Es constituida en la ciudad de Miami la organización Herencia Cultural Cubana, que tiene como fin conservar los valores de la cultura cubana en el exterior. Presiden la organización Armando Cobelo y Yolanda del Castillo.
- Activistas a favor de la democracia en Cuba publican en Suecia una revista literaria bajo el título El Escriba.
- Inicia el Directorio Revolucionario Democrático Cubano una campaña denominada Articulo 13, un acápite de la Declaración Universal de los Derechos Humanos. En las actividades fueron arrestados varios militantes de la organización que se paraban frente a las agencias que vendían pasajes para viajar a Cuba.

Enero 3. Se constituye en la ciudad de Puerto Padre la delegación del Partido Solidaridad Democrática, que estaría presidida por Julio Augusto Ojeda.

Enero 10. Se funda en Santiago de Cuba el Fórum Feminista Aliadas Democráticas, que tiene con fin lograr cambios políticos en el país. La directora del centro es Graciela Ávila Zamora.

Enero 13. Se organiza en Estocolmo, Suecia, por cubanos radicados en el país nórdico, la Unión de Cubanos de Suecia, siendo electa como su presidenta la señora Inés Guerra. En la actualidad la organización es dirigida por Vidal Fajardo y tiene como fin denunciar las violaciones de los derechos humanos en Cuba.

Enero 28. Se funda en La Habana el Consejo Cubano Defensor de los Derechos Civiles, que tiene como fin velar por el respeto de los derechos civiles de los ciudadanos y divulgar entre la población el concepto de los derechos humanos. La organización está dirigida por Manuel Osvaldo Gutiérrez Carballo.

Febrero. Se inicia en la provincia de Pinar del Río la publicación de la revista Vitral, órgano del Centro Católico de Formación Cívica y Religiosa.

La revista es dirigida por Dagoberto Valdés Hernández.

Febrero 21. La Comisión Interamericana de Derechos Humanos, de la Organización de Estados Americanos,OEA, emite un comunicado en el que denuncia el agravamiento de la situación de los derechos humanos en Cuba.

Marzo 9. La Comisión de Derechos Humanos de Naciones Unidas, en una de sus sesiones y gracias al esfuerzo combinado de grupos defensores de los derechos humanos en Cuba que radican en la isla y el extranjero, aprueba un formato de resolución de condena al régimen cubano por la violación de los derechos humanos en la isla. También la Comisión de Naciones Unidas nombra un Relator Especial para Cuba, el embajador de Colombia Rafael Rivas Posada. Los informes de estos relatores siempre condenaron, o deploraron, la situación de los derechos humanos en Cuba.

Marzo 11. Desde una lancha artillada procedente del exterior se hacen disparos contra el Hotel Guitart Cayo Coco.

Abril 2. Los directivos del Movimiento Solidaridad y Paz, Alejandro Martínez Borges, Pablo Rodríguez, Ernesto Gutiérrez y Carlos Carralero, convocan a una conferencia de prensa, y ante la presencia de corresponsales extranjeros protestan por la Primera Reunión La Nación y la Emigración, convocada por el gobierno.

Abril 3. La Coordinadora Internacional de Ex Presos Políticos Cubanos, reunidos en Cayo Hueso, promulga la Declaración de Cayo Hueso. El documento, entre otros factores, destaca que la crisis que padece Cuba, es entre el pueblo de Cuba y su gobierno y no tiene que ver con el gobierno de Estados Unidos.

Abril 5. Es publicado el primer número del boletín Cordillera, órgano oficial de la Coordinadora de Ex Presos Políticos Cubanos.

Abril 22. Un acto de protesta que iba a tener lugar en La Habana, frente a la sede de la Seguridad del Estado, Villa Marista, no puede realizarse por el arresto de los activistas. Los detenidos fueron, Carlos Carralero, Alejandro Martínez Borges, Pablo Rodríguez y Ernesto Gutiérrez.
- *Se celebra en La Habana el simposio La Nación y la Emigración organizado por el régimen cubano. En el evento participan unos 200 cubanos radicados en el exterior.*

Abril 26. El Comité Cubano Pro Derechos Humanos en Venezuela, la Fundación Democrática Cubano-Venezolana y la Solidaridad de Trabajadores Cubanos organizan hasta el día 27 un foro llamado Cuba, Diálogo y Esperanza. En este evento se analiza la pastoral de la Conferencia de Obispos Católicos de Cuba, El Amor Todo lo Espera. El acto se realiza en el aniversario de las Bodas de Oro sacerdotales de monseñor Eduardo Boza Masvidal

Mayo 1. Es fundada en Caracas, Venezuela, por la Solidaridad de Trabajadores Cubanos, STC, la revista de orientación laboral Desafío. Esta revista es producto de una propuesta de Eduardo García Moure, secretario general adjunto de la Central Latinoamericana de Trabajadores, CLAT y fundador de la mencionada STC.

Mayo 3. Varios centenares de miles de arrobas de caña en las regiones de Ciego de Ávila y Morón fueron quemados por miembros de la resistencia interna. Esta información fue suministrada por un activista de la disidencia.

Mayo 6. El Consejo de Estado aprueba el decreto Ley No. 149 que dispone la confiscación y consecuente adjudicación al Estado cubano, sin derecho de indemnización de los bienes e igresos adquiridos por personas que directa o mediante terceros, incrementan sin causa legítima su patrimonio.

Mayo 19. Se constituye en la ciudad de Camagüey, por Roxana Valdivia, la Agencia de Prensa Independiente Patria.

Mayo 25. El servicio de Guardacostas de los Estados Unidos frustra una expedición hacia Cuba, al capturar a varias personas y confiscar las embarcaciones y las armas de los expedicionarios. Las personas arrestadas fueron: Jorge Pérez, Osvaldo González y Benito González.

Mayo 27. Se funda en la ciudad de Miami, Estados Unidos, la organización opositora Comandos F-4, que dirige el ex preso político Rodolfo Frómeta. El propósito de la nueva institución es derrocar al régimen totalitario con los medios que sea posible.

Mayo 28. Ciento catorce cubanos, entre ellos 24 niños, buscan refugio en la residencia del embajador de Bélgica para conseguir la salida del país.

Junio 8. Se declara en huelga de hambre en la Cárcel de Guanajay, el preso político Adriano González Marichal.

Junio 10. Se funda en La Habana la Asociación por la Reconciliación y el Rescate de los Valores Humanos, que tiene como propósito el cumplimiento de los 30 Artículos de la Declaración Universal de los Derechos Humanos y rescatar los valores ciudadanos. La organización está dirigida por Julia Cecilia Delgado González.

Junio 13. Se funda en La Habana el Colegio Médico Independiente de Cuba, que tiene como fin luchar por los derechos universales de los trabajadores de la salud. La institución es dirigida por el doctor Pedro Arturo Véliz Pérez, quien en el año 2003 se develó como un agente encubierto de la policía política.

Junio 25. El activista Rafael Gutiérrez Santos, presidente de la Unión Sindical de Trabajadores de Cuba, se declara en huelga de hambre en protesta por la negativa del gobierno de concederle autorización de viaje para participar en una conferencia de derechos humanos y sindicales a celebrarse en Bruselas, Bélgica.

Julio 13. *El remolcador 13 de Marzo, que llevaba varias decenas de personas a bordo, que tenían el propósito de arribar a los Estados Unidos, es embestido y atacado con chorros de agua a alta presión por cuatro embarcaciones del régimen cubano tripuladas por partidarios del mismo. El barco se hunde a pocas millas de la bahía de La Habana con el resultado de 41 personas muertas, entre ellas 10 menores de edad. La magnitud de esta tragedia, provocada por las autoridades cubanas, ha determinado que se incluya en esta cronología aunque no se ajuste a sus fundamentos.*[89]

Agosto 4. *Un grupo de personas secuestra la lancha "La Couvre" que atraviesa la bahía desde Casa Blanca y la desvía a Estados Unidos.*[90]

Agosto 5. Se produce en La Habana una breve revuelta popular llamada "El Maleconazo", generada en gran medida por la severa crisis socioeconómica que comenzó a padecer el país a partir del establecimiento del período especial. Ésta es la primera de su tipo que se producía en Cuba desde los años 60. Según informaciones, en la protesta participaron varios miles de ciudadanos que fueron brutalmente reprimidos por la Policía Nacional y las Brigadas de Respuesta Rápida. Durante varios días patrullas de la policía con vehículos antimotines recorren las calles de la Habana Vieja y Centro Habana.

Agosto 6. *La lancha "Baragua" que transporta pasajeros entre La Habana y Regla, es también secuestrada. Según las autoridades dos policías de la zona del puerto de Regla fueron asesinados en el intento.*[91]

Agosto 7. Varios activistas, en su mayoría ex miembros de la organización Abdala, crean en la ciudad de Miami 'Agenda Cuba', una institución que se propone trabajar para que se produzcan cambios políticos en Cuba, pero también para establecer relaciones más estrechas entre la oposición externa y la interna. Alguno de los fundadores fueron Pedro Solares, Leonardo Viota, Rafael Rodríguez, Pedro Rodríguez, Pedro López y Eva Vidaña.
- *Se inicia desde La Habana un éxodo masivo de balseros. Esto ocasiona la llamada "Crisis de los Balseros", y la ubicación de miles de estas personas en la Base Naval de Estados Unidos en Guantánamo, Cuba. Durante el mes logran salir de la isla 21,300 balseros. Al final del año aproximadamente 32 MIL cubanos salieron de la isla en balsa, o en embarcaciones que estaban en precarias condiciones.*

Agosto 14. *La inestabilidad del país se evidenció con el asalto por unas 250 personas del petrolero "Jussara", anclado en el puerto del Mariel. En pocas horas más de 700 personas abordaron el buque pero al día siguiente lo abandonaron cuando las autoridades impidieron su salida del puerto cubano.*[92]

Agosto 20. Sostiene el presidente Bill Clinton una reunión con líderes del exilio cubano, entre ellos Jorge Mas Canosa, presidente de la Fundación Nacional Cubano Americana. Después de esta reunión se dictan una serie de medidas como nuevas restricciones de viajes a Cuba, suspensión de todo envio de dinero e incremento y ampliación de las trasmisiones de Radio y TV Martí.[93]

Agosto 29. Se funda en La Habana el Movimiento 13 de Julio, que se propone luchar por el establecimiento en Cuba de un régimen democrático y un estado de derecho que garantice la igualdad ciudadana. La organización es conducida por Carlos Oquendo Rodríguez.

Agosto 30. Varios militantes exiliados del Movimiento 30 de Noviembre se encadenaron a la puerta del edificio de la Misión de Cuba en la Organización de Naciones Unidas, lo que provocó una riña campal con funcionarios del régimen cubano.

Septiembre 4. Autoridades cubanas informan que dos expedicionarios que intentaban infiltrarse en Cuba por la región de Caibarién, en la provincia de Villa Clara, fueron detectados y capturados por las autoridades.

Septiembre 8. En un hecho sin precedentes en la historia reciente de Cuba, cientos de personas hacen acto de presencia en la Iglesia de la Virgen de Regla de La Habana, pidiendo que se ponga fin a la tragedia cubana, en particular la que concierne a los balseros.

Septiembre 9. Los ex presos políticos Cary Roque, Vivian de Castro, Raúl Verrier, Néstor Penedo, Raúl Pérez Coloma, Homero Gutiérrez y Gabriel Márquez, constituyen en la ciudad de Miami el Comité Gestor de la Unión de Ex Presos Políticos de Radio y Televisión.

Septiembre 19. Se autoriza la creación de mercados libres campesinos que permiten la venta de productos agropecuarios según la relación oferta-demanda.

Septiembre 21. Se funda en la ciudad de Cayo Hueso el Museo del Hogar de Tránsito. Esta institución tiene como fin recoger los diferentes objetos y medios de transportación que usaron los balseros cubanos en los primeros años de la década de 1990. El director del centro es Arturo Cobo, quien fue el presidente y fundador del Hogar de Tránsito de Cayo Hueso.

Septiembre 24. Se funda en Santiago de Cuba el Colegio Médico Independiente Cubano, que tiene como fin luchar por los derechos del personal médico y estomatológico. La dirección está a cargo del doctor Leodegario Ángel Jiménez Ojeda.

Septiembre 30. Integrantes de la Unión Agramontina de Abogados Cubanos remiten a la Asamblea Nacional del Poder Popular y al Consejo de Estado un documento titulado A la Nación Cubana, en el que demandan cambios políticos y económicos en la isla.

Octubre 2. Las informaciones que remiten a las organizaciones internacionales defensoras de los derechos humanos, instituciones opuestas al régimen de Fidel Castro, hacen posible una vez más que la Comisión Interamericana de los Derechos Humanos denuncie el grave deterioro de esos derechos en Cuba.

Octubre 3. Profesores universitarios en ejercicio de sus cargos de la Facultad de Ingeniería Eléctrica de la CUJAE, Ciudad Universitaria José Antonio Echeverría, suscriben una carta en la que abogan por la participación de todos los cubanos en la toma de decisiones políticas en el país y porque se produzca una apertura democrática en la isla.

Octubre 6. Es atacado nuevamente desde una lancha procedente del exterior el Hotel Guitart en Cayo Coco.

Octubre 12. El conglomerado de organizaciones que integran Unidad Cubana, convocan a celebrar en Miami una multitudinaria manifestación que recibe como nombre "La Marcha por la Libertad".

Octubre 14.Tiene lugar en la ciudad de Miami el Décimo Segundo Congreso de la Federación Mundial de Ex Presos Políticos Cubanos, donde resultó elegido como presidente Eugenio Llamera. El encuentro se extendió hasta el día 16.

0ctubre 15. Miguel Díaz Bouza, Armando Sosa Fortuny, Humberto Eladio Real Suárez, Lázaro González Caraballo, Jesús Manuel Rojas Pineda, José Falcón y Pedro Guisado, supuestamente miembros de la organización Partido Unidad Nacional Democrática, PUND, enfrentan fuerzas del gobierno al desembarcar en las proximidades de Caibarién, provincia de Villa Clara. Los expedicionarios sostienen un encuentro con fuerzas del régimen resultando muerto en el tiroteo un miembro del Partido Comunista. Poco después fueron apresados por las fuerzas gubernamentales que habían partido en su busqueda.

Octubre 30. El Papa Juan Pablo II nombra Cardenal al Arzobispo de La Habana, Jaime Ortega Alamino.

Noviembre. Se funda la revista anticastrista "Trazos de Cuba", vigente hasta diciembre de 1998. El equipo de redacción estaba integrado por los exilados cubanos Armando Castillo, Javier de Castro, Lázaro Jordana, Maydée González, el pintor Jesús de Armas, Gilda Alfonso, Reinaldo Vargas, Luis Ruiz, entre otros.

Noviembre 9. Se entrevista el canciller cubano Roberto Robaina con los dirigentes exiliados Eloy Gutiérrez Menoyo, Alfredo Durán y Ramón Cernuda.

Noviembre 13. Cuatro cubanos que integraban un equipo de infiltración son capturados en las proximidades de la playa de Varadero, provincia de Matanzas.

Noviembre 14. Los presos políticos que se encontraban en la Cárcel de Kilo 8, en Camagüey, inician una huelga de hambre demandando la libertad incondicional de todos los presos políticos y exigiendo entrevistarse con el Alto Comisionado de Naciones Unidas para los Derechos Humanos, José Ayala Lazo.

Noviembre 15. Se declara en huelga de hambre en la Cárcel de Canaleta, el poeta y preso político Reinaldo Soto Hernández, miembro del Comité Cubano Pro Derechos Humanos.
- Visita Cuba el Alto Comisionado de Naciones Unidas para los Derechos Humanos. Sostiene entrevistas con disidentes, defensores de los derechos humanos y demanda del gobierno la excarcelación de los presos políticos.

Diciembre. Tiene lugar en la ciudad de Miami la Marcha por la Libertad de Cuba, decenas de miles de personas desfilan con carteles y consignas demandando la libertad de los presos políticos y el fin del régimen totalitario.

Diciembre 10. Se funda en Camajuaní, Villa Clara, el Movimiento Cubano Reflexión, que tiene como fin ayudar a los presos políticos y de conciencia, a promover la cultura cubana y monitorear y defender los derechos humanos. Estará integrado por Librado Linares, Joaquín Cabeza de León y Zenaida Felicita Blanco, entre otros.

Diciembre 11. Un acto organizado por grupos de exiliados reúne en el Orange Bowl, de la ciudad de Miami, a miles de personas que reclaman que en Cuba se establezca una sociedad democrática.

Diciembre 21. Se funda en La Habana la Oficina de Información de Derechos Humanos. El objetivo es controlar y mantener archivos de las violaciones a los derechos humanos y facilitar mensualmente estadísticas sobre las violaciones. La directora de la organización es Aida Valdés Santana.

1994. Se constituye en Camagüey, la Unión de Ex presos Políticos Ignacio Agramonte, la organización tiene como fin ayudar a los presos y ex presos políticos y es dirigida por Manuel Rodríguez Rodríguez.
- Se constituye en Guantánamo el Movimiento Cubano de Jóvenes por la

Democracia, que dirige Néstor Rodríguez Lobaina.
- Muere en la Cárcel de Valle Grande, después de varios años de reclusión, a consecuencia de un ataque de asma, el prisionero político Alfredo Medero Noriega.
- Se funda en La Habana, el Grupo Gestor para una Asociación de Amistad Cuba-Estados Unidos. El propósito de esta nueva organización es mejorar las relaciones entre ambos países y es dirigida por Armando Soler Hernández.
- El disidente cubano Indamiro Restano recibe, en ausencia, uno de los ocho premios internacionales que concede todos los años el Comité de Protección a los Periodistas, que tiene su sede en New York, Estados Unidos.
- Se funda en Manzanillo la organización Golfo de Guacanayabo. El propósito de la nueva institución es defender los derechos humanos en Cuba y es dirigida por Cruz Delia Aguilar Mora.
- Se constituye en Camagüey el Partido Cubano de Derechos Humanos Independiente-Camagüey, que se propone luchar pacíficamente a favor de la democracia, ayudar a los presos políticos y divulgar información sobre Cuba. La organización es dirigida por Fernando Silvino de los Ríos López.
- Se funda en La Habana el Proyecto Apertura de la Isla, que tiene como fin promover el respeto de los derechos humanos y luchar pacíficamente por cambios políticos en Cuba que conduzcan a la democracia. La organización es dirigida por Sergio Pérez Font.
- Es presentada ante el Registro de Asociaciones de Cuba, en La Habana, una solicitud a nombre de la doctora María Valdés Rosado para legalizar el Partido Cubano Demócrata Cristiano, que tiene como fin procurar cambios políticos en Cuba y ayudar a los presos políticos. Este esfuerzo recoge una tradición que se inició en 1959 cuando el doctor José Ignacio Rasco, junto a otros asociados, fundó el Partido Cubano Demócrata Cristiano. Ya existía un precedente porque, en 1980, los hermanos Jorge L. Marí y Carlos Novoa Becerra crearon una institución que llamaron Movimiento Demócrata Cristiano, que más tarde se transformó en el Comité Demócrata Cristiano.
- Se funda en la ciudad de Miami 'CubaNet', una organización no partidista dedicada a promover la libertad de prensa en Cuba y prestar asistencia en sus actividades de informar a los periodistas independientes.
- El Directorio Revolucionario Democrático Cubano inicia una campaña de información dirigida a America Latina y Europa que denomina "Operación Boitel", en homenaje a la memoria del preso político cubano que falleció en una huelga de hambre. También esta operación incluye la constitución en diferentes países de Comités de Solidaridad con la oposición interna cubana.
- Jóvenes cubanos radicados en Suecia logran, a través de un programa radial de nombre "Radio Sur", divulgar un mensaje en el país escandinavo

sobre la realidad cubana. Uno de los principales promotores de este proyecto es Carlos Manuel Estefanía.

- Exiliados cubanos constituyen en Suecia la agrupación Comité de Solidaridad con los Refugiados Cubanos.
- En un gesto de solidaridad con los que demandaban asilo político, pero también como protesta contra el régimen cubano, se funda en Suecia la Federación Nacional Cubano Sueca, cuyo presidente era un ciudadano chileno naturalizado sueco. Esta agrupación organizó una huelga de hambre en la Plaza de Sergelstorg que se extendió por 30 días.

Brutalidad policial durante la Revuelta Popular conocida como "El Maleconazo".

blanc

Año 1995

Enero. En una acción sin precedentes, la Alianza Legal Cubana y el Directorio Revolucionario Democratico Cubano intentan, con la ayuda de Hermanos al Rescate, aterrizar en La Habana para asumir la defensa del preso político Francisco Chaviano González. Simultaneamente se inicia una campaña de apoyo a la agrupación opositora Concilio Cubano.
- Fundación de la revista anticastrista "Sin Visa" (9 números hasta diciembre de 1996). Participan en el equipo de redacción Darío Méndez, Enrique José Varona, William Navarrete, Javier de Castro, Ricardo Vega, Ileana de la Guardia, Guy Ruiz de Zárate, Jorge Forbes, Luis Ruiz, Armando Castillo, entre otros.

Enero 12. La Coordinadora Internacional de Ex Presos Políticos Cubanos instituyen las ordenes Pedro Luis Boitel y la Noelia Ramírez, dos ex presos políticos fallecidos.

Enero 18. Es constituida en Estocolmo, Suecia, la Federación Nacional Cubano-Sueca, que tiene como fin divulgar en el país escandinavo la violación de los derechos humanos en Cuba. Es designado como secretario ejecutivo José Miguel Hernández.

Enero 28. Se constituye en La Habana la Central Sindical Cristiana de Cuba, que tiene como fin luchar por una Cuba Democrática e instaurar un régimen de derecho. L a organización es conducida por Williams Toledo Terrero.
- Se celebra en Miami el Congreso Martiano por la Unidad Nacional. El presidente de la comisión organizadora es el doctor Andrés Vargas Gómez y Francisco Hernández.

Febrero 7. Inician una huelga de hambre que se extiende por 12 días en la prisión de Kilo 8, Camagüey, los presos políticos Luis Enrique González Ogra y Jorge Luis García Pérez, Antúnez.

Febrero 13. Mireya Luzón, madre de la prisionera política Ileana Curra Luzón, inicia un ayuno en su domicilio protestando contra el encarcelamiento de su hija, que se encuentra en la cárcel de Kilo 5, provincia de Camagüey.

Marzo 7. La Comisión de Derechos Humanos de Naciones Unidas, en una de sus sesiones y gracias al esfuerzo combinado de grupos defensores de los derechos humanos en Cuba que radican en la isla y el extranjero, aprueba un formato de resolución de condena al régimen cubano por la violación de los derechos humanos en la isla. La Comisión de Naciones Unidas nombra como Relator Especial para Cuba al embajador sueco Carl Johan Groth. Los informes de estos relatores siempre condenaron, o deploraron, la situación de los derechos humanos en Cuba.

Marzo 13. Manifestación multitudinaria de exilados cubanos y amigos de la causa democrática cubana frente a la sede de la UNESCO, con motivo de la visita del dictador cubano a esta organización.

Marzo 15. Se funda en Ciego de Avila, la Agencia de Prensa Independiente, Patria, por la periodista Roxana Valdivia. Su actual director es Antonio Femenías Echemendía.

Marzo 19. Tiene lugar en la sede del INFAS, en Santo Domingo, el VI Congreso de la Solidaridad de Trabajadores Cubanos que se va a extender hasta el día 22 de marzo.

Marzo 25. La Solidaridad de Trabajadores Cubanos conmemora, en un acto que representa las diversas expresiones políticas y sociales del exilio cubano, en la ciudad de Montecristi, República Dominicana, el Centenario del Manifiesto de Montecritisti.

Abril 10. Es publicada en Suecia la revista Cuba Nuestra, dirigida por Carlos Manuel Estefanía y Alexis Gaínza Solenzal.
- Se funda en La Habana el Centro No Gubernamental para los Derechos Humanos y la Cultura de Paz, José de la Luz y Caballero, que tendrá como fin velar por el respeto a los derechos humanos y la defensa de la educación. El dirigente de la organización es Alfredo Felipe Fuentes.

Abril 18. El Comité Cubano Pro Derechos Humanos en Venezuela, con una intensa labor de concientización sobre la realidad cubana, logra que el film Remolcador 13 de Marzo sea presentado en el Congreso de la República de Venezuela y que dos sobrevivientes del hundimiento de esta embarcación, Sergio Perodín y su hijo, testimonien ante el mismo foro.

Mayo 2. *Los gobiernos de Estados Unidos y Cuba suscriben un acuerdo que* *da por conluida la llamada crisis de los balseros. Cuba acepta los 20,000 balseros en la base militar estadounidense de Guantánamo y Washington se compromete devolver a la isla a los balseros interceptados en alta mar. Se inicia la política de los "pies secos o pies mojados".*

Mayo 13. *Dos lanchas de las fuerzas Guardafronteras de Cuba atacan a tiros e intentan abordar con garfios una pequeña embarcación que lleva a bordo a 24 personas. Como resultado de estos ataques muere Yalina Real Gort, que sólo tenía 22 años de edad.*

Mayo 16. Protestas y huelgas en Miami por la devolución de balseros a Cuba por parte de las autoridades de Estados Unidos.

Mayo 20. Otra lancha rápida artillada procedente del exterior ataca el Hotel Guitar en Cayo Coco.

Junio 8. Numerosos cubanos se congregan frente a la Casa Blnaca para protestar por los acuerdos Cuba-Estados Unidos en asuntos migratorios.

Junio 15. Es fundada en la ciudad de Santa Clara la organización Movimiento Acción Democrática, una organización de carácter humanitario que defiende los derechos del hombre sin comprometerse con ninguna línea partidista. La nueva institución es conducida por Luis Ramón Hernández.

Junio 22. Muere por desnutrición en la Prisión del Combinado de Guantánamo, Juan Carlos Pérez Caboverde, quien había sido encarcelado por intentar salir ilegalmente del país.

Julio 13. Termina una redada de la policía política contra periodistas independientes y opositores que se preparaban para conmemorar el hundimiento del remolcador 13 de Marzo.
- Parte desde Cayo Hueso la Primera Flotilla Democracia, promovida por la Comisión Nacional Cubana, con el propósito de denunciar la violación de los derechos humanos en Cuba y manifestar solidaridad hacia las fuerzas de la oposición que actuan en la isla. En esta ocasión lanchas patrulleras del régimen cubano embistieron a dos embarcaciones de la flotilla que penetraron las aguas territoriales con el resultado de tres personas heridas. Como consecuencia de este incidente se constituye en aguas cubanas el Movimiento Democracia, una nueva organización del exilio que sustituye a la Comisión Nacional Cubana y que también va a estar presidida por Ramón Saúl Sánchez.

Julio 14. Se funda en La Habana el Consejo Unitario de Trabajadores Cubanos, que tiene como fin la defensa de los derechos laborales y sindicales de los trabajadores cubanos. La institución es conducida por Pedro Pablo Álvarez Ramos.

Julio 26. El Comité Cubano Pro Derechos Humanos logra que el Senado de la República de Venezuela, a través del senador Luis Vera Gómez, condene la masacre cometida por el régimen cubano con los tripulantes y viajeros del Remolcador 13 de Marzo. Con anterioridad, el 21 de junio, la Cámara de Diputados, a partir de una moción presentada por el legislador José Rodríguez Iturbe, había también condenado el crimen del Remolcador 13 de Marzo.

Agosto. El Consejo Médico Cubano Independiente (CMCI) y la Asociación de Trabajadores de la Salud (ATIS), presentan su solicitud de incripción legal ante el registro de Asociaciones del Ministerio de Justicia en la capital cubana. El CMCI está presidido por el doctor Jesús Ramón Marantes y la ATIS por la doctora Dianeli García González.
- El prisionero político Francisco Chaviano González, recluido en la prisión Combinado del Este, La Habana, se declara una vez más en huelga de hambre por las dificiles condiciones en que cumple su sanción.

Agosto 6. La Coordinadora de Ex presos Políticos Cubanos celebra su Asamblea General anual en la ciudad de Caracas, Venezuela. Asisten numerosas organizaciones del exilio.

Agosto 9. Se funda en la capital cubana el Colegio de Periodistas de Cuba, con la designación de Néstor Baguer como decano. Como vicedecanos fueron elegidos Ana Luisa López Baeza, Olances Nogueira y Roxana Valdivia.

Agosto 10. Inician una huelga de hambre en la Prisión de Boniato, en Santiago de Cuba, los presos políticos Eduardo Gómez y Alejandro Mustafá Reyes. Las protestas se extendieron durante 53 días.

Agosto 11. El presidente de la República Checa, Vaclav Havel, subscribe el documento “S.O.S. desde Cuba”, como parte de una campaña internacional que desarrolla el Comité Cubano Pro Derechos Humanos.

Agosto 15. Los representantes en el exterior del Comité Cubano Pro

Derechos Humanos, Ricardo Bofill Pagés y Sebastián Arcos Cazabón, se reúnen en el Centro de Derechos Humanos de Naciones Unidas en New York, con el relator especial para Cuba, Karl Johan Groth y le entregan un informe titulado, "Cuba, agosto de 1995: La Situación de los Derechos Humanos".

Agosto 20. Se efectúa en la ciudad de Miami el Décimo Cuarto Congreso de Cuba Independiente y Democrática.

Agosto 22. El Movimiento de Mujeres Cubanas por la Solidaridad emite en La Habana un documento público con el nombre "Un Mensaje de las Cien Madres", en el que denuncia el acoso y hostigamiento que sufren las mujeres activistas en la isla.

Agosto 24. Es agredido brutalmente en su residencia en la ciudad de Pinar del Río, el activista a favor de los derechos humanos Víctor Rolando Arroyo.

Septiembre 2. Parte desde Cayo Hueso la Segunda Flotilla Democracia, también coordinada por Ramón Saúl Sánchez, con iguales fines que la que había zarpado el mes anterior. Durante la travesía y mientras se encontraba en aguas internacionales, naufraga la embarcación Sundown II, trayendo como consecuencia la muerte del activista cubano Lázaro Gutiérrez. En el barco navegaban miembros de la prensa, y de organizaciones como el Ex-Club y el Directorio Revolucionario Democrático Cubano.

Septiembre 5. La Asamblea Nacional del Poder Popular, como máximo órgano de gobierno, aprueba una Ley para las Inversiones, la cual acepta la presencia de un 100 % de capital extranjero en la inversión económica, dentro de la isla.

Septiembre 14. Se funda en La Habana la Unión Sindical Cristiana de Cuba, que tiene como propósito crear sindicatos independientes y que se respeten los derechos de los trabajadores en un marco de democracia y libertad. La organización es dirigida por Carmelo Díaz Fernández.

Octubre. Es constituido en La Habana el Colegio Médico Independiente de Cuba, que tiene como propósito desvincular la política de la práctica de la medicina. Fue nombrada como presidenta de esta organización, a la doctora Hilda Molina Morejón.

Octubre 10. Decenas de organizaciones, de carácter sindical, profesional, político y defensores de los derechos humanos, que operan ilegalmente en Cuba, constituyen el Concilio Cubano. Esta nueva agrupación está a favor de una transición pacífica hacia la democracia en Cuba. Los directivos de la coalición remitieron entonces un mensaje a las organizaciones del exilio cubano.

Octubre 22. Miles de cubanos escenifican una protesta en New York como rechazo a la presencia en esa ciudad del dictador cubano, quien viajó a la misma para participar en las sesiones de la Asamblea General de la Organización de Naciones Unidas, ONU.[94]

Noviembre 6. *Se celebra en La Habana el "Segundo Encuentro de la Nación y la Emigración".*

Noviembre 24. Se inicia en la ciudad de Miami, organizado por el Ex Club que preside Rolando Borges, el forum La Lucha Justa y Necesaria. El evento se extendió hasta el día 26 y contó con la participación de personas de diferentes ideologías.

Noviembre 24. El joven Hermes Marín es asesinado de tres balazos al ser sorprendido en una finca del estado buscando alimento.

Noviembre 27. La alianza opositora Concilio Cubano, de la cual se esperaba que sirviera como especie de Parlamento o Fórum para las diferentes organizaciones que la integraron, convocó por medio del Comité Gestor, formado por 11 organizaciones, a una reunión de carácter nacional para el 24 de febrero de 1996. La reunión del Comité Gestor aprobo por mayoría no reconocer la existencia de la Constitución Socialista de 1976

Diciembre. Tiene lugar en la ciudad de Santa Clara una huelga de hambre organizada por el Partido Pro Derechos Humanos en Cuba. La huelga es coordinada por Daula Carpio. Ocho de los participantes fueron encarcelados.

Diciembre 5. Agenda Cuba promueve de forma sistemática, en el exterior, el apoyo al esfuerzo unitario de la oposición interna conocido como Concilio Cubano. Con este objetivo, inicia una serie de campañas creando centros operativos junto a otras organizaciones que tienen como fin respaldar a los que dentro de Cuba enfrentan al régimen.

1995. Enrique Blanco, asistido por Angel W. Padilla y Gerardo Sánchez, crea en San Juan, Puerto Rico, la organización Operación Liborio que tendrá como propósito enviar medicinas a Cuba y ayudar a la oposición interna. Blanco afirma que realmente, la actualmente denominada Operación Liborio comenzó a funcionar a fines del año 1990.
- Se constituyen en Consolación del Sur, Pinar del Río, el Consejo Médico Cubano Independiente, CMCI, que estaría presidido por el doctor Jesús Ramón Marantes, así como la Asociación de Trabajadores Independiente de la Salud, ATIS, dirigida por la doctora Danieli García González.
- Delegados de trece de las más importantes organizaciones cívicas cubanas, defensoras de los derechos humanos y de las libertades sindicales, se reúnen en La Habana y crean la Oficina de Información de Derechos Humanos, OIDH. La nueva organización estaría representada en Miami por el Buró de Información del Movimiento de Derechos Humanos que dirigen los activistas Ariel Hidalgo y Tete Machado.
- María Cristina Valdés es herida de gravedad por esbirros del régimen, en su domicilio de la barriada del Diezmero, en La Habana, al reclamar a la policía una orden de detención contra su hermano, Alfonso Valdés, a quien acusaban de ser miembro del Movimiento 30 de Noviembre.
- Se crea en la Ciudad de La Habana la agencia independiente de prensa, Cuba Press, dirigida por Raúl Rivero Castañeda.
- Se funda en la Ciudad de La Habana la agencia independiente de prensa Habana Press, dirigida por Jorge Olivera Castillo.
- Se organiza en La Habana, la Unidad Femenina Cubana, que tiene como propósito ofrecer una alternativa a la mujer cubana en la defensa de sus derechos civiles. La agrupación es dirigida por Yenisleslie César Linares.
- Se constituye en La Habana la Asociación Cristiana por la Libertad, que tiene como objetivo promover el pensamiento social cristiano y la defensa de los Derechos Humanos en Cuba. La institución es dirigida por Ramona Muñiz Hernández.
- Se funda en la Ciudad de La Habana, la organización Cuba Verde, que tiene como fin proteger la naturaleza y los derechos humanos en Cuba, la organización está conducida por Gema Romero Yparraguirre.
- El Comité Unido del Exilio Cubano, integrado por numerosas organizaciones del exilio, organiza varias manifestaciones de desobediencia civil que se expresaron con interrupciones de tránsito y temporales paros laborales en la ciudad de Miami. Los actos de protesta tienen como fin entre otras consideraciones, reafirmar el derecho del pueblo de Cuba de luchar por su libertad.
- Jorge Luis García Pérez (Antúnez) funda, junto a otro prisionero político en la Cárcel de Kilo 8, la organización Presidio Político Pedro Luis Boitel,

como homenaje a la memoria del héroe mártir del presidio político cubano.
- Es publicado en Puerto Rico el primer número de la revista Conciencia.

1995. La ley 77 de Inversión Extranjera de 1995 estipula que los trabajadores que vayan a prestar servicios en empresas extranjeras, sólo pueden ser contratados a través de las agencias empleadoras creadas por el Estado. Los inversionistas pagan a las agencias en dólares o euros, pero éstas pagan a los trabajadores una cifra inferior en la desvalorizada moneda cubana, reteniendo hasta un 98% de su salario.
- Admite el gobierno de Cuba que su deuda externa asciende a 9,161 millones de dólares. Esta cifra no incluye las deudas con la desaparecida URRS, con los países de Europa del Este, China, Viet Nam, Corea del Norte y Rusia. 1995.
- Se inicia en Cuba la construcción de la Base de Espionaje situada en la localidad de Bejucal, a unas 20 millas de la capital cubana. El costo de la inversión fue alrededor de 750 millones de dolares y tiene como propósito el espionaje electrónico contra Estados Unidos

Grupo de combatientes de Alpha 66 entrenándose al sur de La Florida para ingresar clandestinamente a Cuba. 1965.

blan

Año 1996

Enero 28. Es constituida públicamente la organización ExClub Cautivos, en la provincia de Pinar del Río, por Jorge Luis Piñero. El objetivo de la flamante organización es reclamar las tierras y otros bienes que les fueron confiscadas a ellos y sus familiares cuando fueron desterrados de la región del Escambray.

Febrero 10. La policía política inicia una campaña de represión contra los miembros de las organizaciones que integran Concilio Cubano. Como resultado, más de ochenta activistas son detenidos en diferentes lugares del país.

Febrero 24. La policía política impide que se realice la Asamblea Nacional convocada por Concilio Cubano, deteniendo a los dirigentes de algunas de las cien organizaciones de la oposición interna que iban a participar en la conferencia. El fundador de esta agrupación de organizaciones, el doctor Leonel Morejón Almagro, fue sancionado a varios meses de prisión.
- Aviones Migs M-29 del régimen cubano derriban en aguas internacionales dos avionetas civiles desarmadas, Cessna Skymaster 337, de la organización Hermanos al Rescate, que eran tripuladas por Armando Alejandre Jr., Mario de la Peña, Carlos Costa y Pablo Morales, cuatro jóvenes que durante meses se habían dedicado al rescate de balseros en alta mar. Esta acción criminal del régimen de la isla provoca un amplio repudio a nivel internacional. La Organización Internacional de Aeronáutica de Naciones Unidas declaró meses después que las avionetas derribadas volaban sobre aguas internacionales.

Armando Alejandre Jr., activista destacado en favor de la libertad y la democracia en Cuba, a los 18 años se integró a los marines y combatió en Viet Nam.

Mario de la Peña tenía 24 años al morir. Nació en Estados Unidos y piloteó 95 misiones de Hermanos al Rescate.

Carlos Costa tenía 29 años cuando fue asesinado en esa acción y ya había cumplido 140 misiones en Hermanos al Rescate y participado en la salvación de 456 personas en alta mar.

Pablo Morales había llegado a Estados Unidos en una balsa en 1992 y en ese momento fue una de las personas auxiliadas por Hermanos al Rescate. Su experiencia lo sensibilizó y fue asesinado ayudando a otros compatriotas.

Febrero 28. El Comité Cubano Pro Derechos Humanos, en Venezuela, obtuvo una resolución de condena de la Comisión Permanente de Política Exterior del Senado de ese país, por la represión desatada contra los convocantes a la reunión de Concilio Cubano y por el asesinato en aguas internacionales de 4 pilotos de la organización humanitaria Hermanos al Rescate.

Marzo 12. El gobierno de Estados Unidos aprueba la Ley Cuban Liberty and Democratic Solidarity Act, también conocida como Ley Helms-Burton que establece una serie de regulaciones para las empresas que operen comercialmente en Cuba y para los negocios que fueron confiscados en la isla sin compensación.

Marzo 20. El preso político Jorge Luis García Pérez (Antúnez), que se encontraba en la prisión de rigor especial Kilo 8, en Camagüey, inicia una huelga de hambre en protesta por los maltratos de los cuales era objeto.
- La Cámara de Diputados de la República de Venezuela, previa gestión del Comité Cubano Pro Derechos Humanos radicado en ese país y que presidía la doctora Silvia Meso de Pérez de Corcho, emitió un voto de censura contra el régimen cubano por el asesinato de los pilotos de Hermanos al Rescate y por la represión contra los convocantes a la reunión de Concilio Cubano.

Abril. Más de 70,000 personas participan en un acto público dedicado a honrar la memoria de los cuatro Mártires de Hermanos al Rescate. El acto tuvo lugar en el Orange Bowl, un histórico estadio de la ciudad de Miami.

Abril 13. La Comisión de Derechos Humanos de Naciones Unidas, en una de sus sesiones y gracias al esfuerzo combinado de grupos defensores de los derechos humanos en Cuba que radicaban en la isla y el extranjero, aprueba un formato de resolución de condena al régimen cubano por la violación de los derechos humanos en la isla. La Comisión de Naciones Unidas nombra como Relator Especial para Cuba al embajador sueco Carl Johan Groth. Los informes de estos relatores siempre condenaron, o deploraron, la situación de los derechos humanos en Cuba.

Abril 20. Se funda en Pinar del Río la Asociación Foro por la Reforma, organización científica que agrupa a especialistas que estudian y trabajan a favor de lograr cambios en Cuba por medios pacíficos. El centro funciona bajo una dirección colegiada.

Mayo 13. Se constituye en Madrid, España, la Fundación Hispano Cubana.

Junio 2. Aprueba el gobierno de Cuba un decreto ley que permite el establecimiento de zonas francas comerciales e industriales en la isla.

Junio 18. Se funda en La Habana la Corriente Liberal Cubana, que tiene como fin luchar por la democracia. La organización es dirigida por Celia Emelina Jorge Ruiz.

Junio 29. El Comité Cubano Pro Derechos Humanos, a través de dos de sus directoras: Silvia Meso y Ana Silvia Pérez de Corcho Meso, presenta una amplia documentación y testimonios sobre la situación cubana en el Taller del Sistema Interamericano de Derechos Humanos, organizado por Amnistía Internacional.

Julio 13. Se constituye en La Habana el Colegio de Pedagogos Independientes de Cuba. Esta agrupación se originó con 14 profesores y poco después contaba con varias filiales en casi todas las provincias cubanas; dirige también varias bibliotecas independientes en numerosas ciudades del país. El director de esta institución es Roberto de Miranda Hernández.

Julio 15. Se constituye en la ciudad de La Habana el Instituto Cubano de Estudios Sindicales Independientes, ICESI.

Agosto 7. Se funda en la Ciudad de la Habana la agencia de prensa independiente Centro Norte del País, dirigida por Edel José García Díaz.

Agosto 10. Se funda en La Habana el Partido Pro Derechos Humanos de Cuba, afiliado a la Fundación Andrés Sajarov. La organización tiene como fin demandar la renuncia del jefe del régimen cubano, exigir cambios políticos sin diálogos con el gobierno, la libertad de los presos políticos y promover el respeto de los Derechos Humanos. La organización, que estaría conducida por René Montes de Oca Martija, se compromete a usar exclusivamente medios pacíficos de lucha.

Agosto 16. Se funda en La Habana, el Partido Social Demócrata, que tiene una orientación política hacia la social democracia. La organización política es conducida por Vladimiro Roca Antúnez.

Agosto 23. Se efectúa un debate político en un canal de televisión hispano en Estados Unidos entre Jorge Mas Canosa, presidente de la Fundación Cubano Americana, FNCA y Ricardo Alarcón, presidente de la Asamblea Nacional de Cuba. En Cuba no se transmite el debate.

Agosto 31. Un grupo de cubanos exiliados en España y ciudadanos españoles constituyen la organización no gubernamental, Puente Familiar con Cuba, que tiene como fin prestar asistencia a la población de la isla.

Septiembre 11. Se funda en Santiago de Cuba el Club de Presos y Ex presos Políticos Gerardo González. La organización que lleva el nombre de un preso político asesinado por la guarnición del Penal de Boniato, en Santiago de Cuba, tiene como fin organizar a los ex prisioneros cubanos y asistir a los que estén en prisión. La nueva institución es dirigida por Mario Rojas Licea.

Septiembre 20. Se funda en La Habana el Movimiento Acción Nacionalista Democrática Independiente, MANDI, con el objetivo de que en Cuba se respeten los 30 artículos de la Declaración Universal de los Derechos Humanos. La organización es dirigida por Alprio Alejandro Cabaña López.

Octubre 10. Se constituye en la capital cubana la Biblioteca Independiente Félix Varela, que fue inaugurada por el opositor Leonel Morejón Almagro.

Octubre 15. La labor desarrollada dentro de la isla por los periodistas independientes, a pesar del constante acoso de las autoridades, determina que la Sociedad Interamericana de Prensa, SIP, les conceda un premio.

Noviembre 27. Se funda en La Habana el Proyecto Demócrata Cubano, que tiene como objetivo promover en la isla una alternativa política de inspiración cristiana dentro del marco de la ideología demócrata cristiana. El director es Rafael León Rodríguez.

1996. Como expresión del fortalecimiento de la sociedad civil en Cuba, sectores laborales del país inician la publicación de manera independiente de informativos como “El Minero”, “Turismo” y el “Gastronómico”.
- En la ciudad de Pinar del Río se constituye la Asociación de Ecologista Alerta Verde, integrada por una red de colaboradores a lo largo y ancho del país. El propósito de la organización es preservar el medio ambiente y difundir el respeto a la naturaleza.
- Tiene lugar un acto de sabotaje en el Central azucarero 26 de Julio, antigua María Antonia, en la provincia de Villa Clara. Personas no identificadas arro-

jaron un objeto pesado sobre el basculador provocando roturas en los molinos.

- La Federación Internacional de Editores de Diarios, que representa a más de 15,000 periódicos en unos 100 países, otorga al periodista cubano Indamiro Restano el premio Pluma de Oro de la Prensa, por su lucha contra la censura imperante en Cuba.
- Es publicada en la ciudad de Miami la revista Sentencia Internacional, órgano del Presidio Político Cubano. El editor general es Guillermo Rivas Porta, y editores adjuntos José Carreño y María Márquez.

blanc

Vista de un corredor de la cárcel del Combinado del Este en Ciudad Habana.

blanc

Año 1997

Enero 1. Los presos políticos Jorge Luis García Pérez (Antúnez), Rafael Ibarra Roque y Bálmaro Gómez Díaz, inician una huelga de hambre en la Prisión de Kilo 8, en demanda de que el trato que reciben de los carceleros se ajuste a las convenciones internacionales establecidas.
0
Enero 6. Se funda en la Ciudad de La Habana la Agencia de Prensa Independiente Cuba Verdad, dirigida por José Antonio Fornaris Ramos.

Enero 9. Unos 30 redactores que laboran en medios de la Iglesia constituyen en la capital la Unión Católica de Prensa de Cuba, que se convirtió de inmediato en miembro pleno de la Unión Católica Internacional de Prensa que tiene la sede en Ginebra, Suiza. En este año existían en Cuba una quincena de publicaciones católicas que eran editadas regularmente todos los meses

Enero 12. Se crea en París, Francia, la agrupación Asociación Europea Cuba Libre, que tiene como fin denunciar la situación de los derechos humanos en Cuba y apoyar a los activistas que dentro de la isla luchen por la democracia. El presidente de la organización es Laurent Muller, el secretario general, Frank Reginald Evertz y como tesorero es nombrado Carlos Zandaza.

Enero 27. Se constituye en Placetas, Las Villas, el Movimiento Nacional de Resistencia Cívica, Pedro Luis Boitel, que tiene como fin la defensa de los presos políticos cubanos por medio de protestas ante las prisiones, así como también facilitarle ayuda a los presos y familiares. La organización es dirigida por Berta Antúnez Pernet.

Enero 28. Opositores integrados a diferentes colegios profesionales independientes, celebran en el parque habanero El Quijote, un acto de recordación a la memoria de José Martí y colocan una ofrenda floral al pie del busto del Apóstol situado en el lugar. Actos similares a éste, sin precedentes en la historia reciente de Cuba, se escenificaron en diferentes ciudades del país.

Febrero. La organización no gubernamental Pax Christi, organiza en la sede del parlamento holandés el Primer Encuentro de la Plataforma Europea por la Democracia y los Derechos Humanos en Cuba. En este acontecimiento participan varias organizaciones europeas que están a favor de la democracia en Cuba, entre ellas el Comité Italiano por los Derechos Humanos que preside Laura Gonzales del Castillo.

Febrero 19. Fallece en la Prisión de Micro 4, en Ciudad de La Habana, por falta de asistencia médica, el preso político Aurelio Ricart Hernández. El activista cumplía una sanción de 15 años por propaganda enemiga y espionaje.

Febrero 24. Se funda en Santiago de Cuba el Partido Cubano de Renovación Ortodoxa, que tiene como fin promover un programa de salvación nacional y el desarrollo de las cooperativas independientes en la isla. La organización es conducida por Carlos Douglas Quesada Ruiz.
- Tienen lugar en Cuba varios actos de recordación a la fecha del 24 de Febrero, Grito de Baire, día en el que se conmemora el reinicio de las guerras independentistas, en 1895. Estos actos fueron también asociados con protestas por el derribo de las avionetas de Hermanos al Rescate y con la suspendida reunión de Concilio Cubano. Ambos sucesos habían tenido lugar el año anterior. En algunas ciudades del país los activistas que participaron en los actos fueron amenazados y/o arrestados por las autoridades.

Marzo 1. La Asociación Europea Cuba Libre y exiliados cubanos agrupados en la organización Cuba Democrática establecen una estrecha relación de trabajo.

Marzo 2. Se funda en Isla de Pinos el Comité Pinero Pro Derechos Humanos, que tendrá como fin denunciar las violaciones de los derechos humanos en Cuba y preparar a la sociedad civil nacional en una escuela cívica que lleva el nombre de Luis de la Masa Redondo. Esta organización es dirigida por Huber Rodríguez Tudela.

Abril 12. Hace explosión un artefacto en el Hotel Meliá Cohiba, en la capital cubana.

Abril 14. Once militantes del Movimiento Nacional de Resistencia Cívica, Pedro Luis Boitel, en un acto de repudio a los métodos usados por la dirección del Penal de Kilo 8, en Camagüey, organizan una sentada frente a las instalaciones del centro penitenciario. Estos actos apenas tienen precedentes en el país y certifican un fortalecimiento de la sociedad civil y reafirman la voluntad de los ciudadanos de exigir el respeto de sus derechos, al estado totalitario.

Abril 16. La Comisión de Derechos Humanos de Naciones Unidas, en una de sus sesiones y gracias al esfuerzo combinado de grupos defensores de los derechos humanos en Cuba que radican en la isla y el extranjero, aprueba un formato de resolución de condena al régimen cubano por la violación de los derechos humanos en la isla. La Comisión de Naciones Unidas nombra como Relator Especial para Cuba al embajador sueco Carl Johan Groth. Los informes de estos relatores siempre condenaron, o deploraron, la situación de los derechos humanos en Cuba.

Abril 30. Encuentran otro artefacto explosivo, éste sin detonar, en el Hotel Meliá Cohiba, en La Habana.

Mayo 5. Pequeños agricultores en las provincias orientales de Cuba suman esfuerzos para fundar una cooperativa independiente que recibe el nombre de "Transición". Esta institución tiene como fin demandar del Estado cambios en las relaciones económicas con los agricultores.

Mayo 6. El Grupo de Trabajo de la Disidencia Interna, a través de una conferencia de prensa ofrecida en la capital cubana y ante la presencia de corresponsales extranjeros, solicita de todas las personas con derecho al voto a abstenerse de participar en los próximos comicios municipales.

Mayo 9. Más de veinte madres de presos políticos convocadas por la organización opositora Asociación de Lucha contra la Injusticia se presentan ante la Asamblea Nacional del Poder Popular de Cuba y hacen entrega de una petición de amnistía para todos los presos políticos cubanos.

Mayo 20. Es publicado en la Prisión de Kilo 7, en Camagüey, el boletín La Patria Libre, órgano oficial del Comité de Presidio Político Jorge Mas Canosa. El informativo es elaborado por presos políticos y detalla la realidad de las cárceles cubanas.

Mayo 28. Tres agencias de prensa independiente de la provincia de Santiago de Cuba, la Agencia Oriente Press, Agencia de Prensa Libre Oriental y la Corresponsalía Turquino, se unen y constituyen la Sociedad Independiente de Prensa Oriental, con el objetivo de defender mejor los derechos a la libre expresión y a la información.

Junio 23. En un hecho sin precedentes, más de 60 activistas interrumpen el juicio que se realizaba en contra de Radamés García de la Vega, vicepresidente del Movimiento Cubano de Jóvenes por la Democracia, en un tribunal de Palma Soriano, manifestando que apoyaban al dirigente de la oposición.

Junio 27. Los opositores Vladimiro Roca, Marta Beatriz Roque Cabello, Félix Bonne Carcasses y René Gómez Manzano presentan a la prensa extranjera el documento "La Patria es de Todos", en el que se cuestionan los fundamentos del V congreso del Partido Comunista de Cuba que estaba convocado para octubre de ese mismo año. Este documento demanda, entre otras cosas, elecciones libres bajo supervisión internacional en Cuba. Como consecuencia de haber hecho público este documento los cuatro firmantes cumplieron condenas en prisión.

Junio 29. Por primera vez desde el año 1961, se autoriza en Cuba una misa católica al aire libre.

Julio 1. Se funda en la Ciudad de La Habana la Agencia de Prensa Independiente Cuba Free Press.

Julio 4. Crean en La Habana, Cuba, la Unión de Ex presos Políticos Cubanos, que tiene como propósito fomentar la unidad y la solidaridad entre los presos. La organización es dirigida por Armando de Jesús Socarrás, Abel Martínez y Omar Pernet Hernández.

Julio 8. La sala del tribunal de Palma Soriano le ratifica al dirigente opositor Radames García de la Vega la sentencia de 18 meses de prisión que le había sido impuesta al procesado con anterioridad. Más un centenar de personas manifiestan públicamente su solidaridad con el dirigente de la oposición.

Julio 12. Explotan dos artefactos en los Hoteles Capri y Nacional, en La Habana, causando daños materiales de consideración pero sin víctimas humanas.

Julio 17. La Alianza Nacional Cubana, que reúne varias organizaciones de la oposición, hace público un documento que demanda del régimen la celebración de un plebiscito que permita al pueblo cubano pronunciarse sobre el tipo de sistema político que prefiere para el país.

Julio 28. El Movimiento Cubano de Jóvenes por la Democracia y la organización Presidio Político Pedro Luis Boitel, orientan a que sus activistas encarcelados en diferentes prisiones cubanas inicien un ayuno en forma escalonada durante los días que se celebre el Decimocuarto Festival Mundial de la Juventud y los Estudiantes.

Agosto 4. Explota otro artefacto en el Hotel Meliá Cohiba, en La Habana, causando daños de consideración a la entidad turística.

Agosto 18. La vicepresidenta del Partido Democrático 30 de Noviembre, Maritza Lugo, se declara en huelga de hambre en un calabozo de la oncena estación de policía en la capital cubana.

Agosto 19. Se celebra en la ciudad de Miami la décimo quinta convención del Movimiento Cuba Independiente y Democrática. Estos eventos eran denominados hasta 1995 como congresos, pero por decisiones de la organización, a partir de este congreso número 15 empezaron a identificarse como convenciones.

Agosto 22. Explota un artefacto en el Hotel Sol Palmera, de Varadero, provocando daños en el edificio.

Agosto 31. Se constituye en La Habana la Unión Sindical Independiente de Cuba, Ortodoxa, que tiene como objetivo defender los derechos de los trabajadores, y es dirigida por Ibrahin Carrillo Fernández.

Septiembre. Es publicado en San Juan, Puerto Rico, el tabloide El Mambí, un medio informativo dedicado a la causa democrática cubana y a luchar contra el totalitarismo. El director es Víctor González Tamayo.

Septiembre 4. Detonan artefactos en los hoteles Triton, Chateau Miramar y Copacabana, causando daños de consideración. Como consecuencia de una de estas explosiones muere un turista italiano.
- Detona otro artefacto en el conocido restaurante habanero La Bodeguita del Medio, causando daños al local.

Septiembre 8. Se funda en La Habana el Partido Unión Nacional Opositora, que tiene como fin demandar la libertad de los presos políticos cubanos, el respeto por parte del gobierno de los derechos humanos de los ciudadanos y enfrentar el totalitarismo. La organización es dirigida por Galman Rodríguez Acosta.

Septiembre 15. Se publica en París, Francia, el primer número de la revista Nouvelles de Cuba, que tiene como fin informar sobre la situación cubana. La publicación es producida por la Asociación Europea Cuba Libre.

Septiembre 23. Pequeños agricultores de la provincia de Guantánamo se unen para constituir la cooperativa Progreso 1 con el fin de exigir al gobierno cambios en la manera de evaluar sus producciones agrícolas.

Octubre 8. Tiene lugar el V Congreso del Partido Comunista de Cuba. Fidel Castro es reelegido secretario general.

Octubre 9. Once activistas miembros del Partido Pro Derechos Humanos, afiliado a la Fundación Andrei Sajarov, se declaran en ayuno escalonado en una vivienda en la ciudad de Santa Clara. El ayuno que se hace en protesta por una falsa acusación incoada contra la activista Daula Carpio Matas, recibe amplia cobertura por parte de la prensa internacional acreditada en Cuba.

Octubre 10. Convocada por las organizaciones de Ex presos Políticos Cubanos, una multitudinaria concentración a favor de la democracia en Cuba tiene lugar en el parque José Martí, ubicado en un área de la Pequeña Habana en Miami.

Octubre 15. El preso político Iván Lemus Romero inicia un ayuno a base de agua y caldo hasta febrero de 1998.

Octubre 27. Cuatro cubanos exiliados que tripulaban una lancha, son detenidos por guardacostas norteamericanos y acusados de transportar armas con la supuesta intención de atentar contra la vida del dictador Fidel Castro, en la isla venezolana de Margarita. Castro viajaría a la isla para participar en una nueva edición de las Cumbres Iberoamericanas.

Noviembre. La organización Pax Christi presenta en Roma, Italia, el expediente "Cuba: la realidad tras el símbolo", como parte del segundo encuentro de la Plataforma Europea por la Democracia y los Derechos Humanos en Cuba organizado conjuntamente con el Comité Italiano Pro Derechos Humanos en Cuba.

Noviembre 25. Las cooperativas independientes Transición y Progreso I, junto a otros campesinos independientes de diferentes lugares de Cuba, acuerdan fundar la Asociación Nacional de Agricultores Independientes de Cuba, ANAIC, para defender mejor los intereses del campesinado cubano.

Noviembre 28. Se funda en la Ciudad de La Habana la agencia informativa Agencia de Prensa Sindical Independiente de Cuba, dirigida por Carmelo Díaz Fernández.

Diciembre. El presidente de Francia, Jacques Chirac, le entrega al disidente cubano Elizardo Sánchez Santa Cruz, presidente de la Comisión Cubana de Derechos Humanos y Reconciliación Nacional, el Premio Fraternidad, Hermandad y Humanidad.

Diciembre 7. Se constituye en la ciudad de Miami el grupo de trabajo Plantados Hasta la Libertad y la Democracia en Cuba. Sus fundadores son José Pujals, Angel De Fana, Mario Chanes de Armas, Ernesto Díaz Rodríguez y Eusebio Peñalver. Todos estos hombres cumplieron más de 20 años de prisión en las cárceles del régimen totalitario.

Diciembre 25. Se funda en Caibarién, Villaclara, la Asociación Nacional de Balseros, Paz, Democracia y Libertad, del Centro Norte de Cuba, que tiene como objetivo rendir homenaje a todos los desaparecidos en el estrecho de la Florida, a los pilotos de Hermanos al Rescate y monitorear la situación de los derechos humanos en Cuba. La organización es dirigida por Margarito Broche Espinoza.
- *Por primera vez desde 1968, 28 años después, se permite celebrar en el país la Navidad como fiesta religiosa.*

1997. Se funda en la Ciudad de La Habana la agencia de prensa informativa Agencia Unión de Periodistas y Escritores Independientes, dirigida por Luis Viño Zimmerman.
- Se funda en Santiago de Cuba la agencia informativa Agencia de Prensa Santiago Press, dirigida por Alina Ramírez Carbonell.
- Se crea en La Habana la Fundación Lawton de Derechos Humanos que tiene como fin defender los derechos humanos en Cuba, luchar contra el aborto, la eutanasia y la pena de muerte. La organización es dirigida por el doctor Oscar Elías Biscet González.
- Se funda en La Habana el Comité Humanitario y Religioso, que tiene como fin ayudar a los presos políticos y de conciencia y a sus familiares. La agrupación que está a favor de la desobediencia civil no violenta, está dirigida por Rafael Chang Garbe.

- Tiene lugar en Santo Domingo, República Dominicana, el "Encuentro del Caribe: Solidaridad con la Democracia en Cuba", organizado por la Hermandad Dominicana de Solidaridad Pro Democracia Cubana y el Directorio Revolucionario Cubano. En este encuentro, al que asistieron delegados de varios países del hemisferio, se propuso al opositor cubano, Leonel Morejón Almagro para el Premio Nobel de la Paz.

1998. Protesta durante el juicio de Reynaldo Alfaro en agosto de 1998. De izquierda a derecha, Maritza Lugo, Milagro Cruz Cano y Ana María Agramonte.

blan

Año 1998

Enero 21. Visita del Papa Juan Pablo Segundo a Cuba. La estancia se extendería hasta el día 25. Durante su permanencia, en la isla el Papa presidió misas en La Habana, Santa Clara, Camagüey y Santiago de Cuba y participó en un acto en el Aula Magna de la Universidad de La Habana y una misa en el Santuario de San Lazaro, en el Rincón, La Habana. Durante la misa oficiada en Santiago de Cuba, el arzobispo, monseñor Pedro Meurice Estiú, declaró que "un número de cubanos ha confundido la Patria con un Partido y la nacionalidad con una ideología".

Enero 23. Unos tres mil jóvenes se concentran de forma espontánea en la escalinata de la Universidad de La Habana para vitorear al Papa Juan Pablo II cuando concluyera la reunión que sostenía con intelectuales comprometidos con el régimen totalitario.

Enero 24. En un gesto espontáneo, varios cientos de jóvenes parten en procesión desde la Catedral de La Habana hacia la Plaza de la Revolución portando por las calles una imagen de la Virgen de la Caridad del Cobre, patrona de Cuba. Esto ocurrió durante la visita del Papa Juan Pablo II a Cuba.

Enero 25. La activista de la Liga Cívica Martiana, Karla Pérez de Zambrano, enarbola un cartel en contra del régimen totalitario que leía "Abajo la dictadura de los hermanos Castro". Esto sucede en la Plaza Cívica José Martí, La Habana, minutos antes que el Papa Juan Pablo II oficiara una misa en ese lugar.

Febrero 4. Retomando una vieja tradición de los trabajadores del tabaco, los obreros del Establecimiento número 9, Báez, en Villaclara, que elaboraba habanos para la exportación, golpean con sus chavetas las mesas de trabajo como señal de protesta por el despido del secretario general del sindicato, que había sido acusado de contrarrevolucionario por el núcleo del Partido Comunista del centro laboral.

Febrero 17. Se funda en La Habana el Centro de Estudios Sociales Independientes, que tiene como fin promover el multipartidismo y el estudio de las ciencias sociales. El dirigente de la nueva organización es Héctor Palacio Ruiz.

Febrero 24. Se funda en La Habana el Buró de Prensa 24 de Febrero, que tiene como objetivo romper la censura existente en la isla, y difundir noticias de todo lo que sucede en Cuba. La organización es dirigida por María de los Angeles Tejedor Cáceres.
- Miembros de la Liga Cívica Martiana y de otras organizaciones son brutalmente golpeados por policías del régimen cuando marchaban en una procesión hacia el Malecón de La Habana con la intención de lanzar flores al mar dedicadas a la memoria de los pilotos asesinados de Hermanos al Rescate. Actos de recordación por los mártires de Hermanos al Rescate se producen en varias localidades del país, incluyendo en las cárceles donde se encuentran presos políticos.

Marzo 3. Se constituye en Las Tunas, provincia de Las Tunas, la Primera Biblioteca Independiente Félix Varela por los disidentes Berta Mexidor y Ramón Humberto Colás. Este concepto se extiende rápidamente por todo el país a pesar de las presiones del régimen totalitario por impedirlo. En sólo dos meses se inscriben en la biblioteca 1500 lectores y se dispone de más de mil libros.

Marzo 10. Se constituye en la ciudad de Puerto Padre, la Plataforma Democrática Oriental, su presidente es Delfo Mauricio Hernández Hernández.

Marzo 13. Una protesta pacífica que protagonizaban miembros de la Liga Cívica Martiana en el parque 27 de Noviembre, en La Habana, es violentamente reprimida por fuerzas gubernamentales.
- Activistas de la Liga Cívica Martiana son atacados por miembros de una de las llamadas brigadas de respuesta rápida cuando participaban en la Iglesia del Patrocinio, en Cienfuegos, en una misa. Varios miembros de la Liga resultaron heridos.

Marzo 15. Se funda en Santiago de Cuba la Segunda Biblioteca Independiente con el nombre del dirigente político cubano que cometió suicidio en la década del 50, Eduardo René Chibás. Siendo designada como directora la activista Mirna Riverón Guerrero.

Marzo 16. Se constituye en La Habana el Instituto Cubano de

Investigaciones Socio Laborales y Económicas Independiente, que estará orientado a las investigaciones sociales y económicas. La directora es Aleida Godinez Soler, quien en el año 2003 fue descubierta como una agente de la Seguridad del Estado.

Marzo 20. Se funda la Agencia Independiente de Prensa en la Ciudad de La Habana, Información y Prensa Lux Info Press, dirigida por Alicia Zamora Labrada, posteriormente presentada por la Seguridad del Estado como una de sus agentes.
- Se crea en la ciudad de Puerto Padre, la tercera biblioteca independiente con el nombre Juan Cristóbal Nápoles Fajardo, "El Cucalambé", siendo designada como su directora Eva Facundo González Ricardo.

Marzo 22. El Movimiento Cristiano de Liberación da a conocer el Proyecto Varela, una iniciativa dirigida a reunir 10,000 firmas entre la población para demandar de la Asamblea Nacional del Poder Popular un referendo sobre cambios de carácter político en Cuba.

Marzo 23. Se funda en La Habana la organización Centro de Formación de la Mujer Cubana, que tiene como fin promover el respeto a los Derechos Humanos y entre otros propósitos, reafirmar la importancia que tiene la mujer cubana y la familia en la sociedad nacional. La institución está dirigida por Gisela de la Caridad Delgado Sablón.
- Se crea en la Ciudad de La Habana el Centro de Formación de la Mujer Cubana.

Marzo 26. Se funda en la Ciudad de La Habana la Agencia de Prensa Independiente Cooperativa de Periodistas Independientes, por parte de Jesús Zúñiga, Aurora García del Busto y Osvaldo Raúl de Céspedes.

Marzo 30. Es arrestado y asesinado por la Policía Nacional Revolucionaria, PNR, de la ciudad de Madruga, en la provincia de La Habana, el activista de la Liga Cívica Martiana, Wilfredo Martínez Pérez.
- La Union Católica Internacional de Prensa premia a la revista Palabra Nueva, por su "ejemplaridad en la libertad de informacion".

Abril. Es creada en españa la Plataforma Internacional "cuba Democracia ¡Ya!, que tiene como fin favorecer un proceso a la democracia en Cuba y apoyar a la oposición interna.

Abril 1. La Asociación Europea Cuba Libre elabora y publica su primer informe sobre la situación de los derechos humanos en Cuba. El documento, de 125 páginas, es distribuido a la prensa francesa y entregado a la Comisión de Derechos Humanos de Naciones Unidas.
- La concientización de sus derechos ciudadanos hace posible que trabajadores del taller número 10 de la empresa Cubana de Acero se declaren en huelga de brazos caídos por los bajos salarios que reciben. Esta acción obliga a la empresa a tomar medidas que mejoren las condiciones de los trabajadores.

Abril 7. Se funda la Primera Biblioteca Independiente de la capital cubana en la barriada del Cerro, y es dirigida por Miguel Angel García Puñales.

Abril 15. La Asociación Europea Cuba Libre, presidida por Lorenzo Muller, junto a Ricardo Boffill, del Comité Cubano Pro Derechos Humanos y Rolando Borges, presidente del Ex-Club, ofrecen una conferencia sobre la situación cubana en la "Maison de l' Amerique Latine.

Abril 16. En un acto sin precedentes, miembros de la Liga Cívica Martiana rinden en las costas de Playa Girón, en Matanzas, Cuba, un homenaje a la memoria de los mártires de la Brigada 2506 que desembarcaron el 17 de abril de 1961.

Mayo. Suscriben más de 60 organizaciones opositoras que actuan dentro de Cuba y en el exterior, el manifiesto "Acuerdo para la Democracia", que certifica la voluntad de los firmantes de luchar por cambios democráticos en Cuba.

Mayo 5. Convocan las cooperativas independientes al Primer Encuentro Inter-Cooperativas Independientes en la Loma del Gato, Santiago de Cuba. El forum no pudo realizarse porque la policía política actuó contra los organizadores deteniendo a varios de ellos.

Mayo 6. Inicia el preso político Heriberto Leiva Rodríguez una huelga de hambre de 7 días en protesta por la detención continuada de uno de sus compañeros del Movimiento Jóvenes por la Democracia.

Mayo 13. El Presidio Político Pedro Luis Boitel y el Movimiento Nacional de Resistencia Cívica del mismo nombre, conmemoran por tercer año consecutivo la Jornada de Homenaje a Pedro Luis Boitel, que consiste en protestas cívicas y seminarios de formación. En una demostración de madurez, el movimiento opositor acuerda producir un ayuno de forma escalonada en las Prisiones de Guantánamo, Holguín, la Prisión de Máxima Severidad de Kilo 8 y la Prisión de Boniato.

Mayo 25. El preso político Jorge Luis García Pérez (Antúnez), inicia en la Prisión Provincial de Guantánamo una huelga que se extenderá por 14 días reclamando un mejor trato y el derecho de recibir asistencia religiosa.

Mayo 27. Más de 500 personas entonando cantos yoruba y vociferando gritos de ¡asesinos!, desfilan frente a la Plaza de la Revolución con el ataúd que contenía los restos de Yuste Ochoterena López, un joven de 21 años que había sido asesinado por un policía el día 25 de ese mismo mes. Los manifestantes impidieron que el cuerpo del joven asesinado fuera introducido en un carro fúnebre por la policía antimotines del gobierno.

Junio 3. El Comité de Madres y Familiares de Prisioneros Políticos inician en Guantánamo, una campaña de recogidas de firmas en apoyo a la demanda de una Amnistía General para los presos políticos.

Julio 8. Numerosos ciudadanos han estado observando desde el pasado día 5 los atropellos y maltratos de que son objeto un grupo de cubanos que salían ilegalmente por la bahía de Puerto Padre. Estas personas habían abordado una pequeña embarcación que fue tiroteada por las autoridades y posteriormente abordada por un grupo de las fuerzas especiales que rápidamente iniciaron una brutal golpiza contra los ocupantes de la lancha, situación que generó una protesta popular en la que participaron, según informaciones, miles de personas que gritaban "Libertad" y "Democracia". Las protestas que se extendieron por tres días y que las autoridades no intentaron reprimir, se conocen como el "Maleconazo de Puerto Padre".

Julio 10. Se constituye en Palma Soriano la Biblioteca Independiente Paquito Borrero, siendo designado como su director Rafael Ibañez Isac.
- Se fundan en Santiago de Cuba las Bibliotecas Independientes Frank País García y José Maceo Grajales, siendo designados como sus directores Alfredo Dennis Camps y Xiomara Evelia Blanco, respectivamente.

Julio 13. Se constituye en Puerto Padre la Biblioteca Independiente Levy Marrero. Su director es Julio Augusto Ojeda Duran.
- Miembros de la Liga Cívica Martiana lanzan flores al mar en recordación

de las víctimas del Remolcador 13 de Marzo. Actos similares tienen lugar en varios lugares del país; también se celebran misas en algunos templos católicos con igual fin.

Julio 15. Se funda en Santiago de Cuba la Biblioteca Independiente Pedro Luis Boitel, siendo designado como su director Rolando Bestart Favart.

Julio 16. Comienza a circular el boletín "El Observador", editado en La Habana, por la Comisión de Derechos Humanos y Reconciliación Nacional y dirigido por Elizardo Sánchez Santa Cruz. El medio informativo se compromete a contribuir a los esfuerzos nacionales e internacionales por la promoción y el conocimiento de los derechos humanos.
- Como parte de la campaña de amnistía general para los presos políticos, el Comité de Madres y Familiares de Presos Políticos realiza una peregrinación al Santuario de la Virgen de la Caridad del Cobre. En la peregrinación participan personas que proceden de Guantánamo, Santiago de Cuba, Holguín, Camagüey, Villaclara y Ciudad Habana.

Agosto 4. En Santiago de Cuba, el secretario y organizador del Instituto Independiente de Cultura y Democracia, Juan Ramos Marturell, funda la revista oral "Blanco y Negro", una creación singular que promueve que periódicamente, en diferentes localidades, los invitados diserten sobre temas relacionados con la democracia y el libre intercambio de ideas.

Agosto 26. Se constituye en La Habana la Mesa de Reflexión de la Oposición Moderada de Cuba, que tiene como fin analizar informes o acontecimientos y proponer la metodología más acertada para buscar cambios políticos en Cuba. La Mesa la integran las siguientes agrupaciones: Partido Solidaridad Democrática (Fernando Sánchez), Corriente Socialista Democrática (Manuel Cuesta Morúa), Partido Liberal Cubano (Osvaldo Alfonso), Proyecto Demócrata Cubano (Rafael León) y Consejo Unitario de Trabajadores (Pedro Pablo Alvarez).

Agosto 28. Decenas de personas gritan consignas a favor de la democracia frente al Tribunal Popular Provincial de Ciudad Habana, al conocerse la sentencia al preso político Reynaldo Alfaro García, presidente de la Asociación de Lucha Frente a la Injusticia Nacional, ALFIN. La protesta recibe una amplia difusión de la prensa extranjera.

Septiembre. Son arrestados en Estados Unidos los miembros de la red de espionaje conocida como la "Red "Avispa". Nueve de los catorce arrestados se declaran culpables de espiar a favor del gobierno de Cuba y en contra del gobierno de Estados Unidos.

Septiembre 21. Desembarcan por la costa norte de la provincia de Pinar del Río, procedente de los Estados Unidos, los combatientes Ernestino Abreu Porta y Vicente Martínez Rodríguez. El plan de los insurgentes, quienes fueron detenidos varios días después del arribo, consistía en preparar un frente clandestino que realizaría actos de sabotaje y ataques a instalaciones gubernamentales.

Septiembre 24. Se funda en El Roque, en el municipio de Perico, en Matanzas, el Partido Paz, Amor y Libertad, que tiene como fin luchar por el respeto de los 30 artículos de la Declaración Universal de los Derechos Humanos y promover la desobediencia civil como instrumento de reclamo para cambios políticos en Cuba. La organización es dirigida por Diosdado González Marrero.

Septiembre 29. Se crean en Bayamo las Bibliotecas Independientes 20 de Octubre y José Antonio Saco, siendo designados como sus directores Juvencio Corrales y Manuel Jerez, respectivamente.

Octubre 2. En Manzanillo, provincia del Granma, 240 cocheros se declaran en huelga durante el fin de semana como protesta por la decisión de las autoridades locales de negarles el permiso de circular por las principales arterias de la ciudad.

Octubre 10. La Fundación Lawton de Derechos Humanos, presidida por el doctor Oscar Elías Biscet, realiza un acto público en la Plaza de Armas, en la parte histórica de La Habana Vieja, en el que se denuncian la falta de libertades en Cuba.
- El Presidio Político Pedro Luis Boitel realiza actos de protestas cívicas con 26 presos políticos dispersos en seis cárceles del país: Prisión Provincial de Guantánamo, Prisión Los Naranjos, Prisión Provincial de Holguín, la Cárcel de Boniato de Santiago de Cuba, la cárcel de Mayor Rigor de Kilo 8 en Camagüey y la prisión de Nieves Morejón en la provincia de Sancti Spíritus.

Octubre 25. Activistas de varias organizaciones: Comité de Opositores Pacíficos, Colegio de Pedagogos de Cuba, Movimiento Acción Nacionalista Independiente y del Partido Pro Derechos Humanos realizan una peregrinación a la tumba del preso político Pedro Armenteros, en el cementerio de Colón, en La Habana.

Octubre 27. La Fundación Nacional Cubano Americana, FNCA, promueve un proyecto que tiene como fin registrar denuncias contra Fidel Castro y su régimen y plantear demandas legales, si es posible, en países como Colombia, Venezuela, España y Estados Unidos. El plan se identifica como "Demanda Mundial por Genocidio Contra Castro y sus Complices".

Otras organizaciones de cubanos exiliados promueven procesos judiciales contra Fidel Castro, entre las que se encuentran: Agenda Cuba, Madres y Mujeres Antirepresion, Movimiento Democracia, Junta Patriotica Cubana y Municipios de Cuba en el exilio.

Noviembre 13. Los presos políticos Idelfonso Batista Cruz y Orlando López González se declaran en huelga de hambre en la Prisión Provincial de Holguín en demanda de cambios en el trato que reciben en la cárcel.

Noviembre 16. Se funda en Niceto Pérez, Guantánamo, la Primera Biblioteca Independiente Rural con el nombre del poeta campesino Juan Cristóbal Nápoles Fajardo, "El Cucalambé".

Noviembre 18. Se funda en Santiago de Cuba la Junta Nacional de Transición a la Democracia, que tiene como fin promover al hombre y sus valores. La institución es dirigida por José Manuel Escobedo Yasell.
- Se inaugura en Herradura, Pinar del Río, una biblioteca independiente, siendo designado como su director Lázaro Raúl González Gómez.

Noviembre 27. Más de 100 opositores al gobierno realizan una protesta cívica frente a la sede del Tribunal Popular Provincial donde va a ser juzgado el periodista independiente Mario Julio Viera. El acto, que consiste en un círculo de oración, es reprimido por la policía y resultan detenidos Milagros Cruz Cano, una activista ciega, y el doctor Oscar Elías Biscet.

Noviembre 29. Se funda en Ciego de Avila la Fraternidad de Ciegos Independientes de Cuba que tiene como propósito lograr la integración plena de los invidentes a la sociedad. La organización es dirigida por Tomás Arquímedes Quintana Aguilar.

Diciembre. Tiene lugar en la ciudad de Colonia, Alemania, un encuentro internacional de cubanos residentes en Europa llamado "Encuentro Cubano

en Colonia". Entre los participantes se encontraban la escritora María Elena Cruz Varela, Jorge Pomar Montalvo y Manuel Díaz.
- El Comité Italiano Por los Derechos Humanos en Cuba, junto a Pax Christi y la participación de cubanos exiliados organizan en la sede del Parlamento Europeo en Bruselas el encuentro "Inversiones Extranjeras y derechos de los trabajadores en Cuba". El evento tiene como fin demostrar la difícil situación de los trabajadores cubanos.
- El Directorio Revolucionario Democratico Cubano inicia la publicación de "Pasos a la Libertad", un manual que recoge las actividades cumplidas por la oposición interna cubana.

Diciembre 1. *El Partido Comunista de Cuba recomienda declarar con carácter permanente día feriado el 25 de diciembre para la celebración de la Navidad. El año anterior ese día había sido declarado feriado.*

Diciembre 7. Se constituye en Ciego de Avila, por Juan Carlos González Leyva y Jesús Joel Díaz Hernández, la Cooperativa de Periodistas Independientes. Su actual director es Pedro Argüelles Morán.

Diciembre 10. Se funda en la ciudad de Santa Clara, Las Villas, el Movimiento Cívico Nacionalista, que tiene como propósito defender a los presos políticos cubanos. La organización es dirigida por Tomás González Coya.
- Una manifestación de la oposición en el Parque Butari, que había sido convocada por la Fundación Lawton, es agredida por porras gubernamentales. Esta actividad había sido convocada en conmemoración del 50 Aniversario de la Declaración Universal de los Derechos Humanos. Actos como éste tienen lugar en varias ciudades de Cuba y también en las prisiones donde presos políticos permanecen recluidos.
- Tiene lugar en la ciudad de Tampa, Estados Unidos, hasta el día 13, el VII Congreso de la Solidaridad de Trabajadores Cubanos.

1998. Se funda en la Ciudad de La Habana la Agencia Iinformativa Nueva Prensa Cubana, que va a ser dirigida por Omar Rodríguez Saludes.
- Se funda en la ciudad de Aguada de Pasajeros la Agencia de Prensa Independiente Línea Sur Press, dirigida por Juan González González.
- Se funda en la finca Los Chivos, Alto Songo, La Maya, la Alianza Nacional de Cooperativas Independientes de Cuba, que tiene como fin defender los derechos de los campesinos cubanos. La institución es dirigida por Antonio Alonso.

- Jóvenes laicos católicos de la provincia de Pinar del Río deciden crear los Centros de Consultoría Cévica y Religiosa. Esta institución está concebida para prestar asesoría a las personas que lo necesiten.

Juicio de Mario Viera en noviembre de 1998.
De izquierda a derecha Milagro Cruz Cano, Roberto de Miranda (preso), Oscar Elías Biscet (preso) e Illobre.

blan

Año 1999

Enero 5. Se constituye en la ciudad de Miami el Centro de Estudios Para una Opción Nacional, CEON, un proyecto aliado al Directorio Revolucionario Democrático Cubano. Es nombrado como director del centro Rafael Artigas.

Enero 16. Se funda en Las Tunas, la Biblioteca Independiente José María Heredia, siendo designado como su director Jesús de Manuel Infante Rodríguez.

Enero 19. Aproximadamente 20 personas interrumpen con gritos de "inocentes" y "vivan los derechos humanos", la lectura del fallo de un Tribunal Municipal contra el director de la Cooperativa Avileña de Periodistas Independientes, Jesús Joel Díaz Hernández.

Enero 20. El Centro de Estudios Sociales de Cuba inaugura el Sub Centro de Formación Integral para la Mujer Cubana, designándose como coordinadora a la activista Marta Pargas. La nueva institución tendrá como propósito preparar a la mujer cubana para los cambios políticos y sociales que deben producirse en el país.

Enero 21. Varias organizaciones de inspiración cristiana fundan la organización Unión Demócrata Cristiana y solicitan del gobierno su legalización.

Enero 22. El periodista independiente Jesús Joel Díaz Hernández, que había sido condenado a cuatro años de cárcel, se declara en huelga de hambre en la Prisión de Canaleta como protesta por la sanción que le impuso el tribunal.

Enero 29. Intelectuales y escritores cubanos fundan el Grupo de Trabajo Periodístico y Literario Decoro, con el objetivo de proyectar el ejemplo y los logros de una juventud contestataria con gran capacidad de pensamiento. La nueva asociación está integrada, entre otros, por Manuel Vázquez Portal, Héctor Maceda, Aurora García del Busto y Claudia Márquez.

Febrero 7. Se constituye en el poblado de Jobabo, en la oriental provincia de Las Tunas, una biblioteca independiente a la que se le pone el nombre de

José Martí, siendo designado como su director Juan Rufino González García, quien había fundado previamente el Partido Solidaridad Democrática de la región.
- Se funda en la ciudad de Las Tunas, la Biblioteca Independiente Martin Luther King, siendo designado como su director Angel Cantero Castellano, quien también fungía como delegado del Partido Liberal Democrático de la provincia.

Febrero 9. La dirección de la Liga Cívica Martiana dirige una carta al dictador criticando la decisión de la Asamblea Nacional del Poder Popular de promulgar la llamada Ley Mordaza, que amenaza con severas penas de cárcel a los opositores y a los periodistas independientes.

Febrero 16. Ante el continuado desarrollo del periodismo independiente, y el reto que esta actividad significa para el control por parte del régimen de la información, las autoridades aprueban la Ley 88 de Protección de la Independencia Nacional y la Economía de Cuba, conocida popularmente como "Ley Mordaza". Esta ley contempla la pena de muerte en algunas de sus partes e incluye graves sanciones de cárcel por poseer y reproducir material que las autoridades consideren subversivo.

Febrero 17. Se constituye en Camagüey la Biblioteca Independiente Roberto Avalos, dirigida por Mayra Sánchez Sorí.
- Se funda en Camagüey la Biblioteca Independiente 13 de Julio, dirigida por Rolando Alvarez Tendero.

Febrero 19. La organización opositora Liga Cívica Martiana hace público un comunicado en el que condena la nueva ley gubernamental que sanciona severamente a las personas que se expresen críticamente del régimen. Esta ley fue identificada como Ley de la Soberanía y la Independencia.

Febrero 22. Agencias de la prensa independiente tales como CubaPress, Cuba Verdad, así como la Cooperativa de Periodistas Independientes, la Unión de Periodistas y Escritores Cubanos Independiente y el Grupo de Trabajo Decoro, en una conferencia conjunta rechazan la llamada Ley Mordaza y expresan su determinación de seguir informando a pesar de las sanciones que la ley impone a quienes rompan la censura oficial. Este tipo de protesta tiene lugar en varias localidades del país y por diferentes organizaciones de la sociedad civil cubana.

Febrero 24. Se constituye en la Ciudad de Placetas, Villaclara, el Movimiento Nacional de Derechos Humanos, Mario Manuel de la Peña que tiene como fin promover la defensa de los derechos humanos y civiles, y promover la reinstauración de la democracia en Cuba. La organización se constituyó bajo la dirección de Omar Pernet Hernández.
- Varias organizaciones de la oposición interna realizan actos de recordación por el derribo de los aviones de Hermanos al Rescate, en diferentes localidades de la isla.

Febrero 26. Tiene lugar en la ciudad de Miami el Décimo Sexto Congreso de la Federación Mundial del Ex Presos Políticos Cubanos, en el cual resultó elegido como presidente el doctor Luis Gómez Domínguez. El congreso se extendió hasta el 28 de febrero.

Marzo 3. Se funda en el poblado de La Victoria, en Las Tunas, la Primera Biblioteca Independiente especializada en Literatura Infantil a la cual nombran Ismaelillo, para la cual es designada como directora Magdelivia Hidalgo González, periodista de la Agencia de Prensa Independiente Libertad.

Marzo 5. Se funda en Ciego de Avila la Agencia de Prensa Independiente, Patria, dirigida por Antonio Femenías Echemendía.

Marzo 11. Varias organizaciones de la oposición ofrecen una conferencia de prensa en la que demandan el cese de las leyes represivas, la libertad de los presos políticos y el restablecimiento en el país del pluripartidismo político y de la democracia. La conferencia fue convocada por el doctor Oscar Elías Biscet y Rolando Muñoz Yobre, de la Fundación Lawton.

Marzo 18. Gestiones del Comité Cubano Pro Derechos Humanos en Venezuela ante el Senado de la República de ese país, obtiene que esa alta instancia acuerde interceder ante el régimen totalitario cubano por la liberación de los firmantes del documento "La Patria es de Todos": Vladimiro Roca, Marta Beatriz Roque Cabello, René Gómez Manzano y Félix Bonne Carcassés.

Abril. Se funda en La Habana La Hermandad Cívica que tiene como fin instruir a la población en la preparación de actos de desobediencia civil y promover la democracia y el respeto de los derechos humanos en Cuba. La organización es dirigida por Alejandro Chang Cantillo.

Abril 7. La Asociación Europea Cuba Libre publica su segundo informe sobre la situación de los derechos humanos en Cuba.

Abril 23. La Comisión de Derechos Humanos de Naciones Unidas, producto del esfuerzo realizado por la oposición política cubana del interior de la isla y la que reside fuera del país, en colaboración con países que están a favor del respeto a los Derechos Humanos, condena al régimen cubano por violación de esos derechos. Este año la moción de condena fue auspiciada por el presidente de la República Checa Václav Havel.

Mayo. Se funda en La Habana el Encuentro Criterio Civilista, que tiene como objetivo ayudar en el desarrollo de la sociedad civil en Cuba. La dirección de este centro es colegiada.

Mayo 8. La activista rusa Elena Booner, presidenta de la Fundación Andrei Sakharov, y Ricardo Bofill, presidente del Comité Cubano Pro Derechos Humanos, envían una carta a la opinión pública mundial en la que denuncian las condenas a muerte en Cuba y los fusilamientos por medios de farsas judiciales. La carta abierta es suscrita por numerosas personalidades internacionales, entre ellas, Vaclav Havel, presidente de la República Checa; Lech Walessa, premio Nobel de la Paz y la también Premio Nobel de la Paz Daw Aung San Suu Kyi.

Mayo 13. Por cuarto año consecutivo en diferentes lugares de Cuba, el Movimiento Nacional de Resistencia Cívica Pedro Luis Boitel inicia la Jornada Homenaje a Pedro Luis Boitel, el preso político cubano que falleció en una huelga de hambre de más de 50 días.

Mayo 20. El Comité de Madres y Familiares de Presos Políticos entrega, en la sede de la Asamblea Nacional del Poder Popular un documento en el que demandan una amnistía general.

Mayo 25. Es recordada la memoria de Pedro Luis Boitel en un acto organizado por varias organizaciones de la oposición en el cementerio de Colón, en Ciudad de la Habana.

Junio 2. Inicia actividades en La Habana el Movimiento de Estudiantes Católicos Universitarios dirigido a promover un nuevo tipo de estudiante universitario en la isla.

Junio 6. Se declara en huelga de hambre en la Prisión 1580, el preso político Lázaro Planes Farías, quien había sido puesto en libertad por petición del Papa Juan Pablo II y encarcelado nuevamente unos meses más tarde.

Junio 7. Se funda en La Habana el Grupo de Apoyo a la Oposición de Arroyo Naranjo. Esta organización de carácter político es presidida por la señora Aquilina Lissi Rico Cantillo.
-Siete personas, miembros de diferentes organizaciones, como William Herrera, de la Liga Cívica Martiana; Oscar Elías Biscet, de la Fundación Lawton de Derechos Humanos; Aida Valdés Santana, de la Coordinadora de Presos Políticos; Leonel Morejón Almagro, de Naturpaz; Marcos Lázaro Torres, del Partido Democrático 30 de Noviembre, así como Migdalia Rosado y Rolando Muñoz Yobre, iniciaron en una casa de Tamarindo 34, La Habana, un ayuno de 40 días. El ayuno, "Vida y Libertad" es en demanda de la libertad de todos los presos políticos. Esta actividad, que tuvo un fuerte respaldo nacional e internacional, se repitió en varias ciudades del país.
- Matanzas: Se establecen casas de ayuno en la capital y en el poblado del Roque con más de 619 participaciones de miembros de numerosas organizaciones de la oposición.
- Las Villas: Se establecen casas de ayuno en Placetas, Fomento y Camajuaní, con más de MIL 708 participaciones por miembros de diferentes organizaciones de la oposición.
- Ciego de Avila: En la casa de ayuno de esta provincia tienen lugar 209 participaciones de miembros de diferentes organizaciones.
- Santiago de Cuba: Integrantes de catorce organizaciones de la oposición se declaran en ayuno en solidaridad con los activista de Tamarindo 34, registrándose 337 participaciones. También se establecen centros de ayuno en Palma Soriano y en el pueblo de Palmarito.

Junio 10. Se crea en Vázquez, Las Tunas, la Biblioteca Independiente Pablo Morales, en honor a la memoria de uno de los mártires de los aviones de Hermanos al Rescate que fueron derribados por aviones Migs de la fuerza aerea cubana, en aguas internacionales. Como director de la institución fue desiganado Juan Téllez Rodríguez.

Junio 14. Activistas de la provincia de Pinar del Río, establecen centros de ayuno en los pueblos de Herradura, San Juan y Martínez, Guane y en la capital de la provincia, en solidaridad con los ayunantes de Tamarindo 34. Se cuentan 460 participaciones en los días del ayuno.

Como una demostración de la cohesión y fortaleza del movimiento opositor, se aprecia que el ayuno se extiende en los días subsiguientes a las ciudades de Cienfuegos, Sancti Spíritus, Las Tunas, Granma, Puerto Padre, Baracoa, Guantánamo, Gibara, Holguín, San Germán, Antillas e Isla de Pinos.

Junio 15. Un grupo de 22 opositores de la Liga Cívica Martiana irrumpe en una actividad evangélica que tenía lugar en el Círculo Social Obrero Ciro Frías, para manifestar su apoyo a los ayunantes de Tamarindo 34. Los opositores son duramente reprimidos y arrestados por las fuerzas públicas del régimen.

Junio 16. Se declara en huelga de hambre en la Prisión de Valle Grande, en La Habana, el preso político Lázaro Constantino Durán, que había sido arrestado por manifestarse en el Parque Butari, en el barrio de Lawton.

Junio 22. *Entrevista concedida por Fidel Castro a Federico Mayor Zaragoza, ex director de la UNESCO y publicada en el diario Granma. "En nuestra Patria nada pasará a poder de un alto funcionario, y nada se regalará a cómplices y amigos. Nada que pueda ser explotado con y elevado rendimiento para nuestra sociedad pasará a manos de naciónales y extranjeros. No heredé cargo alguno no soy Rey, no necesito, por tanto, preparar sucesor, y en todo caso, nunca sería para evitar el trauma de una transición caótica. No habrá trauma ni será necesario transición alguna.*

Julio 6. Se crea en la ciudad de Puerto Padre el Movimiento Democrático Pro Derechos Humanos, dirigido por Joaquín Iglesias Torres.

Julio 13. En varias localidades del país, diferentes organizaciones de la oposición efectúan actos y misas católicas en recordación de las víctimas del Remolcador 13 de Marzo.
-Se crea en la capital cubana la Biblioteca Independiente Helen, Mascota de la Libertad, especializada en literatura infantil.

Julio 16. La encarcelada activista Marta Beatriz Roque Cabello inicia un "ayuno y silencio" demandando que se inicien los procedimientos legales que le otorguen la libertad condicional.

Julio 17. Concluye el ayuno de 40 días de Tamarindo 34 con una conferencia de prensa en la que estaban presentes representantes de todos los medios informativos acreditados en Cuba.

Julio 20. Se constituye en la Habana la organización Tamarindo 34, Derechos Humanos, que tiene como objetivo que las autoridades cubanas respeten los derechos de los ciudadanos. La institución es dirigida por Migdalia Rosado Hernández, Rolando Muñoz Yobre y Odalys Victores.

Julio 24. *Expresa Fidel Castro durante una comparecencia en la televisión cubana: "Quien no supo como pensábamos fue porque no quiso saber como pensábamos. Ya yo era marxista leninista hacía por lo menos cuatro años antes del Moncada".*

Agosto 12. Tiene lugar en la ciudad de Miami la Décimo Sexta Convención del Movimiento Cuba Independiente y Democrática.

Agosto 15. Se crea en Ontario, Canadá, la Fundación Cubano Canadiense, que tiene como propósito hacer conocer en ese país la realidad cubana y divulgar las violaciones de los derechos humanos que se producen en Cuba. El presidente de la organización es Israel Sambra.

Agosto 17. Se constituye en Ciego de Avila la Fundación Avileña de Derechos Humanos, que tendrá como objetivo denunciar las violaciones a los derechos humanos en Cuba, la defensa de la ecología, la lucha por la abolición de la pena de muerte, la difusión libre de la cultura y la atención a los presos políticos y perseguidos. La institución quedó presidida por Juan Carlos González Leyva.

Agosto 20. Se funda en el Central 6 de Agosto, en Calimete, Matanzas, la Cooperativa Independiente Democracia. En el acto inaugural participan más de 30 personas.

Agosto 23. En la Finca El Bayo, en La Habana, se reúnen una vez más activistas de la oposición con el propósito de discutir temas relacionados con la democracia, la libertad y la lucha cívica.

Agosto 26. Se funda en La Habana, el Partido Ortodoxo Cubano que tiene como propósito el cese del régimen comunista en Cuba. La institución estaría dirigida por Angel Reynaldo González Saladriga.

Septiembre 2. Se funda en la ciudad de Ciego de Avila la Biblioteca Independiente Enrique Loynaz del Castillo. Su director es Emilio Martín Morales.

Septiembre 3. La Fundación Lawton de Derechos Humanos y la Hermandad Cívica, inauguran en la Finca El Bayo, en La Habana, la Escuela de Lucha Cívica No Violenta, que tiene como objetivo enseñar teoría sobre ese tipo de acción política y establecer mecanismos que permitan llevarla a la práctica.

Septiembre 8. Activistas de diferentes organizaciones de la oposición realizan una protesta cívica durante la procesión, por el día de la Virgen de la Caridad, en el poblado de El Cobre. Los activistas, que portaban carteles con textos bíblicos y de reclamos de libertad para los presos políticos, son atacados por grupos paramilitares.

Septiembre 10. La Iglesia Ortodoxa Cubana hace público el documento Comprometidos con la Esperanza, en el que se hace un llamado a la unidad de la oposición interna y externa.

Septiembre 15. El Comité Pinero de Derechos Humanos inaugura en Nueva Gerona, Isla de Pinos, la Segunda Escuela de Lucha Cívica No Violenta del país, para la cual se designan como profesores a Húber Rodríguez Tudela y Manuel Ismael Acosta González.

Septiembre 16. Los activistas Marcel Valenzuela, de la Hermandad Cívica, y Marlon Cabrera, de los Hermanos Fraternales por la Dignidad, se declaran en huelga de hambre en una prisión en La Habana en protesta por su detención, que consideran injustificada. Después de once días de huelga fueron excarcelados.

Septiembre 24. La Universidad de Columbia otorga al periodista y opositor al régimen cubano Raúl Rivero, el premio María Moors Cabot.

Septiembre 25. La Mesa de Reflexión de la Oposición Moderada hace público un documento titulado Plataforma Común de Transición a la Democracia, en el que se exponen los puntos de vista de la Mesa de Reflexión y se aboga por una transición pacífica hacia la democracia en la isla.

Septiembre 29. Se funda en la ciudad de Ciego de Avila la Fraternidad de Ciegos Independientes de Cuba. Su director es Arquímedes Quintana.

Octubre. La Fundación Lawton por los Derechos Humanos organiza un acto en el parque Dolores. Uno de los participantes, Reinaldo González, es golpeado brutalmente por efectivos de la Seguridad del Estado.

Octubre 1. Se crea en La Habana, con la participación de 35 organizaciones de la oposición, de derechos humanos y de la sociedad civil, el Foro Tercer Milenio. La Liga Cívica Martiana fue uno de los promotores de este nuevo foro a favor de la democracia en Cuba.

Octubre 10. Los prisioneros políticos Jorge Luis García Pérez (Antúnez), y Guillermo Pérez Yera se declaran en huelga de hambre en la Prisión de Nieves Morejón, en Sancti Spíritus, en protesta por el código penal y carcelario existente en el país.

Octubre 28. Una decena de organizaciones de la oposición efectúan en la residencia del doctor Oscar Elías Biscet una conferencia de prensa en la que informan a los medios sobre las actividades de desobediencia civil que realizarán durante la IX Cumbre Iberoamericana que había tenido lugar en La Habana.

Noviembre 2. Más de 100 activistas de la oposición y familiares de presos políticos, bajo la dirección del Movimiento Nacional de Resistencia Cívica Pedro Luis Boitel, el Partido Democrático 30 de Noviembre Frank País y el Consejo Nacional por los Derechos Civiles en Cuba, realizan una peregrinación hasta la tumba del mártir del presidio político Pedro Luis Boitel. Las fuerzas policiales presentes no interrumpieron la ceremonia.

Noviembre 4. Es constituida en Madrid, España, la Fundación Elena Mederos, que tiene como fin divulgar la realidad cubana y trabajar por los derechos humanos. La nueva fundación es auspiciada por el empresario cubano Leopoldo Fernández Pujals.

Noviembre 8. Las activistas Berta Antúnez Pernet, Milagros Díaz González y Elaine Ibarra Saumell, miembros del Movimiento Nacional de Resistencia Cívica Pedro Luis Boitel, despliegan una tela con la demanda de libertad de los presos políticos en el Parque Mariana Grajales, en el Vedado, La Habana. Después caminan por varias calles de los alrededores antes de ser arrestadas. Este acto de desobediencia tiene lugar a pesar del fuerte despliegue policial instrumentado por la celebración en la capital cubana de la Novena Cumbre de Jefes de Estado y Gobiernos de Iberoamérica.

Noviembre 10. Miembros de la Liga Cívica Martiana, Hermanos Fraternales por la Dignidad y de la Fundación Lawton realizan la "Marcha de los Ayunantes" en el Parque Dolores. De inmediato son agredidos por esbirros de las brigadas de respuesta rápida con el resultado de varios activistas heridos y numerosos detenidos.

Noviembre 12. Se funda en La Habana la organización de derechos humanos Mujeres Defensoras de Presos Políticos. La institución tiene un carácter humanitario y es dirigida por Elsa Morejón Hernández.
- Catorce organizaciones de la sociedad civil participan en La Habana en el Primer Encuentro de Organizaciones No Gubernamentales. El encuentro termina con una declaración denominada Todos Unidos, que es suscrita por las organizaciones participantes.
- En Las Tunas, provincia Las Tunas, tiene lugar el Segundo Encuentro de Campesinos y Cooperativistas Independientes organizado por la Asociación Nacional de Agricultores Independientes de Cuba.

Noviembre 13. Activistas de diferentes movimientos de la oposición publican documentos o inician vigilias para llamar la atención de los mandatarios asistentes a la Novena Cumbre Iberoamericana, que tenía lugar en la capital cubana.

Noviembre 14. Integrantes del Presidio Político Pedro Luis Boitel en la prisión de Guantánamo se declaran en huelga de hambre hasta el 17 de noviembre, en protesta por la celebración en La Habana de la Novena Cumbre Iberoamericana de Jefes de Estado y de Gobierno. Otros presos políticos que se encontraban en la prisión se suman a la huelga.

Noviembre 15. Durante una misa en la Iglesia de Santa Bárbara, en La Habana, varios opositores son arrestados por las fuerzas policiales.

Noviembre 25. Se inicia una crisis como consecuencia del arribo a Estados Unidos de un niño de nombre Elián González. Su madre había muerto en la travesía, y el gobierno de Cuba inicia una reclamación a nombre de su padre, que se encuentra en la isla.

Diciembre 3. Se constituye en Las Tunas, en memoria del insigne médico cubano Carlos J. Finlay, una Biblioteca Independiente, para la cual se designa como directora a Idalia Cecín Santana.

Diciembre 3. Inicia en la ciudad de Miami el "Segundo Congreso Mundial por la Libertad y la Democracia". En el encuentro, que se extiende hasta el día 5 del corriente mes, participan, entre otras personalidades, el ex Presidente de Costa Rica, Alberto Monge; doctor Roberto Rodríguez Aragón, y Alberto Martinez Echenique, quien presidiò el evento.

Diciembre 4. Un grupo de opositores marcha entre las Iglesias de Santa Barbara y San Eduardo, en La Habana, demandando la libertad de los presos políticos y el respeto a los derechos humanos. La marcha fue convocada por Hermanos Fraternales.

Diciembre 8. Otorgan el Premio Principe Klaus de Holanda a la Revista católica Vitral y a su director Dagoberto Valdés.

Diciembre 9. Recibe el opositor cubano Oswaldo Payá Sardiñas el premio Homo Homini que confiere todos los años la organización checa defensora de los derechos humanos "People in Need".

Diciembre 10. En diferentes ciudades del país numerosas organizaciones de la oposición y otras defensoras de los derechos humanos realizan actos públicos y privados en conmemoración por el Día Internacional de los Derechos Humanos.

Diciembre 11. Se crea en la capital cubana la Cooperativa Independiente Baraguá, en la finca del mismo nombre y de la propiedad de Secundino Lugo Sosa.

Diciembre 17. Los activistas de la oposición Marcel Valenzuela Salt y Carlos Oquendo Rodríguez, de la Hermandad Cívica; Diosdado González Marrero, del Partido Paz, Amor y Libertad y José Aguilar Hernández, del Movimiento 13 de Julio, marcharon encadenados con camisetas que portaban la inscripción "Libertad para los Presos Políticos Cubanos" en la tradicional procesión del Día de San Lázaro.

Diciembre 19. Se funda en La Habana el Movimiento Cívico 6 de Enero, que tiene como objetivo el rescate de los valores cívicos y morales del ciudadano y promover una transición pacífica hacia la democracia en Cuba. La organización es dirigida por Bárbaro Antonio Vela Crego.

Diciembre 20. Se funda la Asociación del Centenario de la República Cubana y la revista "100 años" (30 números hasta el 2003). Son sus fundadores William Navarrete, Javier de Castro y Enrique José Varona. La asociación realizó un sinnúmero de actividades en la Maison de l'Amérique Latine de París para sensibilizar a los franceses con una relectura de la historia cubana republicana, tergiversada por la propaganda del régimen. La asociación cesa tras las festividades del centenario, el 20 de mayo de 2002, y la publicación del libro "1902-2002: Centenario de la República Cubana" (Ed. Universal, Miami), preparado por William Navarrete y Javier de Castro.

Diciembre 24. La Fraternidad de Ciegos Independientes, que tiene su sede en la ciudad de Ciego de Avila y cuenta con asociados en 11 de las provincias del país, celebra su Primer Congreso Nacional.

Diciembre 26. Aproximadamente 100 laicos de todas las diócesis de Pinar del Río se congregan espontáneamente a pesar de la prohibición de las autoridades y realizan una procesión desde la Ermita de la Caridad del Cobre hasta la Parroquia de San Rosendo.

Diciembre 28. Se constituye en la Isla de Pinos el Movimiento Cívico Pinero de Derechos Humanos, por Manuel Acosta González y Andrés Savón Lituanes.

1999: El ciudadano francés Laurent Muller, despues de años luchar por la democracia y los derechos humanos en Cuba, funda la Asociación Europea Cuba Libre.
- Se funda en la Ciudad de La Habana la Agencia de Prensa Independiente Cuba Voz, dirigida por Juan Carlos Linares Balmaseda.
- Se constituye en la Ciudad de La Habana el Movimiento para una Transición Democrática en Cuba, que tiene como objetivo luchar por un cambio democrático en Cuba. La organización es dirigida por Moisés Rodríguez Quesada.
- Se constituye en Las Tunas, en memoria de Octavio Paz, destacado escritor mexicano, una Biblioteca Independiente. Se designa como director a Ramón Pimentel Díaz.

Protesta en La Habana contra un injusto proceso judicial al que fue sometido un opositor pacífico, al centro de la foto la disidente Vicky Ruiz.

blanc

Año 2000

Enero 1. Se constituye en Santa Clara, Las Villas, la Fundación Marta Abreu Pro Derechos Humanos, que tiene como fin defender los Derechos Humanos, apoyar la Constitución de 1940 y el Programa del Moncada, así como procurar el restablecimiento de la democracia en Cuba. La organización es dirigida por Ramón de Jesús Alba Perdomo.
- Es fundada en la ciudad de Miami el Comando Occidental de Cuba, un movimiento de acción que promueve la liberación de Cuba mediante de la oración. La declaración pública consagra a Jesús, Rey de los Ejércitos, la nueva organización.

Enero 6. Se crea en la ciudad de Miami la organización Nueva Generación Cuba, que tiene como propósito informar y educar al público de habla inglesa sobre la realidad cubana.

Enero 12. Activistas del Partido Democrático 30 de Noviembre realizan una vigilia frente a la sede del Departamento Técnico de Investigaciones, DTI, a favor de la excarcelación de varios compañeros presos en ese recinto.

Enero 13. Cerca de 100 activistas procedentes de varios municipios de la provincia de Pinar del Río se reúnen frente a la sede del Tribunal Popular Municipal de la capital provincial, en manifestación de solidaridad con el periodista independiente Víctor Rolando Arroyo, presidente de la Unión de Periodistas y Escritores Cubanos Independientes, quien iba a ser procesado por un delito que no había cometido.

Enero 15. Presentan en París, Francia, una demanda contra Fidel Castro por crímenes de lesa humanidad y tráfico internacional de drogas. La demanda es entablada por el abogado francés Serge Lewish; inspirada por Ileana de la Guardia y respaldada por la Asociación Europea Cuba Libre.

Enero 18. Activistas y familiares del preso político Diosdado González Marrero, presidente del Partido Paz, Amor y Libertad, realizan una marcha de protesta en el poblado de El Roque, provincia de Matanzas.
- El Comité Cubano Pro Derechos Humanos, en un informe que entrega a la

prensa internacional acreditada en La Habana, da a conocer que el ex teniente de las Fuerzas Armadas de Cuba, Omar Izquierdo Sánchez, fue muerto a consecuencia de una golpiza que recibió durante el interrogatorio al cual lo sometió la policía política. El occiso estaba convocando a cientos de militares descontentos a participar en una marcha de protesta.

Enero 22. Un ayuno por la libertad de los presos políticos cubanos que tenía lugar en la casa de Miguel Sigler Amaya, en el pueblo de Pedro Betancourt, en la provincia de Matanzas, y que había sido organizado por el Movimiento Opción Alternativa, quedó interrumpido por un grupo de paramilitares que golperon a los asistentes, entre los que se encontraba la madre de Sigler Amaya, quien estaba confinada a una silla de ruedas.

Enero 28. Se funda en Santiago de Cuba, la organización Jóvenes del Nuevo Siglo por los Derechos Humanos, que tiene como fin ayudar a los presos políticos cubanos y crear entre los jóvenes los valores que promueve la Declaración Universal de los Derechos Humanos. La institución es dirigida por Norman Jorge Rodríguez Cabrera.
- Se constituye en Ciego de Avila la Biblioteca Independiente Ignacio Agramonte. Su directora es Mirley Delgado Bombino.
- Se constituye la Red de Bibliotecas Independientes Haciendo Caminos, con la fundación en la Habana de las bibliotecas Benjamin Franklin, Helen Martínez e Ignacio Agramonte.
- Se constituye en Las Tunas la Biblioteca Independiente Leonor Pérez, su directora es Odalys Leticia Martínez.
- Se funda en Nueva Gerona, Isla de Pinos, la Biblioteca Independiente José Martí, siendo designado como su director Ibrahim Varela Savón.

Febrero 4. Se funda en la Ciudad de La Habana la Agencia de Prensa Independiente Abdala, dirigida por Rafael Ferro Salas.
- Se funda en Pinar del Río el Centro Nacional de Formación de Cultura y Prensa José Martí, que tiene como fin preparar políticamente a las diferentes organizaciones que integran la oposición.

Febrero 5. En Amancio Rodríguez, las Tunas, trabajadores ferroviarios de la industria azucarera inician un paro laboral de 12 horas, demandando que se les pague la totalidad de su salario.

Febrero 6. En la Prisión de Kilo 8, en Camagüey, el prisionero político Leoncio Rodríguez Ponce inicia una huelga de hambre en demanda de que las autoridades penitenciarias le reconozcan sus derechos.

Febrero 11. Arrestado Mariano Faget, funcionario de inmigración acusado de espiar para Cuba. Faget, de 54 años, natural de Cuba y supervisor en la oficina de Miami del Servicio de Inmigración y Naturalización, podría haber estado dando a Cuba por cierto tiempo información secreta sobre desertores cubanos, dijeron las autoridades. De acuerdo con documentos judiciales, Faget se reunió con funcionarios de la inteligencia cubana en Miami en por lo menos dos ocasiones, se comunicó con funcionarios de la agencia que representa a Cuba en Washington.

Febrero 18. La vicepresidenta del Partido Democrático 30 de Noviembre, Maritza Lugo, inicia una huelga de hambre en una celda tapiada del Departamento Técnico de Investigaciones, DTI, en 100 y Aldabo, en La Habana. Familiares y miembros del movimiento inician un ayuno de solidaridad en la finca Baraguá.

Febrero 22. El preso de conciencia Jesús Joel Díaz Hernández, junto a otro preso no identificado, inicia una huelga de hambre por tres días en la Prisión de Canaleta, en Ciego de Avila. La huelga tiene como propósito conmemorar el derribo de los aviones de Hermanos al Rescate.

Febrero 24. En varias ciudades del país miembros de organizaciones de la oposición, realizan vigilias, cadenas de oración y actos patrióticos como forma de rendir homenaje a los mártires de Hermanos al Rescate.
-Se constituye en la ciudad de Puerto Padre, la Coordinadora Obrera Cubana. El delegado de esta organización es Alexis Guerrero Cruz.

Febrero 24. El Partido Solidaridad Democrática inaugura en la ciudad de Las Tunas el Centro de Estudios Políticos, Mario Manuel de la Peña, uno de los mártires de Hermanos al Rescate.

Febrero 25. Se funda en Santiago de Cuba la Biblioteca Independiente José Mayía Rodríguez. El director del nuevo centro es Adel Jiménez Cintra.

Marzo 2. El Comité Pinero Pro Derechos Humanos de Isla de Pinos conmemora, en Nueva Gerona, el tercer aniversario de la fundación de la Escuela Cívica para la Democracia.

Marzo 3. Se instituyen en Amancio Rodríguez, Las Tunas, las Bibliotecas

Independientes Carlos Manuel de Céspedes y Leopoldo Pita. Como directores de ambos centros fueron nombrados Marlenis González Conesa y Gustavo Colás Castillo, respectivamente.

Marzo 8. En Santiago de Cuba, Las Villas y La Habana, organizaciones de la oposición inician una campaña para demandar la excarcelación de la activista Maritza Lugo Fernández. Activistas que se encontraban hacía nueve días en huelga de hambre en La Habana, deponen su actitud al ser satisfechas varias de sus demandas.

Marzo 13. Se funda en Las Tunas la Biblioteca Independiente Ernest Hemingway. Su director es Lorenzo José Bello García.
- Doce familiares y amigos de presos políticos inician un ayuno de 48 horas en el Santuario del Cobre, Santiago de Cuba, en solidaridad con tres activistas encarcelados que se habían declarado en huelga de hambre: Leoncio Rodríguez Ponce, Carlos Luis Díaz Fernández y Alfredo Mena González.

Marzo 17. El Pen Club de Escritores Cubanos en el Exilio, que preside el poeta Ángel Cuadra, organiza en la ciudad de Miami el Primer Encuentro de Centros Pen de Hispanoamerica.

Abril 5. Se constituye en Quivicán, La Habana, la Biblioteca Independiente Juan Bruno Zayas y se designa como director a José Miguel Martínez Hernández.
- Se funda en Las Tunas la Biblioteca Independiente Ernesto Lecuona, dirigida por Juan Bruno Basulto Morell.

Abril 7. Varias organizaciones de la oposición ofrecen una conferencia de prensa en La Habana, para protestar por la celebración en la capital cubana de la Cumbre Sur-Sur y también para presentar la propuesta de que el prisionero político, doctor Oscar Elías Biscet, fuera condecorado con el Premio Nóbel de la Paz.

Este mismo día, el preso político Lázaro Constantin Durán, recluido en una prisión de La Habana, anunció una huelga de hambre para protestar por la celebración en Cuba de la Cumbre Sur- Sur.

Abril 10. Los presos políticos de la Cárcel de Boniato miembros de la organización Presidio Político Pedro Luis Boitel, se declaran en huelga de hambre hasta que culminara la Cumbre Sur-Sur que se estaba efectuando en La Habana.

Abril 11. En la ciudad de Santa Clara se realiza un encuentro de trece organizaciones no gubernamentales. De esta reunión sale un comunicado dirigido a los mandatarios asistentes a la Cumbre Sur-Sur. Un documento similar es emitido por el Movimiento Cristiano de Liberación.

Abril 17. En Pueblo Nuevo, Matanzas, se funda la Biblioteca Independiente Doctor Pedro Ortiz Estorino. Ésta es la biblioteca número 42 del Proyecto de Bibliotecas Independientes de Cuba. El director del nuevo centro es Jorge Berrier Rodríguez.

Abril 18. La Comisión de Derechos Humanos de Naciones Unidas, producto del esfuerzo realizado por la oposición política cubana del interior de la isla y la que reside fuera del país, en colaboración con países que están a favor del respeto a los Derechos Humanos, condena al régimen cubano por la violación de esos derechos. Este año la moción de condena también estuvo auspiciada por el presidente checo Vaclav Havel.

Abril 20. Se funda en La Habana el Centro de Información sobre Democracia, que tiene como objetivo transmitir noticias de Cuba al interior y exterior del país. La dirección corre a cargo de Mercedes Clementina Constantín Figueroa.

Abril 22. En la Prisión 1580, en La Habana, se declaran en huelga de hambre los prisioneros políticos Marcel Valenzuela Salt, miembro de la Hermandad Cívica y Miguel López Santos, del Partido Federalista. La acción es para demandar la atención médica que les estaba siendo negada por las autoridades carcelarias.

Abril 25. Tiene lugar en la Biblioteca Independiente Dulce María Loynaz, un encuentro de directores de bibliotecas, en el cual el licenciado Héctor Palacio Ruiz imparte una conferencia sobre la historia de la oposición interna cubana.

Abril 26. En la ciudad de Pinar del Río se constituye la Biblioteca Independiente Pedro Junco, y se designa como director a Gerardo Redonet Gómez. En La Habana se inaugura la Biblioteca 24 de Febrero y en Santiago de Las Vegas la Grito de Baire. Para las cuales quedan nombrados como directores Leonardo Miguel Bruzón Ávila y Rolando Monteagudo Pernas, respectivamente.

Abril 27. En Santa Cruz del Sur, Camagüey, se funda la Biblioteca Independiente 13 de Julio, siendo designado como director Rolando Álvarez Tendero.

Abril 28. Los presos políticos José Aguilar Hernández y Carlos Oquendo Rodríguez, del Movimiento 13 de Julio, recluidos en la Prisión de Valle Grande, en La Habana, inician una huelga de hambre en solidaridad con Marcel Valenzuela Salt, quien se encuentraba en la Prisión 1580, de la misma provincia.

Abril 29. Como una expresión del esfuerzo continuado de la sociedad civil cubana en la búsqueda de una propia identidad, el Proyecto de Bibliotecas Independientes convoca al Concurso Literario El Heraldo, en el que se otorgan premios a Bárbaro López y a Héctor Palacio Ruiz y menciones a varios de los concursantes. El periodista Raúl Rivero encabezó el jurado, y el acto tuvo lugar en la Biblioteca Jorge Mañach.
- Se crea la Biblioteca Independiente Gertrudis Gómez de Avellaneda en la barriada del Cerro, en La Habana, designándose como directora a Julia Cecilia Delgado.

Mayo. El Directorio Revolucionario Democrático Cubano auspicia el Proyecto Auxilio, que tendrá como fin patrocinar a los presos políticos cubanos. Simultáneamente tiene lugar en la ciudad de Miami la Caminata por la Libertad de los Presos Políticos, promovida por el Directorio.

Mayo 3. La guarnición del Penal Kilo 7, en Camagüey, reprime brutalmente un acto de protesta pacífica de los presos políticos que reclamaban un trato justo y el reconocimiento de sus derechos por parte de las autoridades.

Mayo 7. Setenta opositores participan en un ayuno de 24 horas en Tamarindo 34, residencia de la señora Migdalia Rosado. El ayuno fue para patentar su rechazo al sistema político imperante en Cuba.

Mayo 8. Se funda en La Habana, la Asociación de Presos Políticos Pedro Luis Boitel que tiene como fin el respeto a los derechos humanos, ayudar a los presos políticos y de conciencia, denunciar las arbitrariedades en que incurra el gobierno y promover cambios en Cuba a favor de un régimen democrático. La organización es dirigida por Orlando Fundora Álvarez.
- De nuevo los presos políticos Marcel Valenzuela Salt y Miguel López Santos inician una huelga de hambre en la Prisión de 1580, La Habana, en

protesta por su encarcelamiento sin que se le hubiese efectuado un juicio. A la protesta se sumó el preso político Lázaro Constantin Durán, quien había participado en otras huelgas de hambre.

Mayo 13. El Comité de Madres Cubanas por la Libertad de los Presos Políticos y de Conciencia, Leonor Pérez, queda constituido en la barriada de Centro Habana, en la capital cubana.
- Organizaciones opositoras como Opción Alternativa y el Movimiento por la Democracia Pedro Luis Boitel, en Matanzas, el Movimiento Nacional de Resistencia Cívica Pedro Luis Boitel y el Consejo Nacional por los Derechos Civiles en Cuba, en La Habana, inician una nueva jornada homenaje al mártir del Presidio Político Cubano, Pedro Luis Boitel. Esta jornada se extiende por varios días y tiene lugar en numerosas localidades de la isla.

Mayo 15. En la provincia de Las Tunas se fundan tres nuevas Cooperativas Independientes, la Cooperativa Las Minas, en el municipio Manatí; la Cooperativa San Carlos, en el municipio Majibacoa; y la Cooperativa Yarey, en el municipio de Jobabo.

Mayo 16. Se crea en Las Tunas el Partido Democrático Cristiano Hermanos al Rescate que tiene como fin la defensa de los derechos humanos en Cuba. La organización es dirigida por Ramón Moisés Ávila Pérez, Arturo Serrano e Iván González.

Mayo 19. El Partido Liberal Democrático celebra en La Habana el cuarto aniversario de su fundación. Como suceso poco frecuente, es importante destacar que al acto asistió el segundo secretario de la embajada de Japón en Cuba, Ken Yauno.

Mayo 20. Concluye en la ciudad de Filadelfia, Estados Unidos, la Décimo Séptima Convención de Cuba Independiente y Democrática, CID.
- En la ciudad de Miami se constituye la Alianza Nueva Democrática, que tiene como fin trabajar a favor de una unidad de todos los factores que enfrentan al régimen totalitario. Esta agrupación está integrada, entre otras personas, por Roberto Gómez Barrueco, Antonio Calatayud y Ramiro Gómez Barrueco.

Mayo 24. La activista Berta Antúnez Pernet, hermana del preso político Jorge Luis García Pérez (Antúnez), se declara en huelga de hambre en solidaridad con su hermano, que había iniciado una nueva huelga de hambre el día anterior. Esta situación se extiende por siete días.

Mayo 26. Inicia sesiones la XX Convención Anual de la Junta Patriotica de Cuba en la ciudad de Miami. El encuentro es presidido por el doctor Roberto Rodríguez Aragón y sesionaría hasta el 28 del corriente mes.

Junio 7. Cerca de cien opositores al régimen cubano se reúnen en Tamarindo #34, La Habana, para conmemorar el primer aniversario del ayuno Vida y Libertad, y para demandar la libertad de los presos políticos y el respeto a los derechos humanos. Simultáneamente, el doctor Oscar Elías Biscet, uno de los participantes del ayuno y que se encontraba en la Prisión Provincial de Holguín, inició un ayuno de 6 horas diarias durante 40 días.

Junio 10. El Colegio de Pedagogos Independientes de Cuba inaugura en Arroyo Naranjo la Biblioteca Independiente Gertrudis Gómez de Avellaneda. El centro estará dedicado a estudios sobre la mujer.

Junio 15. Se funda en La Habana el Instituto Liberal Francisco de Arango y Parreño, que tendrá como fin preparar a la población cubana para el cambio democrático que se debe producir en Cuba. La institución es dirigida por Pablo Silva Cabrera.

Junio 20. La Asociación Europea Cuba Libre, junto con la Organización Plantados, presentan ante instancias de la Asamblea Nacional de Francia un llamado a la solidaridad con los demócratas cubanos.

Junio 22. El esfuerzo continuado de la oposición por tener sus propios medios informativos se hace más evidente cuando la Mesa de Reflexión de la Oposición Moderada da a conocer su boletín, 'El Estado del País'.

Junio 27. El Partido Pro Derechos Humanos de Cuba, afiliado a la Fundación Andrei Sajarov, inicia en La Habana un ayuno de 41 días, que cumplirá en dos etapas. La última tendrá lugar cuando se conmemore un aniversario más de la Declaración Universal de los Derechos Humanos.

Julio 4. En la sede del Centro de Estudios Sociales se celebra la conferencia Cultura y Civilización, impartido por Manuel Vázquez Portal, director del Grupo de Trabajo Decoro.

Julio 7. Se declara en huelga de hambre, en demanda de asistencia médica,

el preso político Marlon Cabrera Rivero, del Movimiento Hermandad Cívica, quien se encuentraba en la Prisión de Valle Grande, en La Habana.
- En varias ciudades del país, numerosas organizaciones de la oposición se ponen de acuerdo para iniciar un ayuno en protesta por las violaciones a los derechos humanos que tienen lugar en Cuba y para honrar la memoria de las víctimas del Remolcador 13 de Marzo. Durante los días siguientes hasta el aniversario de la masacre, el 13 de Julio, se realizan vigilias y veladas dedicadas a los fallecidos.

Julio 8. Las fuerzas represivas del régimen sofocan violentamente una protesta protagonizada por vendedores ambulantes minusválidos que rechazaban los abusos de la policía. El suceso, que tiene lugar en La Habana, logra el apoyo de más de 500 transeúntes y la atención de la prensa internacional.

Julio 9. Centenares de opositores y familiares de presos políticos asisten a una misa oficiada por el Cardenal Jaime Ortega, por el Jubileo del Mundo Carcelario, en el Templo de la Caridad del Cobre, en Centro Habana. Durante la ceremonia algunas personas gritan "Libertad".
- El Comité Pinero Pro Derechos Humanos publica en Nueva Gerona, Isla de Pinos, el primer número de su boletín El Patriota.
- Como un gesto de solidaridad con el Jubileo del Mundo Carcelario, los presos políticos de la Prisión de Kilo 8, en Camagüey, realizan en la cárcel un acto de desobediencia civil; ésto también tiene lugar en la Prisión Mar Verde, en Santiago de Cuba, donde un preso político junto a cinco presos comunes, se declaran en desobediencia por 24 horas.

Julio 11. Se crea en La Habana el Movimiento Cívico Nacional Cubano, que tiene como fin luchar pacíficamente por la unidad nacional y el cambio hacia un gobierno democrático. La organización es dirigida por Rogelio Travieso Pérez.

Julio 13. Culmina en toda Cuba una jornada de recordación a las víctimas del Remolcador 13 de Marzo. Las misas, veladas, marchas, peregrinaciones y reuniones organizadas por agrupaciones de la oposición tenían como objetivo repudiar el crimen e informar a la población sobre la naturaleza criminal del régimen totalitario.
- La Coalición de Mujeres Cubano Americanas funda en la ciudad de Miami 'Los Ismaelillos', que tiene como fin ayudar a los hijos de las personas que luchan en Cuba por los derechos humanos. La organización infantil está dirigida por la señora Lucrecia Rodríguez.

Julio 14. En el histórico Castillo del Morro, en La Habana, opositores de la Liga Cívica Martiana, Movimiento 13 de Julio y Unión Patriótica Cristiana Independiente develaron una tarja de mármol con la inscripción "A las víctimas del Remolcador 13 de Marzo". Aunque la policía política actuó rápidamente para reprimir el acto, la tarja conmemorativa pudo ser filmada por la prensa extranjera.

Julio 17. Se constituye en Santiago de Cuba el Movimiento de Jóvenes del Nuevo Siglo por los Derechos Humanos. La agrupación se inicia con 27 jóvenes santiagueros y tiene como fin rescatar el prestigio y la moral de la juventud cubana y trabajar para implantar la democracia en Cuba.
- La Asociación para la Defensa del Medio Ambiente en Cuba, MAS, y la Asociación para la Defensa de los Derechos Políticos, ADEPO, solicitaron al gobierno de Cuba, desde la ciudad de Ciego de Ávila, un Plebiscito Nacional para que el pueblo tuviera la oportunidad de determinar si quería cambiar el sistema políticos imperante.

Julio 18. Están trasmitiendo hacia Cuba las siguientes emisoras de onda corta: La Voz de CAMC, Cuba Siglo XXI, Alternativa, Conversando entre Cubanos, La Voz de Alpha 66, La Voz de Cuba Independiente y Democrática, La Nueva Voz de Cuba, La Voz de la Fundación, La Voz de la Junta Patriotica Cubana, La Voz del Ejército Rebelde Juramentado, La Voz del Puente de Jóvenes Profesionales en el Exilio, Foro Militar Cubano, Radio Revista Lux y Radio Roquero.

Habían dejado de transmitir, entre otras, La Voz del Escambray, Presencia, Agenda Cuba, Voz de la Ortodoxia, La Voz de los Pantados, Contacto, Caribe Llama a Cuba, Mujer Cubana y La Voz de la Disidencia.[95]

Julio 21. El preso político Yosvany Aguilar Camejo se declara en huelga de hambre en la Cárcel de Valle Grande, en La Habana, como protesta por no haber sido sometido a juicio desde su encarcelamiento. Aguilar Camejo es trasladado a confinamiento solitario como castigo a su actitud.

Julio 24. Secundino Lugo, propietario de la Finca Baraguá en San Miguel del Padrón, La Habana, junto a familiares y amigos, detuvieron a funcionarios del gobierno que pretendían intervenir la finca por ser ésta la sede del Partido Democrático 30 de Noviembre, y por formar parte de las cooperativas independientes.

Agosto 3. Las autoridades suspenden el juicio contra el opositor Ernesto la

O Ramos en el Tribunal Popular del municipio de San Juan y Martínez, porque se habían congregado más de ochenta opositores al gobierno en la sede del tribunal.

Agosto 4. La Liga Cívica Martiana funda en Arroyo Naranjo la Biblioteca Independiente 27 de Noviembre, en la cual es designada como directora Aurora Pantoja López.

Agosto 9. Activistas de la Fundación Avileña Pro Derechos Humanos protagonizan en Ciego de Ávila un breve toque de cazuela como protesta por la situación que vivía el país.

Agosto 13. En la casa del activista Carlos Oquendo, militante del Movimiento 13 de Julio, tiene lugar un toque de cazuela en el que participan varios activistas, para demandar la libertad de los presos políticos.

Agosto 16. Varias organizaciones de la oposición rinden homenaje en el Cementerio de Colón a la memoria del dirigente político de la República, Eduardo Chibás, a pesar de que la policía política situó en el campo santo a numerosos efectivos. Otros actos similares tuvieron lugar en varias ciudades de la isla.

Agosto 17. Oswaldo Payá Sardiñas, dirigente del Movimiento Cristiano de Liberación, reclama que se realice en el país un referéndum para que el pueblo exprese si está a favor de cambios políticos.
- La Alianza Nueva Democrática inicia las transmisiones de Radio General Maceo, dirigida al pueblo cubano que reside en la isla. Laboran activamente en la programación, Ramiro Gómez Barrueco, Saturnino Polón, Raúl Pintado y Carmen de Toro Gómez.

Agosto 18. Se crea en Madrid, España, la asociación Españoles por la Libertad de Cuba. El propósito de esta institución es divulgar en España la situación de los derechos humanos en Cuba y prestar apoyo humanitario a los que en la isla son reprimidos y marginados por el régimen. El presidente de su junta Directiva es Miguel Ángel Rodríguez.
- Se funda en la Habana la Biblioteca Independiente Fermín Valdés Domínguez, que es dirigida por el ingeniero Eddy de la Cruz Fernández.

Agosto 19. Se crea en La Habana el Movimiento de Integración Racial, MIR, que tiene como fin procurar la integración pacífica de todos los cubanos sin distinción de raza. La institución es dirigida por José Idelfonso Vélez Hernández.

Agosto 20. Se funda en Camagüey con la participación de más de 40 personas, la Biblioteca Independiente Rolando Pérez Gómez, dirigida por Luis Socarras.

Agosto 23. Se constituye en Palma Soriano, Santiago de Cuba, la Biblioteca Independiente República Checa, que será dirigida por Roberto Enrique Mendoza Díaz.

Agosto 28. Nuevamente el preso político Marlon Cabrera Rivero, recluido en la Prisión de Valle Grande, en La Habana, se declara en huelga de hambre, dejando incluso de tomar agua, porque su correspondencia estaba siendo interceptada por los carceleros.

Agosto 29. Ratifica el Partido Pro Derechos Humanos de Cuba la "Declaración de La Habana de 1988", en la que se demandaba un plebiscito en la isla. Firman el documento Manuel Vázquez Portal, Jadir Hernández, Tania Díaz Castro y el ingeniero Miguel Galbán Gutiérrez.

Septiembre 2. En varias provincias de Cuba, incluyendo Pinar del Río, La Habana, Matanzas, Villaclara y Granma tienen lugar los preparativos para celebrar el Primer Congreso de Pedagogos Independientes. En el encuentro se analizaron ponencias sobre la situación de la educación en Cuba.
- Tiene lugar en la residencia de Eddy Espinoza, en la ciudad de Santa Clara, el Segundo Lugar de Encuentro, una reunión que se proponía analizar y debatir la ponencia Visión Martiana de la Libertad y en la que participaron 73 opositores de varios movimientos políticos, con sede de operaciones en la región central del país.

Septiembre 4. Se inaugura en Morón, Ciego de Ávila, la Biblioteca Independiente Enrique Loynaz del Castillo, que va a ser dirigida por Yuvelis Pardo Díaz.

Septiembre 7. Filiberto González Chávez, José Antonio Rebustillo Méndez y Miguel Gómez, integrantes del Movimiento 24 de Febrero de la ciudad de Manzanillo, provincia Granma, marchan por la calles de la ciudad tocando cazuelas en demanda de la libertad de los presos políticos cubanos.

Septiembre 8. Se funda en la capital cubana la filial del Instituto Andrei Sajarov que preside en Moscú, Rusia, la señora Elena Bonner. Se incorporan a la filial, entre otros, Manuel Vázquez Portal, Tania Díaz Castro, Héctor Maseda, Farah Armenteros, Gladis Linares y el ingeniero Miguel Galbán Gutiérrez.
- En varios lugares de Cuba, activistas de la oposición integrados a diferentes movimientos participan en actividades que están relacionadas con el Día de la Caridad del Cobre, conmemoración religiosa nacional.

Septiembre 11. En Santiago de Cuba, organizado por el Instituto Independiente Cultura y Democracia, tiene lugar la segunda edición de los premios literarios Arrecife.

Septiembre 15. Se funda en La Habana el Movimiento Libertad, que tiene como objetivo desarrollar una actividad cívica en la sociedad cubana. Su director es Humberto Francisco Guerra Perugorría.

Septiembre 18. Se crea en la provincia de Camagüey el Colegio de Periodistas Independientes de Camagüey, que tiene como fin defender la libertad de prensa. Su director es Normando Hernández González.

Septiembre 19. Se funda en la ciudad de Manzanillo, Granma, la Biblioteca Independiente Rafael María Mendive, que va a ser dirigida por José Antonio Rebustillo Méndez.

Septiembre 21. Tres ejecutivos del Movimiento 13 de Julio inician una huelga de hambre en la barriada de Santo Suárez, en La Habana.

Septiembre 29. El preso Charles Valdés Suárez, recluido en el Combinado del Este, inicia una huelga de hambre para que le presten asistencia médica y además para solidarizarse con el también preso político Arturo Suárez Ramos, que llevaba 30 días sin ingerir ningún tipo de alimento.

Septiembre 30. Se crea en Pinar del Río la filial del Colegio de Pedagogos Independientes de Cuba y es nombrada como presidenta de la Junta Directiva Provincial Diana Margarita Cantón Martínez.

Octubre. Se funda en Santiago de Las Vegas, La Habana, el Centro Nacional de Estudios e Investigaciones Independiente, Carlos Quintela, que tiene como fin procurar espacios para las cooperativas independientes y las investigaciones agrícolas. La organización es dirigida por Miguel Arcángel Camejo Planes.

Octubre 1. El Instituto Independiente Cultura y Democracia inicia en Santiago de Cuba la publicación del boletín Fueros.
-Un grupo de opositores marchan por varias calles del reparto Santos Suárez, en La Habana, golpeando cazuelas en reclamo de las libertades fundamentales transgredidas por el régimen.

Octubre 4. Son constituidas en las localidades de Guane, Mantua y Sandino, filiales del Centro Fraternal Unido Libertad Igualdad y Fraternidad. Todos estos centros estarán coordinados por David Rodríguez.

Octubre 6. Los opositores Filiberto González Chávez y Manuel Núñez Gómez inician una huelga de hambre en la primera estación de policía de Manzanillo, exigiendo su inmediata liberación. Los dos activistas habían participado en un toque de cazuela el día anterior frente al hospital de la ciudad.
- Se constituye en la ciudad de Manzanillo, provincia Granma, la Biblioteca Independiente Fermín Valdés Domínguez.

Octubre 9. La organización sindical independiente Federación Sindical de Plantas Eléctricas, Gas, Agua de Cuba, FSPEGA, entrega en la sede de la oficialista Confederación de Trabajadores de Cuba una solicitud para participar en el XVIII Congreso de la CTC.

Octubre 10. Se constituye en Guane, Pinar del Río, el Concilio de Libertad de Occidente que agrupa a 10 organizaciones opositoras y que está dirigido por Lorenzo del Toro Ramos. Durante el acto de fundación, la policía interviene y arresta a los participantes.
- Se constituye en la ciudad de Santa Clara, Villaclara, el grupo opositor Movimiento Democrático Independiente, que estará dirigido por Francisco Moya Álvarez.
- Miembros del Partido Paz, Amor y Libertad marchan por las calles del pueblo El Roque, en Matanzas, con una bandera cubana al revés dando gritos de ¡Viva Cuba Libre! y distribuyendo copias de la Declaración Universal de los Derechos Humanos.
- En la ciudad de Colón, Matanzas, se inaugura la Biblioteca Independiente Juan Gualberto Gómez, bajo la dirección de Iván Hernández Carrillo.
- Son inauguradas en Santiago de Cuba y Puerto Padre, las Bibliotecas

Independientes Eduardo R. Chibás y Leví Marrero, respectivamente. La Biblioteca Leví Marrero es dirigida por Julio Ojeda.
- Se crea en Alamar, La Habana, la Biblioteca Independiente Rigoberta Sánchez Sambrana.

Octubre 14. El Movimiento Cristiano de Liberación, que preside Oswaldo Payá Sardiñas, dirige un mensaje a la Tercera Conferencia Internacional de los Derechos Humanos que tiene lugar en Varsovia, Polonia.

Octubre 15. Se crea en Las Tunas la Federación Americana de Mujeres Rurales. Su presidente es Oralys Leticia Martínez.

Octubre 20. Se constituye en Arroyo Naranjo, La Habana, la Escuela Cívica para la Democracia Heberto Padilla, donde se impartirán conferencias periódicas sobre temas variados. El director es Ignacio Rivera, quien preside el Movimiento Acción Nacional Democrático Independiente, MANDI.

Octubre 21. Concluyen los campesinos de la Cooperativa Independiente Baraguá treinta días de ayuno y tres de huelga de hambre, cuando el gobierno decidió aceptar sus demandas. Las autoridades le comunicaron al señor Secundino Lugo que se le autorizaba a la cooperativa la tenencia de vacas y la posibilidad de cultivar la tierra. Según informaciones, ya se habían sumado a la protesta cincuenta campesinos más del área.

Octubre 22. El Movimiento Joven Cuba inaugura en la capital cubana el Proyecto Asociación Manos Amigas, que tiene como objetivo fortalecer la sociedad civil.
- Se inaugura en Güines, La Habana, la Biblioteca Independiente Francisco Riverón Hernández, que va a ser dirigida por Noel Ascanio Montero.

Octubre 28. Es constituida en Perico, Matanzas, la Coordinadora de Opositores Unidos, una alianza de siete organizaciones contestatarias que operan en esa provincia. El propósito consiste en que cada grupo conserve su autonomía pero trabaje, en el contexto de la alianza, con objetivos comunes. El organismo está integrado por el Partido Solidaridad Democrática, Partido Paz, Amor y Libertad, Unión Nacional Opositora, Partido Ortodoxo, Movimiento Independiente Opción Alternativa, Confederación de Trabajadores Democráticos de Cuba y el Consejo Unitario de Trabajadores Cubanos.

Octubre 30. Las organizaciones que integran el Frente Unido Democrático se reúnen en la barriada de La Rosalía, del municipio de San Miguel del Padrón, en La Habana y deciden cambiarle el nombre a la agrupación por el de Congreso Opositor Cubano.

Noviembre. Campaña de la Asociación del Centenario de la República Cubana contra la revista francesa "Connaissance des Arts" que había dedicado su portada a una bandera cubana pintada por el artista francés Jean-Pierre Raynaud quien se la entregara personalmente a Fidel Castro. Como resultado de la campaña, la misma revista publicó en su próximo número (579) un dossier de la pintura cubana en el exilio de Miami.

Noviembre 2. Varias organizaciones opositoras en diferentes localidades recuerdan en el Día de los Fieles Difuntos al preso político fallecido durante una huelga de hambre, Pedro Luis Boitel. Las autoridades impiden que activistas conmemoren la fecha frente a la tumba de Boitel, que se encuentra sepultado en el Cementerio de Colón, en La Habana. Varias personas fueron arrestadas.
- Tres miembros del denominado Grupo de los Cuatro, Félix Bonne Carcassés, René Gómez Manzano y Martha Beatriz Roque Cabello, emiten un comunicado público titulado "Debates y Desagravios", en el que emplazan al régimen a sostener un debate sobre la situación política del país. El documento se realiza como respuesta a un planteamiento del dictador cubano, dirigido a los opositores del presidente Hugo Chávez, en Venezuela, en el que los invitaba a viajar a La Habana para discutir en la Asamblea Nacional de Cuba, las diferencia ideológicas. En el momento de la firma de este documento Vladimiro Roca se encontraba cumpliendo una sanción en la Prisión de Arias, de la provincia de Cienfuegos.

Noviembre 3. En un hecho poco común, más de noventa militantes de diferentes organizaciones de la oposición se reúnen en la Finca El Valle, en La Habana, sede de la Hermandad Cívica, para conmemorar el primer año de encarcelamiento del doctor Oscar Elías Biscet, presidente de la Fundación Lawton de Derechos Humanos. Simultáneamente el Movimiento Pro Derechos Humanos 24 de Febrero inicia una campaña nacional a favor de la excarcelación de los presos políticos y de conciencia, al cumplirse el primer año de prisión del líder de la Fundación Lawton.

Noviembre 4. Se funda en la Finca el Valle, en Arroyo Naranjo, La Habana, el Primer Centro de Formación para Gestores de Esperanza, bajo los auspicios de la Organización Ecologista Naturpaz, que preside el reverendo Pedro

Crespo Jiménez, de la Iglesia Ortodoxa de Cuba.

Noviembre 5. Organizaciones opositoras de la provincia de Villaclara efectúan una reunión general paralela a la Cumbre Iberoamericana, que se estaba efectuando en ese momento en Panamá, con el resultado de que varios de los participantes fueron detenidos por las autoridades. Entre los movimientos opositores se encontraban, Movimiento Acción Democrática, Fundación Marta Abreu, Movimiento Cívico Nacionalista Cubano, Movimiento Cubano Reflexión y varias agrupaciones opositoras más.
- El Movimiento Acción Nacionalista Democrático Independiente, MANDI, funda en Arroyo Naranjo, La Habana, la Biblioteca Independiente Heberto Padilla.

Noviembre 6. Dirigentes de varias organizaciones se reúnen en la Habana para constituir un frente unitario para continuar los preceptos de la lucha cívica como respuesta a una iniciativa del encarcelado doctor Oscar Elías Biscet.

Noviembre 7. Se funda en La Habana la Federación de Periodista Cubanos, FEPEC, que tiene como objetivo promover los intereses gremiales de los periodistas independientes, ayudar a su superación profesional y velar para que se cumpla con la ética periodística. Al frente de la organización es nombrado Manuel David Orrio, quien posteriormente el gobierno identificaría como uno de sus agentes encubiertos.
- Cuarenta y cinco opositores se reúnen para ofrecer una conferencia de prensa en el primer aniversario de la Comisión de Relatoría de Todos Unidos. Esto tiene lugar la víspera de la X Cumbre Iberoamericana, y durante la conferencia, Oswaldo Payá Sardiñas, dirigente del Movimiento Cristiano Liberación, lee un documento en el que expresa "Todos Tenemos Derecho a los Derechos".

Noviembre 12. Un grupo de opositores pacíficos funda en la ciudad de Regla, La Habana, la Asociación de los Hijos de la Virgen de Regla, con el objetivo de velar por los derechos humanos. La directiva de la organización está integrada entre otras personalidades por Jesús Adolfo Reyes y Mileni Roura Monterola.

Noviembre 14. Una treintena de dirigentes y activistas cívicos denuncian en una carta pública la injusta encarcelación del dirigente del Consejo Unitario de Trabajadores de Cuba, CUTC, Pedro Pablo Alvárez Ramos.

Noviembre 16. La Mesa de Reflexión de la Oposición Moderada dirige un documento explicativo de la situación cubana a los Presidentes y Jefes de Gobiernos reunidos en la Décima Cumbre Iberoamericana, que se efectuaba en la ciudad de Panamá. La Mesa de Reflexión estaba integrada por el Partido Solidaridad Democrática, el Movimiento Reconciliación Nacional, la Corriente Socialista Democrática, el Proyecto Demócrata Cubano y en calidad de observador La Joven Cuba.
- El Partido Democrático 30 de Noviembre convoca a todas sus delegaciones a un ayuno por la libertad del coordinador nacional de la institución, Marcos Lázaro Torres León, quien desde hacía una semana se encontraba en una huelga de hambre y sed. Al llamado se sumaron en solidaridad, la Confederación de Trabajadores Democráticos de Cuba, en el muncipio de San Miguel de Padrón, en La Habana y representantes en Placetas y Las Villas de las organizaciones Movimiento de Resistencia Cívica Pedro Luis Boitel, el Consejo Nacional Pro Derechos Civiles de Cuba, Movimiento Acción Democrática y el Movimiento Nacional de Derechos Humanos Mario Manuel de la Peña, así como delegaciones de La Habana, Manzanillo, Báez y Las Tosas.
- Es publicado el boletín Facetas Sociales, elaborado por el Grupo de Trabajo de la Disidencia Interna. El boletín presenta un estudio de la situación política, económica y social de Cuba, concluyendo los redactores del documento que la política social del gobierno cubano es contraria a los intereses del país.

Noviembre 17. Cuatro activistas ancastristas, Gaspar Jiménez Escobedo, Pedro Remón, Guillermo Novo y Luis Posadas Carriles, son detenidos en Panamá durante la Cumbre Iberoamericana de Jefes de Estado y Gobierno, por supuestamente estar organizando un atentado contra Fidel Castro.

Noviembre 22. Masones de la agrupación Club de Amor Familiar solicitan ante las autoridades correspondientes, la legalización de la organización que tiene como propósito fundamental salvaguardar la integridad de la familia cubana. El permiso es negado, como es costumbre del gobierno.
- Varias organizaciones de la oposición en la provincia de Pinar del Río, Asociación Foro por la Reforma, Movimiento Cívico Nacional Máximo Gómez Báez y el Frente Democrático por la Libertad, se suman al llamado de la Confederación Mundial del Trabajo, CMT, de que se excarcele al dirigente de la organización sindical Consejo Unitario de Trabajadores, Pedro Pablo Álvarez Ramos, quien fue arrestado por organizar el primer congreso de la CUT.

Noviembre 23. Se realiza la primera marcha de la oposición en Pinar del Río como una respuesta al juicio contra Ramón Suárez Díaz, delegado del Partido Democrático 30 de Noviembre Frank País. Durante la marcha numerosas personas gritaron consignas contra el régimen totalitario.
- En un acto de fuerte simbolismo, más de 90 activistas de la Confederación de Trabajadores Democráticos de Cuba, CTDC, dirigidos por José Orlando González Bridón, sepultan en la sede de la organización la Constitución cubana de 1976, el Código Penal y las Leyes 49 y 88 y reclaman libertad y justicia para los niños asesinados en el Remolcador 13 de Marzo.

Noviembre 26. En Santiago de Cuba, el Partido del Pueblo Seguidores de Chivás, en su boletín El Aldabonazo, exhorta a la lucha cívica y a la unidad de todas las fuerzas opositoras al gobierno.
- En la Biblioteca Independiente José Mayía Rodríguez, en Santiago de Cuba, se reúnen varios activistas para conmemorar el cuarto aniversario de la desaparición, a los 26 años de edad, del preso político Luis Alberto Coiseau Rizo.

Noviembre 27. El opositor Rolando Bestart Favart, director de la Biblioteca Independiente Pedro Luis Boitel, se declara en huelga de hambre para protestar por el encarcelamiento a que lo tienen sometido. Bestar Favart había sido detenido en numerosas ocasiones.

Noviembre 29. El Movimiento Humanitario Seguidores de Cristo Rey, cuya presidenta es Isabel del Pino Sotolongo, funda en La Habana, el Centro de Información contra la Violencia Policial, con el fin que las personas abusadas por las autoridades puedan efectuar las denuncias correspondientes.

Noviembre 30. Activistas de diferentes agrupaciones de la oposición realizan en el poblado de Baez, Villaclara, una caminata de 4 horas para conmemorar el aniversario de la constitución del Partido Democrático 30 de Noviembre Frank País. El acto fue reprimido por las fuerzas policiales obligando a las personas que habían venido de Santa Clara a subir a un camión para proceder a su expulsión del pueblo.
- Más de un centenar de activistas se reúnen en la localidad de San Juan y Martínez, en la provincia de Pinar del Río, para demandar la libertad de los presos políticos y para apoyar la resolución contra el terrorismo suscrita en la Décima Cumbre Iberoamericana, que se efectúa en Panamá.

Diciembre 3. Los presos políticos Carlos Oquendo Rodríguez, del

Movimiento 13 de Julio y René Montes de Oca Martijas, del Partido Pro Derechos Humanos, afiliados a la Fundación Andrei Sajarov, emiten desde la Prisión 1580, en La Habana, un comunicando en el que reafirman su compromiso de continuar luchando por la democratización de Cuba.
- Leonardo Bruzón Avila, presidente del Movimiento Pro Derechos Humanos 24 de Febrero, se declara en huelga de hambre el mismo día de su detención por considerar la acción policial como un hecho arbitrario.

Diciembre 4. El preso político Joaquín Barriaga San Emeterio, confinado en la Cárcel El Manguito, de Santiago de Cuba, se declara en huelga de hambre, en protesta por su encarcelamiento.

Diciembre 5. Concluye en La Habana el Primer Congreso de Pedagogos Independientes que contó con la participación de 28 delegados de diferentes provincias del país. El presidente del Colegio, Roberto de Miranda, precisó que los asistentes presentaron 40 ponencias sobre la educación, de las cuales se seleccionaron 23.

Diciembre 7. Se constituye en Las Tunas el Movimiento Independentista Carlos Manuel de Céspedes, que tiene como fin buscar el cese del comunismo y la instauración de un régimen democrático por medios pacíficos en Cuba. La organización es dirigida por Jorge Luis González Tanquero.
- Varias organizaciones de la oposición de las ciudades de Ciego de Avila, Chambas y Sancti Spíritus, en un acto de solidaridad, realizan ayunos simultáneos como protesta cívica por el desalojo de que son objeto numerosas familias de un barrio de Ciego de Avila.

Diciembre 8. En Santiago de Cuba, el Instituto Independiente Cultura y Democracia, IICD, realiza el "Segundo Coloquio sobre Democracia y Democratización, Proceso Histórico Cubano", durante el evento, los asistentes presentaron varias ponencias. Esta actividad se extiendió durante varios días.

Diciembre 10. Prácticamente todas las organizaciones que integran la oposición al régimen, celebran actos en numerosas ciudades y pueblos de Cuba para conmemorar el día de la Declaración Universal de los Derechos Humanos de Naciones Unidas. Estos actos de recordación también tienen lugar en la mayoría de las cárceles donde están recluidos los presos políticos. Aunque las actividades de los opositores son pacíficas, las autoridades realizan numerosos arrestos.

- Se funda en El Roque, en el poblado de Perico, Matanzas, el Movimiento Republicano Cubano, con el fin de promover la desobediencia civil y luchar a favor del respeto de los 30 artículos de la Declaración Universal de los Derechos Humanos. La organización es dirigida por Alexánder Aguilar Sosa.
- Se funda en Matanzas el Movimiento Republicano Cubano.

Diciembre 11. La Mesa de la Reflexión Moderada (MRM) presenta en La Habana, ante la opinión pública su plan Iniciativas 2001 que contienen tres proposiciones fundamentales en torno a la situación cubana. Son éstas: debate integral sobre los derechos humanos, encuentro de representantes del MRM en la isla y en el exilio y un evento sobre la normalización de relaciones entre Cuba y Estados Unidos.
- En el poblado de Quivicán, en La Habana, militantes del Movimiento Pro Derechos Humanos 24 de Febrero, se declaran en ayuno y vigilias de oración, para solidarizarse con su presidente, Leonardo Bruzón Avila, quien está en huelga de hambre desde el 3 de diciembre en el Centro de Investigaciones de 100 y Aldabó en la capital cubana.

Diciembre 13. En un gesto sin precedentes, la señora Raiza Lora Garquín se declara en huelga de hambre junto a sus hijos, Franklin, Marcelo y Marcelo Diosdado, para reclamar la libertad de su esposo y padre de los niños, Marcelo Diosdado Amelo Rodríguez, a quien las autoridades acusaban de otros supuestos delitos, después de haber cumplido 8 años de cárcel. La madre de Amelo Rodríguez, la señora Nelsa Rodríguez, de 81 años de edad también se privó de ingerir alimentos.

Diciembre 15. Decenas de deportados de la región montañosa del Escambray, en Las Villas, conmemoran en el Poblado de López Peña, en Pinar del Río, la arbitraria deportación de que fueron objetos en 1971. Aslan Beltrán Salinas, presidente del Ex Club Cautivo, participa en el acto a pesar de que estaba vigilado por las llamadas Brigadas de Respuesta Rápida, las cuales no son más que unidades paramilitares del régimen utilizadas para reprimir cualquier intento de manifestación popular opuesta a la oficialidad.

Diciembre 19. El Proyecto Auxilio, auspiciado por el Directorio Revolucionario Democratico Cubano, coloca un árbol de navidad en un lugar de la calle Ocho de Miami como tributo de recordación a los prisioneros políticos cubanos y sus familiares.
- Miembros del Movimiento Pro Derechos Humanos 24 de Febrero, inician una campaña de ayuno en Rancho Boyeros, La Habana, a favor de Leonardo

Bruzón Avila y todos los presos políticos cubanos.

Diciembre 20. Presentación en la Maison de l'Amérique Latine del libro del escritor togolés Sami Tchak "La prostitución en Cuba". El libro es presentado por la Asociación del Centenario.

Diciembre 22. Un grupo de presos políticos en la Prisión de Valle Grande, en La Habana, constituyen el Comité Pro Amnistía y Libertad de Presos Políticos Pedro Luis Boitel.

Diciembre 24. La Fraternidad de Ciegos Independientes de Cuba inicia en Camagüey su Segundo Congreso ordinario, y uno de los acuerdos aprobados consistió en solicitar a las instancias que correspondieran, la Declaración Universal de los Derechos Humanos de Naciones Unidas escrita en sistema braille.

Diciembre 27. La presidenta de la Asociación por la Reconciliación Nacional y el Rescate de los Valores Humanos, Julia Cecilia Delgado González se mantuvo en huelga de hambre en la Prisión de Mayor Rigor de Manto Negro. La opositora reclamaba atención médica y el cese de los malos tratos que recibía.

2000. El Ex Club Cautivo entrega al ministro de Agricultura de Cuba un pliego de reclamos en el que demandan le sean entregadas las tierras que les fueron confiscadas en la década del 60 y 70.

encuentra los restos de guerrilleros
fusilados o muertos en combate

blan

Año 2001

Enero 1. Se funda en La Habana el Partido Popular Joven Cuba. La Joven Cuba había sido un movimiento de características insurreccionales que desarrolló sus más importantes actividades en la década de 1930 y su dirigente más destacado fue Antonio Guiteras Holmes. El propósito de esta renovada organización consitiría en agrupar organizaciones políticas como Movimiento Joven Cuba, Agenda Nacionalista, Unión Nacional Cubana, Centro Amor y Familia, Fraternal Unido y la Asociación de Jóvenes Demócratas. Al frente de esta organización fue designado Rafael E. Avila Pérez.
- Los presos políticos Randy Cabrera Mayor y Jorge Luis Larrazábal Zulueta, recluidos en la Cárcel provincial de Guantánamo, se declaran en huelga de hambre por haber sido confinados en solitario, en celdas tapiadas.
- El preso político Jorge Luis García Pérez (Antúnez) inicia en la Cárcel del Combinado de Nieves Morejón, provincia de Sancti Spíritus, una huelga de hambre en demanda de asistencia médica

Enero 2. Se crea en la ciudad de Santa Clara, en memoria de una filántropa villareña, la Fundación de Derechos Humanos Marta Abreu.

Enero 6. En una especie de reto al sistema de educación gubernamental, el Colegio de Pedagogos Independientes de Cuba, anuncia que comenzará a impartir clases de educación para adultos con profesores vinculados al Colegio.

Enero 9. Se constituye en Puerto Padre el Sindicato Independiente de Trabajadores por Cuenta Propia.

Enero 16. Varias organizaciones de la oposición interna, tales como Movimiento Cristiano de Liberación, Comisión de Derechos Humanos y Reconciliación Nacional, Centro de Estudios Sociales y el Partido Liberal Democrático de Cuba, suscribieron un comunicado que denominaron "Todos Unidos". El documento estuvo dirigido a la comunidad internacional en demanda de solidaridad con los activistas que luchan en favor de la democracia en Cuba y que se agrupan pacíficamente por los derechos de todos los

ciudadanos.
- Un documento firmado por más de noventa organizaciones de la oposición denominado "Llamamiento de La Habana", fue hecho público en la sede del Centro de Estudios Sociales. En el informe se denuncian las violaciones a los derechos humanos en las que incurre el gobierno cubano.

Enero 17. En la ciudad de Sancti Spíritus, el señor José Antonio Vera Freire, junto a Marcelo Tier Piñero y José M. Pérez Laronte, fundan la Agencia de Prensa Independiente Sancti Spíritus Press.
- Carlos Ríos Otero, coordinador general de Cambio 2000, informa en La Habana de la constitución de las Comisiones Preparatorias del Congreso de la Nación Cubana que debe efectuarse entre el primero y el siete del próximo mes de abril.

Enero 18. Para honrar la memoria de uno de los mártires fusilados por el totalitarismo en La Fortaleza de la Cabaña, en la década del 60, se funda en la capital cubana la Biblioteca Independiente William Le Sante. El nuevo centro se especializa en el estudio de la democracia, derechos humanos y economía de mercado.

Enero 19. En honor a la memoria de uno de los presos políticos más destacados, se crea en la Ciudad de Santi Spíritus la Biblioteca Independiente Pedro Luis Boitel #2.
- La prestigiosa institución venezolana Universidad Nacional Experimental Simón Rodríguez, previa gestiones de la doctora Silvia Meso de Pérez de Corcho, presidenta del Comité Cubano Pro Derechos Humanos en Venezuela, aprueba incorporar a ese alto centro de estudios, la Cátedra de "Derechos Humanos, Democracia y Paz".

Enero 21. Los presos políticos Leonardo Miguel Bruzon Avila, Marcos Lázaro Torres León y Pedro Pablo Alvarez Ramos crean en la Prisión de Valle Grande, en La Habana, el Comité Pro Amnistía y Libertad de los Presos Políticos Pedro Luis Boitel.

Enero 22. Se funda en la Habana el Partido Popular Cubano, para el cual es designado como presidente Rafael Ernesto Avila.

Enero 31. Desde la Prisión 1580, el secretario general del Partido Pro Derechos Humanos, afiliado a la Fundación Andrei Sajarov, envía al exterior un tape en el que se denuncian las atrocidades del régimen.

Febrero 1. En honor a la memoria de uno de los escritores cubanos más reconocidos de los últimos años, se funda en el municipio de Arroyo Naranjo, en La Habana, la Biblioteca Independiente Heberto Padilla. Como directora es nombrada Magalys López García.
- Se crea en la ciudad de Pedro Betancourt, en Matanzas, la Biblioteca Independiente General Pedro Betancourt Avalos, de la cual se elige como presidente a Miguel Sigler Amaya.

Febrero 2. Se constituye en La Habana la Confederación Obrera Nacional Independiente de Cuba (CONIC), que tendrá como fin defender los derechos de los trabajadores. Su directora es Aleida Godinez Soler, quien en el año 2003 confesó ser una agente de la policía política.

Febrero 12. Por la unión de varias organizaciones de ex presos políticos en la ciudad de Santiago de Cuba, se constituye la organización Club Gerardo González, Hermano de la Fe. Gerardo González fue un preso político cubano asesinado por la guarnición de la Prisión de Boniato, en el oriente del país, el día primero de septiembre del año 1975.

Febrero 15. Se funda en La Habana el Buró de Información Comisión Cubana de Presos y Ex presos Políticos, que tendrá como propósito procurar información sobre las actividades económicas, la salud, el uso de estupefacientes, el turismo, la prostitución y la violación de los derechos humanos. Esta institución estaría dirigida por Nancy Isabel Villalba Crespo.

Febrero 20. Se constituye en Pinar del Río la Biblioteca Independiente Juan Gualberto Gómez III, siendo designada como su directora Diana Margarita Cantón Martínez.
- Se crea en la localidad de San Juan y Martínez, en Pinar del Río, la Biblioteca Independiente Paz, Democracia y Libertad.

Febrero 21. Fundan en el poblado de Río Seco, del municipio de San Juan y Martínez, en Pinar del Río, la Biblioteca Independiente Democracia.

Febrero 22. Se constituye en la ciudad de Santa Clara, en Villaclara, la Biblioteca Independiente Marta Abreu. Su director será Mario Osvaldo Ruiz.

Febrero 24. En diferentes lugares de Cuba, organizaciones de la oposición se reúnen para conmemorar un nuevo aniversario del derribo en aguas internacionales de dos aviones civiles desarmados de la organización humanitaria

Hermanos al Rescate, por aviones caza de la fuerza aérea del régimen castrista.
- Activistas cubanos exiliados en Italia constituyen la Unión de Cubanos en Italia, que asume como fundamento el ideario de José Martí y la defensa de la Declaración Universal de Derechos Humanos de Naciones Unidas.

Febrero 25. El opositor Guillermo Fariñas Hernández, presidente de la Fundación Marta Abreu de Derechos Humanos, inicia una huelga de hambre en protesta por el empleo en Cuba de la psiquiatría como instrumento de represión política. Fariñas Hernández, de profesión sicólogo, había estado ingresado en tres ocasiones en menos de un año en un hospital de enfermos mentales sin que hubiese presentado síntomas de esa dolencia.
- En honor a la memoria de uno de los líderes más destacados del exilio cubano, se funda en la ciudad de Santa Clara la Biblioteca Independiente Jorge Mas Canosa, bajo la dirección de Lester González Pentón.
Febrero 28. Varias organizaciones de la oposición en la ciudad de Santiago de Cuba, entre ellas, el Partido Republicano –que preside el ex preso político Manuel Díaz Breval (Pachi)– y la Junta de Transición, se reúnen en la biblioteca independiente Pedro Luis Boitel, para coordinar acciones cívicas contra el régimen.

Marzo 5. La presa política Maritza Lugo hace pública una carta denuncia desde la Cárcel de Mujeres de Manto Negro en la que informa sobre la violación de los derechos humanos en Cuba. Este documento conocido como "Yo Acuso", obtuvo una gran repercusión internacional.

Marzo 6. Se funda en Arcos de Canasí, provincia de La Habana, la Biblioteca Independiente Carlos Quintela en honor a un periodista cubano que defendió las causas campesinas y que murió en el exilio. El director de la nueva biblioteca es Manuel Ríos.

Marzo 7. Naturpaz, organización ecológica que no tiene relación con las autoridades gubernamentales funda un centro para la documentación e investigación del medio ambiente que lleva por nombre Esperanza Verde.

Marzo 9. Ciento dieciseis organizaciones no gubernamentales que actuan en el interior de Cuba, lanzan un llamamiento a la ciudadanía para que apoye con su firma una consulta popular sobre el Proyecto Varela, que es promovido por el Movimiento Cristiano de Liberaciòn.

Marzo 13. Se constituye en la ciudad de Bayamo, provincia Granma, la Biblioteca Independiente Antonio Bachiller y Morales, siendo designando Juan Carlos Martínez como su director.

Marzo 17. Se funda en la capital de Cuba la Biblioteca Independiente Francisco Arango y Parreño. Su director es Lázaro Jaime Martínez.

Marzo 21. El Movimiento por la Democracia Pedro Luis Boitel envía una carta a la Organización de Naciones Unidas en la que solicitan a los países miembros votar por una resolución que critique las actuaciones del gobierno cubano.

Marzo 23. Se funda en La Habana el Buró de Prensa 30 de Noviembre Frank País. Frank País, fue un destacado líder de la lucha contra el régimen de Fulgencio Batista y Zaldivar. La organización, que es dirigida por Delfín Travers Acosta, tendrá como fin difundir la realidad cubana.

Marzo 27. La alianza opositora Encuentro de Criterio Civilista dirige un documento público a los participantes de la 105 Conferencia de la Unión Interparlamentaria que tiene lugar en La Habana, en la que insta a los participantes a que persuadan al régimen cubano para que celebre un plebiscito en la isla.

Marzo 30. Se inicia en España la publicación electrónica contestataria Encuentro en la Red, que dirigida por Jesús Díaz, tiene como fin preparar condiciones para que por medio de la información y el diálogo se produzcan en Cuba condiciones que favorezcan una transición política a la democracia.

Abril. Se funda en la Ciudad de La Habana la Agencia de Prensa Independiente Cartas de Cuba, dirigida por Alicia Zamora Labrada.
- Se funda en Santa Clara la Organización Familia Trujillo, que tiene como fin luchar por la democracia en Cuba por medio de una oposición pacífica al régimen. La institución es dirigida por Hedí Trujillo García.

Abril 1. Se funda en Camagüey el Movimiento Democrático Unión de Jóvenes Martianos, que tiene como propósito trabajar pacíficamente por cambios políticos en Cuba, pero sin que tengan lugar diálogos con el gobierno. La nueva organización es dirigida por Francisco Pacheco Espinosa.
- El prisionero político Jorge Luis García Pérez Antúnez inicia en la Prisión de Nieves Morejón, en Sancti Spíritus, una nueva huelga de hambre que se

extiende por 26 días, en demanda de tratamiento médico.
- En un gesto de solidaridad y valor, más de 70 opositores se manifiestan frente a la Prisión de Nieves Morejón para demandar la asistencia médica que exigía el preso político Antúnez, quien una vez más se había declarado en huelga de hambre. Al enfrentamiento se unen la hermana del recluso García Pérez, Antúnez, y el esposo de ella.
- El Colegio de Pedagogos Independientes constituye en la región de Bayamo-Manzanillo cinco Bibliotecas Independientes dentro de una campaña cultural denominada “Esperando un Nuevo 20 de Mayo”. Los cinco nuevos centros son las Bibliotecas Independientes Francisco Vicente Aguilera, La Bayamesa, Génesis, la José Joaquín Palma y la Abraham Lincoln.

Abril 2. Se funda en Las Marinas, Pinar del Río, la Biblioteca Independiente San Isidro Labrador, siendo nombrado como su director David Reyes.
- Se crea en Ciudad Sandino, Pinar del Río, la Biblioteca Independiente Mahatma Gandhi II. Su director es Lázaro Romero Solís.
- Se instituye en San Juan y Martínez, Pinar del Río, la Biblioteca Independiente Martin Luther King II, siendo nominada como directora Alina Alvarez Cabrera.
- Se funda en el poblado de López Peña, Sandino, en Pinar del Río, la Biblioteca Independiente Escambray, siendo elegido como su director Ramón Meneses.
- Se crea en la Finca Irene, en Pinar del Río, la Biblioteca Independiente San Pablo. Su directora es Aniley Fuentes Varela.

Abril 3. Paralela a la 105 Conferencia de la Unión Interparlamentaria que tenía lugar en la capital cubana, se estaban produciendo en La Habana y Santiago de Cuba, respectivamente, el Foro Paralelo y el Foro Pro Congreso de la Nación Cubana. Estos dos eventos fueron organizados por agrupaciones de la oposición al régimen.

Abril 7. En la ciudad de Colonia, en Alemania, se crea la Sociedad Cubano Alemana, que tiene como fin denunciar las violaciones de los derechos humanos en Cuba. El presidente de la nueva institución es Carlos D. Morfa Morales.

Abril 12. Miembros del Comité de Autodefensa Social de Cuba y los Hijos de la Virgen de Regla realizan una huelga de hambre en el pueblo de Regla, demandando la libertad del prisionero político Jorge Luis García Pérez Antúnez.

Abril 15. Se funda en la ciudad de La Habana, la Comisión Cubana de Presos y Ex presos Políticos, que tiene como objetivo apoyar a la oposición y ayudar a los presos políticos y sus familiares. La organización es dirigida por Condado Esteban Labrit Hernández.
- La Asociación Europea Cuba Libre, presenta su tercer informe anual sobre la situación de los derechos humanos en Cuba en una conferencia organizada conjuntamente con el Ex Club y el Movimiento Pro Derechos Humanos de Cuba en la Maison de la Amerique Latine, en París, Francia.

Abril 17. El Comité Cubano Pro Derechos Humanos y la Organización World Health Care se consideran discriminados por el Consejo Económico y Social de Naciones Unidas, ECOSOC, que les niega una vez más el estatus de organización no gubernamental que les permitiría participar con derecho a voz en las reuniones de la Comisión de Derechos Humanos de Naciones Unidas que sesionan en Ginebra, Suiza. Por este motivo convocan a la celebración de una sesión especial de la Comisión de los Derechos Humanos en la que participarían otras organizaciones que arbitrariamente también fueron excluidas de la condición de Organización No Gubernamental que otorga las Naciones Unidas. Esta idea es brillantemente asumida por la organización MAR por Cuba, Mujeres ante la Represión, que preside la señora Sylvia Iriondo y se efectúa en el Hotel Presidente Winsord en Ginebra, una sesión no oficial sobre los Derechos Humanos.

Abril 18. La Comisión de Derechos Humanos de Naciones Unidas condena al régimen cubano por la violación de estos derechos, producto del esfuerzo realizado por la oposición política cubana del interior de la isla y también la que reside fuera del país, en colaboración con países que están a favor del respeto de esas prorrogativas inherentes a los seres humanos.

Abril 22. Seis presos políticos, miembros del Comité Pedro Luis Boitel Pro Amnistía para los Presos Políticos se declaran en huelga de hambre en solidaridad con el también prisionero político Jorge Luis García Pérez (Antúnez). Otras manifestaciones de solidaridad con Antúnez tienen lugar en varios lugares del país.

Abril 23. Muere en la Prisión de Canaleta el preso político Dámaso Aquino del Pino.

Abril 27. La Unión de Cubanos Exiliados en Perú, fue fundada por exiliados cubanos en ese país. La organización es presidida por David Rodríguez.

Mayo. Gabriel Andreescu, expreso político e intelectual rumano, Con el apoyo de ocho organizaciones defensoras de los derechos humanos de Europa Oriental, el ex preso político e intelectual rumano Gabriel Andreescu otorga al opositor cubano Juan Carlos González Leiva, el Premio Pedro Luis Boitel.

Mayo 1. Se funda en Puerto Padre, Las Tunas, la Biblioteca Independiente Mariana Grajales.

Mayo 3. Se crea en Isla de Pinos la Fundación Isla de Pinos de Derechos Humanos y Fomento Territorial, que tiene como fin procurar el respeto a los derechos humanos y promover el desarrollo territorial de Isla de Pinos, su espacio jurídico y administrativo. La organización es dirigida por Manuel Ismael Acosta González.
- Reporteros Sin Fronteras lanza la campaña "Los predadores de la libertad en el mundo", compuesta de grandes vallas publicitarias en las fachadas de importantes edificios parisinos. Encabeza la lista de los predadores el dictador cubano Fidel Castro.

Mayo 4. El Instituto Independiente Cultura y Democracia publica en la ciudad de Santiago de Cuba, un boletín de nombre Fueros. Su editor, José Gabriel Ramón Castillo, declara que el propósito de la publicación es manifestar una constante preocupación por la memoria cultural cubana.

Mayo 7. El preso político Yonni Labañino Matos, a quien le faltaba una pierna, escribió "Abajo Fidel Castro", con su propia sangre, en la pared de la celda en la que estaba confinado. Labañino fue herido durante la brutal golpiza que le propinaron los esbirros de la Prisión Provincial de Guantánamo.

Mayo 9. Exiliados cubanos acusan al gobernante Fidel Castro como responsable de crímenes contra la humanidad en un tribunal de justicia belga. Los querellantes residentes en Bélgica y Estados Unidos mencionaron en su alegato asesinatos, intentos de asesinatos, torturas, persecuciones y otros crímenes. Estos mismos cargos fueron imputados al vicejefe del gobierno cubano Raúl Castro y a los generales Ulises Rosales del Toro y Arnaldo Tamayo.

Mayo 12. Se funda en el poblado de Perico, en Matanzas, la Biblioteca Independiente Emilio Maspero. Su directora es la periodista y escritora

Adela Soto. Maspero, fue un dirigente sindical latinoamericano que siempre estuvo a favor de los derechos humanos en Cuba y defendió la libertad del movimiento sindical en la isla.

Mayo 13. El ex presidente de Estados Unidos Jimmy Carter visita a Cuba y habla ante la televisión nacional. Durante su comparecencia alude al Proyecto Varela, que dentro de la isla auspicia el Movimiento Cristiano Liberación, y pide además, el levantamiento del embargo.
- El Movimiento por la Democracia Pedro Luis Boitel, lanza la campaña "Boitel Vive", como parte de las actividades conmemorativas que van a tener lugar en la ciudad de Jovellanos, lugar de nacimiento del líder estudiantil, que murió durante una huelga de hambre. Una actividad similar tuvo lugar en la ciudad de Holguín, auspiciada por el Movimiento Nacional de Resistencia Cívica Pedro Luis Boitel.

Mayo 14. Activistas del Movimiento por la Democracia Pedro Luis Boitel, como parte de la Jornada Conmemorativa que lleva el nombre del mártir, visitan y llevan flores a las tumbas de muchos de los hombres que cayeron durante el proceso insurreccional contra el régimen totalitario cubano.

Mayo 20. Se fundan en Pinar del Río y en Placetas, Las Villas, las Bibliotecas Independientes Pedro Luis Boitel.
-Se fundan en Placetas, y Sancti Spíritus, ambos en la provincia de Villaclara, Bibliotecas Independientes que llevan el nombre 20 de Mayo, fecha en la que Cuba alcanzó su independencia de España.
-Se fundan en Artemisa, provincia de La Habana y en Pinar del Río, las Bibliotecas Independientes Emilio Maspero, quien fuera secretario general de la Central Latinoamericana de Trabajadores y vicepresidente de la Confederación Mundial del Trabajo.
- Se funda en La Habana la Organización no gubernamental Movimiento Cubano del Derecho, que tiene como fin defender los derechos humanos e informar a la población sobre las violaciones de éstos. El directivo de la institución es Carlos Alberto Domínguez González.
- Se crea en la ciudad de Santa Clara, provincia de Villaclara, la Revista Cubanicay. Este nuevo medio informativo es dirigido por Luis Ramón Hernández y su consejo editorial está integrado entre otras personas por Osvaldo Garciendias y Ramón Gutiérrez Cabreras.

Mayo 21. Muere en el Hospital Saturnino Lora, en Santiago de Cuba, el preso político Marcelo Diosdado Amelo Rodríguez. Durante meses las autoridades penitenciarias se rehusaron a entregarle las medicinas que sus familiares le traían para las dolencias que padecía.

Mayo 22. Las fuerzas represivas golpean y arrestan a numerosos activistas de la oposición durante el funeral del preso político Marcelo Diosdado Amelo Rodríguez. Durante la marcha fúnebre que tuvo lugar en Santiago de Cuba, más de ochenta opositores profirieron gritos de “Libertad”.

Mayo 25. Las fuerzas represivas del régimen impiden el acceso de miembros de la oposición a la Necropolis de Colón, en Ciudad de La Habana. Los activistas querían celebrar una ceremonia frente a la tumba de Pedro Luis Boitel, en el 29 aniversario de su muerte. Sin embargo, miembros de la organización Movimiento Mario Manuel de La Peña por los Derechos Humanos, lograron burlar la vigilancia policial y colocar una ofrenda floral y una bandera cubana en la tumba del dirigente estudiantil.

Mayo 26. Se constituye en la ciudad Puerto Padre, en honor a la memoria de la patricia cubana madre de los Maceo, la Biblioteca Independiente Mariana Grajales. Dirigirá este centro Ramón Moisés Avila Pérez.

Mayo 28. La Organización de Estados Americanos, OEA, hace público un informe crítico sobre la situación de los derechos humanos en Cuba.

Mayo 30. El Partido Popular Joven Cuba, funda varias bibliotecas en la capital cubana. El movimiento La Joven Cuba tendrá una decena de bibliotecas bajo su dirección: la Juan Gualberto Gómez, Sebastián Arcos Bergnes, Mario Manuel de la Peña, Mahatma Gandhi, José Julián Martí y Pérez, Ignacio Agramonte, Paz y Amor, Heberto Padilla, Aurora y Shalom.

Mayo 31. La organización sindicalista sin vínculos con el gobierno Consejo Unitario de Trabajadores Cubanos, inaugura en La Habana, la Bilioteca Independiente Emilio Máspero, para la cual se designa como directora a la señora Elizabeth Pruneda Balmaseda. Previamente se habían fundado otras bibliotecas con el nombre del dirigente sindical latinoamericano desaparecido.

- Es fundada en La Habana la Sociedad de Periodistas Independientes Manuel Marqués Sterling con el propósito de promover la libertad de expresión e información y posibilitar la continuada capacitación profesional de los periodistas independientes que trabajan en la isla. La nueva entidad estará dirigida por los periodistas independientes Ricardo González Alfonso, Jorge

Olivera Castillo y Carmelo Díaz Fernández.

Junio. Se funda en Las Tunas la Federación Obrera Oriental Independiente que tiene como fin luchar por la defensa de los derechos de los trabajadores y la instauración de la democracia en Cuba. La organización es dirigida por Pablo Gregorio Molina Nieves.

Junio 1. Se funda en La Habana el Buró de Información Movimiento Cívico 6 de Enero, que tiene como fin romper la censura oficial dándole a conocer al mundo la realidad de lo que acontece en Cuba, el director de esta organización es Bárbaro Antonio Vela Crego.

Junio 5. Se funda en Camagüey el Movimiento Pro Derechos Humanos 10 de Diciembre, que tiene como fin velar porque se cumplan los 30 artículos de la Declaración Universal de los Derechos Humanos y ayudar a los presos políticos. La institución es dirigida por Alfredo Pulido Pérez.
- Se funda en Pinar del Río la Biblioteca Independiente Ser Culto para Ser Libre. La nueva entidad está dedicada a niños y jóvenes.
- Las fuerzas represivas detienen a 17 activistas a favor de los derechos humanos cuando conmemoraban otro aniversario del ayuno que tuvo lugar en la calle Tamarindo 34 en el año 1999. Simultáneamente tiene lugar en la capital la exposición El Presidio Político en Cuba, en la que se exponen fotos y datos de numerosos prisioneros políticos. Esta actividad también se efectuó para conmemorar el aniversario del ayuno de Tamarindo 34.

Junio 7. Varios médicos y enfermeras radicados en la ciudad de Santiago de Cuba inician un ayuno que se extiende por 20 días. La demanda tiene en principios características reivindicativas, pero concluye con un documento titulado Manifiesto 2001, donde los firmantes exigen cambios políticos en el país.

Junio 11. Una acción con escasos precedentes es protagonizada por grupos de la oposición cuando aproximadamente 40 activistas hacen acto de presencia en un tribunal de La Habana, para manifestar su solidaridad con el dirigente del sindicalismo independiente José Orlando González Bridón, que estaba siendo procesado ese día.

Junio 13. En el contexto del proyecto Libertad sin Destierro, se reúnen en la Finca El Valle representantes de 13 organizaciones que exigen la libertad de los presos políticos. El proyecto Libertad sin Destierro es una actividad coordinada entre sectores del exilio y de la oposición interna, que reclama la libertad de los presos políticos sin que tengan que ser deportados por el régimen.

Junio 21. Activistas exiliados crean en la ciudad de Miami el Proyecto Cuba, que tiene la intención de unir al pueblo cubano en la lucha por la democracia. La nueva institución es dirigida, entre otras personas, por Jorge Rodríguez, Angel Ferrer, Manuel Salabarría y Carmen de Toro Gómez.

Junio 23. Tiene lugar en La Habana la primera convención del Partido Solidaridad Democrática, en la que participan aproximadamente 60 personas.
- Se funda en Guanabacoa, Ciudad de La Habana, el Comité de Balseros por la Libertad y la Democracia que tiene como fin defender los 30 artículos de la Declaración Universal de los Derechos Humanos. La organización es dirigida por Carlos Grandal Elozua.

Julio 10. En una acción de corte laboral poco frecuente, trabajadores del Aserradero #13, en Pinar del Río, llevan a cabo una protesta en demanda de mejoras laborales.
- Se inaugura en Güines, La Habana, la Galería de Arte Alternativo Domingo Ramos. El propósito del centro es promover el arte que se encuentra alejado de las galerías y exposiciones por no ser considerado por las autoridades como políticamente correcto. El director del establecimiento es Jesús Isidro Hernández.

Julio 13. Se realizan actividades conmemorativas en varias ciudades de Cuba por el hundimiento del Remolcador 13 de Marzo, por parte de embarcaciones del régimen. En este alevoso crimen murieron más de 40 personas, entre ellas unos 20 niños.

Julio 15. Se funda en La Habana el movimiento Proyecto Solidaridad por la Unidad Cubana, que tiene como fin trabajar por la unidad de todos los movimientos de la oposición. La institución es dirigida por Nelson Antonio Vázquez Obregón.

Julio 19. Periodistas sin vínculos con el régimen constituyen en La Habana la Fundación de Periodistas Independientes Asociados, que tiene como fin informar e interpretar objetivamente la realidad cubana. Otro de los propósitos de la nueva institución es incorporar a los periodistas que laboran en la prensa oficialista. Esta organización es dirigida por una Junta Colegiada.

Julio 21. Se funda en La Habana el Partido del Pueblo Cubano Ortodoxo. Este partido cumplió un rol muy importante en la vida pública cubana a finales de la década del 40 y hasta el triunfo revolucionario, su dirigente más importante fue Eduardo Chivás, que cometió suicidio durante una transmisión radial. La reconstituida organización tiene como propósito continuar la línea política del fundador ajustándola a la realidad cubana del presente. El dirigente de la organización en esta nueva etapa será Roberto Larramendi Estrada.

Julio 23. Se funda en La Habana el Comité de Balseros por la Libertad y la Democracia.

Julio 24. Se inaugura en una zona de La Habana Vieja, en La Habana, la Biblioteca Independiente Reynaldo Arenas. Por otra parte, en Nueva Gerona, Isla de Pinos, las integrantes de la Federación Latinoamericana de Mujeres Rurales constituyen la organización Misioneras por la Bondad de la Misericordia, que tiene como fin prestar ayuda humanitaria a los más necesitados.

Julio 29. Se constituye en la capital cubana la organización Municipios de Cuba, Derechos Humanos, que es presidida por Rogelio Menéndez. La institución se dedicará a protestar por las violaciones de los derechos humanos mediante actos de desobediencia civil y a prestar apoyo a la resistencia civil, no violenta.

Agosto 1. Se constituye en la ciudad de Camagüey la Biblioteca Independiente Juan Rulfo, dirigida por Romelia Pozo Pozo.

Agosto 5. Se funda el Movimiento Mujeres Cubanas por la Libertad en la ciudad de Santa Clara, Villaclara.

Agosto 7. Dirigentes y representantes de varias organizaciones de la oposición acuerdan constituir el Día del Opositor Cubano, como homenaje al fallecido líder de la oposición Jesús Yánez Pelletier, que murió el 18 de septiembre del año 2000. Yánez Pelletier fue preso político y uno de los fundadores del movimiento a favor de los derechos humanos en Cuba.
- La presa política Belkis Barzaga Lugo, recluida en la prisión de mujeres de Matanzas, inicia una huelga de hambre en demanda de atención médica.

Agosto 12. Es clausurada en la ciudad de Miami la Décimo Octava

Convención de Cuba Independiente y Democrática, CID.

Agosto 15. El preso político Ernesto Víctor López Conde, encarcelado en la Prisión Cerámica Roja, inicia una huelga de hambre indefinida, lo que motiva que la guarnición del penal lo golpee de manera brutal. También fue atacado con gases lacrimógenos.

Agosto 20. Se constituye en la capital cubana la Oficina Nacional de Recepción e Información de los Derechos Humanos con el fin de coordinar los esfuerzos de las organizaciones que al interior de Cuba luchan pacíficamente por la libertad y la democracia.

Agosto 28. Se inicia en Miami un proceso judicial contra varios espías del régimen cubano. Éstos facilitaban información sobre el gobierno de Estados Unidos y el exilio cubano en este país.

Septiembre 2. Se imparte en la ciudad de Santa Clara un Seminario sobre la Lucha Cívica con la participación de quince organizaciones opositoras, entre ellas el Partido Pro Derechos Humanos, afiliado a la Fundación Andrei Sajarov, Movimiento Cubano Reflexión, Asociación Nacional de Balseros, Fundación Marta Abreu y la Comisión Nacional de Derechos Humanos José Martí.

Septiembre 3. Sindicalistas independientes inauguran en la capital cubana el Primer Congreso de la Confederación Nacional Obrera Independiente de Cuba, CONIC. A pesar de las acciones represivas del régimen, los participantes en el congreso toman acuerdos sobre el futuro de la organización y se comprometen a continuar denunciando las violaciones a los derechos humanos en que incurre el régimen totalitario.

Septiembre 4. Los familiares del preso político René Montes de Oca Martija se reúnen frente a la Prisión de Canaleta, en Ciego de Avila para realizar una huelga de hambre, al cumplirse siete días de que el prisionero se encontrara en esta condición dentro del recinto penitenciario.

Septiembre 5. El Instituto Independiente Cultura y Democracia inaugura en Santiago de Cuba la Casa de Estudios Juan Clemente Zamora y López-Silveiro. El centro se dedicará a impartir conferencias y seminarios sobre el pensamiento cívico democrático.

Septiembre 6. Organizaciones políticas y de derechos humanos hacen llegar desde Cuba a la Tercera Conferencia Mundial Contra el Racismo, que estaba teniendo lugar en Durban, Sudáfrica, un informe en el que se exponía ampliamente la difícil situación económica, política y social en la que vive el pueblo cubano.

Septiembre 7. Se funda en Camagüey, el Movimiento Democrático Padre Félix Varela, la presidencia la ocupa Alexander Quiñones Tamayo.

Septiembre 17. Se funda en la ciudad de Santa Clara la Revista Centro Cuba ,que va a estar dirigida por Tomás González Coya y el consejo editorial formado por Martha Beatriz Pacheco Núñez, María Elena Alpízar Ariosa, Idalberto González Gómez y Celestino Hernández Gutiérrez.

Septiembre 21. Se constituye en la ciudad de Santa Clara el Fórum de Estudios Sociales.

Septiembre 22. Se funda en Camagüey el Partido por la Democracia Cubana que se propone establecer en Cuba una sociedad democrática. El director de la nueva institución es Aldo Nieves Rodríguez.

Septiembre 24. Gloria Esther Cabrera, madre del preso político Ernesto Lucas Corral Cabrera, recluido en la Prisión Provincial de Guantánamo, inicia una huelga de hambre en protesta por los abusos de que es objeto su hijo.

Septiembre 28. Por primera vez en 40 años se expone en La Habana una feria agroalimentaria de productos de Estados Unidos.

Septiembre 29. Militantes de las organizaciones opositoras Hermanos Fraternales por la Dignidad y Hermandad Cívica, realizan una manifestación en la calle Managua, Arroyo Naranjo, demandando la libertad de los presos políticos.

Octubre 3. La Agencia de Prensa Independiente "El Mayor", se constituye en la ciudad de Camagüey, en honor a la memoria de uno de los cubanos más insignes, Ignacio Agramonte. Como director es nombrado Ramón Hugo Armas Guerrero.

Octubre 4. Se constituye en la ciudad de Santa Clara, Villaclara, la organización Mujeres Cubanas por la Democracia que tiene como objetivo contribuir a la libertad y democratización de la sociedad cubana. La directora de esta organización es Martha Beatriz Pacheco Núñez.

Octubre 10. Se constituye en la ciudad de Ciego de Ávila, la Agencia de Prensa Libre Avileña, el director de la nueva institución es Léster Téllez Castro.
- Es constituida en la ciudad de Miami la organización Consejo por la Libertad de Cuba, que está dirigida por una Junta de 39 directores y un Comité Ejecutivo integrado, entre otras personas, por el Dr. Alberto Hernández, Diego Suárez, Elpidio Nuñez, Feliciano Foyo, Horacio García, Ninoska Pérez Castellón, Ignacio Sánchez y Luis Zúñiga. El objetivo de la organización es luchar por la libertad y la democracia en Cuba.
- Dirigentes de la oposición envían un documento a los jefes de Estado y Gobierno que participarían en la XI Cumbre Iberoamericana a efectuarse en Lima, Perú. En este documento la oposición denunció la realidad cubana.

Octubre 11. Es inaugurada en Batey Cruz, San José de Las Lajas, la Biblioteca Independiente Sebastián Arcos Bergnes. El director del centro es José Ubaldo Izquierdo.

Octubre 18. Rusia hace pública su decisión de cesar sus operaciones en la base de radioescucha de Lourdes, situada en las proximidades de la capital cubana.

Octubre 20. En honor a la memoria de uno de los escritores cubanos más respetados, se constituye en la ciudad de Manicaragua, en Villa Clara, la Biblioteca Independiente José Lezama Lima.
- Se funda en la Ciudad de La Habana la agencia de prensa independiente Agencia de Prensa Cívica Cubana, APRECI, dirigida por Julio César Gálvez Rodríguez.

Octubre 21. Es constituido en la ciudad de Santa Clara el Fórum Estudios Sociales Marta Abreu que tiene como objetivo promover la tolerancia y el humanismo. El director del centro es el licenciado Guillermo Fariñas Hernández.

Octubre 22. Es fundada en La Habana la Biblioteca Independiente José Lezama Lima, es nombrada como directora la artista Beatriz Pedroso León.

Octubre 25. Representantes de varias organizaciones de la resistencia cívica suscriben el documento Vindicación del Proyecto Varela, reafirmando su apoyo a esta opción política auspiciada por un amplio sector de la oposición.

Octubre 27. En la Prisión de Morón, Ciego de Avila, el preso político Luis Campos Corrales inicia una huelga de hambre como protesta por el injusto proceso judicial al que fue sometido.

Octubre 30. Se funda en Santa Clara el Movimiento Cubano por la Democracia, que tiene como fin luchar por el respeto a los Derechos Humanos y lograr cambios democráticos en Cuba por medios pacíficos. La institución es dirigida por Léster González Pentón.
- Representantes de siete organizaciones de la oposición suscriben y entregan una carta al Consejo de Estado de la República de Cuba en la que exigen amnistía para los presos políticos y el cese de la represión. Esta iniciativa fue coordinada por la Asociación de Presos Políticos Pedro Luis Boitel.

Octubre 31. En Puerto Padre, Las Tunas, siete activistas de la oposición son golpeadas por esbirros del régimen por presentar en un parque de la ciudad una exposición de arte contestatario. La muestra fue auspiciada por el Partido Pro Derechos Humanos de esa localidad.

Noviembre 8. Fundan en Arrojo Naranjo, La Habana, una Biblioteca Independiente que lleva el nombre de Carlos Quintela Rodríguez, en memoria del luchador cívico fallecido en el exilio. Esta nueva biblioteca es auspiciada por la Unión de Periodistas y Escritores Cubanos Independientes. El centro se dedicará a temas ecológicos y será dirigido por Lázara Martí López.

Noviembre 10. Miembros del Partido Paz, Amor y Libertad realizan una marcha por las calles del Roque, Matanzas, portando una bandera cubana y demandando la libertad de los presos políticos.

Noviembre 14. La agrupación de opositores cubanos Todos Unidos realiza una conferencia de prensa con la participación de periodistas extranjeros y periodistas independientes, en la que dan a conocer un mensaje dirigido a los Jefes de Estado y Gobierno de Ibero América reunidos en la XI Cumbre que estaba teniedo lugar en Lima, Perú. El mensaje fue leído por Oswaldo Payá Sardiñas y suscrito por otros 144 opositores.

Noviembre 16. El Colegio de Pedagogos Independientes de Cuba hace de conocimiento público en la capital cubana, un documento en el que se

señalan los errores del sistema educativo cubano y sugiere los cambios que se deben producir para que éste sea eficaz.
- Se constituye en La Habana el Círculo de Veteranos Libres de Cuba, con el propósito de trabajar a favor de la Paz y la Democracia y denunciar la violación de los Derechos Humanos. Esta nueva organización es dirigida por Lino Humberto Monés Laffita.

Noviembre 20. Se constituye en la Isla de Pinos la Fundación Cubana de Derechos Humanos.

Noviembre 22. Crean en el pueblo cautivo de Miraflores, Ciego de Ávila, la Biblioteca Independiente Madre Teresa de Calcuta. El centro, en el que también se ofrecerán actividades culturales, es dirigido por Maritza Álvarez Carrazana.

Noviembre 27. Se inicia en Madrid, España, una exposición de fotografías con el nombre La Isla Atrapada, auspiciada por la Fundación Elena Mederos y La Asociación Españoles por la Libertad de Cuba. Las fotos, que reflejan la realidad cubana, fueron tomadas durante un viaje a la isla por el fotógrafo Miguel Ángel López.

Noviembre 28. Un individuo no identificado es arrestado por apedrear el letrero Seguridad del Estado que señala el lugar donde está situada Villa Marista, la sede nacional del cuerpo represivo más importante del régimen totalitario.

Noviembre 29. Activistas procedentes de diferentes lugares de Cuba se concentran frente al edificio de la Prisión Provincial de Pinar del Río, conocido como Kilo Cinco y Medio, como protesta por la decisión de la dirección del penal de no permitir que la señora Aleida Frómeta González visitase a su hijo, el prisionero político Andrés Frómeta Cuenca. Esta acción cívica fue organizada por Bertha Antúnez Pernet, del Movimiento Nacional de Resistencia Cívica Pedro Luis Boitel.

Diciembre 3. El Colegio Médico Independiente de Cuba dirige una carta a sus colegas radicados en España en la que informa sobre las difíciles condiciones en que cumplen con su profesión. En la misiva también se reafirma la voluntad de los miembros del Colegio de seguir luchando por el establecimiento de una sociedad democrática en Cuba.

Diciembre 5. La Corriente Socialista Democrática hace circular su boletín informativo Nueva Izquierda, en el que se explican los objetivos del socialismo democrático entre otros tópicos relevantes.

Diciembre 6. Se constituye en La Habana la Fundación Jesús Yánez Pelletier, con el propósito de profundizar la obra del ex preso político y defensor de los derechos humanos que había fallecido el año anterior.

Diciembre 7. Concluye en Caracas, Venezuela, el Seminario sobre Derechos Económicos, Sociales y Culturales auspiciado por la organización venezolana Provea y la Universidad Católica Andrés Bello. En este evento las directoras del Comité Cubano Pro Derechos Humanos radicado en Venezuela, Silvia Meso y Ana Silvia Pérez de Corcho Mezo, denuncian la situación de esos derechos en Cuba y presentan una amplia documentación que certifica la denuncia.

Diciembre 10. Se crea en la ciudad de Ciego de Ávila, en memoria de un destacado escritor cubano, la Biblioteca Independiente Virgilio Piñeira. Su directora es Maritza Quintana Pardo.
- Con diversas actividades auspiciadas por organizaciones disidentes y defensoras de los derechos humanos se celebran en numerosas ciudades y poblaciones de la isla el Día de los Derechos Humanos y otro aniversario de la Declaración Universal de los Derechos Humanos de las Naciones Unidas. En algunas localidades se producen arrestos y golpizas de activistas por parte de las fuerzas represivas del régimen y en la Prisión de Kilo 7, en Camagüey, son también severamente golpeados más de 25 presos políticos que celebraban una vigilia para exigirle al gobierno respeto a los derechos humanos.
- Se constituye en Arroyo Naranjo, La Habana, el Partido Progresivo Liberal. Entre los dirigentes de esta nueva organización se encuentran Norberto Sánchez, Ernesto Colás García y Reinol Peña Delgado. En Las Tunas, también se constituye otro partido político que se identifica como el Partido Democrático Popular y que es presidido por Armando Parra Lorna.
- El preso político Eddy Alfredo Mena González, recluido en la Prisión de Boniato, en Santiago de Cuba, inicia una huelga de hambre en protesta por el trato que recibe por parte de la guarnición. El también preso político Néstor Rodríguez Lobaina realiza otra huelga de hambre en la Prisión Combinado de Guantánamo exigiendo cambios en su régimen penitenciario.
- Se constituye el Movimiento Cubano Unidad Democrática por el Ing. César L. Alarcón y Lic. Luis Tornés Aguililla. Es una organización constituida por un grupo de personas que han decidido asumir un profundo compromiso con

la lucha por la libertad y la restauración del Estado de Derecho en Cuba. El M.C.U.D cuenta actualmente con Delegaciones y Departamentos en América y Europa, y con colaboradores en España, Francia, Italia y México.

Diciembre 14. Más de veinte activistas del Partido Pro Derechos Humanos Afiliados a la Fundación Andrei Sajarov, realizan una marcha en Arroyo Naranjo en la que demandan democracia y respeto a los derechos humanos en Cuba.
-Un grupo de ex presos políticos que habían estado alzados en armas en la década del 60 se reúnen con jóvenes de la oposición en la localidad de Antonio Briones Montoto, Pinar del Río, para conmemorar un aniversario más de su expulsión y la de sus familiares de la región del Escambray hacia el extremo occidental de la provincia de Pinar del Río. En esa ocasión millares de personas, aproximadamente 2500 familias campesinas, fueron desplazadas por la fuerza de sus viviendas y obligados a construir en zonas prácticamente inhabitadas, en pequeños pueblos que fueron llamados "Pueblos Cautivos".
-El preso político Cecilio González Reinoso, inicia una huelga de hambre en la Prisión del Combinado del Este, en La Habana, en demanda de atención médica.

Diciembre 17. Es inaugurada en El Guayabal, Las Tunas, la Biblioteca Iindependiente Reinaldo Arenas, como homenaje a un reconocido escritor cubano que falleció en el exilio.

Diciembre 24. Aprueba la Asamblea Nacional la Ley Numero 93, Contra Actos de Terrorismo.

Diciembre 26. La fundación en la casa del pastor camagüeyano Lázaro Iglesias Estrada de la Biblioteca Idependiente Enmanuel, es interrumpida por sicarios de la Seguridad del Estado que golpean y detienen a los participantes.

2001. Es constituida en La Habana, la Asociación Hermandad de Ciegos de Cuba, como alternativa al fracaso de la oficialista Asociación Nacional de Ciegos y Débiles Visuales.

Armando Sosa Fortuny (Sosita), preso en la prisión de Kilo 7, Pinar del Río. Esta foto fue tomada hace 2 años, clandestinamente.

blanco

Año 2002

Enero 9. Después de varios intentos frustrados por acciones represivas de los órganos de seguridad del régimen, los miembros de la Alianza Nacional de Agricultores Independientes de Cuba logran reunirse en Santiago de Cuba con representantes de diversas regiones del país y con activistas del Centro de Estudios e Investigaciones Agrícolas Carlos Quintela.

Enero 11. El preso político Ariel Fleitas González, recluido en la Cárcel de Canaleta, en Ciego de Ávila, y miembro de la Fundación Cubana de Derechos Humanos, comienza una huelga de hambre reclamando su libertad porque lo mantienen encarcelado sin haber tenido derecho a un proceso judicial.

Enero 15. La Fundación Isla de Pinos de Derechos Humanos y la Organización Derecho Territorial hacen circular el tercer número de Antorcha Democrática, el medio informativo es dirigido por el periodista independiente Carlos Serpa Maceira.

Enero 18. Aproximadamente 200 personas miembros de diferentes organizaciones que luchan contra el régimen totalitario protestan en Guantánamo contra el juicio de los activistas encarcelados Alberto Martínez Martínez y Alexander Lobaina Jiménez, militantes de los movimientos contestatarios Movimiento Cubano de Jóvenes por la Democracia y Partido Democrático 30 de Noviembre Frank País.

Enero 21. Las organizaciones sindicales independientes Confederación Obrera Nacional Independiente de Cuba, CONIC, y el Consejo Unitario de Trabajadores Cubanos CUTC, se reúnen entre otros propósitos para rendir homenaje a la memoria de William Le Santé, Olirio Méndez y Julio Casielles Amigo, tres dirigentes sindicales que fueron fusilados en la Prisión de La Fortaleza Cabaña, el 18 de enero de 1961.

Enero 26. El encarcelado dirigente del Movimiento Cubano de Jóvenes por la Democracia, Néstor Rodríguez Lobaina, inicia otra huelga de hambre en la prisión provincial de Guantánamo en protesta por el severo régimen penitenciario a que lo tienen sometido.

Enero 28. En diferentes ciudades de Cuba numerosas organizaciones de la oposición rinden tributo a la memoria del Apóstol José Martí en el día de su nacimiento.

Enero 29. Los disidentes y ex presos políticos René Gómez Manzano y Félix Bonne Carcassés, miembros del Grupo de Trabajo de la Disidencia Interna, que redactó e hizo público el documento La Patria es de Todos, anuncian la creación de un nuevo proyecto llamado Iniciativa por la Patria es de Todos.

Enero 30. Se inaugura en Guane, Pinar del Río, el Primer Consultorio Médico Independiente. El despacho tiene como objetivo facilitar atención médica a los ciudadanos fuera del control estatal. Los doctores Héctor de la Caridad Cruz Santovenia y Hanoi Humberto Hernández son los facultativos que atienden el consultorio.

Febrero 24. Se funda en San José de las Lajas, La Habana, la Biblioteca Independiente Atenas, dirigida por Mario Servando Pérez. En el mismo lugar en el que opera la Biblioteca Atenas, funciona el Partido Pro Derechos Humanos de Cuba y el Club Atenas.

Marzo 3. Se crea en la ciudad de Camagüey la Biblioteca Independiente 13 de Julio. Su director es Rolando Álvarez Tendero.

Marzo 13. Desde la ciudad de Miami la organización Agenda Cuba inicia una campaña para que se instituya el 13 de Marzo de cada año como el Día del Opositor.
- Se funda en Nueva Gerona, Isla de Pinos, la corresponsalía de la Agencia de Prensa Independiente, UPECI. El periodista a cargo de la agencia es Carlos Serpa Maceira.

Marzo 15. El Partido del Pueblo de Suecia le otorga a Gisela Delgado, directora del Proyecto de Bibliotecas Independientes en Cuba, el Premio Pro Democracia. La periodista no pudo viajar para recoger el premio porque las autoridades le negaron el permiso de salida.

Marzo 18. Ana Belén Montes, principal analista de asuntos cubanos de la Agencia de Inteligencia de Defensa de Estados Unidos, se declara culpable de espiar y enviar información al gobierno de Cuba desde 1985.

Abril 1. Se funda en la ciudad de Miami el Puente Informativo Cuba Miami, institución que tiene como fin divulgar las informaciones elaboradas por los grupos de la oposición y por los periodistas independientes. La directora del centro informativo es Daysi Gil Ortiz.

Abril 5. Se instituye en la ciudad de Santa Clara, por decisión de la directiva del Movimiento Cívico Nacionalista Cubano y del Centro de Orientación e Información Profesional de la provincia de Villaclara, el Centro Rescate, que tiene como propósito recuperar la historia de la lucha de los cubanos por la democracia. Este mismo día, por primera vez en Cuba, los movimientos opositores mencionados efectúan un acto por el Día Internacional del Preso Político Cubano.

Abril 8. El prisionero político Néstor Rodríguez Lobaina, quien estaba recluido en la Cárcel de Guantánamo, se declara en huelga de hambre en protesta por las golpizas que había recibido. A la protesta también se sumó el preso político Jorge Álvarez Sánchez.

Abril 13. El Colegio Médico Independiente de Cuba inicia un plan de entrega gratuita de medicinas en zonas rurales de la provincia de Pinar del Río. El doctor Sergio Ruiz Rivas, presidente del Colegio, declaró que en las zonas rurales son mayores las limitaciones de la población. Esta operación está relacionada con la constitución del Primer Consultorio Médico Independiente, en la ciudad de Guane, de la provincia de Pinar del Río.

Abril 15. Se constituye el Centro de Fotógrafos Independientes Jan Palach, comprometido con el mejoramiento del ser humano y con la expresión libre de su conciencia. Su principal objetivo es la formación de fotógrafos capaces de reflejar sus inquietudes.

Abril 17. Tiene lugar en Ginebra, Suiza, el Forum Paralelo de Derechos Humanos, organizado por Mujeres ante la Represión, MAR por Cuba y con la participación del Comité Cubano Pro Derechos Humanos y la Organización World Health Care.

Abril 18. La Comisión de Derechos Humanos de Naciones Unidas condena condena al régimen cubano por violación de los derechos ciudadanos, producto del esfuerzo realizado por la oposición política cubana del interior de la isla y la que reside fuera del país, en colaboración con países que están a favor del respeto a los Derechos Humanos.

Mayo 5. Se constituye en la ciudad de Camagüey, en memoria de una de las poetisas cubanas más reconocida, la Biblioteca Independiente Gertrudis Gómez de Avellaneda. Su directora es Marta Quintana.

Mayo 8. La Fundación Hispano Cubana concede a los presos políticos cubanos, Oscar Elías Biscet, Jorge Luis García Pérez (Antúnez) y Juan Carlos González Leyva, el Premio Internacional de Derechos Humanos.

Mayo 10. Oswaldo Payá Sardinas, Antonio Díaz y Regis Iglesia, representantes del Movimiento Cristiano de Liberación, presentan en la Asamblea Nacional del Poder Popular, en La Habana, el Proyecto Varela, un documento elaborado por la oposición interna que demanda reformas institucionales en la constitución vigente en Cuba. El Proyecto Varela, fundamenta su propuesta de cambio en un referéndum que debería tener en cuenta cinco propuestas:
1) Garantizar los derechos a la libre expresión y asociación.
2) Obtener una amnistía para los presos por causas políticas.
3) Abrir la economía.
4) Modificar la legislación electoral.
5) Convocar a elecciones generales con posterioridad al referéndum.
Este proyecto fue originalmente promovido por el Movimiento Cristiano Liberación y posteriormente se sumaron otras muchas agrupaciones de la oposición.
- Una Biblioteca Independiente fundada en Camagüey es bautizada con el nombre del premio Nóbel de literatura, Ernest Hemingway. El director del nuevo centro es Evelio Heredero.

Mayo 14. *El ex presidente de Estados Unidos, Jimmy Carter, visita a Cuba. Durante una comparecencia sin precedentes por la televisión naciónal, demando el fin del embargo y habla del Proyecto Varela, que demanda reformas democráticas en el gobierno de la isla.*
- Se constituye en la ciudad de Camagüey, provincia de Camagüey, en memoria de uno de los pensadores cubanos más ilustres, la Biblioteca Independiente Jorge Mañach. Su directora es Aída Antón Pargas.

Mayo 15. Se funda en Nueva Gerona, Isla de Pinos, una nueva Biblioteca Independiente, siendo designado como su director Lázaro Ricardo Pérez.

Mayo 17. Se crea en Nueva Gerona, Isla de Pinos, un Dispensario Independiente bajo la dirección de Lázaro Ricardo Pérez.

Mayo 20. Varios cubanos hacen de conocimiento público el Proyecto Cuba, Plan Maceo, en el que se establecen una serie de premisas orientadas a lograr una transición política en Cuba. El documento está suscrito entre otras personalidades por Antonio Calatayud, Jorge del Sol y Pedro López.

Mayo 25. Con el respaldo del Directorio Democrático Cubano se constituye en la República Dominicana, el Comité Dominicano de Solidaridad con la Democracia en Cuba.

Junio 18. Por orden expresa del Partido Comunista, las ochos organizaciones de masas del país proponen una campaña de recogida de firmas en la que se conmina a los ciudadanos a firmar una enmienda constitucional que declara el socialismo como irrevocable

Junio 25. Es reformada la Constitución de la República de Cuba de 1976-1992 con un articulado que la hace "inamovible e intocable". Esta decisión del régimen es adoptada como respuesta indirecta a las reformas que promueve el Proyecto Varela. Con este propósito, utilizando como pantalla a las organizaciones políticas del gobierno, eufemísticamente llamadas No Gubernaentales, fue convocado un simulacro de plebiscito en el que la población refrendó la llamada modificación de la Constitución, en el cual el socialismo se anunició como única opción posible para la nación cubana.

Julio. Javier de Céspedes, presidente del Directorio Democrático Cubano, viaja a Cuba y suscribe el Proyecto Varela en la residencia de su principal promotor, Oswaldo Payá Sardiñas.

Julio 2. Se constituye en la capital el Movimiento Liberal Cubano, una organización que incorpora a sus fundamentos ideológicos los principios del liberalismo democrático.
- Se funda en La Habana la Asamblea para Promover la Sociedad Civil. Esta sombrilla de organizaciones agrupa a más de 150 instituciones diseminadas por todo el país. La organización fue constituida entre otros por María Beatriz Roque Cabello y Félix Bonne Carcasés.

Julio 7. Se funda en la ciudad de Santa Clara, Villaclara, la organización Movimiento de Liberación Cubana, dirigida por Léster González Pentón, Jesús Veloz y Alberto Gutiérrez.

Julio 13. Se constituye en la ciudad de Camagüey la Agencia de Prensa

Independiente Camagüey Press. Su director es Manuel Rosendo Gómez.
- Es fundada en La Habana la Asociación Cubana SOS por Nuestros Hijos, que tiene como fin defender y apoyar a los jóvenes con problemas físicos y mentales en sus derechos y realizar actividades culturales y recreativas para el disfrute de los niños.

Julio 20. Se funda en el poblado de Cifuentes, en Villaclara, la Biblioteca Independiente Ramón Pérez Ramírez, "Monguito", un jefe guerrillero del Escambray que fue fusilado en 1963.

Julio 22. La Academia de Ciencias de Nueva York otorga a la disidente cubana directora del Instituto de Economistas Independientes Manuel Sánchez Herrero, y ex presa política, Martha Beatriz Roque Cabello, el Premio Heinz R. Pagels de la Ciencia 2002.

Julio 23. Se funda en Nueva Gerona, Isla de Pino, la Biblioteca Independiente Julio Tang Texier, un mártir del presidio político que fue asesinado en 1966 en el Plan de Trabajo Camilo Cienfuegos. El director de la nueva biblioteca es Ramón Urrutia Marrero.

Julio 29. El Partido por la Democracia Pedro Luis Boitel, que preside Félix Navarro Rodríguez, remite un documento al Consejo de Estado de Cuba donde describe los errores y abusos del régimen en los últimos 43 años y demanda la renuncia del jefe del Consejo de Estado.
- Se inicia en San Juan, Puerto Rico, el XXVIII Encuentro Internacional de la Fraternidad del Clero y Religiosos de Cuba en la Diáspora. Esta actividad se extendería hasta el día 31 de ese mes. Este año el encuentro tiene una connotación particular ya que se celebra en el Centenario de la Independencia de Cuba.

Agosto. El activista exiliado Lorenzo de Toro, vicepresidente del Directorio Revolucionario Democrático, viaja a Cuba para prestar asistencia a la oposición interna.
- Otorgan al disidente cubano Ángel Moya Acosta, líder del Movimiento Independiente Opción Alternativa, el Premio Libertad Pedro Luis Boitel, en la Casa Bacardí, de la Universidad de Miami.El galardón es entregado por el intelectual rumano Gabriel Andreescu.

Agosto 1. Se funda en Camagüey la Biblioteca Indepediente Pablo Neruda en honor a la memoria del premio Nóbel de Literatura. Su directora es Hilda

Diego Otero.

Agosto 5. En varias ciudades de Cuba se efectúan actos de recordación de las protestas efectuadas en La Habana el 5 de Agosto de 1994 conocidas como "El Maleconazo". La represión del régimen no se hizo esperar y decenas de activistas fueron encarcelados u obligados a permanecer en sus casas por medio de custodias policiales.
- El Partido Popular la Joven Cuba reinicia su ciclo de cine-debates con el documental Al Filo del Machete. El film fue exhibido con anterioridad en Santa Clara, Isla de Pinos y otras ciudades de la isla. El documental versa sobre los primeros años de la lucha contra el totalitarismo.

Agosto 10. Se constituye en la Sede de la Casa del Preso, en Miami, el Consejo Nacional del Presidio Político Cubano, que tiene como propósito incrementar las actividades a favor de la democracia en Cuba de los ex presos políticos cubanos. Los trabajos de la nueva organización se extienden hasta el día 11 del mes citado.

Agosto 11. Concluye en la ciudad de Miami la Décimo Novena Convención de Cuba Independiente y Democrática, CID. En este evento se presenta el documento Proyecto de la Nueva República, en el que se exponen los puntos sobre los cuales debe fundamentarse la futura sociedad cubana.

Agosto 12. En el Parque Dolores, símbolo de la resistencia civil en Cuba, situado en una barriada de La Habana, el Consejo Nacional de Resistencia realiza un acto para demandar de las autoridades que les sea concedido a los presos políticos La libertad Sin Destierro.

Agosto 16. Comete suicidio el opositor güantanamero Yoan Sánchez Piconto. El joven de sólo 23 años de edad había estado ingresado durante dos años y ocho meses en un hospital psiquiátrico y sometido a un severo tratamiento de electroshocks, por lo que al ser arrestado de nuevo y enviado a otro centro de enfermos mentales decide poner fin a su vida para evitar nuevos ciclos de la cruel terapia.
- Las autoridades impiden que agrupaciones de la oposición conmemoren un nuevo aniversario de la desaparición física del líder político cubano y fundador del Partido Ortodoxo, Eduardo Chivás. En la entrada del Cementerio de Colón, en La Habana, donde se encuentran sepultados los restos de quien fuera uno de los dirigentes más populares de Cuba, se apostaron las fuerzas represivas y fueron arrestando a los activistas que arribaban al camposanto.

- Se presenta en Isla de Pinos, el documental En un lugar sin Alma, fundamentado en testimonios de ex presas y ex presos políticos cubanos.

Agosto 20. Se hace público el documento Carta de Derechos y Deberes Fundamentales de los Cubanos. El escrito tiene como objetivo fomentar una cultura sobre los derechos ciudadanos en la isla y está firmado por la Coalición Promotora de la Carta.

Agosto 28. Se declaran en huelga de hambre en la Prisión de Mayor Rigor de Quivicán, en La Habana, los presos políticos Leonardo Miguel Bruzón Ávila, presidente del Movimiento 24 de Febrero; Emilio Leiva Pérez, presidente en funciones del Partido Pro Derechos Humanos Andrei Sakharov; Javier Carmona Ceballos y Enrique Yosvani Correa, un preso por delito común que decidió participar en la huelga. Bruzón Ávila declaró que permanecería en la huelga hasta el 10 de Octubre o hasta su muerte. Por otra parte en la Prisión de Valle Grande, en La Habana, se declaran también en huelga de hambre, Juan Hernández Herrera, Rafael Corrales, Ricardo Ramos y Carlos Alberto Domínguez, un periodista independiente.

Agosto 30. En el poblado de Báez, Las Villas, militantes del Partido 30 de Noviembre y del Partido Acción Popular, se enfrentan con grupos paramilitares del gobierno que estaban realizándole un acto de repudio al opositor Luis Agüero Hernández.

Septiembre. Se constituye en Pinar del Río la Coordinadora de la Oposición Democrática José Martí, que tiene como fin coordinar las actividades de las aproximadamente veinte organizaciones que la integran, siendo designado como su presidente el doctor Richard Acosta. La Coordinadora es dirigida por una Asamblea en la que están representadas todas las organizaciones que la integran y por un ejecutivo de cuatro miembros.

Septiembre 4. Inicia el preso político, abogado y ciego, Juan Carlos González Leyva, en la prisión de Holguín, un ayuno que se extenderá por varios meses.

Septiembre 6. A pesar de las actividades represivas de las fuerzas policiales del régimen, la Confederación Obrera Nacional Independiente de Cuba, CONIC, que dirige Aleida Godinez Soler, celebra su Segundo Encuentro Nacional.

Septiembre 19. Para honrar la memoria de un prestigioso pintor cubano, se crea en la Ciudad de Santa Clara la Biblioteca Independiente Wilfredo Lam. El centro se especializa en obras de arte y es dirigido por Miriam Fernández Armas.

Septiembre 23. En un hermoso gesto de solidaridad con los demócratas cubanos, el presidente de la República Checa, Vaclav Havel, visita la ciudad de Miami e imparte una conferencia. Posteriormente se reune en esta ciudad con activistas y ex presos políticos.

Septiembre 27. Se constituye en la ciudad de Santa Clara la Alianza por la Libertad, integrada por los siguientes movimientos opositores: Movimiento Cívico Nacionalista Cubano, Movimiento Avance Democrático Independiente, Mujeres Cubanas por la Libertad y el Grupo por la Segunda República Cubana. Esta agrupación de instituciones es coordinada por Alexander Andrade Guinbarda.

Septiembre 28. Trabajadores cubanos de la salud, se reúnen en la ciudad de Miami para analizar la situación sanitaria en Cuba y la de los trabajadores de ese sector. La conferencia fue organizada por los doctores Alfredo Melgar, Antonio Gordón, Santiago Cárdenas y la sicóloga Teresa Casáis. El evento fue auspiciado por la Solidaridad de Trabajadores Cubanos y las conclusiones correspondieron a Heriberto Fernández, secretario general de la STC.

Octubre 1. El Instituto Nacional Democrático para Asuntos Internacionales, INDI, le otorga al opositor cubano Oswaldo Payá Sardiñas el Premio W. Averel Harriman.

Octubre 8. La Fundación Northcote Parkinson le otorga al opositor cubano Vladimiro Roca, uno de los firmantes del documento "La Patria es de Todos", el Premio al Valor Civil 2002. El galardón es otorgado en la ciudad de Nueva York todos los años y fue la primera vez que se le concedió a un opositor cubano.

Octubre 17. El preso político Randy Cabrera Mayor se declara en huelga de hambre en la celda tapiada #21, de la Prisión de Guantánamo.

Octubre 20. Fundan en la ciudad de Santa Clara la organización Movimiento Derechos Humanos Alpha 3, que tiene como propósito luchar por la democratización de la sociedad cubana y denunciar la violación de los derechos humanos en la isla. Los dirigentes de esta nueva institución son Paulo Solís Cubillas y Léster González Pentón.

Octubre 23. El Parlamento Europeo otorga al disidente cubano y presidente del Movimiento Cristiano Liberación, Oswaldo Payá Sardiñas, principal promotor del Proyecto Varela, el Premio por los Derechos Humanos y la Libertad de Pensamiento Andrei Sajarov. Este premio lo concede el Parlamento Europeo todos los años a personas que se hayan destacado en la defensa de los derechos humanos y en la libertad de pensamiento.

Octubre 28. Se crea en un área rural de la Isla de Pinos, la Biblioteca Independiente Ernest Hemingway. El director de la nueva institución es el periodista Carlos Serpa Maceira.

Noviembre 15. La agrupación de organizaciones opositoras Todos Unidos dirige un documento a la Décimo Segunda Cumbre Iberoamericana de Jefes de Estado y Gobiernos que tiene lugar en República Dominicana demandando solidaridad con el pueblo cubano en su lucha por la democracia e informando sobre el Proyecto Varela. El documento está suscrito por 167 organizaciones opositoras que laboran dentro de la isla a favor de la democracia y el respeto a los derechos humanos.

Diciembre 2. Inauguran en Barreras, municipio de Guanabacoa, La Habana, la Biblioteca Independiente Cuba Verde, adscrita a la red de bibliotecas "Haciendo Caminos" que auspicia la Coalición Democrática Cubana. La biblioteca, que es dirigida por Hirán García Casola, se especializará en temas ecológicos.

Diciembre 3. Primera edición de la Revista Behique, órgano oficial del Colegio Médico Independiente de Cuba. El nuevo medio, que se publica en La Habana, es dirigido por el licenciado Grettel González y está dirigido a los trabajadores de la salud.

Diciembre 5. Se inicia en la ciudad de Santo Domingo, República Dominicana, el Octavo Congreso de la Solidaridad de Trabajadores Cubanos, siendo ratificado como secretario general de la organización Heriberto Fernández. Las actividades del Congreso terminan el 7 del mismo mes.
- Se funda en Buey Arriba, provincia de Granma, la Asociación de Campesinos Independientes Rafael Espinosa Mendoza, "Mamacusa". Su

presidente Raúl Chávez, la define como una Organización No Estatal de agricultores con tierra propia, agrupados en una asociación.

Diciembre 6. El ex preso político doctor Oscar Elías Biscet propone constituir un organismo que esté orientado a denunciar la difícil situación en la que sobreviven los recluidos en las cárceles cubanas. Por esta causa es arrestado nuevamente.

Diciembre 8. Al concluir el Octavo Congreso de la Solidaridad de Trabajadores Cubanos se promulga la Declaración de Santo Domingo que ratifica las características de la organización y el compromiso de resistir y continuar la lucha por la Democracia y la Libertad de Cuba.

Diciembre 10. Se conmemora en numerosas ciudades de Cuba un nuevo aniversario de la promulgación por la Organización de Naciones Unidas de la Declaración Universal de los Derechos Humanos. Como represalia, las fuerzas represivas arrestan a numerosos activistas en diferentes ciudades del país.
- Se constituyen en San José de Las Lajas, provincia de La Habana, las primeras 10 Casas de Opinión Ciudadana. Este novedoso concepto procura establecer círculos de confianza que partan de la base de una compenetración popular, donde se reciba información para poder producir análisis, reflexiones y debates.

Diciembre 16. El Centro de Fotógrafos Independientes, CFI, convoco al Primer Salón de Fotografías Jan Palach. Esta institución había sido fundada el 15 de abril del año en curso por el fotógrafo Ginle Cubillas Arriola.

Diciembre 17. Le entregan en la ciudad de Estrarburgo, Francia, en la sede del Parlamento Europeo, al disidente cubano Oswaldo Payá Sardiñas, el Premio Sajarov del 2002. Este galardón lo confiere el Parlamento Europeo a personas que se destacan en la lucha a favor de los derechos humanos.
- Activistas a favor de los derechos humanos en Cuba, reunidos en la agrupación Todos Unidos, presentan ante la opinión pública el documento Cuba: Propuestas de Medidas para salir de la crisis. El planteamiento presenta una serie de hasta 36 recomendaciones que incluyen, entre otras: libertad de prensa, libertad económica, derecho a entrar y salir libremente del país, desmilitarización de la sociedad, despolitización de la enseñanza y libertad religiosa. El documento esta firmado a nombre de la Comisión de Relatoría de Todos Unidos por Vladimiro Roca Antunez y Hector Palacio Ruiz.

Diciembre 19. Se crea en La Habana, por la Sociedad de Periodistas Manuel Márquez Sterling, la Revista De Cuba. La distribución de la revista se hará a través de la red de bibliotecas independientes y según el director del nuevo medio, Ricardo González Alfonso, en la revista podrán colaborar los que lo deseen sin que interesen las procedencias o militancias políticas. Esta revista es sufragada con los ingresos producidos por el V Premio Internacional de Derechos Humanos otorgado a la Sociedad de Periodistas por la Fundación Hispano Cubana, que tiene su sede en Madrid.

Diciembre 23. Se declara en huelga de hambre el encarcelado activista de la Fundación Cubana de Derechos Humanos, de Florida, Camagüey, Fris Andrés Thomas Cruz. El activista está acusado de "peligrosidad social".
- Directivos del Proyecto de Bibliotecas Democráticas Independientes se reunen en la ciudad de Bayamo en una asamblea extraordinara para evaluar y fortalecer la labor de las bibliotecas independientes.

Diciembre 25. Concluye un ayuno que había iniciado el 4 de septiembre, Juan Carlos González Leiva, presidente de la Fundación Cubana de Derechos Humanos. El activista que es abogado e invidente, se encontraba encarcelado en la Prisión de Holguín.

Diciembre 26. Grupos de la oposición presentan en la "Universidad Cívica Cubana", en La Habana, una exposición fotográfica denominada Crisis Medio Ambiental: De la Catástrofe a la Esperanza y el libro Operación Baldosa.

blanc

Año 2003

Enero 2. Activistas del Movimiento Independiente Opción Alternativa, en la localidad de Pedro Betancourt, en Matanzas, se declaran en ayuno indefinido en solidaridad con los opositores Dr. Oscar Elías Biscet, Raúl Arencibia Fajardo, Virgilio Marante Guelmes y Orlando Zapata Tamayo. Estos cuatro activistas fueron detenidos cuando impartían un seminario de derechos humanos en la barriada de La Víbora, en La Habana.
- Fundan en la ciudad de Sagua la grande, provincia de Villaclara, la Biblioteca Independiente Ernesto Díaz Madruga, un preso político que fue asesinado en la prisión de Isla de Pinos en el año 1964. El director de la nueva biblioteca es Pedro Velasco Almeida.

Enero 3. La Asamblea para Promover la Sociedad Civil en Cuba hace de conocimiento público un documento en el que plantea que los disidentes deben observar el proceso electoral unipartidista que se efectuará el 19 de enero en todo el país. El documento del grupo opositor aclara que en ningún momento reconocen la validez de las elecciones, ya que es un proceso que está viciado de origen.

Enero 6. La Asamblea para Promover la Sociedad Civil, por medio de su presidenta, Marta Beatriz Roque Cabello, exhorta a los ciudadanos con derecho al voto en las elecciones del 19 de enero en Cuba a manifestar su descontento a través de la abstención, anulación de la boleta o dejarla en blanco.

Enero 8. La Asamblea para Promover la Sociedad Civil hace público un documento que establece las bases para la creación de Comisiones Exteriores de la Asamblea, exponiendo que las Comisiones que se constituyan formen parte integral de la Asamblea.

Enero 12. La Universidad Cívica Cubana que reúne por todo el país a unas veinte facultades cívicas, es inaugurada oficialmente por grupos de la oposición como proyecto académico. La Universidad, que se estuvo gestando por más de un año y es dirigida por la licenciada Dorka Céspedes Vila, tiene como propósito ofrecer conferencias, conversatorios, cursos, cines-debates y actividades cívicas que instruyan sobre la democracia y los valores cívicos.

Enero 13. El Centro de Fotógrafos Independientes de la provincia de Pinar del Río, convocan al Concurso Primer Salón de Fotografías Jan Palach, en honor al activista checo que se inmoló en contra del totalitarismo. El Centro de Fotógrafos Independientes, radica en la Biblioteca Independiente Jan Palach, que dirige Ginle Cubilla Arriola.
- Trabajadores de la empresa de Productos Lácteos Abigail González de Bayamo protestaron públicamente por medidas impuestas por la sección sindical y la administración en ese centro laboral.

Enero 16. La Corriente Socialista Democrática Cubana sesionará hasta el día 18 en su Primera Conferencia Nacional. Esta conferencia se debió haber efectuado en el año 2001, pero acciones de la policía política impidieron su realización. Delegados extranjeros de partidos políticos ideológicamente afines participan en el encuentro.

Enero 17. Los prisioneros políticos de la Cárcel de Valle Grande, en las afuera de La Habana, realizan una vigilia en reclamo de la libertad sin destierro para los presos políticos cubanos. Estas actividades, que tienen lugar los miércoles, se realizan en diferentes partes de Cuba y en el extranjero, y se vienen efectuando desde el año anterior. Durante las mismas se encienden velas, se desarrollan conversatorios sobre los presos políticos, se ora y se leen versículos de la Biblia.
- Anuncia la presidenta de la Federación Latinoamericana de Mujeres Rurales de Cuba, FLAMUR, que hasta el momento se han consitutido en el país cinco cooperativas de mujeres: Matanzas, Camagüey, Las Tunas, Granma y Santiago de Cuba.

Enero 19. Miembros de diferentes organizaciones de la oposición acompañados por la prensa internacional, intentan ser "Observadores", en los colegios electorales, labor que les es impedida por las autoridades.

Enero 20. Grupos de la oposición en Nueva Gerona, Isla de Pinos, presentan en las Bibliotecas Independientes Pedro Luis Boitel y Ernest Hemingway, el libro Pedro Luis Boitel, Diario de un Mártir.

Enero 22. Se presenta en La Habana el libro Ojos Abiertos, que recoge las obras premiadas en la tercera edición del Concurso El Heraldo, que auspicia el proyecto de Bibliotecas Independientes. El acto fue iniciado por la señora Gisela Delgado Sablón, directora del Proyecto de Bibliotecas Independientes.

Enero 23. El despliegue de fuerzas represivas en el Cementerio de la Ciudad de Santa Clara, Villaclara, no impide que opositores y periodistas independientes estén presentes durante el funeral de Antonio Soto Rodríguez, quien fuera miembro del Movimiento Democrático 30 de Noviembre.
- Es constituida la biblioteca independiente Porfirio Gullen Amador en la ciudad de Santa Clara. Guillen Amador fue un guerrillero que cayó combatiendo el totalitarismo en la zona montañosa del Escambray. Se celebraron varios actos en la antigua provincia de Las Villas para honrar al combatiente caído.

Febrero. En la prisión del Combinado del Este los prisioneros políticos publican el primer número del boletín informativo "Patria Libre".
- El Partido Paz, Amor y Libertad publica un boletín que lleva el nombre de la institución.

Febrero 1. Es publicado en París, Francia, un informe titulado "Cuba Si, Castro No" por la Asociación Europea Cuba Libre. El documento expone crudamente la difícil realidad cubana.
- El Colegio de Pedagogos Independientes de Cuba que preside Roberto de Miranda, inicia el Proyecto Scola, que consiste en clases independientes con asignaturas como Doctrina Social de la Iglesia, Periodismo, ect.

Febrero 2. Inaugurada en la ciudad de Santa Clara la biblioteca independiente "Conrado Pérez Hernández". La nueva institución es dirigida por Ismari Acevedo Vázquez.

Febrero 6. El Instituto Nacional Republicano de Estados Unidos, que tiene su sede en la capital estadounidense, le confiere al preso político doctor Oscar Elías Biscet, el premio "Promotores de la Democracia".

Febrero 9. El Comité de Madres "Leonor Pérez", integrado por familiares de presos políticos, continúa organizando todos los domingos una perenigración a la Iglesia Santa Rita, en la barriada de Miramar.

Febrero 10. La Asociación de Presos Políticos "Sebastián Arcos Bergnes", cárcel Kilo 8 Camagüey, publica el boletín "Apocalipsis 2003", donde denuncia las condiciones de la prisión.

Febrero 13. Activistas de la oposición y periodistas independientes se reúnen en Nueva Gerona, Isla de Pinos, con carteles y banderas cubanas y demandan la libertad del encarcelado dirigente de la oposición el doctor Oscar Elías Biscet.

Febrero 20. El prisionero político Yovanis Pérez Martínez, recluido en la prisión del Típico, Las Tunas, se declara en huelga de hambre como protesta por su injustificado arresto.

Febrero 21. Se constituye en la capital cubana el Centro Nacional de Capacitación Sindical y Laboral, dirigido por Víctor Manuel Domínguez García. El centro tiene como fin elevar la capacitación de los dirigentes sindicales.

Febrero 22. La Coordinadora Democrática de Pinar del Río, integrada por más de 20 organizaciones se reúne para discutir las "36 Propuestas para Salir de la Crisis", un documento que promueve la organización "Todos Unidos".

Febrero 23. Con el propósito de rendir tributo a las personas que han muerto por responsabilidad del gobierno cubano desde 1959 a la fecha, se instituye el Día de Recordación y Tributo. Los organizadores construyeron en un área de la ciudad de Miami un cementerio simbólico que contó con más de 10,000 cruces blancas identificadas con los nombres de los fallecidos.

Febrero 24. Diferentes organizaciones de la oposición en varias ciudades de Cuba conmemoran este día el 108 Aniversario del Grito de Baire y el derribo de los aviones de Hermanos al Rescate y la frustrada reunión de Concilio Cubano, un acto cívico que había sido convocado por numerosas organizaciones opuestas al régimen.
- Varios presos políticos, Yosvani Aguilar, Miguel Moure Saldrigas, José Aguilar Hernández, Augusto Guerra Márquez y Rogelio Menéndez se declaran en huelga de hambre en la prisión 1580, La Habana.
- Se constituye en Italia, la Unión de Cubanos en Italia, y se designa como presidente a Oriel de Armas.
- Se funda en la ciudad de Palma Soriano, en la provincia de Santiago de Cuba, la Biblioteca Independiente Abdala.

Febrero 25. El arzobispo de La Habana, cardenal Jaime Ortega y Alamino hace pública la pastoral, "No hay Patria sin Virtud". La pastoral es una severa crítica al régimen de Fidel Castro.

Febrero 26. Continúan en diferentes ciudades del país las vigilias "Libertad sin Destierro" que se habían iniciado varios meses antes.

Febrero 27. Fundada en Santiago de Cuba la biblioteca Independiente Carlos Manuel de Cespedes.

Febrero 28. Es inaugurada, con la asistencia de numerosas personas la Biblioteca Independiente Osvaldo Farrés en la ciudad de Quemado de Güines, Villa Clara. Su director es Ramón Salazar.
- El Instituto Independiente Cultura y Democracia, radicado en Santiago de Cuba, toma el acuerdo de celebrar en esa ciudad entre los días 18 y 19 de mayo El Primer Encuentro Independiente de Escritores y Artistas Cubanos, con el lema central "El Arte Libre nos Hace más Humanos". El comité organizador está integrado por Néstor Leliebre Camue y Frank Dimas Fuentes Dánger.

Marzo. Se constituye en la isla Gran Canaria, el Comité Canario de Solidaridad con la Disidencia Cubana, que tiene como fin respaldar la lucha por la democracia en Cuba y denunciar la violación de los derechos humanos en la isla. El comité es presidido por Maica Henríquez Cabrera.

Marzo 4. El Centro Pro Libertad y Democracia convoca en Güines, provincia de La Habana, una marcha democrática por el Día Internacional de la Mujer. La activista Marta Ida Orta Pazos, manifestó que asistirían personas de Matanzas y Pinar del Río.
- Es constituido en la ciudad de Miami, el Partido Nacionalista Democrático, que tiene como propósito trabajar a favor de cambios democráticos en Cuba y del establecimiento de una sociedad plural y democrática. Algunos de los miembros fundadores son Ramiro Gómez Barrueco, Pedro López, Emiliano Antune, padre, Saturnino Polón y Carmen de Toro Gómez.
- La Mesa de Reflexión Moderada, una agrupación de organizaciones, anuncia en una conferencia de prensa que realizó una encuesta a 35209 ciudadanos cubanos como un primer paso para elaborar una carta de derechos y deberes.

Marzo 5. Integrantes de la Sociedad Civil inician en la capital cubana la publicación Río Arriba, La Voz Libre de Mayabeque, que será dirigida por Miguel Galván, José U. Izquierdo y José Orta. El informativo, que tendrá un carácter mensual, tiene como objetivo plasmar en sus páginas la vida social, política y cultural de la provincia de La Habana.

Marzo 8. Es inaugura en Camagüey la biblioteca independiente "Jesús Llánez Pelletier" en la residencia de Aristónica Hernández de Zamora.

Marzo 10. El Centro Cívico Cultural Federico Capdevila y el Partido por la Democracia Pedro Luis Boitel, convocan al primer Concurso Literario "Pedro Luis Boitel, Vive".
-Continúan las Peñas Disidentes que organiza en el Parque Central de la capital cubana el Movimiento Alternativa Republicana.

Marzo 11. Seis opositores al régimen: Martha Beatriz Roque, Félix Bonne, René Gómez Manzano, Nelson Aguiar, Orlando Zapata y Nelson Molinet iniciaron un ayuno indefinido en demanda de la liberación del médico encarcelado Oscar Elías Biscet y por todos los presos que por motivos políticos cumplen condena en Cuba. Miembros de la Fundación Elena Mederos y del Partido Pro Derechos Humanos de Cuba en Holguín realizan una protesta similar. En la Casa del Preso, en la ciudad de Miami, un grupo de ex prisioneros políticos iniciaron un ayuno con igual propósito.

Marzo 13. -Los activistas Marta Beatriz Roque Cabello, Vladimiro Roca y Elizardo Sánchez Santa Cruz dirigen una carta a la Unión Europea para que el gobierno de Cuba no sea integrado a los Acuerdos de Cotonou.
-Se crea en Santiago de Cuba el Colegio de Periodistas indendientes de Santiago de Cuba a cargo de Jorge Luis Ramón Castillo.

Marzo 14. Periodistas independientes pertenecientes a la Federación de Periodistas Cubanos, la Sociedad de Periodistas Manuel Márquez Sterling y la Federación de Periodistas Independientes Asociados realizan un taller de ética periodística en la residencia de James Cason, jefe de la Oficina de Intereses de Estados Unidos en Cuba.

Marzo 16. Decenas de activistas realizan un acto público en las proximidades del Hospital Materno Hija de Galicia, donde trabajaba el doctor Oscar Elías Biscet, para demandar su excarcelación.

Marzo 17. El preso político Jorge Luis García Pérez "Antúnez" inicia en la Prisión del Combinado del Este, La Habana, un ayuno líquido en el que se mantendrá mientras duren las sesiones en Ginebra de la 59 sesión de la Comisión de Derechos Humanos de Naciones Unidas.

Marzo 18. Inicia el régimen cubano una acción represiva que se extiende por toda la isla y en la que son detenidas más de 80 personas de diferentes organizaciones de la oposición y periodistas independientes. Desde hacía varios años, el gobierno no decretaba una acción policial de estas características. Estas detenciones originan en numerosos países severas condenas y críticas al gobierno de Cuba.

Marzo 19. El joven opositor Luis Enrique Ferrer García, en señal de protesta por su detención, inicia una huelga de hambre en la dependencia de la Seguridad del Estado de Las Tunas. Las autoridades lo empiezan a alimentar por vía intravenosa a partir del primero de abril.

Marzo 20. La policía detiene a un grupo de opositores en la sede de la Fundación Jesús Yánez Pelletier, en La Habana. Los activistas estaban realizando un ayuno en demanda de la liberación del doctor Oscar Elías Biscet, el activista ciego Juan Carlos González Leiva y de todos los presos políticos.

Marzo 24. En la localidad de Navajas, provincia de Matanzas, se funda la Biblioteca Independiente Henry M. Reeve, "El Inglesito", siendo designado como su director Enrique Pérez Hernández.
- Se constituye la organización no gubernamental "Hermanos Unidos" en el municipio capitalino de San Miguel del Padrón. El presidente de la flamante organización es Pavel Torres Cedeño.

Marzo 25. La Asociación Europea Cuba Libre, en unión de organizaciones cubanas radicadas en Francia y organizaciones nacionales que están a favor del respeto a los derechos humanos, organizan una protesta contra el gobierno cubano por el encarcelamiento y condena de 75 opositores y periodistas independientes.

Marzo 28. A pesar de la fuerte represión del régimen contra periodistas independientes y opositores, continúan las Vigilias, "Por la Liberación Sin Destierro de los Presos Políticos" que viene teniendo lugar en toda Cuba desde hace más de un año.
- Las acciones represivas del totalitarismo no logran amedrentar a numerosos periodistas independientes y emiten un comunicado en el que exponen que a pesar de tener más de veinte colegas en prisión, no dejarán de ejercer su derecho a informar y de ser informados. Este documento es respaldado por todos los organismos defensores de la libertad de expresión y por las organizaciones internacionales que luchan por los periodistas.

Marzo 29. Un conjunto de organizaciones del exilio radicadas en Miami, organizan una marcha de protesta en la legendaria calle 8 de esa ciudad, en demanda de la libertad de los presos políticos cubanos y en rechazo a cualquier negociación con él régimen totalitario.

Marzo 31. En un hecho sin precedentes en Cuba después de la instauración del régimen totalitario, el licenciado en derecho Wilfredo Vallín Almeida interpone una querella judicial contra el Departamento de la Seguridad del Estado por presuntas irregularidades en los procedimientos de detenciones durante la ola represiva contra disidentes y periodistas.
- Más de veinte familiares de presos políticos marchan por las calles de La Habana, en la denominada "Semana Negra", en protesta por las injustas detenciones de opositores y periodistas independientes.
- Varios de los activistas más destacados en la lucha contra el régimen totalitario suscriben un documento denominado "Declaración Conjunta Urgente" en el que rechazan las acciones represivas del gobierno, demandan la excarcelación de los presos políticos y reafirman su vocación de unificar a todas las fuerzas de la oposición. El documento está suscrito por Gustavo Arcos Bergnes, Félix Antonio Bonne Carcassés, Vladimiro Roca Antúnez, René Gómez Manzano y Elizardo Sánchez Santa Cruz.

Abril 2. El Comité de Madres Pro Amnistía a Presos Políticos y de Conciencia Leonor Pérez informa en La Habana, mediante un comunicado a la opinión pública mundial, las acciones represivas del gobierno y demanda solidaridad con los encarcelados.

Abril 3. Los miembros del Presidio Político Pedro Luis Boitel recluidos en la Prisión del Combinado del Este, realizan un ayuno como protesta por las acciones represivas del régimen contra los opositores y periodistas independientes. Los prisioneros suscribieron un documento de condena al régimen y solicitaron de la Comisión de Derechos Humanos de Naciones Unidas una moción de condena al gobierno de Cuba por la violación de los derechos de sus ciudadanos

Abril 4. Numerosas organizaciones defensoras de los derechos humanos, dirigentes políticos y sociales, medios de prensa, intelectuales y gobiernos de todos los continentes condenan fuertemente el fusilamiento por parte del régimen cubano de tres jóvenes que habían secuestrado una lancha para escapar de la isla. Los ejecutados fueron: Lorenzo Enrique Copello Castillo, Bárbaro Leodán Sevilla García y Jorge Luis Martínez Isaac. La reacción ante este nuevo crimen del régimen totalitario no tiene precedentes.

Abril 7. El Comité Pro Doctrina Social de la Iglesia es constituido en la capital cubana y es elegido como presidente el licenciado Armando Barrera Caraballo. El propósito de la institución es trabajar paralelamente con el Colegio de Pedagogos Independientes de Cuba.

Abril 8. Tiene lugar en Ginebra, Suiza, simultáneamente con las sesiones de la Comisión de Derechos Humanos de Naciones Unidas, el Segundo Foro Paralelo de Derechos Humanos en Cuba. En el fórum participan numerosas organizaciones cubanas radicadas en el exilio y activistas a favor de los derechos humanos.

Abril 11. El fusilamiento en juicio sumario de tres jóvenes que secuestraron una lancha para escapar de Cuba, continúa generando entre las organizaciones defensoras de los derechos humanos, gobiernos, políticos e intelectuales una ola de repudio contra el régimen cubano que no conoce precedentes. Este hecho y las severas condenas a los 78 pacifistas severamente condenados, es divulgado por la mayoría de los medios de prensa más prestigiosos del mundo y repercute negativamente en las relaciones del régimen dictatorial con organismos de ayuda internacional y con gobiernos extranjeros.

Abril 15. El PEN Club de Escritores Cubanos en el Exilio, filial del PEN Internacional dirige una carta abierta a la opinión pública mundial en la que denuncia la más reciente ola represiva del régimen cubano. El documento esta firmado por Ángel Cuadra, presidente, José Antonio Albertini y Armando Álvarez Bravo, Vices y el secretario ejecutivo Orlando Rossardi.

Abril 17. La Comisión de Derechos Humanos de Naciones Unidas aprueba una resolución contra el gobierno cubano en la que se exhorta a las autoridades de la isla a permitir el ingreso a Cuba de una enviada del Alto Comisionado para supervisar la situación de los derechos humanos. Este es el 14 año consecutivo que el régimen cubano es sentado en lo que se denomina el banquillo de los acusados, y la decimotercera en la que los delegados de los países miembros votan contra los intereses del gobierno totalitario.
- Organizaciones independientes cubanas, reunidas en la sede la Liga Cívica Martiana en la capital cubana, suscriben un documento en el que demandan la liberación de los presos políticos y reclaman a la comunidad internacional para que realicen acciones que obliguen al régimen a derogar la Ley 88. El

documento esta firmado por Partido Unión Opositora, Movimiento Libertad, Movimiento Acción Nacional Democrática Independiente, Partido Pro Derechos Humanos afiliado a la Fundación Andrei Sajarov, Partido Democrático 30 de Noviembre Fran País, Proyecto Madres Martianas, Movimiento Ecologista "Naturpaz", Liga Cívica Martiana y Partido Pro Derechos Humanos de Cuba.

Abril 22. Doce organizaciones del sindicalismo independiente cubano que funcionan dentro de Cuba suscriben un documento en el que reclaman la libertad incondicional de los presos políticos. El texto está avalado, entre otras organizaciones, por la Federación de Plantas Eléctricas Gas y Agua de Cuba, Consejo Unitario de Trabajadores Cubanos y Unión Sindical Independiente de Cuba.

Abril 25. Manifestación en la Explanada de los Derechos Humanos en París, organizada por la Asociación Europea Cuba Libre que preside Lorenzo Muller, contra la detención de 75 disidentes cubanos el 18 de marzo último.

Abril 26. Una manifestación de protestas frente a la sede diplomática de Cuba en París, protagonizada por ciudadanos franceses y exiliados cubanos, es brutalmente reprimida por empleados de la embajada cubana, armados con objetos contundentes. El acto de protesta fue convocado por Reporteros Sin Fronteras.

- Varios miles de exiliados cubanos y ciudadanos españoles, incluyendo dirigentes políticos de ese país, convocados por Cuba Democracia Ya, se concentran en la Puerta del Sol en Madrid para protestar contra el régimen de Fidel Castro y exigir democracia y respeto a los derechos humanos en Cuba.

Abril 27.Organizaciones del exilio cubano en Puerto Rico realizan un acto de protesta frente a la sede del congreso del gobierno de la isla, para protestar por el fusilamiento de tres jóvenes en Cuba y solidarizarse con los setenta y cinco detenidos de la última oleada represiva del régimen de Fidel Castro. Políticos e intelectuales de Puerto Rico manifestaron su respaldo a la causa democrática cubana.

Abril 29. Se funda el Colectivo Solidaridad Cuba Libre, una plataforma que agrupa a ciudadanos franceses y diferentes asociaciones de exilados cubanos y de derechos humanos para manifestar cada martes frente a la Embajada de Cuba en París en protesta contra los arrestos de la Primavera Negra cubana. Estos "Martes por la Democracia en Cuba" se han mantenido durante el 2004 y 2005 llegando hasta la cifra de 102 martes en el momento en que se prepara esta nota.

Mayo 1. EL Centro Nacional de Capacitación Sindical y Laboral realiza un seminario: Libertad Sindical, Normas Laborales Internacionales y otros asuntos Socio-Laborales.
- Se realiza un ayuno por el Día Internacional del Trabajo en la casa de la activista Angela Sabor Barthelemi, del Movimiento Nacional de Resistencia Civica Pedro Luis Boitel.

Mayo 3. Se constituye en Pinar del Río una delegación de la Fundación Elena Mederos; la directora es Dianelis Hernández Gallardo.

Mayo 7. Varios presos políticos recluidos en la cárcel del Combinado del Este firman una declaración en apoyo de las propuestas del Consejo por la Libertad de Cuba al gobierno de Estados Unidos.

Mayo 10. El Colegio Nacional de Periodistas de la República de Cuba en el Exilio denuncia ante numerosos organismos internacionales el arresto y juicio contra cerca de treinta periodistas independientes cubanos.

Mayo 11. 30 Mujeres vestidas de Negro y Blanco, esposas y familiares de presos políticos, con la intención de expresar Luto y Paz, asisten a la misa del Día de las Madres en la iglesia de Santa Rita en la capital cubana

Mayo 17. Organizaciones políticas cubanas radicadas en el exterior organizan en varias ciudades del mundo actos para protestar por la violación de los derechos humanos por el régimen totalitario cubano. Las manifestaciones se producen en Miami, Washington, Nueva York, Madrid, Milán, Berlín, Estocolmo, Sao Paulo, etc.

Mayo 18. Las esposas y madres de presos políticos cubanos empiezan a reunirse en la casa Laura Pollán, esposa del preso político Héctor Maseda, para leer cartas o escritos de sus esposos. A esto se le denominan "Te Literarios".

Mayo 20. Se funda la Asociación por la Tercera República Cubana. Presidida por William Navarrete cuenta entre sus miembros fundadores a los exilados cubanos Zoé Valdés, Gina Pellón, Eduardo Manet, Richard O'Connell, Joaquín Ferrer, Eduardo Iglesias, Isabel Meyer-Calonder, Nivaria Tejera

(todos en Francia) y Olga Connor, Aurelio de la Vega, Matías Montes-Huidobro, Ariel Remos, Marifeli Pérez-Stable, entre otros, en Estados Unidos.
- En numerosas ciudades cubanas, Holguin, Santa Clara, Santiago de Cuba, Matanzas, entre otras, grupos de la oposición realizan actos de recordación por el Día de la Independencia.

Mayo 21. El preso político José Daniel Ferrer García, uno de los gestores del Proyecto Varela en la provincia de Santiago de Cuba, se declara en huelga de hambre en la Prisión Kilómetro Cinco y Medio, en Pinar del Río. Ferrer forma parte de los 75 intelectuales, periodistas independientes y opositores detenidos en la redada del mes de marzo de ese año.
- Una explosión ocurrida en el interior de la Unidad Militar Grito de Baire, en el municipio Plaza de la Revolución, causa la muerte de tres personas y heridas a varias decenas. El incidente, según periodistas independientes, fue calificado por las autoridades como un presunto sabotaje.

Mayo 22. El preso político Ángel Ramón Eireo se declara en huelga de hambre en la prisión de Cuba Sí, en la provincia de Holguín.

Mayo 23. Presentación del poemario de Raúl Rivero "Orden de arresto" en la Maison de l'Amérique Latine de París. El panel estaba integrado por los escritores Nivaria Tejera, William Navarrete y Jacobo Machover.

Mayo 25. Se celebra en varias ciudades el Día Mundial del Reclamo de Libertad para Cuba, organizado por el Directorio Democrático Cubano. Se toma el día para rendir tributo a la memoria del preso político cubano fallecido en una huelga de hambre Pedro Luis Boitel. Los actos tienen lugar en países como Argentina, Estados Unidos, México, República Dominicana, Chile, Guatemala, Costa Rica, El Salvador y Perú.

Junio. Es conferido a los opositores cubanos Oscar Elías Biscet, Jorge Luis García Pérez (Antúnez) y Juan Carlos González Leyva el Premio Internacional de Derechos Humanos que confiere la Fundación Hispano–Cubana, que tiene su sede en Madrid, España.

Junio 1. Oscar Elías Biscet, preso político y uno de los dirigentes de la disidencia, envía desde la Prisión de Kilo Cinco y Medio, en Pinar del Río, un documento donde reitera su decisión de continuar luchando contra el totalitarismo y su compromiso con la defensa de los derechos humanos.

- El preso René Campene Santana se ahorca con una sábana en la Cárcel de Pedernales, en Holguín. Campene Santana, un activista de la oposición que fue detenido con falsos pretextos por la policía política en los días previos a la ola represiva del mes de marzo, estaba siendo sometido a intensos interrogatorios en condiciones que llegaban a la tortura sicológica.
- Se celebra en Puerto Rico un referéndum que tiene como fin constituir un organismo que represente al exilio cubano legitimado con el voto de la mayoría. El referéndum, en el que pueden participar los cubanos de nacimiento y sus descendientes, está convocado por una denominada Comisión Nacional de Transición. La boleta de votación presenta cuatro interrogantes:1.-Sobre la legitimación de la nación libre de Cuba. 2.-Sobre la Comisión Nacional de Transición. 3.-Sobre la Disidencia interna. "Todos Unidos y la Asamblea para el Desarrollo de la Sociedad Civil". 4.-Sobre el Proyecto Varela.

Junio 12. Se reúnen en la ciudad de Santa Clara, Villaclara, las organizaciones opositoras Movimiento Acción Democrática, Partido Por la Democracia Pedro Luis Boitel, Partido Pro Derechos Humanos Andrei Sajarov, Proyectos de Biblioteca Independientes y Colegio de Pedagogos de Cuba. El propósito de la reunión es evaluar la situación cubana y pronunciarse contra el injusto encarcelamiento de los periodistas independientes y opositores pacíficos.

Junio 17. Dirigentes del Directorio Democrático Cubano reciben en Madrid, a nombre de los prisioneros de conciencia Jorge Luis García Pérez "Antúnez", el Dr. Oscar Elías Biscet, y González Leyva, el IV Premio de Derechos Humanos que otorga la Fundación Hispanocubana.

Junio 18. Se constituye en la ciudad de Camagüey la Biblioteca Independiente Jorge Mas Canosa, que es dirigida por la ex presa política Librada Álvarez Leiva.

Julio 1. Se constituye en la ciudad de Miami el Congreso Nacional Cubano, un organismo que según sus organizadores tendrá carácter representativo, funcionará como un parlamento y será dirigido por una presidencia colegiada. Algunas de las personas que integran el proyecto son el Reverendo Manuel Salabarría, el ingeniero Raúl Pintado, Antonio Calatayud y Jorge Rodríguez.

Julio 2. Los integrantes de la oposición interna en Cuba, Elizardo Sánchez Santa Cruz, René Gómez Manzano, Gustavo Arcos Bergnes, Félix Bonne

Carcasses, y Vladimiro Roca suscriben en La Habana un documento en el que proclaman la unidad de la oposición interna en los objetivos comunes de lograr la democratización del país. La declaración de principios, que está expuesta en Ocho Puntos, plantea "que es válido que los diferentes grupos lancen proyectos, e iniciativas de trabajos diversos".

Julio 3. La Universidad de Columbia le concede a la Sociedad de Periodistas Manuel Márquez Sterling que tiene la mayoría de sus miembros presos en Cuba, un reconocimiento especial del Premio María Moors Cabot 2003. Este es el premio internacional de periodismo más antiguo y le había sido concedido a Raúl Rivero en 1999.

Julio 4. Se lanza el primer número del periódico literario independiente "Cacharro". El coordinador de la publicación es Jorge Alberto Aguiar Díaz y el primer numero fue dedicado a Guillermo Rosales y Reinaldo Arenas.

Julio 12. Se constituye en la ciudad de Milán, Italia, la organización Unión por las Libertades en Cuba, que tiene como fin promover la democracia en Cuba y ayudar a los opositores y presos políticos. La institución es presidida por Carlos Carralero y Joel Rodríguez, dos jóvenes cubanos exiliados en ese país.

Julio 13. Organizaciones del exilio realizan protestas contra el gobierno cubano en Islas Canarias y Puerto Rico. La manifestación de las Islas Canarias tuvo lugar frente al Consulado de Cuba en la Gran Canaria.
- A pesar de la reciente ola represiva que retiene en prisión a más de 70 opositores y periodistas independientes, en varias ciudades de Cuba se realizaron actos conmemorativos por un aniversario más del hundimiento del Remolcador 13 de Marzo. Los actos se efectuaron, entre otros lugares, en La Habana, Isla de Pinos, Santiago de Cuba, Manzanillo y Santa Clara.

Julio 16. Se constituyen en Nueva Gerona, Isla de Pinos, las delegaciones de la Confederación Obrera Nacional Independiente de Cuba, CONIC, y la corresponsalía de la Agencia de Prensa Lux-Info Press, dirigidas respectivamente por Héctor Pachá García y Carlos Serpa Maceira.

Julio 21. Es inaugurada la biblioteca independiente "Libertad y Democracia" en la ciudad de Camagüey. El nuevo centro de información esta atendido por Edilberto Low Leiva.

Julio 22. El prisionero político Juan Carlos Herrera Acosta, confinado en la Prisión de Boniato, próxima a Santiago de Cuba, se declara en huelga de hambre indefinida en demanda de atención médica.

Julio 23. Se constituye una delegación de la asociación ecologista independiente Naturpaz en el municipio de Guira de Melena. La agrupación es presidida por Leonardo Baldes Fons.

Julio 24. Varios activistas crean en la capital cubana un Comité Gestor Pro Constituyente con el propósito de que se convoque a una Asamblea Constituyente que le de al país una nueva Carta Magna. Al frente de esta actividad se encuentra el ex preso político Lázaro Constantín Durán, María de los Angeles Tejedor Cáceres, Arnaldo Pino Leyva, José Avalos, Lázara Martí, Miriam Torres Cruz y Maura Orozco.

Julio 27. La Sociedad Interamericana de Prensa, SIP, confiere una mención especial en la categoría Gran Premio a la Libertad de Prensa a todos los periodistas independientes cubanos.

Julio 28. El Frente Cubano Unido de Tampa solicita del gobierno de Estados Unidos la aplicación de medidas que apoyen la restauración de la libertad y la democracia en Cuba.

Julio 29. El Partido por la Democracia Pedro Luis Boitel ratifica la demanda de renuncia que un año antes dirigiera al Presidente del Consejo de Estado de Cuba. El documento está suscrito por Tomás Fernández Tiert, presidente por sustitución reglamentaria, ya que el líder de la organización, Félix Navarro Rodríguez, se encontraba en prisión. También lo ratifican todos los miembros de la Junta Directiva del Partido.

Julio 30. Treinta y cuatro conductores de vehículos se reúnen en la sede del gobierno municipal de Camagüey para exigir a los funcionarios gubernamentales para que cesen los abusos de las autoridades.

Agosto 1.El Partido Liberal Democrático de Cuba, el Movimiento Liberal Cambio Cubano y el Partido Solidaridad Democrática emiten en La Habana una declaración titulada “El Manifiesto Liberal de La Habana”, en el emiten criticas contra actuaciones del gobierno de Cuba.

Agosto 3. El Comité Pinero Pro Derechos Humanos hace público un llamamiento de seis puntos dirigido a los cubanos de dentro y fuera de la isla, en el que recaba solidaridad para los presos políticos cubanos. El documento en cuestión está firmado por Huber Rodríguez Tudela, Marcelo Silva Soto y Mario Artigas Blanco, directores de la organización.

Agosto 4. Activistas defensores de los derechos humanos inician una vigilia-ayuno en la casa del preso político Roberto de Miranda, para reclamar la libertad de todos los presos políticos y de conciencia que se encuentran en las cárceles cubanas. La acción contestaría es dirigida por el ex preso político Lázaro Constantín Durán.

Agosto 5. Le es conferido al prisionero de conciencia Roberto de Miranda, presidente del Colegio de Pedagogos Independientes, el Premio Libertad Pedro Luis Boitel 2003. Este galardón fue creado por el intelectual disidente rumano Gabriel Andreescu con el apoyo de organizaciones defensoras de los derechos humanos de la Europa Oriental y Central. Anteriormente había sido conferido a los activistas Juan Carlos González Leiva en el 2001, y a Ángel Moya Acosta en el 2002.

Agosto 6. Continúan en numerosas ciudades del país las vigilias Libertad sin Destierro, en las que se demanda la excarcelación de los presos políticos sin que tengan que abandonar el país.

Agosto 8. Numerosas personas acuden a las afueras del Tribunal Municipal Popular de San José de las Lajas, provincia La Habana, para protestar contra el juicio que se les estaba celebrando a varios individuos acusados del delito de peligrosidad.

Agosto 9. En el aniversario 39 del asesinato del preso político Ernesto Diaz Madruga, el Proyecto Cívico Cultural, "Julio Tang Texier" inicia en La Demajagua, Isla de Pinos, un ciclo de presentación de documentales críticos del régimen totalitario cubano.[96]

Agosto 11. El Instituto Independiente Cultura y Democracia colabora en la formación del Comité de Solidaridad con los presos Políticos de Santiago. El Comité es fundado por cinco miembros.

Agosto 13. En este día, cumpleaños de Fidel Castro, los presos políticos de la Prisión Provincia de Holguín escenifican una protesta arrojando las bandejas de la comida y gritando "Cuba sin Castro", "Abajo el Tirano Fidel".

Agosto 15. Los presos políticos recluidos en la cárcel de Holguín, Mario Enrique Mayo, Adolfo Fernández Sainz, Iván Hernández Carrillo y Ángel Moya Acosta inician una huelga de hambre en la que demandan asistencia medica para los compañeros que sufren enfermedades y no son atendidos.

Agosto 16. Se constituye en la ciudad de Miami el Partido Nacionalista Democrático de Cuba con el propósito de participar e influenciar en el futuro democrático de Cuba. El presidente de la organización es Alfredo Cepero.

Agosto 26. Presos políticos y comunes protagonizan una protesta en la Prisión de 1580, en La Habana, en demanda de atención médica para el prisionero de conciencia José Enrique Santana Carreira, quien permanecía confinado desde febrero del 2002 sin haber sido sometido a juicio.

Agosto 30. El preso político Jorge Luis García Pérez "Antunez", depone la huelga de hambre que había iniciado el pasado 24 de Agosto, después que las autoridades aceptaran satisfacer algunas de sus demandas. "Antunez" está recluido en la prisión "Ariza", provincia de Cienfuegos.

Agosto 31. Tres periodistas independientes, Manuel Vázquez Portal, Juan Carlos Herrera y Normando Hernández, que cumplen sanción en la Prisión de Boniato, de la provincia de Santiago de Cuba, se declaran en huelga de hambre en protesta por el trato que reciben de las autoridades penitenciarias. Varias organizaciones internacionales, entre ellas Reporteros Sin Fronteras, protestan ante el nuevo abuso de las autoridades. La huelga de hambre duró siete días.

Septiembre 3. Para honrar la memoria del preso político Julio Tang Texier, asesinado en 1966 en el Plan de Trabajo Forzado Camilo Cienfuegos, el Centro Civico Cultural de Isla de Pinos que lleva su nombre exhibe el documental "Al Filo del Machete".
- Septiembre 3. Se constituye el Proyecto Cívico Cultural Julio Tan Texier que tiene como objetivo divulgar información sobre la realidad cubana, su coordinador es el periodista independiente Carlos Serpa Maceira.

Septiembre 4. El cineasta francés Olivier Languepin estrena en París el documental "El fin del silencio", sobre la disidencia en Cuba.
- Concluye el ayuno iniciado treinta días antes en la sede del Colegio de Pedagogos de Cuba. Esta acción fue promovida por el ex preso político Lázaro Constantin Durán. Para ofrecer apoyo a los ayunantes, desfilaron

unas 300 personas, miembros de diferentes organizaciones ilegales de la oposición.

Septiembre 8. Las Bibliotecas Independientes Narciso López y la José de la Luz y Caballero, como una manifestación de independencia de los proyectos gubernamentales, organizan cursillos de primeros auxilios para los miembros de la Unión de Jóvenes Democráticos de Cuba que preside Lázaro Lemus González.
- Esposas y familiares de los prisioneros políticos José Daniel Ferrer y Luis Enrique Ferrer encabezan una manifestación de familiares y activistas de presos políticos de la región oriental hasta el Santuario de la Virgen de la Caridad del Cobre en Santiago de Cuba.

Septiembre 10. Presos políticos cubanos recluidos en la Prisión 1580 en La Habana, dirigen una carta a las Naciones Unidas, Organizaciones de Derechos Humanos y a la Prensa Internacional e Independiente, en la que denuncian los acosos y abusos físicos de que son objeto por parte de las autoridades del penal y demandan la solidaridad de esos organismos.
La misiva, firmada por Yosvany Aguilar Camejo, José Enrique Santana Carreira, José Aguilar Hernández, Carlos Oquendo Rodríguez y Jesús Adolfo Reyes Sánchez, anuncia a las instancias que se declararán en huelga de hambre a partir del día 18 de septiembre.

Septiembre 13. Tiene lugar en la ciudad de Miami el Octavo Congreso del Partido Demócrata Cristiano de Cuba, con el lema "La Patria nos Llama". En el evento, que se extiende hasta el día 14, se acuerda elegir el nuevo secretariado ejecutivo nacional, designándose como presidente del mismo a Marcelino Miyares.

Septiembre 16. El grupo opositor Coalición Diálogos Pro Derechos hace pública una carta de Derechos y Deberes Fundamentales de los Cubanos. El documento divide los derechos en Derechos de la Persona Humana, Derechos Sociales y Culturales y Derechos Económicos. Los deberes se especifican de la siguiente manera: Deberes Hacia la Nación, Deberes Hacia la Comunidad y Deberes Hacia la Persona Humana. La organización habilita cinco centros en el país para que las personas interesadas puedan leer el documento.

Septiembre 17. La Asociación Cubano-Americana de Abogados, CABA, presenta una acción legal contra el gobierno cubano para reclamar el cese de las violaciones de los derechos humanos en Cuba y lograr la liberación de los prisioneros políticos.

Septiembre 18. Osvaldo Paya Sardiñas es distinguido con la Medalla Manuel Carrasco i Formiguera. El galardón, que es otorgado en Barcelona, España, le es conferido al opositor cubano por "su lucha por las libertades individuales y colectivas". El galardón es concedido por los partidos nacionalistas catalanes UDC y CiU.
- Es constituido en Praga, República Checa, el Comité Internacional para la Democracia en Cuba que tiene como fin crear un fondo europeo para la democracia, apoyar una permanente presión sobre el régimen cubano, promover el Proyecto Varela y buscar la liberación de los presos de conciencia en Cuba.

Entre las personalidades que integran el Comité se encuentran los ex presidentes de la República Checa y de Hungría, Vaclav Havel y Arpad Goncz respectivamente, y otras notables personalidades del mundo político e intelectual de Europa.
-Los presos políticos de la cárcel 1580 se declaran en huelga de hambre tal y como habían anunciado el pasado día 10.

Septiembre 19. El preso político Oscar Elías Biscet envía desde la Prisión Provincial Kilómetro 5 y medio, en Pinar del Río, un documento en el que reitera su estrategia de lucha y sus convicciones de luchar contra el totalitarismo hasta las últimas consecuencias.

Septiembre 20. La organización Mujeres y Madres Anti Represión por Cuba, MAR, inicia una campaña mundial a favor de la libertad de los presos políticos del régimen totalitario cubano. La figura emblemática de esta campaña es la economista condenada a 20 años de prisión, Marta Beatriz Roque Cabello.

Septiembre 22. Los prisioneros políticos de la Cárcel 1580, en La Habana, que se encuentran en huelga de hambre, son brutalmente apaleados por las autoridades del penal.

Septiembre 24. El Comité de Madres por la Libertad de los Presos Políticos Leonor Pérez, demanda desde Cuba solidaridad para continuar su campaña de apoyo a los presos políticos. El Comité fue fundado en marzo de 1999 y está integrado por más de treinta madres (y esposas) de prisioneros políticos. Las señoras que integran esta asociación son también conocidas como las

"Damas de Blanco" o las "Madres de Santa Rita"
- Organizaciones defensoras de los Derechos Humanos y del Movimiento Sindical Independiente inauguraron en la ciudad de Nueva Gerona, Isla de Pinos, un ciclo de cine cubano contestarlo. El ciclo fue inaugurado, entre otras personas, por Húber Rodríguez Tudela y Héctor Pachá García.

Septiembre 25. Se declaran "Plantados" los presos políticos Luis Enrique Ferrer García y Librado Linares García, ambos recluidos en la prisión del Combinado del Este en La Habana.[97]
- Más de doscientos activistas se manifiestan frente a la embajada del gobierno de Cuba en Praga, República Checa, para reclamar la liberación de los presos políticos del régimen castrista.

Septiembre 28. Periodistas independientes, en una especie de desafío al régimen, editan el tercer número de la Revista Bimestral de Cuba, que está dedicado a los disidentes encarcelados. La publicación, editada por la ilegal Sociedad de Periodistas Manuel Márquez Sterling, fue coordinada por Claudia Márquez, del Consejo de Redacción.

Septiembre 29. Reporteros Sin Fronteras y la organización Sin Visa organizan en el Teatro Rond Point des Champs-Elysée el acto "Cuba Sí Castro No", en el que participan importantes personalidades como el cineasta español Pedro Almodóvar, los actores Pierre Arditi, Bárbara Schulz, Catherine Deneuve y Sophie Marceau, los escritores Zoé Valdés y Eduardo Manet, el director del periódico Le Monde, Edwyn Plenel, la cantante Marisela Verena, entre otros y presidida por el escritor español Jorge Semprún. En la velada se acordó constituir un comité de apoyo al poeta encarcelado Raúl Rivero, que en 1997 fue distinguido con el Premio Reporteros sin Fronteras-Fundación Francia.

Octubre. El preso político Librado Linares, quien cumple una sanción de 20 años de cárcel en el Combinado del Este, en La Habana, es honrado por la Asamblea Legislativa de Costa Rica con el Reconocimiento al Valor Cívico.

Octubre 3. El dirigente opositor Oswaldo Paya Sardiñas, presidente del Movimiento Cristiano de Liberación, MCL, entrega a la Asamblea Nacional del Poder Popular de Cuba, 14,384 nuevas firmas en apoyo al Proyecto Varela. Payá Sardiñas entregó los documentos acompañados de su esposa Ofelia Acevedo y Ernesto Martínez, otro dirigente del MCL. En mayo del 2002 fueron entregadas las primeras 11,000 firmas de apoyo al Proyecto Varela.

Octubre 9. La Sociedad de Periodistas Manuel Márquez Sterling y la Revista de Cuba, reciben de la Universidad de Columbia, en Nueva York, una mención especial en el contexto del Premio María Moors Cabot.

Octubre 10. El preso político y líder del Movimiento 24 de Febrero, Leonardo Bruzón Ávila, se declara en huelga de hambre, Prisión Combinado del Este, en protesta por el injusto encarcelamiento al que está sometido.
- Los presos políticos Bernardo Arévalo Padrón y Jorge Luis García Perez (Antúnez), constituyen en la cárcel la Agencia de Prensa Independiente José Maceo. El propósito de la nueva agencia es divulgar la realidad de las cárceles cubanas y reclamar la liberación de los prisioneros de conciencia.
- Los prisioneros políticos Daniel Escalona Martínez, Ricardo Rodríguez Barrero, Jorge Luis Osorio, Alexander Fernández Rico, Norberto Dorta Sánchez y Rancel Caballero Rozabal se declaran en huelga de hambre en la prisión capitalina 1580 en protesta por la golpiza que le fue propinada por los carcelerors de la prisión Valle Grande, La Habana, a los también presos políticos Iosvany León Camejo, José Enrique Santana Carreira y Carlos Oquendo Rodríguez.

Octubre 11. Es inaugurada una Casa del Preso, en el Reparto La Esperanza, Arroyo Naranjo, en conmemoración del Grito de Yara. La Casa tiene como propósito atender a los familiares de los presos políticos y recoger productos para la alimentación y cuidado de los prisioneros. La Casa es atendida por Antonio Díaz Quintanal.

Octubre 12. El prisionero político Arturo Suárez Ramos, recluido en la prisión Combinado del Este, inicia una huelga de hambre para denunciar la negativa de las autoridades de reconocer su condición de preso político.
- Militantes del Movimiento 24 de Febrero inician un ayuno en la residencia de Dagoberto Vergel Portal, en Río Verde, en La Habana, en solidaridad con el preso político Leonardo Bruzón Avila. Los ayunantes son Manuel Enrique Fernandez Lugo, Dagoberto Vergel Portal, Javier Vergel Santos y Dagoberto Vergel Souto.

Octubre 15. La organización Madres y Mujeres Antirepresión por Cuba, MAR, dirige junto a otras organizaciones de exiliados, un documento en el que exponen la situación cubana a las Primeras Damas, Esposas y Representantes de Jefes de Estado y de Gobierno de las Américas reunidas en Santo Domingo, República Dominicana. Una delegación de esta organización, que preside Sylvia G. Iriondo, viaja a Santo Domingo y realiza numerosas actividades en la ciudad.

Octubre 16. El preso políticos Rafael Ibarra Roque, recluido en la Prisión Combinado del Este, inicia una huelga de hambre en protesta de una brutal golpiza que le propinaron sus carceleros.
- El preso político Pedro Argüelles Moran inicia una huelga de hambre para demandar que las autoridades le reconozcan su condición de prisionero político.

Octubre 17. Siete presos políticos recluidos en la Prisión Provincial de Holguín: Adolfo Fernández Sainz, Ángel Moya Acosta, Iván Hernández Carrillo, Antonio Díaz Sánchez, Mario Enrique Mayo, Alfredo Domínguez y Arnaldo Ramos Lauzarique, se declararon en huelga de hambre como protesta por los malos tratos recibidos.
- El preso político Guillermo Fariñas Hernández se declara nuevamente en huelga de hambre, a pesar del delicado estado de salud en que se encuentra. Fariñas Hernández está confinado a una silla de ruedas porque padece de una polineuropatía severa que le afecta los miembros inferiores.

Octubre 20. El Pen Club de Los Angeles otorga al poeta y periodista cubano encarcelado Raul Rivero Castañeda un premio en reconocimiento a su labor.
- La coalición opositora "Arco Progresista" inaugura su primer Club Social Demócrata en la ciudad de Santiago de Cuba.

Octubre 21. El Directorio Democrático Cubano entrega a la Comisión Interamericana de Derechos Humanos, de la OEA un informe detallado sobre los prisioneros políticos en Cuba y una petición de condena al régimen de la isla.

Octubre 26. El periodista y poeta cubano encarcelado Manuel Vazquez Portal, recibe junto a otros colegas el Premio Internacional a la Libertad de Expresión que confiere anualmente el Comité de Protección a los Periodista.

Octubre 29. -la coalición opositora "Arco Progresista" inaugura su primer Club Social Demócrata en la ciudad de La Habana.

Octubre 30. El Comité Costarricense de Solidaridad con Cuba, en un acto presidido por el licenciado Mario Redondo Poveda, presidente de la Asamblea Legislativa de Costa Rica, confiere al preso político cubano Librado Linares García el Premio Reconocimiento al Valor. El acto tuvo lugar en el Salón de Próceres de la Asamblea Legislativa costarricense y en representación de la causa democrática cubana estaba Orlando Gutiérrez, Secretario Nacional del Directorio Democrático Cubano.

Noviembre 1. El Movimiento Jóvenes de Bayamo Plantados hasta la Libertad y la Democracia en Cuba, que dirige Gabriel Díaz Sánchez organiza un proyecto titulado "Jóvenes Marginados", orientado a los jóvenes que no trabajan ni estudian.

Noviembre 4. El preso político Arturo Suárez Ramos da por terminada en la Prisión del Combinado del Este una huelga de hambre que se extendió por 21 días.

Noviembre 6. -Esposas y familiares de siete presos políticos en huelga de hambre en la prisión Provincial de Holguin efectuan un acto de protesta frente a la prisión en apoyo de los detenidos.

Al acto se suman miembros de los ilegales Partido Solidaridad Democrática y Movimiento Liberal Cubano que se declaran en Asamblea Permanente de Protesta, en solidaridad con los prisioneros de conciencia. Los presos políticos en huelga de hambre son Adolfo Fernández Sainz, Iván Hernández Carrillo, Ángel Moya Acosta, Arnaldo Ramos Lauzerique, Antonio Díaz Sánchez, Mario Enrique Mayo y Alfredo Domínguez

Noviembre 9. Aproximadamente 21 prisioneros políticos y de delito común se declaran en huelga de hambre en la Cárcel de Aguadores, en la provincia de Santiago de Cuba. Entre los huelguistas se encuentra el poeta y periodista Manuel Vazquez Portal.

Noviembre 10. Continúan efectuándose en el Parque Central de la capital cubana la Peña Disidente que organiza el Movimiento Alternativa Republicana. La reunión publica es dirigida por Enri Saumell Peña.

Noviembre 11. La Biblioteca Independiente Mahamas Gandhi es inaugurada en la ciudad de Holguín, provincia de Holguín. La nueva institución forma parte de la red de Bibliotecas Independientes Bibliored. El director a cargo es Pedro Rodríguez Varona.

Noviembre 15. Organizaciones que se oponen al régimen totalitario cubano dentro y fuera de Cuba envían a la Décimo Tercera Cumbre Iberoamericana de Jefes de Estado y Gobierno reunidos en Santa Cruz de la Sierra, Bolivia, documentos que denuncian la situación cubana, en los cuales se demanda solidaridad con este pueblo. Algunos de estos documentos están firmados en el exilio por Movimiento Cubano Unidad Democrática, Cuba Independiente y Democratica, el Comité Cubano Pro Derechos Humanos, Movimiento Revolucionario 30 de Noviembre Frank País, Coalición de Mujeres Cubana Americana y otras organizaciones.

Noviembre 20. La labor desarrollada por activistas radicados en el exterior y en la isla, en favor de los derechos humanos en Cuba, logran que el Comité de Libertad de Asociación de Organización Internacional del Trabajo examine la situación cubana y exprese su preocupación por la situación de los derechos ciudadanos en Cuba.

Noviembre 23. Los prisioneros políticos Miguel Galván Gutierrez, Pablo Pacheco Avila, Alexis Rodríguez Fernández y Manuel Ubals González, confinados en la Prisión de Agüica, en la provincia de Matanzas, emiten desde la prisión un documento titulado "Llamamiento del Presidio Político", en el que denuncian la realidad cubana y demandan la solidaridad de los pueblos y naciones del mundo.

Noviembre 24. Los presos políticos Arturo Pérez de Alejo, Leonel Grave de Peralta, Diosdado González Marrero, Hector Palacio Ruiz, José Daniel Ferrer, Normando Hernández, José Ubaldo y Oscar Elías Biscet, se declaran presos "plantados" en la Cárcel Kilo 5 1/2, de la provincia de Pinar del Río.
- Los opositores Félix Antonio Bonne Carcassés, René Gómez Manzano y Elsa Morejón Hernández hacen público un documento denominado "Declaración de Principios del Dr. Oscar Elias Biscet", al que adjuntan una declaración conjunta suscrita por los ya referidos opositores. En ambos documentos se repudia la constitución de 1976 y se demandan cambios estructurales en el gobierno del país.
- El Comité de Madres Leonor Pérez, que organiza todos los domingos una peregrinación a la Iglesia Santa Rita, inicia una cadena de oración en recordación de los presos políticos hasta el 10 de diciembre, aniversario de la Declaración Universal de los Derechos Humanos.

Noviembre 27. Se constituye la Fundación por la Libertad de Expresión en la capital cubana. El propósito de la organización, dirigida por el periodista independiente Lucas Garve, es difundir información sobre las actividades que tengan lugar en el país o en el exterior.

Noviembre 30. Los presos políticos cubanos Jorge Luis García Pérez "Antunez" y Nelson Vázquez Lima, miembros del Presidio Político Pedro Luis Boitel, confinados en una celda tapiada en la Prisión de Ariza, de la provincia de Cienfuegos, se declaran en huelga de hambre en protesta por la política penitenciaria del régimen.

Diciembre 3. La Biblioteca Angel Cofiño, especializada en temas sindicales, y el Centro Nacional para la Capacitación Sindical y Laboral convocan al Concurso "Historia del Sindicalismo Independiente en la Cuba de Hoy". Todas estas actividades se realizan al margen del gobierno y regularmente son reprimidas.
- Continúan en varias ciudades del país la vigilia Libertad Sin Destierro. La demanda consiste en que los presos políticos sean excarcelados sin que tengan que abandonar el país.

Diciembre 5. Se constituye en la capital cubana el Frente de Unidad Nacional, que tiene como principal objetivo desarrollar actividades políticas no violentas contra el régimen totalitario. La agrupación opositora, que está dirigida por Evaristo Pérez Rodríguez, Abel Ferrán Marañón y Magnolia Marrero Peraza, hace público un plan de 17 puntos en el que se destacan la demanda de la celebración de elecciones libres y la libertad incondicional de los presos políticos.
- Como parte del desarrollo de la sociedad civil cubana, ajena al control gubernamental, los secretarios generales de la Central Sindical Cristiana y la Asociación de Trabajadores por Cuenta Propia, William Terrero Toledo e Ismael Salazar Agüero, respectivamente, suscriben un convenio de colaboración con la finalidad de ampliar el intercambio entre ambas organizaciones.

Diciembre 6. Continúan las reuniones periódicas que mujeres de familiares de presos políticos realizan para recordar y leer manuscritos de sus esposos.

Diciembre 8. Se declara en huelga de hambre el prisionero de conciencia Ricardo González Alfonso. El periodista independiente y director de la Revista ilegal De Cuba, se encuentra cumpliendo una sanción de 20 años de prisión en la Cárcel de Kilo 8, en la provincia de Camagüey.
- El preso político Arturo Suárez Ramos, preso y acusado de piratería desde 1987, se declara en ayuno hasta la liberación de todos los presos políticos cubanos.
- Seis presos, políticos y por delitos común, inician una huelga de hambre en

la prisión de Boniato, Santiago de Cuba, para exigir atención medica y mejoras en los alimentos. Los presos políticos en huelga son: Prospero Gainza Agüero, Raumel Vinajera Stevens y Carlos Luis Díaz Fernandez

Diciembre 10. Se planta en huelga de hambre, Cárcel de Quivicán, el preso político Carlos Miguel López Santos. Su acción se origina porque las autoridades no le reconocen los 6 meses de cárcel que había cumplido antes de ser sancionado a tres años de prisión.
- Organizaciones que critican la situación de los derechos humanos en Cuba, realizan en la isla y en el extranjero numerosas actividades para conmemorar el 55 aniversario de la Declaración Universal de los Derechos Humanos de Naciones Unidas.

En Cuba los actos se realizan en diferentes ciudades con la participación de numerosos activistas y familiares de presos políticos. También en las carceles los prisioneros políticos conmemoran la fecha.

Los actos que se efectúan en el extranjero cuentan con la participación de representantes de organizaciones internacionales defensoras de los derechos humanos y personalidades de prestigio mundial.
- Una Biblioteca con el nombre del mártir José Vázquez Nerey es fundada en la ciudad de Cienfuegos. Los directores del nuevo centro son Oneida Romero Godoy y Pedro Castellanos Pérez. Vázquez Nerey fue fusilado en junio de 1965 por enfrentar al régimen totalitario.

Diciembre 11. Es constituida en la capital cubana la Organización Jóvenes Universitarios por una Cuba Libre, presidida por Carlos López Gómez. El propósito de la nueva agrupación es promover a través de medios pacíficos, cambios democráticos en Cuba.

Diciembre 12. Oswaldo Paya Sardiñas, líder del Movimiento Cristiano de Liberación, presenta a la opinión pública un borrador de un programa para la transición a la democracia en Cuba que propone la elaboración de una nueva Constitución de la República. Apunta el dirigente de la oposición que esta propuesta no sustituye el Proyecto Varela sino que lo complementa.

Diciembre 19. Un grupo de trabajadores por cuenta propia se conciertan y constituyen el Sindicato de Productos Artesanales, organización que es dirigida por Magaly Pareta Reyes. La nueva agrupación sindical independiente cuenta con 33 afiliados.

Diciembre 20. El preso de conciencia, Cárcel Combinado del Este,

Leonardo Miguel Bruzón Ávila inicia una huelga de hambre en demanda de que se le inicie un proceso judicial o sea liberado.
- El Comité de Madres Leonor Pérez, integrado por madres, esposas y familiares de presos políticos cubanos, continúan su peregrinaje por diferentes iglesias de la capital cubana para elevar sus plegarias a Dios en demanda de la liberación de los prisioneros y democracia para Cuba.

Diciembre 24. El preso de conciencia y periodista independiente Ricardo González Alfonso da por terminada la huelga de hambre que había iniciado el 8 de este mes corriente en la Prisión de Kilo 8, Camagüey, por considerar que las autoridades habían satisfecho sus demandas.
- Constituyen en Holguín el Sindicato de Trabajadores de la Industria Lactea de la provincia. Francisco Damián Fran es el principal dirigente de la nueva organización.

Diciembre 28. Tiene lugar en la Parroquia de la Virgen de la Caridad del Cobre, en el Cerro, La Habana, un Encuentro entre Jóvenes Universitarios por una Cuba Libre, en el que participan estudiantes de la Universidad Católica de Lyon, Francia. Durante la reunión los estudiantes franceses reiteraron su solidaridad con los demócratas cubanos.

blan

Campañã internacional por la liberación de más de 300 presos políticos

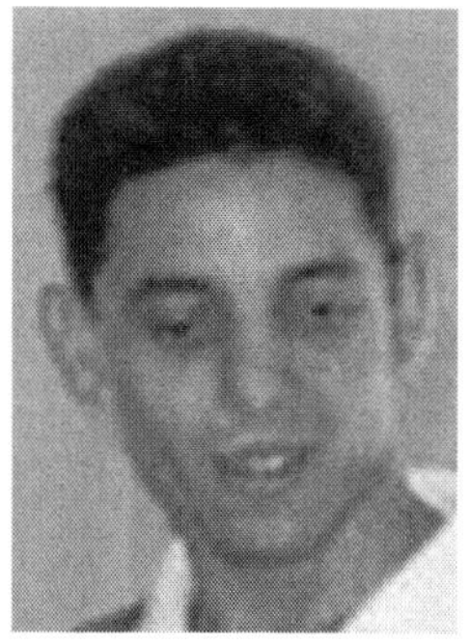
Normando Hernández

Léster González

Héctor Maceda

José Daniel Ferrer

Angel Moya Acosta

Víctor R. Arroyo

Rafael Ibarra

Francisco P. Chaviano

Fabio Prieto

blanco

2004

Enero 2. Cinco personas vinculadas a la American University, en la ciudad de Washington, suscriben una acción legal contra el gobierno de Cuba ante la Comisión Interamericana de Derechos Humanos, en nombre de los familiares de Lorenzo Enrique Copello Castillo, Bárbaro Leudan Sevilla García y Jorge Luis Martínez Isacc, tres jóvenes fusilados por el régimen cubano el 11 de abril del 2003. Esta fue la segunda petición legal enviada a la CIDH. En septiembre último la Asociación de Abogados Cubano-Americano, CABA, había presentado una reclamación para conseguir la liberación de más de 70 presos políticos cubanos.

Enero 3. El prisionero político Margario Broche Espinosa, Cárcel de Guanajay, inicia un ayuno que se extendera por 75 días, como forma de homenajear a los 75 activistas y periodistas independientes detenidos durante la ola represiva conocida como la "Primavera Negra de Cuba".

Enero 5. El preso político Néstor Rodríguez Lobaina se declara en huelga de hambre en un centro correccional de Holguín.
-Es inaugurada en la ciudad de La Habana la Biblioteca Independiente Rine Leal, especializada en asuntos relacionados con el teatro, con el fin de fomentar el conocimiento de las artes escénicas sin el control de las instituciones culturales del gobierno. El director del nuevo espacio cultural es el actor Carlos Alberto Saborit.

Enero 6. Los presos políticos recluidos en la Prisión Provincial de Guantánamo inauguran la Peña de Estudios Socio-Políticos Carlos Quintela.

Enero 9. Es constituido en La Habana el Sindicato Solidaridad con el proposito de promover la defensa de los derechos laborales.La nueva organización es dirigida por Carlos Pérez y Angel Luis Barreiro.

Enero 10. Familiares de presos políticos dirigen a los mandatarios reunidos en Monterrey, México, en la Cumbre Extraordinaria de Las Américas un documento en el que les solicitan a que intercedan ante el gobierno de Cuba para que alivien las "condiciones inhumanas, crueles y degradantes", en la que cumplen sanción los encarcelados, en la isla.

Enero 11. El Frente Unido Nacional, una agrupación de organizaciones que reúne a 34 grupos contestarios, es constituida en la capital cubana.

Enero 14. La Asociación Nacional de Balseros Paz, Democracia y Libertad, radicada en Caibarién, provincia de Villaclara, inicia un ayuno en la ya tradicional Vigilia de la Vela por los Presos Políticos, en solidaridad con su presidente Margarito Broche Espinosa, quien se encontraba realizando un ayuno desde el 5 de enero.

Enero 15. Es constituido un Sindicato Independiente para la Defensa de los Trabajadores de la Cultura. El sindicato está afiliado a la Confederación Obrera Nacional Independiente de Cuba, CONIC, y es dirigido por Carlos Alberto Rivera.

Enero 17. El Comité Internacional para la Democracia en Cuba, integrado por 17 lideres políticos de Europa, América Latina y Estados Unidos, nominan oficialmente a Oswaldo Paya Sardiñas al Premio Nobel de la Paz 2004.

Enero 18. Miembros de la Confederación Obrera Nacional Independiente de Cuba conmemoran en la residencia de un activista en Nueva Gerona, Isla de Pinos, el "Día del Trabajador Cubano". Este día fue escogido para honrrar la memoria de William Le Sante Nacer, Luis Olirio Méndez y Julio Caiselles Amigo, fusilados un 18 de enero de 1961. Activistas a favor de la democracia realizan actividades similares en otras ciudades del país.

Enero 19. Comienza un ciclo de cine cubano del exilio y sobre el exilio y la disidencia en la Maison de l'Amérique Latine de París. Organizado por la Asociación por la Tercera República Cubana, Zoé Valdés y William Navarrete.
- El preso político Carlos Miguel López Santos cumplió 40 días sin ingerir ningún tipo de alimento en un calabozo de la Cárcel de Quivicán, en la provincia de La Habana. López Santos extinguió la condena impuesta de seis meses de reclusión, e inmediatamente fue sentenciado nuevamente a tres años más de prisión.

Enero 22. La organización contestaria Corriente Martiana propone constituir un seguro social para los periodistas independientes.

Enero 28. El preso político Humberto Eladio Real Suárez inicia una huelga de hambre en reclamo de que le entreguen el uniforme y material gráfico con el que desembarcó en Cuba, y que el gobierno califica como subversivo. Real Suárez está condenado a muerte desde hace varios años.

Enero 29. Tiene lugar en Madrid, España, el Primer Congreso Internacional de la Cultura Cubana. En el evento, organizado por la Asociación Española Cuba en Transición, se reunieron numerosos intelectuales cubanos exiliados que presentaron ponencias sobre diferentes temas.
-Continúan las reuniones periodicias de esposas y familiares de presos políticos cubanos.

Enero 30. El Comité de Madres Leonor Pérez, familiares de presos políticos, continúa las perenigraciones a las diferentes iglesias de la ciudad capital.[98]

Enero 31. El Movimiento Alternativa Republicana continúa sus reuniones informales en un banco del capitalino Parque Central.

Febrero 3. Es constituido en Paris el Grupo de Apoyo a las Bibliotecas Independientes Cubanas. En la gestación de este grupo laboraron, entre otras personas, Ramón Colas, fundador de ese movimiento en Cuba, la escritora cubana Zoe Valdés, William Navarrete, Eduardo Manet, Pascal DalPont y Laurent Muller.
- Se crea en la capital cubana el Proyecto Popular de Peñas Disidentes, con el fin de crear espacios libres dentro de Cuba y establecer vínculos directos entre el pueblo y las organizaciones no gubernamentales. Esta idea es promovida por Samuel Peña.

Febrero 6. Dos nuevos sindicatos independientes son constituidos en La Habana y en Holguín. El de la capital se crea para defender los derechos de los trabajadores de la educación y es dirigido por el profesor Valentín Cabrera Aguila. El sindicato de Holguín está orientado a los trabajadores electroenergéticos y es presidido por Mauricio Leyva Infante. Ambos están afiliados a la Confederación Obrera Nacional Independiente de Cuba, CONIC.
- Humberto Eladio Real Suárez da por terminada una huelga de hambre que había iniciado diez días atrás.

Febrero 10. La agrupación Todos Unidos, que reúne a la mayoría de las organizaciones que se oponen al régimen cubano, hace público un programa que tiene como fin solucionar los graves problemas que padece Cuba, sin exclusiones de ninguna clase. El proyecto de 36 puntos, consultado con más de 30,000 personas, fue presentado por Vladimiro Roca, Elizardo Sánchez Santa Cruz y otras personalidades de la oposición.

Febrero 11. Se crea en la capital cubana la Primera Cátedra Martiana del Periodismo Independiente Cubano. El objetivo de la Cátedra es reconocer la labor periodística de los comunicadores que se encuentran en prisión. Entre los firmantes se encuentran los periodistas independientes Fara Armenteros, María del Carmen Carro, Carlos Ríos y Beatriz del Carmen Pedroso, entre otros.

Febrero 22. Para conmemorar el derribo de las avionetas de Hermanos al Rescate y la muerte de cuatro de sus tripulantes, los presos políticos recluidos en la Prisión de Guanajay, Luis Campos Corrales, Orlando Zapata Tamayo, Félix Gerardo Vega Ruiz, Carlos González, Carlos Martín Gómez y Rolando Lázaro Núñez Hernández, determinan realizar un ayuno de 24 horas.

Febrero 23. Se declara en huelga de hambre el preso político Arturo Suárez Ramos, en protesta por el hostigamiento del que es objeto por parte de la dirección del penal. Suarez Ramos cumple una condena de 30 años de privación de libertad en el Combinado del Este, de la provincia de La Habana.

Febrero 24. La UNESCO, organización especializada de Naciones Unidas, confiere al poeta y periodista cubano Raúl Rivero, el Premio Mundial UNESCO Guillermo Cano de Libertad de Prensa 2004. Rivero, quien se encontraba cumpliendo prisión política en Cuba, fue honrado por "su valiente compromiso con la información independiente".
- Es inaugurada en la ciudad de Camagüey la Biblioteca Independiente "El Mayor". Su director es Eduardo González Vázquez. Se escogió este para día para la inauguración por ser el aniversario del Grito de Baire, y por conmemorarse el derribo en aguas internacionales de las avionetas de Hermanos al Rescate, con el saldo de cuatro personas muertas.

Febrero 26. El preso político y de conciencia Luis Campos Corrales, miembro del Partido Democrático 30 de Noviembre, inicia una huelga de hambre en protesta por el trato que recibe de las autoridades de la Prisión de Agüica en la provincia de Matanzas. La madre de Campos Corrales, la señora Georgina Corrales, se declaró en ayuno en solidaridad con su hijo. También

se declararon en ayuno Ofelia Eireo, madre del también preso político Angel Ramón Eireo, y Ana Luis Carreira, madre del prisionero Luis Enrique Santana Carreira. A la huelga se unió la señora Ada Kaly Márquez Abascal, Coordinadora Nacional del Partido Democrático 30 de Noviembre.
- Dirigentes políticos de Chile y Costa Rica inician en este último país una campaña para que los gobiernos de América Latina presten apoyo a la oposición que en el interior de Cuba enfrenta al régimen totalitario. La campaña, que fue promovida por el Directorio Revolucionario Democrático, se lanzó desde la Asamblea Nacional de Costa Rica con el apoyo de seis expresidentes del país centroamericano.
- Once organizaciones opositoras se reúnen en la sede de la Coordinadora de Presos y Ex Presos Políticos, en La Habana, para conmemorar el 24 de Febrero, el Grito de Baire, fecha en la que reiniciaron las guerras por la independencia de Cuba en 1895, y para discutir aspectos de una transición política en la isla.

Marzo. Es constituido en la ciudad de Miami el Comité Gestor del Monumento al Preso Político Cubano Desconocido. El promotor de la idea e integrante del comité gestor, es Evelio Ancheta. Numerosas personalidades del exilio se integran también a este propósito.

Marzo 4. Son inauguradas en la provincia de Pinar del Río, tres Bibliotecas Independientes: la Biblioteca Martín Dihigo, en honor al estelar pelotero cubano, que fue inaugurada en la Cooperativa Hermanos Saiz, se especializa en temas deportivos, y es dirigida por José Martínez Marquez; una Biblioteca especializada en temas agrícolas que lleva el nombre del sabio francés Andres Boisin, fue inaugurada en San Juan y Martínez y la dirige Alberto Borges, y la tercera, que es dirigida por Lazaro la O. Hernández, fue abierta en la zona de la Pedrera en el Vivero de San Juan y lleva el nombre de Abraham Lincoln.

Marzo 5. La dirección de la Unión de Bibliotecas Democráticas y Humanitarias Independientes de Cuba Padre Francisco Santana, convoca a todas sus dependencias a efectuar una jornada nacional desde el 15 de marzo hasta el 15 de abril, en solidaridad con los prisioneros políticos y de conciencia. La declaración, ofrecida desde Las Tunas por Manuel de Jesús Infante, destaca que las unidades afiliadas a la Unión son 250 bibliotecas, en todo el país.
- Un encuentro denominado "Democracia, desarrollo y sociedad civil en Cuba", tiene lugar en París. El panel es organizado por la Asociación Con

Cuba en la Distancia (Cádiz) y la Asociación por la Tercera República Cubana. Participan la ex Ministro francesa Françoise Hostalier y los exilados cubanos Grace Piney Roche, Fabio Murrieta y William Navarrete.

Marzo 9. Las organizaciones de la oposición Mesa de Reflexión de la Oposición Moderada y Coalición Diálogo Pro Derechos, anunciaron este día una campaña de recogida de firmas en favor de una moratoria legal contra la pena de muerte. La campaña es promovida por Leonardo Calvo. Esta sanción fue ampliada a delitos como tráfico de drogas agravado, robo con violencia y corrupción de menores.[99]

Marzo 15. Se inicia en Praga, República Checa, un acto de recordación que se extedenderá hasta el día 18 en conmemoración del primer aniversario de la última oleada represiva del régimen de La Habana. La organización People in Need, construye una celda en la céntrica Plaza Wenceslau, en la que se encierran voluntariamente por espacio de una hora personalidades como el canciller de la república.

Marzo 18. En más de veinte ciudades de Europa, Estados Unidos y América Latina se producen actos en conmemoración del primer aniversario de la última oleada represiva del régimen cubano. En el Parlamento Europeo se ofrece una conferencia de prensa en la que Reporteros Sin Fronteras presenta "Cuba, Le Livre Noir", un folleto en que se describe la situación de los derechos humanos en Cuba, en particular todo lo que se refiere a la libertad de expresión e información.
- En varias ciudades de Cuba se producen actos de recordación por el primer aniversario de la última oleada represiva del gobierno cubano. En prisiones como Cerámica Roja, en la provincia de Camagüey, once prisioneros políticos escenificaron una protesta pacífica, en otras cárceles se realizaron ayunos y sesiones de oración.
- Son conferidos los Premios Paloma en sus modalidades de Defensa de los Derechos Humanos y Periodismo Independiente a los presos políticos Leonardo Buzón Ávila y Pedro Argüelles Morán, respectivamente. La iniciativa del premio fue del preso político, invidente y abogado Juan Carlos González Leiva, y propiciado por la Coalición de Mujeres Cubanoamericana que preside la señora Laida Carro.
- Es constituido en la ciudad de Camagüey, el Grupo Solidario Expresión Libre, que bajo la dirección de Romero Muñoz se compromete a defender a las víctimas de la injusticia oficial con la prestación de asistencia moral y material.

- Se funda en la ciudad de Miami, la organización Jóvenes por una Cuba Libre. El propósito de la organización es distribuir información entre los jóvenes y estudiantes en Estados Unidos y organizar y participar en actos a favor de los derechos humanos en Cuba.

Marzo 19. Madres y esposas de presos políticos se manifestaron en La Habana y entregaron un documento en la Dirección General del Establecimientos Penitenciarios y la Asamblea Nacional del Poder Popular en el que demandan amnistía para los presos políticos cubanos.

Marzo 25. El preso político Néstor Durán Rodríguez se declara en huelga de hambre en la Prisión del Combinado de Guantánamo.

Marzo 27. El prisionero de conciencia José Enrique Santana Carreira, coordinador nacional del Partido Democrático 30 de Noviembre Frank País, se declara en huelga de hambre indefinida en la Prisión de 1580, en la provincia de La Habana.

Abril 13. París se convierte en la capital de la lucha en Europa contra el totalitarismo cubano. Dirigentes de organizaciones francesas y cubanas se reúnen con funcionarios de la cancillería gala, más tarde en la Asamblea Nacional, con diputados nacionales y se celebra un acto multitudinario de protesta frente a la embajada cubana en la Ciudad Luz.
- Sesión en la Asamblea Nacional de Francia con diputados nacionales que apadrinan a presos políticos cubanos. Ofrecieron testimonios los ex prisioneros políticos cubanos Ernesto Díaz y Caridad Roque. Manifestación del grupo de MAR por Cuba junto al Colectivo Solidaridad Cuba Libre frente a la Embajada cubana en París.
- Conferencia de prensa en Centro de Apoyo a la Prensa Extranjera de París bajo el título "¿Qué libertad para los cubanos?", ofrecida por Françoise Hostalier, Silvia Iriondo (MAR por Cuba), Regis Bourgeat (RSF), William Navarrete (ATREC) y Ricardo Valeriano (Bibliotecas Independientes).

Abril 15. La Comisión de Derechos Humanos de Naciones Unidas reunida en Ginebra, Suiza, critica de nuevo al régimen cubano por la situación de los derechos humanos en la isla. Este mismo día se celebra el Tercer Foro Paralelo de los Derechos Humanos en el Hotel Winsord de la ciudad suiza, organizado por la asociación M.A.R. Por Cuba.

Abril 20.-Es constituida en Nueva Gerona, Isla de Pinos, la Biblioteca

Independiente William Le Sante Nasser, en homenaje a la memoria del mártir que cayó ante el paredón de fusilamiento. El centro cultural es dirigido por Héctor Pachá García.

Abril 21. Más de veinte dirigentes del Partido Democrático 30 de Noviembre Fran País, protagonizan una marcha de diez kilómetros con el propósito de participar en un acto político en la sede de la Asociación de Presos Políticos Pedro Luis Boitel, situada en Arroyo Naranjo, en La Habana.

Abril 26. Es constituida en la Isla de Pinos el Sindicato de Conductores de Bicitaxis, una organización independiente del movimiento obrero oficial. La organización cuenta con 20 afiliados y está bajo la direccción de Roberto Triquelmes.

Abril 30. Manuel Vazquez Portal, periodista independiente condenado a 18 años de prisión, se declara en huelga de hambre en la Prisión de Boniato, de la provincia de Santiago de Cuba.

Mayo 1. Constituyen en el municipio de Velasco, de la provincia de Holguín, un Sindicato Independiente de Trabajadores Agropecuarios dirigido por Arnaldo Pino Leyva. La nueva organización laboral esta afiliada a la Confederación Obrera Nacional Independiente de Cuba, CONIC.

Mayo 9. En el Día de las Madres, treinta tres mujeres, familiares de presos políticos recorren varias cuadras en las cercanías de una iglesia católica en la barriada de Miramar, demandando la libertad de los prisioneros políticos.

Mayo 11. Es fundada en la ciudad de Camagüey, la Biblioteca Independiente 11 de Marzo, que tiene como fin recordar a las víctimas del atentado terrorista que tuvo lugar en Madrid, España, en esa fecha. El director del nuevo centro cultural es Yasel Benítez Caballero.

Mayo 13. Se inicia en varias ciudades de Cuba, la Jornada Homenaje a Pedro Luis Boitel. Esta actividad se extenderá hasta el 25, día en que murió el dirigente estudiantil.

Mayo 14. Se declaran en huelga de hambre en la Cárcel de Kilo 5, en Pinar del Río, los presos políticos José Daniel Ferrer, Leonel Grave de Peralta y Diosdado González Marrero, en protesta por los golpes y vejaciones de la guarnición contra el también preso político Normando Hernández González, quien también se encuentraba en huelga de hambre en la prision de Kilo Cinco y Medio.

Mayo 17. Legisladores de México, Chile y la República Checa anuncian en el Palacio Legislativo de México, la conformación de una Comisión Mixta Especial encargada de vigilar el respeto a los derechos humanos en Cuba. Los diputados que promueven esta gestión son Francisco Barrios Terraza, de México, Ezequiel Silva Ortiz, de Chile y Petr Bradsky, de la República Checa.

Mayo 20. Es inaugurada en la capital la Biblioteca Independiente Mercedes Medina. El nuevo centro estará dirigido por el reverendo bautista Ariel Arteaga Castellón.

Mayo 21. Es constituida en la ciudad de Matanzas la Unidad Femenina Pro Amnistía de los Presos Políticos, que tiene como fin unir a todas las mujeres del país para luchar por la liberación de los prisioneros políticos. Preside esta nueva organización Josefa López Peña.

Mayo 25. En un sector del exilio cubano, auspiciado por el Comité Coordinador del Diálogo Nacional en el Exterior que preside el doctor Virgilio Beato, se inicia la discusión del Documento de Trabajo para el Programa de Transición.
- La Asociación de la Prensa de Cadiz y la Entidad Bancaria Unicaja confieren al poeta y periodista cubano encarcelado Raúl Rivero el Premio Agustín Merello de la Comunicación. El galardón es recogido por el poeta exiliado Manuel Díaz Martínez.

Junio. Activistas del Partido Pro Derechos Humanos en Cuba inician un ayuno por tiempo indefinido para exigir atención médica al preso político y secretario general de la organización René Montes de Oca

Junio 6. Tienen lugar en Puerto Rico unas elecciones en las que los cubanos de origen o descendencia, inscritos en un registro preparado al efecto, eligen al Delegado de Puerto Rico de la Nación Libre de Cuba. Durante la campaña se inscribieron cinco candidatos.

Junio 7. Los periodistas independientes cubanos, Tomás González Coya, Luis Cino, Tania Díaz Castro, Adrian Leyva, Oscar Mario González y Mirian

Leyva son galardonados con el Premio Por la Libre Expresión que otorga en la isla la Fundación por la Libertad de Expresión.

Junio 14. Es consituido en La Habana el Primer Centro de Investigación del Periodismo Independiente. El grupo es presidido por el periodista independiente Orlando Carlos García Pérez.

Junio 16. Los periodistas cubanos Orlando Márquez y Michel D. Suárez son reconocidos con el Premio Internacional de Periodismo que concede la Unión Católica Internacional de la Prensa.

Junio 20. El prisionero político Iván Hernández Carrillo se declara en huelga de hambre en la prisión provincial de Holguin en reclamo de mejor asistencia medica, religiosa y que todos sus derechos sean respetados.
- En el Día de los Padres un grupo de mujeres, familiares de presos políticos, demandan de las autoridades la excarcelación de los prisioneros. La protesta tiene lugar en la Quinta Avenida, de la Barriada de Miramar, en la Capital cubana.

Junio 21. Se funda en la ciudad de Pinar del Río un Sindicato Forestal Independiente afiliado a la Confederación Obrera Nacional Independiente de Cuba. La organización cuenta con 18 afiliados dirigidos por Pedro Giral Cabrera y Ramón Echevarría Ledezma. El sindicato abrió una subsede en el entronque de San Luis liderada por Roberto Calatallú Cabrera.

Julio 2. Se constituye en la ciudad de Santiago de Cuba el Colegio de Periodistas Independientes de Santiago de Cuba. La nueva organización está integrada por once comunicadores y la preside Roberto García Cabrejas.

Julio 21. El prisionero político Fabio Prieto Llorente, recluido en la Cárcel de Kilo 8, en la provincia de Camagüey, se declara en huelga de hambre, en demanda de que todos sus derechos sean respetados.

Julio 22. La coalición de organizaciones disidentes, Arco Progresista, hace pública una propuesta sobre como debe producirse la transición a la democracia.

Julio 23. El disidente y ex preso político Leonardo Bruzón Avila presentó ante las instancias correspondientes del Ministerio de Justicia de Cuba una propuesta de referendo para que los ciudadanos decidan si quieren un cambio de sistema, y que se establezca en la isla un régimen político pluralista.

Julio 24. Promotores de la Corriente Martiana inician la elaboración de una moción sobre la situación de los derechos humanos en Cuba para ser presentada al Gobierno y a la Comisión de Derechos Humanos de Naciones Unidas.
- El preso político Ricardo Pupo Sierra, se declara en huelga de hambre en la Prision de Ariza, en la provincia de Cienfuegos, como protesta por los malos tratos recibidos.

Julio 26. El preso político Jorge Luis García Pérez "Antunez", quien se encuentra recluido en una celda de máximo rigor de la Prisión de Ariza, en Cienfuegos, se declara en huelga de hambre.Antunez y sus familiares fueron golpeados brutalmente por los carceleros durante una visita que recibiera el prisionero.

Agosto 1. Carlos Miguel López, Francisco Mouré y Yusimin Gil, tres opositores al régimen, se declaran en huelga de hambre en demanda de la libertad de los presos políticos cubanos. Este hecho sin precedentes tiene lugar en una casa del barrio La Lira, del municipio de Arroyo Naranjo, en La Habana.

Agosto 6. La Confederación Obrera Nacional Independiente de Cuba, CONIC, constituye en la provincia de Villaclara dos nuevos Sindicatos Indepependientes de Maestros y Trabajadores de la Salud. Los dirigentes electos para estas organizaciones son Ricardo Sanfield Bermúdez y el Dr. Ibey Rodríguez Valdés, respectivamente.

Agosto 9. Cumple 23 días en huelga de hambre el preso político Juan Carlos Herrera Acosta. El opositor cumple una sentencia de 20 años de reclusion en la Prisión de Kilo 7, en Camagüey.

Agosto 11. Fabio Prieto Llorente, periodista independiente y prisionero de conciencia condenado a 20 años de privación de libertad, inicia en la Prisión de Kilo 8, en Camagüey, una huelga de hambre en demanda de que le trasladen a una prisión cercana del lugar donde reside su familia. Prieto Llorente había concluido dieciocho días antes, otra huelga de hambre por espacio de diez días.

Agosto 16. Juan Carlos Herrera Acosta, encarcelado en la Prisión de Kilo 7, en Camagüey y condenado a 20 años de reclusión, se declara en huelga de hambre en protestas por las condiciones infrahumanas en la que lo tienen recluido.

Agosto 23. Bertha Antúnez Pernet, dirigente de la oposición en la ciudad de Placetas, Villaclara, inicia una huelga de hambre en demanda de que su hermano, el preso político Jorge Luis García Pérez, Antunez, sea trasladado de la prisión donde cumple la sanción impuesta por el régimen. Familiares de la activista y opositores residentes en las provincias de Villaclara, La Habana y Camagüey inician un ayuno de solidaridad con Antúnez Pernet.

Septiembre 1. El preso político Nelson Aguiar Ramírez, recluido en la Prisión Provincial de Guantánamo, inicia una huelga de hambre en reclamo del reconocimiento de sus derechos.
- El periodista independiente y prisionero de conciencia Víctor Rolando Arroyo Carmona, encarcelado en la Prisión Provincial Guantánamo, se declara en huelga de hambre en reclamo de atención médica.

Septiembre 5. Se constituye en Paris, Francia, la Asociación Cultural Cuadernos de Cuba, con el propósito de promover la cultura cubana en todo el mundo. Los directores de la asociación son Armando de Armas y Armando Valdés Zamora.

Septiembre 6. La disidente Mesa de Reflexion de la Oposición Moderada, que fue fundada en 1998, es disuelta por decisión de las organizaciones miembros. El documento esta firmado por Manuel Cuesta Morúa secretario general de la Corriente Socialista Democrática y por Fernando Sánchez López, del Partido Solidaridad Democrática.
- Se publica el primer número de "Misceláneas de Cuba. Revistas de Asignaturas Cubanas", que tiene como fin apoyar el movimiento hacia la democracia en Cuba, divulgar la verdadera naturaleza del régimen y promover la solidaridad internacional. El director de la publicación es Alexis Gaínza Solenzal.

Septiembre 12. Concluye la huelga de hambre que habían protagonizado los activistas de derechos humanos Francisco Moure Saladrigas y Miguel López Santos. Durante los días que duró la huelga los ayunantes fueron visitados por más de 400 personas.

Septiembre 13. Periodistas independientes y colaboradores de Lux-Info-Press, inician la publicación de Boletín Digital de Noticias de Cuba, bajo la dirección del periodista independiente Gilberto Figueredo Álvarez.

Septiembre 19. El Comité Internacional por la Democracia en Cuba, CIDC., inicia en Praga, República Checa, la Cumbre denominada "Hacia la Democracia en Cuba" con la particpación de los expresidentes Vacla Havel, por la República Checa, José María Aznar, por España, Patricio Alwin, de Chile, Madeleine Albright ex secretaria de Estado de los Estados Unidos y numerosos líderes políticos de Europa y América Latina.

Septiembre 20. Se constituye en La Habana el Consejo Nacional de Ex prisioneros Políticos, que tiene como objetivo apoyar las campañas de excarcelación a favor de todos los presos políticos cubanos. La institución agrupa a 52 organizaciones contestarias y es presidida por Aida Valdés Santana.

Septiembre 27. El prisionero político Luis Enrique Ferrer García inicia una huelga de hambre en la Prisión de la Ciudad de Santa Clara, donde cumple una sanción de 28 años de reclusión. Ferrer García fue uno de los arrestados en la ola represiva de la primavera del 2003.

Septiembre 30. Es constituido el Colegio Médico Independendiente de Ciego de Avila, con el fin de prestar, en lo posible, asistencia médica a los presos y en particular a los presos políticos. Preside la nueva organización contestaria la doctora Oleibis García Echemendía, esposa del periodista independiente encarcelado Pablo Pacheco Ávila.

Octubre 2. Las Bibliotecas Independientes Jóvenes del Jagua y Martiana Independiente son inauguradas en la ciudad de Cienfuegos. Los directores designados fueron Pablo González Villa y Jorge Luis Pérez Ricabar.

Octubre 5. En un acto sin precedentes, familiares de ex presos políticos hacen acto de presencia en uno de los más importantes símbolos de totalitarismo en Cuba, la denominada Plaza de la Revolución (que fuera identificada como Plaza Cívica antes de la instauración del régimen dictatorial), para demandar atención médica para el prisionero de conciencia Ángel Moya. Su esposa, Berta Soler, encabezó esta protesta que logró el respaldo de otros opositores y de sectores de la ciudadanía.

Octubre 8. Se constituye en la ciudad de Ciefuegos una delegación del Partido Liberal Democrático de Cuba. Para dirigir la organización fue nombrada Marta Beatriz Delgado González.

Octubre 10. Se hace público el proyecto independiente "Casas en Zona de

Silencio Escuchan a Radio Martí" que tiene como fin promover esa emisora para que los radioescuchas discutan y analicen las informaciones y comentarios que se hacen en la misma. El proyecto es auspiciado por el Partido Pro Derechos Humanos de Cuba que representa Gustavo Feliciano Rodríguez.

Octubre 11. Es inaugurada en la barriada de Alamar, al Este de La Habana, la Biblioteca Independiente Roberto Sánchez Sambrana, especializada en temas deportivos. El director del nuevo centro es Carlos Ortega.

Octubre 12. Otorgan a Dagoberto Valdés Hernández, director del Centro de Formación Cívica y Religiosa y de la Revista Vitral, de la Diócesis de Pinar del Río, el Premio Internacional Jan Karski, por el Valor y la Compasión.

Octubre 17. El prisionero político Randy Cabrera Mayor se declara en huelga de hambre en la prisión de Guantánamo.
- Los presos políticos Félix Gerardo Vega, Alexander Fernández Rico, Carlos Martín Gómez, Rafael González Ruiz, Cecilio Rivero y Virgilio Marante Guelmes se declararon en huelga de hambre en la Prisión de Quivicán, para protestar por una golpiza que propinaron las autoridades a dos de los presos de conciencia.

Octubre 26. El preso político Lázaro González Adán cesa una huelga de hambre que había iniciado 9 días antes, en protesta por el ilegal encarcelamiento al que se encuentra sometido, y por los malos tratos de que es objeto. González Adán está recluido en la Prisión Cerámica Roja y es coordinador de la CONIC, en la provincia de Camagüey.

Noviembre 2. Como un paso más del fortalecimiento de la sociedad civil, es constituida en la provincia de Pinar del Río una Red de Minibibliotecas Independientes dedicadas al tema sindical. El coordinador provincial del proyecto es José Félix Rodríguez Rodríguez.

Noviembre 3. Los presos políticos Arturo Pérez de Alejo, Librado Linares García, Marcelo Cano Rodríguez y Juan Carlos Vázquez García se declaran en huelga de hambre en la Prisión de Ariza, en la provincia de Cienfuegos, en demanda que le reconozcan los derechos que les niegan los carceleros.

Noviembre 4. Activistas a favor de la democracia y defensores de los derechos humanos de varios municipios de la provincia de Matanzas, colocan ofrendas florales en las tumbas de personas que murieron enfrentando al ré-

gimen.
- La Propuesta "Proyecto de Transición para todos los Cubanos en Democracia y Libertad" elaborado entre el Consejo por la Libertad de Cuba, Mujeres Anti-represión en Cuba y Plantados por la Libertad es distribuido entre las organizaciones disidentes de Isla de Pinos.

Noviembre 6. El médico Darsi Ferrer inicia una huelga de hambre hasta el jueves 10 del mes en curso, en demanda de la excarcelación de cinco médicos que se encuentraban encarcelados por motivos de conciencia.

Noviembre 8. El preso político Ricardo Pupo Sierra, recluido en el campamento para presos de nombre Vista Alegre, en Palmira, provincia de Cienfuegos, se declara en huelga de hambre en demanda de atención médica.
- Es contituida en la ciudad de Cumanayagua una agrupación de jóvenes que se identifica como Movimiento Democrático por la Libertad, que tiene como fin luchar por el establecimiento en la isla de una sociedad democrática. El presidente de la flamante organización es Elieski Roque Chongo

Noviembre 11. El preso de conciencia Mario Enrique Mayo se declara en huelga de hambre en la Prisión de Mar Verde, en la provincia de Santiago de Cuba. Mayo fue condenado a 20 años de reclusión. Los también presos políticos Agustín Cervantes García, Armando Alcantara Clavijo y Alberto Castro Aguilar, igualmente iniciaron una huelga de hambre en solidaridad con Enrique Mayo.

Noviembre 13. El preso político Ricardo Pupo Sierra termina la huelga de hambre que había iniciado, al ser satisfechas sus demandas.

Noviembre 16. Jorge Luis García Pérez (Antúnez), Héctor Fernando Maseda Gutiérrez, Luis Enrique Ferrer García y Antonio Villarreal Acosta, todos prisioneros de conciencia, envían desde la Prisión Provincial de Villaclara a los Jefes de Estado y Gobierno reunidos en Costa Rica por la XIV Cumbre Iberoamericana, un documento en el que denuncian la situación cubana y demandan solidaridad para con el pueblo de la isla.

Noviembre 28. Se celebra en la Iglesia Caridad del Cobre en la capital cubana una Oración por la Unidad Nacional a través del Dialogo y la Reconciliacion. Al finalizar la acción cívica miembros de las quince organizaciones presentes marcharon en una peregrinación silenciosa hasta el

Mausoleo a los Ocho Estudiantes de Medicina. Oraciones por la Unidad Nacional se realizaron en Guines, San José de las Lajas y Mariel, también en Santiago de las Vegas y la ciudad de Camagüey.

Diciembre 1. Homenaje al escritor español Fernando Arrabal por su apoyo a las campañas internacionales contra el régimen totalitario cubano. La actividad, organizada por ATREC, tiene lugar en la Maison de l'Amérique Latine con motivo de la reedición en francés del documento que tituló, "Carta a Fidel Castro". Presentación a cargo de Zoé Valdés y William Navarrete.

Diciembre 3. Bertha Antúnez Pernet, en compañía de varios opositores al régimen, realizan un acto de protesta frente a la Cárcel de la Pendiente, de Santa Clara, en rechazo a los 21 días de castigo que le fueron impuestos a su hermano Jorge Luis García Pérez (Antúnez).
- Es creado en la Ciudad de La Habana el Centro para la Salud y los Derechos Humanos Juan Bruno Zayas. El propósito de la institución es que se cumplan en Cuba las disposiciones de Naciones Unidas y de los organismos multilaterales de la salud. Al frente de la nueva insitución se encuentra el doctor Darsi Ferrer.

Diciembre 7. Rolando Jiménez Posada, considerado prisionero de conciencia por Amnistía Internacional, de declara en huelga de hambre en la Prisión El Guayabo, Isla de Pinos, en protesta por la violación de los derechos humanos en Cuba.

Diciembre 10. En varias de las prisiones en las que cumplen sanción presos políticos y de conciencia se realizan ayunos y actos de protesta por el 56 aniversario de la Declaración Universal de los Derechos Humanos. Actividades similares son realizadas por familiares de los presos políticos, en compañía de los presos políticos con licencia extrapenal, Carmelo Díaz, Roberto de Miranda, Manuel Vázquez Portal y Margarito Broche, así como activistas defensores de los derechos humanos. En Miami y otras ciudades de Estados Unidos, América Latina y Europa tienen lugar conmemoraciones similares.
- Es fundada en la Prisión 1580, en Ciudad de La Habana, el Boletín Informativo Vigía. Ese mismo día en la prisión se constituyó el Movimiento la Fuerza de la Verdad y la Escuela Taller José Marti, estas actividades contaron con un comité gestor de 20 reclusos, integrado entre otros, por Raúl Arencibia Fajardo y Hugo Damián Prieto Blanco.

Diciembre 18. En un gesto de solidaridad poco usual, nueve militantes del Partido Democrático 30 de Noviembre realizan una protesta pública de ayuno y oración frente a la Prision de La Pendiente en Santa Clara, donde está recluido el prisionero de conciencia Héctor Maseda.

Diciembre 21. Se inicia la publicación de la Revista Consensus, dirigida por el activista Reinaldo Escobar.

Diciembre 22. Ricardo Pupo Sierra, preso político que cumple sanción en la Prisión de Vista Alegre, en la provincia de Cienfuegos, se declara en huelga de hambre porque el régimen le niega sus derechos.

Diciembre 24. Varias explosiones, sin causa conocida, tienen lugar en un almacén de municiones próximo a la ciudad de Coliseo, en la provincia de Matanzas.

blanco

Damas de Blanco

Premio Sajarov 2005
del Parlamento Europeo

20 de Mayo 2005

Reunión General de la Asamblea
para Promover la sociedad Civil

blanco

2005

Enero 12. La agrupación Corriente Martiana presenta ante el Consejo de Estado de la República de Cuba, y la Representación para la Cultura en América Latina y el Caribe de la UNESCO, la "Moción Ciudadana Derechos Humanos en Cuba 2004", con el propósito de que sea remitida a la Sub Comision de Derechos Humanos en Naciones Unidas.

Enero 21. El ingeniero Rolando Rodríguez Lobaina, a nombre del Movimiento de Jóvenes por la Democracia, presenta el proyecto, "Universitarios Sin Fronteras". El documento se enfoca al hecho de que en los más altos centros docentes del país se restablezca la autonomía universitaria.

Enero 24. La agrupación opositora Línea Dura inaugura en el municipio Los Pinos, en La Habana, una Biblioteca Independiente que dirige Julio César López.

Enero 25. Es constituida en la capital cubana la Comisión Martiana Independiente, que tiene como propósito divulgar la doctrina martiana. El coordinador de la agrupación es el abogado Wilfredo Vallín Almeida.

Enero 28. En diferentes ciudades del país, organizaciones de la oposición celebran un aniversario más del nacimiento de José Martí.

Febrero 1. El preso político Reinaldo Labrada Peña, prisión de Guantánamo, inicia una huelga de hambre por las condiciones inhumanas en las que se encuentra confinado.

Febrero 2. La ciudad francesa de Estrasburgo, Francia, anuncia el apadrinamiento del preso político y periodista independiente Ricardo González Alfonso. El Club de Prensa de Estrasburgo otorga su premio anual al periodista y poeta cubano Raúl Rivero.

Febrero 3. En la Cárcel 1580, en Ciudad de La Habana, es creado el movimiento La Fuerza de la Verdad, por parte de prisioneros políticos. Uno de sus fundadores y vicepresidente de la organización, Hugo Damián Prieto Blanco, fue castigado por las autoridades del penal.

Febrero 4. El preso político Manuel Ubals González, recluido en la prisión de Guantánamo, se "Planta", frente a las autoridades del penal negándose a recibir visita y acatar las reglas de la prisión.
- La Comisión Nacional Cuba continúa desarrollando el concepto de Peñas Disidentes Alternativas que promueve el Movimiento Alternativa Republicana. El nombre de la Peña es "Antonio Maceo Grajales", está situada en Centro Habana y la preside Minaldo Ramos Salgado.

Febrero 5. El prisionero de conciencia, Néstor Rodríguez Lobaina, confinado en el centro Tres Veredas, inicia una huelga de hambre en protesta por la manera que es tratado por las autoridades del penal.

Febrero 11. Se constituye en la Universidad de Miami una filial de la organización Jóvenes por una Cuba Libre. Es la primera organización de exiliados cubanos que se constituye en ese alto centro de estudios.

Febrero 18. Un grupo de esposas y madres de presos políticos conocidas como las "Damas de Blanco" partió caminando desde Centro Habana, de la casa de Laura Pollán, esposa del prisionero de conciencia Héctor Maseda, hasta la sede del Consejo de Estado, en La Plaza de la Revolución, en la capital cubana, para hacer entrega de una carta en la que demandan amnistía política.

Febrero 23. El régimen cubano dicta un "Reglamento para las Relaciones con el Personal Extranjero en el Sistema de Turismo". Esta instrucción regula las relaciones entre el personal cubano y los extranjeros bajo el concepto de la legalidad socialista.
- Se declara en huelga de hambre el prisionero de conciencia Antonio Augusto Villareal Acosta, recluido en la prisión de La Pendiente, Villaclara.

Febrero 24. En diferentes sitios en Cuba, grupos de la oposición recuerda el derribo de las avionetas de Hermanos al Rescate por aviones de combates cubanos. En el incidente murieron cuatro jóvenes. En otras localidades las autoridades impidieron las rememoraciones.

Febrero 28. Es inaugurada en Guanabo, este de La Habana, la biblioteca independiente "Ibrahin Carrillo Fernández". El nuevo centro está inspirado en información relacionada con el movimiento sindical y es dirigido por Ramona Rivas Manzano.

Marzo 1. Se constituye en la capital cubana la Coalición Juvenil Martiana, con el propósito de crear para la juventud espacios de participación social donde no se condicione su ideología politicaza flamante organización está dirigida por Marcos Miranda y Edgar López.

Marzo 2. Es inaugurada la biblioteca independiente "Ibrahin Carrillo Fernández" en Guanabo, La Habana. La biblioteca, que tiene una orientación sindical, fue constituida en la vivienda de la señora Ramona Rivas Manzano.

Marzo 8. El Partido Democrático 30 de Noviembre inaugura en la capital cubana la biblioteca independiente "Guillermo Cabrera Infante", en memoria del laureado escritor cubano.

Marzo 11. El ex preso político Ángel Enrique Fernández Rivero, que preside el Movimiento Contra Castro se declara en huelga de hambre para llamar la atención internacional sobre las difíciles condiciones en la que se encuentran los presos políticos cubanos.

Marzo 13. La dirección nacional del Partido Liberal Democrático de Cuba decide cambiar su nombre por el de Partido Liberal de Cuba. La presidente en funciones de la organización es Julia Cecilia Delgado González y secretario de organización nacional Reinaldo Hernández Cardona. El partido se había constituido formalmente el 19 de mayo de 1996.

Marzo 15. Las organizaciones Cuba Democracia Ya y la Asociación Española Cuba en Transición se manifiestan en Madrid y demandan la constitución de una Hoja de Ruta para instaurar la democracia en Cuba.

Marzo 16. El preso político Pedro Pablo Pulido Ortega se declara en huelga de hambre en la prisión de Guamajal, en Santa Clara. Pulido Ortega está preso desde hace nueve años y se declaró en huelga en protesta de los castigos que le imponen.

Marzo 17. Es presentado en conferencia de prensa efectuada en la capital cubana la constitución de la Asociación Médica Alternativa Cuba "Carlos J.Finlay". El propósito de la flamante organización es procurar la democratización del sistema de salud de Cuba. El presidente de la AMAC, es el doc-

tor Francisco Pijuán Rodríguez.
- El Comité para la Protección de los Periodistas, CPJ, inicia una campaña de solidaridad con los periodistas presos en Cuba a la que se sumas más de cien periodistas y escritores de prestigio internacional.
- La organización Reporteros sin Fronteras inicia una nueva campaña de solidaridad con los 21 periodistas presos en Cuba.
- Legisladores del Partido Demócrata y Republicano, a instancias de la representante cubano americana Ileana Ros-Lehtinen y el representante Tom Lantos, inician una campaña de adopción de presos políticos cubanos por parte de congresistas estadounidenses.
- Se hace de conocimiento público la consitutición en Centro Habana de la Asociación Médica Alternativa Cuba, "Carlos J. Finlay". El organismo es dirigido por el doctor Francisco Pijuán Rodríguez. El propósito de la institución es contribuir a la democratización del sistema de salud de Cuba.

Marzo 18. En diferentes ciudades del mundo se conmemora el segundo aniversario de la última ola represiva del régimen cubano. En La Habana, entre otras actividades, el grupo de familiares y esposas de los presos políticos conocida como las Damas de Blanco, caminaron hasta la sede la Unión de Periodistas de Cuba y demandaron que la prensa oficial informe sobre la situación de sus esposos. Más tarde entregaron un documento similar en la sede del Instituto Cubano de Radio y Televisión.
- Es constituida la biblioteca independientes "Juan Carlos Martínez Núñez", en homenaje a un pedagogo recientemente fallecido. El centro, que es dirigido por Luis Daniel Silva Quintana, se especializa en temas pedagógicos, derechos humanos y democracia.
- Organizaciones holandesas e internacionales defensoras de los derechos humanos y activista cubanos exiliados, protestan frente a la embajada de Cuba en La Haya, Holanda. Entre las promotoras de este evento esta Liduim Zumpolle, de Cuba Futuro.

Marzo 20. Las Damas de Blanco, familiares y esposas de presos políticos cubanos, marchaban por la Quinta Avenida, después de salir de una misa, cuando fueron acosadas por militantes de la Federación de Mujeres Cubanas, organización política que agrupa a partidarias del régimen. Horas antes la casa del médico disidente Darcy Ferrer, fue atacada por sicarios de la dictadura.

Marzo 27. Un grupo de defensores de los derechos humanos en la ciudad de Florida, Camagüey, inauguran la biblioteca independiente, "Enmanuel". El centro se especializara en textos bíblicos y cristianos.

Abril 1. Se declaran en huelga de hambre en la cárcel de Kilo 7 de Camagüey, en protesta por la violación de sus derechos humanos, los presos políticos, Jorge Luis García Pérez, "Antunez", Jorge Cervantes García, Yadir Escalona Fuentes, Junior de la Torre Brizuela, Gerardo Marrero Perdomo, José Manuel Rodríguez Ricardo y Ángel Manuel González Hernández.
- Se constituye en Madrid, España, el Grupo por la Responsabilidad Social Corporativa en Cuba, con el propósito de denunciar las condiciones en que viven los trabajadores cubanos, las privaciones de sus derechos laborales y las violaciones por parte del régimen de la isla de las normas internacionales aprobadas por la Organización Internacional del Trabajo y la Declaración Universal de los Derechos Humanos. Entre los fundadores de esta institución se encuentran los dirigentes Joel Brito y Liduine Zumpolle y participan en la misma, instituciones como Cuba Futuro, People in Need, Central de Trabajadores de Venezuela y la Fundación Pablo Iglesias.

Abril 4. La Junta Directiva Nacional del Partido Democrático 30 de Noviembre Frank País, presenta un proyecto de propuesta para la Transición Pacifica hacia la Democracia en Cuba.
- Reciben representantes de las "Damas de Blanco", de manos del ex presidente de Uruguay, Luis Alberto Lacalle, el premio Libertad Pedro Luis Boitel. Este galardón fue creado por el físico rumano Gabriel Andreescu en el año 2001 con el respaldo de ocho organizaciones de derechos humanos de Europa Central y Oriental.
- El Senado de Puerto Rico aprueba una resolución en apoyo a la Asamblea de la Sociedad Civil en Cuba que tiene proyectado celebrarse el 20 de mayo.

Abril 7. Son honrados con el premio Paloma de la Fundación Cubana de Derechos Humanos los periodistas independientes Normando Hernández, prisionero de conciencia, y Jesús Álvarez Castillo.

Abril 10. Se crea en la ciudad de Miami una red de apoyo constituida por más de 30 organizaciones del exilio cubano para promover y apoyar la Asamblea para Promover la Sociedad Civil en Cuba.

Abril 11. Jornada de solidaridad en París con los prisioneros políticos cubanos organizadas por el Colectivo Solidaridad Cuba Libre y MAR por Cuba. Se realizan manifestaciones, fórumes en la Asamblea Nacional y una conferencia de prensa en la Maison de l'Amérique Latine organizada por la ATREC.

Abril 12. Tiene lugar en París, Francia, una conferencia sobre la situación cubana. En el evento participaron organizaciones defensoras de los derechos humanos, lideres políticos europeos y dirigentes del exilio cubano.
- Constituyen en la ciudad de Florida, Camagüey, la biblioteca independiente "Emmanuel", especializada en textos bíblicos y cristianos. El director de la nueva institución es el pastor Lázaro Iglesias Estrada.
- Una organización estudiantil y jóvenes de diferentes países acuerdan constituir un movimiento de solidaridad internacional para promover la democracia en Cuba. El movimiento se identifica como Fondo Raíces de Esperanza y se origino después de una conferencia que se celebró en la Universidad de Georgetown en la capital estadounidense.

Abril 14. Nuevamente es condenado el gobierno de Cuba por violar los derechos humanos en la Comisión de Derechos Humanos de Naciones Unidas, que todos los años se reúne en Ginebra.
- Se celebra un nuevo Foro Paralelo de los Derechos Humanos en la ciudad de Ginebra, Suiza. Este foro es auspiciado por varias organizaciones del exilio cubano, entre ellas, MAR por Cuba.

Abril 18. Opositores pacíficos hasta el número de 34 firman un documento que entregan en la sede del Consejo de Estado de la República de Cuba en el que demandan la renuncia de Fidel Castro.

Abril 19. Es constituida en la ciudad de Miami la agrupación Consenso Cubano que, según sus organizadores, apira a abrir "espacio plural de encuentro para la reflexión, conciliación y concertación entre organizaciones cubanas. Entre los integrantes de la organización se encuentran Carlos Saladrigas y Marcelino Miyares, presidente del Partido Demócrata Cristiano.

Abril 21. El prisionero político Ricardo Pupo Sierra se declara en huelga de hambre en el campamento de reclusos Vista Alegre, Palmiras, en la provincia de Cienfuegos.
- Es presentada en la residencia de Laura Pollán, una muestra fotográfica sobre los tres días que las Damas de Blanco conmemoraron el II aniversario de la Primavera Negra del 2003.
- Se declara en huelga de hambre, en reclamo de asistencia médica, el preso político Ricardo Pupo Sierra, quien cumple su sentencia en la prisión de Vista Alegre, ubicada en el municipio de Palmira, provincia de Cienfuegos.

Abril 23. Es constituido en Santa Clara el Gremio de Periodistas y Escritores

Independientes, "Guillermo Cabrera Infante". La junta directiva esta integrada por José R. Moreno Cruz y e Isabel Rey Rodríguez.

Abril 24. La Conferencia Anual de la Sociedad Internacional de Derechos Humanos reunida en Konigstein, Alemania, aprueba una resolución de apoyo a la Asamblea Para Promover la Sociedad Civil en Cuba.

Abril 25. Constituido en la ciudad de Santa Clara el Gremio de Periodistas y Escritores Independientes Guillermo Cabrera Infante. Los 28 periodistas independientes encarcelados en Cuba y el prisionero de conciencia Jorge Luis García Pérez (Antúnez) fueron nombrados Miembros de Honor. En la ceremonia de inauguración hicieron uso de la palabra, entre otros, José R. Moreno Cruz, Isabel Rey Rodríguez y el poeta Enrique Doménico Carrillo.

Abril 27. Es inaugurada en la ciudad de Santa Clara, Villaclara, la biblioteca independiente "José de la Luz y Caballero". La entidad cultural queda a cargo de Bernardo Luis Ascanio.

Abril 29. Es constituida en la ciudad de Cienfuegos la biblioteca independiente Vitral. El promotor principal de esta nueva expresión de la sociedad civil cubana es el periodista independiente Alejandro Tur Valladares.

Abril 30. El preso político José Daniel Ferrer García se declara en huelga de hambre en la cárcel de Kilo 8 en Camagüey, donde cumple una condena de 25 años. Ferrer García fue detenido en la Primavera Negra de Cuba y es uno de los dirigentes del Movimiento Cristiano Liberación.

Mayo 3. El ex presidente de Uruguay Luis Alberto Lacalle presentó en la ciudad de Miami el premio Libertad Pedro Luis Boitel 2005 a las Damas de Blanco, agrupación de esposas y familiares de presos políticos cubanos que recorren vestidas de blanco varias áreas de la ciudad de La Habana.

Mayo 6. Miembros de la Asociación de Presos Políticos Pedro Luis Boitel celebran el octavo aniversario de la fundación de la agrupación. El acto, que tuvo lugar en la sede de la organización, fue presidido por Orlando Fundora Álvarez y el invitado especial fue Roberto de Miranda Hernández.

Mayo 9. El preso político Luis Enrique Ferrer se declaro en huelga de hambre luego de ser trasladado a una celda de castigo en la prisión Mar Verde, en la provincia de Santiago de Cuba. En solidaridad con Ferrer se declararon en huelga de hambre en la misma prisión Agustín Cervantes y Alexis Rodríguez y en Palma Soriano activistas del Movimiento Cristiano Liberación, Roilan Montero Tamayo, Catalina Peña, Elena Macias, Luis del Toro, Raudal Ávila y el periodista independiente Virgilio Delat iniciaron un ayuno de solidaridad con los reclusos en huelga de hambre.

Mayo 10. Los presos políticos del Grupo de los 75 recluidos en la prisión de Guanajay conmemoran el tercer aniversario de la entrega a la Asamblea Nacional del documento del Proyecto Varela, avalado por más de 11,000 firmas. Estuvieron presentes los presos de conciencia José Ubaldo Izquierdo, Efrén Fernández Fernández, Héctor Raúl Valle y José Miguel Martínez.

Mayo 13. En la ciudad española de Cádiz se inaugura una exposición fotográfica sobre los prisioneros políticos cubanos. Las obras son del fotógrafo italiano Oliviero Toscani y los organizadores de la muestra son Grace Giselle Piney de Roche de la Asociación Cultural con Cuba en la Distancia y Dergo D'Elia de la organización italiana "Que Nadie Toque a Caín."

Mayo 16. Inaugurado oficialmente en la ciudad de Miami el centro de Apoyo e Información a la reunión para Promover la Asamblea de la Sociedad Civil en Cuba.
- Le es entregado al periodista y poeta Raúl Rivero el premio a la Tolerancia de la Comunidad de Madrid por su presidenta Doña Esperanza Aguirre.
- La Asamblea Legislativa de Puerto Rico manifiesta su respaldo a la Asamblea para Promover la Sociedad Civil en Cuba.

Mayo 17. La Organización Demócrata Cristiana de América Latina, ODCA, hace pública una campaña de de hermanamiento con los presos políticos cubanos. En las gestiones de apadrinamiento participan representantes de 32 partidos políticos del continente.

Mayo 20. Manifestación multitudinaria organizada por el Colectivo Solidaridad Cuba Libre frente a la embajada cubana en París de apoyo a la Asamblea para Promover la Sociedad Civil en Cuba celebrada en ese mismo momento en La Habana.

- Se inicia oficialmente la reunión de la Asamblea para Promover la Sociedad Civil en Cuba en Rio Verde, municipio de Boyero, provincia de La Habana. El evento fue organizado entre otras personas por los ex presos políticos, Marta Beatriz Roque Cabello, Félix Bonne Carcasés y René Gómez Manzano y como vocero de este grupo ejecutivo actuó el periodista independiente Ángel Polanco.

Los asistentes, que se calculan en más de 200 personas, eligen unánimente como Presidente de Honor del primer encuentro opositor al preso político doctor Oscar Elías Biscet.

- En numerosas ciudades europeas, de Estados Unidos y América Latina se organizaron actos de apoyo y solidaridad con los demócratas cubanos.

- Las expulsiones y arrestos de periodistas, diputados y eurodiputados fueron severamente criticadas por líeres políticos de la Unión Europeas y distintos gobiernos que integran la Unión.

Mayo 21. Segundo día de sesión de la Asamblea para Promover la Sociedad Civil en Cuba. Al concluir el encuentro, en el que participaron aproximadamente 130 organizaciones de la oposición, Martha Beatriz Roque Cabello dio lectura a una Resolución aprobada por el Pleno de los asistentes, en la que se demanda:

Libertad de todos los presos políticos.
Califica al régimen de totalitario y stalisnista.
Demanda respeto a los derechos humanos
Demanda de la abolición de la pena de muerte
Demanda de apertura económica
Criticas a la política del gobierno
Se proyectan nuevos compromisos
Se demanda unidad de propósitos de la disidencia interna.

Mayo 23. Se declara en huelga de hambre el preso político Rafael González Ruiz, quien debía salir en libertad el 17 de mayo después de cumplir una sanción de cuatro años. González Ruiz se declara en huelga de hambre porque fue condenado a otros cuatro años de cárcel por un tribunal del municipio de Quivicán.

- El Grupo de Estudios del Movimiento Cubano Reflexión realizó el tercer seminario sobre Transición y Desarrollo en la ciudad de Camajuanì. En la reunión participaron la Asociación Nacional de Balseros, Partido Democrático 30 de Noviembre Frank País, la agencia de prensa Cubanacan Pres y el ya mencionado Movimiento Cubano de Reflexión.

Mayo 25. Se hace público en la ciudad de Miami el documento "Compromiso Nacional Cubano". El principal promotor de este proyecto es el comandante Huber Matos, secretario general de Cuba Indepependiente y Democrática. La propuesta es unir esfuerzos para terminar con el régimen totalitario cubano.

- En diferentes localidades de Cuba se conmemora un aniversario más de la muerte en huelga de hambre del ex preso político y líder estudiantil Pedro Luis Boitel. En las actividades participan numerosas organizaciones contestarias al interior de Cuba.

Junio 1. Es creada en la ciudad de Miami la organización SOS Justicia. El objetivo es crear una unidad estratégica de las víctimas del partido comunista para conseguir justicia cuando haya jurisdicción sobre los violadores de derechos humanos. Director General es Lázaro González Valdés.

Junio 2. Tres organizaciones juveniles cubanas Joven Cuba, en La Habana, Rafael Ávila Pérez, Juventudes de la Plataforma Internacional Cuba Democracia Ya, Madrid, España, Diana Arteaga y Daniel Pedreira de Jóvenes por una Cuba Libre, Estados Unidos suscriben un acuerdo titulado Acuerdo Juvenil Democrático, con el compromiso de promover la Red Internacional Juvenil para la Democracia en Cuba.

Junio 3. Es inaugurada en la ciudad de Caibarién, Villaclara, la biblioteca independiente, "Proyecto Cuba Libre". La directora de la nueva biblioteca es Maria Caridad Noa.

Junio 4. Tiene lugar en la ciudad de Fort Laudardele, Florida, un seminario sobre la situación política cubana auspiciado por el Instituto de Estudios Cubanos y Cubano Americanos de la Universidad de Miami y el Buró de América Latina y el Caribe de la Agencia Internacional para el Desarrollo. El evento contó con la participación de líderes políticos y dirigentes de organizaciones no gubernamentales de Europa, Estados Unidos y América Latina. Al final del seminario se hizo público un comunicado en el que se exponían los acuerdos tomados por los participantes.

Junio 5. Miembros de la Asamblea para la Promoción de la Sociedad Civil celebraron este domingo una misa de acción de gracias en la vía pública. El servicio religioso fue oficiado por el archimandrita Ricardo Santiago.

Junio 14. Es constituida en la ciudad de La Habana la organización "Fundación en Defensa de la Familia". La institución está integrada por personas que viven en Cuba y en el extranjero y la preside la doctora Hilda Molina.

Junio 18. Es constituida en el municipio matancero de Pedro Betancourt, la biblioteca independiente "Guillermo Cabrera Infante", Como director de la nueva institución es nombrado Ulises Sigler González.

Junio 24. El preso político y médico Marcelo Cano Rodríguez se declara en huelga de hambre en la prisión de Ariza, provincia de Cienfuegos. Cano Rodríguez, que cumple una sanción de 20 años, se declara en huelga de hambre por el acoso que sufre por parte de las autoridades.
-Se constituye en San Juan, Puerto Rico, la Fundación Concurso Disidente que tiene entre sus fines celebrar todos los años un concurso literario con autores que residen al interior de Cuba. El presidente de la fundación es Jesús Faisel Iglesias García.

Junio 28. El Partido Liberal de Cuba de la ciudad de Cienfuegos inaugura en la provincia del mismo nombre un ilegal Centro de Formación Liberal. Uno de los promotores del Centro es Alejandro Tur Valladares.

Junio 30. El Centro de Salud y Derechos Humanos "Juan Bruno Zayas" conjuntamente con Solidaridad Sin Fronteras Inc. preparan la realización en la capital cubana de un Foro Nacional de la Salud. El comité organizador esta presidido por el doctor Darsi Ferrer Ramírez.

Julio 8. Constituida en la ciudad de Miami el proyecto humanitario Cuba Corps, que tiene como fin ayudar a los cubanos que en la isla están a favor de la democracia y la reconstrucción de la sociedad civil. Entre las promotoras de la organización se encuentran Mercy Cubas y Maité Arguelles.
- Publica el diario Granma que durante un acto oficial en el ministerio de las Fuerzas Armadas de Cuba altos funcionarios del Partido Comunista de Cuba y del cuerpo armado reconocieron que más de 380,000 combatientes y 80,000 colaboradores civiles participaron en las guerras imperialistas del totalitarismo cubano y que 2077 perdieron la vida en las contiendas extranjeras.

Julio 11. Se crea en la ciudad de Cienfuegos la biblioteca independiente "Brigadier José González Guerra". El director del nuevo centro es Alberto Rivero Castillo.

Julio 12. Los promotores de la Corriente Martinana, Moisés Leonardo Rodríguez Valdés y Roberto Jesús Guerra Pérez se declaran en huelga de hambre en las inmediaciones del Consejo de Estado. Varios periodistas independientes y opositores acudieron a prestar su solidaridad a los huelguistas, entre ellos René Montes de Oca Martija, del Partido Pro Derechos Humanos de Cuba afiliado a la Fundación Andrei Sajarov.

Julio 13. Una veintena de personas que rendían tributo a las victimas del remolcador "13 de Marzo" en el malecón de La Habana fueron atacadas por sicarios del régimen con el resultado de varias personas heridas y arrestadas. Las plazas Maceo y la Punta y la calle San Lázaro fueron escenarios de los incidentes. En otras ciudades del país se realizaron actos de recordación a la víctimas del remolcador.

Julio 14. Se constituye en la ciudad de Miami el "Museo del Éxodo Cubano", donde se exhibirán balsas, fotografías y otras reliquias del éxodo que empezó pocos después del triunfo de la Revolución en 1959. El director del centro es Arturo Cobo, quien fundó en 1992 el "Hogar de Tránsito de Cayo Hueso".
- El preso político Andy Frómeta Cuenca, confinado en la prisión de Kilo 5½, se declara en huelga de hambre en reclamo de atención médica.

Julio 15. El periodista independiente y preso político Mario Enrique Mayo se declara en huelga de hambre en la prisión de Kilo 7, Camagüey.
- Anastasio Núñez Pico informa que terminó la reorganización en Santiago de Cuba de la cooperativa independiente "Transición". Antonio López, presidente de la Alianza Nacional de Agricultores Independientes de Cuba y fundador del movimiento cooperativo independiente, informó que el mismo procedimiento se está llevando a cabo en las provincias de Matanzas, Ciego de Ávila y Camagüey.
- Se inicia en la ciudad de Miami el XXII Congreso de la Federación Mundial de Ex presos Políticos Cubano.

Julio 18. Familiares del prisionero de conciencia Jorge Luis García Pérez "Antunez" escenifican una protesta frente a Kilo 7, la prisión provincial de Camagüey.

Julio 21. Se hace de conocimiento público en Cuba un proyecto denominado "Iniciativa Pro- Cambio", que tiene como fin crear una alianza opositora contra el régimen a la vez que llamar a la población a que participen en una desobediencia civil pacifica. El proyecto es promovido por Ángel Pablo Polanco, Elsa Morejon, Bertha Soler y Alejandrina García, esposas de tres presos políticos.

Julio 22. Es abortado por la policía política un acto de protesta frente a la embajada de Francia en la capital cubana que había sido convocado por la Asamblea para Promover la Sociedad Civil en Cuba. Esbirros de la dictadura rodean casas de opositores en diferentes barriadas y atacan a la prensa extranjera acreditada en la isla. Numerosos opositores resultaron golpeados y varios arrestados.

Julio 25. Los presos de conciencia Víctor Rolando Arroyo Carmona, Reinaldo Labrada Peña y Félix Navarro Rodríguez se declaran en huelga de hambre en la prisión de Guantánamo.

Julio 28.- Lideres jóvenes de importantes patidos políticos del continente: Chile, Argentina, Perú, México y República Dominicana, fundan en la capital cubana el Comité Internacional de Jóvenes por la Democracia en Cuba y suscribem la Primer Acta Internacional de Jóvenes por la Democracia en Cuba. El documento fue suscrito en La Habana por Fernando Gril, José Luis Garza, Ricardo Lavín, Jorge Canas, Jorge Villena e Hipólito Ramírez.

Julio 30. Es inaugurada en Santa Clara la biblioteca independiente "Eduardo R. Chibás". El director del centro es Eddy Gonzalo Espinosa Franco.

Julio. La Alianza Democrática Cubana que dirige José Antonio Font, funda en la ciudad de Miami el Centro de Formación Democrática de Las América.

Agosto 2. El Club de Prisioneros Políticos de Guantánamo realiza una vigilia de ayuno en solidaridad con los prisioneros de conciencia Víctor Rolando Arroyo Carmona, Reinaldo Labrada Peña y Félix Navarro Rodríguez, quienes se encuentran en huelga de hambre.

Agosto 5. Se inicia en Buenos Aires, Argentina, una reunión de mujeres de América Latina y de Europa con el fin de constituir el Comité Internacional de Mujeres por la Democracia en Cuba.

Agosto 7. El Comité Internacional de Mujeres por la Democracia en Cuba hace público el "Memorando de Buenos Aires" en el que se hace un llamado a la solidaridad mundial en reclamo de la libertad de todos los presos políticos cubanos.

Agosto 16. Se declara en huelga de hambre y sed el preso político René Gómez Manzano, quien se encuentra arrestado en la sede del Departamento Técnico de Investigaciones de la calle 100 y Aldabó.

Agosto 17. Los presos políticos Arnaldo Ramos Lauzerique, Adolfo Fernández Sainz, Alfredo Domínguez Batista y otro solamente conocido como Luis se declaran en huelga de hambre en la prisión provincial de Holguín por los malos tratos que reciben de parte de los carceleros.

Agosto 23. Es inaugurada en la ciudad de Holguín la biblioteca independiente "Carlos Acosta", uno de los pilotos derribados en aguas internacionales por aviones del régimen totalitario.La nueva institución esta a cargo de Mario Sicilia Naranjo.

Agosto 27. Se celebra en La Habana el primer taller de Salud de la Región Occidental organizado por el Centro de Salud y Derechos Humanos "Juan Bruno Zayas" en colaboración con Solidaridad Sin Fronteras Inc. El evento es presidido por el doctor Darsi Ferrer Ramírez.
- Cientos de jóvenes mexicanos y de otros países reunidos en la capital azteca expresan su apoyo al Memorando de La Habana, un documento suscrito en la capital cubana el mes anterior por jóvenes lideres de varios países de países de América Latina.

Agosto 30.Constituido en La Habana el Buró de Información Solidaridad Liberal, una iniciativa del partido Solidaridad Democrática. El despacho cuenta con un consejo informativo de cinco personas, dirigido por Antonio Torres Justo.

Septiembre 2. Se declara en huelga de hambre el prisionero de conciencia José Daniel Ferrer García, que cumple una sentencia de 25 años en la prisión de Kilo 8 en la provincia de Camagüey.

Septiembre 4. Una vez más se declara en huelga de hambre en la prisión El Diamante, en la provincia de Cienfuegos, el prisionero Ricardo Pupo Sierra en reclamo de la atención que merece por ser preso político.

Septiembre 6. Se declara en huelga de hambre el la prisión provincial de Guantánamo el prisionero de conciencia Víctor Rolando Arroyo Carmona, en protesta por los malos tratos que recibe de sus carceleros.

Septimebre 9. Se declara en huelga de hambre el dirigente de la oposición Rolando Rodríguez Lobaina.

Septiembre 12. El preso político Félix Navarro Rodríguez inicia en la prisión provincial Combinado de Guantánamo una huelga de hambre en solidaridad con su compañero de cautiverio Víctor Rolando Arroyo Carmona.

Septiembre 14. Constituida en la ciudad de Cienfuegos la agencia de prensa independiente Jagua Pres, cuyo director es el periodista Alejandro Tur y la junta de dirección esta integrada por Luis Miguel González, Francisco Blanco Sanabria y varias personas más.

Septiembre 26. El Partido Democrático 30 de Noviembre Frank País, funda en la capital cubana el Centro de Estudios e Investigaciones Sociales y Laborales.

Septiembre 28. La Asamblea para Promover la Sociedad Civil en Cuba convoca a los bibliotecarios miembros de la Asamblea a un Congreso de Bibliotecarios Independientes.

Octubre 1.- Se declara en huelga de hambre en la prisión de Nieves Morejón, el opositor Mario Alberto Pérez Aguilera, delegado en la provincia de Sancti Spiritus del Movimiento de Resistencia Cívica, "Pedro Luis Boitel".

Octubre 10. Se declara en huelga de hambre el preso político Omar Pernet Hernández, recluido en la sala de penados del hospital de la ciudad de Santa Clara. Pernet Hernández sufrió un grave accidente cuando era trasladado de la prisión de máxima seguridad de Las Mangas, Bayamo, provincia Granma.
- Se funda en la capital cubana el Buró de Prensa Independiente del Puente Informativo Cuba Miami. La sede oficial del Buró esta en Isla de Pinos pero tiene delegaciones en La Habana y Santa Clara. El director es Carlos Serpa Maceira.
- El opositor Adolfo Peraza Rico se declara en huelga de hambre en la ciudad de La Habana porque las autoridades le niegan el derecho de salir del país.

Octubre 11. Marta Beatriz Roque Cabello, René Gómez Manzano, Félix Antonio Bonne Carcassés, Vladimiro Roca, Elsa Morejón Hernández, en representación de la Asamblea para Promover la Sociedad Civil y Todos Unidos firman el documento "Juntarse, Palabra de Orden". El documento sintetiza los asuntos a resolver para que el país salga de la crisis que le embarga.

Octubre 12. Se declara en huelga de hambre en la prisión de Kilo 8, Camagüey, el preso político Leoncio Rodríguez Ponce.

Octubre 13. Se declara en huelga de hambre en la unidad policial de 100 y Aldabó el delegado de la Corriente Martiana, Roberto de Jesús Guerra Pérez.

Octubre 14. Exiliados cubanos procedentes de diferentes partes del mundo participan en la ciudad de Salamanca, España, durante la XV Cumbre Iberoamericana de Jefes de Estado y Gobierno, en actos en los que se denuncia la situación cubana.

Octubre 15. Las avenidas principales de la ciudad de Salamanca, en el marco de la Décimo Quinta Cumbre Iberoamericana, son escenarios de protestas protagonizadas por exiliados cubanos y amigos de la causa democrática cubana.

Octubre 16. La Fundación por los Derechos Humanos en Cuba presenta en Madrid, España, una nueva demanda legal contra Fidel Castro. En esta ocasión también son demandados Raúl Castro, Ramiro Valdés y varios funcionarios más del régimen.

Octubre 20. Se constituye en la ciudad de Cruces, provincia de Cienfuegos, el Cine Club de Apreciación Cinematográfica, "Néstor Almendros".

Octubre 25. Le es otorgado a las Damas de Blanco, esposas y familiares de presos políticos, el Premio Andrei Sajarov que confiere la Unión Europea. Este mismo galardón había sido concedido a Oswaldo Payá Sardiñas, principal promotor del Proyecto Varela en el 2002.

Octubre 27. Tiene lugar en La Habana, a pesar de manifestaciones de partidarios del régimen, el Primer Taller de la Salud en la Región Occidental. Dirige el encuentro el doctor Darsi Ferrer.

Octubre 30. Es inaugurada en el municipio Playa, en la capital cubana, la biblioteca independiente John Locke, que cuenta con casi tres centenares de volúmenes que versan sobre diferentes temáticas. Los responsables de la biblioteca son Sergio Pastor Martínez y Ricardo Aguilar García.

Noviembre 1. Funcionarios del gobierno cubano acusan a conductores de camiones tanques que transportan combustible, de realizar una huelga de brazos caidos. La Seguridad del Estado interrogó a varios obreros sobre una supuesta huelga.

Noviembre 3. El prisionero político Roberto de Jesús Guerra Pérez decide reiniciar una suspendida huelga de hambre en el hospital Carlos J. Finlay de Marianao.

Noviembre 5. El Comité Ejectuivo de la Asociación de Presos Políticos Pedro Luis Boitel, se reúne en el municipio Playa, La Habana, para constituir la Comisión de Atención a Presos y Familiares de Presos Políticos y de Conciencia.

Noviembre 15. Se constituye en la ciudad de Santa Clara la agrupación femenina "Marta Abreu". Como presidenta fue electa Noelia Pedraza Jiménez y vice, Bárbara Jiménez Contreras.
- Se declara nuevamente en huelga de hambre el preso político José Luis García Pérez (Antunez), quien se encuentra confinado en la cárcel de Kilo 7 en Camagüey.

Noviembre 21. El preso político Horacio Julio Piña Borrego se declara en huelga de hambre en la sala de penados K, del hospital Abel Santa María, en Pinar del Río.

Noviembre 23. Se declara una vez més en huelga de hambre el preso político Andry Frómeta Cuenca, recluido en una celda tapiada en la prisión de Kilo Cinco y Medio, Pinar del Río.

Noviembre 29. Se declara nuevamente en huelga de hambre Roberto de Jesús Guerra Pérez, periodista y delegado de la Corriente Martiana en Habana Sur. La huelga la realiza en la cárcel de 100 y Aldabó, La Habana, en reclamo de atención médica.

Noviembre 30. La Fundación Hispano Cubana, que tiene su sede en Madrid, otorga su premio anual a las "Damas de Blanco", esposas y familiares de prisioneros políticos cubanos.

Diciembre. Es publicada en Cuba la revista "Bifronte. Revista de Literatura". La publicación tiene como fin ser un medio en el que se debatan las ideas.
- Constituyen en la capital cubana la Unidad Investigativa Ultima Hora, bajo

la dirección de Gilberto Ramón Figueredo Álvarez.

Diciembre 2. Una manifestación integrada por diez mujeres que militan en la oposición, marchan por las calles más importantes de la ciudad de Santa Clara demandando la libertad de los presos políticos cubanos. Las mujeres pertenecen a la agrupación Movimiento Femenino Marta Abreu.

Diciembre 5. La organización no gubernamental española Solidaridad Española con Cuba hace pública una encuesta de Opinión Publica en Cuba. En la encuesta se refleja el descontento de la población con el régimen totalitario.

Diciembre 10. Activistas y opositores al régimen celebran en numerosas ciudades en Cuba el 57 Aniversario de la Declaración Universal de los Derechos Humanos. Algunas de estas actividades son reprimidas por la policía política. En el exilio también se celebran actos conmemorativos.

Diciembre 12. Se constituye en San Juan, Puerto Rico, el Frente para la Libertad Total de Cuba. La nueva organización está representada en Alemania por el ingeniero María Elena Morejón y en Puerto Rico por Luis Alberto Ramírez y el licenciado Sergio Ramos.

Diciembre 14. Tiene lugar en Estrasburgo, Francia, la ceremonia de entrega del Premio Andrei Sajarov que otorga el Paralamento Europeo. En la ceremonia estuvieron presentes todos los galardonados menos la agrupación cubana Damas de Blanco, porque las autoridades de la isla les negaron el derecho de salir del país.
- El sindicato de conductores de bicitaxis, bajo el lema "Una organización internacional del Trabajo tiene Derechos", celebró su tercer aniversario. Presidió la reunión Ricardo Rodríguez y estuvieron presentes, entre otras organizaciones, Hijos de la Virgen de Regla, Movimiento Alternativa Republicana, Comisión Nacional Cuba y Plantados hasta la Libertad y la Democracia.

Diciembre 15- Hace público el Movimiento Liberal Cubano su Programa Político. La información es remitida por Roberto Miranda Díaz.

Diciembre 19. En la localidad de Artemisa se constituyó una delegación del Movimiento Democrático Cristiano de Cuba. Fue designado como delegado Fidel Rodríguez García.

Jorge Luis García Pérez (Antúnez)
Preso político desde desde 1989

blan

2006

Enero 14. En la prisión provincial de Holguín de declara en huelga de hambre el preso político Nelson Vázquez Lima.

Enero 18. Se crea en el reparto Joselillo, Holguín, la biblioteca independiente "Pedro Luis Boitel". El director del nuevo centro es Felipe Disnay Ramos Leiva.

Enero 26. Se suman a la huelga que en la prisión de Holguín realiza Nelson Vázquez Lima, los también prisioneros políticos Randy Cabrera Mayor, Luis Cabrera Ballester, Frank Pérez Carlitos, Julio Inza Góngora, Adolfo García García y Alfredo Domínguez Batista.

Enero 27. Se constituye en la Habana la Asociación Pro Libertad de Prensa, su Buró Coordinador está integrado de la siguiente manera: Oscar Mario González, Tania Díaz Castro, Amarilis Cortina Rey, Anna Rosa Veitía, Ernesto Roque Cisneros, Juan González Febles, Carlos Ríos Otero, y José Antonio Fornaris

Enero 28. Inaugurada en la ciudad de La Habana la biblioteca independiente "José Martí". El nuevo centro es dirigido por Reinaldo Hernández Cardona.
- En varias ciudades del país organizaciones de la oposición realizan actos conmemorativos en el natalicio de José Martí.

Enero 29. Inaugurada en el reparto La Víbora, La Habana, la biblioteca independiente Rafael Díaz Balart. El director del centro es Froilán Osmany Rodríguez.

Enero 30. Constituido en Nueva Gerona, Isla de Pinos el Grupo de Trabajo de la Disidencia Interna.

Enero 31. Guillermo Fariñas Hernández, director de la agencia de noticias independiente "Cubanacán Pres," se declara en huelga de hambre y sed en la ciudad de Santa Clara. Esta es la huelga de hambre número 20 que realiza el ex-prisionero político Fariñas Hernández.

Febrero. Es constituida en Oslo, capital de Noruega, la organización Unión de Cubanos en Noruega. Los directivos de la organización son Julio Urquiza y Volodia Viamonte Miniet.
- Constituida en Cuba el Proyecto de Bibliotecas Médicas Independientes, que tiene como fin sensibilizar al sector de la salud en el conocimiento y defensa de los derechos humanos. Al frente de este proyecto se encuentra el doctor Orestes Campos Venegas.

Febrero 3. Se declara en huelga de hambre y sed, en la ciudad de Santa Clara, la opositora Noelia Pedraza Jiménez, presidenta del Movimiento Femenino Marta Abreu, con sede en Santa Clara. La huelga es para reclamar el cese de los actos de repudio y las agresiones contra la oposición.

Febrero 4. Es inaugurada en la ciudad de Santa Clara la biblioteca independiente "Calixto García". El nuevo centro esta dirigido por Yuniesky García López.
- Se suman a la huelga de hambre que realiza Noelia Pedra Jiménez los opositores Pedro Jordi Tápanes García y Jesús Eloy Alberto Gutiérrez.

Febrero 6. Tiene lugar, hasta el día 7, en Estocolmo, Suecia, un fórum sobre la situación cubana auspiciado por Comité Internacional para la Democracia en Cuba, que auspicia el ex presidente checo Václav Havel.

Febrero 11. Inaugurada en Arroyo Naranjo la biblioteca independiente "Damas de Blanco", que es dirigida por Patria Díaz Castillo.

Febrero 13. Se declara en huelga de hambre el prisionero de conciencia José Gabriel "Pepín" Ramón Castillo, quien cumple una sanción de 20 años de prisión.
- Se constituye en la capital cubana el grupo Acción Urgente Contra la Violencia con el propósito de erradicar la violencia en el país. El director de esta agrupación es Manuel Cuesta Morúa.

Febrero 19. Se constituye en La Habana la organización no gubernamental Comisión de Atención de Presos Políticos de Conciencia y Familiares, el presidente de la Comisión es Froilán Osmany Rodríguez.

Febrero 22. Martha Beatriz Roque Cabello y Félix A. Bonne Carcassés, a nombre de la Asamblea para Promover la Sociedad Civil, emiten una convocatoria para la creación de "una representación internacional que se proyecta contra la grave situación de violencia por la que está pasando la disidencia interna dentro de la isla".

Febrero 24. En varias ciudades de Cuba se conmemora un aniversario más del Grito de Baire y del derribo de las avionetas de Hermanos al Rescate. Las fechas también son recordadas por los presos políticos en diferentes prisiones del país.

Febrero 25. Por cuarto año consecutivo se construye en la ciudad de Miami el Memorial Cubano, un cementerio simbólico para recordar a los miles de muertos causados por régimen cubano.

Marzo 2. Es publicado en La Habana el primer número del año de la Revista Consenso, cuyo jefe de redacción es Manuel Cuesta Morúa.

Marzo 3. El prisionero político Juan Carlos Herrera se declara en huelga de hambre en la prisión de Kilo 8 en la provincia de Camagüey.
- El preso político y de conciencia Eduardo Díaz Fleitas, confinado en la prisión provincial de Pinar del Río conocida como Kilo Cinco y Medio, convoca a sus compañeros de prisión a realizar 40 ayunos dominicales. Los más de 30 presos políticos recluidos en el penal se suman a la convocatoria.

Marzo 4. La Asociación de Presos Políticos Pedro Luis Boitel realiza una vigilia para recordar a los presos políticos muertos en prisión.

Marzo 5. Se declara una vez más en huelga de hambre el prisionero político Jorge Luis García Pérez (Antúnez). Antúnez, que está recluido en la cárcel Kilo 7, Camagüey, ha cumplido más de quince años de arresto por causas políticas.

Marzo 7. Se crea en La Habana el Comité Pro Constituyente, presidido por Lázaro Constantin Durán. El propósito es colectar firmas para realizar una Asamblea Constituyente que le dé a Cuba una nueva Carta Magna.

Marzo 8. Exiliados cubanos en Puerto Rico dan la bienvenida al equipo de base ball de Cuba que participa en el Primer Clásico Mundial de Béisbol, pero condenan al régimen de Fidel Castro. Los activistas llevan pancartas, construyen réplicas de las prisiones cubanas y denuncian públicamente la falta de libertades ciudadanas en Cuba.

Marzo 10. La Confederación Obrera Nacional Independiente de Cuba, CONIC, denuncia en la capital cubana que el régimen de Fidel Castro continúa violando el Convenio 111 de la Organización Internacional del Trabajo.

Marzo 14. Se declara en huelga de hambre el preso político Jorge Cardoso Nieves en reclamo de asistencia médica y el cese de los abusos contra su persona. Cardoso Nieves está recluido en la prisión Kilo 8, en Camagüey.

Marzo 17. El preso político y de conciencia Léster González Pentón se declara en huelga de hambre. González Pentón está recluido en la prisión La Pendiente, en la ciudad de Santa Clara.

Marzo 18. En varias ciudades de de la isla se conmemora el tercer aniversario de la llamada Primavera Negra de Cuba, cuando decenas de representantes de la sociedad civil fueron arrestados y condenados a altas condenas de prisión. También en numerosas ciudades de Europa, América Latina y Estados Unidos se efectúan actos de recordación y solidaridad.

Marzo 21. Jesús Guerra Pérez, prisionero político, se declara en huelga de hambre en protesta por los malos tratos recibidos en la prisión de Nieves Morejón, en la provincia de Sancti Spíritus.

Marzo 23. Inaugurada en la ciudad de Santa Clara la Biblioteca Independiente Mahatma Gandhi. El director del centro es Miguel Cabrera Cabrera.
- El periodista independiente y prisionero de conciencia Juan Carlos Herrera Acosta se cose la boca como protesta por los malos tratos recibidos. El comunicador cumple una sentencia de 20 años en la prisión de maxima severidad Kilo 8, en la provincia de Camagüey.

Marzo 29. Tienen lugar en París, Francia, una serie de actividades a favor de la democracia y los presos políticos, auspiciadas por MAR por Cuba, Plantados hasta la Libertad y la Democracia de Cuba y la agrupación gala Solidaridad Cuba Libre que preside Lorenzo Muller.Uno de estos actos consistió en una protesta frente a la sede diplomática cubana en París.

Marzo 30. *Tiene lugar en la sede del congreso de Puerto Rico un homenaje al cubano Julio Labatud que es interrumpido violentamente por grupos independentistas que acusan a Labatud de haber estado involucrado en la muerte de Carlos Muñiz.*

Abril 6. Tiene lugar en Ginebra, Suiza, el V Foro Pararelo de Derechos Humanos organizado por Mujeres Anti Represión MAR, con el apoyo de varias organizaciones internacionales.

Abril 7. Inaugurada en el poblado capitalino de Regla la biblioteca independiente, "Luis Quevedo Remolina". La directora de la biblioteca es Aini Martín Valero.
- Organizaciones de exiliados cubanos y activistas a favor de la democracia en Cuba manifiestan en la Plaza de las Naciones, frente al Palacio de Naciones Unidas, en Ginebra, Suiza.

Abril 11. El Proyecto Cívico Cultural Julio Tang Texier realizó una vigilia en la Circular No. 2 del Reclusorio Nacional de Isla de Pinos para rendirle tributo al Presidio Político Histórico de Cuba. Participaron en la demostración Carlos Serpa Maceira, Sergio Santa Cruz de Oviedo, Ana Bertha Juliat Núñez, Yoveni Céspedes Marti y los hermanos Noel y Yuran De la Phena Rivera. El acto fue organizado en coordinación con las agrupaciones de exiliados Plantados hasta la Libertad de Cuba, el Comité de Apoyo a la Disidencia-Brigada 2506 y el Directorio Democrático Cubano.
- Se declara en huelga de hambre por los abusos de que es objeto de parte de la guarnición de la cárcel de Melena del Sur, el preso político Lázaro Alonso Román.

Abril 12. Los presos de conciencia Juan Carlos Herrera Acosta y Leoncio Rodríguez Ponce escenifican una protesta en la cárcel de Kilo 8, en Camagüey. La protesta es por la violación continuada de sus derechos.

Abril 13. Inaugurada en Nueva Gerona, Isla de Pinos, la biblioteca independiente 28 de Enero. El director del nuevo centro es Noel De la Phena Rivera. De acuerdo a informaciones suministradas por Carlos Alberto Oyarce, en Cuba están funcionando 152 bibliotecas independientes.

Abril 19. El Partido Nacionalista Democrático Cubano confiere a la opositora Marta Beatriz Roque Cabello el galardón Paladín de la Libertad.

Abril 22 Conmemora la Fundación Cívica Martiana el primer aniversario de su constitución.

Abril 26. Continúan las vigilias "Libertad sin Destierro" en varias ciudades cubanas. Activistas a favor de la democracia se reúnen en un lugar determi-

nado y demanda la liberación de los presos políticos.
- Activistas del Partido Pro Derechos Humanos de Cuba realizaron la ya tradicional "actividad de la vela" por la libertad los presos políticos cubanos, en la capital cubana. La demostración pacífica, según el reporte de Vivian Santana Barreto, vocera de la organización opositora, tuvo lugar en la vivienda de Modesto Leopoldo Valdivia Varela, secretario general en funciones de la organización, sita en calle Santa Isabel #481, Barrio Azul, del capitalino municipio Arroyo Naranjo.

Abril 27. La Universidad de Colombia confiere al opositor Oswaldo Payá Sardiñas un doctorado Honoris Causa, como reconocimiento por su trabajo como principal impulsor del Proyecto Varela.

Abril 28. Se declaran en huelga de hambre en la prisión de Mar Verde, Santiago de Cuba, los prisioneros políticos Luis Enrique Ferrer García, Alberto Fernández y Agustín Cervantes.

Mayo3. La Asociación por la Libertad Prensa emite desde La Habana una declaración en la que demanda la liberación de los periodistas independientes en prisión.
- El Boletín Pinero que lleva el nombre "Un Paso a la Libertad", que dirige el coordinador del Proyecto de Bibliotecas Independientes Sergio Santa Cruz de Oviedo, es publicado en la ciudad de Nueva Gerona, Isla de Pinos.

Mayo 4. Concluye en Madrid sus sesiones la Segunda Conferencia sobre la Responsabilidad Social Corporativa en Cuba. El evento es organizado por Joel Brito y Luz Madroño y cuenta con la presencia de numerosas ONG y de líderes políticos y sindicales de América Latina y España.

Mayo 5. Tiene lugar en la ciudad de Konigstein, Alemania, la Conferencia Anual de la Sociedad Internacional de Derechos Humanos bajo el lema Libertad de Expresión y Libertad de Prensa en Cuba. La conferencia se extiende hasta el día 7 y participan en ella, entre otras organizaciones, MAR por Cuba y Plantados hasta la Libertad y la Democracia de Cuba.

Mayo 6. Es constituido en la capital cubana el "Buró de Solidaridad con el Preso", que tiene como objetivo recaba ayuda para los presos políticos.

Mayo 8. Rinden tributo en la capital cubana a los 105 mártires de la Brigada 2506 caídos en la defensa de la libertad y la democracia en Cuba. El acto tuvo lugar en la biblioteca independiente "Ronald Reagan" y durante el mismo hicieron uso de la palabra, entre otras personas, los ex presos políticos Aurelio Bachiller Álvarez y Carmelo Díaz Fernández.

Mayo 10. Presenta Oswaldo Payá Sardiñas, Premio Andrei Sajarov, un programa titulado "Todos Cubanos", que tiene como fin sentar las bases de una futura constitución democrática para la isla. El documento es el resultado de un llamado Dialogo Nacional impulsado por Paya Sardiñas desde el año 2003.

Mayo 11. Realizan debate sobre la libertad de prensa en la biblioteca independiente "Luis Quevedo Remolina". Los participantes rindieron homenaje a los periodistas cubanos que se encuentran en prisión.

Mayo 12. La biblioteca independiente 13 de Marzo inauguró una farmacia con el objetivo de prestar servicios a la comunidad de la Micro 70, en Nueva Gerona.

Mayo 13.Organizaciones del exilio y al interior de Cuba celebran el día Internacional de la Disidencia.

Mayo 14. Se declara en huelga de hambre el prisionero político Alberto Martínez Fernández, que se encuentra recluido en la cárcel provincial de Guantánamo.

Mayo 9. Una conferencia celebrada en la biblioteca independiente Pedro Luis Boitel, situada en la calle Atlanta, #322, entre Alegría y Sanguily, Reparto Gavilán, del municipio Arroyo Naranjo, es la base de un documento que será entregado al gobierno y discutido en otros sectores de la oposición y la naciente sociedad civil en la Isla. Durante el debate se abordaron temas referentes a los derechos y deberes de los niños en la etapa escolar, ecología y medio ambiente y la ética de la política en la sociedad cubana, entre otros asuntos surgidos al calor del encuentro.

Mayo 16. El prisionero político Luis Cueto Echevarria se encuentra plantado en huelga de hambre en la prisión Ariza, ubicada en la provincia Cienfuegos. Cueto, miembro del Presidio Político Pedro Luis Boitel, fue condenado a 12 años de privación de libertad en julio de 1999.

Mayo 20. Conmemoran organizaciones de la oposición el 104 aniversario de la Independencia de Cuba.

Mayo 24. Por iniciativa de los congresistas de Estados Unidos de América, Lincoln Díaz Balart y Mario Díaz Balart, se efectuó una reunión en la sede del Centro para una Cuba Libre en Washington DC., con la presencia de los embajadores de Hungría, RepúblicaCheca, Lituania, Eslovaquia y representantes diplomáticos de Polonia y Eslovenia, con el propósito de crear una coalición de Naciones Amigas de una Cuba Democrática.

Mayo 25. Organizaciones de la oposición conmemoran en varias ciudades cubanas, y en otras del exterior, el aniversario 34 de la muerte en huelga de hambre del dirigente estudiantil y preso político Pedro Luis Boitel. Otros grupos se dan cita en el cementerio de Colón para rendir tributo a la memoria del preso político, quien falleció en el Castillo del Príncipe en 1973.

Bibliografía

Diario de una Traición, Cuba 1959. Leovigildo Ruiz. Florida Typesetting of Miami. 1965.

Diario de una Traición, Cuba 1960. Leovilgido Ruiz. The Indian Printing. 1970

Diario de una Traición, Cuba 1961. Leovigildo Ruiz. Lorie Book Stores. 1972.

Anuario Político Cubano, 1967. Leovigildo Ruiz. Leovigildo Ruiz. The Indian Printing. 1968.

El Costo Humano de la Revolución Social. El libro negro del comunismo cubano. Dr. Armando M. Lago.-En preparación-.

Cuba, Mito y Realidad. Ediciones Saeta. Juan Clark. 1990

Exilio y Esperanza, Reflexiones Cubanas. Ediciones Saeta. Manuel Fernández. 1970.

La Voz de la Iglesia en Cuba, 100 Documentos Episcopales. Obra Nacional. México. 1995.

Religión y Revolución en Cuba Ediciones Saeta. Cuba traicionada. Manuel Fernández. 1984.

Daga en el Corazón. Minerva Books. LTD. Mario Lazo. 1972.

Cuba: Clamor del Silencio. Ediciones Memoria. Amado Rodríguez. 2005.

Cuba en Guerra. The Endowment for Cuban American Studies. Enrique Encinosa.

Escambray: La Guerra Olvidada. Editorial Sibi. Enrique Encinosa.

Cubanos Combatientes, peleando en distintos frentes. Ediciones Universal. Enrique Ros.

De Girón a la Crisis de los Cohetes. Ediciones Universal. Enrique Ros

Girón. La Verdadera Historia. Ediciones Universal. Enrique Ros

Años Críticos. Ediciones Universal. Enrique Ros.

Cuba y sus Mártires. Avenue Graphics. Esteban M. Beruvides. 1993.

Cuba y su Presidio Político. Avenue Graphics. Esteban M. Beruvides.1992.

Cuba: Anuario Histórico 1961. Esteban M. Beruvides. Colonial Press Internat, Inc. 2000

Cuba: Anuario Histórico 1965. Esteban M. Beruvides. Colonial Press International. Miami. 2002.

Cuba: Anuario Histórico 1991. Esteban M. Beruvides. Adventures

Intenational Miami. 1992.
Luchas y Combates por Cuba. Ediciones Universal. José Enrique Dausá.
La Bestia Roja de Cuba. Alejandro Gómez Estrada. 1990.
Por La Libertad de Cuba. Néstor Carbonell Cortina.
Cuba, Siglo XX. Inés Segura Bustamante.
Cuba: El Movimiento Obrero y su entorno socio-político. Edi. Saeta. Rodolfo Riesgo.
Reseña de la Historia Política Cubana. Formateca. Miguel Domínguez Miranda.
El Rescate de una Nación. Fundación Nacional Cubano Americana. Néstor Suárez Feliú.
Historiología Cubana. Ediciones Universal. José Duarte Oropesa.1993.
Bahía de Cochinos. Publicaciones Vanguardia. Luis González Lalondry. 1995.
Como Llegó la Noche. Fábula Tusquets. Huber Matos. 2002.
Pedro Luis Boitel, Diario de un Mártir. Comité Mundial Pedro Luis Boitel.
Y Fidel Creo el Punto X. Saeta Ediciones. Reynol González.
Alpha 66. Miguel Talleda. Ediciones Universal. 1995.
Todo lo Dieron por Cuba. Fondos de Estudios Cubanoamericanos. Mignon Medrano.
Mis Memorias. Comandante Evelio Duque Miyar.
Radiografía de la Revolución. Miami, Florida. Julio Osvaldo Don. 1990.
Como Murieron Nuestros Héroes. Asoc. Pilotos Cuba Exilio. Capitán-piloto Eduardo B. Ferrer.
Operación Puma. Capitán-piloto Eduardo B. Ferrer. Int. Aviation Consultants, INC. 1975.
La Maquinaria Represiva de Cuba. Human Rights Watch.
40 Años de Lucha y 40 Años de Razón. Partido Protagonista del Pueblo. Orlando Bosch.
El Día que Fidel Castro se apoderó de Cuba. Editorial Rumbar. Coronel Ramón M. Barquín. 1978.
Marchas de Guerra. Talleres la Noticia. Manuel Artime Buesa. 1963.
30 años Historia. Seguridad del Estado. Comisión de Historia de la Seguridad del Estado. Cuba.
Playa Girón. Derrota del Imperialismo. Ediciones R. Marzo 1962. Cuatro tomos.
Girón en la Memoria. Editorial Letras Cubanas. Víctor Casaus.
Diario de Girón. Gabriel Molina. Editora Política, La Habana.
Aquí se habla de Combatientes y Bandidos. Raúl González Cascorro, Casa de Las América. 1975.

Todo es Secreto hasta un Día. Editorial de Ciencias Sociales, Cuba. Juan Carlos Fernández.

Agresiones de Estados Unidos a Cuba. 1787-1976. Editorial Ciencia Sociales. La Habana.

La Contrarrevolución Cubana. Editorial Ciencias Sociales. Jesús Arboleya.

Cuba: la guerra secreta de la CIA. Editorial Capitán San Luis. Fabián Escalante Font.

El Caballo de Mayaguara. Editorial Letras Cubanas. Osvaldo Navarro.

Conversando con un Mártir: Carlos González Vidal. Edic.Universal. Mario Pombo. 1997.

La Muerte se Viste de Verde. Apelcu. Miguel Guevara-Santiago Díaz.

Contra Toda Esperanza. Plaza Janes. Armando Valladares.

La Vida en la Prisión de Kilo 8. Jorge Luis García Pérez, "Antúnez". Ediciones D' Fana. 1997.

50 Testimonios Urgentes. Presidio Político Histórico. Ediciones Universal.

El Presidio Político de Mujeres en la Cuba Castrista. Editado Rev. Ideal. Esther Pilar Mora Morales.

Grito Cubano. Memorias del Presidio Político Cubano. Marta de la Paz.

El Presidio Político en Cuba Comunista. Testimonios. Ediciones ICOSOCV, Venezuela.

30 años del Presidio Político de Isla de Pinos. Instituto de la Memoria Histórica Cubana contra el Totalitarismo.

Publicaciones

Escambray. Órgano Oficial del Ejército Cubano Anticomunista. Nueva York, diciembre 1962, febrero 1963, diciembre 1963. Director David Becerra Baldes.

Revistas *Bohemia.*

Revistas *Carteles.*

Informes de la *Comisión de Derechos Humanos de la Organización de Estados Americanos*, 1967, 1970, 1976, 1979 y los documentos 1805 y 1847.

Pasos a la Libertad 1997-1998, publicación del Directorio Revolucionario Democrático Cubano.

Pasos a la Libertad 1998, publicación del Directorio Revolucionario Democrático Cubano.

Pasos a la Libertad, 1999, publicación del Directorio Revolucionario Democrático Cubano.

Pasos a la Libertad, 2000, publicación del Directorio Revolucionario Democrático de Cubano

Pasos a la Libertad 2001, publicación del Directorio Democrático Cubano.

Pasos a la Libertad 2003, publicación del Directorio Democrático Cubano

Clarinada, una publicación periódica, órgano oficial de la Asociación Ex presos Políticos, Zona Norte.

La Voz, 15 de mayo, 23 de mayo y 12 de junio de 1986.

Cuba Al Día, una publicación periódica de D'Fana Editions.

Revista Baraguá, órgano de la Asociación de Veteranos de Misiones Especiales.

Revistas *Lux*, Órgano oficial del Federación Sindical de Plantas Eléctricas.

Revistas, *El Artemiseño*, órgano oficial del Municipio de Artemisa en el Exilio.

Revistas *Fragua*, Ex -Club, órgano oficial del Ex Club.

Revistas *Girón*, órgano oficial de la Brigada 2506.

Revista *El Mambi*, editada en Tampa.

Revista *Ideal*, editada en Miami.

Revista Disidente, publicada en Puerto Rico.

Plantados, organo de Plantados hasta la Libertad y la Democracia en Cuba,

Documentos Informativos, elaborado por el doctor Joaquín Meso Llada.Venezuela.

Documento Informativo, elaborado por Lorenzo Muller. Francia.

Documento Informativo, elaborado por el doctor Lino Bernabé Fernández. Miami.

Documentos Informativo, elaborado por la doctora Silvia Meso Pérez de Corcho.Venezuela.

Documento Informativo elaborado por el activista Carlos Carralero.Italia.

Documentos informativos elaborados por el investigador Vicente García. Puerto Rico.

Pag.Web. *PehnaCubana.org*

Pag.Web. www.*cubanet.org*

Pag.Web. www.*Puenteinfocubamiami.org*

Pag.Web. www.*cubaicei.org*

Pag.Web. www.*aguadadepasajeros.bravepages.com.*

Pag.Web. *Canaricubanoticias.yahoo.es*

Pag.Web. www.*Camcocuba.org*

Entrevistas.

Miami, enero. 2003. Ernestino Abreu. Dirigente del MRR.
Miami, enero. 2005. Eddi Arce Molina. Dirigente de UR.
Miami, enero. 2005. Rigoberto Acosta.
Miami, enero. 2003. Vicente Martínez. Dirigente del clandestinaje.
Miami, junio. 2001. Agapito Rivera, "El Guapo". Jefe guerrillero.
Miami, marzo 2001. Dr. Alberto Fibla.
Miami, agosto 2002. Juan Antonio Montes de Oca.Jefe Guerrillero.
Miami, junio. 2002. Rómulo Erundino Rodríguez.Guerrillero.
Miami, junio. 2002. José "Pepe" Ibañez.Guerrillero.
Miami, agosto 2002. Amado Rodríguez. Dirigente estudiantil MRP.
Miami, mayo. 2002. Teodoro González. Guerrillero.
Miami, mayo. 2002. Generoso Bringas. Guerrillero.
Miami septiembre 2002. Ricardo Bofill. CPDH.
Miami, mayo. 2001. José "Pepe" Otero. Guerrillero.
Miami, julio 2001. Dr. Enrique Daussá.
Miami, agosto 2002. Dr. Ángel Cuadra.
Miami, julio. 2003. Santiago Morquia. Guerrillero.
Miami, julio. 2003. Martín Hernández Rodríguez. Guerrillero.
Miami, julio. 2003. Esmildo Hernández Rodríguez. Guerrillero.
Miami, junio. 2002. Roberto González. Guerrillero.
Miami, junio. 2001. José Fernández Vera. Colaborador de alzados.
Miami, junio. 2001. Enrique Ruano. Colaborador del alzados.
Miami, agosto. 2003. Jose Valle. Activista.
Santo Domingo, diciembre 2002. René Hernández Becquet. Guerrillero.
Miami, febrero. 2004. Milton Salazar, dirigente del M-30 Nov.
Caracas, agosto 2004. Joaquín Mezo Llada, dirigente del M-30 Nov
Miami, abril 2005. Enrique Ros, fundador del FRD en Cuba.
Miami, mayo 2005. José Ignacio Rasco fundador del FRD en México

blan

Anexos

blanco

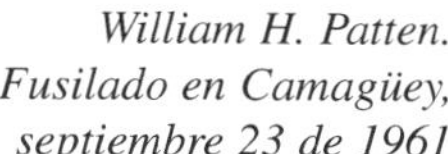

William H. Patten.
Fusilado en Camagüey,
septiembre 23 de 1961

Thomas W. Ray,
piloto aviador
derribado en Playa Girón
el 19 de abril de 1961.

Riley W. Shambergur,
piloto aviador derribado
en Playa Girón
el 19 de abril de 1961.

blac

Anexo I

RELACIÓN PARCIAL DE CIUDADANOS NO CUBANOS MUERTOS EN LA LUCHA CONTRA EL TOTALITARISMO

1.-**Armando Alejandre Jr.** Ciudadano de Estados Unidos. Derribado en aguas internacionales el 24 de febrero de 1996.
2.-**Carlos Costa**. Ciudadano de Estados Unidos. Derribado en aguas internacionales el 24 de febrero de 1996.
3.-**Mario de la Peña**. Ciudadano de Estados Unidos. Derribado en aguas internacionales el 24 de febrero de 1996.
4.-**Mike Rafferty**. Ciudadano de Estados Unidos. Piloto aviador. El aeroplano que tripulaba fue derribado y cayó al mar. El suceso ocurrió el 12 de noviembre de 1966.
5.-**August K. Mcnair**. Ciudadano de Estados Unidos. Fusilado en la provincia de Pinar del Río, el diez de abril de 1961.
6.-**Rafael del Pino Siero**. Ciudadano de Estados Unidos. Muerto en la prisión del Combinado del Este, el 22 de agosto de 1977. Según las autoridades cometió suicidio.
7.-**William Horace Patten**. Ciudadano de Estados Unidos. Fusilado en Guanabaquilla, provincia de Camagüey, el 23 de septiembre de 1961.
8.-**William Alexander Morgan**. Ciudadano de Estados Unidos. Comandante del Ejército Rebelde. Fusilado en la prisión de La Cabaña, La Habana, el 11 de marzo de 1961.
9.-**Wadel Carrol Gray**. Ciudadano de Estados Unidos. Tripulante de un B-26 que fue derribado durante los combates de Playa Girón. El suceso ocurrió el 19 de abril de 1961.
10.-**Howard F. Anderson**. Hombre de negocios asentado en Cuba desde finales de la década del cuarenta. Murió fusilado en Pinar del Río el 19 de abril de 1961.
11.-**Rudolph Anderson**. Ciudadano de Estados Unidos. Piloto de la Fuerza Aérea de Estados Unidos. Fue derribado por un misil cuando volaba un avión U-2 sobre Cuba el 27 de octubre de 1962.
12.-**William "Bill" Patterson**. Ciudadano de Estados Unidos. Fusilado en Sancti Spíritus, Las Villas, el 3 de junio de 1961.

13.-**Thomas "Pete" Willard Ray**. Ciudadano de Estados Unidos. El avión que tripulaba fue derribado durante los combates de Playa Girón, murió el 19 de abril de 1961. Presuntamente fue asesinado después de haber sido derribado el B-26 que piloteaba. Su cadáver estuvo embalsamado en una morgue de La Habana por 18 años.
14.-**Ryley W. Shamburger Jr**. Ciudadano de Estados Unidos. El avión que tripulaba fue derribado durante los combates de Playa Girón el 19 de abril de 1961.
15.-**Robert Ellis Frost**. Ciudadano de Estados Unidos. El avión que tripulaba fue derribado el 17 de octubre de 1960.
16.-**Robert Otis Fuller**. Ciudadano de Estados Unidos. Fusilado en el campo de tiro de San Juan, Santiago de Cuba, Oriente. La ejecución ocurrió el 17 de octubre de 1960.
17.-**Allen Dale Thompson**. Ciudadano de Estados Unidos. Fusilado en el campo de tiro de San Juan, Santiago de Cuba, Oriente. La ejecución ocurrió el 17 de octubre de 1960.
18.-**Anthony "Tony" Salvard**. Ciudadano de Estados Unidos. Ejecutado en la Loma de San Juan, Santiago de Cuba, Oriente, el 13 de octubre de 1960.
19.-**Leo Francis Baker**. Ciudadano de Estados Unidos.Tripulante de un B-26 derribado sobre Cuba durante la batalla de Playa Girón. Murió el 4 de abril de 1961.
21.-**Andrew Degraux,"Andy"**.Desaparecido. Presumiblemente asesinado después de haber resultado herido en combate en la Sierra del Escambray.
22.-**José Brion**. Ciudadano Español. Ejecutado en Las Villas, el 27 de agosto de 1977.
23.-**Manuel Vázquez**. Ciudadano Español. Ejecutado en Las Villas el 16 de abril de 1963.
24.-**José Gonzalo**. Ciudadano Español. Muerto en combate en las montañas del Escambray, Las Villas, el 8 de marzo de 1963.
25.-**Juan Manuel Camelo Medeiro Campo**. Ciudadano portugués. Fue fusilado en La Cabaña el 21 de enero de 1965.
26.-**Terence Stanley Childs**. Ciudadano Británico. Según las autoridades cometió suicidio en la prisión.
27.-**José María Alfonso Fernández**. Asesinado en 1959 en Marianao, Habana. Ocupación: Mayorista/minorista. Asesinado por la policía.
28.-**José Brión**. Fusilado el 27-08-77 en Santa Clara, Las Villas.
29.-**José Ramón Gonzalo Teja (alias "El Asturiano")**. Edad: 70. Asesinado el 8-3-63 en la Finca Real Campiña, Aguada de Pasajeros, Las Villas. Campesino, natural de Asturias, España. Viajaba montado en mula para ver a sus hijos guerrilleros campesinos anticastristas cuando fue emboscado y

muerto por tropas castristas. Sus dos hijos murieron en combate al mes siguiente. El gobierno sacó de la zona a su familia y confiscaron todas sus posesiones. Su esposa, de 70 años de edad, fue enviada a prisión por 30 meses.
30.-**Miguel Manteira Marcelino**. Asesinado el 19-11-61 en la prisión de Isla Pinos. Fue apaleado por los guardias de la prisión con las culatas de sus bayonetas durante un registro y murió tres días después de las heridas que sufrió en la cabeza. Era capitán de la policía en la ciudad de Camagüey antes de la subida de Fidel Castro al poder.

blanco

Batallón de paracaidistas de la Brigada de Asalto 2506. Esta fue la primera unidad de paracaidistas en particular en acciones bélicas en América.

blanc

Anexo II

RELACIÓN DE LOS MIEMBROS DE LA BRIGADA DE ASALTO 2506 CAÍDOS EN COMBATE

- **Fuerza Aérea de la Brigada. Murieron al ser derribados los aviones B-26 que tripulaban.**

José A. Crespo Grasso	Piloto
Daniel E. Fernández Mon	Piloto
José A. Fernández Rovirosa	Navegante
Crispín L. García Fernández	Piloto
Eduardo González Ramírez	Navegante
Juan de M. González Romero	Navegante
Osvaldo Piedra Neguerela	Piloto
Lorenzo Pérez Lorenzo	Navegante
Gastón Pérez Rangel	Navegante
Raúl C. Vianello Alacan	Piloto
Julio G. Acosta Ruiz	Mecánico.

- **Asesores de aviación caídos en los Estados Unidos que murieron en combate.**

Riley W. Shambuerger Jr.	Piloto
Thomas Willard Ray	Piloto
Leo Francis Baker	Navegante
Wade Carroll Gray	Navegante

- **Paracaidistas de la Brigada caídos en acción.**

Eufrasio Alemán Alemán
José Cata Cordobés
Osvaldo Díaz Milián
Herman Koch Gene
Justo Montes de Oca Cevallos
Raúl L. Tamayo Compans

- **Miembros del Batallón #2. Muertos en Combate. Infantería.**

Eduardo de las Casas Escobedo
José V. Feijoó Fabregat
Gilberto Hernández Ramírez
Pedro R. Norda Roque
Oscar R. Rondón Caminero
Francisco Salicio Sánchez

- **Miembros del Batallón #3. Muertos en Combate. Infantería.**

Marcelo J. Nápoles Viqueira
Angel Pastrana Santos
Pablo H. Rojas Ramos
Manuel Rionda del Monte
Ambrosio Soler Estrada
Gustavo R. Vila Figueras
Félix T. Serrano Camejo

- **Miembros del Batallón #4. Muertos en Combate. Blindados.**

Roberto Amorín Sotelo
Víctor I. González León
Francisco I. Fernández Cabrera
Pedro I. Amaro Abreu

- **Miembros de la Compañía de Tanques. Muertos en Combate.**

Elio Alemán Armenteros.

- **Miembros del Batallón 5. Muertos en Combate. Infantería.**

Ovidio Camelo López
Marcel B. Carmenate Cebrían
Mario R. Gálvez López
Alberto González Recio
Omar Guerra Gutiérrez
Clemente I. Cruz de La Torre
Mario Orpesa Delgado
Rogelio Rodríguez Pedroso.
Carlos Solís Shelton

- **Miembros del Batallón #6. Muertos en Combate. Infantería.**

Fernando Casanova Gómez
Carlos Guas Decall
Mariano Santos Molina.

• **Miembros del Batallón de Armas Pesadas. Muertos en Combate.**
Benito Blanco Cruz
Armando Cañizarez Gamboa.
Víctor M. Vila Acebal.
Rafael Campo Gutiérrez.

• **Miembros de Inteligencia y Reconocimiento. Muertos en Combate.**
Vicente León León
Antonio A. Sánchez Grandal.
Jorge R. Jones Castro.

• **Miembros de la Jefatura de la Brigada. Muertos en Combate.**
Antonio Amaro Díaz
Carlos Ariza García
Carlos Julién Padrón

• **Miembros de la Marina de la Brigada. Muertos en Combate.**
Juan Aquiles Navarro Martínez
Orlando Sierra González

• **Miembros de los equipos de infiltración de la Brigada. Muertos en Combate o Fusilados.**
Manuel Blanco Navarro
Jorge Rojas Castellanos
Antonio Díaz Pou
Luis Oria Finales

Información suministrada por la Brigada de Asalto 2506.

blanco

Vista parcial del paredón de fusilamiento de la Fortaleza de La Cabaña en La Habana. Cientos de cubanos fueron ejecutados en este lugar.

blac

Anexo III
Paredones de Fusilamiento

Relación parcial de lugares que fueron utilizados por el régimen como paredones de fusilamiento, por lo menos una vez. Muchos de estos sitios fueron seleccionados al azar y en ocasiones se convocaba a las poblaciones cercanas a presenciar las ejecuciones.

Estos juicios, cuando los hubo, se realizaron sin respetar los derechos de los acusados y sin garantías procesales.

• Provincia de Pinar del Río.
Paredón de Loma de los Coches. En el regimiento Rius Rivera #8.
Paredón El Parque, cerca de la población de Consolación del Sur.
Paredón Guanito en la carretera de Luis Lazo, cerca del antiguo hospital de tuberculosos.

• Provincia de La Habana.
Paredón Fortaleza de La Cabaña, ciudad de La Habana.
Paredón Castillo del Morro, ciudad de La Habana.
Paredón situado entre los poblados de Pipián y Madruga.
Paredón próximo a la ciudad de Nueva Gerona, Isla de Pinos.

• Provincia de Matanzas.
Paredón del Castillo de San Severino, ciudad de Matanzas.
Paredón situado en la Rayonera.
Paredón situado en La Vega, entre Manguito y Guareira.
Paredón situado cerca de La Cabecera, ciudad de Colón.
Paredón Las Canteras, en Agramonte.
Paredón en la finca La Luisa, cerca de Bolondrón.
Paredón situado próximo al poblado de Limonar.

• Provincia de Las Villas.
Paredón en la finca Río Caña, Cabaiguán.
Paredón en el central Adela, Remedios.
Paredón en la Rocosera, Calabazar de Sagua.
Paredón en la antigua cárcel de Trinidad.

Paredón en los Cuatro Vientos, Topes de Collantes, Escambray.
Paredón en Manaca Iznaga, cerca del central Trinidad, Trinidad.
Paredón en la finca Valdespino, cerca de Trinidad.
Paredón en el Condado, Trinidad, Escambray.
Paredón en la finca Buenavista, Escambray.
Paredón en Las Cuatro Bocas, finca Jibacoa, Escambray.
Paredón en la finca San Ambrosio, Caracusey, Escambray.
Paredón de La Campana, próximo al poblado de Manicaragua
Paredón en el regimiento Leoncio Vidal, Santa Clara.
Paredón en la Loma del Viento, cerca del Capiro, Santa Clara.
Paredón en la finca Santa Elena, próximo a Rodas.
Paredón en la finca San Blas, cerca de Aguada de Pasajeros.
Paredón del Jobo, cerca del pueblo de Rodas.
Paredón del Puente de Rodrigo, Quemado de Güines.
Paredón en la loma del Piloto, Corralillo.
Paredón en la finca Calienes, entre Caibarién y Mayajigua.
Paredón en el cementerio de la ciudad de Placetas.

• **Provincia de Camagüey.**
Paredón en la Casa Blanca, cerca de la población de Florida.
Paredón en el campo de tiro de la finca Primelles, Camagüey.
Paredón 3-13, entre las ciudades de Morón y Ciego de Avila.

• **Provincia de Oriente.**
Paredón en Victoria de las Tunas.
Paredón en Loma Blanca, Guantánamo.
Paredón en la finca San Juan, Santiago de Cuba.
Paredón en el cementerio de Manzanillo.
Paredón en Puerto Padre.
Paredón en el ingenio San Román.
Paredón en el cementerio de Baracoa.
Paredón en el cementerio de Bayamo.
Paredón en el ingenio El Manatí.
Paredón en El Negro, Banes.

Compilación, efectuada por Francisco Lorenzo Díaz.

Ubicación de algunas de las prisiones donde están encarcelados un número considerable de presos políticos.

blan

Anexo IV
Relación parcial de organizaciones creadas fuera de Cuba para luchar a favor de la democracia

Abdala
Acción Cubana
Acción Democrática Cubana
Agenda Cuba
Agrupación de Obreros de Transporte en el Exilio
Alianza Cubana de Organizaciones Revolucionarias, ACOR
Alianza de Presos Políticos Cubanos
Alianza Democrática Cubana
Alianza Legal Cubana
Alianza Liberación
Alianza Nueva Democrática
Alpha 66
Asociación Cubano Española
Asociación Cubano-Americana de Abogados, CABA
Asociación Cultural con Cuba en la Distancia (Cádiz)
Asociación Cultural Cuadernos de Cuba, en París
Asociación de Funcionarios del Poder Judicial de Cuba en el Exilio
Asociación de Ingenieros Eléctricos en el Exilio
Asociación del Centenario de la República Cubana
Asociación del Poder Judicial de Cuba en el Exilio
Asociacion Española Cuba en Transición
Asociación Europea Cuba Libre
Asociación Histórica Cubana
Asociación Medio Ambiental Cubana
Asociación Patriótica José Martí
Asociación por la Tercera República Cubana
Brigada 2506
Buró de Información del Movimiento de Derechos Humanos
Cambio Cubano
Casa Cuba
Casa Cuba, Tampa

Casa del Preso
Centro de Apoyo e Información a la Reunión para Promover la Asamblea de la Sociedad Civil en Cuba
Centro de Estudios Para una Opcion Nacional, CEON
Círculo de Periodistas Cubanos
Club de Ex Presos Políticos Cubanos y de Combatientes, EXCLUB
Coalición de Mujeres Cubano Americanas
Colectivo Solidaridad Cuba Libre, en Francia
Colegio de Abogados de La Habana
Colegio de Periodistas de Cuba en el Exilio
Colegio Nacional de Locutores de Cuba en el Exilio
Colegio Nacional de Periodistas de la Republica de Cuba en el Exilio
Colegio Nacional de Procuradores Cubanos en el Exilio
Colegio Nacional de Veterinarios en el Exilio
Comando Occidental de Cuba
Comandos Anticomunistas Cubanos
Comandos Cubanos en Acción
Comandos del Mar
Comandos F-4
Comandos L
Comandos Pedro Luis Boitel
Comisión Nacional Cubana
Comité Canario de Solidaridad con la Disidencia Cubana
Comité Costarricense de Solidaridad con Cuba
Comité Cubano de Liberación
Comité Cubano por la Democracia
Comité de Apoyo a la Disidencia-Brigada 2506
Comité de Intelectuales por la Europa de las Libertades
Comité de Intelectuales por la Libertad de Cuba
Comité de Solidaridad con los Refugiados Cubanos
Comité Dominicano de Solidaridad con la Democracia en Cuba
Comité Internacional de Jóvenes por la Democracia en Cuba
Comité Internacional de Mujeres por la Democracia en Cuba
Comité Internacional para la Democracia en Cuba
Comité Italiano por los Derechos Humanos en Cuba
Comité Pro Comicios Cubanos Libres
Comité Pro Festival de Arte Cubano
Comité Unido del Exilio Cubano
Congreso de la Solidaridad de Trabajadores Cubanos
Congreso Mundial por la Libertad y la Democracia

Congreso Nacional Cubano, de Miami
Congreso Unitario de los Trabajadores Cubanos
Consejo Nacional del Presidio Político Cubano
Consejo por la Libertad de Cuba
Consenso Cubano
Coordinación de Organizaciones Revolucionarias Unidas, CORU
Coordinadora Internacional de Ex Presos Políticos Cubanos
Coordinadora Nacional de Presos y Ex Presos Políticos Cubanos
Coordinadora Social Demócrata Cubana
Cuba Corps
Cuba Democrática
Cuba Futuro
Cuba Futuro Fondo Raíces de Esperanza
Cuba Nuestra
Cuba Independiente y Democrática (CID)
CubaNet
Custodios de Nuestros Símbolos
Directorio Magisterial Revolucionario
Directorio Revolucionario Democrático Cubano
Directorio Revolucionario Estudiantil en el Exilio
Ejército Armado Secreto
Españoles por la Libertad de Cuba
Federación Mundial de Ex Presos Políticos Cubanos
Federación Nacional Cubano Sueca
Federación Sindical de Plantas Eléctricas, Gas, Agua de Cuba en el Exilio
FLNC
Fondo de Estudios Cubanos
Fraternidad de Jóvenes Cubanos Libres
Frente Cubano Unido de Tampa
Frente Insurreccional Nacional Cubano
Frente Nacional Cubano, FNC
Frente Obrero Humanista
Frente Obrero Revolucionario Democrático
Frente para la Libertad Total de Cuba, en Puerto Rico
Frente Revolucionario
Fuerzas Cubanas de Liberación
Fuerzas Cubanas de Liberación
Fundación Concurso Disidente, en Puerto Rico
Fundación Cubano Canadiense
Fundación Cubano-Venezolana

Fundación de Ayuda a Cubanos en el Exilio (FACE)
Fundación de la Avanzada de Jóvenes Cubanos Libres Pro Cultural
Fundación Democrática Cubano-Venezolana
Fundación Hispano Cubana
Fundación Nacional Cubano Americana (FNCA)
Furia Popular
Gobierno Cubano Secreto
Gran Cumbre Patriótica
Grupo de Apoyo a las Bibliotecas Independientes Cubanas, en París
Grupo de Apoyo a la Democracia en Cuba
Grupo por la Responsabilidad Social Corporativa en Cuba
Herencia Cultural Cubana
Hermanos al Rescate
Hogar Cubano
Hogar de Tránsito de Cayo Hueso
Ideal
Instituto de Intercambio Cultural Cubano Americano Proyecto Cambio 2000
Instituto de Promoción Cultural, IPC
Instituto Venezolano Cubano de la Amistad
Jóvenes por una Cuba Libre
Junta Patriótica Cubana
La Cuarta República
La Mano Negra
La Rosa Blanca
Legión Democrática Constitucional
Los Ismaelillos
Madres y Mujeres Antirepresion (MAR por Cuba)
Memorial Cubano
Misceláneas de Cuba. Revistas de Asignaturas Cubanas, en Suecia
Monumento al Holocausto del Presidio Político Cubano
Movimiento Democracia
Movimiento Demócrata Cristiano
Movimiento en Canarias por la Libertad y la Democracia en Cuba
Movimiento Insurreccional Martiano
Movimiento La Estrella
Movimiento Nacionalista Cristiano, MNC
Movimiento Nacionalista Cubano
Movimiento Revolucionario Integral Cubano
Museo del Éxodo Cubano
Museo del Hogar de Tránsito

Nueva Generación Cuba
Nuestra Prensa Cubana
Omega 7
Operación Pedro Pan
OPLC
Organización de Educadores Cubanos
Partido Autentico Nacionalista, PAN
Partido Demócrata Cristiano de Cuba
Partido Nacionalista Democrático de Cuba
Partido Social Revolucionario Democrático
Partido Unidad Nacional Democrática (PUND)
Pen Club de Escritores Cubanos en el Exilio
Plataforma Democrática Cubana
Plataforma Europea por la Democracia y los Derechos Humanos en Cuba
Plataforma Internacional "Cuba Democracia ¡Ya!
Poder Cubano
Presidio Político Histórico Cubano
Puente Familiar con Cuba
Puente Informativo Cuba Miami
Quinta Doña Dilia
RECE
Red Internacional Juvenil para la Democracia en Cuba
Sin Visa, de Francia
Sociedad Cubano Alemana
Solidaridad de Trabajadores Cubanos, STC
Solidaridad Española con Cuba
SOS Justicia, en Miami
Unidad Cubana
Unión Cubana en la Unión Soviética
Unión Cubana, Rusia
Unión de Cubanos de Suecia
Unión de Cubanos en Italia
Unión de Cubanos en Noruega
Unión de Cubanos Exiliados en Perú
Unión de Ex presos Políticos Cubanos
Unión de Ex Presos Políticos Cubanos en Puerto Rico
Unión de Ex Presos Políticos Cubanos en Venezuela, UEPCV
Unión de Ex Presos Políticos de Radio y Televisión
Unión Liberal Cubana
Unión Nacional Democrática 20 de Mayo

Unión Patriótica Cubana
Unión por las Libertades en Cuba, de Italia
Unión Revolucionaria Anticomunista

Anexo V
Relación parcial de organizaciones para luchar a favor de la democracia e instituciones de la Sociedad Civil creadas dentro de Cuba

Acción Católica Cubana
Acción Democrática Revolucionaria
Agencia de Prensa Cívica Cubana, APRECI
Agencia de Prensa Independiente "El Mayor"
Agencia de Prensa Independiente Abdala
Agencia de Prensa Independiente Camagüey Press
Agencia de Prensa Independiente Cartas de Cuba
Agencia de Prensa Independiente Cuba Free Press
Agencia de Prensa Independiente Cuba Verdad
Agencia de Prensa Independiente Cuba Voz
Agencia de Prensa Independiente de Cuba
Agencia de Prensa Independiente Jagua Pres
Agencia de Prensa Independiente José Maceo
Agencia de Prensa Independiente Línea Sur Press
Agencia de Prensa Independiente Patria
Agencia de Prensa Independiente Sancti Spíritus Press
Agencia de Prensa Independiente, UPECI
Agencia de Prensa Libre Avileña
Agencia de Prensa Libre Oriental
Agencia de Prensa Lux-Info Press
Agencia de Prensa Santiago Press
Agencia de Prensa Sindical Independiente de Cuba
Agencia Iinformativa Nueva Prensa Cubana
Agencia Oriente Press
Agencia Unión de Periodistas y Escritores Independientes
Agenda Nacionalista
Agrupación Femenina "Marta Abreu"
Agrupación Montecristi
Agrupación Opositora Línea Dura

Alianza Nacional Cubana
Alianza Nacional de Agricultores Independientes de Cuba
Alianza Nacional de Cooperativas Independientes de Cuba
Alianza Nueva Democrática
Alianza por la Liberación Cubana
Amigos de la Perestroika
Apertura de la Isla (PAIS)
Asamblea para Promover la Sociedad Civil
Asociación Cívica Pro Democrática, ACPD
Asociación Cristiana por la Libertad
Asociación Cubana SOS por Nuestros Hijos
Asociación de Amistad Cuba-Estados Unidos
Asociación de Campesinos Independientes Rafael Espinosa Mendoza "Mamacusa"
Asociación de Ecologista Alerta Verde
Asociación de Jóvenes Demócratas
Asociación de los Hijos de la Virgen de Regla
Asociación de Lucha contra la Injusticia
Asociación de Lucha Frente a la Injusticia Nacional, ALFIN
Asociación de Madres por la Dignidad
Asociación de Presos Políticos "Sebastián Arcos Bergnes"
Asociación de Presos Políticos Pedro Luis Boitel
Asociación de Trabajadores Independiente de la Salud, ATIS
Asociación de Trabajadores por Cuenta Propia
Asociación Foro por la Reforma
Asociación Hermandad de Ciegos de Cuba
Asociación Humanitaria Seguidores de Cristo Rey
Asociación Juvenil Pro Derechos Humanos en Cuba
Asociación Martiana Libertad, Igualdad y Fraternidad, AMLIF
Asociación Médica Alternativa Cuba "Carlos J.Finlay"
Asociación Nacional de Agricultores Independientes de Cuba, ANAIC
Asociación Nacional de Balseros Paz, Democracia y Libertad
Asociación Nacional de Ciegos y Débiles Visuales
Asociación para la Defensa del Medio Ambiente en Cuba, MAS
Asociación Patriótica José Martí
Asociación por la Reconciliación Nacional y el Rescate de los Valores Humanos
Asociación por la Reconciliación y el Rescate de los Valores Humanos
Asociación Pro Arte Libre (APAL)
Asociación Pro Arte Libre I (APAL I)

Asociación Pro Derechos Políticos (ADEPO)
Asociación Pro Libertad de Prensa
Biblioteca Idependiente Enmanuel
Biblioteca Iindependiente Reinaldo Arenas
Biblioteca Indepediente Pablo Neruda
Biblioteca Independiente “El Mayor”
Biblioteca Independiente 11 de Marzo
Biblioteca Independiente 13 de Julio
Biblioteca Independiente 20 de Mayo
Biblioteca Independiente 20 de Octubre
Biblioteca Independiente 24 de Febrero
Biblioteca Independiente Abdala
Biblioteca Independiente Abraham Lincoln
Biblioteca Independiente Andres Boisin
Biblioteca Independiente Angel Cofiño
Biblioteca Independiente Antonio Bachiller y Morales
Biblioteca Independiente Atenas
Biblioteca Independiente Aurora
Biblioteca Independiente Benjamin Franklin
Biblioteca Independiente Brigadier José González Guerra
Biblioteca Independiente Calixto García
Biblioteca Independiente Carlos Acosta
Biblioteca Independiente Carlos J. Finlay
Biblioteca Independiente Carlos Manuel de Céspedes
Biblioteca Independiente Carlos Quintela Rodríguez
Biblioteca Independiente Conrado Pérez Hernández
Biblioteca Independiente Cuba Verde
Biblioteca Independiente Damas de Blanco
Biblioteca Independiente Democracia
Biblioteca Independiente Doctor Pedro Ortiz Estorino
Biblioteca Independiente Dulce María Loynaz
Biblioteca Independiente Eduardo R. Chibás
Biblioteca Independiente Emilio Maspero
Biblioteca Independiente Emmanuel
Biblioteca Independiente Enrique Loynaz del Castillo
Biblioteca Independiente Ernest Hemingway
Biblioteca Independiente Ernesto Díaz Madruga
Biblioteca Independiente Ernesto Lecuona
Biblioteca Independiente Escambray
Biblioteca Independiente Especializada en Literatura Infantil

Biblioteca Independiente Félix Varela
Biblioteca Independiente Fermín Valdés Domínguez
Biblioteca Independiente Francisco Arango y Parreño
Biblioteca Independiente Francisco Riverón Hernández
Biblioteca Independiente Francisco Vicente Aguilera
Biblioteca Independiente Frank País García
Biblioteca Independiente General Pedro Betancourt Avalos
Biblioteca Independiente Génesis
Biblioteca Independiente Gertrudis Gómez de Avellaneda
Biblioteca Independiente Grito de Baire
Biblioteca Independiente Guillermo Cabrera Infante
Biblioteca Independiente Heberto Padilla
Biblioteca Independiente Helen Martínez
Biblioteca Independiente Helen, Mascota de la Libertad
Biblioteca Independiente Henry M. Reeve
Biblioteca Independiente Ibrahin Carrillo Fernández
Biblioteca Independiente Ignacio Agramonte
Biblioteca Independiente Jesús Llánez Pelletier
Biblioteca Independiente John Locke
Biblioteca Independiente Jorge Mañach
Biblioteca Independiente Jorge Mas Canosa
Biblioteca Independiente José Antonio Saco
Biblioteca Independiente José de la Luz y Caballero
Biblioteca Independiente José Joaquín Palma
Biblioteca Independiente José Julián Martí y Pérez
Biblioteca Independiente José Lezama Lima
Biblioteca Independiente José Maceo Grajales
Biblioteca Independiente José María Heredia
Biblioteca Independiente José Martí
Biblioteca Independiente José Mayía Rodríguez
Biblioteca Independiente Jóvenes del Jagua
Biblioteca Independiente Juan Bruno Zayas
Biblioteca Independiente Juan Carlos Martínez Núñez
Biblioteca Independiente Juan Cristóbal Nápoles Fajardo, "El Cucalambé
Biblioteca Independiente Juan Gualberto Gómez*
Biblioteca Independiente Juan Rulfo
Biblioteca Independiente Julio Tang Texier
Biblioteca Independiente La Bayamesa
Biblioteca Independiente Leonor Pérez
Biblioteca Independiente Leopoldo Pita

Biblioteca Independiente Leví Marrero
Biblioteca Independiente Libertad y Democracia
Biblioteca Independiente Luis Quevedo Remolina
Biblioteca Independiente Madre Teresa de Calcuta
Biblioteca Independiente Mahamas Gandhi
Biblioteca Independiente Mariana Grajales
Biblioteca Independiente Mario Manuel de la Peña
Biblioteca Independiente Marta Abreu
Biblioteca Independiente Martiana Independiente
Biblioteca Independiente Martín Dihigo
Biblioteca Independiente Martin Luther King
Biblioteca Independiente Mercedes Medina
Biblioteca Independiente Narciso López
Biblioteca Independiente Octavio Paz
Biblioteca Independiente Osvaldo Farrés
Biblioteca Independiente Pablo Morales
Biblioteca Independiente Paquito Borrero
Biblioteca Independiente Paz y Amor
Biblioteca Independiente Paz, Democracia y Libertad
Biblioteca Independiente Pedro Junco
Biblioteca Independiente Pedro Luis Boitel
Biblioteca Independiente Porfirio Gullen Amador
Biblioteca Independiente Rafael Díaz Balart
Biblioteca Independiente Rafael María Mendive
Biblioteca Independiente Ramón Pérez Ramírez, "Monguito"
Biblioteca Independiente República Checa
Biblioteca Independiente Reynaldo Arenas
Biblioteca Independiente Rigoberta Sánchez Sambrana
Biblioteca Independiente Rine Leal
Biblioteca Independiente Roberto Avalos
Biblioteca Independiente Roberto Sánchez Sambrana
Biblioteca Independiente Rolando Pérez Gómez
Biblioteca Independiente Ronald Reagan
Biblioteca Independiente San Isidro Labrador
Biblioteca Independiente San Pablo
Biblioteca Independiente Sebastián Arcos Bergnes
Biblioteca Independiente Ser Culto para Ser Libre
Biblioteca Independiente Shalom
Biblioteca Independiente Virgilio Piñeira
Biblioteca Independiente Vitral

Biblioteca Independiente Wilfredo Lam
Biblioteca Independiente William Le Sante Nasser
Biblioteca Independiente, Luis Quevedo Remolina
Biblioteca Independiente, Proyecto Cuba Libre
Bibliotecas Independientes Bibliored
Bloque de Organizaciones Anticomunista, BOAC
Bloque de Organizaciones Revolucionarias, BOR
Buró de Información Comisión Cubana de Presos y Ex presos Políticos
Buró de Información Movimiento Cívico 6 de Enero
Buró de Información Solidaridad Liberal
Buró de Prensa 24 de Febrero
Buró de Prensa 30 de Noviembre Frank País
Buró de Prensa Independiente de Cuba
Buró de Solidaridad con el Preso
Cambio 2000
Casas de Opinión Ciudadana
Central Sindical Cristiana de Cuba
Centro Amor y Familia
Centro Cívico Cultural Federico Capdevila
Centro de Estudios e Investigaciones Sociales y Laborales
Centro de Estudios Políticos, Mario Manuel de la Peña
Centro de Estudios Sociales Independientes
Centro de Formación Cívica y Religiosa
Centro de Formación de la Mujer Cubana
Centro de Formación para Gestores de Esperanza
Centro de Fotógrafos Independientes Jan Palach
Centro de Información contra la Violencia Policial
Centro de Información sobre Democracia
Centro de Orientación e Información Profesional
Centro Nacional de Capacitación Sindical y Laboral
Centro Nacional de Estudios e Investigaciones Independiente, Carlos Quintela
Centro Nacional de Formación de Cultura y Prensa José Martí
Centro No Gubernamental para los Derechos Humanos y la Cultura de Paz, José de la Luz y Caballero
Centro Norte del País
Centro para la Salud y los Derechos Humanos Juan Bruno Zayas
Centro Pro Libertad y Democracia
Centro Rescate
Centros de Consultoría Cívica y Religiosa

Cine Club de Apreciación Cinematográfica, "Néstor Almendros"
Círculo de Veteranos Libres de Cuba
Club Atenas
Club de Amor Familiar
Club de Presos y Ex presos Políticos Gerardo González
Club de Prisioneros Políticos de Guantánamo
Club Gerardo González, Hermano de la Fe
Club Social Demócrata
Coalición Democrática Cubana
Coalición Diálogos Pro Derechos
Coalición Juvenil Martiana
Coalición Opositora Arco Progresista
Colegio de Pedagogos Independientes de Cuba
Colegio de Periodistas de Cuba
Colegio de Periodistas Indendientes de Santiago de Cuba
Colegio de Periodistas Independientes de Camagüey
Colegio de Periodistas Independientes de Santiago de Cuba
Colegio Médico Independendiente de Ciego de Avila
Colegio Médico Independiente de Cuba
Comisión Cubana de Derechos Humanos y Reconciliación Nacional
Comisión Cubana de Presos y Ex presos Políticos
Comisión de Atención a Presos y Familiares de Presos Políticos y de Conciencia
Comisión de Derechos Humanos José Martí
Comisión Martiana Independiente
Comisión Nacional Cuba
Comité Coordinador del Diálogo Nacional en el Exterior, en Miami
Comité Cubano de Liberación
Comité Cubano Independiente por la Paz, el Progreso y la Libertad, CPPL
Comité Cubano Pro Derechos Humanos
Comité de Autodefensa Social de Cuba
Comité de Balseros por la Libertad y la Democracia
Comité de Liberación de Cuba, CLC
Comité de Madres Cubanas por la Libertad de los Presos Políticos y de Conciencia, Leonor Pérez
Comité de Madres y Familiares de Presos Políticos
Comité de Madres y Familiares de Prisioneros Políticos
Comité de Opositores Pacíficos
Comité de Presidio Político Jorge Más Canosa
Comité de Unidad Nacional, CUN

Comité Demócrata Cristiano
Comité Democrático Camagüeyano
Comité Gestor Pro Constituyente
Comité Humanitario y Religioso
Comité Julio Sanguily
Comité Juvenil de Mujeres Solidaridad y Democracia
Comité Martiano por los Derechos del Hombre
Comité Pinero de Derechos Humanos
Comité Pro Amnistía y Libertad de los Presos Políticos Pedro Luis Boitel
Comité Pro Doctrina Social de la Iglesia
Comité Pro Libertad de Cuba, Ignacio Agramonte
Concertación Democrática Cubana
Concertación Pro Cambios Pacíficos
Concilio Cubano
Concilio de Libertad de Occidente
Confederación de Trabajadores Democráticos de Cuba, CTDC
Confederación Obrera Nacional Independiente de Cuba (CONIC)
Congreso de Bibliotecarios Independientes
Consejo Central Nacional
Consejo Cubano Defensor de los Derechos Civiles
Consejo Médico Cubano Independiente (CMCI)
Consejo Nacional de Ex prisioneros Políticos
Consejo Nacional de Resistencia
Consejo Nacional por los Derechos Civiles en Cuba
Consejo Unitario de Trabajadores Cubanos
Cooperativa Avileña de Periodistas Independientes
Cooperativa de Periodistas Independientes
Cooperativa Independiente "Transición".
Cooperativa Independiente Baraguá
Cooperativa Independiente Democracia
Cooperativa Progreso 1
Coordinadora de la Oposición Democrática José Martí
Coordinadora de Opositores Unidos
Coordinadora de Organizaciones de Derechos Humanos en Cuba, CODE-HU
Coordinadora Democrática de Pinar del Rio
Coordinadora Nacional de Presos y Ex-presos Políticos Cubanos
Coordinadora Obrera Cubana
Corresponsalía Turquino
Corriente Liberal Cubana

Corriente Martiana
Corriente Socialista Democrática Cubana
Criterio Alternativo
Cruzada Constitucional
Cuba Verdad
Cubanacan Pres
CubaPress
Damas de Blanco
Directorio Revolucionario Estudiantil
Ejército de Liberación Nacional del Escambray
Ejército Liberación Nacional
Encuentro Criterio Civilista
Encuentro del Caribe: Solidaridad con la Democracia en Cuba
Escuela Cívica para la Democracia Heberto Padilla
Escuela Taller José Marti
Ex Club Cautivo
Federación Americana de Mujeres Rurales
Federación de Periodista Cubanos, FEPEC
Federación de Periodistas Independientes Asociados
Federación Latinoamericana de Mujeres Rurales
Federación Obrera Oriental Independiente
Foro Cívico
Foro de Estudios Históricos
Fórum Estudios Sociales Marta Abreu
Fórum Feminista Aliadas Democráticas
Fraternal Unido
Fraternidad de Ciegos Independientes de Cuba
Frente Anticomunista Cubano
Frente de Unidad Nacional
Frente Democrático Escambray
Frente Democrático por la Libertad
Frente Estudiantil Universitario Democrático
Frente Femenino
Frente Revolucionario Democrático
Frente Revolucionario Democrático Estudiantil
Frente Unido de Guanabacoa
Frente Unido Democrático
Frente Unido Nacional
Frente Unido Occidental, FUO
Fundación Avileña de Derechos Humanos

Fundación Cubana de Derechos Humanos
Fundación de Derechos Humanos Marta Abreu
Fundación de Periodistas Independientes Asociados
Fundación Elena Mederos
Fundación en Defensa de la Familia
Fundación Isla de Pinos de Derechos Humanos y Fomento Territorial
Fundación Jesús Yanez Pelletier
Fundación Lawton de Derechos Humanos
Fundación Marta Abreu de Derechos Humanos
Fundación para los Derechos Humanos en Cuba
Fundación por la Libertad de Expresión
Golfo de Guacanayabo
Gremio de Periodistas y Escritores Independientes Guillermo Cabrera Infante
Grupo Cubano Pro Amnistía
Grupo de Apoyo a la Oposición de Arroyo Naranjo
Grupo de los Cuatro
Grupo de Trabajo de la Disidencia Interna
Grupo de Trabajo Periodístico y Literario Decoro
Grupo por la Segunda República Cubana
Grupo Solidario Expresión Libre
Habana Press
Hermandad Cívica
Hermandad Dominicana de Solidaridad Pro Democracia Cubana
Hermandad Montecristi, HM
Hermanos Fraternales por la Dignidad
Hermanos Unidos
Hijos de la Virgen de Regla
II Frente Nacional del Escambray
Iniciativa Pro- Cambio
Iniciativas 2001
Instituto Andrei Sajarov
Instituto Cubano de Economistas Independientes Manuel Sánchez Herrero
Instituto Cubano de Estudios Sindicales Independientes, ICESI
Instituto Cubano de Investigaciones Socio Laborales y Económicas Independiente
Instituto de Intercambio Cultural Cubano Americano Proyecto Cambio 2000
Instituto Independiente Cultura y Democracia
Instituto Independiente Cultura y Democracia, IICD

Instituto Independiente de Cultura y Democracia, Juan Ramos Marturell
Instituto Liberal Francisco de Arango y Parreño
Joven Cuba
Jóvenes del Nuevo Siglo por los Derechos Humanos
Junta de Transición
Junta Nacional de Transición a la Democracia
Legión de Acción Revolucionaria, LAR
Legión del Caribe
Legión Democrática Constitucional
Liga Cívica Martiana
Manifiesto 2001
Mesa de Reflexión de la Oposición Moderada de Cuba
Milicias Anticomunistas Obreras y Campesinas
MIRR
Movimiento 13 de Julio
Movimiento 30 de Julio
Movimiento 30 de Noviembre
Movimiento 8 de Septiembre
Movimiento Acción Democrática
Movimiento Acción Nacionalista Democrática Independiente, MANDI
Movimiento Acción Nacionalista Independiente
Movimiento Acción Recuperadora, MAR
Movimiento Agramonte
Movimiento Alternativa Republicana
Movimiento Anticomunista Cubano
Movimiento Anticomunista Obrero y Campesino, MAOC
Movimiento Anticomunista Revolucionario
Movimiento Armonía (MAR)
Movimiento Avance Democrático Independiente
Movimiento Cívico 6 de Enero
Movimiento Cívico Nacional Máximo Gómez Báez
Movimiento Cívico Nacionalista Cubano
Movimiento Cívico Pinero de Derechos Humanos
Movimiento Contra Castro
Movimiento Cristiano Liberación
Movimiento Cruzada Cubana Constitucional
Movimiento Cubano de Jóvenes por la Democracia
Movimiento Cubano del Derecho
Movimiento Cubano por la Democracia
Movimiento Cubano Reflexión

Movimiento Cubano Unidad Democrática
Movimiento de Estudiantes Católicos Universitarios
Movimiento de Integración Racial, MIR
Movimiento de Jóvenes del Nuevo Siglo por los Derechos Humanos
Movimiento de Liberación Cubana
Movimiento de Recuperación Constitucional
Movimiento de Recuperación Democrática, MRD
Movimiento de Recuperación Revolucionaria, MRR
Movimiento Demócrata Cristiano
Movimiento Democrata Martiano
Movimiento Democrático Independiente
Movimiento Democrático Liberación
Movimiento Democrático Padre Félix Varela
Movimiento Democrático por la Libertad
Movimiento Democrático Pro Derechos Humanos
Movimiento Democrático Unión de Jóvenes Martianos
Movimiento Derechos Humanos Alpha 3
Movimiento Ecopacifista Solidaridad y Paz
Movimiento Humanitario Seguidores de Cristo Rey
Movimiento Independentista Carlos Manuel de Céspedes
Movimiento Institucional Democrático, MID
Movimiento Joven Cuba
Movimiento Jóvenes de Bayamo Plantados hasta la Libertad y la Democracia en Cuba
Movimiento Jóvenes por la Democracia
Movimiento la Fuerza de la Verdad
Movimiento Legión Democrática Constitucional
Movimiento Liberal Cambio Cubano
Movimiento Liberal Cubano
Movimiento Libertad
Movimiento Mario Manuel de La Peña por los Derechos Humanos
Movimiento Mujeres Cubanas por la Libertad
Movimiento Nacional de Derechos Humanos Aurora
Movimiento Nacional de Derechos Humanos, Mario Manuel de la Peña
Movimiento Nacional de Resistencia Cívica Pedro Luis Boitel
Movimiento Opción Alternativa
Movimiento Pacifista Solidaridad y Paz
Movimiento para una Transición Democrática en Cuba
Movimiento por la Democracia Pedro Luis Boitel
Movimiento Pro Derechos Humanos 10 de Diciembre

Movimiento Pro Derechos Humanos 24 de Febrero
Movimiento Reconciliación Nacional
Movimiento Republicano Cubano
Movimiento Rescate Revolucionario Democrático
Movimiento Revolucionario del Pueblo, MRP
Movimiento Revolucionario Integral Cubano
Movimiento Solidaridad y Paz
Movimiento Unidad Revolucionaria
Movimiento Unión Nacional Cubana
Mujeres Cubanas por la Democracia
Mujeres Cubanas por la Libertad
Mujeres Cubanas por la Solidaridad
Mujeres Defensoras de Presos Políticos
Municipios de Cuba, Derechos Humanos
Nuevas Luces de Libertad
Oficina de Información de Derechos Humanos, OIDH
Organización Auténtica
Organización Ecologista Naturpaz
Organización Jóvenes Universitarios por una Cuba Libre
Organización Occidental Revolucionaria
Partido Acción Popular
Partido Cubano de Derechos Humanos Independiente-Camagüey
Partido Cubano de Renovación Ortodoxa
Partido Cubano Demócrata Cristiano
Partido de los Trabajadores Cubanos
Partido del Pueblo Cubano Ortodoxo
Partido Democrático 30 de Noviembre Frank País
Partido Democrático Cristiano Hermanos al Rescate
Partido Democrático Popular
Partido Federalista
Partido Liberal de Cuba
Partido Liberal Democrático de Cuba
Partido Ortodoxo Cubano
Partido Paz, Amor y Libertad
Partido Popular Cubano
Partido Popular Joven Cuba. La Joven Cuba
Partido por la Democracia Cubana
Partido Pro Derechos Humanos de Cuba
Partido Pro Derechos Humanos de Cuba, afiliado a la Fundación Andrés Sajarov

Partido Progresivo Liberal
Partido Republicano
Partido Social Demócrata
Partido Socialista Democrático Cubano
Partido Socialista Independiente
Partido Solidaridad Democrática
Partido Unión Nacional Opositora
Partido Unión Opositora
Peña "Antonio Maceo Grajales
Peña de Estudios Socio-Políticos Carlos Quintela
Peñas Disidentes
Plantados hasta la Libertad y la Democracia en Cuba.
Plataforma Democrática Oriental
Presidio Político Pedro Luis Boitel
Primer Centro de Investigacion del Periodismo Independiente
Primer Consultorio Médico Independiente
Primer Taller de la Salud en la Región Occidental
Primera Cátedra Martiana del Periodismo Independiente Cubano
Proyecto Apertura de la Isla
Proyecto Asociación Manos Amigas
Proyecto Casas en Zona de Silencio Escuchan a Radio Martí
Proyecto de Bibliotecas Democráticas Independientes
Proyecto de Bibliotecas Independientes de Cuba
Proyecto de Bibliotecas Independientes Sergio Santa Cruz de Oviedo
Proyecto de Bibliotecas Médicas Independientes
Proyecto Demócrata Cubano
Proyecto Madres Martianas
Proyecto Popular de Peñas Disidentes
RECE
Red de Bibliotecas Independientes Haciendo Caminos
Red de Minibibliotecas Independientes
Resistencia Agramonte
Resistencia Cívica
Resistencia Cívica Anticomunista, RCA
Salvar A Cuba, SAC
Seguidores de Mella
Sindicato de Conductores de Bicitaxis
Sindicato de Productos Artesanales
Sindicato de Trabajadores de la Industria Lactea
Sindicato Forestal Independiente

Sindicato Independiente de Trabajadores Agropecuarios
Sindicato Independiente de Trabajadores por Cuenta Propia
Sindicato Independiente para la Defensa de los Trabajadores de la Cultura
Sindicato Solidaridad, en La Habana
Sindicatos Independientes de Maestros y Trabajadores de la Salud
Sociedad de Periodistas Independientes Manuel Marqués Sterling
Sub Centro de Formación Integral para la Mujer Cubana
Todos Unidos
Triple AAA
Unidad Femenina Cubana
Unidad Femenina Pro Amnistía de los Presos Políticos
Unidad Nacional Revolucionaria, UNARE
Unión Agramontina de Abogados Cubanos
Unión Católica de Prensa de Cuba
Unión Cristiana Demócrata Independiente
Unión de Bibliotecas Democráticas y Humanitarias Independientes de Cuba Padre Francisco Santana
Unión de Ex presos Políticos Ignacio Agramonte
Unión de Jóvenes Democráticos de Cuba
Unión de Periodistas y Escritores Cubanos Independiente
Unión de Trabajadores Cristianos
Unión Demócrata Cristiana
Unión Democrática 20 de Mayo
Unión General (Sindical) de Trabajadores de Cuba, UGTC (USTC)
Unión Nacional Cubana
Unión Patriótica Cristiana Independiente
Unión Sindical Independiente de Cuba, Ortodoxa
Universidad Cívica Cubana
Universitarios Sin Fronteras

blanco

Referencias

1 Revista Bohemia, enero 1959.
2. Idem. También hacen acto de presencia en la capital las fuerzas del segundo Frente Nacional del Escambray y del Directorio Estudiantil Universitario.
3. Una investigación llevada a cabo por el coronel Ramón Barquín, opositor al gobierno de Batista, da un total de 2495 muertos, 968 personeros del régimen y 1527 de la oposición. En su libro "El día que Fidel Castro se apoderó de Cuba", el coronel Barquín destaca que muchas de las personalidades que integraron el primer gobierno revolucionario no eran comunistas y que muchos se exiliaron o murieron enfrentando al régimen:
   Presidente: Manuel Urrutia,-murió en el exilio; Primer Ministro: José Miró Cardona,-murió exiliado; Ministro de Obras Públicas: Manolo Ray, -exiliado; Ministro de Bienestar Social: Elena Mederos, -murió en el exilio; Ministro de Hacienda: Rufo López Fresquet,-murió exiliado; Ministro de Relaciones Exteriores: Roberto Agramonte, -murió exiliado; Ministro de Trabajo: Manolo Fernández, murió exiliado; Ministro de Agricultura: Humberto Sorí Marín, fusilado; Presidente del Banco Nacional de Cuba: Felipe Pazos,-murió en el exilio; Presidente del Banco de Fomento Agrícola e Industrial de Cuba: Justo Carrillo, -murió exiliado; Jefe de la Fueza Aérea de Cuba: Pedro Luis Díaz Lanz, exiliado; Jefe del Ejercito: Coronel José M. Rego Rubido, murió exiliado; Jefe de la Marina: Capitán de Navío Gaspar Brook Abella.
4. Entrevista del autor con el doctor Rafael Díaz Balart.
5. Entrevista del autor con el comandante Evelio Duque Millar.
6. Entrevista del autor con los oficiales de la Fuerza Aérea de Cuba Guillermo Estévez y Manuel Iglesias.
7. Diario Revolución, Bohemia.
8. Entrevista del autor con Ramón Mestre y Manolo Castillo Cabada. Esta acción subversiva, la de mayores proporciones hasta ese momento, es conocida como la "**Conspiración de Trinidad**", en ella estaban involucradas personas de diferentes orígenes políticos y no sólo los asociados con el antiguo régimen. Entre las figuras más destacadas se encontraban el ex ministro Arturo Hernández Tellaeche, el ingeniero Ramón Mestre,

el ex general Eleuterio Pedraza y el ganadero Armando Caíñas Milanés. Esta conspiración fue detectada porque, según informaciones, en la misma se infiltraron los comandantes del Ejército Rebelde Eloy Gutiérrez Menoyo y William Morgan. Otras informaciones aseguran que estos individuos traicionaron a los complotados.

9. Interpres Service Agency.
10. Entrevista al comandante Huber Matos. Matos se había alzado en armas en la provincia de Oriente con Fidel Castro, después de llevar desde Costa Rica un gran cargamento de armas. En pleno proceso insurreccional se unió a las fuerzas rebeldes con un cargamento de armas y llegó a dirigir una columna de insurgentes. Matos siempre mostró preocupación por la gran penetración comunista en el gobierno revolucionario y se manifestó contrario a la misma. Huber Matos fue desterrado el mismo día que cumplió la sentencia de 20 años de prisión que le fue impuesta, poco tiempo después, funda en el exilio el movimiento Cuba Independiente y Democrática aunque, según afirma, la estructura de la organización estaba creada desde los años de presidio.
11. Entevista del autor con Rogelio Cisneros.
12. Entrevista al doctor Jose Ignacio Rasco.
13. Entrevista con José Fernández Vera.
14. Entrevista con Roberto Jiménez
15. Entrevista con el doctor Orlando Bosch. Documentos en poder del doctor Orlando Bosch.
16. Entrevista del autor con José Fernández Vera, José "Pepe" Ibáñez y Roberto González.
17. José Fernández Vera.
18. Rogelio Cisneros. Uno de los organizadores de la fuga.
19. Por las peculiares características de este fusilamiento vamos a exponer el relato de Roberto Jiménez, que tuvo la oportunidad de conversar directamente con el sacerdote católico, español de origen, que había sufrido en su patria los horrores de la Guerra Civil. El Padre Olegario era su nombre, prestaba sus servicios religiosos en la ciudad de Santa Clara en esa época y posteriormente se radicó en Valencia, Venezuela.

"El sacerdote fue conducido discreta y apresuradamente al campo de tiro de La Campana, ubicado en una zona rural no lejos de la ciudad de Santa Clara donde se encontraban los prisioneros fuertemente custodiados. El ambiente era de preparativos apresurados en medio de una evidente improvisación. A campo abierto el padre Olegario dedicó unos minutos a cada uno de los cinco hombres que iban a morir. Confesaría a la mañana siguiente, todavía conmocionado, que a pesar de ser un hombre curtido por su experiencia personal en España nunca podría olvidar la serenidad y convicción con que aquellos hombres le hablaron de las razones por las que iban a morir.

Repitió, como quien cumple una misión de la que hacía partícipe a su interlocutor –quien ésto describe– detalles de las palabras con que Plinio Prieto le trasmitiera su mensaje final: Muero confiando en los hombres. Como los cinco bromeaban entre sí, desafiaban con su valor natural a los militares presentes. Por ejemplo, expresaba el Padre, que Porfirio tenía en su boca un tabaco sin encender y uno de los militares se le acercó y le ofreció la llama de un fósforo, a lo cual el Negro le contestó con una carcajada que no era hora de preocuparse por esos detalles si en una hora se lo iban a llenar de huecos.

Poco después de las 9 pm se improvisó apresuradamente el escenario. Las luces de los jeeps y camiones militares se concentraron en los prisioneros, todos de pie y atados. Ninguno aceptó que le vendaran los ojos. Frente a ellos se organizaron los integrantes del pelotón distribuidos en dos filas: unos delante, rodilla en tierra y los otros parados detrás. Todos con armas automáticas cuyas ráfagas se repitieron sin cesar mientras los cuerpos caían. Al cabo del crimen se impuso un pesado silencio que duró largos minutos. Los verdugos y sus cómplices presentes quedaron paralizados, nadie se atrevió a acercarse a los cuerpos sin vida.

Cuenta el padre Olegario que se vio precisado a asistir al médico forense, pudiendo constatar que algunos, como Porfirio, tenían impactos de frente en la parte superior del cráneo y en la espalda por haber caído hacia delante, y otros los presentaban debajo de la mandíbula con derramamientos a sedal en el pecho, por haberse proyectado su cuerpo hacia atrás con las primeras ráfagas".

20. Testimonio del comandante Evelio Duque Miyar.
21. Juan Varela Pérez, diario Granma, 11-22-05.
22. Testimonio de José Fernández Vera.
23. Entrevista del autor con Ramiro Gómez Barrueco.
24. Testiminio de José Fernández Vera.
25. Entrevista del autor con Calixto Campos, dirigente sindical del sector eléctrico.
26. Entrevista del autor con Magdalena Portuondo, hija de Aballi. "Las fuerzas de la Seguridad del Estado tenían conocimiento directo de que Álvarez Aballí desconocía que en la finca estuviesen escondidos armas y explosivos. No obstante lo fusilaron, porque exigían que se entregase Fernando Maristani, quien había recibido clandestinamente de su cuñado *Bebo* una nota advirtiéndole que no lo hiciese, porque sería fusilado.

Álvarez Aballí fue a juicio con la convicción de que sería absuelto porque la propia seguridad del estado le había reconocido su inocencia. Minutos antes de que Carlos Manuel Matos fuera fusilado, iluminaron el área del paredón, por lo que éste pudo ver una foto de Fidel Castro a la que se dirigió, expresando estas palabras, "Ojalá que mi sangre te salpique algún día". Poco antes de morir al salir de La Capilla, le pidió a sus compañeros que velasen por su primer hijo que estaba por nacer.

27. Entrevista del autor con José Antonio Albertini.
28. Conversaciones del autor con Tito Rodríguez Otlman. El barco "El Tejana", era un caza-submarino excedente de la Segunda Guerra Mundial, propiedad del cubano Alberto Fernández Echevarría, que con sus propios recursos patrocinó y también realizó numerosas expediciones a Cuba para infiltrar o exfiltrar combatientes.
29. Entrevista del autor con Agapito Rivera Milián.
30. Testimonio de Agapito Rivera Milián.
31. Entrevista del autor con Ismael Suárez.
32. Entrevista del autor con Jorge Gutiérrez Izaguirre y Jesús Rodríguez Beruvides. Gutiérrez Izaguirre formaba parte de los teams de infiltración pero como fue detenido con el nombre falso de Jaime Guerra, pudo salvar la vida, aunque permaneció por muchos años en prisión. Esta guerrilla, que operaba en un área conocida como La Montaña, estaba dirigida por Erelio Peña, quien pudo escapar con varios de sus hombres gracias al coraje de Wilfredo Abreu y su hijo José Antonio, propietarios de la finca, quienes enfrentaron el fuego enemigo para poder ayudar en la evasión de los insurgentes. Segun informaciones, el héroe de este enfrentamiento fue el campesino Ramón, "*Mongo*", Prado, quien parapetado con una ametralladora browning detrás de una cerca de piedra, logró detener por un tiempo el avance del enemigo.
33. Entrevista del autor con Alberto Muller
34. Entrevista del autor con el doctor Joaquín Mezo Llada. Luis Oria es considerado el primer martir de la Brigada 2506 en territorio cubano.
35. Entrevista del autor con Mario Pombo Matamoros, procesado y condenado por la quema del "Encanto". Antiguo dirigente del sector del comercio.
36. "Queridos Viejos. Acabo de recibir hace unos momentos la ratificacion de la Pena de Muerte y es por eso, ahora que estoy al final, que les escribo estas líneas. No me creerán pero puedo asegurales que nunca he tenido tanta tranquilidad espiritual como en ese momento: me siento con sinceridad muy contento presintiendo que dentro de poco estarè con Dios, esperando y rezando por Uds.

Hoy en el juico vi a mis hermanos y padrinos llorando. ¿Y eso por qué? No y mil veces no. Sé que lo de hoy es doloroso para Uds., pero quiero que se sobrepongan y piensen que Dios, en su infinita bondad, me ha dado esta gracia: ponerme a bien con Él, y todos deben agradecérselo.
Adiós viejucos, tenga mucha fe en la Vida Eterna que yo intercederé por Uds.
Viva Cristo Rey.
Besos y abrazos, no lágrimas, a todos. Adios hermanos, padrinos y familia. FE EN DIOS".

37. Entrevista del autor con Bonnie Anderson. Joaquín del Cueto, uno de los inspiradores del Movimiento Clandestino Masónico, había sido miembro de un cuerpo administrativo del ejército de la república, antes del triunfo de la revolución, y era al momento de ser fusilado, con 38 años de edad, un empleado de la empresa norteamericana General Motor. Howard F. Anderson era un comerciante estadounidense radicado con su familia en Cuba desde 1948. A Anderson le extrajeron la sangre antes de ser ejecutado.
38. *Rafael Díaz Hanscom, de 30 años, hijo de cubana y americano, había nacido en Estados Unidos, pero optó por la ciudadanía cubana cuando arribó a la mayoría de edad. Ingeniero Mecánico de profesión, conspiró inicialmente con el Movimiento de Recuperación Revolucionaria, MRR, y posteriormente se separó para lograr la unión de 23 organizaciones de la clandestinidad y constituir la conocida organización Unidad Revolucionaria, UR. Estas organizaciones firmaron un documento que Díaz Hanscom sacó al exterior, en el que se acordaban decisiones relacionadas con el proceso de lucha contra el régimen. Díaz Hanscom regresó a Cuba el 13 de febrero de 1961 para reincorporarse con nuevos bríos a la lucha clandestina hasta que resultó apresado por fuerzas de la Seguridad del Estado.
+Humberto Sorí Marín, miembro del Movimiento 26 de Julio, fue comandante del Ejército Rebelde y jefe del Departamento Jurídico del Ejército Rebelde en la Sierra Maestra. Ocupó la posición de ministro de Agricultura en el primer gobierno, sin embargo, Sorí Marín rápidamente comprendió la ruta que tomaba la revolución y comenzó a conspirar. Salió al exterior, donde recibió instrucciones para coordinar la lucha clandestina en Cuba, particularmente las actividades que tenían que ver con el desembarco de la Brigada 2506. Sorí Marín regresó a Cuba en febrero de 1961 en el barco La Tejana, junto a Rafael Díaz Hanscom y otros combatientes más.
*Rogelio González Corzo, *Francisco*, ingeniero agrónomo de profesión

fue uno de los fundadores del Movimiento de Recuperación Revolucionara, MRR, más tarde Coordinador Nacional del Movimiento de Recuperación Revolucionaria y Coordinador Militar del Frente Revolucionario Democrático y jefe de la clandestinidad en Cuba. González Corzo, había entrado y salido varias veces en forma ilegal de Cuba y poco antes de morir, a los 28 años de edad, era el artífice de la lucha clandestina en Cuba. Antes de ser ejecutado escribió una emotiva carta a sus padres en la que reiteraba sus convicciones y su disposición a enfrentar la muerte con dignidad.

39. Entevista con Tito Rodríguez Otlman. "El matrimonio entre Olga Digna Fernández Cañizares y Marcial Arufe Delgado tuvo lugar un día antes de su muerte. El 10 de abril de 1961 Olga y Marcial eran frenéticamente buscados por el Departamento de Seguridad del Estado, decidieron no abandonar a Cuba y se casaron en un auto que conducía el declarante en compañía de Pablo Palmieri. Ofició la unión el padre Lobato. Los dos habían sido fundadores del Movimiento Salva a Cuba, SAC, y llevaban meses viviendo clandestinamente por la fuerte búsqueda que los cuerpos policiales desarrollaban para la captura de ambos. Cuando fueron detectados por las fuerzas de seguridad se resistieron al arresto y murieron combatiendo a las fuerzas represivas".

40. Entrevista del autor a Juan González, sobreviviente. "Las fuerzas del régimen, bajo la supervisión del capitán Osmani Cienfuegos, agruparon a más de un centenar de brigadistas, algunos estaban heridos, y los obligaron a subirse en el contenedor de aluminio de una rastra de la empresa "Interamerica S.A." No. 319, que los transportaría hasta la capital. Ante la protesta de los prisioneros de que morirían de asfixia, en una temperatura que superaba los 25 grados centígrados, Cienfuegos contestó: "Si se mueren mejor, así no tendremos que fusilarlos". La que sería bautizada Rastra de la Muerte llegó al Palacio de los Deportes, La Habana, casi 12 horas después, y cuando se abrieron sus portones, nueve nuevos mártires habían engrosado el prontuario criminal del régimen.

    Muchos de los hombres transportados por la rastra habían sido capturados sólo 24 horas antes. Paradójicamente el propietario de la rastra, Mike Padrón, tambien viajó en el contenedor".

    Benjamín de la Vega, revista "Tridente", entrevistó a varios sobrevivientes, entre ellos a Emlio Valdés, quien asegura que un joven campesino de la Ciénaga de Zapata, que no perenecía a la Brigada 2506, fue uno de los que fallecio en la llamada "Rastra de la Muerte".

41. Entrevista del autor a Enrique Daussá, sobreviviente del "Celia".
42. Entrevista del autor con el doctor Orlando Bosch.

43. Entrevista del autor con José Fernández Vera.
44. Entrevista del autor con el doctor Angel Cuadra.
45. Entrevista del autor con Aurelio Hernández.
46. Periódico Revolución.
47. Entrevista del autor con Ernestino Abreu. "Jorge Fundora, contador público, que viajó a Estados Unidos en 1960 y que era una figura importante de la organización clandestina Movimiento de Recuperación Revolucionaria, MRR, recibió de la dirección de su organización la orden de crear un punto de infiltración y salida clandestina que prestó valiosísimos servicios en la lucha contra el régimen totalitario. Después de su muerte, este punto llevó su nombre y pasó a ser identificado como el "Punto Fundora". Por este lugar entraron pertrechos militares y hombres de la Brigada 2506, entrenados para misiones especiales.
    Este dirigente de la clandestinidad fue hecho prisionero en La Habana, pocos días después de la fracasada invasión a Playa Girón y trasladado posteriormente a su provincia natal de Matanzas.
    El 18 de julio de 1961 un grupo de comandos del Movimiento de Recuperación Revolucionaria, MRR, intentó el rescate de Jorge Fundora y de otros dos prisioneros; durante la acción se produjo un tiroteo entre los custodios y los subversivos, del cual logró escapar Fundora de los carceleros por breves momentos; posteriormente fue otra vez capturado. El dirigente de la clandestinidad fue severamente castigado en una celda del Castillo del Príncipe conocida como el "cuarto frio". Fue juzgado en el teatro Atenas de Versalles, en Matanzas, el 11 de octubre y condenado a la pena de muerte por fusilamiento después de 27 horas de un espurio proceso judicial. Fue ejecutado en los terrenos de la Compañía de Jarcia, en Matanzas".
48. Entrevista del autor con Amado Rodríguez.
49. Entrevista del autor con Domingo Sánchez, hermano del guerrillero. Pedro Sánchez era un pequeño colono que había sido arrestado en dos ocasiones. Cuando fue a ser arrestado por tercera vez se enfrentó a los militares y aunque resultó herido en la trifulca, logró huir para alzarse en armas contra el régimen.
50. Testigo presencial de estos sucesos fue Eloy Arnaldo González. Publicó su experiencia en el Diario Noticuba Internacional, febrero 16 de 2005.
51. Entrevista del autor con el doctor Ricardo Bofil.
52. Entrevista del autor con el doctor Alberto Fibla.
53. Manolo Guillot Castellanos fue uno de los líderes estudiantiles que participó en la protesta cívica contra el vice primer ministro de la Unión Soviética, Anastas Mikoyan, en 1960.

Guillot Castellanos entró y salió repetidas veces de Cuba de forma ilegal y llegó a ser uno de los líderes más importantes del proceso insurreccional. Durante su gestión conspiradora logró entrevistarse con Manuel Pacheco Rodríguez *"El Congo",* uno de los jefes de guerrillas del Escambray y con Juan José Catalá Coste, *Pichi Catalá,* uno de los jefes guerrilleros más importantes de la provincia de Matanzas.

En abril de 1961, durante los días de Playa Girón, fue detenido por la Seguridad del Estado, sufriendo severos interrogatorios durante 29 días, sin embargo, como no le identificaron, fue liberado, por lo que pudo ingresar a una embajada que abandonó para incorporarse de nuevo a la lucha clandestina. Pocas semanas más tarde debió salir para el exterior en busca de apoyo para nuevos planes de lucha.

Regresó a Cuba con la misión de reorganizar la resistencia en todo el país. El 29 de mayo de 1962, saliendo de una misa católica, fue detenido como consecuencia de una delación. Se vio sometido nuevamente a severos interrogatorios, que se extendieron prácticamente hasta el día en que fue fusilado. *"Monty"* intentó reorganizar las fuerzas de la resistencia que operaban en el país, unificando todas las organizaciones clandestinas a través de frentes provinciales, sin que existiese una coordinación de carácter nacional que las dirigiese.

54. Publicación Escambray. 1963. Información suministrada desde Cuba por el jefe guerrillero Ramón del Sol. Andrew De Graux Villafaña, que también tenía la ciudadanía estadounidense por la parte paterna, se había alzado en armas en mayo de 1961. Después de herido De Graux, según diversos testimonios, fue internado en el hospital de Trinidad e inmediatamente trasladado al de Cienfuegos, donde permaneció varios días sin recibir atención médica.

    Su hermana, Mary Louise De Graux, ha realizado numerosas investigaciones para conocer el paradero de Andy, *"El Americanito"*. El 17 de septiembre fue operado por el doctor Marcoleta de una bala que tenía alojada en la quinta vértebra y otra en los glúteos; posteriormente desapareció de ese centro hospitalario en la madrugada del 18 de septiembre. Hasta la fecha se desconoce que sucedió con el joven guerrillero, a pesar de que Mary Louise realizó, mientras permaneció en Cuba, numerosas diligencias ante las autoridades gubernamentales.

55. Testimonio de Maria "Maruca" Magdalena Álvarez. " A mí me arrestaron la misma mañana del 30 de agosto... fue la redada más grande después de Playa Girón.

    Juan Carlos Montes de Oca, "Daniel", se había alzado junto a su hermano gemelo contra el gobierno de Batista. Tenia 21 años al morir fusilado. Después de ser condenado a muerte le dijo a la declarante, "no se preocupen, yo sabré morir".

Luis Sánchez Carpenter combatió al régimen de Fulgencio Batista. Fue arrestado en los días de Playa Girón y a pesar de estar identificado por las autoridades, cuando salió de la cárcel se incorporó nuevamente a la lucha hasta que fue capturado el 30 de agosto de 1962, por su intervención en la preparación del golpe cívico militar.

56. Entrevista del autor con Enrique Ruano.
57. Publicación Escambray.1963. Información suministrada desde Cuba en un parte de guerra del jefe guerrillero Ramón del Sol.
58. Informacion sumnistrada al autor por el colaborador del alzado, Enrique Ruano.
59. Publicación Escambray. 1963. Información suministrada desde Cuba en un parte de guerra del jefe guerrillero Ramón del Sol.
60. El Nuevo Herald, enero primero del 2002. Los expedicionarios eran Tomás Vaquero, Luis Jiménez, Denys Regal, Rolando Martínez, René Lamoru, Francisco Hernández, Luis Cantín, Alfredo Mir, Ernesto Dueñas y el ex capitán del Ejército Rebelde Eduardo Pérez González, *Bayo,* quien fungía como jefe de la operación. El grupo fue dejado por un buque madre, el yate Flying Tiger II, propiedad del magnate estadounidense William D. Pawley un hombre que tenía estrechos vínculos con la Agencia Central de Inteligencia, CIA, a unas diez millas de las costas de Baracoa, en el Oriente de Cuba. A partir de ese momento no se volvió a saber de ellos. De las numerosas versiones sobre la desaparición de los combatientes, ninguna ha podido ser confirmada. Supuestamente la expedición consistía en rescatar a dos oficiales soviéticos que habían desertado en Cuba y que tenían información de que en la isla quedaban armas nucleares soviéticas.
61. Archivos del autor. "Estos hombres fueron sometidos a una farsa judicial en la que resultaron condenados a muerte. Después del juicio ficticio, les condujeron a un recodo del camino y aproximadamente a la una de la mañana iluminaron un área con las luces de los camiones de transporte militar y ejecutaron a Nando Lima, Zacarías García y a Roberto Montalvo. Inmediatamente, el resto de los condenados a muerte empezó a gritar improperios contra el gobierno, por lo que fueron ametrallados con todos los tipos de armas que portaban los custodios, incluyendo los militares que habían integrado el falso tribunal.

Relata uno de los supervivientes, que a pesar de los muchos tiros recibidos, el guerrillero Carlos Brunet se mantenía de pie, por lo que todos los fusileros le dispararon al unísono, quedando prácticamente despedazado. Los ejecutados, agrega, fueron rematados por oficiales del ejército. Los restos mortales de estos 19 hombres fueron trasladados en un camión de volteo hasta el cementerio de la ciudad de Santa Clara y arrojados en una fosa común.

Del Reclusorio Nacional de Isla de Pinos fueron sacados 23 guerrilleros y sólo sobrevivieron dos: Aldo Chaviano, que no había cumplido los 18 años de edad y Eladio Romayor Díaz, quien tenía 66 años".

62. Información suministrada por Leonardo Delgado Echemendía.
63. Archivo del autor. Existen numerosas versiones que Alberto Delgado Delgado no era un oficial de la Seguridad, sino un simple delator que se prestó a servir al régimen, aunque fuese engañando a sus propios familiares y amigos.
64. Archivo del autor. Existen versiones de que Márquez Novo murió en un enfrentamiento a tiros contra las fuerzas de la Seguridad de Estado, pero lo que sí parece no dejar a dudas –publicaciones del propio gobierno lo afirman– es que el Frente Unido Occidental, FUO, fue una de las redes conspirativas más grandes que operó en el país.
65. Informacion suministrada por Saturnino Polón.
66. Entrevista del autor con Enrique Ruano. Toda la población penal fue dividida en cuadrillas de trabajo al mando de un cabo que dirigía un número indeterminado de efectivos. Los hombres eran trasladados en camiones y cuando llegaba al área de trabajo asignada eran rodeados por militares armados con rifles y bayonetas caladas. Durante las interminables jornadas de trabajo, los prisioneros políticos eran golpeados, muchos quedaron lisiados y no pocos murieron a tiros o por heridas de bayonetas. Un número reducido de prisioneros políticos se negó a trabajar y fueron sometidos a crueles torturas, confinados en solitarios en celdas de castigo y negada toda asistencia.
67. Informacion suministrada por "Macho" Ramos al autor. Juan Benito Campos Linares había sido uno de los guerrilleros más aguerridos, uno de los primeros en alzarse en armas y siempre operó en las regiones llanas del norte de la provincia de Matanzas y Las Villas. Perdió un hermano y a su padre en la lucha.
68. Entrevista del autor con Fermín Melanio Amador Chamizo. "Los presos políticos que se negaba a trabajar con carácter definitivo o transitorio eran conducidos a la zanja de desague de las aguas albañales de la prisión y edificio aledaños, y obligados por medio de la fuerza –bayonetazos, golpes, etc.– a entrar a las aguas contaminadas repletas de excrementos, desechos de comida y de cualquier otro producto o sustancia. Muchos de los reclusos después de haber recibido tal castigo eran

conducidos a celdas aisladas donde permanecían sin poder asearse por semanas.

69. Información sumnistrada por Angel y María Molina.
70. Informacion suminitrada al autor por el doctor Emilio Adolfo Rivero Caro.
71. Antonio "Tony" Cuesta falleció en el exilio el 2 de diciembre de 1992, fue oficial de inteligencia y logística del Departamento Tecnico de Investigaciones DTI., de la Policía Nacional Revolucionaria. En el exilio se incorporó al Alfa 66 y poco después fundó los Comandos L, iniciando ataques navales contra objetivos del gobierno cubano. El autor.
72. Testimonio ofrecido al autor por el propio Reynaldo Aquit Manrique.
73. Entrevista del autor con Enrique Ruano.
74. Informacion suministrada por el doctor Orlando Bosch Avila.
75. Giordano Hernández y Abel Nieves. "Cuba: Clamor del Silencio", pp. 61 a 70. "Cuando se inició la invasión de Bahía de Cochinos, la guarnición militar de Isla de Pinos nos depositó un sin número de cartuchos de dinamita en los sótanos de las prisiones que nos albergaban. Los presos organizamos lo que llamamos un frente defensivo integrado por 19 teams o grupos".

    El autor: Cuando los edificios regulares se encontraron abarrotados, se construyeron prisiones satélites próximas al Reclusorio, como la Julio Antonio Mella, La Paz, La Reforma, etc.. de donde también eran transportados los presos a los campos para realizar trabajo forzado.

    Durante el período en que el régimen utilizó como prisión de mayor rigor el Reclusorio Nacional de Isla Pinos, los custodios cometieron decenas de asesinatos, cientos de hombres quedaron lisiados o perdieron la razón y durante más de cinco años se estableció un plan de trabajo forzado donde las violaciones a los derechos humanos eran permanentes y sistemáticas".
76. Obligado por el honor, de Stara Roichester y Frederick Kiley.
77. Testimono de José "Pepe" Ibáñez.
78. Entrevista del autor con Eddy Arce.
79. Testimonio ofrecido por Hector Caraballo, amigo y compañero del martir.
80. Testimonios ofrecido por Lázaro Machado.
81. Testimonio ofrecido por Amado Rodríguez.
82. Juan Felipe de la Cruz Serafín era, según el historiador y ensayista Enrique Encinosa, una de las figuras centrales en el nuevo proceso de lucha armada que se estaba gestando fuera de Cuba. Su primera acción tuvo lugar en La Habana, cuando colocó un artefacto explosivo en la

Exhibición Soviética de 1960 en la capital cubana.

83. Alcibiades Cano pp 156 a 161. Cuba: Clamor del Silencio, de Amado Rodríguez.
84. Juan González Febles, Cubanet, noviembre 15, 2005.
85. Testimonios de Lázaro Machado y José Fernández Vera.
86. Testimonio ofrecido por Rigoberto Acosta.
87. Entrevista del autor a Nazario Sargent, Secretario General de Alfa 66.
88. Nota de la redaccion. "Al quedar derribado el muro de Berlín y desaparecer el bloque de países socialistas que contrubuían a subvencionar la economía cubana en todos los sectores, el régimen quedó desprovisto de sumisnistros de todo tipo y se instauró al pueblo la idea de la necesidad de transitar por un Período Especial en Tiempo de Paz, que consistiría en sobrevivir prácticamente sin insumos.

Al quedar decretada esta etapa, para lo cual no se previó un tiempo determinado, desparecieron drásticamente todas las variantes del mercado alternativo que no fueran las que abastecían por el limitado sistema de racionamiento. Igualmente, una gran parte de la fuerza laboral fue cesanteada de sus empleos y cerrados los centros de trabajo con el propósito de no utilizar recursos en la electridad y cualquier otro tipo de abastecimeinto material.

Se redujo en alrededor de un 80 por ciento el servicio de transporte público, el desabastecimiento de medicinas en hospitales y farmacias osciló durante más de diez años en el orden de cuatrocientos productos, salieron de circulación y desparecieron definitivamente algunas decenas de publicaciones periódicas, trayendo como consecuencia la cesantía del empleo de los trabajadores en este sector Reaparecieron en la población enfermedades que se recordaban de épocas pasadas tales como la escabiosis y la pediculosis, ello debido a la carencia de productos para el aseo personal. También se descubrieron algunos padecimientos tales como la neuritis, enfermedad que afecta el sistema neurológico motriz de las personas, provocada por la desnutrición, a causa de la cual han muerto cientos de personas en Cuba y otro grupo considerable de ciudadanos la padece en estos momentos.

Aunque nunca se ha declarado oficialmente la culminación del denominado Período Especial, que sirvió como fundamentación teórica del régimen para apelar a la resistencia ante el hambre y las limitaciones de recursos, una vez terminada la década de los noventa, se ha intentado disipar esta imagen de desmoronamiento económico mediante la publicación de cifras estadísticas que refieren al sector turístico y la inversión extranjera en la isla, a lo cual el pueblo no tiene acceso en lo absoluto".

89. Cuba al día. 9-15-94.
90. Idem.
91. Idem.
92. Idem.
93. Idem.
94. Cuba al Día. 10-95.
95. NetforCubaNetwork.
96. Testimonio de Enrique Ruano. "Ernesto Díaz Madruga y Julio Tang Texier fueron dos presos políticos asesinados por el régimen durante el Plan de Trabajo Forzado "Camilo Cienfuegos" Este Plan de Trabajo se extendió de 1964 a 1967 y se desarrolló en el Reclusoriuo Nacional de Isla de Pinos".
97. "Plantados" es un término instituido por los presos políticos que se encontraban recluidos en el Reclusorio Nacional de Isla de Pinos, y significaba que el recluso se negaba a ser rehabilitado políticamente o establecer algún tipo de relación con las autoridades gubernamentales.
98. Leonor Pérez es el nombre de la madre del apóstol José Martí.
99. Inter Press Service New Agency.

blanco

Índice Onomástico

Printed in Great Britain
by Amazon